"十二五"普通高等教育本科国家级规划教材
中国高等教育学会医学教育专业委员会规划教材
全国高等医学院校教材

供基础、临床、预防、口腔医学类专业用

影像诊断学
Imaging Diagnosis

（第3版）

主　编　王　滨　贺　文

副主编　王霄英　杨建勇　张　翱　张雪君　刘挨师

编　者　（按姓名汉语拼音排序）

董　鹏（潍坊医学院）	吴元魁（南方医科大学）
贺　文（首都医科大学）	夏　军（哈尔滨医科大学）
李保卫（河北工程大学医学院）	谢静霞（北京大学医学部）
李丽新（潍坊医学院）	杨建勇（中山大学中山医学院）
刘挨师（内蒙古医科大学）	于德新（山东大学医学院）
马大庆（首都医科大学）	张　翱（重庆医科大学）
穆玉明（新疆医科大学）	张雪君（天津医科大学）
王　滨（滨州医学院）	赵丽琴（首都医科大学）
王霄英（北京大学医学部）	赵明东（滨州医学院）
温智勇（北京电力医院）	

北京大学医学出版社

YINGXIANG ZHENDUANXUE

图书在版编目（CIP）数据

影像诊断学/王滨，贺文主编. —3版. —北京：
北京大学医学出版社，2013.12（2018.1重印）
　ISBN 978-7-5659-0721-0

　Ⅰ. ①影… Ⅱ. ①王…②贺… Ⅲ. ①影像诊断—医学院校—教材 Ⅳ. ①R445

中国版本图书馆CIP数据核字（2013）第288038号

影像诊断学（第3版）

主　　编：王　滨　贺　文
出版发行：北京大学医学出版社
地　　址：(100191) 北京市海淀区学院路38号　北京大学医学部院内
电　　话：发行部 010-82802230；图书邮购 010-82802495
网　　址：http://www.pumpress.com.cn
E-mail：booksale@bjmu.edu.cn
印　　刷：北京佳信达欣艺术印刷有限公司
经　　销：新华书店
责任编辑：高　瑾　　**责任校对**：金彤文　　**责任印制**：罗德刚
开　　本：850mm×1168mm　1/16　　**印张**：21.25　　**彩插**：1　　**字数**：610千字
版　　次：2013年12月第3版　2018年1月第5次印刷
书　　号：ISBN 978-7-5659-0721-0
定　　价：48.00元

版权所有，违者必究

（凡属质量问题请与本社发行部联系退换）

全国高等医学院校临床专业本科教材评审委员会

主 任 委 员　王德炳　柯　杨

副主任委员　吕兆丰　程伯基

秘　书　长　陆银道　王凤廷

委　　　员　（按姓名汉语拼音排序）

　　　　　　白咸勇　曹德品　陈育民　崔慧先　董　志
　　　　　　郭志坤　韩　松　黄爱民　井西学　黎孟枫
　　　　　　刘传勇　刘志跃　宋焱峰　宋印利　宋远航
　　　　　　孙　莉　唐世英　王　宪　王维民　温小军
　　　　　　文民刚　线福华　袁聚祥　曾晓荣　张　宁
　　　　　　张建中　张金钟　张培功　张向阳　张晓杰
　　　　　　周增桓

序

  北京大学医学出版社组织编写的全国高等医学院校临床医学专业本科教材（第2套）于2008年出版，共32种，获得了广大医学院校师生的欢迎，并被评为教育部"十二五"普通高等教育本科国家级规划教材。这是在教育部教育改革、提倡教材多元化的精神指导下，我国高等医学教材建设的一个重要成果。为配合《国家中长期教育改革和发展纲要（2010—2020年）》，培养符合时代要求的医学专业人才，并配合教育部"十二五"普通高等教育本科国家级规划教材建设，北京大学医学出版社于2013年正式启动全国高等医学院校临床医学专业（本科）第3套教材的修订及编写工作。本套教材近六十种，其中新启动教材二十余种。

  本套教材的编写以"符合人才培养需求，体现教育改革成果，确保教材质量，形式新颖创新"为指导思想，配合教育部、国家卫生和计划生育委员会在医药卫生体制改革意见中指出的，要逐步建立"5+3"（五年医学院校本科教育加三年住院医师规范化培训）为主体的临床医学人才培养体系。我们广泛收集了对上版教材的反馈意见。同时，在教材编写过程中，我们将与更多的院校合作，尤其是新启动的二十余种教材，吸收了更多富有一线教学经验的老师参加编写，为本套教材注入了新鲜的活力。

  新版教材在继承和发扬原教材结构优点的基础上，修改不足之处，从而更加层次分明、逻辑性强、结构严谨、文字简洁流畅。除了内容新颖、严谨以外，在版式、印刷和装帧方面，我们做了一些新的尝试，力求做到既有启发性又引起学生的兴趣，使本套教材的内容和形式再次跃上一个新的台阶。为此，我们还建立了数字化平台，在这个平台上，为适应我国数字化教学、为教材立体化建设作出尝试。

  在编写第3套教材时，一些曾担任第2套教材的主编由于年事已高，此次不再担任主编，但他们对改版工作提出了很多宝贵的意见。前两套教材的作者为本套教材的日臻完善打下了坚实的基础。对他们所作出的贡献，我们表示衷心的感谢。

  尽管本套教材的编者都是多年工作在教学第一线的教师，但基于现有的水平，书中难免存在不当之处，欢迎广大师生和读者批评指正。

王德炳　柯杨
2013年11月

第3版前言

《影像诊断学》(第3版)已被纳入教育部"十二五"普通高等教育本科国家级规划教材。本版教材在第2版的基础上,结合近年来医学影像学的最新进展情况和发展趋势,并充分考虑多所院校使用第2版教材的反馈意见与建议进行了修订。本次编写依然遵循临床医学专业本科人才培养目标要求,力图反映新的教学内容和课程改革的成果,使教材更加具有先进性和实用性,符合人才培养需求。

本版教材在内容编排上进行了适当修改,增加了计算机断层成像(CT)、磁共振成像(MRI)等检查的新技术、方法及其适应证,根据临床应用实际情况有选择地增加了部分病例的CT、MRI图像资料,并纳入了一些新病种,减少了一些应用价值不大的传统检查技术方法和相关诊断内容,删除了部分少见病种的叙述,使教材符合医学影像学的新进展。本书在内容选择、文字组织、图表应用等方面,努力做到循序渐进、概念清楚、重点突出、层次分明、结构严谨、语言简洁流畅、图像清晰典型、图文并茂,便于学生学习和掌握必要的影像学知识,有利于培养学生科学性思维和分析问题、解决问题的能力,提高教学效果。

为了进一步增强教材的适用性,本版吸收了更多院校在教学和使用教材方面的经验,新增了部分参编院校和参编作者,他们均为国内医学影像学领域的中青年专家,具有丰富的教学、临床、科研和编写教材的经验。

本教材经历了第1版、第2版修订,凝聚着所有参编专家的心血,在此对他们曾为本教材所付出的辛勤劳动表示衷心的感谢。在本书编写过程中滨州医学院姜兴岳、李祥林、王嵩等同志对材料的汇总、整理做了大量工作,在此一并表示感谢。

由于水平有限,本书在编写过程中难免有错误和不足之处,诚恳希望得到广大师生和读者的批评指正,以便不断完善。

王　滨

2013年11月18日

目 录

第一章 总论 1
  第一节 X线成像 2
  第二节 计算机断层成像 6
  第三节 磁共振成像 10
  第四节 超声检查 18
  第五节 医学影像的存档和传输系统 20
  第六节 影像诊断原则、步骤及阅片方法 22

第二章 中枢神经系统 25
  第一节 检查方法 25
  第二节 正常影像解剖 26
  第三节 基本病变的影像表现 29
  第四节 颅内肿瘤 30
  第五节 脑血管疾病 37
  第六节 颅脑外伤 42
  第七节 颅内感染性疾病 45
  第八节 脱髓鞘疾病 48
  第九节 先天性颅脑畸形 49
  第十节 脊髓和椎管内疾病 50

第三章 头颈部 55
  第一节 眼和眼眶 55
  第二节 鼻和鼻窦 65
  第三节 咽部 69
  第四节 喉部 73
  第五节 耳部 74
  第六节 口腔颌面部 78
  第七节 颈部 80

第四章 呼吸系统 85
  第一节 检查方法 85
  第二节 正常影像解剖 86
  第三节 基本病变的影像表现 92
  第四节 支气管疾病 99
  第五节 肺部疾病 100
  第六节 胸膜疾病 115
  第七节 纵隔肿瘤 116

第五章 循环系统 123
  第一节 检查方法 123
  第二节 正常影像解剖 125
  第三节 基本病变的影像表现 130
  第四节 先天性心脏病 133
  第五节 获得性心脏病 138
  第六节 心包炎和心包积液 147
  第七节 大血管病变 149
  第八节 肺动脉血栓栓塞 152

第六章 消化系统 155
  第一节 消化道 155
  第二节 肝疾病 166
  第三节 胆道疾病 179
  第四节 胰腺疾病 186
  第五节 脾疾病 194
  第六节 急腹症 198

第七章 泌尿系统及肾上腺、腹膜后间隙 204
  第一节 肾及输尿管 204
  第二节 膀胱 220
  第三节 肾上腺 223
  第四节 腹膜后间隙 228

第八章 生殖系统及乳腺 233
  第一节 女性生殖系统 233
  第二节 男性生殖系统 243
  第三节 乳腺 247

第九章 骨与关节 256
  第一节 检查方法 256
  第二节 正常影像解剖 257
  第三节 基本病变的影像表现 262
  第四节 骨与关节损伤 265
  第五节 骨与关节化脓性感染 272
  第六节 骨与关节结核 275
  第七节 慢性骨关节病 280
  第八节 骨缺血坏死 284

第九节　良性骨肿瘤及肿瘤样病变 … 286
第十节　恶性骨肿瘤 …………… 290
第十章　介入放射学 …………… 297
第一节　总论 …………………… 297
第二节　血管病变的介入治疗 …… 303
第三节　非血管病变的介入治疗 …… 314
第四节　肿瘤介入 ……………… 316

主要参考文献 ……………………… 323
中英文专业词汇索引 ……………… 325

第一章 总 论

医学影像学（medical imaging）是以影像方式显示人体内部形态与功能信息，利用影像表现的特点进行临床诊断和治疗疾病的一门临床科学。其主要包括 X 线成像、计算机断层成像（computed tomography，CT）、磁共振成像（magnetic resonance imaging，MRI）、超声成像、核素显像等技术。

医学影像学是一门年轻的临床学科，自伦琴（W.C. Rentgen）1895 年发现 X 线之后不久就被用于人体检查，进行疾病诊断，形成了放射诊断学（diagnostic radiology），在临床疾病诊断方面发挥重要作用。

20 世纪 40—60 年代开始应用超声与核素扫描进行人体检查。超声成像（ultrasonography，USG）自 1942 年 Dussik 使用 A 型超声探测颅脑以来，经 20 世纪 50—60 年代 M 型超声、B 型超声、多普勒超声的迅速发展，已经成为一种简便、实用、有效、无创的检查技术应用于临床诊断。

核素技术于 1924 年由 Rodt 首先用于肝显像，20 世纪 50 年代出现了 γ 闪烁成像（γ-scintigraphy），20 世纪 70 年代单光子发射计算机断层成像（single photon emission computed tomography，SPECT）与正电子成像术（positron emission tomography，PET）用于临床，是目前以解剖形态学方式进行功能、代谢和受体显像的重要技术。

20 世纪 70 年代后介入放射学（interventional radiology，IVR）迅速兴起，使影像诊断向影像治疗方向发展，更加拓宽了医学影像学的应用范围。

计算机断层成像于 1971 年在英国应用于第一例患者，经过不断更新，目前已发展至多层螺旋 CT（multi-slice spiral CT，MSCT）。磁共振成像从 20 世纪 80 年代初应用于临床以来，已经有了磁共振血管成像（MR angiography，MRA）、磁共振水成像、磁共振波谱（MR spectroscopy，MRS）及功能成像等多种成像技术。正电子成像术与计算机断层成像（positron emission tomography and computed tomography，PET/CT）实现了 PET 和 CT 的统计融合扫描，使解剖成像与功能分子影像的技术特点相结合，不仅使 PET 和 CT 各自的优势得到发挥，而且成为更有价值的影像诊断设备。PET 和 MRI 的融合也逐步成为现实。CT 和 MRI 的临床应用，开创了影像诊断的新纪元。

计算机技术的迅猛发展，促进了医学影像技术的发展和进步。数字化图像的后处理以及图像的存储和传输系统（picture archiving and communication system，PACS）、计算机辅助检测和诊断（computer-aided detection and diagnosis，CAD）等，显著提高了医学影像的诊断水平。

纵观医学影像学的发展，其应用领域不断扩大，诊断水平不断提高，已成为临床医学中的重要学科之一。医学影像学在自身迅速发展的同时，也促进了其他临床学科的发展，使医疗事业整体水平不断提高。

第一章 总论

第一节 X线成像

一、X线的产生和特性

（一）X线的产生

高速运动的电子流撞击到靶面突然受阻急剧减速，从而产生X线。撞击时高速电子流的能量发生转换，其中不足1%的能量转变为X线，99%以上的能量则转换为热能。

（二）X线的特性

X线的本质是波长很短的电磁波。医学成像有关的X线特性有以下几点。

1. 穿透性（penetration effect） X线波长很短，穿透性强，能穿透一般可见光不能穿透的物体，但在穿透过程中会被部分吸收即衰减，穿透作用是X线成像的基础。穿透性与管电压和被照体的密度有关，管电压越高，被照体密度越低，穿透的X线就越多。

2. 荧光效应（fluorescence effect） X线能激发荧光物质（如铂氰化钡、钨酸钙及某些稀土元素等）产生肉眼可见的荧光，使波长较短的X线转换成波长较长的可见荧光，这种转换作用叫做荧光效应。此特性是透视检查的基础。

3. 感光效应（photosensitivity） X线照射到涂有溴化银的胶片上，使溴化银感光，经显影、定影处理后，银离子被还原成金属银，沉淀于胶片上呈黑色，未感光的溴化银被冲洗掉而显出片基的透明本色。此特性是X线摄影的基础。

4. 电离效应（ionizing effect） X线通过任何物质都会使受照射的物质产生电离。此特性为放射剂量学的基础。

5. 生物效应 X线照射生物体，可使细胞结构发生损伤，甚至坏死，其程度与X线照射剂量大小有关。此特性为放射治疗的基础。

X线的穿透、荧光和感光作用与医学影像诊断有关；X线的穿透、电离和生物作用与放射治疗和防护有关。

二、X线成像设备和工作原理

X线成像设备的基本结构包括X线管、变压器和控制器三部分（图1-1）。

1. X线管（X-ray tube） 是一个真空的二极管，阴极是钨（或钼、铑等）制灯丝，阳极为钨靶，是产生X线的关键部件。

2. 变压器 在X线管两极产生高电压，低压变压器（灯丝变压器）在阴极灯丝供应低压电流。

3. 控制器 可调节X线管的电压和阴极灯丝的电流，以控制X线的质和量。

阴极灯丝通过低电压（6～12V）电流时发热，产生电子群。当X线管的两极加以高电压（一般为40～90kV），电子群高速从阴极向阳极运动，撞击阳极靶突然受阻，从而产生X线。

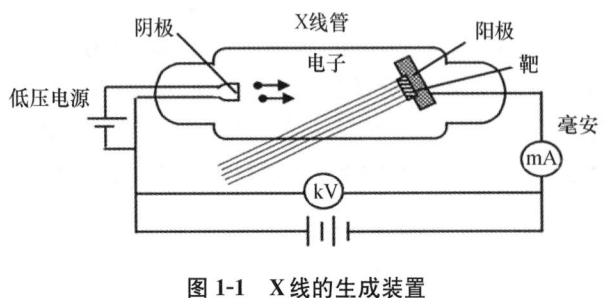

图1-1　X线的生成装置

三、X线成像原理

(一)天然对比成像

X线穿过人体时,由于人体的组织密度和厚度存在差别,对X线吸收不同,到达荧光屏或X线胶片的X线量亦出现差异,从而形成黑白对比度不同的影像,这种差别称为天然对比。

正常人体组织结构的密度可大体分为三类:①高密度:骨、钙化灶等;②中等密度:软骨、肌肉、神经、实质性脏器;③低密度:脂肪及呼吸道、胃肠道、鼻窦等空腔内的气体。

X线影像依密度高低可分为三类(图1-2):①高密度影像:如骨皮质,吸收的X线量最多,到达X线胶片的X线量最少,X线片呈白色。②中等密度影像:如肌肉、内脏和液体等,吸收的X线量较多,X线片呈灰色,又称软组织密度影。③低密度影像:如气体和脂肪,其中气体密度最低,对X线吸收最少,到达X线胶片的X线量最多,X线片上呈黑色;脂肪组织密度较低,X线片上呈灰黑色。

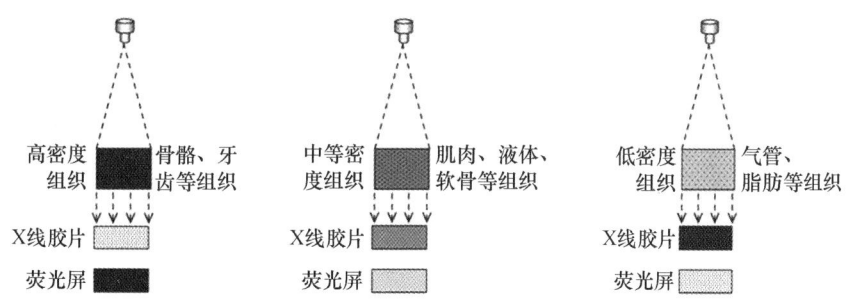

图1-2 不同密度组织(厚度相同)与X线成像的关系

(二)人工对比成像(造影检查)

有的器官、组织之间密度相近,难以形成良好的自然对比。应人为地导入密度较该组织或器官高(碘或钡剂)或低(气体)的物质,形成人工的密度差别,进而形成良好的黑白对比影像,这就是人工对比成像的原理。此法又称为造影检查,导入的物质称为对比剂。

四、X线图像的特点

(一)二维图像

X线图像是X线束穿透某一部位的不同密度和厚度的组织结构后的投影总和,是该穿透路径上各个结构影像相互叠加在一起的影像。

(二)影像密度

影像密度指在胶片上白色的为高密度,黑色的为低密度,灰色的为中等密度;而在荧光屏或影像监视器上则与胶片表现相反。影像密度的概念与人体组织结构的概念是不同的。

(三)影像的放大和失真

由于X线束呈锥形,故被照射物体的投影会出现放大和伴影,后者会使影像失真。

五、X线检查技术

(一)普通检查

1. 荧光透视(fluoroscopy) 透视的优点是简单、廉价,可转动患者的体位进行多方向观察,能观察器官的动态变化,如胸部呼吸的动度、胃肠蠕动和心脏搏动等。缺点是影像对比度和清晰度欠佳。主要用于消化道钡剂造影和心血管介入治疗技术。

2. X线摄影（radiography） X线摄影是最常用的X线检查技术。其优点是影像对比度及清晰度好，能留下永久记录，受检查者接受X射线的量较少。缺点是每一照片仅是一个方向和一个瞬间的影像，为避免重叠遮盖，常需进行互相垂直的两个方向的摄影。

（二）造影检查

1. 对比剂　根据对比剂的密度不同分为：

（1）低密度对比剂：空气、氧气和二氧化碳等。

（2）高密度对比剂：①硫酸钡：医用纯净硫酸钡加水和胶等配置成不同浓度的混悬液。主要用于食管及胃肠道检查。②有机碘：水溶性有机碘对比剂分为离子型和非离子型。水溶性离子型有机碘对比剂有泛影葡胺；非离子型有机碘对比剂有碘海醇和碘普罗胺等。主要用于心血管及尿路等造影检查。③无机碘：如碘化油，主要用于子宫输卵管造影、瘘管造影等。

2. 造影方法　根据对比剂导入的途径不同，造影方法分为直接引入法和间接引入法（生理排泄法）两大类。

（1）直接引入法：①口服法：如食管及胃肠道钡餐检查；②灌注法：如钡剂灌肠造影；③穿刺法：如心血管造影。

（2）间接引入法（生理排泄法）：静脉注入或口服对比剂后，对比剂通过体内某一器官排泄，从而使该器官显影。常用的有静脉肾盂造影等。

3. 造影检查的注意事项　造影检查要严格掌握适应证和禁忌证，要准备好发生对比剂不良反应时的抢救器械和药品。

六、X线检查中的防护

（一）X线防护的意义

X线照射人体会产生一定的生物效应。因此必须重视工作人员和患者的防护，以避免不必要的损害。

（二）X线的防护原则

1. 时间防护　尽量缩短X线照射时间，减少受照射剂量。

2. 距离防护　X线机工作时，应尽一切可能使工作人员远离X线源。患者与X线管的距离不能小于35cm。

3. 屏蔽防护　对患者检查部位以外的部位采用铅制品遮挡。

（三）X线防护措施

1. 控制照射剂量　对于放射工作人员必须控制受照射剂量。同时对患者照射也不能一次大剂量或经常照射。要严格执行国家有关放射防护卫生标准的规定。

2. X线机房的防护要求　X线机房应有足够的使用面积，以保证X线机的合理安装，尽可能减少散射线的影响。

3. X线机的防护要求　X线球管口应有1.5～2.0mm厚的铝板，滤过长波射线，保护患者皮肤；X线管套处应有1.0～1.5mm厚的铅皮。照片或透视时应尽量把光圈缩小。

七、数字X线成像技术

（一）计算机X线摄影（computed radiography，CR）

CR是利用传统的X线机，以影像板（image plate，IP）代替X线胶片作为介质来记录影像信息。X线透过人体后照射到IP上，穿透人体的X线量子被IP成像层的荧光颗粒吸收，释放出电子，其中一部分电子散布在成像层内呈半稳定状态，当用激光照射时，半稳定的电子转变为光量子从而发光，光线被光电管检测形成数字信号，经计算机处理获得图像。

CR 的临床应用与传统 X 线摄影相似，可应用于临床各系统 X 线成像，其中以胸部成像效果较好。

CR 的优点是比传统的 X 线片提高了图像密度分辨率，曝光宽容度加大，能进行图像后处理，可调整影像的灰度和对比度，使不同密度的组织结构及病灶同时得到最佳显示，此外，数字化图像有利于储存、再现及传输。

CR 的不足是成像速度慢，不能用于器官动态观察，空间分辨率不如常规 X 线摄影的图像。

（二）数字 X 线摄影（digital radiography，DR）

DR 系统采用平板探测器（plan detector）作为载体，X 线透过人体后照射到平板探测器上，利用计算机数字化处理，形成数字化图像。其成像过程见图 1-3。

DR 不仅具备 CR 的基本优点，并且克服了 CR 的不足，具有更高的分辨率、更大的曝光宽容度、更好的时间分辨率，故临床应用更为广泛。

（三）数字减影血管造影（digital subtraction angiography，DSA）

1. **DSA 的基本原理** DSA 是将 X 线电视图像的视频信号转换成数字图像。进行血管造影并用数字化动态 X 线成像

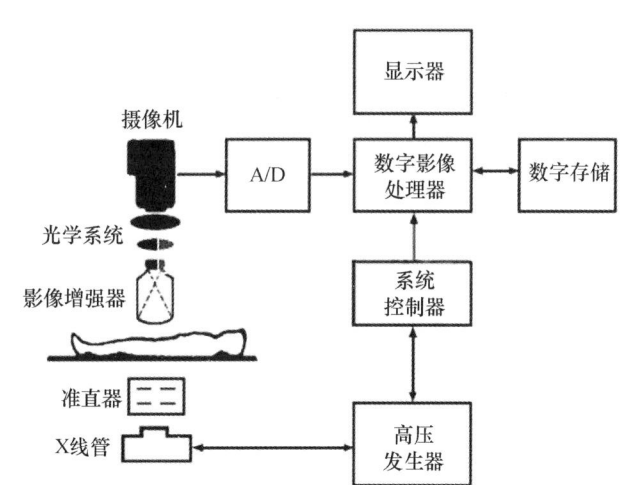

图 1-3 数字 X 线摄影的成像过程

设备在对比剂到达目标血管——血管内出现对比剂——血管内对比剂浓度达高峰——对比剂被廓清这一过程中获得一系列数字化图像。数字减影主要用时间减影法，其方法是取不含对比剂的影像作蒙片，与一帧充盈对比剂峰值水平的影像构成"减影对"，经计算机处理，清除蒙片信息，只保留具有对比剂信息的结构，这样就能清楚显示所需观察的组织结构（图 1-4）。

2. **DSA 检查方式** DSA 检查分为动脉 DSA（intraarterial DSA，IADSA）和静脉 DSA（intravenous DSA，IVDSA）。IADSA 由于血管成像清楚，对比剂用量少，所以目前较为常用。

IADSA 法是将导管尖端插入靶动脉开口，团注对比剂。于造影前及整个造影过程中，通过监视器进行观察，根据需要摄片。

3. **DSA 的临床应用** DSA 消除了骨骼及软组织的影像，可清楚显示血管及其病变。用选择性或超选择性插管，可很好地显示直径 $200\mu m$ 的血管及小病变，可观察血流的动态图像，成为功能检查手段。DSA 适用于显示心脏、脑及全身血管病变。由于 CT 血管造影、磁共振血管造影在很多疾病的诊断上替代了 DSA，目前 DSA 主要用于血管介入治疗。

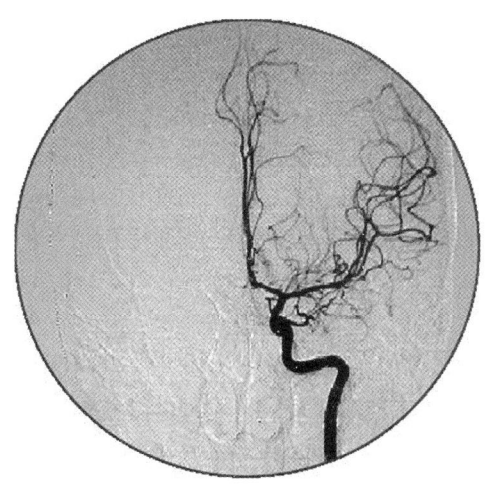

图 1-4 DSA 检查颈内动脉造影

第二节 计算机断层成像

计算机断层成像（computed tomography，CT）利用X线对人体某一范围进行逐层横断面扫描，获取信息，经计算机处理后获得重组的图像。其显示的是不同层面组织密度的差异。近年来由于CT扫描仪的不断改进和软件的开发，特别是多排螺旋CT的使用，拓展了CT在临床上的应用领域，提高了CT诊断的准确性和可信度。

一、基本概念

（一）体素和像素

有一定厚度的成像的体层，可分成若干个体积相同的小的基本单元，称之为体素（voxel）（图1-5），体素是一个三维的概念，是能被CT扫描的最小的体积单位。

CT图像是由许多大小相同、密度不等的小单元组成的，我们把组成CT图像的基本单元叫做像素（pixel）（图1-5），像素是体素的投影，是一个二维概念。单位面积内的像素越多，所获得的CT图像就越清晰，图像的分辨率也就越高。

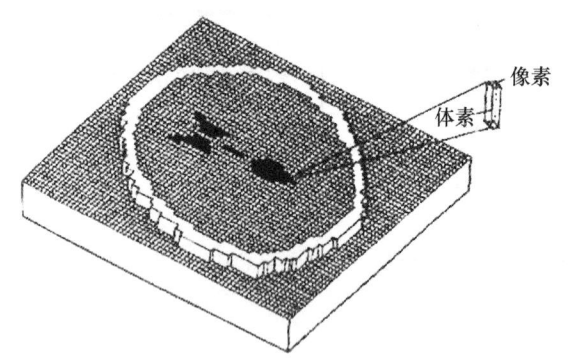

图1-5 CT图像的体素和像素

（二）矩阵

矩阵（matrix）是像素以二维方式排列的阵列，表示的是在某一面积内每一行及每一列的像素的数目。在同一图像面积内像素尺寸越小，像素数目越多，组成CT图像矩阵越大，图像就越清晰。目前常用的矩阵大小有：256×256、512×512、1024×1024。CT图像重建后用于显示的矩阵称为显示矩阵，为保证图像质量，显示矩阵往往等于或大于采集矩阵。

（三）空间分辨率

空间分辨率（spatial resolution）又称高对比度分辨率，是指在高对比度情况下分辨组织几何形态的能力。常用每厘米内的线对数（LP/cm）或者用可辨别最小物体的直径（mm）来表示，前者常用。CT图像的空间分辨率由X线管焦点的几何尺寸决定，基本与X线剂量大小无关。CT的空间分辨率不如常规X线片。

（四）密度分辨率

密度分辨率（density resolution）又称低对比度分辨率，是指分辨组织结构的最小密度差别的能力，用百分数来表示，常指图像黑白对比度。对比度的产生是由于密度的不同而引起的。CT的密度分辨率较常规X线高10~20倍，密度分辨率与空间分辨率是一对相互制约的因素。

（五）时间分辨率

时间分辨率（temporal resolution）包括图像时间分辨率和扫描时间分辨率。图像时间分辨率指重建一幅轴位图像所需的原始数据的采集时间。扫描时间分辨率指完成特定解剖部位扫描所需的时间。时间分辨率越佳，受器官运动的影响就越小。

（六）CT值

CT值是表示单位体积对X线吸收的系数。我们将吸收系数换算成CT值，作为表达组织密度的统一单位，其单位名称为亨氏单位（Hounsfield unit，Hu）。人体组织的CT值被人为地分为 2000 个 Hu，水的 CT 值定为 0Hu，最高的为骨皮质的 CT 值（定为 1000Hu），最低的为空气的 CT 值（定为 -1000Hu）。其他组织的 CT 值介于骨皮质和空气的 CT 值之间。CT 值可作为诊断病变的重要参考（图 1-6）。

（七）窗宽与窗位

通常诊断者在 CT 图像上可识别的灰阶不超过 16 个。窗宽（window width）是指 CT 图像上所包括的 16 个灰阶的 CT 值范围。为了使组织结构细节得以显示，使 CT 值差别小的两种组织能够分辨，需要采用不同的窗宽来观察荧屏上的图像。窗宽若选定为 2000Hu（2000/16=125），则两种组织的 CT 值差别在 125Hu 以上，人眼才能识别。显示脑的窗宽常用 100Hu，100/16=6.25，可分辨 CT 值差别大于 6.25Hu 的脑组织。所以选择窗宽较大时所观察的 CT 值范围大，图像对比度差，适于观察组织密度差别较大的结构；而选择窗宽较小时所观察的 CT 值范围小，对比度强，适于观察密度差别小的结构。临床工作中应根据需要观察的组织来调节窗宽的大小。

窗位（window level）又称窗中心（window center），是指观察某一组织结构细节时，以该组织 CT 值为中心观察。例如脑 CT 值约为 35Hu，观察脑的图像选择的窗位为 35Hu。观察及分析骨质病变时应采用骨窗，骨窗的窗宽为 1500Hu，窗位为 250Hu。

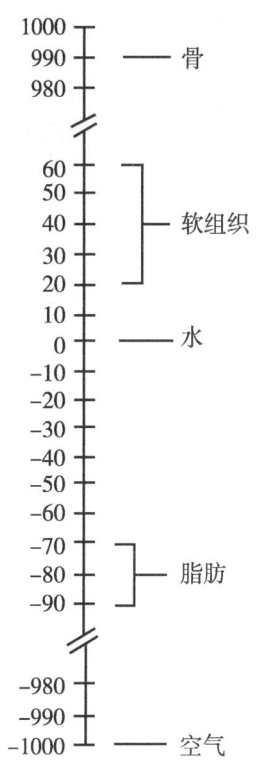

图 1-6　人体组织的 CT 值

（八）伪影

伪影（artifact）是指在被扫描物体中并不存在而扫描后却显示在 CT 图像上的各种不同类型的假性影像。包括因患者检查部位活动而产生的运动伪影、体内高密度结构和异物的伪影、高低密度结构相邻产生的射线硬化伪影以及 CT 扫描仪故障产生的伪影等。伪影影响图像质量，在诊断时应予以注意。

（九）部分容积效应

如果在同一扫描层面内含有两种以上不同密度的物质，所测得的 CT 值是它们的平均值，因而不能如实地反映其中任何一种物质的 CT 值，这种现象叫做部分容积效应（partial volume effect）或称部分容积现象（partial volume phenomenon）。

二、CT 成像原理

CT 成像可归纳为 3 个步骤：

1. 数据采集　用旋转发射的 X 线穿透人体，由探测器接收穿透身体某个断面衰减后的 X 线信号，再经模/数转换器转为数字信号，输入电子计算机进行处理。

2. 图像重建　计算机将输入的原始数据加以矫正处理，构成数字矩阵，再通过数/模转换，用黑白不同的灰度等级重建图像。

3. 图像的显示及储存　可由荧光屏显示及拍片，也可将图像数据录入磁带、光盘和软盘保存。

三、CT 扫描仪的基本结构

1. 常规 CT　常规 CT 对患者每一次扫描 X 线球管旋转 1 圈，产生一层图像，检查获得的图像是间断的。扫描速度较慢，每次扫描需数秒至数分钟（图 1-7、图 1-8）。

第一章　总　论

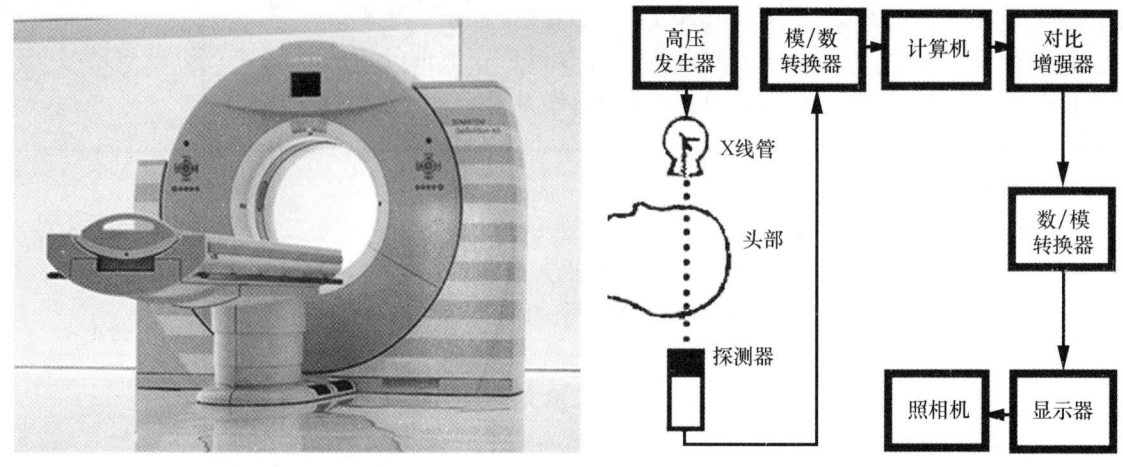

图 1-7　CT 扫描仪实物图　　　　　图 1-8　CT 扫描仪结构示意图

2. 螺旋 CT　螺旋 CT（spiral CT，SCT）目前应用广泛，由于应用"滑环技术"，可使 X 线球管连续旋转。SCT 扫描时，患者以匀速进入 CT 扫描仪架内，同时 X 线球管连续旋转式曝光，围绕患者的 X 线束的轨迹呈螺旋状，采集的扫描数据分布在一个较长的螺旋形空间内（图 1-9）。

3. 多排螺旋 CT　多排螺旋 CT（multidetector row CT，MDCT）又称多层螺旋 CT（multislice CT，MSCT），主要的技术特征是使用多排的探测器，扫描时不是使用单层螺旋 CT 的扇形 X 线束，而是采用可以调节宽度的锥形 X 线束，根据采集层厚选择 X 线束宽度，来激发不同数目探测器，从而实现一次采集多层 CT 图像的目的（图 1-10）。MDCT 图像的采集过程与重建过程是完全独立的，因此可以利用一组原始数据重建出不同层厚的图像。

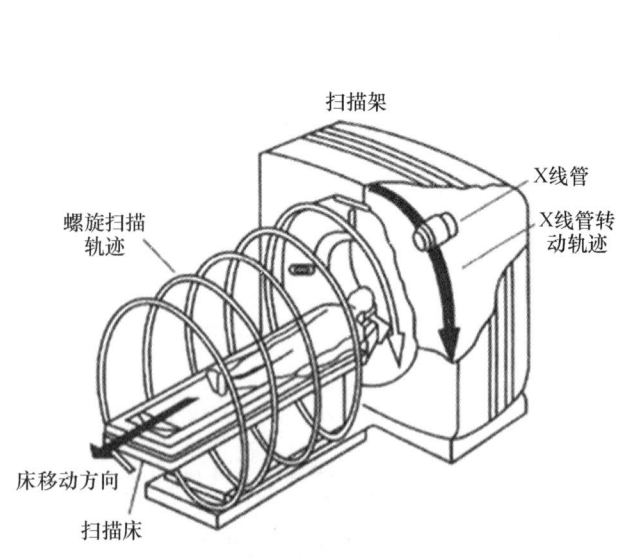

图 1-9　螺旋 CT 示意图
X 线管和高压发生器由环上的电刷供电产生 X 线，X 线管及与其相对应的探测器在机架内沿着滑环顺着一个方向不停旋转，在扫描床移动中进行连续扫描

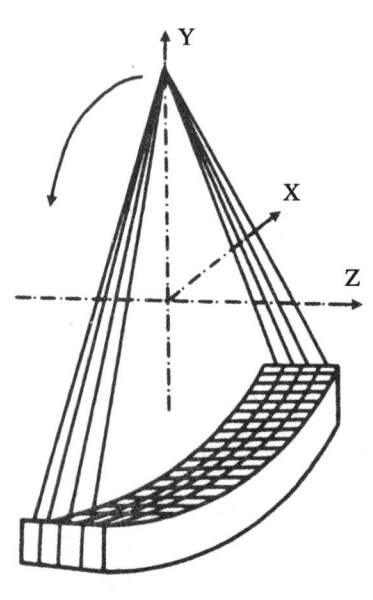

图 1-10　多排探测器示意图

MDCT 发展迅速，从 4 排、6 排、8 排、16 排、32 排直至 64 排 CT。由于一次扫描多层采集，扫描速度大大加快，甚至可达亚秒级。多脏器灌注检查、心脏检查、三维后处理等高级软件的应用，使 CT 的临床功能和适应证范围不断扩大和延伸。这些 CT 技术的发展拓展了 CT 的临床应用范围，相对大大降低了 X 线辐射剂量。

四、CT检查方法

（一）平扫（precontrast scan or non contrast scan）

平扫是不注射对比剂的扫描。一般多进行横断面扫描。层厚可选1～10mm，甚至达到亚毫米水平。检查时患者要制动。腹部扫描有时患者需口服对比剂以区别肠管与病变。

（二）增强扫描（post contrast scan or contrast scan）

增强扫描是指于血管内注射对比剂后的扫描。根据扫描方法的不同分为常规增强扫描、动态增强扫描、延迟扫描和多期增强扫描。

（三）特殊扫描

1. 高分辨率CT（high resolution CT） 采用薄层，中、高或极高分辨率重建（或骨算法重建），可以得到组织的细微结构图像。临床用于肺部弥漫性间质性病变以及小结节病变等的检查，也用于显示内耳、中耳听小骨等细微骨结构。

2. CT血管造影（CT angiography，CTA） 是指静脉注射对比剂后，在循环血中及靶血管内对比剂浓度达到最高峰的时间内，进行MDCT扫描，经计算机最终重建出靶血管的数字化立体影像。

3. CT灌注成像（perfusion CT） 能够反映组织的微循环及血流灌注情况，获得血流动力学方面的信息，主要应用于脑梗死的诊断及缺血半暗带的判断，也应用于心、肝、肾、肺病变的诊断，现也将CT灌注成像应用于脑胶质瘤复发与脑放射性坏死的诊断中。

4. 造影扫描 是在对某一器官或结构造影后再进行CT扫描的方法，它可更好地显示结构和发现病变，如血管造影CT、脊髓造影CT、脑室造影CT、胆囊造影CT等。

5. 重叠扫描 当层面间隔小于层厚时称为重叠扫描，如层厚1cm而间隔0.5cm，采用此种方法的目的是减少部分容积效应的影响，不易漏掉较小的病灶。

（四）螺旋CT的图像处理

1. CT三维图像重组 三维CT（three dimensional CT，3DCT）是将螺旋CT扫描的容积资料在工作站3DCT软件支持下合成三维图像，此图像可360°旋转，以便从不同角度观察病灶，利用剪影功能可以有选择地去除某些遮掩病灶的血管、肌肉和骨骼等（彩图1-11、彩图1-12、彩图1-13）。

2. CT多平面重组（multiple planner reconstruction，MPR） CT多平面重组是指在任意平面进行分层重组，能从多个平面和角度更为细致地分析病变的内部结构及其与周围组织的关系，已在临床上广泛应用（图1-14）。

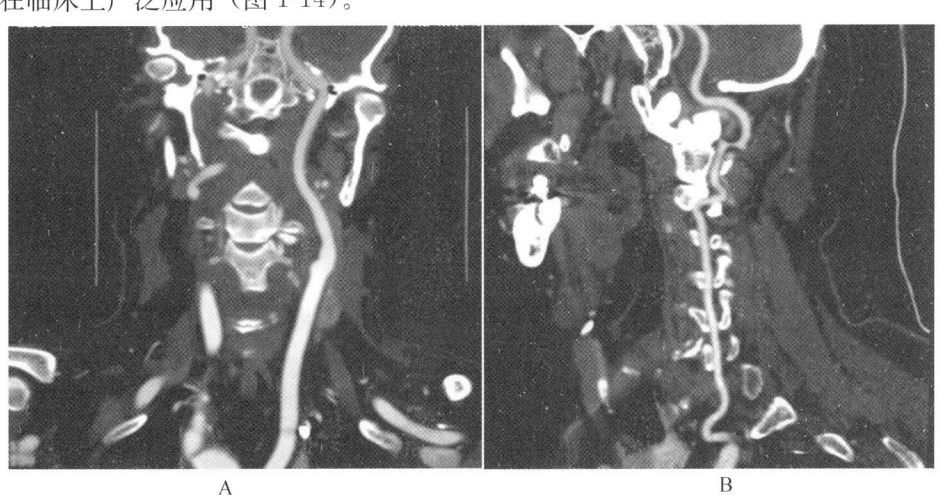

图1-14　CT多平面重组显示颈部血管

A. 左侧颈内动脉；B. 左侧椎动脉

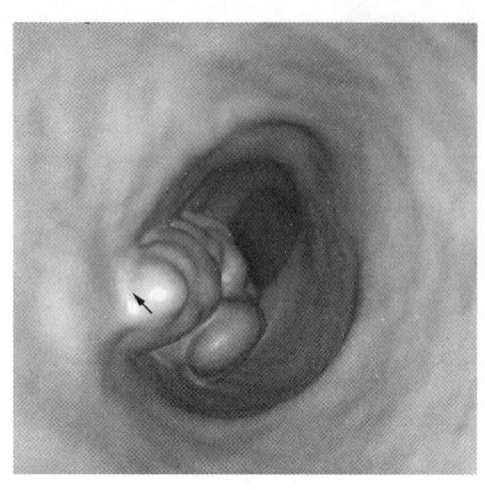

图 1-15 结肠癌（箭头所示）仿真内窥镜图像

3. CT 仿真内镜技术（CT virtual endoscopy, CTVE）是利用计算机软件功能，对 CT 容积扫描获得的图像数据进行后处理，重组出显示空腔器官内表面的立体图像，类似纤维内镜所见（图 1-15）。

五、CT 对比剂

（一）对比剂的分类

1. 按化学结构分类　分为离子型对比剂和非离子型对比剂。常用离子型 CT 对比剂为泛影葡胺，以口服为主。非离子型 CT 对比剂主要以血管内团注方式给药。

2. 按给药途径和检查目的分类　分为血管性对比剂和非血管性对比剂。

（二）对比剂作用原理及临床应用

在 CT 检查中，对比剂应用十分广泛。CT 平扫发现占位性病变时一般需增强扫描，目的是提高病变组织同正常组织的密度差，以显示平扫上未被显示或显示不清的病变，通过病变有无强化或强化类型，对病变作出定性诊断。对于血管性病变，增强扫描可直接显示畸形血管的情况，对诊断有决定性作用。椎管内注入对比剂 CT 扫描，可清晰勾画出蛛网膜下腔的形态、大小等，有利于椎管内病变的定位、定性诊断。上腹部 CT 扫描时可口服 1%～2% 碘对比剂充盈胃和小肠，减少气体伪影，以鉴别肠管和肿物。常规清洁灌肠后用 1%～2% 碘对比剂保留灌肠，可直接显示大肠的情况及其与周围器官的关系。

（三）对比剂给药途径

1. 静脉内团注给药　将某一剂量含碘对比剂加压快速注入静脉，注射速率一般为 1～5ml/s。

2. 动脉注射给药　目前基本上不再使用。

3. 体腔造影　腹部检查时可于扫描前口服 1%～3% 碘对比剂溶液充填胃肠道。如行仿真内窥镜检查，可以使用二氧化碳或空气，给药途径为口服产气剂或经直肠注入空气。

（四）对比剂的副作用及处理

1. 轻度反应　灼热感、呼吸急促、恶心、呕吐和荨麻疹等。短时间休息或对症治疗即可好转。

2. 严重反应　哮喘、喉头水肿、惊厥和周围循环衰竭等。应立即停止造影，进行抗休克和抗过敏治疗，若患者心跳停止应行体外心脏按压等。

（五）有下列情况者不宜使用对比剂

1. 老年人、多发性骨髓瘤、糖尿病、严重高血压及严重脱水者。
2. 严重心、肾、肝或肺功能不全者。
3. 含碘对比剂过敏者。

第三节　磁共振成像

核磁共振（nuclear magnetic resonance，NMR）是一种物理现象，早在 1946 年该现象就被发现并应用于波谱学研究。磁共振成像（magnetic resonance imaging，MRI）是在核磁共振现象基础上，将图像重建数学和计算机技术应用于医学成像的技术。随着相关领域学科的发展，MRI 硬件及软件设备的改进，影像设备日趋成熟，已成为临床上重要的检查手段。

一、磁共振设备与分类

MRI 设备包括磁体系统、梯度系统、射频系统、计算机和辅助设备等（图 1-16）。

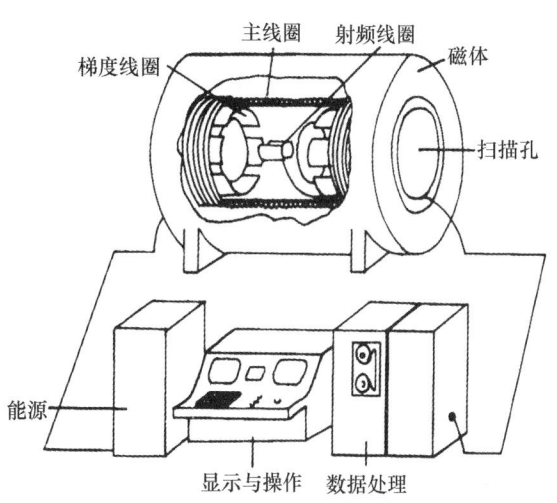

图 1-16　MRI 设备的基本结构

1. 磁体系统（magnet system）　产生静磁场的磁体称为主磁体，要求有较好的均匀性和稳定性。MRI 设备按主磁体的结构传统上分为常导型、永磁型和超导型。目前常导型已经被淘汰。

永磁型 MRI 设备磁体由铁氧体等永磁材料制作，磁场强度一般为 0.2~0.5T，永久带有磁性，制作和运行成本较低，但磁场强度也较低。

超导型 MRI 设备磁体用铌-钛合金制成，是目前常用的磁体，临床常用的磁场强度一般为 1.5T 和 3.0T。当磁体冷却至临界温度以下时，线圈对电流失去阻力，形成超导体。只要通一次电，电流就持久地在线圈内流动，并产生一个恒定磁场。其优点为磁场均匀稳定，图像质量好，缺点为造价及运行费用较高。

2. 梯度系统（gradient system）　梯度系统由梯度放大器及 X、Y、Z 三组梯度线圈组成。梯度线圈可产生梯度磁场，该磁场与主磁体的静磁场叠加，在扫描野内产生稳定的磁场梯度，使扫描野内任意两点的磁场强度略有不同，这样被扫描的生物体内的质子在不同的空间位置上具有不同的频率或相位，从而获得成像区域不同位置的信息。

3. 射频系统（radiofrequency system）　射频系统用来发射射频脉冲，以激发体内的氢质子吸收能量而产生共振，在弛豫过程中氢质子释放能量并产生 MRI 信号，后者被检测系统接收。按功能来分，射频线圈可分为发射线圈和接收线圈。发射线圈用于发射射频脉冲，接收线圈用于接收人体受激发后所产生的 MRI 信号。

4. 计算机系统　MRI 设备中的计算机系统主要包括模/数转换器、阵列处理器及用户计算机等，以完成数据采集、图像处理、图像显示等任务。

二、MRI 原理

当人体位于磁场中，人体内氢质子会以特定的频率及方式运动。磁共振（MR）扫描仪向人体发射高频电磁波，当氢质子的运动频率与电磁波的频率相等时，氢质子接收电磁波的能量。当电磁波发射停止时，氢质子把接受的能量释放出来。MR 扫描仪的接收系统接受人体内氢质子释放的能量，经计算机处理后形成图像。上述过程包括氢质子磁矩进动学说、核磁弛豫现象等理论。目前描述 MRI 原理有两种学说，即氢质子磁矩进动学说（经典力学理论）和原子核的能级跃迁学说（量子力学理论），本节仅介绍前者。

（一）氢质子磁矩进动学说

Bloch 从经典力学的角度描述了磁共振的产生过程，认为原子核磁矩偏转过程即为磁共振过程，其磁矩偏转，即在新的状态下继续进动，可引起周围线圈产生感应电流信号即磁共振信号。现分述如下：

1. 氢质子磁矩平时状态——杂乱无章　氢质子具有自旋特性，每个氢质子产生一个小磁场。

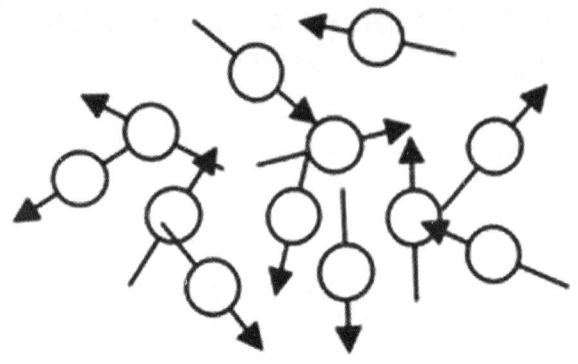

图 1-17 未置于磁场时，氢质子核磁矩取向呈随意分布，M=0

在平时状态，磁矩取向是任意的和无规律的，因而磁矩相互抵消，宏观磁矩 M=0（图 1-17）。

2. 氢质子置于磁场中的状态——磁矩按磁力线方向排列　如果将氢质子置于均匀强度的磁场中，磁矩取向不再是任意和无规律的，而是按磁场的磁力线方向取向。全部磁矩重新定向所产生的磁化向量称为宏观磁化矢量（图 1-18）。

3. 施加射频脉冲——氢质子获得能量　施加一个特定频率的无线电波，称为"射频脉冲"，能使磁化矢量产生偏转。

4. 射频脉冲停止后——产生 MRI 信号　当射频脉冲停止作用后，磁化向量并不立即停止转动，而是逐渐向平衡态恢复，最后回到平衡位置，此过程称为弛豫过程（relaxation），所用的时间称为弛豫时间（relaxation time）。这是一个释放能量的过程，也是产生 MRI 信号的过程（图 1-19）。采集这些信号以后，经过计算机处理，组成 MRI 图像。

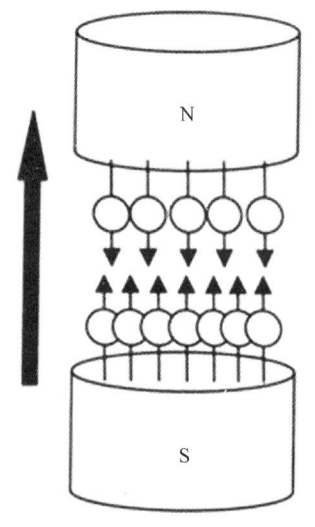

图 1-18 置于磁场后，氢质子核磁矩与主磁场平行排列，产生宏观磁化矢量

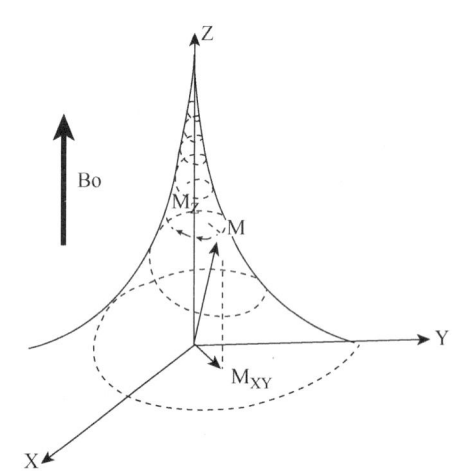

图 1-19 激发脉冲停止后，宏观磁化矢量的变化

横向磁化矢量 M_{XY} 很快衰减到零，纵向磁化矢量 M_Z 缓慢增长到最初值

（二）纵向弛豫时间和横向弛豫时间

MRI 成像影响因素较多，其中常用的有纵向弛豫时间（T_1）和横向弛豫时间（T_2）。T_1 和 T_2 是具有组织特异性的时间常数，不同组织以及正常组织和病变组织之间的 T_1 和 T_2 值有差异。

1. 纵向弛豫时间（T_1）　纵向弛豫是指射频脉冲停止后，纵向磁化逐渐恢复至平衡的过程。磁化分量在纵轴方向（Z 轴）由 0 恢复到原来数值的 63% 所需的时间为纵向弛豫时间（图 1-20），即自旋-晶格弛豫时间，简称 T_1，反映自旋核把吸收的能量传给周围晶格所需的时间。T_1 长的组织，纵向弛豫恢复慢，MRI 信号弱，如脑脊液；T_1 短的组织，纵向弛豫恢复快，MRI 信号强，如脂肪。主要利用组织 T_1 的差别形成的图像称为 T_1 加权图像（T_1 weighted imaging，T_1WI）。T_1WI 反映正常组织结构清楚。

2. 横向弛豫时间（T_2）　横向弛豫指射频脉冲停止后，质子又恢复到原来各自相位上的过程。磁化分量在横轴方向（X、Y 轴）由最大衰减到原来值的 37% 所需的时间为横向弛豫时间（图 1-21），即自旋-自旋弛豫时间，简称 T_2，反映横向磁化衰减、丧失的过程。T_2 长的组织，横向弛豫恢复慢,MRI信号强,如脑脊液;T_2短的组织,横向弛豫恢复快,MRI信号弱,如骨皮质。主要利用组织T_2的差别形成的图像称为T_2加权图像（T_2 weighted imaging,T_2WI）。T_2WI反映病变较为敏感。

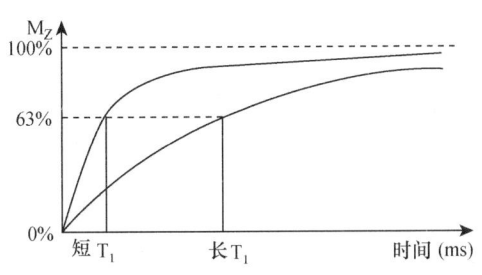

图1-20 纵向弛豫时间

T_1是指激发脉冲后,磁化矢量M_Z恢复到63%所需的时间,T_1越短,信号越强

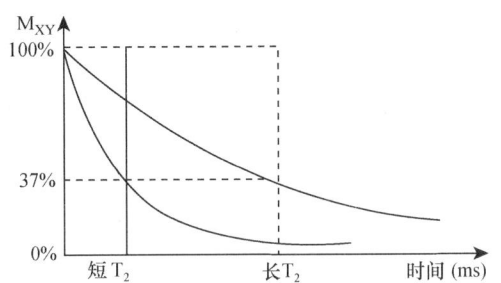

图1-21 横向弛豫时间

T_2是指激发脉冲后,原磁化矢量M_{XY}衰减到原来值的37%所需的时间,T_2越短,信号越弱

三、MRI检查方法

（一）MRI常规扫描（平扫）

MRI平扫是通过人体正常和病理组织本身的特性获得扫描图像的方法。在MRI检查中,组织的质子密度、T_1和T_2参数的表达,必须通过适当的脉冲序列（pulse sequence）反映出来。脉冲序列是指具有一定带宽、一定幅度的射频脉冲组成的序列。

自旋回波（spin echo,SE）序列是常用的射频脉冲序列。水抑制常用液体衰减反转恢复脉冲（fluid attenuated inversion recovery,FLAIR）序列,其特征是能够抑制自由水信号,使自由水在T_2WI像上呈低信号,而结合水不被抑制仍呈高信号。脂肪抑制（fat suppression）常用短反转时间反转恢复（short TI inversion recovery,STIR）序列,主要是在T_2WI像上抑制脂肪的高信号,使之呈低信号,以减少脂肪对其他组织信号的干扰。

（二）MRI增强扫描

增强扫描是从静脉注入MRI对比剂的检查。MRI影像具有良好的组织对比,但正常与异常组织的弛豫时间有很大的重叠,其特异性仍较差。为提高MRI影像对比度,一方面选择适当的脉冲序列和成像参数,以更好地反映病变组织的实际大小、程度及病变特征;另一方面则致力于人为地改变组织的MRI特征性参数。MRI对比剂能克服普通成像序列的限制,缩短T_1弛豫时间,增高靶区与相邻结构的对比,更好地显示病变（图1-22）,用于血管造影以及各种病变的显示等,临床应用广泛。

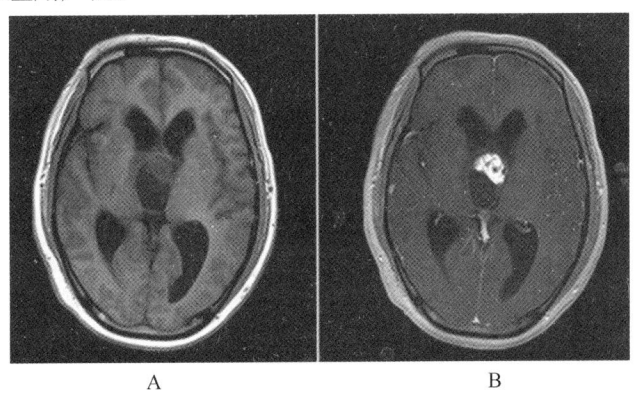

图1-22 颅咽管瘤T_1WI平扫及增强影像

T_1WI平扫（A）示鞍上区囊实性占位;T_1WI增强扫描（B）示实性部分明显不均匀强化,囊性部分囊壁强化

(三) MR 功能成像

1. **磁共振血管成像**（magnetic resonance angiography，MRA） 是指利用特定的技术来显示血管和血流信号特征的一种方法。MRA 显示血管呈两种表现，一种是血管为低信号（黑色），这是利用流空效应原理。因为快速流动的血流中的氢质子在选定扫描层面的停留时间太短，接受激励后还未激发出 MRI 信号，氢质子已经流出该层面，从而接收不到 MRI 信号。在 SE 序列平扫时，由于流空效应，快速流动的血液无信号，故心脏和血管信号低，呈黑色。还有一种是血管为高信号（白色），它是利用"流入性增强"的原理，即上游激发，下游取信号，同时抑制背景信号，使血管为高信号，此外，流体的流速还可诱导流动的质子发生相位变化。

常用的 MRA 检查方法主要有时间飞跃法（time of flight，TOF）、相位对比法（phase contrast，PC）和增强磁共振血管造影（contrast enhanced MRA，CE-MRA）。时间飞跃法（TOF）和相位对比法（PC）分别利用流入相关增强效应和流速诱导的流动质子的相位改变成像，不使用对比剂使血管产生高信号。时间飞跃法主要用于显示动脉（图 1-23），相位对比法主要用于显示静脉（图 1-24）。

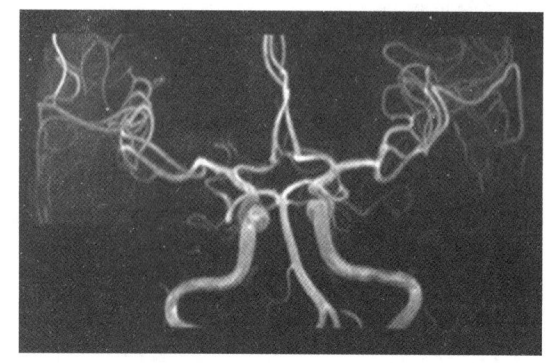

图 1-23 正常颅脑动脉三维 TOF MRA
显示颈内动脉、大脑前动脉、大脑中动脉、基底动脉及大脑后动脉等主要颅内动脉及其分支

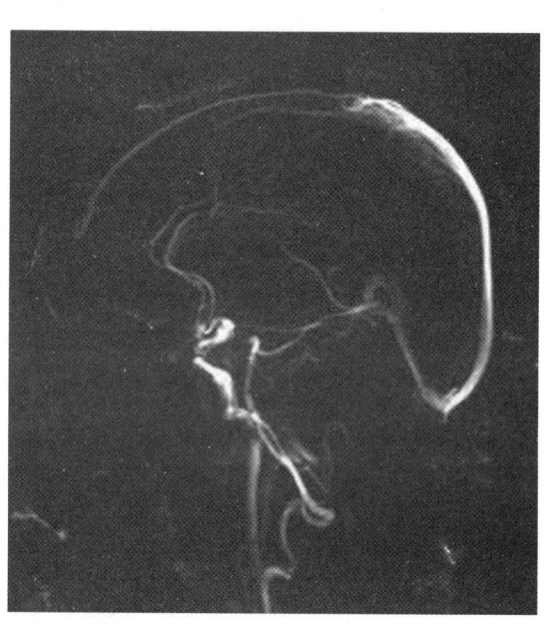

图 1-24 正常颅脑静脉二维 PC MRV
显示上矢状窦、下矢状窦、直窦、窦汇等主要颅内静脉窦及其主要分支

增强磁共振血管造影（CE-MRA）是利用静脉内注射顺磁性对比剂，缩短血液 T_1 值，使血液信号显著增高。此方法应用广泛，动脉和静脉都能够显示，对于胸腹部及四肢血管的显示效果较好。

MRA 对于大血管显示效果好，这是因为血流量大，没有呼吸运动伪影干扰。对于细小血管的显示尚未能够达到临床应用要求，其显示效果还在不断改进。

2. **磁共振水成像** 磁共振水成像是根据人体内液体具有长 T_2 值的特性，获得重 T_2 加权像，使含水的器官显影，而忽略其他组织器官的一种成像技术。此法不用对比剂且不采用有创性检查即可显示含液体的脏器。

磁共振水成像由于其突出显示含水结构的特点而被广泛应用于各个器官，以磁共振胰胆管成像（MR cholangio-pancreatography，MRCP）、磁共振尿路成像（MR urography，MRU）、磁共振椎管水成像（MR myelography，MRM）、磁共振内耳水成像及磁共振涎腺水成像等较为常用（图 1-25、图 1-26）。MRCP 是当前胰胆管系统检查的重要手段之一，可以显示肝内、外扩张的胆管,明确梗阻部位,结合 MRI 可以明确梗阻原因,可用于胰胆管恶性肿瘤、结石,胆管先天性病变、狭窄,以及急、慢性胰腺炎的诊断。与内镜逆行胰胆管造影(endoscopic retrograde cholangio-pancreatography,ERCP)相比具有无创、显影不受对比剂压力影响的优势,适用于老年人和无法接受 ERCP 的患者。MRU 补充了泌尿系统影像检查方法,具有无需对比剂、避免逆行插管等特点,特别适用于对碘过敏、严重肾功能损害、儿童和妊娠者,可用于肾肿瘤、肾结核、尿路梗阻和膀胱肿瘤的诊断。

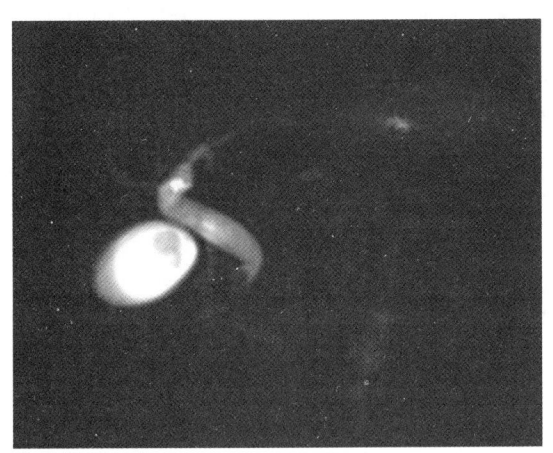

图 1-25 胆总管结石 MRCP 影像
显示肝内胆管及胆总管上段扩张、胆总管下端结石

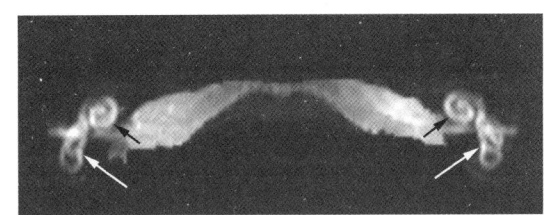

图 1-26 正常磁共振内耳水成像
显示耳蜗(短箭)和半规管(长箭)的结构

3. **磁共振波谱** 磁共振波谱(magnetic resonance spectroscopy,MRS)是利用磁共振化学位移(chemical shift)现象来测定组成物质的分子成分的一种检测方法,亦是目前唯一可测得活体组织代谢物的化学成分和含量的检查方法。在均匀磁场中,同种元素的同一种原子由于其化学结构的差异,进动频率也不相同,这种频率差异称为化学位移。MRS 实际上是某种原子的化学位移分布图,其横轴表示化学位移,纵轴表示各种具有不同化学位移的原子的含量,它能提供定量化学信息,一般以数值或图谱来表达。

目前 MRS 检测常用 ^{1}H MRS。由于 ^{1}H 在不同化合物中的磁共振频率存在差异,因此它们在 MRS 的谱线中共振峰的位置也就有所不同,据此可判断化合物的性质,而共振峰的峰高和面积反映了化合物的浓度,因此还可进行定量分析。

^{1}H MRS 可用来检测体内一些微量代谢物,如肌酸(Cr)、胆碱(Cho)、γ-氨基丁酸(GABA)、谷氨酸(Glu)、谷氨酰胺(Gln)、乳酸(Lac)和 N-乙酰天冬氨酸(NAA)等。正常成人脑灰质的 ^{1}H MRS 所显示的最高波峰为 NAA,并常显示相对较低的 Cho 和 Cr 波峰(图 1-27)。^{1}H MRS 对颅内肿瘤定位、癫痫定侧等也有帮助。

4. **磁共振扩散加权成像** 磁共振扩散加权成像(diffusion weighted imaging,DWI)是利用磁共振成像观察体内水分子的微观扩散运动的一种成像方法,是对水分子扩散运动敏感的成像技术。

水分子扩散快慢可用表观扩散系数(apparent diffusion coefficient,ADC)图像和 DWI 两种方式表示。ADC 值是直接反映组织扩散快慢的指标,如果组织中水分子扩散速度慢,ADC 值低,图像呈黑色。DWI 反映扩散信号强弱,如果组织扩散速度慢,则其去相位时信号丢失少,信号高,图像呈白色。

DWI 在早期脑梗死的检查中具有重要临床价值(图 1-28)。脑组织在急性或超急性梗死期,首先出现细胞毒性水肿,使局部梗死区组织的自由水减少,ADC 值显著下降,在 ADC 图像上呈黑色,在 DWI 上表现为高信号区,但此时在常规 T_1、T_2 加权像上的变化不明显。

磁共振全身扩散加权成像(whole body diffusion weighted imaging,WB-DWI)采用反转恢复回波平面扩散序列(简称 STIR-DWI-EPI),抑制肝等内脏器官和肌肉、脂肪等组织,用

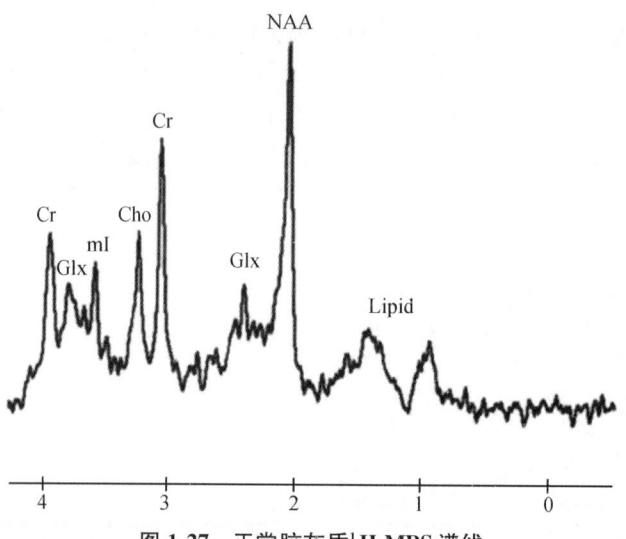

图 1-27 正常脑灰质 ^{1}H MRS 谱线

Cr：肌酸；Glx：谷氨酸类化合物；mI：肌醇；Cho：含胆碱化合物；NAA：N-乙酰天冬氨酸；Lipid：脂质

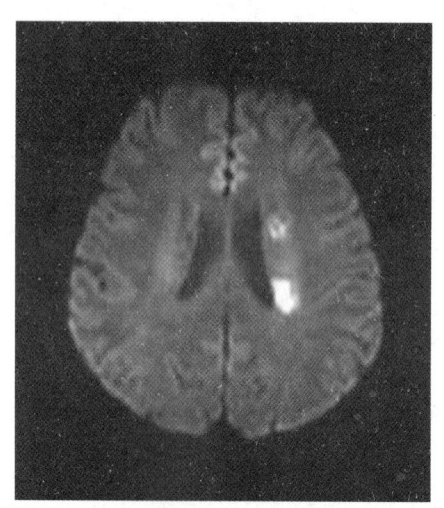

图 1-28 急性脑梗死 DWI 影像

显示左侧侧脑室旁病灶呈高信号

以清楚显示病变的扩散加权对比。此种技术主要用于检出恶性肿瘤及转移病灶，有助于肿瘤正确分期和治疗。

水分子的扩散除了受一般的生理或病理状况影响外，还会受到周围结构的影响。在具有固定排列顺序的组织结构中，如神经纤维束，水分子在各个方向的扩散是不同的，水分子通常更倾向于沿着神经纤维束走行的方向扩散，而很少沿垂直于神经纤维束走行的方向扩散，这种具有方向依赖性的扩散即称为扩散的各向异性。通过特殊梯度磁场和成像序列就可以突出显示这种扩散的各向异性并通过后处理显示纤维束，这种显像称为扩散张量成像（diffusion tensor imaging，DTI）。DWI 进展到扩散张量成像可用于显示脑和脊髓的各种传导束以及占位性病变与传导束的关系（图 1-29），也可显示脑白质弥漫性轴索损伤等。

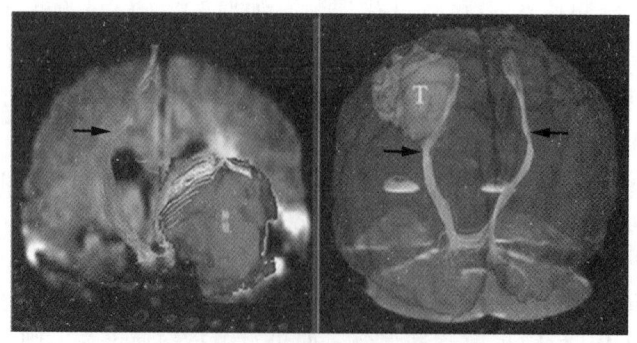

图 1-29 脑肿瘤 DTI 影像

显示肿瘤对神经纤维束的压迫和侵犯（箭头），T：肿瘤

5. 磁共振灌注加权成像　磁共振灌注加权成像（perfusion weighted imaging，PWI）是用来反映组织微循环的分布及其血流灌注情况、评估局部组织的活力和功能的磁共振检查技术。根据原理可分为以下三种：

(1) 对比剂首过灌注成像：基本原理是静脉内团注顺磁性对比剂后立即进行快速 MRI 扫描，获得对比剂首过兴趣区毛细血管床的图像。由于顺磁性对比剂使成像组织的信号变化，根据脑组织信号变化过程，可以绘制出信号强度-时间曲线，根据这个曲线变化可计算相对脑血容量（rCBV）、相对脑血容量图（rCBVm）等，分析脑组织血流灌注情况。

(2) 动脉质子自旋标记法（arterial spin labeling，ASL）：该法通过采用反转脉冲预先标记动脉血中质子而成像。

(3) 血氧水平依赖成像技术（blood oxygen level dependent，BOLD）：BOLD 是以脱氧血红蛋白的磁敏感性为基础的成像技术。如大脑皮质某一区域受刺激，局部血流量增加，对刺激前后分别成像，由于刺激前后局部脱氧血红蛋白含量不同，通过减影方法即可得到该区域血流灌注情况的图像。

目前灌注成像主要用于脑梗死的早期诊断、心肌灌注等方面。

6.脑功能性磁共振成像　脑的功能性磁共振成像（functional MRI，fMRI）是一种利用 MRI 研究活体脑神经细胞活动状态的检查技术。它主要借助快速或超快速 MRI 扫描技术，测量人脑在思维、视、听或肢体活动时相应脑区脑组织的血容量（CBV）、血流量（CBF）、血氧含量（oxygenation）以及局部灌注状态等的变化，并将这些变化显示于 MRI 图像上。

脑 fMRI 检查目前大部分仍处于研究阶段，用于确定脑组织的功能部位。临床已用于脑部手术前计划的制订，如癫痫手术时，通过 fMRI 检查识别并保护功能区；也可用于卒中偏瘫患者脑的恢复能力的评估；以及精神疾病患者神经活动的研究等。

7.脑磁敏感加权成像　磁敏感加权成像（susceptibility weighted imaging，SWI）是一种利用组织间磁敏感性的差异成像，较好地显示静脉血、出血、铁沉积等的检查技术。

SWI 是利用组织的不同磁化率结构使相应的感应磁场发生变化，这种感应磁场的变化会导致质子去相位，使 T_2 信号降低，产生对比，形成 SWI 图像（图 1-30）。

脑 SWI 检查目前仍处于研究阶段。临床上常用于显示弥漫性轴索损伤（diffuse axonal injury，DAI）伴发的小血管出血；显示小血管畸形，如毛细血管扩张症、静脉瘤等；显示脑血管病，如对微梗死、高血压患者脑内自发微出血灶等很敏感；检测脑内矿物质沉积，如帕金森病患者脑内铁沉积；显示肿瘤周围静脉、瘤内微血管以及合并微出血情况，有助于肿瘤分期。

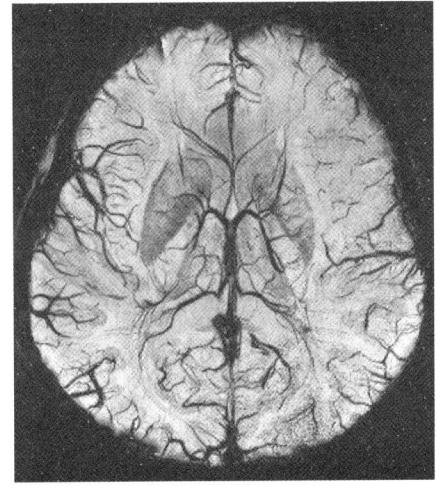

图 1-30　正常脑 SWI 图像

四、磁共振对比剂

多数磁共振对比剂通过改变氢质子弛豫时间来增强或降低组织或病变的信号强度，达到造影目的。常用的磁共振对比剂为顺磁性对比剂。

目前最常使用的顺磁性对比剂二乙三胺五乙酸钆（gadolinium diethyl triamine-pentoacetic acid，Gd-DTPA），是一种阳性对比剂，在低浓度（0.1～0.2mmol/kg 体重）时缩短 T_1 值，高浓度（>0.5mmol/kg 体重）时缩短 T_2 值。常规用药剂量为 0.1～0.2mmol/kg 体重，采用静脉内快速团注。对于垂体、肝、心脏及大血管等成像应采用压力注射器进行动态、多期扫描。常规用 T_1WI 序列，此外可结合脂肪抑制或磁化传递技术等增加对比效果。Gd-DTPA 已广泛应用于临床，不良反应发生率为 1%～3%，大多较轻微。

（温智勇　王霄英）

第四节　超声检查

一、概述

超声波（ultrasonic wave）是频率高于20kHz的声波。在临床超声医学中，超声波的频率范围一般为2～10MHz。超声波具有声波所有的物理性质，但因其频率高且波长短，因此又具有许多不同于声波的独特性质，有助于临床疾病的诊断。

1. 方向性　超声波的波长和光线一样，比较短，因此具有较强的方向性，从而形成超声束（ultrasonic beam），这一特点是诊断用超声的首要物理性质。

2. 反射、折射、衍射和散射　超声波从一种介质传至另一种声阻抗不同的介质时，将在两种介质相交界的表面（称为声学界面）发生反射；超声波在传播过程中遇到几何尺寸等于或小于其波长的反射物时，部分能量将绕过这一物体并继续向前传播，这种现象称为衍射（diffraction）；而剩余能量的超声波将以这一物体为中心向空间各个方向发生散射（scattering）。

吸收和衰减　超声波在体内传播的过程中，其强度将随着传播深度的增加而进行性减弱，称为衰减（attenuation）。人体组织衰减程度的一般规律：①骨＞软骨＞肌腱＞肝和肾＞血液＞尿液、胆汁；②组织、体液中蛋白成分越高，衰减越显著；反之，组织、体液中水分含量越多，衰减越少。

多普勒效应　振源和接收器作相向运动时接收体接收到的频率将高于发射频率，作反向运动时接收到的频率则低于发射频率，其差别与相对运动的速度有关，称为多普勒频移，这种效应就是多普勒效应（Doppler effect）。多普勒频移可用公式表达为 $fd = fr - f0 = \pm 2f0V\cos\theta/C$（fd 代表多普勒频移，f0 为入射频率，fr 为反射频率，V 为反射物体的运动速度，C 为声速，θ 为运动方向与入射波之间的夹角）。

二、基本概念

（一）超声仪器基本概念

1. 换能器（探头）　在超声成像过程中，发射超声波是换能器的逆压电效应，即当晶体受到外界压力或拉力时其两个表面将分别出现正、负电荷，使得机械能转变为电能；而接收回声信息则是换能器的正压电效应，即当晶体受到电场的作用时出现机械性的压缩和膨胀，电能转变为机械能。

2. 聚焦　可使聚焦区超声束变细，减少远场声束扩散，改善图像的横向和（或）侧向显示的方法。

3. 增益　为将超声波信号放大的方法。通过调节时间补偿增益（time gain compensation，TCG）或距离补偿增益（distance compensation gain，DCG）可清楚显示深部组织的回声。

4. 灰阶　图像中像素的亮度等级，由黑到白可以分为256级灰阶。灰阶级数越多，其图像对比度越好。

（二）超声图像基本概念

1. 无回声　病灶或正常组织内不产生回声，如充盈的胆囊、膀胱及囊肿的回声。

2. 低回声　又称弱回声，为暗淡的点状或团块状回声，如肾皮质的回声。

3. 等回声　病灶的回声强度与其周围正常组织的回声强度相等或近似。通常以肝、脾等实质脏器的回声作为参照物。

4. 强回声　超声图像上形成的非常明亮的点状或团块状回声，如结石的回声。

5. 暗区　超声图像上无回声或仅有低回声的区域。又可分为实性暗区及液性暗区。

6. 声影　由于障碍物的反射和折射及对声波的吸收，声波不能到达的区域，亦即强回声后方的无回声区，见于结石、钙化及致密软组织回声之后。

三、超声的分类及应用

（一）实时二维超声

实时二维超声通常称为 B 型超声，属于辉度调制型，即将介质中由声阻不同所形成的界面上的反射，以光点形式显示在扫描线上，即利用组织界面回波和组织后散射回波幅度的变化来传达人体组织和脏器的解剖形态和结构方面的信息（图 1-31）。

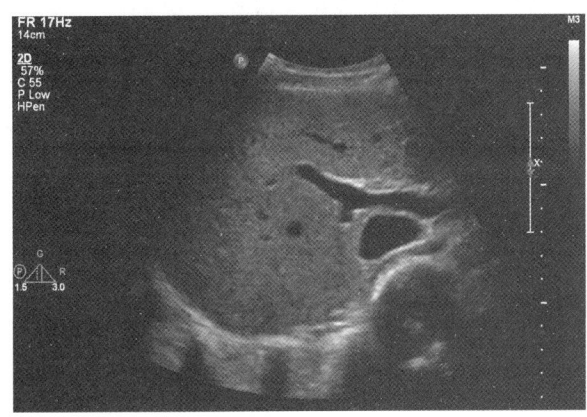

图 1-31　肝二维超声图像

（二）M 型超声

M 型超声是将探头所接受的回声信号在荧光屏上沿扫描线依次排列，显示为一串光点，可显现多个心动周期的变化，较二维超声更能清晰方便地观察收缩期及舒张期的变化、心壁与瓣膜的活动规律，测量心腔的缩短分数与射血分数等，能清晰显示局部组织结构细微快速的活动变化，准确分析、测定局部活动幅度及速率等（图 1-32）。

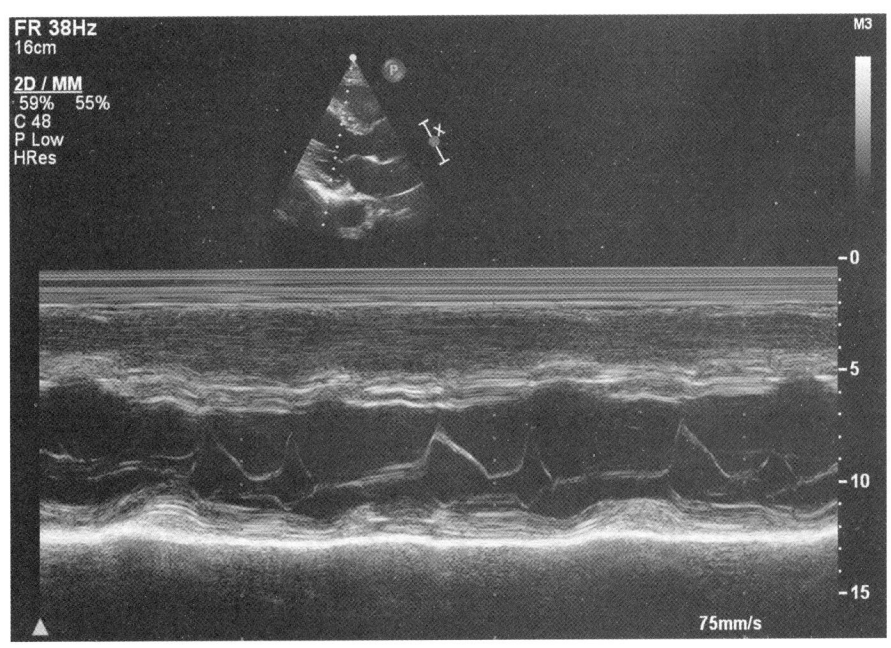

图 1-32　二尖瓣 M 型超声心动图

（三）D 型超声

1. **频谱多普勒** 频谱多普勒包括脉冲式多普勒（pulsed-mode Doppler，PW）和连续式多普勒（continuous-mode Doppler，CW）。脉冲式多普勒在取样线上有取样容积，可对血流进行定位检测，但若被检测的血流速度过高时，可出现信号混叠现象。而连续式多普勒可在取样线上全长收集血流信号，可检测高速血流，无血流信号的混叠现象，但不能定位检测。因此，在检测高速血流时，两者结合可对高速血流信号进行定量和定位检测。

2. **彩色多普勒** 彩色多普勒血流显像（color Doppler flow imaging，CDFI）已成为一种实时分析和显示空间血流信息的实用技术。超声负荷试验时血流速度增快，血流量增大，彩色多普勒技术可提高对血流显示的敏感性；心腔显影时，彩色多普勒可使心内膜的界限清晰，心肌显影时，彩色多普勒也使心肌血流更易成像。

（四）超声造影

1. **对比剂的种类** 根据超声对比剂的微气泡种类、基质（即包裹微气泡的物质或作为核心吸附气体的物质）的种类，可以分为含空气、含二氧化碳、含氧气、含氟碳气体、以糖类为基质及以人体白蛋白为基质的六种超声对比剂。

2. **对比剂的用途** 超声造影不仅可以显示血流灌注区，还可显示不同区域内灌注及消退的先后顺序。超声造影技术被广泛应用于全身实质性脏器如肝、脾、肾、子宫等疾病的诊断、鉴别诊断及治疗等。在心脏方面，用于右心造影和左心造影，其中左心造影分为左心腔造影及心肌造影，可提示心血管系统有无异常通路、连接异常或阻塞性病变等并被用于冠状动脉血流储备和心肌功能等方面的研究。

（五）临床应用进展

1. **彩色多普勒能量图** 彩色多普勒能量图（color Doppler energy，CDE），是以多普勒能量谱的积分为基础的一种新的彩色多普勒成像技术，根据单位面积下红细胞通过的数量以及信号振幅大小进行成像，可显示极低速血流、血管斑块及血栓等。

2. **多普勒组织成像技术** 多普勒组织成像技术（Doppler tissue imaging，DTI）是采用特殊的滤波装置删除心内血流信号而单独显示室壁运动速度的技术。为采用一种新的多普勒频移信息进行彩色编码，仅显示心肌和室壁的低速运动信号，快速检测与评估心肌的灌注与活性、传导、运动状态及分析其组织特征。

3. **斑点追踪显像技术** 斑点追踪显像（speckle tracking imaging，STI）技术是基于超声束在遇到心肌组织界面时产生反射或散射的原理，追踪选定感兴趣区内心肌组织的二维灰阶特征，可定量比较一个切面上每一节段心肌的应变，准确地反映心肌的运动。

4. **介入超声** 介入超声（interventional ultrasound）是在实时超声引导下，完成各种穿刺活检、抽吸、插管、注药、射频、微波等诊断和治疗。如在超声引导下对肝、肾、胰、脾等脏器或病变组织以及甲状腺、乳腺病变和肿大淋巴结进行活检；肝、肾囊肿穿刺抽液和硬化治疗；肝脓肿穿刺抽脓注药治疗；超声引导下经皮射频治疗肝癌等。

（穆玉明　王霄英）

第五节　医学影像的存档和传输系统

一、医学影像的存储和传输系统简介

医学影像的存储和传输系统（picture archiving and communication system，PACS）是专门为现代化医院的影像管理而设计的包括数字化医学图像信息的采集、显示、处理、存储、诊断、输出、管理、查询、信息处理的综合应用系统，和医院信息化及数字化医院的目标紧密关联，是以数字化诊断（无纸化、无胶片化）为核心的整个影像检查与治疗过程的管理。电子通

信网络支持多用户同时利用计算机对图像进行处理，从而提高了诊断能力，并可接入远程医疗系统来实现远程会诊；分布式医学图像数据库更便于实现医学数据共享，从而提高医院的工作效率和诊断水平。

二、PACS 的分级

根据 PACS 的规模和应用功能，一般分为三级。

（一）全规模 PACS（full-service PACS）

涵盖全影像科或医学影像学科范围，包括所有医学成像设备，有独立的影像存储及管理亚系统、足够量的软拷贝显示和硬拷贝输出设备，以及临床影像浏览、会诊系统和远程影像学服务。采用模块化结构、开放性架构与医院信息系统/影像信息系统（HIS/RIS）整合良好。

（二）数字化 PACS（digital PACS）

包括常规 X 线影像以外的所有数字影像设备（如 CT、MRI、DSA 等），常规 X 线影像可经胶片数字化仪进入 PACS。具备独立的影像存储及管理亚系统和必要的软、硬拷贝输出设备。

（三）小型 PACS（mini-PACS）

局限于单一医学影像部门或影像亚专业单元范围内，在医学影像学科内，部分地实现影像的数字化传输、存储和软拷贝显示功能。

三、PACS 的组成

PACS 系统分为多个部分：影像实时采集，影像分析处理，影像查询、管理、存储，图文编辑及打印，会诊中心及远程会诊。

（一）影像实时采集

把各种医疗设备中的图像信息采集到计算机中纳入 PACS 系统。在图像采集上必须遵循统一的医学数字成像和通信（digital imaging and communications in medicine，DICOM）标准。目前大部分医疗设备均可满足这一要求。在数字方式下，包括 X 线、CT、MRI、B 超、PET 以及电子内窥镜图像、病理组织学图像等均可以传送到 PACS，采集到的 DICOM 图像没有任何损失，图像的显示方式、操作方式也与医疗设备中的一致。

若其他设备本身不产生数字化图像，可以通过网关进行处理；胶片图像可以通过扫描仪转换为 DICOM 标准图像后上传 PACS。

（二）影像分析处理

对计算机采集到的图像，根据需要进行分析和处理，帮助医生诊断，功能包括灰度/对比度调节、窗宽/窗位调节、单幅/多幅显示、放大/缩小、局部放大、定量测量（CT 值、长度、角度和任意曲线下面积等）、图像比例尺测量、图像旋转、图像打印和各种图像标注等。PACS 诊断工作站对于图像显示要保证清晰度和精度。CR、DR 图像，一般需 2~3M 的专业显示器，CT、MRI 图像需要专业彩色显示器以满足诊断要求。

（三）影像的查询、管理和存储

对计算机采集到的医疗图像建立数据库存储管理，临床医师可以通过网络随时对患者的诊断信息和图像进行调用。系统提供多种关键字，可对患者影像信息进行综合检索。PACS 目前为在线和离线存储模式，将来有望实现全部在线，而离线存储仅作为备份。

（四）图文编辑及打印

资料录入后提供标准的诊断报告，进行图文编辑，并通过激光或彩色喷墨打印机输出。PACS 工作站还应实现连接激光相机，通过激光相机打印胶片。

（五）会诊中心及远程会诊

PACS必须与HIS很好地整合才能发挥其效益。还可以医院局域网和外部的互联网、电话线为通信介质，实现医院之间的原始图像数据和患者其他信息的传递，能够为患者方便地提供远程会诊服务，使远在异地的患者可享受到高水平专家的诊断。

四、PACS的临床应用

PACS在临床中的应用大致有如下几方面：

1. 临床诊断　PACS改变了诊断医生的阅片模式，利用计算机网络传输患者图像资料，医师无需等待患者的胶片，直接在网络中调阅患者图像即能完成对患者的诊断，影像诊断报告在HIS医生工作站中能够直接调阅。PACS提高了影像科室乃至全院的工作效率。

2. 提升诊断水平　PACS的图像管理和海量存储，使得既往图像的调用与对比更加方便，可在不同地方同时调阅不同时期和不同成像方法的多幅图像，并可进行图像的再处理，以便于对照和比较，提高了诊断的准确性。

3. 方便教学和科研　PACS存储大量数据和资料，便捷的检索、查询功能为教学和研究带来极大的便利。

4. 远程医疗　PACS统一了所有医学图像格式，可实现医院之间的图像实时、同步传递，使远程会诊成为可能。

五、PACS的安全性

PACS的安全性很重要，要有防火墙、防病毒软件，避免系统感染病毒。采用磁盘阵列存储数据、网络远程资料备份可以在某种程度上抵抗各种突发事件和自然灾害的影响。PACS的输出口（如USB口）必须设置屏障，防止患者资料的外泄以及系统感染病毒。同时建立健全良好的访问机制，建立多级管理权限。

为保证PACS的安全性和稳定性，需要进行日常维护和不断更新。

第六节　影像诊断原则、步骤及阅片方法

医学影像诊断是重要的临床诊断方法之一，包括X线、CT、MRI、超声等。必须遵循一定的诊断原则和步骤才能全面、客观地正确诊断。

一、影像诊断原则

养成客观分析的习惯，一般应掌握16字原则：细致观察、辨清正异、结合临床、综合诊断。

1. 细致观察　通过全面细致的观察，综合应用解剖、生理和各种影像方法的基础知识，辨认出异常，防止微小病变的遗漏。

2. 辨清正异　熟悉不同成像技术和检查方法的正常影像表现非常重要，这是辨认异常表现的先决条件。确定为异常表现后，要进行分析和归纳，明确它们所反映的病理变化和意义，分析时要注意以下要点：①病变的位置和分布；②数目和大小；③边缘和形态；④密度、信号和结构；⑤邻近器官和组织改变；⑥器官功能的改变；⑦增强检查前后的变化；⑧病程发展情况等。

3. 结合临床　分析异常影像时必须密切结合临床，包括临床症状、查体情况、实验室检查和其他辅助检查结果，由于存在"同影异病，同病异影"的问题，分析时要注意以下几点：

①年龄和性别；②现病史和既往史；③居住地区；④职业史；⑤临床体征；⑥其他检查结果；⑦治疗经过和疗效观察等。

4. 综合诊断　影像医学各种成像技术的成像原理虽然不尽相同，但都是使人体内部器官、结构形成影像，从不同角度直接或间接反映人体疾病本质。鉴于各种影像方法的互补性，需综合利用不同检查方法提供的信息，互相补充、互相参照、互相对比，从而得出正确结论。

影像学检查是间接诊断，不是病理诊断，一般所得影像诊断有三种：①肯定诊断：影像资料齐全，病变本质有特异征象时可以确诊。②否定诊断：除外某种疾病时，可能有假阴性情况。③可能性诊断：不能确定病变性质，提出几种可能性病变，需建议其他检查、随访、试验性治疗等。

二、影像诊断步骤

（一）了解影像学检查的目的

在认真分析临床资料的基础上，需了解、明确患者进行影像检查的目的，使阅片既全面又有重点，有利于作出正确的影像诊断。

（二）了解图像的成像技术和检查方法

充分了解影像图像的信息，包括：①患者的姓名、性别、年龄、检查时间等。②技术条件信息，如 X 线片的投照位置、黑白对比度等；CT 图像的层厚及间距、CT 值等；MRI 图像的扫描序列等。这些信息是影像读片的基础。

（三）判断影像是否正常

要确定图像是否有异常，首先要掌握以下几点：①熟悉基本解剖；②熟悉各种正常组织的密度和信号；③了解部分容积效应及各种伪影。

（四）确定病变位置

病变定位需要有系统解剖和断层解剖的基本知识，才能对病变正确定位，并正确评估病变侵犯的范围和程度。

（五）确定病变性质

并不是所有病变均能作出定性诊断，不同影像检查方法定性诊断率高低有所差异，另外还与医师的临床经验和影像诊断经验有关。如定性诊断确实困难，可根据病情建议复查或进行某种治疗后复检，也可建议患者进行其他实验室或影像学检查，如有必要还可以建议患者进行活检或外科探查。

三、阅片方法

分析图像时常用的方法有以下几点：

1. 系统观察　首先，阅片时切忌只注意醒目病变而无序地观察，一定养成按一定顺序系统观察的习惯，防止遗漏病变。例如观察骨骼系统照片，应依次为骨组织、周围软组织和邻近关节组织；进而观察骨组织时，应依次观察骨干、干骺端和骨骺；上述每个部位又依次观察骨髓腔、骨皮质、骨膜等。对于 CT 和 MRI 等断层图像，需按顺序连续观察多幅图像，然后在头脑内形成某一器官或结构的立体图像，这也有助于识别部分容积效应，也不至于把某些管道性正常解剖结构误认为病变。其次，阅片时原则上应先平扫、后增强，根据平扫与增强片的对比，明确强化幅度，来判断病灶血供是否丰富，血脑屏障有无损伤等。另外，要熟练应用窗宽、窗位技术，不同组织需选用特定的窗宽和窗位，才不会遗漏病灶。

2. 对比观察　同一片内采用对比观察易于发现病变，如 X 线胸片，需左右对比、上下对比，这样容易发现病灶。有时人体一侧发生病变，难于判断有无异常时，可加照对侧照片以对比。

3. 前后观察　如有两次以上的影像检查，应进行前后对照，这样不仅能够更好地发现病变，更能够了解病变的动态变化，从而判断治疗效果，进一步确定病变性质。

（温智勇　王霄英）

第二章 中枢神经系统

第一节 检查方法

一、颅脑

(一) 头颅 X 线平片

头颅 X 线平片一般采用正、侧位像。主要用于颅骨外伤和颅骨畸形的诊断，也可发现颅内异常钙化和颅内压增高。

(二) 血管造影

脑血管造影（cerebral angiography）是通过注入碘对比剂显示脑血管的检查方法。常用颈动脉造影和椎动脉造影，主要用于动脉瘤、血管发育异常和血管闭塞等血管性病变的诊断等。

(三) CT

1. 平扫　颅脑 CT 检查以轴位扫描方式采集横断面图像为主，扫描基线通常为上眶耳线（眼眶上缘与耳道中心连线），自下而上连续扫描 10～12 个层面，层厚 8～10mm。多排螺旋 CT 以螺旋扫描方式进行薄层采集后，可进一步进行冠状面和矢状面重组，亦有助于显示病变。

2. 增强扫描　根据病变有无增强以及增强的程度和形态，可进一步确定病变的性质。

3. CTA　CT 血管造影（CT angiography，CTA）是在经静脉团注对比剂后，对比剂通过脑血管时进行扫描，将原始数据重组得到三维的脑血管或颈部血管图像。

4. CT 灌注成像　经静脉团注对比剂，在同一区域进行重复快速扫描，建立动脉、组织、静脉期的时间-密度曲线，通过数学模型计算出灌注参数图像，对组织的灌注量及毛细血管通透性作出评价。

(四) MRI

1. MRI 平扫　常规进行横断面、冠状面和（或）矢状面平扫。对于中线结构、颅后窝病变首选矢状面；颅底、桥小脑角及天幕区病变辅以冠状面；垂体及鞍区需联用冠状面、矢状面扫描。一般横断面层厚 8～10mm，矢、冠状面层厚 3～5mm，垂体及听神经的微小肿瘤适于采用<3mm 的薄层扫描。

2. MRI 增强扫描　注射对比剂（Gd-DTPA）后行 T_1WI 扫描，通过增加正常脑与病变脑组织的对比，帮助病灶的定性诊断和鉴别诊断。

3. MR 血管造影（MRA）　利用流动效应，无需对比剂即可以显示颅内大血管，主要用于血管性疾病的诊断。

4. 功能性 MRI（fMRI）检查　通过扩散加权成像（DWI）、扩散张量成像（DTI）、灌注加权成像（PWI）、磁共振波谱（MRS）以及脑功能定位检查，分析病变所致的脑功能改变。DWI 主要显示组织中水分子的扩散运动，对急性脑梗死的早期诊断有很重要的价值，DTI 可显示正常脑白质纤维束走向和结构完整性。PWI 用来显示脑组织微循环的情况，评估局部组织的血供，主要用于脑血管性疾病及肿瘤的评估。^{1}H 磁共振波谱（^{1}H MRS）通过分析病变组织内代谢物的改变，可显示肿瘤、梗死等患者脑组织的代谢情况，以进行诊断与鉴别诊断。脑功能定位检查是利用血氧水平依赖成像技术（BOLD）原理研究皮质活动的功能区域。

（五）经颅多普勒超声（transcranial doppler，TCD）

TCD是利用超声效应来检测颅底主要动脉的血流动力学和生理参数的无创性脑血管疾病的检查方法，对鉴别耳源性眩晕与椎基底动脉供血不足性眩晕有重要价值。

二、脊髓

（一）X线平片

常规摄颈、胸、腰椎正、侧位片，若观察椎间孔或椎弓，可加摄左、右斜位片。X线平片对于诊断脊椎病变有一定价值。

（二）CT

对椎骨和椎管病变，以8～10mm层厚连续横断面扫描病变区；也可用1～5mm薄层螺旋扫描，进行矢状、冠状及三维重组。对骨质结构病变有诊断价值。

（三）MRI

脊髓MRI一般以矢状面扫描为基础，辅以病变区横断面及冠状面扫描，可全面了解脊髓及其邻近结构的解剖，显示脊髓大小、形态，发现病变，并确定病变与周围组织的关系。常规用自旋回波序列T_1WI及T_2WI。必要时行增强扫描以提高病变的检出率和诊断的正确率。

MR脊髓成像（MR myelography，MRM）又称脊髓水成像，类似椎管造影效果，可代替脊髓造影和CT脊髓造影。

第二节　正常影像解剖

一、颅脑

（一）头X线颅平片

正常头颅X线平片表现：正常头颅X线平片表现因个体、年龄和性别而有明显差异。颅板分内板、外板和板障（图2-1）。内、外板呈高密度线状影，板障居中，密度较低。颅板厚度因年龄和部位而不同。颅缝包括冠状缝、矢状缝和人字缝，呈锯齿形透亮影，小儿较清楚。囟门表现为边缘较清楚的不规则三角形及菱形透明区，颅缝及囟门随年龄增长而逐渐变窄闭合。

颅骨压迹为颅内结构对内板长期压迫使其局限性变薄的区域。包括：①脑回压迹：是脑回压迫内板而形成的局限性颅板变薄区，X线表现为圆形或卵圆形低密度区，颅盖骨多见，其明显程度与年龄有关；②脑膜中动脉压迹：侧位上呈条状透亮影，分前后两支；③板障静脉压迹：顶骨多见，呈树枝状或网状透亮影；④蛛网膜颗粒压迹：呈边缘清楚而规则的颗粒状低密度影，常对称性位于额顶骨中线两旁，有时较大，甚至造成局限性骨缺损，边缘光整。

侧位X线片上可显示蝶鞍的形态、大小及结构。后前位X线片上，内听道显示在眼眶内，两侧对称。

（二）脑血管造影

正常脑DSA表现：正常脑动脉有一定迂曲，走行自然，由近向远分支逐渐增多、变细，管径光滑，分布均匀，各分支位置较为恒定，并与脑叶有一定对应关系。

颈动脉系统：颈内动脉经颅底入颅后，先后发出眼动脉、脉络膜前动脉和后交通动脉，终支为大脑前、中动脉。大脑前动脉主要分支依次是额极动脉、胼缘动脉、胼周动脉等；大脑中

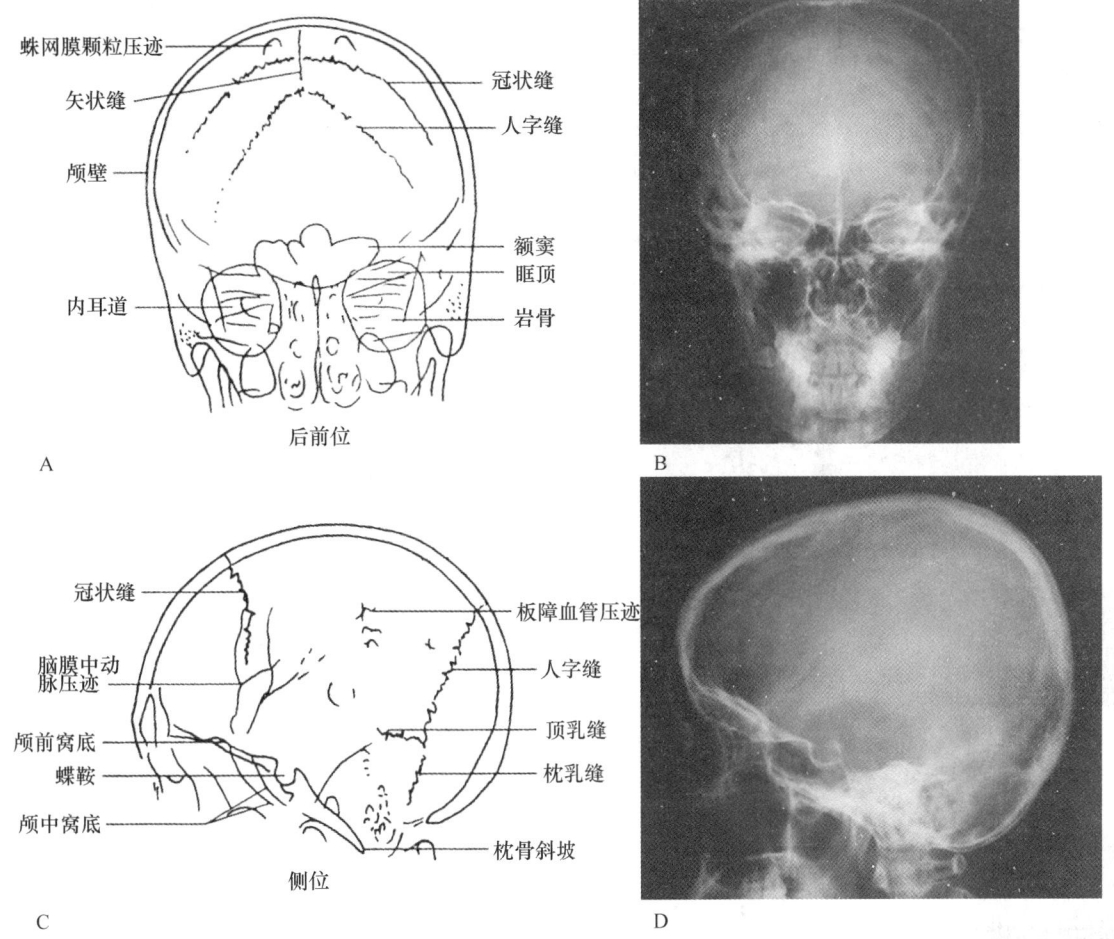

图 2-1 正常颅骨示意图及 X 线平片
A. 头颅正位示意图；B. 头颅正位 X 线平片；C. 头颅侧位示意图；D. 头颅侧位 X 线平片

动脉主要分支依次是额顶升支、顶后支、角回支和颞后支等。

椎-基底动脉系统：椎动脉起于锁骨下动脉，其颅内主要分支为小脑后下动脉；双侧椎动脉汇合成基底动脉，主要分出小脑前下动脉、小脑上动脉和大脑后动脉。

（三）CT

1. 正常脑平扫 CT 表现　在正常横断面图像上，通过不同的断面可显示不同的解剖结构。通过第四脑室平面可见颅后窝及桥小脑角区结构。通过蝶鞍及鞍上池平面可见蝶鞍、鞍上池、脑干、小脑、额叶底面及颞叶。通过第三脑室平面可见中脑、额叶、颞叶、枕叶及侧裂池。通过松果体平面可见侧脑室前角、后角、额叶、颞叶、枕叶及侧裂池。通过侧脑室体部平面可见侧脑室前角、后角、下矢状窦、额叶、颞叶及枕叶。

2. 正常脑增强 CT 表现　增强后，正常颅内结构如血管、脉络膜丛和硬脑膜强化，密度增高，因此颅底动脉环、下矢状窦、直窦和脉络膜丛可清晰显示。正常脑实质密度略有增高，灰质较白质略明显。

3. 正常脑 CTA 表现　类似正常脑 DSA 的表现，但在了解血管及病变与周围组织结构的关系时较 DSA 有优势。

（四）MRI

1. 正常脑 MRI 表现（图 2-2）　横断面表现与 CT 相仿，但对延髓、小脑等颅后窝内的结构显示更佳。

正常成人脑 MRI 上，脑白质信号在 T_1WI 上稍高于脑灰质，而在 T_2WI 上脑白质信号略低于灰质；脑脊液在 T_1WI 上为低信号、在 T_2WI 上为高信号；脂肪组织在 T_1WI 和 T_2WI 上均为高信号；骨皮质、钙化和硬脑膜在 T_1WI 和 T_2WI 上均为低信号；流动的血液因其"流空效应"在 T_1WI 和 T_2WI 上均为低信号，血流缓慢或异常时则信号增高且不均匀。

矢状面图像显示中线结构较佳，如垂体、视束、中脑导水管、松果体、胼胝体等；冠状面图像可清晰显示视交叉、垂体、垂体柄、海绵窦、海马等结构。

2. 脑增强 MRI 表现　正常脑实质信号略有增高，灰质较白质略明显。脉络膜丛明显强化，硬脑膜、大脑镰和小脑幕可发生强化。

3. 正常脑 MRA 表现　类似正常脑 DSA 和 CTA 的表现，高场强 MR 扫描仪对于小血管的显示较低场强 MR 扫描仪效果好。

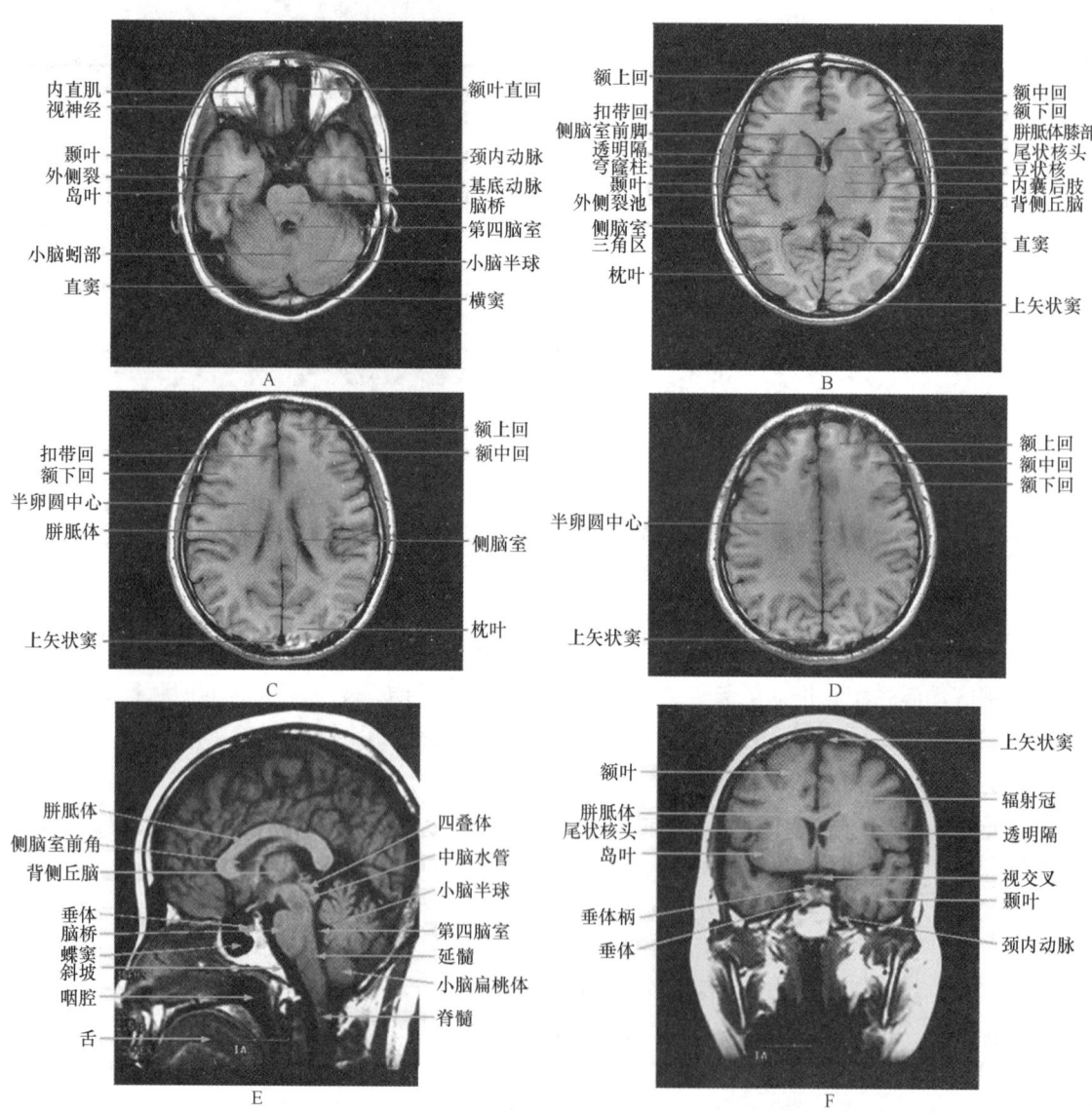

图 2-2　正常头颅 MRI

A. 横断面脑桥层面 T_1WI；B. 横断面基底节层面 T_1WI；C. 横断面侧脑室体部层面 T_1WI；
D. 横断面半卵圆中心层面 T_1WI；E. 正中矢状面 T_1WI；F. 冠状面 T_1WI

二、脊髓

(一) X 线平片

主要用于脊椎骨质变化以及椎间隙、骨性椎管、椎间孔、椎体后缘的显示。

(二) CT

CT 平扫可显示硬膜囊，由硬脊膜及蛛网膜共同围绕脊髓及脊髓周围的脑脊液而形成，呈软组织密度。上颈段可大致显示脊髓轮廓，下颈段以下脊髓则难以分辨。硬脊膜外间隙含有数量不等的脂肪，CT 显示为低密度，在此衬托下可显示类圆形神经根。可准确测量骨性椎管各径线和截面积，显示椎旁软组织。

(三) MRI

是椎管内疾病的首选检查方法。检查以矢状面为主，辅以冠状面和横断面。常规 T_1WI 脊髓为软组织样中等信号，脑脊液呈低信号；T_2WI 脊髓为等信号或较低信号，而脑脊液为高信号。横断面上脊髓、脊神经及周围椎管骨质和韧带的关系可清楚显示。

第三节 基本病变的影像表现

一、颅脑

(一) X 线平片

1. 颅骨骨质
(1) 骨质缺损：一般慢性和良性病变缺损区边缘硬化；急性和恶性病变边缘模糊不清。
(2) 骨质增生：包括颅骨密度增高和厚度增加。弥漫性骨质增生常见于系统性疾病；局限性骨质增生多见于骨质病变，还可见于颅内病变侵及颅骨，如：脑膜瘤。

2. 颅骨大小与形态
(1) 头颅增大：见于脑积水、先天畸形。如伴有颅壁增厚则见于畸形性骨炎、骨质异常增生、垂体生长激素腺瘤引起的颅骨改变。
(2) 头颅较小：多见于先天畸形。
(3) 头颅变形：见于先天畸形的狭颅症、黏多糖贮积症及一侧大脑发育不全等。

3. 颅内病理性钙化 钙化的形状、分布及大小多样。钙化可呈点片状、弧线状、带状或团状等。可见于肿瘤、寄生虫、血管性疾病、炎性疾病、内分泌或代谢性疾病等。

4. 血管造影
(1) 血管不充盈：常由压迫、血栓形成及栓塞等原因造成。
(2) 血管增多：见于脑血管畸形、侧支循环、先天变异及肿瘤血管等。
(3) 血管增粗：见于动静脉畸形、动脉瘤、颈动脉-海绵窦瘘及肿瘤血管等。
(4) 血管变细：见于动脉粥样硬化、血管痉挛及血管炎等。
(5) 管壁不规则：见于动脉粥样硬化、肿瘤血管、血管炎及痉挛等。
(6) 循环时间短和静脉早期显影：见于动静脉畸形及肿瘤血管等。

(二) CT

1. 密度改变
(1) 平扫：①高密度病变：指病灶密度高于正常脑实质密度，可见于出血、钙化及某些肿瘤等。②低密度病变：指病灶密度低于正常脑实质密度，可见于囊性变、坏死、气体、脑水肿、软化灶、胆脂瘤及星形细胞瘤等。③等密度病变：指病灶密度与正常脑实质密度相近，可见于脑膜瘤、脑梗死的吸收期。④混杂密度病变：可见于某些肿瘤及脑挫裂伤等。

（2）增强扫描：①均匀性强化：见于脑膜瘤、动脉瘤和肉芽肿等。②非均匀性强化：见于胶质瘤、血管畸形等。③环形强化：见于脑脓肿、结核瘤、胶质瘤、转移瘤等。④无强化：见于脑炎、囊肿、水肿等。

2. 脑室、脑池、脑沟的改变

（1）幕上占位性病变：脑实质内占位性病变可引起脑室及脑池的移位与变形，脑室内占位性病变可引起脑室扩大。

（2）幕下占位性病变：可使第四脑室发生移位和变形。

（3）颅后窝内占位性病变：可引起第三脑室与双侧脑室扩大。

（4）脑室、脑池、脑沟的扩大：常见于脑萎缩、脑软化灶等。

（三）MRI

1. 信号异常

（1）T_1WI高信号见于脂肪类肿瘤、脑出血的亚急性期、黑色素瘤。T_1WI低信号可见于大多数脑内原发肿瘤、转移瘤、梗死灶、软化灶、脱髓鞘病变、水肿、脑脓肿、表皮样囊肿、完全性钙化等。

（2）T_2WI高信号见于大多数脑内原发肿瘤、转移瘤、梗死灶、软化灶、脱髓鞘病变、水肿、脑脓肿、表皮样囊肿、脂肪类肿瘤、脑出血的亚急性期。T_2WI低信号见于陈旧性出血、含铁血黄素沉着、完全性钙化、正常铁蛋白沉积。

2. 形态异常　脑室、脑沟、脑池的位置、形态异常同CT表现。

3. 对比增强　MRI对比增强主要是利用顺磁性或超顺磁性物质在组织内含量的不同，缩短组织的T_1值，增加病变组织与正常组织的信号对比，其表现形式与CT增强类似。

二、脊髓

（一）X线平片

椎管内占位可见椎管扩大，椎弓根间距增宽，内缘变平或凹陷，严重者变窄或消失，椎体后缘凹陷，椎间孔扩大、边缘骨质硬化，椎旁软组织肿块影，椎管内钙化等。

（二）CT

椎间盘突出可见椎间盘水平硬膜囊前或外侧缘受压。椎管中央低密度影见于脂肪瘤、坏死、囊变，高密度影见于出血，但密度改变总体显示能力不如MRI。

（三）MRI

脊髓内病变如囊变、出血、钙化、水肿等与脑部信号改变相似。增强扫描肿瘤可出现均一、不均一、明显或不明显强化；而非肿瘤性病变多无强化，炎性病变出现不规则强化。MRM可直观显示脊髓与硬膜囊的关系，有助于判断病变位置。

第四节　颅内肿瘤

一、神经上皮性肿瘤

神经上皮性肿瘤（neuroepithelial tumors）是各种神经上皮细胞起源肿瘤的总称，最为常见，既往称之为神经胶质瘤（glioma）。依世界卫生组织（WHO）分类标准包括星形细胞瘤、少突胶质细胞瘤、混合性胶质瘤、室管膜肿瘤、脉络丛肿瘤、不明起源的神经胶质肿瘤、神经元和混合神经元-胶质肿瘤、松果体实质肿瘤、胚胎性肿瘤。

（一）星形细胞瘤（astrocytoma）

星形细胞瘤是最常见的神经上皮性肿瘤，占颅内原发肿瘤的60%，可发生于中枢神经系统的任何部位。星形细胞瘤分类较复杂，依2007年WHO国际脑肿瘤组修正的分类方法，星形细胞瘤属于神经上皮性肿瘤，其中毛细胞型星形细胞瘤为Ⅰ级，弥漫性星形细胞瘤为Ⅱ级，间变性星形细胞瘤为Ⅲ级，多形性胶质母细胞瘤为Ⅳ级。肿瘤主要位于白质内，向外可侵犯皮质，向内可破坏深部结构，可沿胼胝体侵及对侧。

【病理与临床表现】

儿童多见于小脑半球，成人多见于大脑半球。Ⅰ级为良性星形细胞瘤；Ⅱ级呈低度恶性；Ⅲ~Ⅳ级为恶性，肿瘤细胞分化不良。低度恶性星形细胞瘤分化良好，多位于大脑半球白质，少数位于灰质并向白质及脑膜浸润，浸润性生长但生长缓慢，肿瘤无包膜，含神经胶质纤维较多，肿瘤血管近于成熟，多为实体性，可有囊变，出血少见，多数最终恶变为高度恶性星形细胞瘤。高度恶性星形细胞瘤分化不良，多由低度恶性的Ⅱ级星形细胞瘤转化而来，少数开始就为分化不良者，肿瘤呈浸润性生长，边界不清，半数以上有囊变、坏死，可有出血，肿瘤血管形成不良，血脑屏障不完整。小脑星形细胞瘤易发生囊变，囊性病变边界清楚，表现为"瘤中有囊"或"囊中有瘤"。

临床出现肿瘤所致的定位体征和颅内压增高症状。

【影像学表现】

1. 毛细胞型星形细胞瘤（pilocytic astrocytoma，PA）

CT：肿瘤常因伴有不同程度的囊变呈现明显的低密度，CT值约为3~15Hu，增强后肿瘤囊壁不强化或呈轻度强化，壁结节及实性部分常呈明显强化。

MRI：囊变部分呈T_1WI低信号、T_2WI高信号，多数无瘤周水肿，少数有轻至中度瘤周水肿，占位效应轻。增强扫描同CT。

2. 弥漫性星形细胞瘤（diffuse astrocytoma）

CT：平扫呈边界较清楚的低或等密度肿块，密度较均匀（图2-3）。10%~20%有钙化，囊变罕见，多数周围无水肿。增强扫描，肿瘤一般不强化或轻度强化。

MRI：表现为T_1WI低信号，T_2WI及FLAIR高信号。出血、瘤周水肿罕见。一般无强化。DWI上通常呈等信号。MRS呈Cho峰升高，NAA峰降低表现。

3. 间变性星形细胞瘤（anaplastic astrocytoma）

CT：平扫表现为以低密度为主的不均匀密度肿块；钙化罕见。增强检查大多数病灶呈不均匀强化。

MRI：表现为T_1WI混杂等、低信号，T_2WI、FLAIR为混杂的高信号。钙化、出血、囊变罕见。增强扫描通常有强化，呈局灶性、结节状、均一、斑片状强化。MRS显示Cho/Cr峰升高，NAA峰降低。

4. 多形性胶质母细胞瘤（glioblastoma multiforme）

CT：病变多侵及大脑深部，常沿胼胝体向两侧呈蝴蝶状扩散。平扫呈边界不清的混合密度病灶，周围等密度，中心低密度，可有出血，钙化罕见，周围有中到重度水肿。少数可为多发性，可随脑脊液种植转移。增强扫描，呈显著边界清楚的不均匀强化、环状或花边状不规则强化。

MRI：病灶通常为混杂性信号，T_1WI呈等、低信号，T_2WI/FLAIR呈高信号，瘤周可见中到重度水肿，呈T_2WI高信号。增强扫描，呈显著边界清楚的不均匀强化以及环状或花边状不规则强化（图2-4）。MRS显示NAA峰、mI峰降低，Cho/Cr峰、乳酸/水比值升高。

【诊断与鉴别诊断】

白质为其好发部位，增强方式、形态、水肿及占位效应等具有定性价值。Ⅰ、Ⅱ级星形细

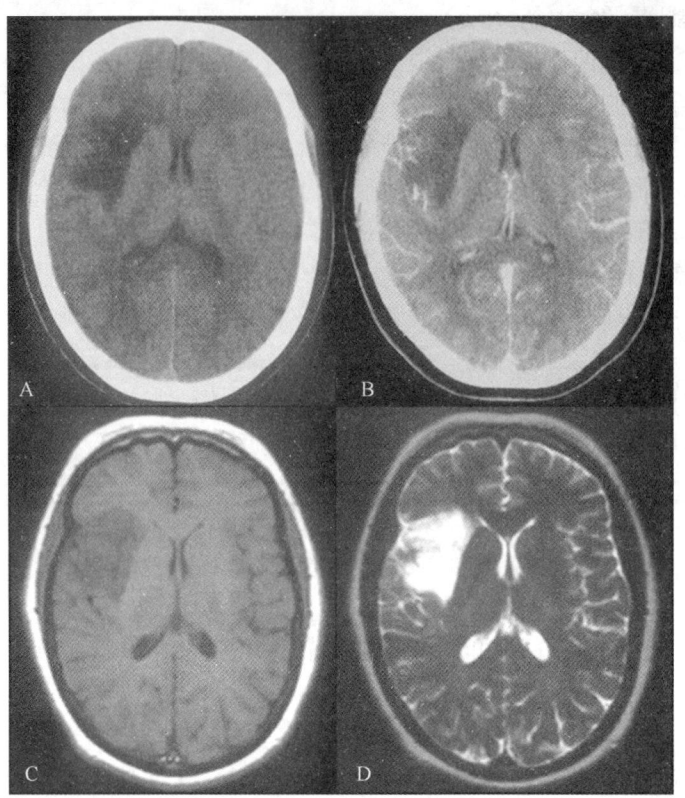

图 2-3　弥漫性星形细胞瘤

A. CT 平扫：右侧颞叶、岛叶及基底节区片状均匀低密度区，边界清晰，中线结构居中；B. CT 增强：低密度区无强化；C. MRI T_1WI：均匀低信号；D. MRI T_2WI：均匀高信号，边界清晰

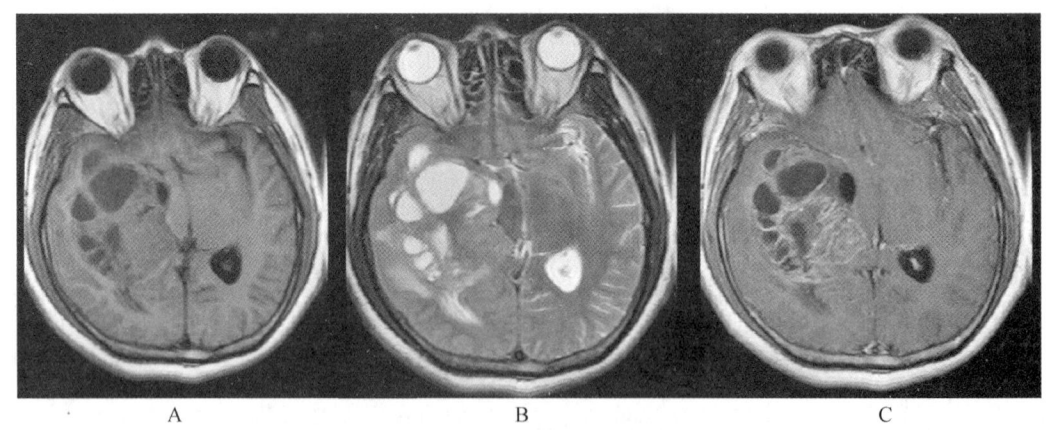

图 2-4　多形性胶质母细胞瘤

A. 横断面 T_1WI；B. 横断面 T_2WI；C. 横断面 T_1WI 增强扫描。右侧颞叶混杂信号影，呈浸润性，边界不清，T_1WI 以低、等混杂信号为主，T_2WI 以高、等混杂信号为主，病变周围中度水肿，增强检查病灶明显不均匀强化

胞瘤应与脑梗死、表皮样囊肿（胆脂瘤）、脑脓肿等鉴别。脑梗死低密度灶呈楔形，脑回状强化；胆脂瘤的 CT 值较低；脑脓肿呈环形强化，壁较光滑，厚薄均匀，一般无壁结节。小脑星形细胞瘤尚需与血管网状细胞瘤鉴别，后者增强后壁结节强化明显，囊壁不强化。80％以上星形细胞瘤可以定性。幕下肿瘤的检查，MRI 优于 CT。

（二）少突胶质细胞瘤

少突胶质细胞瘤（oligodendroglioma）占颅内上皮肿瘤的5%～10%，成人多见，好发年龄为30～50岁，男性略多于女性。

【病理与临床表现】

肿瘤起源于少突胶质细胞，90%以上发生于幕上大脑半球皮质，肿瘤向外生长，有时可与脑膜相连。肿瘤深部可囊变，肿瘤分化好，生长缓慢，呈浸润性生长。多数为实性，质硬易碎，边界较清。70%～90%的肿瘤出现钙化，钙化形态多样。临床表现与肿瘤部位有关，50%～80%患者有癫痫，另外还有偏瘫和感觉障碍，颅内压增高及精神症状等表现。

【影像学表现】

X线：平片常显示肿瘤区呈条状或团絮状钙化。

CT：肿瘤位置表浅，位于皮质或皮质下区，呈混杂密度肿块，边界不清楚，70%以上可见点片状、弯曲条索状或团块状钙化，良性钙化多见，恶性钙化不明显。囊变者为边缘清楚的低密度区。少数有肿瘤周边水肿，多为轻度水肿。增强扫描常无对比增强，而间变性少突胶质细胞瘤肿块实体有不均匀或轻度强化。

MRI：呈团块状不均匀T_1WI低信号、T_2WI高信号，信号多不均匀，肿瘤边界清楚，轮廓不规则。钙化在T_1WI及T_2WI上均为低信号。良性肿瘤轻度强化，恶性肿瘤呈不均匀中等强化。MRS对肿瘤定性诊断有帮助。

【诊断与鉴别诊断】

CT或MRI显示钙化多提示此病。少突胶质细胞瘤应与脑膜瘤、有钙化的星形细胞瘤鉴别。由于此病钙化多见，CT检查优于MRI检查。

二、脑膜瘤

脑膜瘤（meningioma）是最常见的脑膜起源肿瘤，位居颅内原发肿瘤第二位，占颅内肿瘤的15%～20%。40～60岁的成人多见，男女发病比例为1:2。大多数为良性，极少数为恶性。

【病理与临床表现】

源于蛛网膜粒细胞，其发病部位与蛛网膜粒分布有关，脑膜瘤多见于矢状窦、大脑镰旁、脑凸面、蝶骨嵴、鞍区、颅前窝底和桥小脑角区、小脑幕等。肿瘤有完整包膜，多居脑外。肿瘤生长缓慢，可有钙化或骨化，少有囊变、坏死和出血。大多数肿瘤由脑膜动脉供血，血运丰富。常侵蚀邻近颅板引起骨质增生、硬化或破坏缺损。

临床表现为起病慢、病程长。位于大脑凸面者常有皮质缺血或癫痫发作，位于功能区的脑膜瘤，可有局限性体征及神经功能障碍。有颅内压增高症状。

【影像学表现】

X线：X线平片常见颅内压增高和松果体钙斑移位，有骨质增生、骨质破坏、肿瘤钙化和血管压迹的增粗。

CT：肿瘤呈圆形或类圆形，边界清楚，呈等密度或略高密度，以广基底靠近颅板或者硬脑膜，瘤体可见钙化。瘤周水肿程度不一，占位效应明显。增强扫描多呈均一强化，边缘锐利，未强化区代表坏死、囊变。有时可见颅板增厚、破坏等脑外肿瘤的征象。

MRI：信号多与脑灰质接近，T_1WI为等信号，T_2WI多为等信号或稍高信号。内部信号可不均匀，囊变区呈T_1WI低信号、T_2WI高信号。肿瘤与水肿之间可见低信号环，以T_1WI明显。增强扫描肿瘤呈均一强化，附近脑膜强化，为"脑膜尾征"（图2-5）。

MRS：由于脑膜瘤属于脑外肿瘤，不含正常的神经元，^1H MRS表现NAA峰缺乏，Cho峰升高，Cr峰下降，可出现丙酸（Ala）峰。

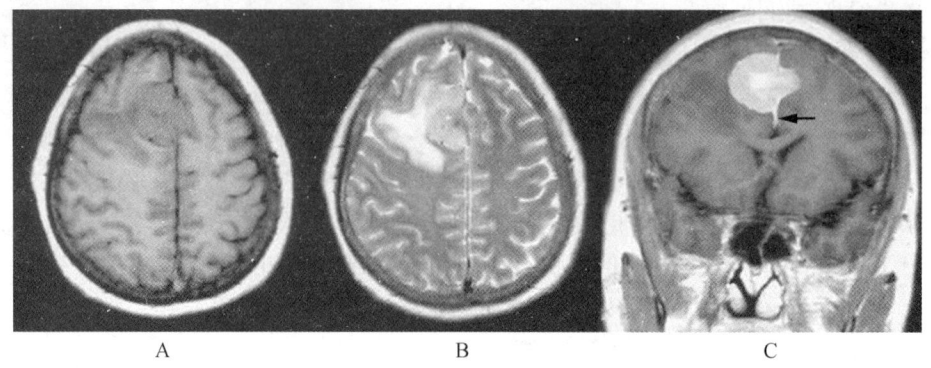

图 2-5 脑膜瘤

A. 横断面 T_1WI；B. 横断面 T_2WI；C. 冠状面 T_1WI 增强。大脑镰旁右侧类椭圆形占位性病变，T_1WI 为等信号，T_2WI 为稍高信号，信号欠均匀，周围脑实质水肿明显。增强扫描冠状面肿瘤均匀显著强化，肿瘤与脑膜广基底相连，并见"脑膜尾征"（箭头）

【诊断与鉴别诊断】

脑膜瘤有其好发部位，CT 及 MRI 表现典型，绝大多数可明确诊断。位于鞍结节者需与垂体瘤、脑动脉瘤鉴别，还需与转移瘤、脊索瘤、听神经瘤鉴别。首选方法为 CT，对颅底及颅后窝脑膜瘤诊断 MRI 优于 CT。CTA、MRA 及血管造影有助于了解肿瘤血供及其与大血管的关系。

三、垂体腺瘤

垂体腺瘤（pituitary adenoma）是鞍区肿瘤最常见类型，占颅内肿瘤的 8%～15%，发病率居颅内肿瘤第三位。本病成人多见，小儿垂体腺瘤的发病率在 10% 以下，男女发病率无明显差异。

【病理与临床表现】

根据有无激素分泌，可分为功能性（75%）和无功能性（25%）。前者包括泌乳素腺瘤、嗜酸细胞腺瘤、嗜碱细胞腺瘤等，后者为嫌色细胞腺瘤。根据其大小可分为微腺瘤（直径≤10mm）和大腺瘤（直径>10mm）。较大肿瘤可出现出血、坏死或囊变。

临床表现为一系列内分泌紊乱所致的特征性表现，如巨人症、肢端肥大症、闭经、泌乳、库欣综合征（Cushing's syndrome）、垂体功能减退以及压迫症状（如头痛、视力障碍等）。

【影像学表现】

X 线：蝶鞍扩大，前后床突骨质吸收、破坏，鞍底下陷。部分病例可见颅内压增高征象。

CT：①垂体微腺瘤：CT 检查常需行冠状面薄层增强扫描，约半数患者无异常表现，有时表现为垂体高度异常，上缘膨隆，垂体柄偏移及鞍底骨质变薄、凹陷等。快速注射对比剂迅速扫描肿瘤为低密度，延迟扫描为等密度或高密度。冠状面扫描可见鞍底骨质变薄、凹陷或侵蚀。②垂体大腺瘤：呈圆形、分叶状或不规则形。平扫大部分为等密度，也可为略高密度。向上突入鞍上池，侧方可侵及一侧或双侧海绵窦，冠状面扫描显示肿瘤呈哑铃状。增强扫描大多呈均匀强化或周边强化。

MRI：①垂体微腺瘤：T_1WI 呈低信号，伴出血为高信号；T_2WI 呈高信号或等信号。增强扫描肿瘤信号早期低于垂体，后期高于垂体。形态学表现同 CT（图 2-6）。②垂体大腺瘤：矢状面、冠状面或横断面可见鞍内肿块，信号强度与脑灰质相似或略低，正常垂体多不能显示。肿瘤向上生长，由于受鞍隔束缚，可见束腰征。

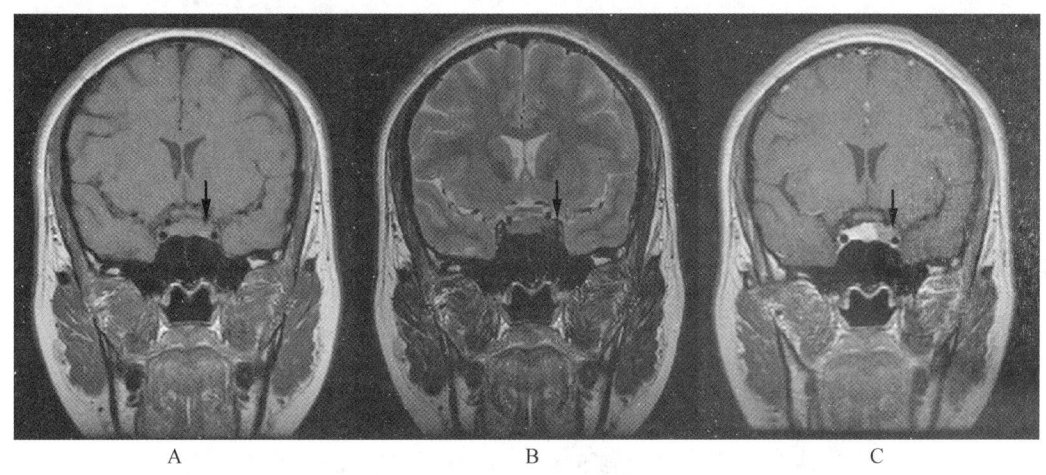

图 2-6 垂体微腺瘤

A. 冠状面 T_1WI；B. 冠状面 T_2WI；C. 冠状面 T_1WI 增强早期。平扫垂体大致呈等信号，其内信号略显不均。增强扫描早期显示肿瘤位于垂体左侧，强化程度低于正常垂体（箭头）

【诊断与鉴别诊断】

根据鞍内或鞍上类圆形略高或等密度肿块，伴有均一或周边强化，蝶鞍扩大、破坏等影像学改变不难诊断。垂体微腺瘤的诊断 MRI 明显优于 CT。大腺瘤需与脑膜瘤、颅咽管瘤、动脉瘤等鉴别。

四、听神经瘤

听神经瘤（acoustic neurinoma）占颅内肿瘤的 8%～10%，是颅后窝最常见的良性脑外肿瘤，多在成年发病，高峰年龄为 30～60 岁。

【病理与临床表现】

听神经瘤多起于听神经前庭支的神经鞘膜，为良性脑外肿瘤。早期常位于内耳道内，后长入桥小脑角池。肿瘤呈圆形或椭圆形，有完整包膜，易发生囊变、出血。常为单发，偶发双侧。内听道口可扩大。肿瘤长入桥小脑角，压迫脑干、小脑及第四脑室，可造成脑脊液循环障碍，产生脑积水。

临床主要表现为桥小脑角综合征，患侧听、面、三叉神经受损及小脑、脑干受损表现，有时可出现颅内压增高表现。

【影像学表现】

CT：平扫呈等密度或略高密度之圆形或椭圆形肿块影，少数坏死囊变区为低密度。肿瘤多以内耳道为中心生长。瘤周水肿轻微，桥小脑角池闭塞，相邻脑池扩大，骨窗观察见内耳道呈漏斗状扩大。肿瘤增大可形成阻塞性脑积水。增强扫描多呈均匀性强化，亦可见环形或不均匀强化。

MRI：肿瘤多呈不均匀 T_1WI 低信号、T_2WI 高信号，囊变区在 T_1WI 上显示为明显低信号，在 T_2WI 上则显示为高信号，增强扫描肿瘤实质部分明显强化（图 2-7）。微小听神经瘤 T_1WI 仅表现为双侧听神经不对称，T_2WI 显示听神经信号略高于正常，增强扫描可清楚显示听神经束增粗且明显强化。

【诊断与鉴别诊断】

根据病史、CT、MRI 等影像学表现，可明确诊断。表现不典型时需与发生在桥小脑角的其他肿瘤如桥小脑角区脑膜瘤鉴别。脑膜瘤 CT 或 MRI 呈均匀一致明显强化，囊变、坏死少见，内耳道不扩大。三叉神经瘤多位于岩骨尖，可跨颅中窝、颅后窝，岩骨尖可见骨质吸收或

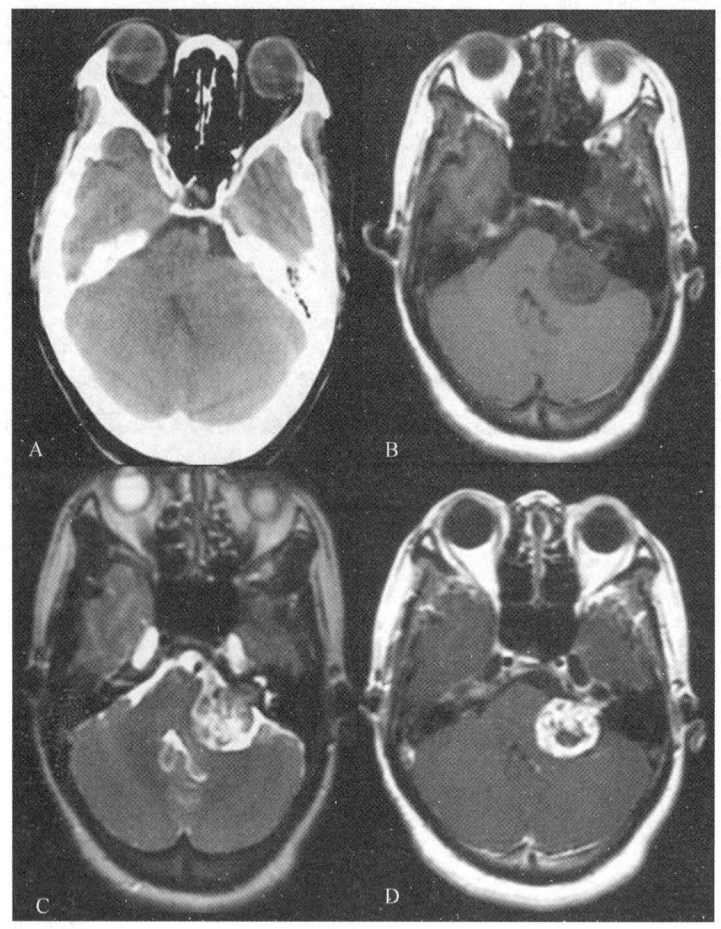

图 2-7　听神经瘤

A. CT 平扫；B. MRI 平扫 T_1WI；C. MRI 平扫 T_2WI；D. MRI 增强扫描。CT 平扫示左桥小脑角区占位性病变。肿瘤呈混杂稍高密度，第四脑室受压变窄。MRI 平扫 T_1WI、T_2WI 肿瘤信号不均，其内可见囊性部分 T_1WI 呈低信号，T_2WI 呈高信号，实质部分呈等信号。MRI 增强扫描肿块不均匀明显强化，其内可见斑片状无强化区，肿瘤延伸至左侧内耳道

破坏，无内耳道扩大。

五、脑转移瘤

脑转移瘤（metastatic tumor of brain）以中老年人较常见。占脑肿瘤的 20%，幕上多见，70%～80% 为多发转移。

【病理与临床表现】

血行性转移者，多来自肺癌、乳腺癌、胃癌、结肠癌、肾癌、前列腺癌及宫颈癌等；直接蔓延可来自鼻咽、鼻旁窦、眼眶的恶性肿瘤。肿瘤大小不一，多为圆形、边界清楚的结节。肿瘤中心常发生坏死、出血、囊变，周围水肿明显，水肿的程度与肿瘤大小无关，但与肿瘤类型及部位有关，位于白质区肿瘤水肿明显，位于灰质区肿瘤水肿较轻。

临床表现：一般起病急，病程短，多有头痛、恶心、呕吐、视乳头水肿等。有时可出现癫痫发作、精神症状及脑膜刺激症状等，5%～12% 的患者无神经系统症状。

【影像学表现】

CT：平扫肿瘤可呈类圆形高、等、低或混杂密度，多发或单发。病灶多位于皮髓质交界区，瘤内出血呈高密度，瘤周水肿较明显。增强扫描多呈均一或环状强化，环壁较厚，不规

则，可有壁结节。

MRI：肿瘤在T_1WI为低信号，T_2WI为高信号，瘤周广泛水肿。占位效应明显。增强扫描可见肿瘤明显强化（图2-8），呈结节状、环状、花环状等多种形态。

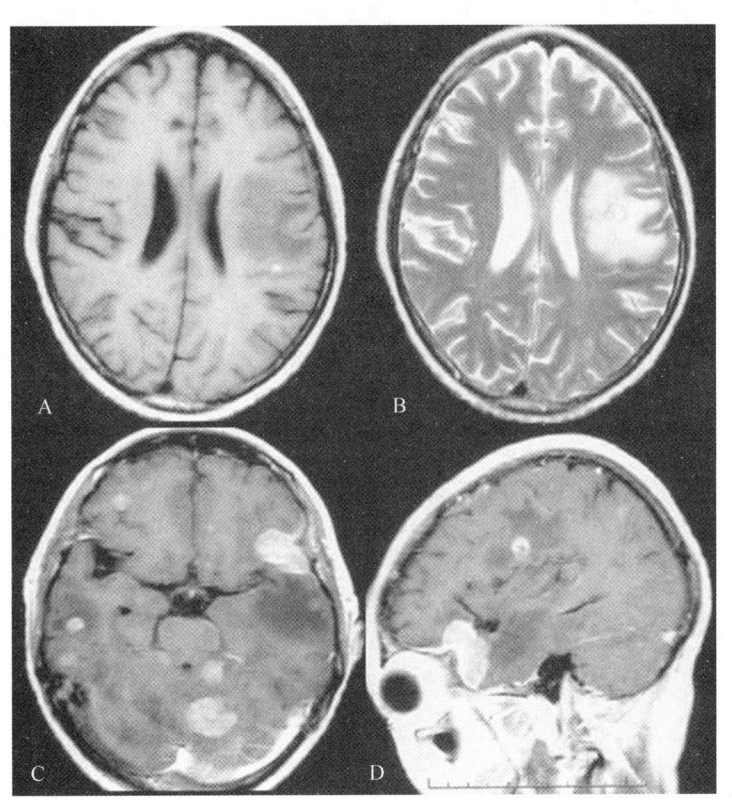

图2-8 转移瘤

A. 横断面T_1WI平扫；B. 横断面T_2WI平扫；C. 横断面T_1WI增强扫描；D. 矢状面T_1WI增强扫描。双侧大脑半球多发占位病变，水肿明显，T_1WI呈等信号，T_2WI呈高信号，增强检查瘤灶呈环状不规则强化

【诊断与鉴别诊断】

脑内多发病灶，灶周明显水肿，有均匀或环状强化，是转移瘤的常见表现。要与多发脑脓肿、脑囊虫病鉴别。单发大的转移瘤需要与囊性星形细胞瘤鉴别。

第五节 脑血管疾病

一、脑梗死

脑梗死（cerebral infarction）是一种缺血性脑血管疾病，发病率占急性脑血管疾病的半数以上。

（一）脑动脉闭塞性脑梗死

【病理与临床表现】

由于血管闭塞，导致相应部位脑组织缺血性坏死。多见于中老年患有动脉硬化、糖尿病、高脂血症者。以大脑中动脉最常见。临床表现：常于休息或睡眠时起病，依梗死区部位不同可有不同的临床表现。常见临床症状和体征包括偏瘫和偏身感觉障碍、偏盲、失语等，小脑或脑干梗死时常有共济失调、吞咽困难、呛咳等症状。

完全性脑缺血20min后，脑组织开始发生细胞学变化，电镜下可见神经元内出现小的空泡、线粒体肿胀、结构不清。4～6h后脑组织发生缺血与水肿，继而脑组织出现坏死。24h后，细胞发生完全性坏死。1～2周后脑水肿逐渐减轻，坏死脑组织液化，梗死区出现吞噬细胞浸润，清除坏死组织，同时有胶质细胞增生和肉芽组织形成，8～10周后形成含液体的囊腔即软化灶。

【影像学表现】

CT：少数较大血管闭塞6h后可显示大范围的低密度区，多数病例24h内不显示密度变化，24h后出现与缺血范围相符的低密度区，伴周边脑水肿及占位效应。1～2周，病变区密度变均匀且边缘较清晰；2～3周水肿消退，随其病理改变，病变区密度回升，部分病灶变为等密度，称"模糊效应"，以后密度持续降低；1～2个月后形成低密度囊腔，周围有脑萎缩表现。灌注成像可早期发现病变。脑梗死区域的局部脑血流量（regional cerebral blood flow, rCBF）、局部脑血容量（regional cerebral blood volume, rCBV）下降，平均通过时间（mean transit time, MTT）延长。增强扫描可出现不均匀强化，如脑回状、条状或结节状。

MRI：早期病变区血管无流空信号，灰白质界面消失，脑沟变浅。部分梗死在6h内DWI出现高信号，随后即可出现T_1WI低信号与T_2WI高信号，梗死区T_1WI信号逐渐降低，T_2WI及FLAIR序列信号增高，梗死后期，大的病灶形成软化灶，T_1WI呈显著低信号，T_2WI呈显著高信号，类似脑脊液信号。增强扫描见梗死区脑回状强化。DTI重建可显示皮质脊髓束受损情况（图2-9）。

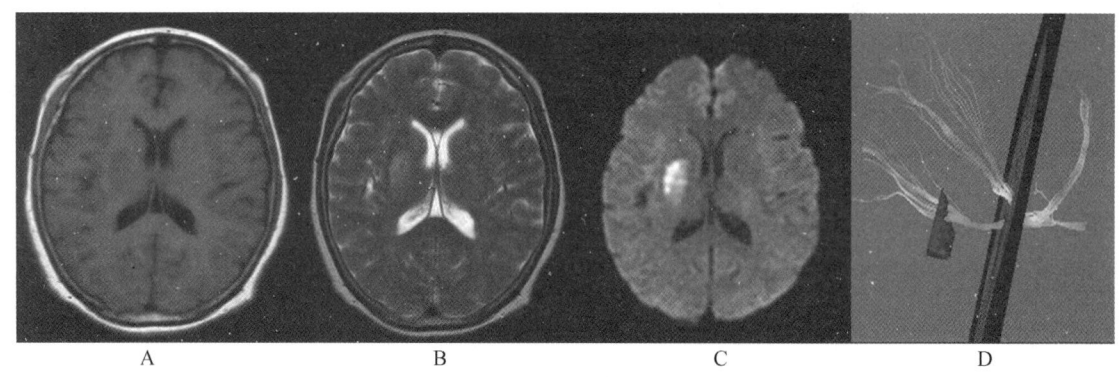

图2-9 脑梗死

A. 横断面T_1WI；B. 横断面T_2WI；C. DWI；D. DTI。右侧基底节区可见片状T_1WI稍低、T_2WI稍高信号，边界模糊，于DWI示病灶呈高信号。DTI重建显示皮质脊髓束受压，但未中断

【诊断与鉴别诊断】

根据典型临床及影像学表现，不难确诊。本病以CT为首选，MRI对于早期梗死、小梗死灶、幕下脑梗死的显示优于CT。脑梗死不典型时应与胶质瘤、单发转移瘤等鉴别。

（二）腔隙性脑梗死

腔隙性脑梗死是指脑深部穿支小动脉闭塞而形成的较小面积的梗死。好发于基底节及丘脑，也可发生于脑干、小脑，常多发。其直径一般为10～15mm。

【影像学表现】

CT：平扫为类圆形低密度病灶，边界清楚，直径在15mm以内，可多发。

MRI：FLAIR序列及DWI可检出早期小梗死灶，DWI呈高信号。病灶呈T_1WI低信号、T_2WI高信号。

【诊断与鉴别诊断】

脑内类圆形小病灶，CT上呈低密度，MRI上呈T_1WI低信号、T_2WI高信号，边界清楚，结合病史，容易诊断。有时需与血管周围间隙鉴别。

（三）出血性脑梗死

CT 表现为在脑梗死后的低密度灶内出现高密度影，占位效应较明显。MRI 上 T_1WI 出现不规则斑点状高信号影。

二、脑出血

脑出血（intracranial hemorrhage）是指脑实质出血，约占脑卒中患者的 20%，可由高血压、脑动脉硬化、脑动脉瘤、血管畸形、炎症、肿瘤等引起，临床上以高血压和脑动脉硬化患者最易发生。

【病理与临床表现】

高血压性脑出血部位常为内囊、壳核、外囊、丘脑、脑桥、大脑半球白质内等，血肿及伴发的脑水肿引起脑组织受压、软化和坏死，血肿演变分为急性期、吸收期、囊变期，各期有不同的病理变化。

患者起病急，常有剧烈头痛、频繁呕吐，病情迅速恶化。根据出血部位、出血量等不同，可在数分钟至数小时内出现不同程度的意识障碍，如脑出血破入脑室，或并发脑干出血，可转入深昏迷状态。

【影像学表现】

CT：急性期表现为脑实质内边界清楚、密度均匀的高密度区，伴有周围水肿和占位效应，有时血肿可破入脑室或蛛网膜下腔。第 2 周开始血肿向心性缩小，边缘模糊（图 2-10）。第 4 周后血肿变为等密度或低密度。2 个月后血肿完全吸收，形成囊腔，水肿及占位效应消失，并出现局限性脑萎缩。

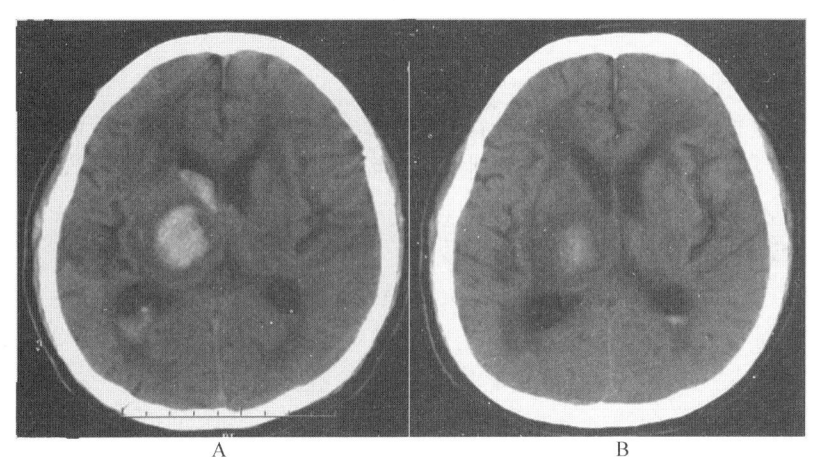

图 2-10 脑出血
A. 出血急性期 CT；B. 出血后 2 周 CT。出血急性期右侧基底节-丘脑区出现团状高密度影，周围见线样水肿环，
右侧侧脑室呈铸型改变，中线结构略向左侧移位，出血后 2 周，高密度病变明显呈向心性缩小，
周围仍可见水肿及占位效应

MRI：血肿信号随血肿内血红蛋白变化而变化（图 2-11）。含氧血红蛋白 T_1WI 为等或低信号，T_2WI 为高信号；脱氧血红蛋白 T_1WI 为等信号，T_2WI 为极低信号；细胞内正铁血红蛋白 T_1WI 为高信号，T_2WI 为极低信号；细胞外稀释正铁血红蛋白 T_1WI、T_2WI 均为高信号；含铁血黄素、铁蛋白 T_1WI、T_2WI 均为低信号。

【诊断与鉴别诊断】

依据 CT 及 MRI 表现诊断不难。急性期 CT 检查迅速，诊断准确性高，吸收期需与胶质瘤、脑脓肿、脑梗死鉴别；MRI 上亚急性期及慢性期血肿具有特征性信号改变，易于鉴别。

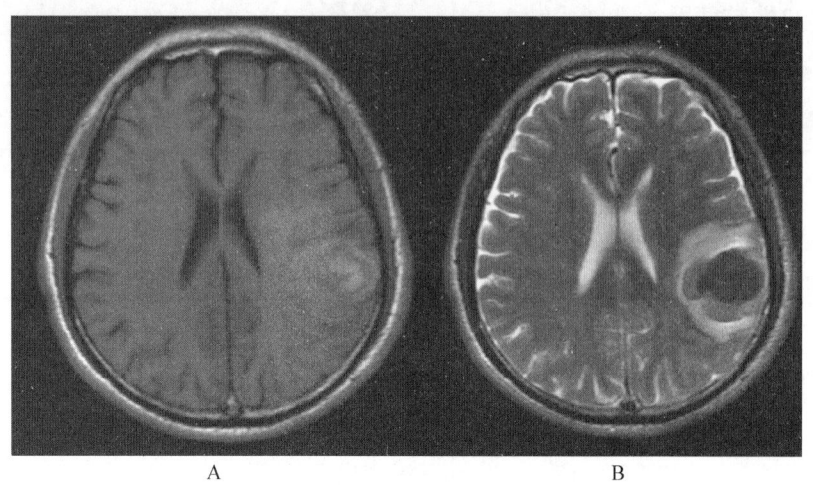

图 2-11　脑出血亚急性早期

A. 横断面 T_1WI；B. 横断面 T_2WI。左顶叶异常信号，T_1WI 呈不规则混杂信号，其内部及边缘可见斑片、线样等信号及高信号，T_2WI 为低信号，边缘可见等信号，为脱氧血红蛋白和细胞外正铁血红蛋白混合存在。病灶周围见不规则环状 T_1WI 低信号、T_2WI 高信号水肿带

三、蛛网膜下腔出血

蛛网膜下腔出血（subarachnoid hemorrhage）是由于颅内血管破裂，血液进入蛛网膜下腔所致。分为自发性和外伤性两种。自发性出血的原因以颅内动脉瘤、高血压动脉硬化及动静脉畸形（AVM）最多见。

【病理与临床表现】

急性期脑表面呈红色，脑沟、脑池内颜色更深，有时可见凝血块，后期含铁血黄素沉着，软脑膜呈铁锈色。脑血管痉挛可造成脑水肿，慢性期易形成脑积水。临床以剧烈头痛、脑膜刺激征、血性脑脊液为典型征象。

【影像学表现】

CT：脑沟、脑池内高密度影，出血量大时呈铸型。CT 血管成像（CTA）可以确定动脉瘤或 AVM 的部位、大小、形态等。

MRI：急性期 T_1WI 呈比脑脊液稍低的信号，亚急性期可在蛛网膜下腔内出现 T_1WI 高信号。慢性期 T_1WI 上显示含铁血黄素沉积形成的低信号影。MRA 可查找出血原因，显示出 AVM、动脉瘤等。

【诊断与鉴别诊断】

急性出血时，CT 较 MRI 敏感，亚急性期或慢性期 MRI 优于 CT。CT 及 MRI 均可部分显示蛛网膜下腔出血的原因（如动脉瘤破裂等），CTA 可明确动脉瘤及 AVM 的形态和位置等。

四、颅内动脉瘤

颅内动脉瘤是颅内动脉局限性异常扩大。动脉瘤破裂是自发性蛛网膜下腔出血的常见原因。40 岁以后多见，女性略多于男性。

【病理与临床表现】

颅内动脉瘤（intracranial aneurysm）可依据病因、部位、大小和形态进行分类，影像学常根据动脉瘤的形态分为五类：粟粒状动脉瘤、囊状动脉瘤、假性动脉瘤、梭形动脉瘤、壁间动脉瘤（夹层动脉瘤），好发于 Willis 环及附近大血管。绝大多数动脉瘤以蒂（或称瘤颈）与

载瘤动脉相连，直径超过 2.5cm 的动脉瘤为巨大动脉瘤，常合并附壁血栓和钙化斑。梭形动脉瘤通常由动脉硬化等原因造成。

【影像学表现】

X 线：动脉造影可直接显示动脉瘤的位置、大小、瘤颈/瘤体形态、瘤内血栓及载瘤动脉等情况。

CT：①无血栓性动脉瘤：平扫呈圆形高密度区，边缘清楚，CTA 可三维重组显示动脉瘤及其与载瘤动脉的关系（图 2-12）。增强扫描呈均一强化。②部分血栓性动脉瘤：依其瘤腔内血栓的情况，可有各种 CT 形态。平扫有血流的部分密度稍高，而血栓部分呈等密度。一般血栓位于管腔内的周边，增强扫描动脉瘤中心的瘤腔和外层囊壁均有强化，形成中心和外围高密度环，中间隔以等密度带，称为"靶征（target sign）"。③完全血栓性动脉瘤：平扫为等密度，其内可有弧形或斑状钙化，增强扫描瘤壁可有环形强化，其内血栓无强化。

MRI：MRA 上见与载瘤动脉相连的囊状物。无血栓性动脉瘤，T_1WI 及 T_2WI 均为无信号流空影。较大动脉瘤内血流速度不一，常有涡流，产生搏动性伪影，血流快的部分出现"流空效应"，血流慢的部分在 T_1WI 图像为低信号或等信号，T_2WI 为高信号。有血栓形成时则显示为高低相间的混杂信号。亚急性期血栓 T_1WI 及 T_2WI 均为高信号，慢性期血栓呈瘤周及壁内黑环形影，具有特异性。增强 MRA 可显示直径 3mm 的动脉瘤。

【诊断与鉴别诊断】

根据病变位置及形态特点，CT、MRI 及 CTA 可明确诊断。鞍区附近的动脉瘤有时需与鞍上肿瘤如垂体瘤、颅咽管瘤及脑膜瘤鉴别。MRI 显示动脉瘤比 CT 更敏感、可靠；CTA 和 MRA 可清晰显示颅内动脉瘤。

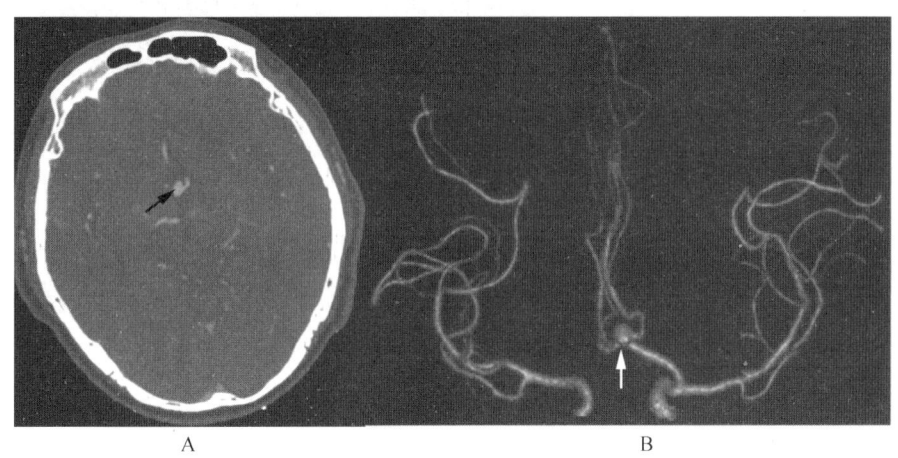

图 2-12 前交通动脉瘤

A. CT 增强；B. CTA。CT 增强示前交通动脉区结节样均匀强化影，边缘光滑（箭头）。CTA 示前交通动脉区囊袋状突起（箭头）

五、脑动静脉畸形

脑动静脉畸形（arteriovenous malformation，AVM）是指脑动脉与静脉相交通的一种最常见的先天性脑血管畸形，表现为脑内某一部位血管异常增多，可发生于任何年龄，多在 40 岁前起病，男性略多于女性。

【病理与临床表现】

AVM 可发生于任何部位，以大脑中动脉供血区多见，85% 发生于幕上，15% 发生于颅后窝。AVM 由供血动脉、畸形血管团和引流静脉构成。单发多见，多发约占 2%。周围脑组织易发生缺血、梗死和萎缩。AVM 巢血管壁薄，极易破裂出血。

【影像学表现】

X线：DSA 动脉期可见粗细不等、走行迂曲的血管团或血窦状影像，还可见供血动脉和引流静脉。

CT：平扫常为边界不清的混杂密度灶，其中可有等密度或高密度点状、线状血管影及高密度钙化和低密度软化灶。增强扫描可见蜂窝状或蚯蚓状血管强化影或粗大的供血动脉及引流静脉。周围脑组织常有脑沟增宽等脑萎缩改变。

MRI：异常血管团表现为蜂窝状或蚯蚓状影，T_1WI 及 T_2WI 均为低信号或无信号（图 2-13）；引流静脉为 T_1WI 及 T_2WI 低信号。增强扫描畸形血管团强化呈高信号。病变区可见混杂信号，为反复出血的后果，周围脑组织萎缩。MRA 可直观地显示畸形血管团、供血和引流血管，有时可见伴随发生的动脉瘤及静脉瘤。

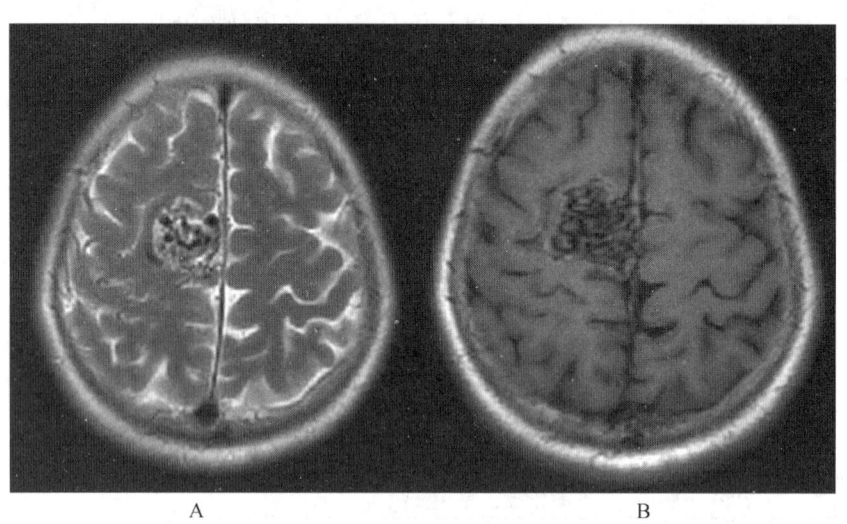

图 2-13 动静脉畸形
A. 横断面 T_2WI；B. 横断面 T_1WI。右额叶蜂窝状无信号区，内见大量条样及圆形流空血管影，中线结构无移位

【诊断与鉴别诊断】

典型的 AVM，CT 及 MRI 表现典型，诊断不难。当 CT 或 MRI 扫描可疑 AVM 时，应行 CTA、MRA 检查。虽然 DSA 是目前诊断 AVM 的金标准，但 MRA 无创、简便，已取代诊断性 DSA 检查。

第六节 颅脑外伤

颅脑外伤（brain trauma）是严重的脑损害，急性脑外伤的死亡率高，影像学检查对颅脑损伤的诊断及判断预后具有重要价值。

一、颅骨骨折

颅骨骨折绝大多数由直接撞击引起，在颅脑损伤中较多见。骨折以颅盖骨居多，占头颅骨折的 4/5 以上，颅底骨折的比例在 1/5 以下。

【影像学表现】

X线：线形骨折是最常见类型，表现为边缘清楚的线样密度减低影，方向不定，长度和宽度各异。粉碎性骨折多发生在暴力直接撞击区，可见多块碎骨片分离、陷入或重叠，典型的 X 线表现为多数骨裂纹以击伤部为中心向外散射，形成星状图案。凹陷性骨折表现为颅骨内、外板或仅内板骨折，并向颅内凹陷，呈环形或星形，凹陷骨片的边缘可以和正常颅骨重叠而形成线条或带状致密阴影，切线位可确定骨片的凹陷深度。穿入性骨折局部可见骨缺损，常有颅骨碎片和异物存留。颅缝分离较少见，可单独发生或与骨折并发，较常见于儿童及青少年。颅底骨折 X 线上多不易显示，可照仰卧水平侧位片，观察蝶窦及乳突内有无积液或颅内积气，可间接提示颅底骨折。

CT 及 MRI：可观察骨折片向颅腔内移位及移位深度，有无脑组织受压、受压情况及伴随的脑损伤，并适宜观察颅底骨折。

【诊断与鉴别诊断】

颅骨骨折一般首选 X 线平片检查，之后行 CT 扫描了解颅内情况，有时根据病情可将 CT 作为首选方法。常规 X 线及 CT 易于显示颅骨骨折，但颅底骨折有时需借助间接征象或薄层 CT 扫描加以确定。

二、硬膜外血肿

颅脑外伤后出血积聚于硬脑膜与颅骨内板之间，称为硬膜外血肿（epidural hematoma）。硬膜外血肿多为急性，亚急性和慢性少见，常发生于头颅直接损伤部位，局部常伴有骨折。硬膜外出血最常见于脑膜中动脉或脑膜前、后动脉破裂，少数病例属于静脉出血。

临床上因血肿部位不同，表现不尽一致。典型者意识变化为：外伤后原发昏迷-中间清醒-继发性昏迷。可有脑受压症状和体征，严重者出现脑疝。

【影像学表现】

CT：平扫见血肿多在骨折部位下方，呈双凸形或梭形高密度影，密度均匀，边界锐利，范围一般不超过颅缝，可见中线结构移位，脑室受压、变形和移位等占位效应。

MRI：显示亚急性血肿优于 CT，T_1WI 及 T_2WI 均呈高信号（图 2-14），血肿内缘可见低信号的硬脑膜。

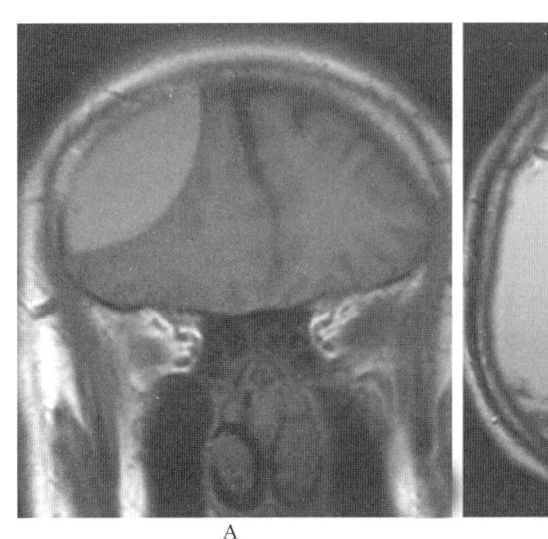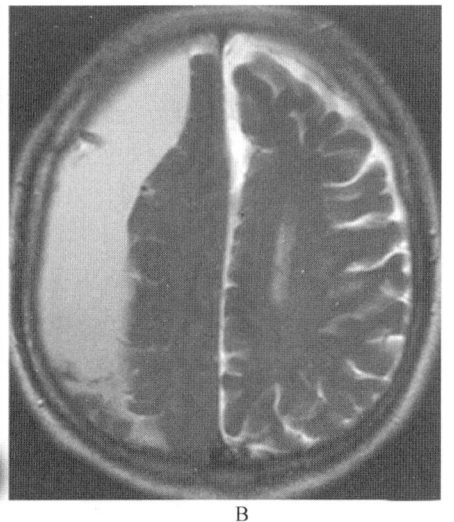

图 2-14 亚急性硬膜外血肿

A. 冠状面 T_1WI；B. 横断面 T_2WI。右侧额顶部颅骨内板下方双凸形异常信号，T_1WI 和 T_2WI 均呈高信号，中线结构向左侧移位

【诊断与鉴别诊断】

急性硬膜外血肿应首选 CT，MRI 对亚急性和慢性血肿的显示优于 CT。CT 及 MRI 上的表现有特征性。有时需与急性硬膜下血肿鉴别，通常硬膜外血肿范围较局限，多伴有颅骨骨折。

三、硬膜下血肿

颅脑外伤后血液聚积于硬脑膜与蛛网膜之间为硬膜下血肿（subdural hematoma）。多由桥静脉或静脉窦损伤出血所致，根据血肿形成时间和临床表现可分为急性、亚急性和慢性硬膜下血肿三型。急性硬膜下血肿病情多较重，且迅速恶化，多为持续性昏迷，常缺乏局部定位症状，颅内压增高，脑受压和脑疝症状出现较早。

【影像学表现】

CT：急性硬膜下血肿可见颅板下新月形高密度影，范围广泛，可超越颅缝，甚至可达整个大脑半球表面，常合并脑挫裂伤，占位效应明显。亚急性或慢性硬膜下血肿可表现为高密度、等密度、低密度或混合密度（图2-15）。增强扫描等密度硬膜下血肿可见连续或断续的线状强化的血肿包膜，将血肿衬托得更为清楚。

MRI：硬膜下血肿MRI信号随血肿不同形成时间而异，与硬膜外血肿相仿。

【诊断与鉴别诊断】

CT对急性硬膜下血肿可迅速及准确显示，而对于CT上为等密度的亚急性和慢性硬膜下血肿，MRI更有助于病变的显示。根据CT及MRI的典型表现，各期硬膜下血肿的诊断不难。

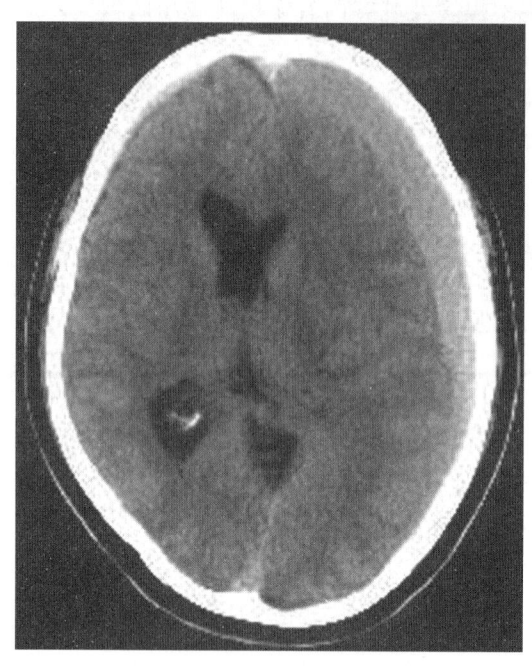

图2-15 急性硬膜下血肿

CT平扫示左侧额颞部及右侧额部颅骨内板下方新月形高密度影，以左侧为著，左侧侧脑室受压移位变形，中线结构向右侧移位

四、外伤性脑内血肿

颅脑外伤后脑实质内出血并形成血肿称为脑内血肿（intracerebral hematoma）。常位于受力点或对冲性部位，多发生于额、颞叶，不同于高血压脑出血的好发部位。外伤性脑内血肿常因脑内较大血管损伤所致，病情呈进行性加重。

【影像学表现】

CT：急性期血肿呈边界清楚的类圆形高密度影，周围有水肿及占位效应。2～4周，血肿自周边向中心密度逐渐下降。4周后为低密度影。

MRI：外伤性脑内血肿的信号强度变化规律与高血压脑出血基本一致。

【诊断与鉴别诊断】

对脑内出血的检查应首选CT，必要时可行MRI检查。CT所见典型，诊断不难。应与高血压性脑出血相鉴别，高血压性脑出血易发生于丘脑、基底节区。

五、脑挫裂伤

脑挫裂伤（laceration and contusion of brain）是指颅脑外伤所致脑组织的器质性损伤，是原发性闭合性颅脑外伤，常发生于着力点及其附近和对冲部位。有时并发蛛网膜下腔出血。病理上表现为脑内有散在出血灶，静脉淤血，脑水肿，脑肿胀及脑膜、脑实质和血管撕裂等。

【影像学表现】

CT：①局部低密度区，边缘模糊，其大小、形态不一，2～3周后被吸收或部分吸收，恢复至正常脑组织密度；②低密度水肿区内的多数散在点片状高密度出血灶，此型表现最常见，有时灶状出血可融合为较大血肿，3~7天开始吸收，1~2个月完全吸收为低密度区（图2-16）；③蛛网膜下腔出血：表现为大脑纵裂、脑池、脑沟密度增高，数天后密度减低，最终消失；④占位及萎缩表现：病变范围越大，占位效应越明显，重者出现脑疝征象，随着水肿逐渐消退，占位征象逐渐减轻，液化坏死形成囊肿时，低密度影长期存在，并可出现脑萎缩征象；⑤合并其他征象：有时合并脑内外血肿、颅骨骨折、颅内积气等。

MRI：脑挫裂伤的MRI表现常随脑水肿、出血和脑挫裂伤的程度而异。脑水肿T_1WI为低信号，T_2WI为高信号。出血信号随出血时间而变化。脑挫裂伤可以完全愈合不留痕迹，当形成软化灶时，表现为T_1WI低信号、T_2WI高信号，伴有相应部位脑萎缩。

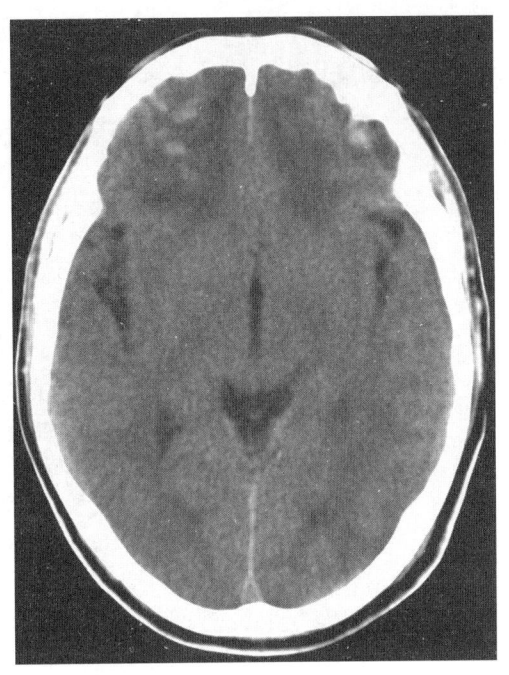

图2-16 双侧额叶脑挫裂伤
CT平扫示双侧额叶可见片状以低密度为主的混杂密度影，其内散在斑片状高密度影

【诊断与鉴别诊断】

对于急性脑外伤出血，CT较MRI显示效果更佳，对亚急性和慢性脑挫裂伤的显示，MRI明显优于CT。有明显外伤史、CT及MRI具有上述表现，容易诊断。

第七节 颅内感染性疾病

一、脑脓肿

脑脓肿（brain abscess）是化脓性细菌进入脑组织引起的炎症，进一步发展形成脓肿，脑脓肿以幕上多见，其中颞叶最常见，其次依次为额叶、顶叶、枕叶及小脑。病变可单发或多发。

【病理与临床表现】

病理分期：①急性脑炎期（3天至2周）：病变多位于白质。有充血，水肿，炎性细胞浸润，斑点状出血，伴有小静脉炎和血栓形成。②局部化脓期（3~4周）：脑炎进展，坏死液化区扩大，形成脓腔，周围肉芽组织和胶原组织增生，形成脓肿壁，外围水肿明显。③包膜形成期（4~8周）：脓腔增大，脓肿壁内层为炎性细胞、肉芽组织、胶质细胞和中性粒细胞，中层为大量纤维组织，外层神经胶质增生，脑组织水肿。

临床表现轻重不一，急性期可有全身感染症状。随脓肿部位不同，可出现头痛、记忆力减退、癫痫、偏瘫等症状和体征。

【影像学表现】

CT：在急性脑炎期，可见大片边界不清的低密度影，有占位表现及周围水肿。增强扫描有时可见不完整或完整薄壁环状、斑点状或脑回状强化。脓肿形成期，低密度灶出现高密度边缘，有些脓肿可见气液平面，外周仍有水肿区，增强扫描脓肿内为低密度，脓肿壁强化明显，且有完整、均匀、较光滑及薄壁的特点，有些小脓肿可呈结节状强化。

MRI：急性炎症期，T_1WI为低信号，T_2WI为高信号，占位效应明显。在脓肿形成期，

脓腔及周围水肿呈 T_1WI 低信号、T_2WI 高信号，脓肿壁呈等信号。增强扫描脓肿壁呈环形显著强化（图 2-17）。

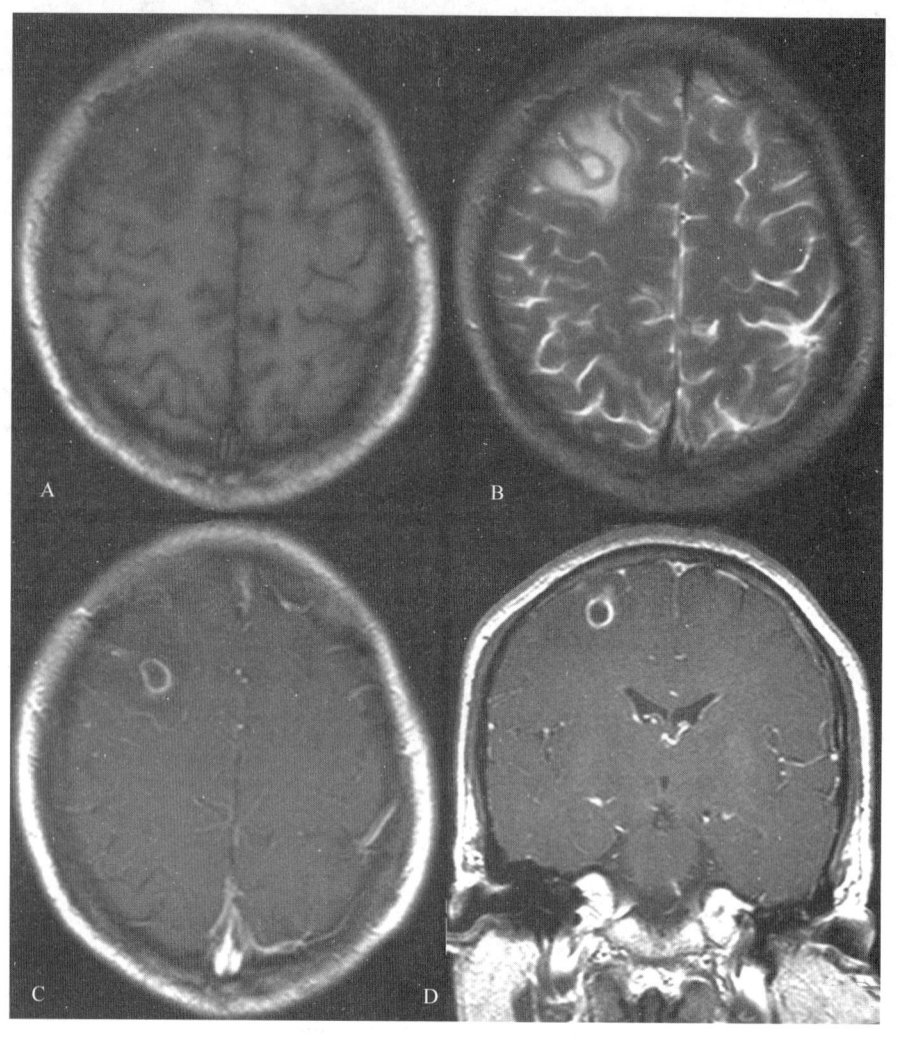

图 2-17　脑脓肿

A. 横断面 T_1WI；B. 横断面 T_2WI；C. 横断面 T_1WI 增强；D. 冠状面 T_1WI 增强。右侧额叶片状异常信号。T_1WI 呈低信号，其内可见类圆形更低信号区，T_2WI 呈高信号，其内可见薄层等信号环。增强扫描病灶呈明显环形强化

【诊断与鉴别诊断】

脑脓肿平扫及增强扫描有其特点，尤其是增强后脓肿壁环形强化有鉴别意义。需与星形细胞瘤、放射性脑坏死及手术后残腔鉴别，多发性脑脓肿需与转移瘤鉴别。

二、结核性脑膜炎

结核性脑膜炎（tuberculosis meningitis and encephalitis）属于肺外结核之一，常见于儿童和青少年。

【病理与临床表现】

颅内结核（intracranial tuberculosis）多为血行感染，结核性脑膜炎主要侵及软脑膜，也可合并结核瘤或结核性脑脓肿，临床表现除结核病全身症状外，可出现剧烈头痛、癫痫，严重者可出现意识障碍，甚至昏迷，可有颅内压增高及局部定位体征。

【影像学表现】

CT：平扫蛛网膜下腔密度增高，以基底池、外侧裂池为著，后期可见钙化，增强扫描可见上述区域明显强化。有时伴发脑水肿、脑积水及脑梗死等。

MRI：结核性脑膜炎时，基底池闭塞或扩张，结构分辨不清。脑基底部的结核病灶 T_1WI 为等或稍高信号，T_2WI 为等或稍高信号，有时呈部分低信号，局部异常强化。

【诊断与鉴别诊断】

结核性脑膜炎的影像表现与其他类型脑膜炎相似。诊断须结合临床及腰椎穿刺结果。

三、脑囊虫病

脑囊虫病（cerebral cysticercosis）为猪绦虫的囊尾蚴寄生于人脑内所致的疾病，是最常见的脑寄生虫病。在我国主要流行于北方地区。

【病理与临床表现】

囊尾蚴的囊常为圆形或卵圆形，内含有液体和头节，虫体死亡后由炎性细胞包裹，形成肉芽肿，后期形成瘢痕或钙化。根据病变部位的不同可分为脑实质型、脑室型、脑膜型和混合型。常见症状为癫痫，有时可触及皮下结节，囊虫补体结合试验多呈阳性。

【影像学表现】

CT：①脑实质型：A. 急性期：分为脑炎型、多发小囊型和大囊型。脑炎型 CT 表现类似脑炎，平扫呈散在低密度灶，多位于白质，全脑肿胀，增强扫描无强化。多发小囊型 CT 表现为脑内多发圆形或卵圆形小低密度灶，其内可见致密的小结节影，为囊尾蚴的头节；增强扫描病灶不强化或环状强化，周围有轻度水肿。大囊型表现为圆形或分叶状较大囊状低密度区，边界清楚，水样密度，无实性结节，无强化，有占位表现。B. 慢性期（钙化型）：脑实质内多发圆形或椭圆形钙化，直径 2~5mm。②脑室型：多位于第四脑室，呈圆形或类圆形囊样低密度区，近似脑脊液密度，囊壁菲薄，一般 CT 难以直接显示囊泡，仅表现为脑室形态异常或局限性不对称、阻塞性脑积水等间接征象。③脑膜型：CT 表现与其他脑膜炎相似，偶尔见囊虫壁强化或结节状强化，有时可见脑膜强化。④混合型：具有上述几型中两型或两型以上表现。

MRI：脑实质型多呈圆形，大小为 2~8mm，活动期 T_1WI 为低信号，T_2WI 为高信号，其内可见囊虫头节。活动期水肿轻微，增强扫描囊壁可增强或不增强。囊虫死亡后，头节显示不清，周围水肿加剧，占位效应明显，并逐渐成为无信号钙化。脑室、脑沟和脑池的囊虫，常表现为 T_1WI 低信号、T_2WI 高信号影，对邻近脑实质有压迹，一般见不到头节，偶见头节位于边缘。脑膜型多由脑沟囊虫与脑膜粘连而形成，有时可呈活动期、非活动期和死亡退变期等多种影像学改变。

【诊断与鉴别诊断】

绝大多数脑囊虫病 MRI 有特征表现。非典型表现者，需和一般脑炎、脱髓鞘病变、转移瘤、脑脓肿等鉴别。CT 对显示非活动期囊虫，尤其是钙化的效果优于 MRI，而 MRI 对于活动期和退变期病变的显示更为清楚。

四、病毒性脑炎

病毒性脑炎（viral encephalitis）由病毒感染所致，常见感染源为单纯疱疹病毒、巨细胞病毒和人类免疫缺陷（HIV）病毒等。

【病理与临床表现】

病毒对脑实质细胞损害，包括灰质、白质和周围血管的病理性改变，引起局限或弥漫性水肿，神经细胞变性坏死，胶质细胞增生等，确诊需要病毒分离及血清学检查。主要临床表现为发热、头痛、呕吐、精神症状甚至昏迷。

【影像学表现】

CT：脑内局限性片状低密度灶，常累及双侧大脑半球额、顶、颞、岛叶及基底节、丘脑区。单纯疱疹病毒脑炎多位于颞叶前内侧与岛叶，但至豆状核外侧后变为正常，常累及额叶底部、额顶及枕叶。

MRI：病变区 T_1WI 呈低信号，T_2WI 呈高信号，伴占位效应（图 2-18）。病变迁延后 T_1WI 及 T_2WI 的改变更清晰，伴有出血时 T_1WI 及 T_2WI 均呈高信号，增强扫描后明显强化，呈弥漫性或脑回状高信号。

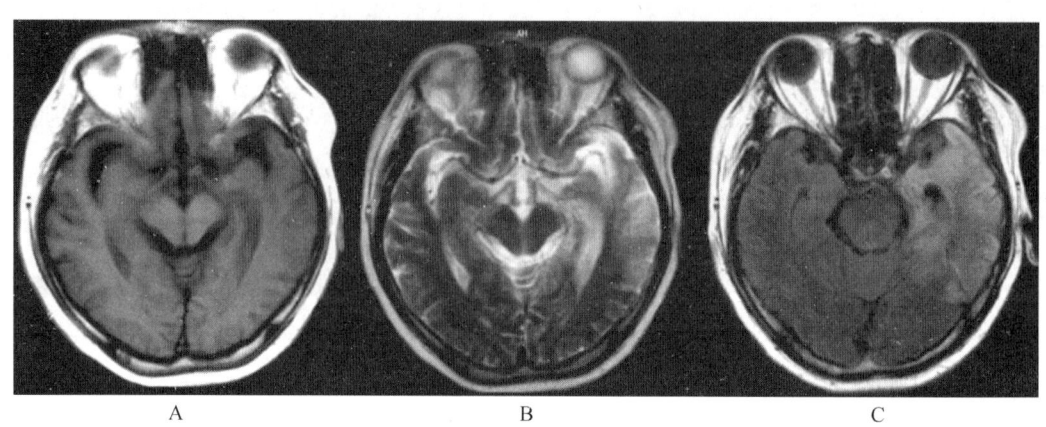

图 2-18 病毒性脑炎

A. T_1WI；B. T_2WI；C. FLAIR。左颞叶片状异常信号，边界不清。T_1WI 呈稍低信号，T_2WI 呈高信号，FLAIR 呈高信号

【诊断与鉴别诊断】

MRI 较 CT 敏感，可显示 CT 不能显示的早期病变。确定诊断需结合临床和实验室检查。影像上要与脑梗死、病毒感染后脑白质病等鉴别。

第八节 脱髓鞘疾病

一、脱髓鞘疾病的定义和分类

脱髓鞘疾病（demyelinating disease）是指以神经组织髓鞘脱失为主要病理改变的疾病，包括：①髓鞘形成缺陷：如脑脂质沉积病、嗜苏丹性白质营养不良、巨脑性婴儿白质营养不良、海绵状脑病。②正常髓鞘的脱髓鞘疾病：多发性硬化、急性播散性脑脊髓炎、弥漫性硬化、同心圆硬化、视神经脊髓炎、脑桥中央髓鞘溶解症。

CT 和 MRI 检查多能发现较小病变，并能作出定位、定量及初步定性诊断。MRI 优于 CT，进一步定性诊断需结合临床。

二、多发性硬化

多发性硬化（multiple sclerosis，MS）是中枢神经系统脱髓鞘疾病中最常见的一种类型。病因迄今未明，可能与遗传、病毒感染所致的自身免疫有关。以病灶多发、病程缓解与复发交替为特征。好发于中青年，女性稍多。

【病理与临床表现】

病变位于大脑、小脑、脑干、视神经、脊髓的白质内。尤以双侧脑室周围白质明显。病理改变为脱髓鞘、轴突破坏和炎症反应。常有脑萎缩改变，病灶呈对称性及多发性，新旧不一。

临床表现复杂多变，常为缓解与复发交替。常有癫痫、感觉或运动障碍以及精神症状等，视神经损害可以是早期症状之一。脑脊液中寡克隆区带多为阳性。

【影像学表现】

CT：平扫显示脑白质区内多发或单发、大小不等、边缘清或不清的低密度灶，无明显占位效应。

MRI：病灶呈斑片状，主要位于侧脑室周围，呈圆形、类圆形或融合性斑块。冠状面呈条状，可垂直于侧脑室，T_1WI 为低信号，T_2WI 为高信号。活动期的 MS 斑块有明显异常增强表现。同一患者可同时有边缘清楚的陈旧 MS 斑和边缘模糊的 MS 斑，往往与脑萎缩同时存在。

【诊断与鉴别诊断】

MRI 在 MS 早期即可显示病变，敏感性、特异性高于 CT，结合临床症状反复发作及影像学表现可诊断。有时需和皮质下动脉硬化性脑病、老年性脑白质改变、多发性脑梗死、脑炎及其他脱髓鞘疾病进行鉴别。

第九节　先天性颅脑畸形

一、先天性颅脑畸形的分类

颅脑先天性畸形及发育障碍是由于胚胎期神经系统发育异常所致。其中 60% 原因难定，20% 为遗传因素，10% 为染色体变异，10% 由感染、中毒、缺氧所致。其分类方法很多，以 Demeyer 分类法应用最广。

Demeyer 分类法将先天性颅脑畸形分为以下几种：

1. 组织源性病变　结节性硬化，神经纤维瘤病，脑颜面血管瘤综合征，先天性脑肿瘤。
2. 闭合障碍　无脑畸形，脑膨出，脑膜膨出，胼胝体发育不全，胼胝体脂肪瘤，畸胎瘤，小脑扁桃体下疝（Arnold-Chiari）畸形，Dandy-Walker 综合征。
3. 憩室畸形　前脑无裂畸形，无脑室畸形，视-膈发育不良，前脑无叶无裂畸形。
4. 大小畸形　脑小畸形，脑大畸形。
5. 移行畸形　无脑回畸形，脑回过多畸形，脑裂畸形，沟回错乱畸形。

二、胼胝体发育不全

胼胝体发育不全（hypoplasia of corpus callosum）是常见的颅脑畸形，多伴有颅脑其他部位的发育畸形，如纵裂囊肿、脂肪瘤等。本病轻者无明显症状，或有视觉、触觉障碍，重者出现智力障碍、癫痫、脑积水。

【影像学表现】

CT：两侧侧脑室间距加宽、分离，后角扩张，呈八字形外观，第三脑室扩大上移，插入两侧侧脑室体部之间，甚至可上移到两侧半球纵裂的顶部。

MRI：矢状面 T_1WI 可清晰显示胼胝体部分或全部缺如，以压部畸形最多，横断面及冠状面 T_1WI 显示双额角小而远离，侧脑室体部扩大，双侧分离呈开放角，第三脑室抬高，常合并脂肪瘤（图 2-19）。

【诊断与鉴别诊断】

CT 与 MRI 均可显示胼胝体发育不全的形态学表现，表现具有特征性。有时需和透明隔囊肿鉴别。伴发纵裂囊肿时，需和前脑无裂畸形鉴别。

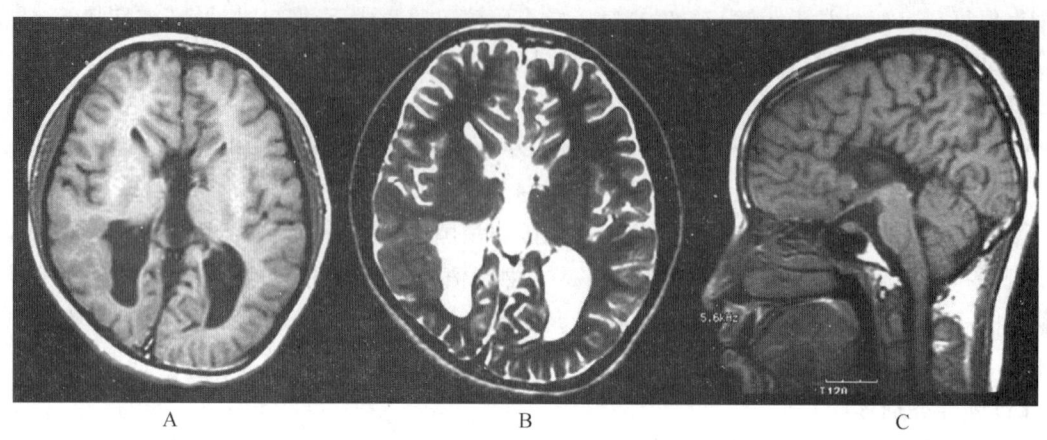

图 2-19 胼胝体缺如

A. 横断面 T_1WI；B. 横断面 T_2WI；C. 矢状面 T_1WI。横断面 T_1WI 和 T_2WI 示透明隔缺如，两侧侧脑室后部明显扩大。矢状面 T_1WI 示胼胝体几乎完全无发育

第十节 脊髓和椎管内疾病

一、脊髓内肿瘤

脊髓内肿瘤（intraspinal tumor）占椎管内肿瘤的 10%～15%。主要是室管膜瘤、星形细胞瘤、血管网状细胞瘤等。其中最常见的为室管膜瘤。

【病理与临床表现】

室管膜瘤约占 60%，多见于 20～60 岁，发生于中央管及终丝的室管膜细胞，好发于腰髓、圆锥及终丝，偶见颈髓。肿瘤呈膨胀性生长，边界较清楚，约半数可囊变。星形细胞瘤占 30%，发病年龄较轻，起于脊髓星形细胞，好发于颈胸段脊髓内，多呈浸润性生长，可累及多个节段，少数累及脊髓全长，肿瘤与正常组织多无明显分界，有时可继发脊髓空洞或囊变。临床上，肿瘤生长缓慢，症状轻，就诊时肿瘤常已较大。

【影像学表现】

X线：诊断价值有限。

CT：平扫见病变处脊髓不规则增粗，密度略低，囊变区密度更低。有时肿瘤边缘模糊，与正常脊髓分界不清，诊断价值不高。

MRI：矢状面见脊髓局限性增粗，肿瘤在 T_1WI 呈等或稍低信号，T_2WI 呈高信号，肿瘤较大时可因出血、坏死、囊变而使其信号不均匀。增强扫描可见肿瘤实质强化，以室管膜瘤的强化明显，瘤周水肿及囊变无强化（图 2-20）。

【诊断与鉴别诊断】

诊断主要依据 MRI 表现。星形细胞瘤和室管膜瘤的鉴别要结合好发年龄、部位、累及范围、囊变等加以分析。有时星形细胞瘤需与多发性硬化相鉴别。

二、髓外硬膜内肿瘤

髓外硬膜内肿瘤占椎管内肿瘤的大多数，以神经鞘瘤及神经纤维瘤最多见，脊膜瘤次之，其他肿瘤甚少。

（一）神经鞘瘤与神经纤维瘤

神经鞘瘤（neurinoma）占所有椎管内肿瘤的 29%，起源于神经鞘膜的施万细胞，故又称

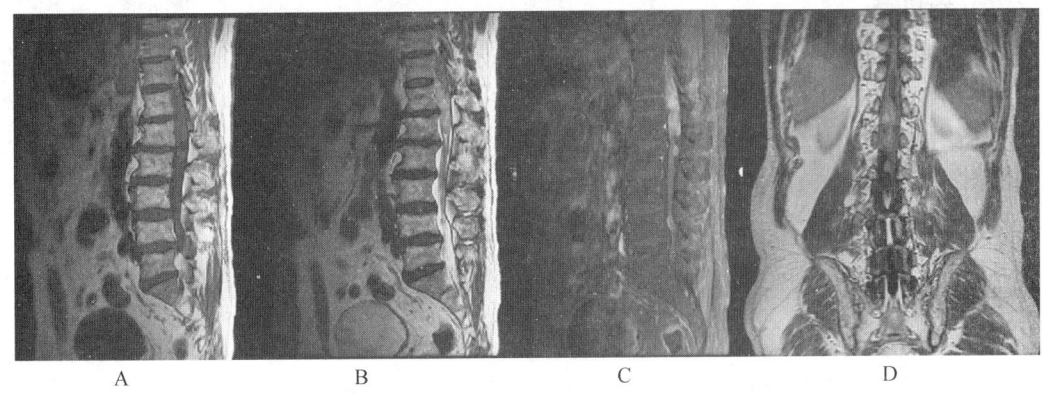

图 2-20 室管膜瘤

A. 矢状面 T_1WI；B. 矢状面 T_2WI；C. 矢状面 MRI 增强；D. 冠状面 MRI 增强。T_{12}~L_1 水平椎管内占位，脊髓增粗。T_1WI 呈等信号，T_2WI 呈高信号。增强扫描病灶呈明显强化

施万细胞瘤（schwannoma）。神经纤维瘤（neurofibroma）起源于神经纤维母细胞。

【病理与临床表现】

此两种肿瘤可发生于脊髓的各个节段，以颈胸段略多，多为有完整包膜的孤立结节状病灶，延及硬膜内外的肿瘤常呈哑铃状。其中，神经纤维瘤在椎管内生长呈球形或椭圆形，如穿过椎间孔向椎旁生长可呈哑铃形。

由于肿瘤生长于神经根上，尤其多见于后根，故根性痛多见，为早期较突出的症状。随着肿瘤的生长，逐渐产生脊髓受压症状，出现身体不同水平的感觉障碍。

【影像学表现】

X线：X线平片有时可见椎弓根骨质局限性吸收、破坏，椎间孔扩大及椎管内病理钙化。

CT：肿瘤呈圆形或椭圆形实性肿块，密度略高，推挤脊髓移位。增强扫描呈均匀强化，骨窗像有时可见椎弓根骨质破坏，肿块部分向椎管外生长而呈哑铃状外观。

MRI：肿瘤常位于脊髓背侧，压迫脊髓呈局限性弧形压迹或移位，于 T_1WI 呈等信号或略高信号，T_2WI 呈高信号。增强扫描肿瘤明显均匀强化，与脊髓分界清楚。横断面或冠状面往往可见瘤体从椎间孔穿出，有时呈哑铃状表现（图 2-21）。

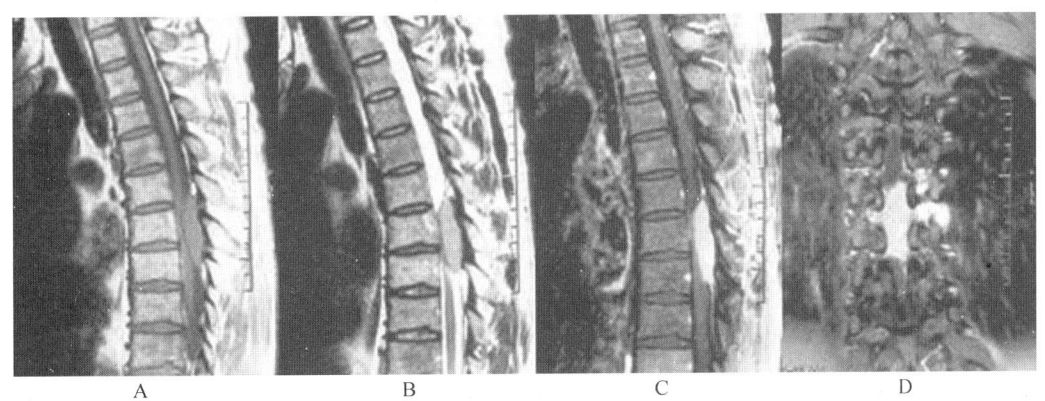

图 2-21 神经鞘瘤

A. 矢状面 T_1WI；B. 矢状面 T_2WI；C. 矢状面 MRI 增强；D. 冠状面 MRI 增强。T_{9-10} 椎管内占位，显示脊髓背侧长椭圆形异常信号影，T_1WI 为等信号，T_2WI 为稍高信号，增强检查呈明显强化。冠状面可见病变向两侧椎间孔内延伸

（二）脊膜瘤

脊膜瘤（meningioma）起源于脊髓上皮蛛网膜细胞，发病年龄较神经纤维瘤晚，女性多见。主要发生于胸段，其次为颈段。大多数位于髓外硬膜内，少数可向椎管外发展而呈哑铃状。肿瘤多呈类圆形，基底宽，紧贴于脊髓表面，质地较硬，约10%病例有钙化。临床表现与神经源性肿瘤相仿。

【影像学表现】

CT：肿瘤常见于胸段蛛网膜下腔，邻近骨质有时出现增生改变，呈类圆形实质性肿瘤，有完整包膜，偶有钙化，平扫呈等密度或略高密度，增强扫描有均匀强化。

MRI：肿瘤在 T_1WI 呈等信号，少数呈低信号，T_2WI 呈等或稍高信号，肿瘤与脊髓之间有一黑线状界线；增强扫描显著强化（图2-22），可清楚显示肿瘤及脊髓受压情况。

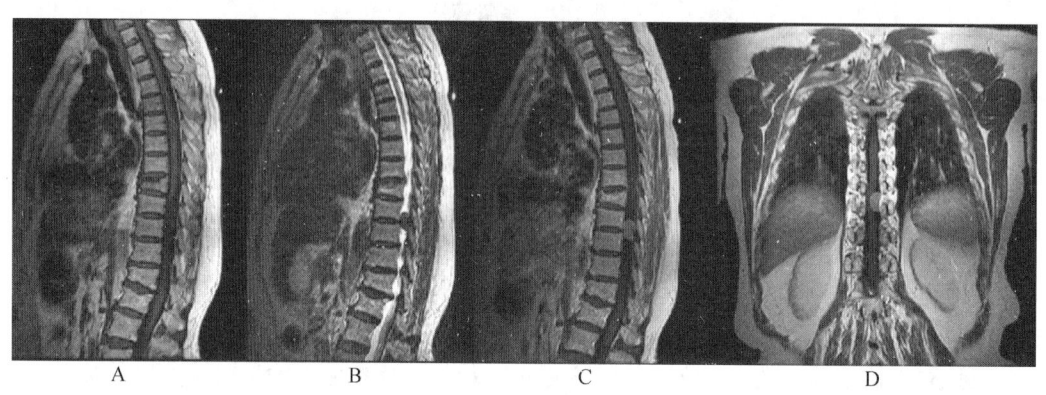

图2-22 脊膜瘤

A. 矢状面 T_1WI；B. 矢状面 T_2WI；C. 矢状面MRI增强；D. 冠状面MRI增强。T_{9-10} 椎间盘水平椎管内髓外硬膜下脊髓左侧占位性病变。T_1WI 和 T_2WI 类椭圆形等信号。增强扫描呈均匀一致强化，边缘光整，脊髓受压，肿瘤以宽基底与硬膜相连，呈"硬膜尾征"

【诊断与鉴别诊断】

MRI为首选检查方法，可显示肿瘤的位置、形态等。由于与神经源性肿瘤同属于髓外硬膜内肿瘤，有共同的影像学表现，容易混淆。但脊膜瘤女性多见，发病年龄偏大，出现钙化概率高，很少引起神经孔扩大，哑铃形改变明显少于神经鞘瘤。

三、椎管内血管畸形

椎管内血管畸形（intraspinal vascular malformations）是指脊髓血管先天发育异常而形成的一类疾病，可分为动脉、静脉、动静脉畸形及毛细血管扩张症四型，其中以动静脉畸形最多见。常好发于小儿及青年，颈、胸段最多见。

早期症状多为病变部位神经根分布区疼痛、间歇性跛行、肢体麻木，进而产生进行性脊髓压迫，使病变部位以下脊髓功能部分或全部丧失。

【影像学表现】

CT：病变部位脊髓局限性增粗，有时可见到斑片状钙化。增强扫描可见不规则异常强化、扩张的血管。有时在病变周围可见粗大的供血、引流血管。

MRI：在均匀高信号的脑脊液中显示粗大、弯曲的如蚯蚓状无信号的透亮条状影或团状影，动脉与静脉显影清晰。当畸形较小或不出现血管流空征象时需和海绵状血管瘤鉴别。增强扫描可发现畸形的血管团及供血动脉和引流静脉。

【诊断与鉴别诊断】

典型的椎管内血管畸形，以DSA显示最为清楚。由于MRI方法的进展，其在诊断上有取代 DSA 的趋势。本病需和椎管内肿瘤、海绵状血管瘤鉴别。

四、脊髓空洞症

脊髓空洞症（syringomyelia）是一种慢性进行性脊髓疾病，可为先天性、退行性，或继发于外伤、感染或肿瘤等疾病。

【病理与临床表现】

病理上将脊髓内衬以胶质细胞的囊腔称为脊髓空洞，而将衬以室管膜细胞者称为中央管扩张积水。临床表现为节段性分离性感觉异常及下运动神经元性运动障碍。

【影像学表现】

CT：诊断价值有限，偶见颈髓内边界清楚的低密度囊腔。

MRI：旁正中矢状面可清晰地显示空洞的全貌，T_1WI 表现为脊髓中央低信号的扩张，T_2WI 空洞内液体呈高信号。如囊腔直接与蛛网膜下腔相通并有搏动时，可使 T_2WI 高信号内出现不规则条状低信号影。横断面上，空洞边缘清楚光滑，多呈圆形，无明显强化（图 2-23）。

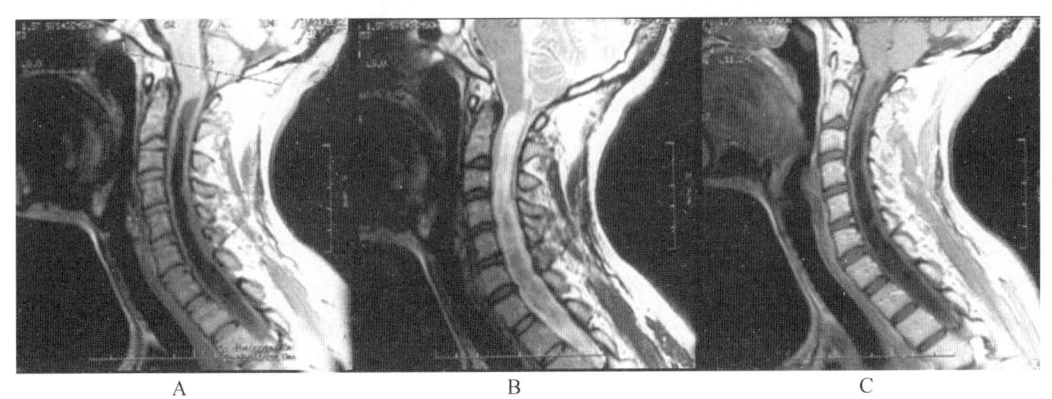

图 2-23 脊髓空洞症
A. 矢状面 T_1WI；B. 矢状面 T_2WI；C. 矢状面 MRI 增强。小脑扁桃体下移至枕骨大孔下方，
T_1WI、T_2WI 均可见脊髓增粗，中央管扩张呈脑脊液样信号改变，增强后无强化

【诊断与鉴别诊断】

MRI 可清楚显示空洞的范围、大小、形态等，并可观察囊内液体的动力学变化，明确引起空洞的原发性病变等，为本病的首选检查方法，影像学表现不典型者需与髓内肿瘤及脊髓软化相鉴别。

五、脊髓外伤

脊髓外伤（spinal cord injury）是非常严重的损伤，往往同时累及脊椎与脊髓，构成联合性损伤，亦可单独累及其中一部分。

【病理与临床表现】

病理上按损伤轻重程度分为脊髓震荡、脊髓挫裂伤、脊髓压迫或横断和椎管内血肿。损伤后期可有脊髓软化、囊性变、蛛网膜粘连和脊髓萎缩等。脊髓损伤的早期阶段出现脊髓休克，损伤平面以下功能丧失，肢体呈弛缓性瘫痪，感觉、反射和括约肌功能部分或全部丧失，轻者如脊髓震荡短期内可恢复，脊髓挫伤可不完全恢复，完全横断时其损伤平面以下的运动和感觉均消失。

【影像学表现】

X 线：脊髓平片可观察椎体及附件有无骨折或脱位，椎管内有无碎骨片等。

CT：可清楚显示椎体及附件骨折、滑脱等。脊髓震荡多无阳性发现，挫裂伤表现为脊髓膨大，边缘模糊，其内密度不均，有时出现点状高密度区。脊髓内血肿呈高密度，髓外血肿常使相应脊髓受压移位。

MRI：脊髓挫裂伤时，脊髓膨大，T_1WI 可见低信号水肿区，T_2WI 呈不均匀高信号。合并出血时，信号的演变规律和脑出血相同。脊髓完全或不完全断裂时，矢状面可见脊髓与硬膜囊部分或完全断裂。脊髓软化及囊肿形成时可见 T_1WI 低信号、T_2WI 高信号影，边界清晰（图 2-24）。

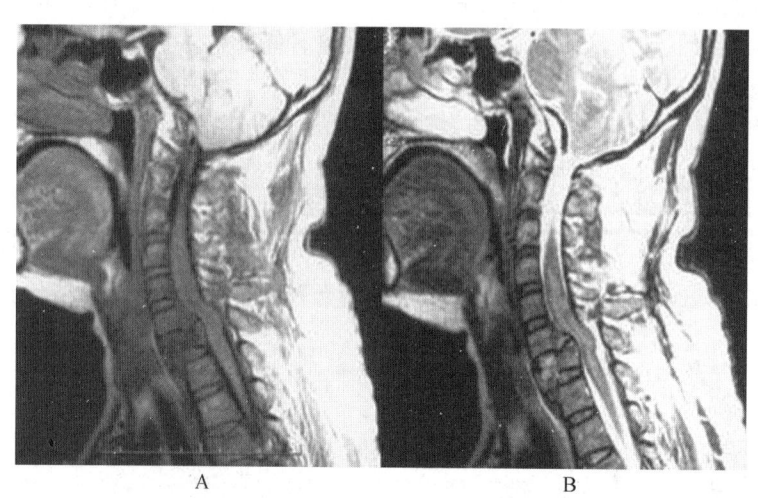

图 2-24 脊髓外伤
A. 矢状面 T_1WI；B. 矢状面 T_2WI。T_1WI、T_2WI 显示 C_7 椎体变形，向后突入椎管内，使脊髓受压并移位，髓内可见 T_1WI 低信号、T_2WI 高信号影

【诊断与鉴别诊断】

根据外伤史及典型 X 线、CT 及 MRI 表现，诊断不难。对骨折及滑脱的显示，X 线和 CT 的效果优于 MRI，对脊髓损伤的显示 MRI 有明显优越性。

（张雪君　王霄英）

第三章 头颈部

第一节 眼和眼眶

一、检查方法

（一）X线平片

X线平片可以显示眶壁骨质及眶内阳性异物，临床主要用于眶内阳性异物定位。造影检查包括眼动脉、眼眶静脉造影及泪囊、泪道造影等。

（二）CT检查

常规采用容积扫描，再行横断面、冠状面或矢状面重组，重组层厚2～3mm，于软组织窗观察；外伤者还需观察眶壁骨质情况，用骨算法重组图像，于骨窗观察。根据病变情况可行增强扫描。

（三）MRI检查

常规采用横断面、冠状面和矢状面扫描，增强及动态增强扫描，层厚3～4mm。扫描序列包括自旋回波T_1WI及T_2WI，联合应用脂肪抑制技术可将眶内高信号脂肪抑制为低信号，有利于病灶的显示。

二、正常影像解剖

眼眶由骨性眶壁和眶内容物组成。眶内容物包括眼球、眼外肌、视神经、泪器、血管及筋膜等，各组织之间充满脂肪。眼球由球壁和球内容物组成。在影像学中球壁也称为眼环，球内容物包括晶状体、玻璃体和房水。晶状体在CT上呈梭形高密度影，CT值可达120～140Hu，MRI呈T_1WI等信号、T_2WI低信号；玻璃体和房水在CT上呈低密度，MRI呈T_1WI低信

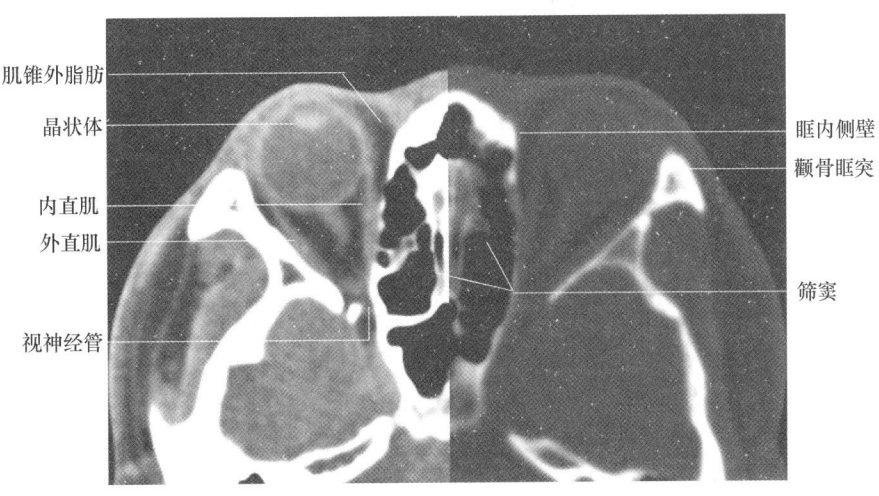

图3-1　眼眶CT横断面解剖

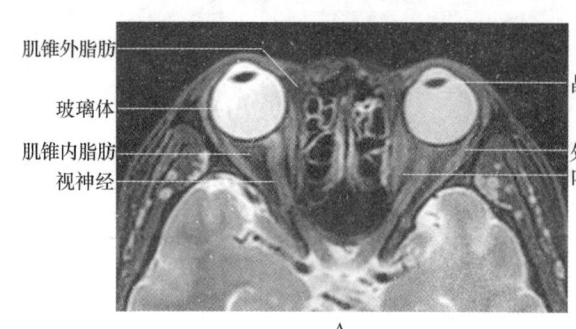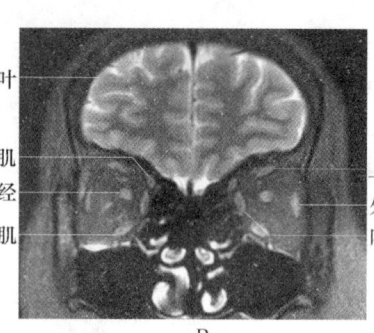

图 3-2 眼眶 MRI 解剖

A. 横断面脂肪抑制 T_2WI；B. 冠状面脂肪抑制 T_2WI

号、T_2WI 高信号（图 3-1，图 3-2）。眼外肌包括上、下、内、外直肌和上、下斜肌。视神经分为球壁段、眶内段、管内段和颅内段。

三、眼眶炎性病变

眼眶炎性病变（inflammatory lesions）按病程可分为急性、亚急性和慢性，按病原体可分为细菌、真菌、病毒以及原因不明的非特异性炎症等，按感染途径可分为外伤性、鼻窦源性、血源性等，其中以鼻窦源性最多见。

（一）眼眶蜂窝织炎和眼眶脓肿

眼眶蜂窝织炎（cellulitis）和脓肿（abscess）是发生于眶内软组织或骨膜下的急性化脓性炎症，可以向颅内或面部蔓延，常被视为危重症。

【病理与临床表现】

多因溶血性链球菌和金黄色葡萄球菌感染所致，常发生于眼部外伤后、鼻窦炎、骨膜下脓肿破坏骨膜进入眼眶内、全身菌血症、败血症等情况，主要为中性粒细胞浸润。蜂窝织炎累及范围广，累及海绵窦者可形成脓毒性海绵窦栓塞。眼眶脓肿主要为骨膜下脓肿。蜂窝织炎起初可表现为发热、眼球疼痛、结膜水肿，继而发生眼球突出、眼球运动障碍；可有全身中毒症状，如发热、恶心、呕吐、衰竭或虚脱。

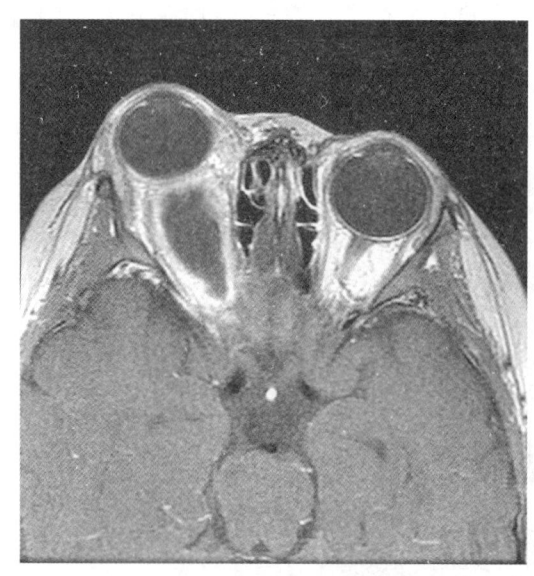

图 3-3 右眼眶内脓肿

横断面增强 T_1WI 显示右侧眼眶内球后明显强化的环形病灶，眼球明显前突

【影像学表现】

CT：蜂窝织炎表现为眼睑肿胀、模糊，眼外肌增粗，泪腺增大，呈不均匀等密度或略低密度，低密度脂肪影为软组织密度影取代，增强后病变明显不均匀强化，部分患者可伴有眼球壁增厚。脓肿表现为不规则软组织影，呈不均匀低密度，增强后病变多呈环形明显强化。

MRI：蜂窝织炎表现为 T_1WI 低信号、T_2WI 高信号影，增强后病变明显不均匀强化。脓肿呈 T_1WI 较低信号、T_2WI 较高信号影，增强后呈明显环形强化（图 3-3）。CT 和 MRI 还可同时显示邻近结构炎症改变。

【诊断与鉴别诊断】

蜂窝织炎根据临床表现和影像学表现容易诊断。骨膜下脓肿需与骨膜下血肿鉴别，后者多有外伤史，结合临床表现及病史容易鉴别。

(二) 特发性眼眶炎症

特发性眼眶炎症（idiopathic orbital inflammation）也称为炎性假瘤（inflammatory pseudotumor），病因和发病机制尚不清楚，常反复发作，严重者造成眶内纤维化、眼球固定、失明。男女发病率相似，平均发病年龄为 40～50 岁。

【病理与临床表现】

通常单眼发病，也可双眼交替发病，可为急性、亚急性或慢性病程。急性期主要为水肿和炎性细胞浸润，亚急性期和慢性期为大量纤维血管基质形成，逐渐纤维化。急性者表现为眼周不适或疼痛、眼球运动受限、眼球突出、球结膜充血水肿、眼睑皮肤红肿、复视和视力下降等。亚急性者可于数周至数月内缓慢发生。慢性者症状或体征可持续数月或数年。本病激素治疗有效，但容易复发。

【影像学表现】

CT：①隔前型表现为患侧眼睑组织肿胀增厚，边缘模糊；②肌炎型表现为患侧多条眼外肌增粗，上直肌和内直肌最易受累，且肌腹和肌腱均增粗；③泪腺炎型表现为泪腺弥漫性增大，边缘模糊，一般为单侧，也可为双侧；④巩膜周围炎型表现为眼球壁增厚，眼球筋膜鞘被异常软组织影充填；⑤神经束膜炎型表现为视神经鞘增厚，边缘模糊；⑥弥漫型表现为病变广泛累及眶内组织，眶内脂肪内可见条状或不规则软组织肿块影，泪腺增大，眼肌增粗，视神经可被肿块包绕，增强后病变明显强化，视神经不强化。

MRI：与 CT 表现相似，信号强度与病程相关，炎性细胞浸润期病变呈 T_1WI 低或等信号、T_2WI 高信号，纤维化期病变呈 T_1WI 等信号、T_2WI 低信号（图 3-4），增强后中度至明显强化。

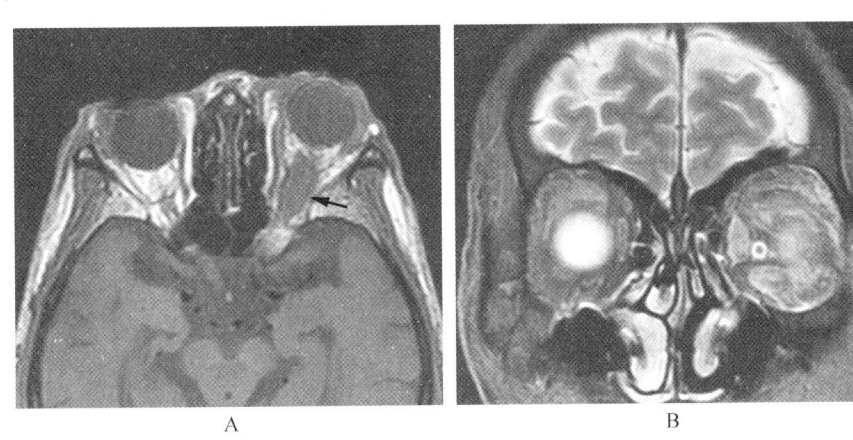

图 3-4　左侧特发性眼眶炎症

A. 横断面 T_1WI；B. 冠状面脂肪抑制 T_2WI。显示左眶内组织界面模糊，脂肪间隙信号混浊，内直肌、下直肌增粗，肌锥内见局限性肿块（箭头）

【诊断与鉴别诊断】

诊断要点：①眼睑软组织肿胀增厚；②眼外肌肌腹、肌腱均增粗；③泪腺增大；④Tenon 囊软组织影和巩膜增厚；⑤视神经鞘增厚；⑥眶内脂肪被异常密度/信号软组织影替代。上述任何一项或一项以上且排除肿瘤后即可确诊。

肌炎型需与以下疾病鉴别诊断：①颈动脉海绵窦瘘：除多条眼外肌增粗外，伴眼上静脉增粗，海绵窦增宽，MRI 扫描见流空血管影；②甲状腺相关眼病（Graves 眼病）：累及眼外肌，仅肌腹增粗，肌腱不增粗；③转移瘤：眼外肌多呈局限性结节状增粗；④淋巴瘤：眼外肌肌腹和肌腱均受累，多累及上直肌或提上睑肌，与眼炎型炎性假瘤在影像上较难鉴别，诊断困难者可行活检鉴别。

(三) Graves 眼病

Graves 眼病（Graves ophthalmopathy）又称为突眼性甲状腺肿，是突眼的常见原因之一。

【病理与临床表现】

双侧无痛性突眼,睑裂增大,眼睑肥厚,重者可有眼球运动障碍。突眼程度与临床表现、实验室检查结果等可不相符。主要病理改变为眶内脂肪增多及眼外肌肥厚。眼外肌间质炎性水肿,淋巴细胞浸润,晚期可纤维化。

【影像学表现】

CT:眼外肌肌腹增粗,双侧多见,以上、下及内直肌最为常见,但附着于眼环的肌腱不增粗。增强扫描时受累眼外肌可强化。眶内脂肪增加,但脂肪内无条索影。

MRI:急性期,为T_1WI低信号、T_2WI高信号,晚期纤维化时均呈低或等信号(图3-5)。

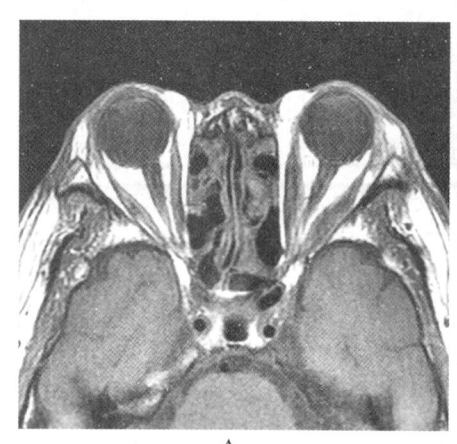 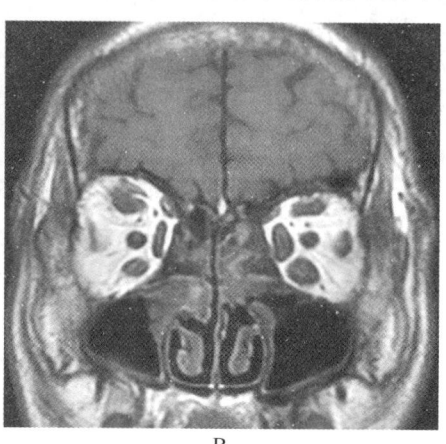

A B

图3-5 左侧Graves眼病

A. 横断面T_1WI;B. 冠状面T_1WI。显示左眼内直肌、外直肌和下直肌肌腹明显增粗

【诊断与鉴别诊断】

诊断要点:①眼外肌肌腹增粗,但肌腱不增粗;②球后脂肪增多。

鉴别诊断:①肌炎型炎性假瘤:眼外肌肌腹和肌腱均增粗,上直肌和内直肌最易受累,眶壁骨膜与眼外肌之间的脂肪间隙模糊、消失;②颈动脉海绵窦瘘:常有多条眼外肌增粗,伴眼上静脉增粗;③淋巴瘤:眼外肌肌腹和肌腱均受累,一般上直肌或提上睑肌较易受累,确诊有赖于病理学检查。

四、眼部肿瘤

眼部肿瘤可发生于眼部各种组织成分,也可由邻近结构肿瘤直接蔓延或血行转移而来,其中原发肿瘤约占86.5%,以脉管性肿瘤最多见,其次为神经源性肿瘤、泪腺上皮性肿瘤、肌源性肿瘤、纤维瘤、骨软骨瘤和脂肪瘤。按发病部位可分为眼球肿瘤、泪腺肿瘤、视神经肿瘤、眶内肿瘤、眶壁肿瘤、继发性肿瘤六类。

(一)眼球肿瘤

眼球肿瘤主要发生于视网膜及葡萄膜。儿童最常见的为视网膜母细胞瘤,成人最常见的为脉络膜黑色素瘤。

视网膜母细胞瘤

视网膜母细胞瘤(retinoblastoma,RB)是起源于视网膜的胚胎性恶性肿瘤,与遗传有关,无种族和性别差异。3岁以下的婴幼儿最常见,对视力和生命有严重的威胁和危害。

【病理与临床表现】

多为单眼发病,双眼先后发病者约占30%。肿块呈黄白色或灰白色,95%瘤组织切片中可发现钙质。肿瘤进展可直接扩散到球后，侵犯视神经，甚至沿视路侵入颅内。有时可经脑脊液种植转移或血行转移。1%～2%可自发消退。患儿多以白瞳症就诊，即瞳孔区可见黄光反射。进展期可继发青光眼，侵及球外时可致眼球突出。

【影像学表现】

CT：眼球大小正常或增大，球内可见类圆形或不规则形软组织肿块，沿眼球壁生长并可突入玻璃体腔，密度不均匀，内部可见团块状、片状或斑点状钙化，钙化是本病的特征性表现（图3-6），病变向球外侵犯表现为软组织肿块、视神经增粗、视神经管扩大等。

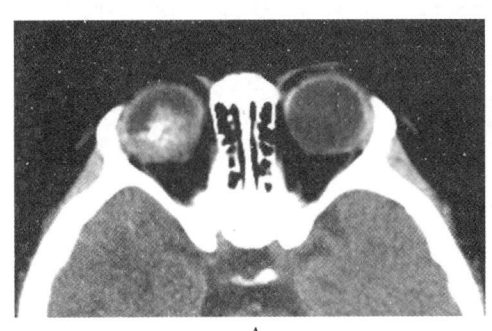 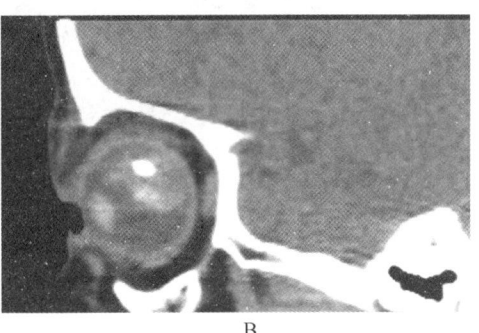

A   B

图 3-6　右眼视网膜母细胞瘤

A. 横断面平扫CT；B. 矢状面平扫CT。显示球内肿块，伴有块状钙化

MRI：肿块多呈不均匀 T_1WI 等信号、T_2WI 等信号或低信号，增强后明显强化，MRI 显示钙化灶不如 CT，但对肿瘤沿视神经蔓延及颅内侵犯的显示较 CT 敏感。

【诊断与鉴别诊断】

诊断要点：3岁以下婴幼儿发现眼球内钙化性肿块，首先考虑为本病。

鉴别诊断：①永存原始玻璃体增生症（persistent hyperplastic primary vitreous, PHPV）：见于足月新生儿，多数为单眼发病，男性多见，患侧眼球小。玻璃体内可见管状或高脚杯形软组织影连于晶状体后缘与视盘之间，无钙化，增强后明显强化；②外层渗出性视网膜病变（Coats病）：多见于6岁以上的男性儿童及青少年，病程缓慢，检眼镜（眼底镜）下有典型的眼底改变，即异常视网膜血管及周围大量渗出，晚期出现广泛视网膜脱离，CT显示玻璃体后部密度增高影，边缘模糊，MRI可直接显示V字形视网膜脱离，增强后脱离的视网膜明显强化，视网膜下积液不强化。

CT易显示肿块内钙化，是本病首选影像学检查方法，MRI可作为重要补充，以观察有无视神经及颅内侵犯。

脉络膜黑色素瘤

脉络膜黑色素瘤（choroid melanoma）是成年人最常见的眼球内恶性肿瘤。发病高峰年龄平均在55岁，通常为单眼、单灶。

【病理与临床表现】

好发于眼底后极部，瘤内含有较多的黑色素，呈灰色或棕色。根据生长方式分为结节型和弥漫型，前者多见，结节型早期呈圆顶形，生长到一定高度，形成蘑菇形肿块，常继发浆液性视网膜脱离。该瘤可向前房、玻璃体内扩散，也可沿睫状血管、神经穿入巩膜的通道及涡状静脉通道向巩膜外扩散。全身转移最常见于肝。临床上早期无症状，发生在后极部早期即出现视力减退、视物变形、视野缺损，伴有视网膜脱离时，视力明显下降，甚至失明。

【影像学表现】

CT：球内可见高密度肿块影自球壁突向玻璃体，呈类圆形或蘑菇形，边缘光整，增强后明显强化，肿块周围多可见新月形或V字形等或高密度影。增强后无强化区为视网膜脱离、视网膜下积液。向球外侵犯时眶内可见不规则肿块。

MRI：由于肿瘤内含顺磁性的黑色素，T_1WI 高信号、T_2WI 低信号为其典型表现（图 3-7），内部信号可不均匀。动态增强可显示病变明显强化。

超声：眼球内可见"挖空征"。

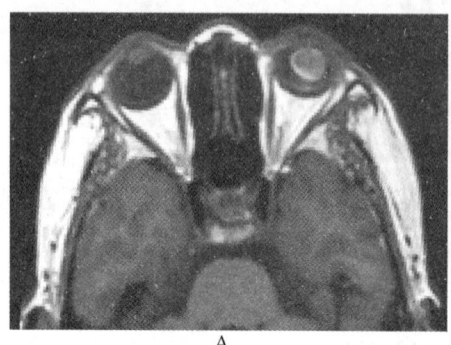
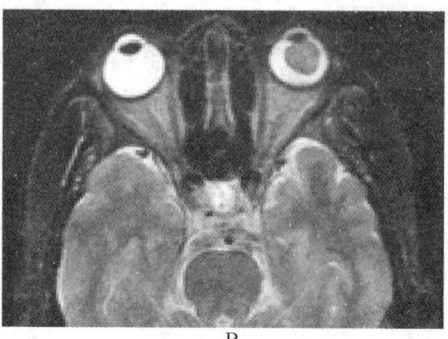

图 3-7　左眼黑色素瘤
A. 横断面 T_1WI，显示左眼球内局限性肿块，呈不均匀高信号；B. 横断面脂肪抑制 T_2WI，呈低信号

【诊断与鉴别诊断】

诊断依据：成年人的眼球内肿块，MRI 呈 T_1WI 高信号、T_2WI 低信号。

鉴别诊断：①脉络膜痣：扁平，隆起不超过 2mm，增强后多不强化，进展缓慢或稳定；②脉络膜血管瘤：梭形隆起，呈 T_1WI 低信号、T_2WI 高信号，信号均匀，T_2WI 上与玻璃体信号相似，增强后显著均匀强化，病变进展缓慢；③脉络膜转移瘤：多有原发恶性肿瘤病史，眼底见扁平形肿块，T_1WI、T_2WI 均呈中等信号，增强后中度强化，病变进展快；④脉络膜出血：眼底的异常信号影，信号因出血时期不同而异，增强后一般无强化。

超声为脉络膜黑色素瘤的首选筛查方法，MRI 为主要定性诊断手段。

（二）泪腺肿瘤

泪腺肿瘤占眼眶肿瘤的 7%～13%，良性混合瘤最为常见，恶性肿瘤主要为腺样囊性癌、恶性混合瘤、腺癌等。以下主要介绍泪腺良性混合瘤。

泪腺良性混合瘤（benign mixed tumor），又称良性多形性腺瘤（benign pleomorphic adenoma），是泪腺肿瘤中最常见的上皮性良性肿瘤，起源于有多向分化潜能的上皮细胞。

【病理与临床表现】

多起自泪腺眶部，呈类圆形或椭圆形，有完整包膜，但在包膜上常有肿瘤细胞浸润，镜下见腺上皮细胞、肌上皮和少量间质成分，内部有时见囊性变、黏液样组织、出血或软骨样组织。肿物切除不完整或术中包膜破裂，易导致复发或恶变。主要见于成人。单侧发病，生长缓慢，多表现为眼眶颞上方固定、无压痛的肿块，质硬呈结节状，肿物逐渐增大致眼球向前下移位，眼球颞上运动受限。较大肿块压迫眼球可引起视力下降及复视。

【影像学表现】

CT：泪腺窝区类圆形或椭圆形肿块，边界清楚，呈均匀软组织密度，钙化少见；泪腺窝扩大，骨质受压变薄，无骨质破坏征象；增强后肿块明显强化；眼球、眼外肌及视神经受压移位（图 3-8）。

MRI：泪腺窝区肿块呈 T_1WI 略低信号、T_2WI 高信号，边界清楚。多数信号欠均匀，增强后肿块明显强化，部分病例可见肿瘤包膜。

【诊断与鉴别诊断】

诊断依据：泪腺窝区肿块，呈类圆形或椭圆形，边界清楚，泪腺窝扩大，但无骨质破坏征象。

鉴别诊断：①泪腺恶性上皮性肿瘤：形态多不规则，常伴有泪腺窝区骨质破坏；②炎性假瘤和淋巴增生性病变：形态不规则，一般呈长扁圆形，肿块常包绕眼球生长，多无泪腺窝区骨质增生或破坏。

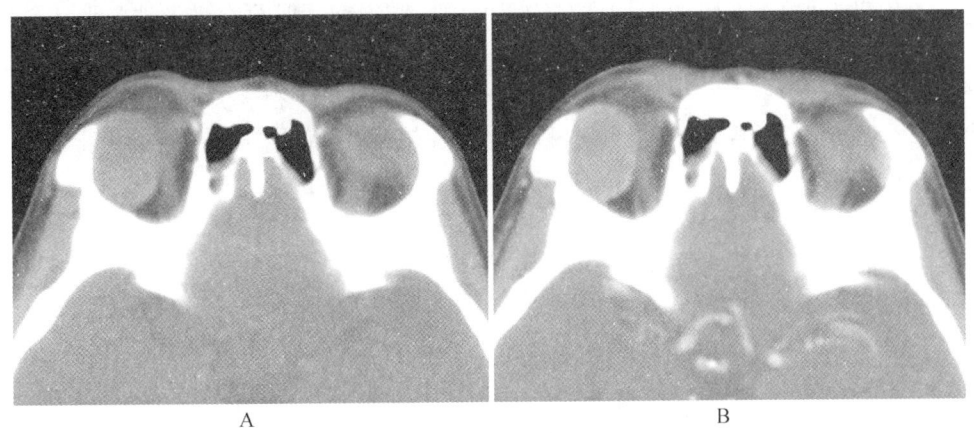

图 3-8 泪腺良性混合瘤

A. 平扫 CT，右侧泪腺窝内见椭圆形软组织肿块，大小约 2.4cm×1.7cm，肿块密度均匀；B. 增强 CT，肿块均匀强化

（三）视神经肿瘤

来源于视神经的原发肿瘤多为胶质瘤，来源于视神经鞘的多为脑膜瘤。下面主要介绍视神经胶质瘤。

视神经胶质瘤（optic nerve glioma）起源于视神经内胶质细胞，属于良性或低度恶性肿瘤，约占原发性视神经肿瘤的 66%。多发生于 10 岁以下儿童，女性多于男性，发生于成人者恶性程度较儿童高。

【病理与临床表现】

视神经呈梭形增粗，表面硬膜完整，肿瘤可沿视路蔓延至颅内。切面肿瘤实质呈灰白色，细腻脆软，约 1/3 可见囊变，甚至可表现为囊性肿物。按发病年龄可分为两型，儿童型为毛细胞型星形细胞瘤，发病高峰为 2~8 岁；成人型常为间变型星形细胞瘤。15%~40% 神经纤维瘤病 I 型患者可发生视神经胶质瘤。95% 患者因视力下降就诊，还可有眼球突出、视乳头水肿或萎缩，视力下降多发生于眼球突出之前，此点有别于其他肌锥内间隙肿瘤。

【影像学表现】

CT：视神经呈管状或梭形迂曲增粗，较大者可呈球形或棒棒糖状，边界光整，多呈等密度，一般无钙化，增强后表现为不强化至明显强化，有的内部可见无强化低密度区为肿瘤内囊变区。侵及视神经管内段时常引起视神经管扩大。

MRI：T_1WI 呈中等偏低信号，T_2WI 呈明显高信号改变（图 3-9），增强后强化程度不一，

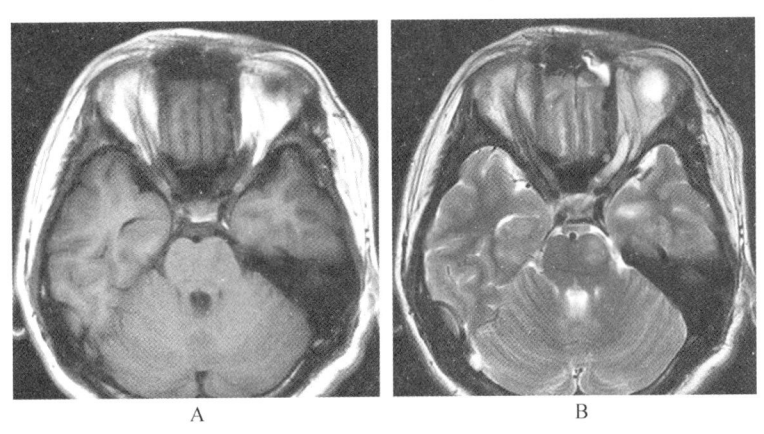

图 3-9 左侧视神经胶质瘤

A. 横断面 T_1WI；B. 横断面 T_2WI。显示左侧视神经眶内段和管内段明显增粗，呈 T_1WI 低信号、T_2WI 高信号

视神经前端周围蛛网膜下腔可明显增宽。侵及颅内段和视交叉时可在鞍上池内形成软组织肿块，此时与眶内段肿块一起构成"哑铃征"。

超声检查：视神经呈梭形肿大，边界清楚，内部回声缺乏，视乳头水肿。眼球转动时肿瘤前端反方向运动。彩色多普勒显示肿瘤内彩色血流。超声对肿瘤向眶尖、视神经管内段及颅内的侵犯显示不佳。

【诊断与鉴别诊断】

MRI 为首选检查方法，显示视神经胶质瘤累及范围最佳。

诊断依据：视神经呈管状或梭形迂曲增粗，增强后无"轨道征"或"袖管征"。

鉴别诊断：①视神经脑膜瘤：主要见于成年人，肿块内可见钙化，周围可有骨质增生，T_1WI 和 T_2WI 均呈低信号或等信号，增强后明显强化，而视神经无强化，形成较具特征性的"轨道征"或"袖管征"；②视神经蛛网膜下腔增宽：多见于颅内压增高引起双侧视神经蛛网膜下腔增宽，一般有颅内原发病变，MRI 可显示视神经不粗。

(四) 眶内常见肿瘤

皮样囊肿或表皮样囊肿

眼眶皮样囊肿或表皮样囊肿（dermoid cyst or epidermoid cyst）均属扁平上皮构成的囊肿，前者含有皮肤附件和表皮组织，后者仅含有表皮。多见于儿童，单眼发病。

【病理与临床表现】

胚胎发育期间表皮陷于软组织内或眶骨间隙内没有萎缩退化，在眶周形成圆形或椭圆形囊肿，少数呈哑铃状，眶骨可形成缺损。囊壁衬有角化复层扁平上皮，囊内含有黄色、恶臭脂性物质和毛发。囊肿周围可有慢性肉芽肿性炎症。临床表现取决于囊肿位置。肿瘤位于眶缘者表现为缓慢进行性无痛性皮下肿物，常靠近外侧；肿瘤位于眶内者表现为无痛性、进行性眼球突出和移位，伴有眼球运动障碍、复视等；如自发性破裂，囊内容物流出可引起眶内炎症反应。

【影像学表现】

CT：常位于眼眶前外上象限，均匀低密度或混杂密度肿块，其内含有脂肪密度成分，增强后囊内容物不强化，囊壁可轻度强化，眼球、眼外肌、视神经受压移位，位于眶骨缝附近时常伴邻近局限性骨质缺损，可有硬化边。

MRI：应用脂肪抑制序列后，可发现肿块内的脂肪成分，不含脂肪部分呈 T_1WI 较低信号、T_2WI 高信号。少数囊肿脂肪成分很少，肿块呈 T_1WI 较低信号、T_2WI 高信号。

【诊断与鉴别诊断】

诊断依据：含脂肪成分的囊性病变提示本病。

鉴别诊断：CT 表现不典型者应与泪腺肿瘤、组织细胞增生症等病变鉴别，MRI 增强扫描显示中央无强化而囊壁轻度强化可提示本病。

海绵状血管瘤

海绵状血管瘤（cavernous hemangioma）因其内有较大的血窦呈海绵状而得名，是成年人最常见的眶内良性肿瘤，进展缓慢。发病年龄在 20~40 岁。女性多于男性，多单侧发病。

【病理与临床表现】

肿瘤实质上为静脉畸形，不是真正的肿瘤，为圆形、类圆形或有分叶的肿块，呈暗紫色，有完整纤维包膜，切面观可见许多血窦，血窦间有孔相通，包膜是血窦间纤维结缔组织向外延续而形成的。临床表现缺乏特征性。最常见的临床表现为缓慢渐进性眼球突出，可有视力下降、眼球运动障碍。

【影像学表现】

CT：大多数位于肌锥内的圆形、椭圆形或梨形等密度肿块，边界光整，密度均匀，少数内部可见钙化，增强扫描可以显示早期肿块内点片状明显强化，随时间延长强化范围逐渐扩大，最后全部肿块呈均匀的显著强化，即"渐进性强化"，此外还可有眼外肌、视神经、眼球受压移位及眶腔扩大等（图3-10）。

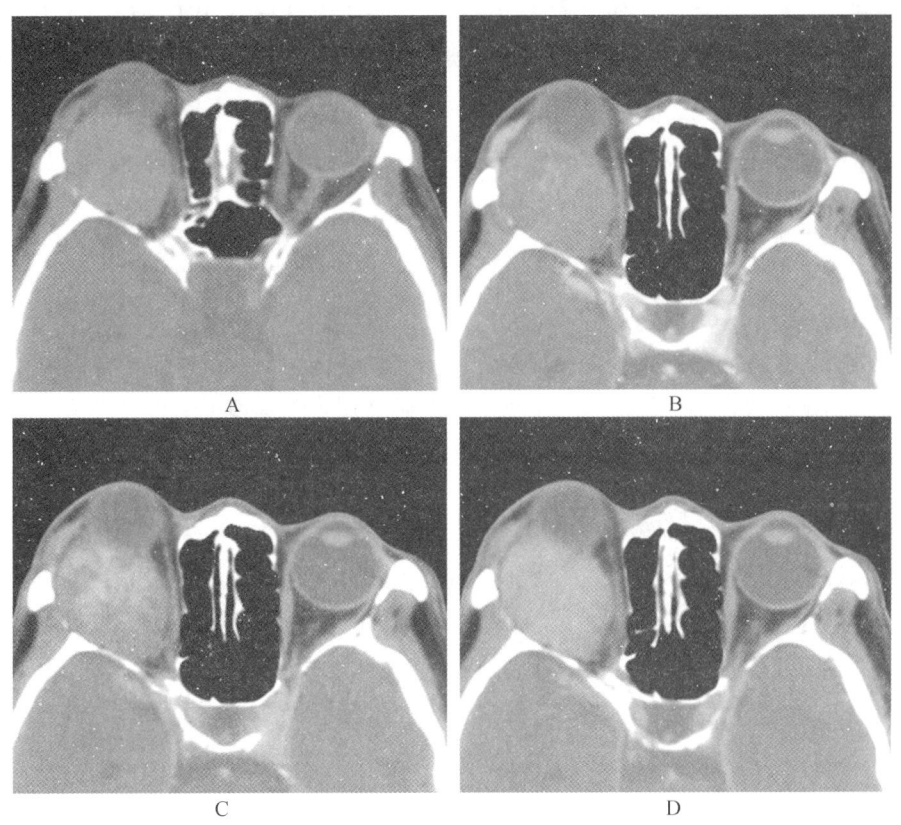

图 3-10 海绵状血管瘤
A. 平扫CT，右侧眼球突出，眼球后方肌锥内见3.4cm×2.6cm椭圆形软组织肿块，视神经与外直肌明显受压移位；
B 至 D. 不同时相的增强扫描示动脉期肿块周边点状、管状强化；静脉期和平衡期渐进性填充

MRI：肿块呈T_1WI较低信号、T_2WI高信号，提示病变内含液体丰富。肿块周边可见"晕环征"，由包膜和化学位移伪影形成。动态增强扫描显示"渐进性强化"较CT更好，另外强化出现时间早、持续时间长也是本病特点（图3-11）。

超声检查：病变呈圆形或椭圆形，有晕环，其内回声强且均匀，有中等度声衰减。内部缺乏彩色血流。超声检查难以确定球后1cm距离以远的小肿瘤。

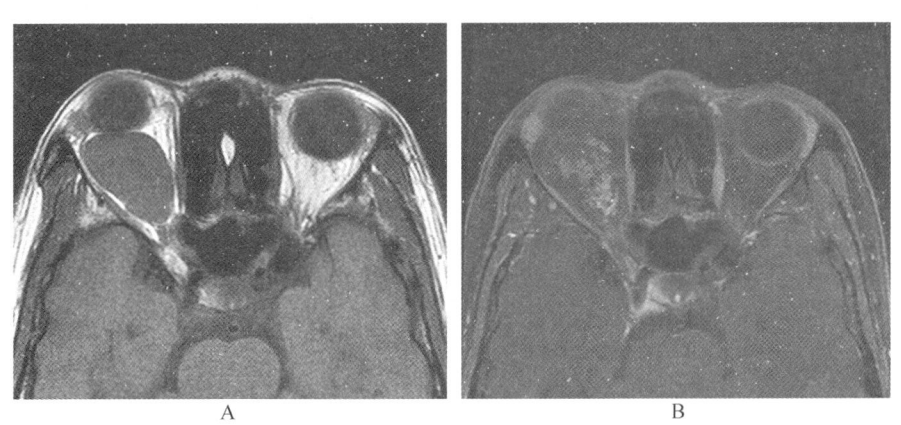

图 3-11 右眶海绵状血管瘤
A. 横断面平扫T_1WI，显示右侧球后肌锥内软组织肿块，呈均匀等信号，边界光滑清楚；
B. 横断面脂肪抑制后增强T_1WI，病灶的大部分明显强化

【诊断与鉴别诊断】

诊断依据："渐进性强化"提示本病。

鉴别诊断：①神经鞘瘤：密度或信号不均匀，MRI 内部有 T_1WI 低信号、T_2WI 高信号区，增强后强化不均匀；②局限性淋巴管瘤：形态不规则，密度或信号不均匀，可有出血或液-液平面。

五、眼眶外伤与异物

（一）眼部异物

眼部异物（foreign body）是眼部常见创伤，后果严重。

【病理与临床表现】

异物可分为金属和非金属异物，常伴眼球破裂、晶状体脱位、出血、视神经挫伤、眼眶骨折、颈动脉海绵窦瘘以及感染等。多有视力下降、眼球疼痛、复视、斜视和眼球运动障碍等。

【影像学表现】

X 线平片：可明确显示金属异物和较大的高密度异物，较小者常需 CT 确诊。眼球异物测量常采用缝圈法或巴尔金定位法，为临床取异物提供依据。

CT：可显示金属和部分非金属异物，金属异物呈高密度，周围可有明显的放射状伪影（图 3-12）；沙石、玻璃等异物呈高密度，一般无伪影；体积较大的植物类、塑料类等多呈低密度，CT 难显示较小的低密度异物。

MRI：金属异物为 MRI 检查禁忌证。含氢质子较少的异物在 T_1WI、T_2WI 和质子密度像上均为低信号（图 3-13），可显示清晰，MRI 还可同时显示颅内并发症如脑挫裂伤等。

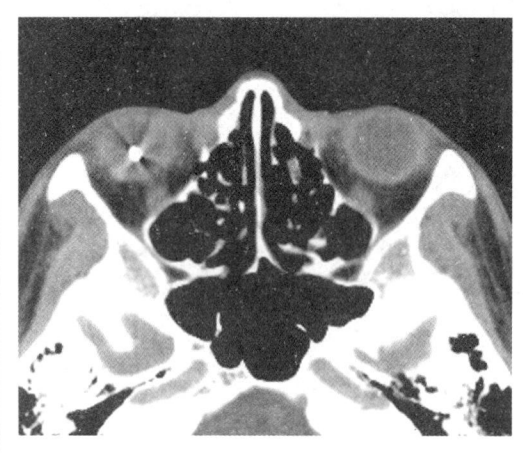

图 3-12　眼球异物
右侧眼球玻璃体内见金属异物，大小约 5mm

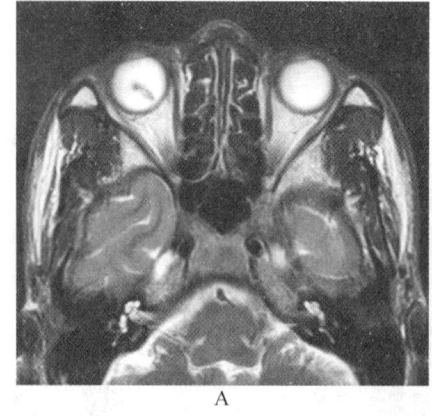 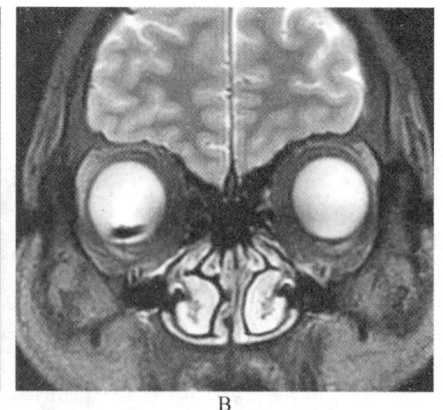

图 3-13　右眼异物
A. 横断面 T_2WI；B. 冠状面脂肪抑制 T_2WI。显示右眼球内短条状低信号影

【诊断与鉴别诊断】

诊断依据：有明确外伤史，眶内异常密度或信号。

鉴别诊断：详细询问有无外伤史是诊断关键，眼内高密度异物应与以下病变鉴别：①滑车钙化：位于滑车，呈点状；②眼球内或眶内钙化：见于视网膜母细胞瘤、脉络膜骨瘤、脑膜瘤。一般可见明确肿块影。

(二)眼眶骨折和视神经管骨折

眼眶骨折(fracture)和视神经管骨折可导致复视、眼球运动障碍,甚至失明等严重后果,因此,早期、全面、准确地诊断极其重要。

【病理与临床表现】

眼眶骨折分为爆裂骨折、直接骨折和复合型骨折。眼眶爆裂骨折指外力作用于眼部使眼眶内压力骤然增高、经眶内容物传导所致的眶壁骨折而眶缘无骨折,多发生于眶内、下壁;直接骨折指外力直接作用于眶壁所致的骨折,眶缘有骨折。眶壁骨折主要表现为复视、眼球运动障碍、视力下降、眼球内陷/突出、眼球固定、斜视等;视神经管骨折常表现为失明。

【影像学表现】

CT:直接征象为眶壁或视神经管的骨质连续性中断、粉碎及移位改变(图3-14)。间接征象是骨折邻近的软组织改变,包括眼外肌增粗、移位及嵌顿、眶内容物脱出或血肿形成并通过骨折处疝入附近鼻窦内。

MRI:较少应用MRI检查诊断骨折。

【诊断与鉴别诊断】

诊断时注意不要把正常结构如眶下孔,筛前、后动脉走行处以及眶壁正常弯曲处误认为骨折。还必须注意周围结构有无骨折或其他外伤。

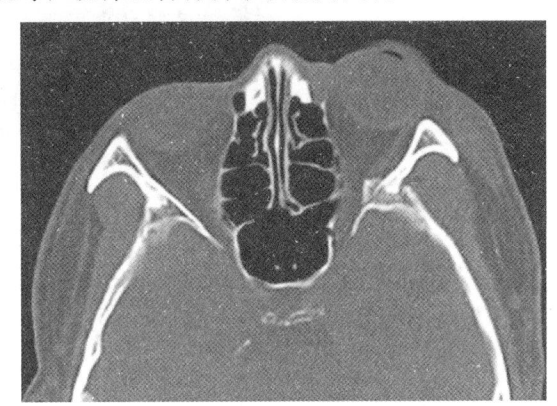

图 3-14 左侧眶壁骨折
左侧眼球前突,眶周软组织肿胀,左眶后外侧壁骨质断裂并移位

第二节 鼻和鼻窦

一、检查方法

(一)X线平片

X线平片显示鼻和鼻窦病变准确性差,临床工作中较少使用。

(二)CT检查

常规采用容积扫描,再行横断面、冠状面或矢状面重组,重组层厚3~5mm,于软组织窗观察;外伤者还需观察骨质情况,用骨算法重组图像,于骨窗观察。根据病变情况可行增强扫描。应用CT脑池造影可确诊脑脊液鼻漏。CT仿真内镜可用于鼻窦病变的内镜手术治疗前评估。

(三)MRI检查

采用头线圈,扫描序列为横断面T_1WI和T_2WI、冠状面和矢状面T_1WI,增强及动态增强扫描在鼻窦肿瘤的诊断与鉴别诊断中具有重要价值。

二、正常影像解剖

鼻腔(nasal cavity)前起自前鼻孔,后止于后鼻孔,与鼻咽部相通,被鼻中隔分隔为左右两腔。鼻腔外侧壁有突入鼻腔内的三个鼻甲(conchae turbinate),分别称为上、中、下鼻甲,各鼻甲下方的空隙称为鼻道,即上、中、下鼻道。各鼻甲内侧面和鼻中隔之间的空隙称为总鼻道(common meatus)。窦口鼻道复合体是指包括中鼻甲、钩突、筛泡、半月裂、额窦开口和上颌窦自然开口的一组解剖结构,其解剖变异与鼻窦炎关系密切。鼻内镜手术前了解鼻腔及鼻窦解剖变异可为患者设计合理的个性化的手术方案,有助于将手术风险降到最低。

鼻窦包括额窦、筛窦、上颌窦和蝶窦,额窦通过额鼻管开口于中鼻道;筛窦分前、后两组,分别开口于中鼻道和上鼻道;上颌窦开口于中鼻道后部,蝶窦开口于蝶筛隐窝(图 3-15,图 3-16)。

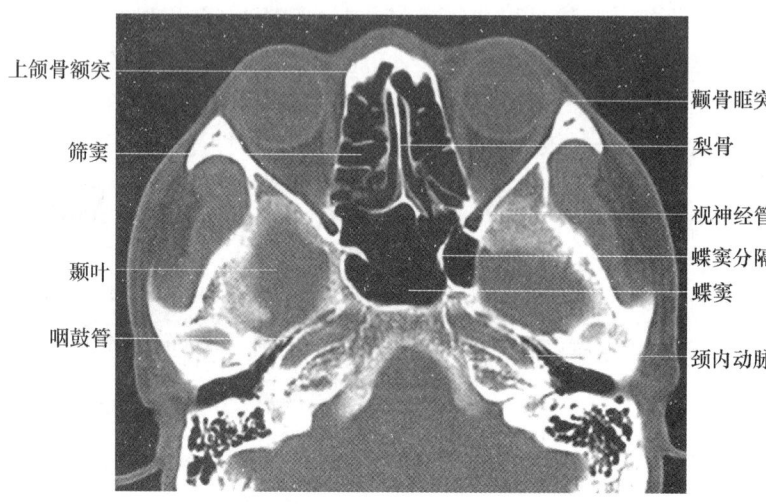

图 3-15　鼻窦 CT 横断面解剖

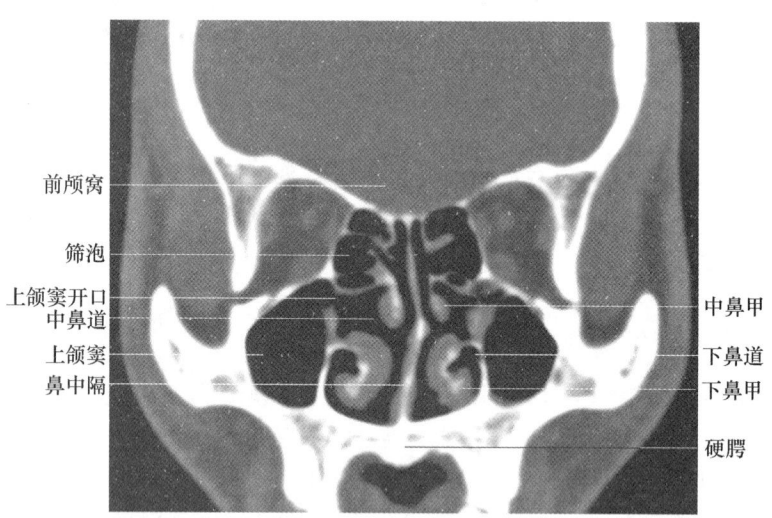

图 3-16　鼻窦 CT 冠状面解剖

三、鼻窦炎症

鼻窦炎可分为急性和慢性两类,常由鼻腔感染、变态反应、机械性阻塞及气压改变等诱发,也可由牙源性感染引起。

(一)化脓性鼻窦炎

【病理与临床表现】

上颌窦炎最常见,其次为筛窦炎、额窦炎,蝶窦炎最少。急性化脓性鼻窦炎主要症状为鼻塞、脓涕、头痛。慢性化脓性鼻窦炎以脓涕为主要表现,可伴有轻重不一的鼻塞、头痛及嗅觉障碍。

【影像学表现】

CT:主要表现为鼻窦黏膜增厚、窦腔积液。窦腔内出现气液平面常提示为急性鼻窦炎。

慢性鼻窦炎表现为黏膜增厚和窦腔内软组织密度影,长期慢性炎症可导致窦壁骨质增生肥厚和窦腔容积减小。

(二) 真菌性鼻窦炎

【病理与临床表现】

真菌性鼻窦炎 (fungal sinusitis, FS),病理学分为非侵袭型和侵袭型两型。非侵袭型真菌感染局限在鼻窦腔内;侵袭型真菌感染同时侵犯鼻窦腔、鼻窦黏膜和骨壁,通过血管播散形成颅内小血管炎并导致脑实质梗死。

【影像学表现】

1. 真菌球 上颌窦受累最常见,窦腔内充以软组织影,密度混杂,可融合成团块状,窦壁骨质增生肥厚和吸收破坏;MRI 检查 T_1WI 病变呈等信号或稍高信号,T_2WI 呈极低信号,增强后周围黏膜强化。

2. 变应性真菌性鼻窦炎 同时累及多个鼻窦,窦腔内充满软组织影,其内见不规则条状、匍行性或斑片状高密度影,边界清楚,窦壁被吸收破坏、骨质增生;病变 T_1WI 信号多样,T_2WI 呈低信号,增强后周围黏膜强化。

3. 慢性侵袭性真菌性鼻窦炎 表现为窦腔内软组织影,T_2WI 呈低信号,窦壁骨质被破坏硬化,易侵犯眶尖及海绵窦。

(三) 鼻窦黏液囊肿

一般认为由于鼻窦自然开口堵塞,窦内分泌物潴留所致。囊壁为黏膜,囊内为黏稠液体,窦腔膨胀性扩大,窦壁骨质被压迫吸收或缺损。一般发生于单个鼻窦,筛窦最多见,其次为额窦。CT 或 MRI 表现为窦腔膨胀性扩大,窦腔被异常密度/信号影填充,密度/信号因潴留液所含成分不同而异,窦壁骨质被吸收变薄或缺损,增强后仅见黏膜环形强化。

四、肿瘤性病变

鼻腔、鼻窦良性肿瘤中最多见的是内翻性乳头瘤。恶性肿瘤以上皮源性为主,其中未分化癌和鳞状细胞癌(鳞癌)占 80% 以上。

(一) 内翻性乳头瘤 (inverting papilloma)

【病理与临床表现】

多发生于 40~50 岁,男女比例为 4:1,主要临床表现有鼻塞、流涕、鼻部出血、失嗅、滋泪等。复发率较高,2%~3% 可恶变或并发鳞癌。影像检查的目的主要是确定肿瘤侵及范围,定性诊断需要病理学检查。

【影像学表现】

CT:多位于中鼻道鼻腔外侧壁,肿块呈分叶状,边界清楚,多呈等密度,增强后轻度强化,肿块邻近骨质受压变形、被吸收或破坏,可侵入眼眶或颅前窝,可蔓延至邻近鼻窦内,还可伴发鼻窦炎。如果肿瘤迅速增大、出现明显骨质破坏时,应考虑恶变。

MRI:T_1WI 肿块呈等信号或低信号,T_2WI 呈等信号或高信号,信号混杂,增强后呈卷曲的"脑回样"强化(图 3-17)。

【鉴别诊断】

鼻窦息肉:增强后病变不强化或边缘呈线状强化,无骨质破坏。

鼻咽纤维血管瘤:肿块位于鼻腔后外侧的蝶腭孔区,增强后明显强化。

鼻腔、鼻窦恶性肿瘤:肿块形态不规则,边界不清,邻近骨质呈溶骨性破坏。

(二) 鼻窦恶性肿瘤

【病理与临床表现】

上皮性恶性肿瘤是鼻腔、鼻窦常见的恶性肿瘤,早期症状比较隐匿,且缺乏特异性,与慢

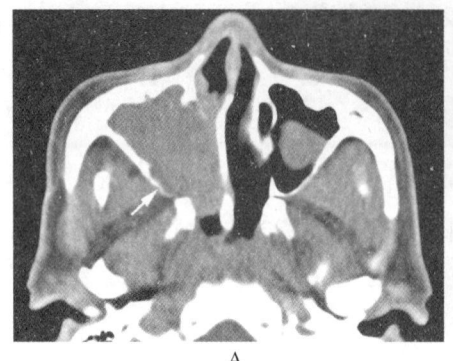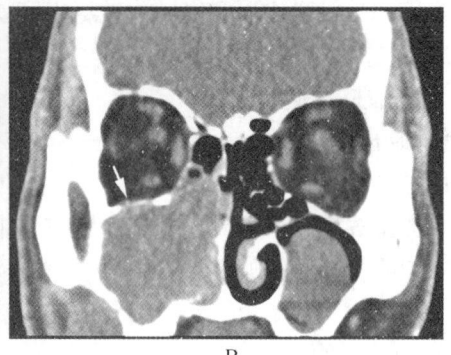

图 3-17 右侧内翻性乳头状瘤

A. 横断面平扫CT；B. 冠状面平扫CT。显示右侧上颌窦及鼻道内密度均匀的软组织肿块，内侧壁骨质完全吸收，眶下壁骨质局限性变薄（箭头）

性炎症难于鉴别。晚期则表现为面部畸形、肿胀，侵犯下牙槽骨时引起牙痛、牙齿松动，侵犯眼眶引起突眼、复视、运动受限，侵及颞下窝及颅内则引起神经症状和体征。

病理上包括鳞状细胞癌、腺癌和腺样囊性癌等，以鳞状细胞癌最为常见。

【影像学表现】

CT：鼻腔和（或）鼻窦内软组织肿块，形态不规则，多呈等密度，肿块较大时可有液化坏死，部分病例还可见钙化，如腺样囊性癌、软骨肉瘤、脊索瘤等，伴明显的虫蚀状骨质破坏等，可直接侵及邻近结构如眼眶、翼腭窝、颞下窝、面部软组织甚至颅内等（图3-18）。增强后呈中度或明显混杂密度的强化，坏死液化区无强化。

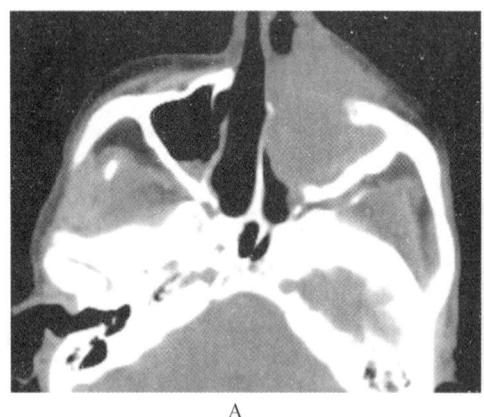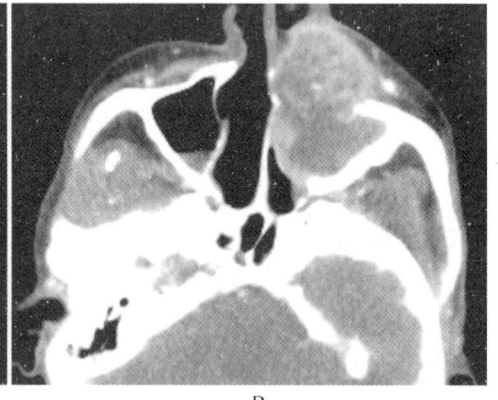

图 3-18 上颌窦鳞状细胞癌

A. 平扫CT，左侧上颌窦内见不规则软组织肿块，大小约 3.5cm×5.7cm，上颌窦骨壁被破坏；
B. 增强扫描，肿物呈混杂密度的强化

MRI：肿瘤 T_1WI 呈低至等信号，T_2WI 呈高信号，信号多不均匀，窦腔内伴有潴留的分泌物或炎症时，表现为更高的信号（图3-19）。增强扫描肿瘤强化，强化可不均匀。MRI对骨质破坏的显示不及CT。

五、鼻窦外伤

（一）鼻部骨折

【影像学表现】

CT表现为鼻骨、上颌骨额突、泪骨骨质中断和（或）移位，以鼻骨骨折最多见。泪骨骨

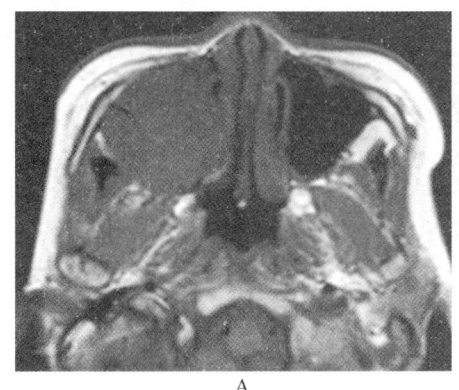 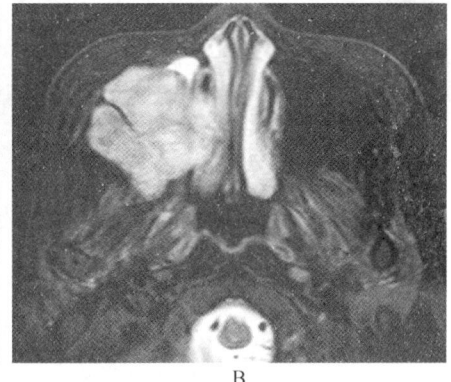

图 3-19 右侧上颌窦鳞癌

A. 横断面 T_1WI；B. 横断面脂肪抑制 T_2WI。显示右上颌窦内巨大软组织肿块，呈不均匀 T_2WI 高信号，肿瘤突破后外侧壁及内侧壁，侵犯颞下窝和鼻道

折时常累及泪囊窝。可见骨缝分离和（或）错位，鼻背部软组织肿胀增厚，可伴发邻近骨骨折。

（二）鼻窦骨折

【影像学表现】

鼻窦骨折多为复合性骨折，CT 表现为窦壁骨质中断、移位，窦内积血，黏膜肿胀增厚等（图 3-20）。一般不需要进行 MRI 检查。

额窦骨折多发生在额窦前壁，复杂骨折可同时累及筛板和硬脑膜，导致脑脊液鼻漏。上颌窦骨折累及窦口鼻道复合体时，可形成外伤后鼻窦炎或鼻窦囊肿。筛窦骨折多发生于筛骨纸板或筛板，筛骨纸板多呈向中线方向凹陷，邻近筛房变形，应注意观察骨折有无累及筛前管、筛后管；筛板骨折实质为颅前窝底骨折，常伴额叶损伤或形成脑脊液鼻漏。蝶窦位于颅底的中央、蝶骨体内，位置深在，毗邻结构重要，因此，蝶窦骨折后易出现严重的临床表现，预后不良，多伴有蝶窦内密度增高或黏膜增厚。损伤颈内动脉时形成颈内动脉海绵窦漏。

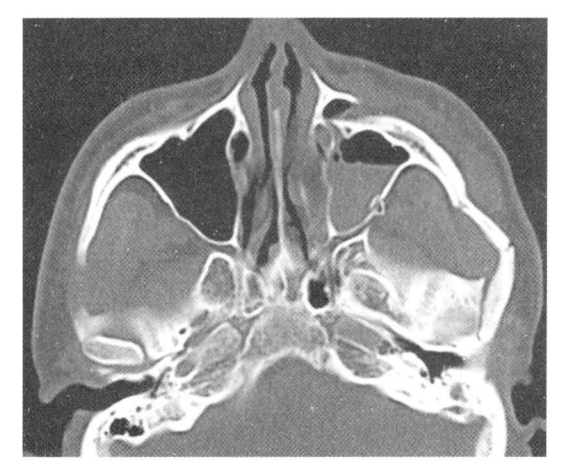

图 3-20 左侧上颌窦骨折

左上颌窦前壁、内壁、后外侧壁及颧弓多处断裂，窦腔内见气液平面，左侧面颊软组织肿胀

【诊断与鉴别诊断】

额窦骨折需要与眶上切迹鉴别；上颌窦骨折需与眶下沟、眶下管、后齿槽神经沟等鉴别；蝶窦骨折应与蝶窦外侧壁上颌神经沟鉴别。

第三节 咽 部

一、检查方法

（一）X 线平片

鼻咽侧位片主要观察鼻咽顶后壁、咽后壁、颈前组织、软腭、舌根、会厌及咽腔气道。

(二) CT 检查

多排螺旋 CT 只需扫描一次横断面,利用多平面重组后处理技术得到冠状面、矢状面及其他任意方位图像,发现病变时应行增强扫描,于软组织窗观察,观察颅底部骨质有无受累时用骨窗观察。

(三) MRI 检查

采用颈部线圈,扫描序列包括矢状面、横断面、冠状面 T_1WI、T_2WI,层厚 3~6mm。横断面扫描基线平行于硬腭或声带。对可疑血管性病变、肿瘤侵入颅内者需行增强扫描。

二、正常影像解剖

咽部可分为鼻咽、口咽、喉咽三部分。

鼻咽部位于鼻腔后方,上至颅底,下至硬腭,前壁为鼻后孔及鼻中隔后缘,顶壁由蝶枕骨构成,与颅底关系密切,后壁为枕骨基底部及第一、二颈椎椎体,外壁为咽鼓管咽口、圆枕、咽隐窝。侧位 X 线平片显示顶壁软组织厚度平均为 4.5mm,后壁为 3.5mm。CT 和 MRI 显示两侧咽隐窝对称,咽鼓管圆枕和咽鼓管咽口清楚,可区分鼻咽黏膜、黏膜下层及其外侧肌群形态、咽旁间隙组织等结构。

口咽部上起软腭,下至会厌游离缘,是呼吸和消化的共同通道。X 线侧位片显示咽后壁软组织光滑,厚度平均 3mm,超过 5mm 具有病理意义;前方软腭下为舌面,连续为舌根、会厌组织。CT 和 MRI 横断面扫描可显示口咽黏膜、黏膜下咽缩肌、咽旁间隙、扁桃体组织。

喉咽部又称为下咽部,上起会厌游离缘,下至环状软骨下缘,由下咽侧壁、两侧梨状隐窝及环后间隙组成。X 线侧位片显示下咽后壁厚度不超过 10mm。两侧梨状隐窝在吞钡时显示清晰。CT 和 MRI 横断面清楚地显示下咽后壁黏膜、黏膜下颈长肌群,两侧梨状隐窝对称,大小一致,黏膜面光滑整齐。食管上口部呈软组织密度,位于环状软骨后区及气管后。

三、腺样体肥大

【病理与临床表现】

腺样体(咽扁桃体)是位于鼻咽顶部的一团淋巴组织,在儿童期可呈生理性增生肥大,5 岁时最明显,以后逐渐缩小,15 岁左右达成人状态。腺样体肥大可引起呼吸道不畅或反复上呼吸道感染,临床表现主要有鼻塞、张口呼吸、打鼾,阻塞咽鼓管咽口时可导致分泌性中耳炎。

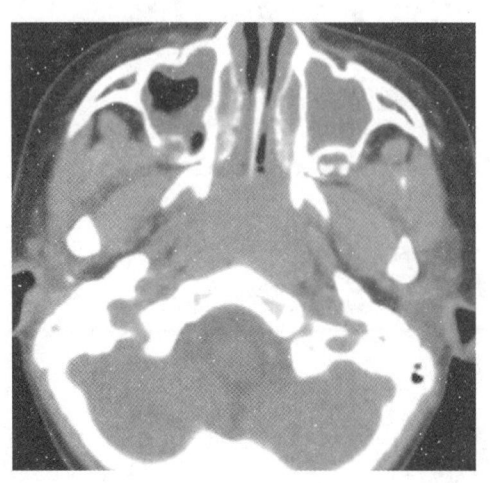

图 3-21 腺样体肥大
腺样体增大,阻塞鼻咽腔和后鼻道

【影像学表现】

侧位 X 线平片:鼻咽顶壁、后壁软组织局限性增厚,突入鼻咽腔使相应气道狭窄。

CT:鼻咽顶壁、后壁软组织对称性增厚,表面可不光滑,突入鼻咽腔甚至阻塞后鼻孔,增强后均匀强化,两侧咽隐窝受压变窄,咽旁间隙、颈长肌等结构形态密度正常,颅底无骨质破坏(图 3-21)。

MRI:矢状面观察最好,肥大的腺样体呈 T_1WI 等信号、T_2WI 高信号,增强后均匀强化。

【诊断与鉴别诊断】

儿童腺样体肥大,临床检查即可明确诊断,影像学检查目的在于排除鼻咽纤维血管瘤、鼻咽癌、鼻咽淋巴瘤等肿瘤性病变。

四、咽部脓肿

咽周为疏松结缔组织、肌肉、筋膜构成的间隙,这些间隙感染或形成积脓为临床常见疾病,根据感染的部位又分为扁桃体周围脓肿、咽后壁脓肿、咽旁间隙感染或脓肿。急性脓肿多见于儿童,常因咽壁损伤、异物刺入、耳部感染、化脓性淋巴结炎等引起。慢性脓肿多因颈椎结核、淋巴结结核所致。

【病理与临床表现】

急性脓肿有全身炎症症状、咽痛、吞咽及呼吸困难等,脓肿破坏血管可引起出血。

【影像学表现】

CT:平扫见咽后壁软组织肿胀并突向咽腔,呈低密度,致气道变形,与深部组织分界清或不清,增强呈不规则环形强化,脓腔无强化。结核性脓肿有时见脓肿壁钙化。

MRI:脓肿 T_1WI 呈不均匀低信号,T_2WI 呈高信号,DWI 脓腔呈高信号,压迫周围组织器官移位,增强后脓肿壁强化,脓腔无强化。

【诊断与鉴别诊断】

外伤血肿:外伤可产生咽后壁、咽旁血肿,CT 上呈高密度,T_1WI、T_2WI 呈高信号。

咽部囊性淋巴管瘤:为儿童头颈部较常见疾病,范围较广,与脓肿改变不同。

鼻咽纤维血管瘤:多见于男性青少年,DSA 检查为富血管肿瘤,CT 和 MRI 强化明显。

五、咽部肿瘤

(一)鼻咽纤维血管瘤

鼻咽纤维血管瘤(nasopharyngeal angiofibroma)又称青少年出血性纤维瘤,多见于 10~25 岁男性。肿瘤由富含血管的纤维组织组成,生长缓慢,易出血。肿瘤可侵及鼻腔、鼻窦、眼眶、翼腭窝、颞下窝及颅内海绵窦等部位。临床症状以进行性鼻塞和反复顽固性鼻出血为主,肿瘤较大时可压迫周围组织出现鼻、鼻窦、耳、眼等部位的相关症状。鼻咽检查可见突向鼻咽腔的粉红色肿块,易出血。

【影像学表现】

CT:蝶腭孔区不规则软组织肿块,边界清楚,一般密度均匀,增强后强化异常明显,肿块可充满鼻咽腔,经后鼻孔长入同侧鼻腔,蝶腭孔扩大,向后可侵入翼腭窝、颞下窝,向上生长可破坏颅底骨质,侵入蝶窦或海绵窦(图 3-22)。

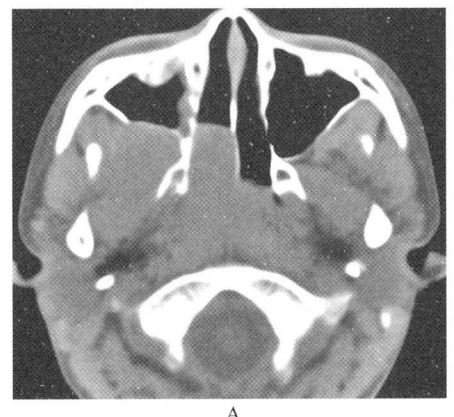 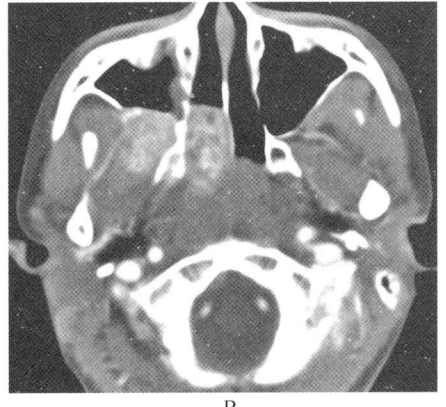

图 3-22 右侧鼻咽纤维血管瘤

A. 横断面平扫 CT;B. 增强 CT。显示右侧鼻咽部、翼腭窝、后鼻孔、鼻腔和蝶腭孔区
软组织密度肿块,右侧鼻道扩大,上颌窦后外侧壁受压变薄,病变不均匀明显强化

MRI：T_1WI 呈略低信号，信号均匀，T_2WI 呈明显高信号，肿瘤强化明显，瘤内或周围大血管因流空效应可呈低信号条状或点状影，称为"椒盐征"。

DSA：肿瘤富血管，可明确显示肿瘤供血动脉及引流静脉，可同时进行介入性治疗。

【诊断与鉴别诊断】

腺样体肥大：常见于儿童，表现为咽顶壁、后壁局限性软组织增厚。

鼻咽部淋巴瘤：多累及咽淋巴环，咽扁桃体、咽鼓管咽口扁桃体及咽壁软组织弥漫性增厚。

（二）鼻咽癌

鼻咽癌（nasopharyngeal carcinoma）是我国常见恶性肿瘤之一。

【病理与临床表现】

病理学分为未分化、低分化和高分化癌三种。有鳞癌、腺癌、泡状核细胞癌等细胞类型。临床症状主要有涕中带血、鼻出血、耳鸣、听力减退、鼻塞、头痛。晚期可引起视力障碍、视野缺损、突眼、复视、眼球活动受限，侵犯颅神经，以三叉神经、展神经、舌咽神经和舌下神经损害多见。颈淋巴结转移率高达79.4%，远处转移率为4.2%，以骨、肺、肝为主。鼻咽镜检查可发现鼻咽癌病灶。

【影像学表现】

CT：咽隐窝闭塞、消失、隆起，咽顶、后、侧壁肿块突向鼻咽腔，增强后呈不均匀明显强化。病变向前突向后鼻孔，侵犯翼腭窝，破坏蝶骨翼板及上颌窦、筛窦后壁进入眶内；向后侵犯头长肌、枕骨斜坡、环椎前弓侧块，侵犯舌下神经管；向外侵犯咽鼓管圆枕、腭张肌、腭提肌、翼内肌、翼外肌，侵入颞下窝、颈动脉鞘、茎突；向上破坏颅底并通过卵圆孔、破裂孔进入颅内，累及海绵窦；向下侵犯口咽、喉咽等。同时可见颈深淋巴结肿大（图3-23）。

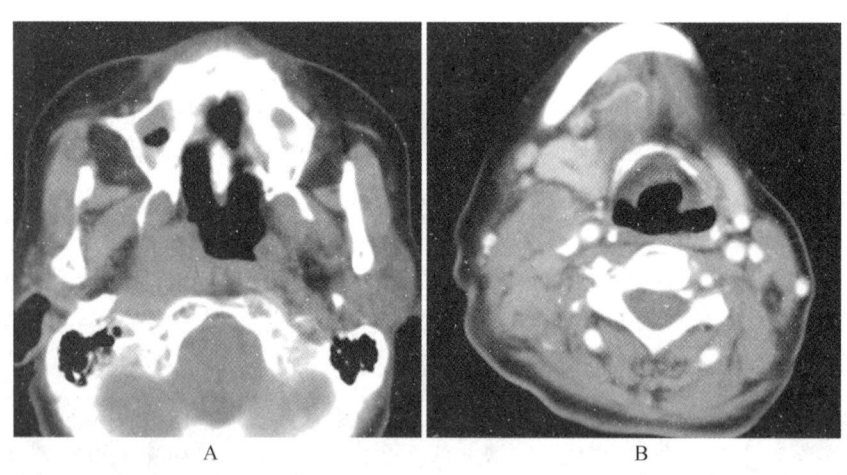

图3-23 鼻咽癌

A. 平扫CT，右侧鼻咽部软组织肿块，大小约 2.5cm×3.0cm，咽隐窝、咽鼓管咽口消失，咽旁间隙变窄；
B. 增强扫描，右侧颈部多发淋巴结肿大

MRI：T_1WI 肿瘤呈低至中等信号，T_2WI 呈高信号，呈不均匀或均匀强化（图3-24）。MRI检查易显示斜坡转移、海绵窦受侵、下颌神经受侵等。

【诊断与鉴别诊断】

诊断依据：临床多以回吸性血涕就诊，查体见鼻咽肿块，影像学表现为鼻咽肿块呈不规则浸润生长者提示本病。

鉴别诊断：咽淋巴瘤多位于咽壁浅层组织，较少向咽旁深部侵犯。黏膜下型鼻咽癌应与咽旁间隙其他组织肿瘤鉴别，必要时行活检定性。

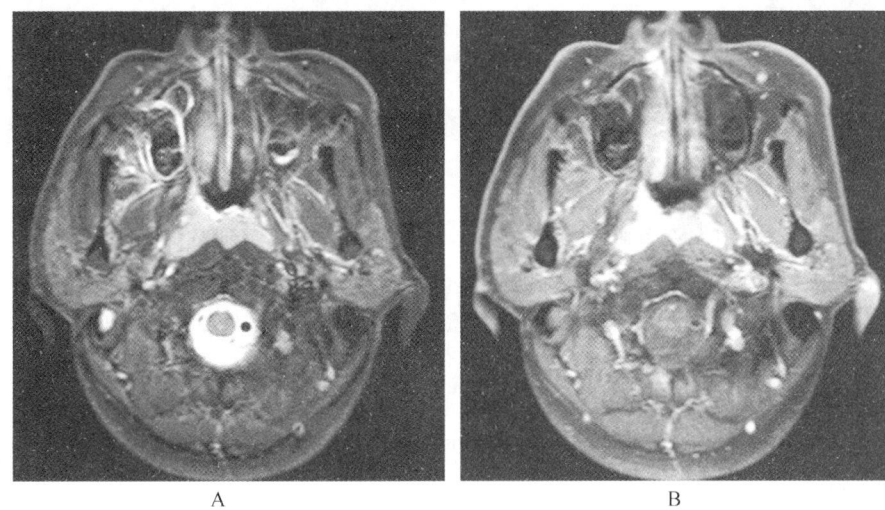

图 3-24 鼻咽癌
A. 横断面脂肪抑制 T_2WI；B. 横断面脂肪抑制增强 T_1WI。显示鼻咽顶、后、
侧壁黏膜明显增厚并形成软组织肿块，均匀明显强化，鼻咽腔缩小

第四节 喉 部

一、检查方法

(一) X 线平片

X 线正位片主要观察喉外伤和异物，侧位片观察喉部结构。由于颈部软组织多，故 X 线平片已基本被 CT、MRI 等取代。

(二) CT 检查

扫描范围包括会厌至声门下区，采用横断面 3~5mm 连续扫描，软组织窗观察，加大窗宽有利于显示声带及喉室情况。发现病变时需增强检查。

(三) MRI 检查

使用颈部线圈，序列包括矢状面、横断面和冠状面的 T_1WI 及横断面和（或）冠状面 T_2WI，厚度 3~5mm，增强时行横断面、冠状面 T_1WI 扫描。

二、正常影像解剖

喉部位于舌骨下、颈前部，上通口咽部，下接气管，喉腔分为声门上区、声门区（喉室）和声门下区。喉间隙有会厌前间隙、喉旁间隙等。CT 横断面扫描结合冠状面或矢状面重建，可显示会厌、喉前庭、杓会厌皱襞、梨状隐窝、室带、声带、声门下区的形态结构，同时显示舌骨、甲状软骨、杓状软骨、环状软骨的位置、形态及其相互关系，喉旁间隙的形态与密度以及喉外肌肉、血管、间隙等结构；喉黏膜可强化。MRI 可直接显示喉部矢状面、横断面和冠状面的影像，喉软骨于未钙化前在 T_1WI、T_2WI 呈中等信号，钙化后呈不均匀低信号，喉肌在 T_1WI 和 T_2WI 呈偏低均匀信号，喉黏膜在 T_1WI 呈中等信号，在 T_2WI 呈明显高信号。喉旁间隙在 T_1WI 和 T_2WI 均呈高信号影，喉前庭、喉室和声门下区则均呈极低信号。

三、喉癌

喉癌（carcinoma of larynx）是常见的恶性肿瘤之一，约占全身恶性肿瘤的 2%，多见于 40 岁以上男性。

【病理与临床表现】

病理学主要为鳞癌，占全部喉癌的 93%～96%，少数为基底细胞癌、腺癌、低分化癌等。肿瘤发生于喉黏膜，多发生于声门区，声门上区癌次之，声门下区癌少见。肿瘤以浸润型、菜花型多见，颈部淋巴结转移常见。临床表现为喉异物感、喉痛、声音嘶哑、呼吸困难、吞咽困难、咳痰带血、喉部肿块、淋巴结肿大等。

【影像学表现】

X 线平片：X 线侧位片可见喉前庭或声门下区肿块，声门癌见局部密度增高。喉室闭塞，有时见甲状软骨破坏。

CT：软组织密度肿块突向喉腔内，梨状隐窝受压变小、消失。肿瘤通过前联合侵犯对侧或喉旁间隙，破坏甲状软骨板，侵犯喉外肌群。肿瘤强化明显，CT 还可显示颈部间隙内肿大的淋巴结。

MRI：T_1WI 见肿瘤呈低至中等均匀信号，T_2WI 呈高信号，增强后肿瘤强化明显。MRI 检查显示肿瘤累及的范围更加准确。

【诊断与鉴别诊断】

诊断依据：中年以上男性，临床表现为声嘶、喉痛，喉镜见喉部肿块，影像学检查发现喉占位性病变，应提示诊断。影像学检查对本病的诊断有重要作用，CT 或 MRI 对病变的侵犯范围和程度以及颈淋巴结转移显示准确、全面，是喉癌的首选检查方法。

鉴别诊断：包括喉息肉、乳头状瘤、喉结核、喉淀粉样瘤等。喉息肉和乳头状瘤多见于声带前端，病变局限于黏膜面，不侵犯深层组织。

第五节 耳 部

一、检查方法

（一）X 线平片

包括颞骨岩部侧位、轴位、后前位等，但由于颞骨结构细微复杂，X 线平片显示程度有限。目前临床主要用于人工耳蜗植入术后复查。

（二）CT 检查

容积扫描后经过数据重组可获得任意方位影像，还可利用图像后处理技术实现三维成像、迷路成像、听骨链成像等。CT 仿真内窥镜技术可观察鼓室、乳突窦、迷路病理改变。CT 检查宜采用薄层扫描，横断面基线为听眶上线，冠状面基线为听眦线的垂线。骨算法重建图像可观察骨质情况，软组织算法图像可观察病变对周围结构的侵犯范围及病变增强后改变。

（三）MRI 检查

MRI 可以很好地显示听神经、面神经、膜迷路结构及软组织病变，MRI 水成像技术可以很好地显示膜迷路的三维形态。其临床应用价值也逐渐受到重视。

二、正常影像解剖

颞骨由鳞部、鼓部、乳突部、岩部、茎突组成，包含外耳、中耳、内耳、岩尖、面神经及血管等。外耳道长约2.5~3mm，呈"S"形管道，由骨及软骨组成，软骨部约占外1/3，骨部占内2/3。中耳由鼓室、鼓窦（乳突窦）、咽鼓管、乳突组成。鼓室为不规则含气腔，内有听小骨，包括锤骨、砧骨、镫骨。鼓窦为一含气空腔，大小、形状、位置与乳突发育相关。咽鼓管为鼓室与鼻咽的通道，平均长36mm（范围为35~39mm），外1/3为骨性管道，内2/3是软骨骨管。内耳又称迷路，由致密骨构成，骨壁厚约2~3mm，分为前庭、前庭窗、前庭水管、半规管、耳蜗、耳蜗水管。面神经管走行于颞骨内，总长平均30mm，分三段即迷路段、水平段（鼓室段）、垂直段（乳突段），有两个弯曲即膝状神经节（第一膝）和锥曲处（第二膝）。颞骨内或周边还有乙状窦、颈静脉窝、颈动脉管、颅中窝底等结构。CT可以清楚地显示上述结构（图3-25，图3-26），MRI上骨质及气体均为低信号，膜迷路及内耳道内脑脊液均呈

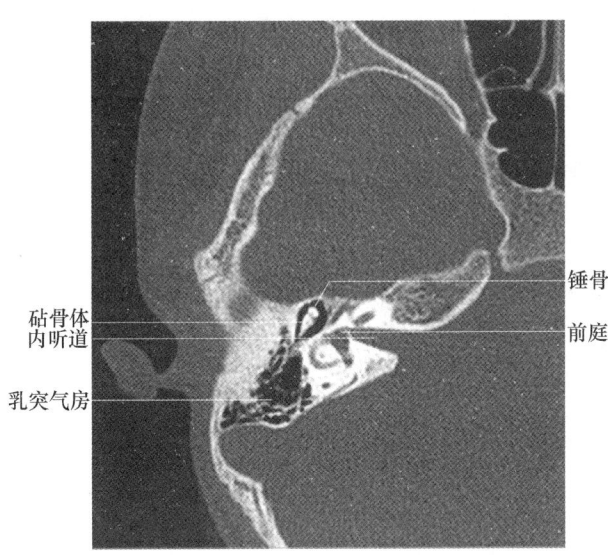

图3-25　颞骨CT横断面解剖

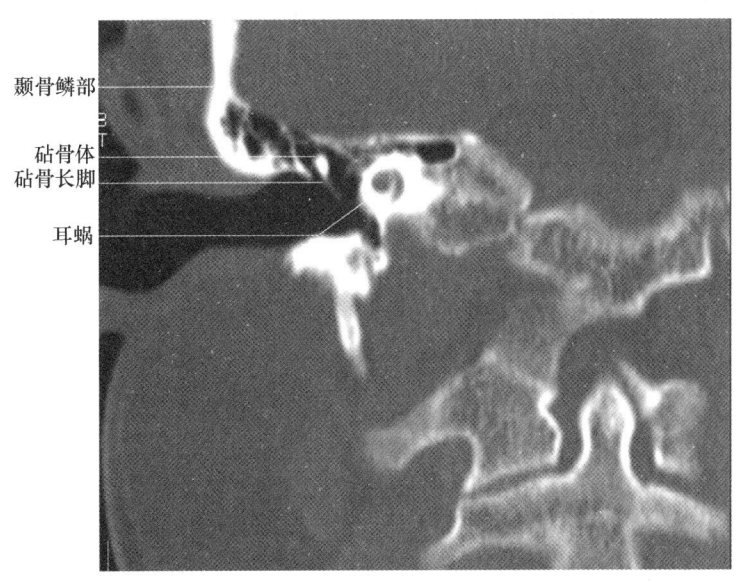

图3-26　颞骨CT冠状面解剖

T_1WI 低信号、T_2WI 高信号，内耳道内可见 4 根神经，即蜗神经、面神经、上前庭神经、下前庭神经，T_1WI、T_2WI 均呈中等信号。解剖变异包括乙状窦前位、颈静脉窝高位及憩室、颈动脉管异位、颅中窝底低位、面神经管鼓室段低位、乳突段前位等，影像学检查也可明确诊断，术前了解这些变异具有重要临床意义。

三、先天性畸形

颞骨先天性畸形主要依靠 CT 进行诊断，而 MRI 对于显示迷路腔淋巴液及内耳道内神经较 CT 好。

（一）外耳道畸形

外耳道畸形（malformation of the external auditory canal）多为单侧发病，包括：①骨性闭锁：颞骨内无外耳道结构显示，代之以厚度不一的骨性闭锁板。②骨性狭窄：外耳道前后径或垂直径小于 4mm，其中含气。③膜性闭锁：骨性外耳道狭窄或管径正常，其内充以软组织。④垂直外耳道畸形：鼓室外、下壁局部骨质缺损，形成通向外下方的喇叭状骨性管道，上窄下宽，管道内充以软组织。

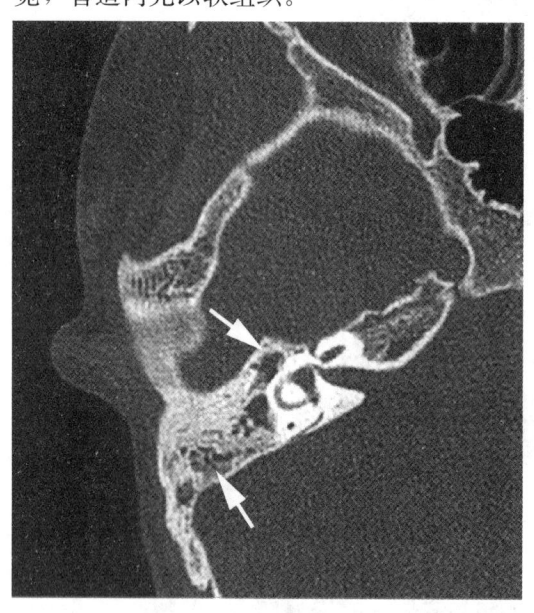

图 3-27　右侧中耳畸形
横断面 CT 骨窗像显示右侧鼓室狭小，乳突气房气化不良

（二）中耳畸形

中耳畸形（malformation of the middle ear）多伴有外耳畸形，也可单独发生。听小骨畸形（anomalies of the ossicles）表现为锤、砧骨融合畸形并与闭锁板相连，镫骨缺如，鼓室狭小等（图 3-27）。

（三）面神经管异常

面神经管异常（anomalies of the facial nerve canal）①鼓室段低位：冠状面可见面神经管位于半规管之下，其下缘等于或低于前庭窗下缘水平；②乳突段前移：冠状面乳突段前移达蜗窗层、前庭窗层甚至耳蜗层；③面神经管管壁缺损：CT 可显示，但敏感性仅为 66%。

（四）全迷路缺如

胚胎时内耳停止发育所致，表现为颞骨内无迷路结构。

（五）耳蜗畸形

耳蜗畸形（malformation of the cochlea）包括①Mondini 畸形：耳蜗仅可见基底圈，中圈和顶圈缺如，耳蜗呈囊状；②耳蜗发育不良：耳蜗圈不足两周。

（六）前庭及半规管畸形

前庭横径大于 3.2mm 为前庭扩大，表现为囊状，多伴有半规管发育短小。前庭窗封闭时 CT 示前庭闭合。正常前庭导水管中段宽度小于 1.5mm，超过此值则为扩大。如前庭导水管管腔深达总脚亦为扩大，多为双侧性。重 T_2 加权像可示内淋巴管及内淋巴囊扩大。

（七）内听道畸形

内听道畸形（malformation of the internal auditory canal）最多见于内耳道狭窄。内耳道小于 3mm 为狭窄，可并发其他内耳畸形或耳蜗前庭神经发育不全。MRI 可示蜗神经及前庭神经发育不全或蜗神经缺如。内耳道底板骨质缺损是先天性脑脊液耳漏或鼻漏的主要原因。

四、中耳乳突炎

中耳乳突炎是最常见的耳部感染性疾病,临床表现为耳部疼痛、耳道分泌物及传导性听力下降。中耳乳突炎分为以下 4 种类型,分别进行介绍。

(一)慢性中耳乳突炎

慢性中耳乳突炎(otitis media and mastoiditis) CT 表现为乳突气房内软组织密度影,听小骨及乳突窦周围骨质吸收或增生硬化,可并发骨膜下脓肿、乙状窦血栓形成、脑膜炎和脑脓肿、迷路炎等。CT 即可明确诊断,少数情况下行 MRI 检查,表现为中耳乳突区 T_1WI 低信号或等信号、T_2WI 高信号影,当怀疑有颅脑并发症时需进行 MRI 增强扫描。

(二)鼓室硬化症

鼓室硬化症(tympanosclerosis)常在慢性中耳炎静止期发生,鼓室内纤维组织和肉芽组织与骨、鼓膜、鼓岬相连,伸入上鼓室,将听小骨固定,病变可钙化。CT 显示鼓室内条状及点状软组织影,可有钙化。

(三)胆固醇肉芽肿

胆固醇肉芽肿(cholesterol granuloma)常为慢性中耳炎症所致。可有听力下降。病理为纤维性炎性肉芽组织,可见胆固醇结晶、含铁血黄素沉着、巨噬细胞及慢性炎症性细胞。CT 显示鼓室或上鼓室内软组织肿块,可突入外耳道,也可有轻度骨质侵蚀及听小骨破坏。MRI 示 T_1WI 呈中等信号,T_2WI 呈高信号,边缘可有强化。

(四)颞骨胆脂瘤

颞骨胆脂瘤(cholesteatoma)按病因分为原发性及继发性两大类。原发性者为真性胆脂瘤,即表皮样囊肿,临床特点为鼓膜正常,无耳部炎症病史,为胚胎时期外胚叶残留所致或中耳黏膜上皮化生形成。继发性胆脂瘤有耳部炎症病史并有鼓膜穿孔。两者病理所见基本相同。

1. 外耳道胆脂瘤 CT 表现为患侧局部扩大,外耳道内充以软组织影并侵蚀骨壁,可累及鼓室。

2. 上鼓室、乳突窦胆脂瘤 上鼓室及乳突窦为继发性胆脂瘤好发部位,临床检查可见鼓膜穿孔及银白色胆脂瘤皮。CT 示鼓膜上隐窝扩大,上鼓室内软组织影,窦入口扩大,听小骨向内移位,鼓室盾板骨质被破坏、变钝,岩鳞隔被破坏(图 3-28)。乳突窦扩大充以软组织,并可见骨质破坏,外半规管及面神经管被侵蚀破坏(迷路瘘),鼓室盖被破坏,乙状窦壁被破坏。MRI 表现为病变于 T_1WI 及 T_2WI 均呈高信号,或 T_1WI 呈稍高信号,T_2WI 呈中等信号,无强化,脂肪抑制序列显示病变内部分高信号被抑制。

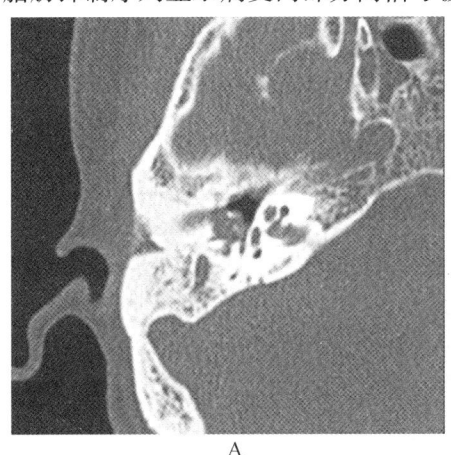 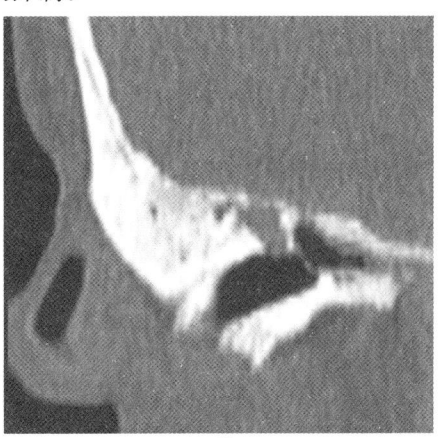

图 3-28 右侧继发性胆脂瘤

A. 横断面 CT;B. 冠状面 CT。显示右侧鼓室上隐窝扩大,内见不规则软组织影

3. 岩尖部胆脂瘤　多为原发性胆脂瘤。CT 示岩尖部骨质破坏区，边缘硬化。可累及上半规管、总脚及面神经管迷路段等结构。MRI 示 T_1WI 呈稍高信号，T_2WI 呈中等信号，或 T_1WI、T_2WI 均呈高信号。

第六节　口腔颌面部

一、检查方法

（一）X 线平片

主要有根尖片、曲面体层 X 线摄影等。用于观察牙尖、齿根、牙槽骨的病理改变，用于诊断阻生齿、龋齿、根尖脓肿、根尖肉芽肿、根尖周囊肿、牙周病等。

（二）CT 检查

采用横断面，从下颌骨下缘至颞颌关节，以 5mm 层厚连续扫描，于软组织窗观察，必要时观察骨窗。近来，直接冠状面扫描应用越来越多，从上颌骨前缘至下颌骨后缘，临床价值渐受重视。发现病变需进行增强扫描。

（三）MRI 检查

采用头线圈，序列包括矢状面、横断面、冠状面 T_1WI 和横断面或冠状面 T_2WI，层厚 5mm。必要时行横断面、冠状面、矢状面 T_1WI 增强扫描。

二、正常影像解剖

（一）牙齿

牙齿在 X 线平片上显示牙釉质高密度，牙本质及牙骨质密度稍低，牙髓腔为低密度，牙周膜为包绕牙根的连续线状低密度影，牙周骨板呈线样高密度。CT 显示上述牙齿的横断面影像，各层结构显示更加清晰。MRI 示 T_1WI、T_2WI 牙髓和骨松质呈高信号，其他骨质呈低信号。

（二）上颌骨

上颌骨分为体部和四个突起。体部主要由上颌窦组成：其上面为眶面；前面为颜面，有眶下孔；外面为颧突；后面为颞面，与蝶骨翼突形成蝶颌裂向上通翼腭窝；内面为鼻面。四个突起分别为额突、颧突、齿槽突和腭突。两侧腭突与腭骨水平板组成硬腭，X 线平片显示上颌骨临床价值不大。CT 横断面可分别观察上颌骨各部分的形态及结构。MRI 的 T_1WI、T_2WI 显示上颌骨骨髓呈高信号，皮质呈低信号。

（三）下颌骨

下颌骨由体部和升支组成，其交界处为下颌角。下颌骨体部上缘为齿槽骨，体部内侧为下颌管。升支包括喙突和髁状突。升支中部舌侧面有下颌孔。X 线平片上下颌骨皮质呈线状高密度影，其内松质骨呈网状低密度影，下颌管呈线条状低密度透光影。CT 和 MRI 可清晰显示下颌骨各部分结构。

（四）舌与口底

X 线平片临床较少应用。CT 平扫舌体呈中等均匀密度，舌根部边缘圆滑整齐；口底肌群呈束状，止于下颌颏部。MRI T_1WI、T_2WI 可显示舌肌的形态，并进一步显示舌体纵肌和横肌的肌纤维走行、舌黏膜的厚度、口底肌群及间隙，黏膜在 T_2WI 上呈高信号。

三、颌骨肿瘤

颌骨肿瘤包括良性牙源性肿瘤（上皮性、间叶性、混合性）、良性非牙源性肿瘤（骨化纤维瘤、神经纤维瘤、血管瘤）及颌骨恶性肿瘤（骨肉瘤、骨髓瘤、转移瘤）等，本章仅介绍最常见的成釉细胞瘤。

成釉细胞瘤（ameloblastoma）占牙源性肿瘤的63.2%，肿瘤来源于牙板和造釉器的残余上皮和牙周组织的残余上皮，也可来自含齿囊肿和牙源性角化囊肿上皮，或口腔黏膜上皮基底层。本病多见于20~40岁青壮年，多发生于下颌骨。

【病理与临床表现】

无包膜，分为实性和囊性两种结构。实性呈灰白色，囊性多为大小不等囊腔，也可为单囊，囊内为透明黄绿色或棕色液体。本病生长缓慢，初期无症状，后期下颌骨局限性膨大，面部畸形，牙齿松动、脱落。可产生吞咽、咀嚼、语言、呼吸障碍。

【影像学表现】

X线平片：分为4型，多房型占59%，蜂窝型占22%，单房型占14%，恶变率约为5%。表现为单囊状、砂粒状、蜂窝状或多囊状低密度影，内见厚度不一的骨性分隔。囊壁边缘硬化，囊内有时可见到牙齿，局部骨皮质膨隆、变薄。

CT：病变呈囊状低密度区，周围囊壁边界清晰，呈锐利高密度囊壁。可清晰观察肿瘤的位置、边缘、内部结构、密度及局部骨皮质情况。结合MPR、容积重建（VR）等后处理重建技术更有助于肿瘤的显示。

MRI：于T_1WI呈低信号，于T_2WI囊液呈高信号，囊壁呈低信号，囊内分隔呈低信号影。

【诊断与鉴别诊断】

本病具有特征性改变，结合临床一般不难作出诊断。

鉴别诊断包括牙源性囊肿和骨巨细胞瘤等。牙源性囊肿呈圆形低密度影，边缘光滑锐利，囊壁硬化完整。骨巨细胞瘤呈分隔状，瘤壁无硬化。

四、口腔癌

口腔癌是颌面部常见肿瘤，其中舌癌最为常见，占口腔癌的31.5%，多见于舌体。

【病理与临床表现】

舌癌98%为鳞癌，晚期淋巴结转移，多见颈深上淋巴结，其次为颌下淋巴结、颈深中淋巴结、颏下淋巴结、颈深下淋巴结群。临床表现为舌痛，肿瘤表面呈溃疡、外生及浸润状。病变发展引起舌运动受限、固定，涎液多，进食、吞咽、言语困难。

【影像学表现】

CT：肿瘤呈低密度影，边界不清，侵犯舌根时局部不规则膨突，不均匀强化，常见颈部淋巴结肿大。

MRI：T_1WI呈均匀或不均匀低信号，边界不清，T_2WI呈明显高信号。增强后呈不均匀强化。同时伴颈淋巴结肿大。

【诊断与鉴别诊断】

本病临床检查方便，容易确诊。鉴别诊断包括结核病、颗粒细胞瘤、恶性纤维组织细胞瘤等。

五、腮腺肿瘤

涎腺肿瘤占人体全部肿瘤的2.3%，为口腔颌面部常见肿瘤，其中80%发生于腮腺，2/3属良性，本章仅介绍腮腺肿瘤。

【病理与临床表现】

腮腺肿瘤90%来自腺上皮，良性者以混合瘤（亦称多形性腺瘤）多见（70%），肿瘤多位于腮腺浅叶；恶性者以黏液表皮样癌多见（10%），其次为恶性混合瘤、腺癌、腺泡细胞瘤。

腮腺也可发生间叶组织肿瘤如血管瘤、淋巴管瘤、脂肪瘤。还可发生面神经鞘瘤、淋巴瘤等。良性肿瘤病史可长达三十余年,表现为无痛性包块,肿块质软、边界清楚。恶性肿瘤病史短,侵犯神经引起疼痛和面神经麻痹,侵犯咀嚼肌群引起开口困难。

【影像学表现】

腮腺造影:良性肿瘤可见腮腺导管纤细、变直、被撑开、聚拢、消失、移位等改变。恶性肿瘤可见腮腺导管受压移位、破坏、缺损、中断及对比剂(碘油)外溢。

CT:良性肿瘤呈圆形或分叶状边界清楚的等密度或稍高密度影,轻至中等强化(图3-29)。恶性肿瘤呈边界不清稍高密度影,其内密度不均匀,呈不均匀强化,常合并颈部淋巴结肿大,还可伴下颌骨骨质破坏。

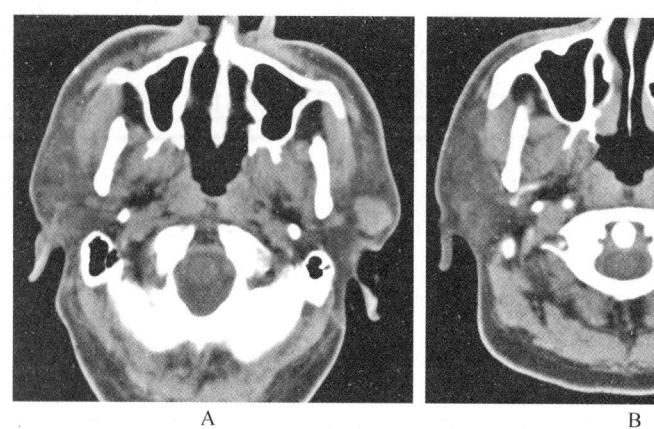

图 3-29 左侧腮腺混合瘤
A. 横断面平扫 CT;B. 横断面增强 CT。显示左侧腮腺浅叶类圆形软组织肿块,边界清晰,轻度强化

MRI:T_1WI 良恶性肿瘤均呈低至中等信号,T_2WI 呈高信号。良性肿瘤边界清,呈圆形或分叶状,恶性肿瘤呈不规则状,伴淋巴结肿大。良性肿瘤强化较均匀,恶性肿瘤多呈不均匀强化,转移至淋巴结呈均匀或环状强化。

【诊断与鉴别诊断】

临床表现为耳下无痛性包块,病史长。影像学表现为规则肿块时,提示为良性混合瘤。如包块较硬、疼痛,合并面神经麻痹,影像学表现为腮腺不规则肿块时提示腮腺癌。鉴别诊断包括下颌骨升支肿瘤、咽旁间隙肿瘤、淋巴瘤、淋巴结核、腮腺转移瘤等。

第七节 颈 部

一、检查方法

(一) X 线平片

颈部正、侧位 X 线平片用于观察颈部骨骼、气道的形态,颈部软组织异常钙化、骨化、异物、积气等。

(二) CT 检查

颈部横断面 5mm 连续扫描,选择软组织窗观察颈部各种软组织结构,必要时选择骨窗观察颈椎或颈部软骨结构。螺旋扫描可进行三维重建及咽、喉腔、颈部血管仿真内窥镜检查。一般行增强扫描以区别颈部的肌肉、血管或淋巴结等。

(三) MRI 检查

采用颈部线圈,序列包括矢状面、横断面、冠状面的 T_1WI 和横断面或冠状面的 T_2WI,

根据需要选择层厚，范围为 4~7mm。发现病变时需进行增强扫描。

(四) DSA 检查

经股动脉插管进行颈动脉或椎动脉血管造影，观察病变与血管关系，并了解病变的血供情况。

二、正常影像解剖

(一) 颈部间隙

颈部及颈部间隙的解剖复杂，包括皮肤、皮下、肌肉、血管、神经、淋巴结、筋膜结缔组织等，颈部筋膜将上述结构分隔成十二个间隙，分别为舌下间隙、颌下间隙、颊间隙、咀嚼肌间隙、颈动脉间隙、颈后间隙、腮腺间隙、咽黏膜间隙、咽旁间隙、咽后间隙、脏器间隙及椎前间隙，相邻的间隙之间有的可以相互沟通，病变也可以沿间隙蔓延扩散。筋膜在正常影像上不显影，神经、血管、淋巴结位于颈部各间隙内。CT、MRI 断面图像可显示各间隙的主要内容，熟悉各间隙的影像解剖是认识颈部病变的基础。

(二) 颈部软组织

CT 平扫可分辨颈部软组织，皮下脂肪呈较均匀低密度影，肌肉、血管、神经、淋巴结均呈中等密度，筋膜不能分辨。各组织间由结缔组织、脂肪组织充填，呈低密度，即颈部各种间隙。CT 增强扫描可观察血管形态和走行。MRI T_1WI 或 T_2WI 上皮下脂肪均呈高信号，肌肉、神经、淋巴结呈中等信号，动脉、静脉呈流空信号，各间隙内脂肪结缔组织呈高信号。DSA 可显示颈部血管及其分支形态、走行情况以及有无异常血管形成或染色。

(三) 甲状腺与甲状旁腺

甲状腺左右叶上下径为 50~60mm，前后径为 10~25mm，左右径为 20~30mm。CT 平扫因甲状腺内碘成分蓄积致甲状腺密度明显高于肌肉组织，密度均匀，边界清楚，CT 增强扫描腺体明显均匀强化。MRI 的 T_1WI 和 T_2WI 上甲状腺均呈中等偏高信号。正常的甲状旁腺因腺体较小难以显示。

三、颈部淋巴结肿大

一般将颈部淋巴结分为七区，分别为Ⅰ区：颏下及颌下淋巴结；Ⅱ区：颈内静脉链上组；Ⅲ区：颈内静脉链中组；Ⅳ区：颈内静脉链下组，位于颈内静脉链周围；Ⅴ区：颈后三角区淋巴结，即胸锁乳突肌后缘、斜方肌前缘及锁骨构成的三角区内的淋巴结；Ⅵ区：中央区淋巴结，包括喉前、气管前和气管旁淋巴结；Ⅶ区：上纵隔淋巴结。引起淋巴结肿大的病因很多，常见有炎症、结核、转移瘤、淋巴瘤等。

【病理与临床表现】

临床上炎性肿大淋巴结出现迅速，消退快，患者常伴有炎症症状；结核性淋巴结肿大常局限于一组，患者有结核病症状，淋巴结融合成团块，有瘘管形成；转移性淋巴结肿大多见于头颈部恶性肿瘤，有时淋巴结肿大为首发症状；颈淋巴瘤为全身淋巴瘤的一部分，分为霍奇金病和非霍奇金淋巴瘤两类。

【影像学表现】

CT：肿大淋巴结呈圆形、椭圆形中等密度肿块，位于颈部各间隙内，边缘一般光整，有时多个淋巴结融合成团块，其内密度不均匀，边界不清。增强扫描淋巴结均匀、不均匀或环形强化，不同于神经、血管。

MRI：T_1WI 示肿大淋巴结呈较低信号，T_2WI 呈较高信号。

【诊断与鉴别诊断】

临床体检容易发现颈部淋巴结肿大，影像学检查正常淋巴结小于 5mm，如果为 5～8mm 提示可疑淋巴结增大，大于 8mm 则认为是淋巴结增大。

鉴别诊断包括结核、转移瘤、淋巴瘤及感染。转移性淋巴结增大多见于中老年男性，有恶性肿瘤病史，受累淋巴结多分布在 Ⅱ～Ⅳ 区；淋巴瘤见于任何年龄、任何部位的多组多个淋巴结受累；结核性淋巴结增大多见于青年女性，多分布在 Ⅳ～Ⅴ 区。诊断应结合临床特点、检验结果、各种影像检查表现，必要时依靠病理证实。

四、颈动脉体瘤

颈动脉体位于颈动脉分叉部后上方，呈椭圆形，纵径 5mm，借 Mayer 韧带与动脉外膜相连。颈动脉体瘤（carotid body tumor）为副神经节瘤，女性多见，好发于中年，平均病程 8 年。

【病理与临床表现】

肿瘤一般 2～6cm 大小，表面光滑，呈结节或分叶状，镜下为富含细胞和血管的肿瘤。临床表现为颈部肿块、头晕、头痛，甚至晕倒。可合并迷走神经压迫症状如声嘶、呛咳，交感神经压迫症状如霍纳综合征或舌下神经功能障碍。

【影像学表现】

X 线平片：肿瘤较大时显示为密度较高的肿块影。

CT：表现为颈动脉分叉处圆形或椭圆形、边界清晰的中等密度肿块，肿块压迫周围组织移位，增强后肿瘤呈均匀或不甚均匀明显强化，颈动脉、静脉受压移位，颈内、外动脉分叉角度增大（图 3-30）。

MRI：T_1WI 呈均匀中等或中等偏低信号，T_2WI 呈明显高信号，肿瘤增大时信号不均匀，可见流空信号。肿瘤强化明显，其内见血管影。

DSA：颈动脉分叉增宽，动脉移位，分叉处见血供丰富的肿瘤。

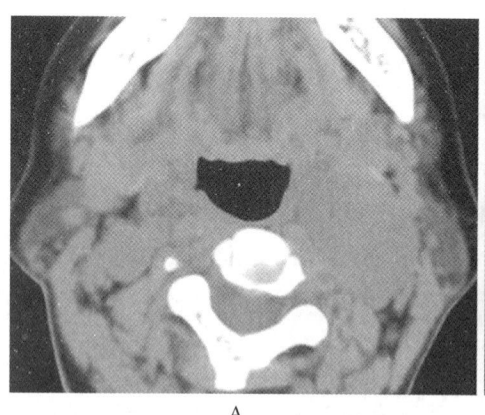
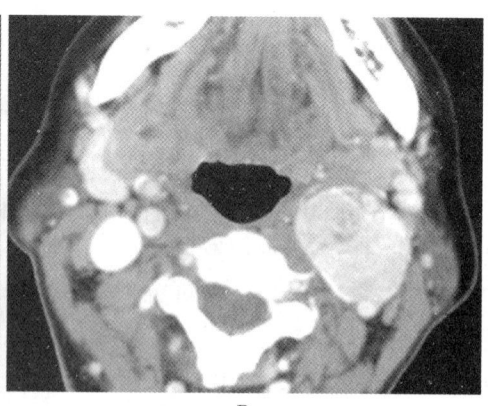

图 3-30 颈动脉体瘤

A. 平扫 CT，左侧颈部见椭圆形软组织肿物，大小约 3.5cm×2.5cm，边界清晰，内部密度均匀；
B. 增强扫描，肿物位于颈内、外动脉之间，呈明显混杂强化，颈内、外动脉分离

【诊断与鉴别诊断】

下颌角前下方质硬肿块，边界清楚，影像学检查见颈动脉分叉处的富血供肿瘤，可诊断本病。鉴别诊断包括神经纤维瘤、神经鞘瘤、淋巴结肿大等，增强特点有助于与颈部血管移位进行鉴别。

五、甲状腺肿

甲状腺肿（goiter）是甲状腺激素合成不足，引起垂体促甲状腺激素增多，刺激甲状腺滤泡上皮增生，滤泡肥大所致。一般不伴有明显的功能异常，多见于碘缺乏地区。

【病理与临床表现】

病理上分为弥漫性或结节性甲状腺肿（nodular goiter）。后者是单纯性甲状腺肿的一种常见类型，约有3%伴有甲状腺癌。临床多偶然发现，或表现为颈前肿块，较大时可有气道压迫症状。

【影像学表现】

CT：一侧或两侧甲状腺增大，内见多个、散在的低密度结节，较小时密度均匀，较大时密度不均匀，结节性甲状腺肿表现为多发低密度区，有时边缘可见斑点状粗钙化（图3-31）。腺瘤样增生结节可有轻度强化，一般不侵犯邻近器官或结构。

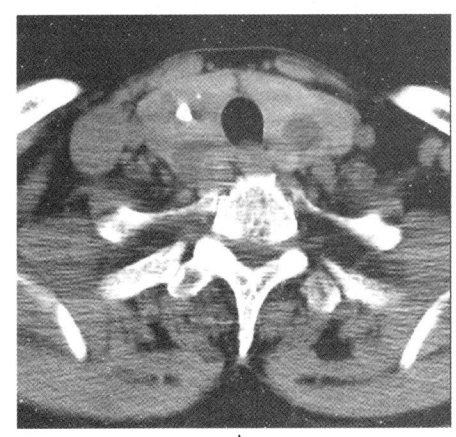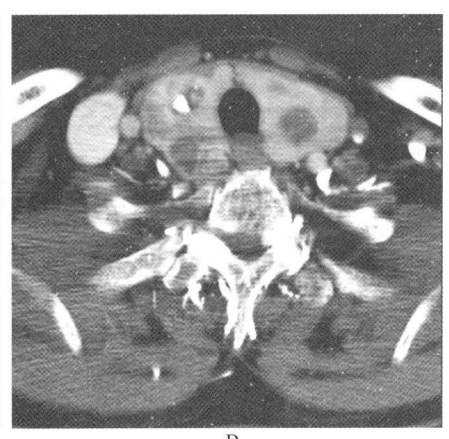

图 3-31 结节性甲状腺肿

A. 横断面平扫 CT；B. 横断面增强 CT。显示甲状腺肿大，两侧叶内可见多发低密度区，大小不一，边界较清晰，未见明显强化；并可见点状、块状钙化灶

MRI：结节多表现为 T_2WI 高信号，T_1WI 信号强度与其胶体中蛋白质含量有关，可呈低至高信号。

六、甲状腺肿瘤

甲状腺肿瘤（thyroid neoplasma）分为良、恶性，良性主要为腺瘤，占甲状腺疾病的60%；恶性为甲状腺癌，占头颈部肿瘤的34.2%，发病率约为1.49/10万。

【病理与临床表现】

恶性者病理以乳头状瘤多见（76.5%），其次为滤泡癌，髓样瘤和未分化癌少见。临床上腺瘤以女性多见，男女比例为1：3，以20～40岁多见，多为单发，形态不规则，边界不清，位置固定。

【影像学表现】

X线平片：可发现甲状腺区钙化、气管受压等征象。甲状腺细小、有散在钙化多见于恶性肿瘤。

CT：腺瘤表现为圆形、类圆形边界清楚的低密度影；癌则呈形态不规则、边界不清的不均匀低密度影，其内可见散在钙化及更低密度坏死区，病变与周围组织分界不清，颈部淋巴结肿大。腺瘤不强化或轻度强化（图3-32），癌则呈不均匀明显强化，转移性淋巴结多呈环状强化。

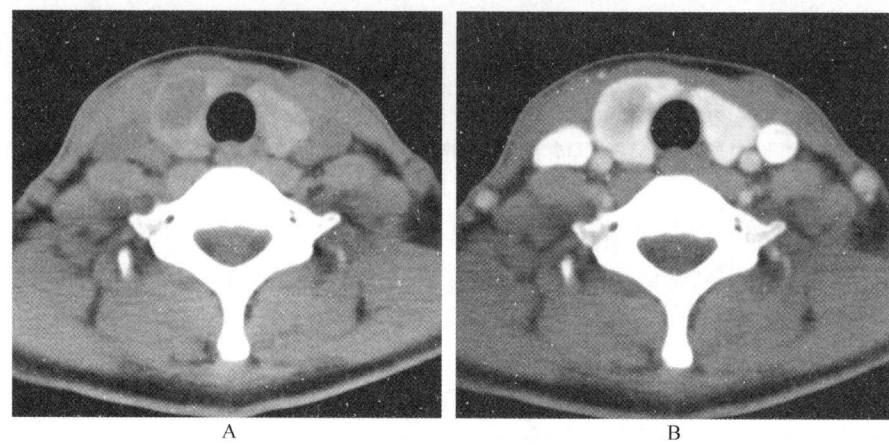

图 3-32　甲状腺腺瘤
A. 横断面平扫 CT；B. 横断面增强 CT。显示右侧甲状腺局部轮廓隆起，
内见椭圆形肿块影，轻中度不均匀强化，边界较模糊

MRI：T_1WI 腺瘤呈边界清楚的低、等或高信号结节。高信号多为滤泡型腺瘤内胶样物所致；腺瘤部分呈边界不规则的低至中等信号。T_2WI 上均呈高信号改变，腺癌形态不规则，与周围组织分界不清，颈部淋巴结增大，增强后腺瘤可有明显均匀或不均匀强化。

【诊断与鉴别诊断】

根据 CT、MRI 检查，结合超声及核素检查可鉴别甲状腺良、恶性肿瘤。

（吴元魁　刘挨师）

第四章 呼吸系统

第一节 检查方法

一、X线检查

1. 透视 透视（fluoroscopy）检查能够发现较为明显的病变。由于在胸部病变的显示、诊断上的限度和放射剂量大的缺点，透视已经不作为胸部常规检查。

2. X线摄影 胸部X线摄影（chest radiography）在呼吸系统疾病中一般作为首选的方法。胸部X线摄影主要适用于有呼吸系统、心脏大血管及胸部骨骼肌肉系统疾病临床表现的患者。胸部X线摄影也用于健康体检、某些职业和有特殊需要人群的胸部检查以及肺癌的筛查。在检查方法上，采用正位与侧位X线摄影以全面观察病变的部位及形态。正位胸片又称后前位胸片，即胸前部靠胶片。侧位投照时病变侧靠胶片。一般采用立位。对于卧床的患者和婴幼儿可采用卧位或坐位前后位投照，即背部靠胶片；侧位可改为病侧靠片卧位或仰卧水平摄影。胸部X线摄影分为传统的摄影和数字X线摄影。

二、CT检查

CT扫描是呼吸系统疾病常用的检查方法。主要适应证是进一步确定及诊断胸部X线片上发现的病变，如结节及肿块、空洞、肺叶和肺段实变、肺弥漫性病变、肺门及纵隔肿块、胸膜和胸壁病变等，也用于血管病变和胸部先天异常的诊断。CT可对临床疑有胸部病变但胸片未能发现异常者进行进一步检查，还可对肺部肿瘤进行分期及随访，对肺癌高危人群进行低剂量CT筛查及对肺内病变行CT引导下经皮穿刺活检。

1. CT平扫 呼吸系统CT检查时首先进行CT平扫（no-contrast CT scan）。检查时患者取仰卧位，从肺尖至肋膈角连续扫描。普通扫描层厚为5mm。CT薄层扫描用于检查肺内较小的病变和肺弥漫性病变等，层厚多为1~1.5mm。CT图像常规采用肺窗和纵隔窗显示。肺窗的窗宽为1000~2000Hu，窗位为-800~-600Hu，纵隔窗的窗宽为300~500Hu，窗位为30~50Hu。观察胸壁骨质应采用骨窗，骨窗的窗宽为1000~2000Hu，窗位为150~1000Hu。

2. 高分辨CT扫描 高分辨CT（high-resolution CT，HRCT）扫描层厚一般为1.0~1.5mm，适用于肺内2cm以下的病灶、支气管扩张及肺内弥漫性病变。对于肺内孤立结节，扫描范围应包括整个病灶。肺弥漫性病变的HRCT扫描可采用具有代表性的三个层面，即主动脉弓层面、气管分叉层面和膈上方层面。也可在全肺以相同的间隔取6~8个层面，或每隔1cm扫描一层。

3. 螺旋CT图像重建 呼吸系统疾病常用的重建方法有病灶的多平面重组、支气管的曲面重组、病变的三维重建、CT血管成像和支气管仿真内镜等。

4. CT增强扫描 CT增强扫描（contrast CT scan）采用含碘的对比剂。对比剂用量一般为100ml，由肘静脉经压力注射器注入。增强扫描多用于以下三种情况：①肺门及纵隔淋巴结的诊断,如淋巴结与血管的鉴别,淋巴结的鉴别诊断等;②肺内结节病灶的鉴别诊断;③肺血管病变的诊断等。注射造影剂后在感兴趣层面上以秒为单位选择一定时间范围连续扫描称为动态CT扫描(dynamic CT scan),常用于肺结节的诊断。

三、MRI检查

呼吸系统的MRI检查主要用于纵隔病变如纵隔肿瘤、淋巴结肿大和血管病变,肺门部的MRI适用于肺门血管异常、淋巴结肿大的诊断,也适用于肺部肿瘤和胸壁病变。MRI增强扫描用于血管疾病的诊断和良恶性病变的鉴别诊断。呼吸系统MRI检查采用自旋回波(SE)及快速自旋回波(FSE)序列,进行T_1WI、T_2WI和脂肪抑制扫描。成像层厚5~10mm,间距5~10mm。一般以横断面成像为主,适当选用冠状面和矢状面。对血管病变的鉴别可加用梯度回波序列(TFE、FFE)。增强扫描使用造影剂Gd-DTPA,成人用量为15~20ml。可使用呼吸门控或屏气扫描以减少呼吸运动伪影。

第二节 正常影像解剖

一、正常X线解剖

正常胸部X线片见图4-1。

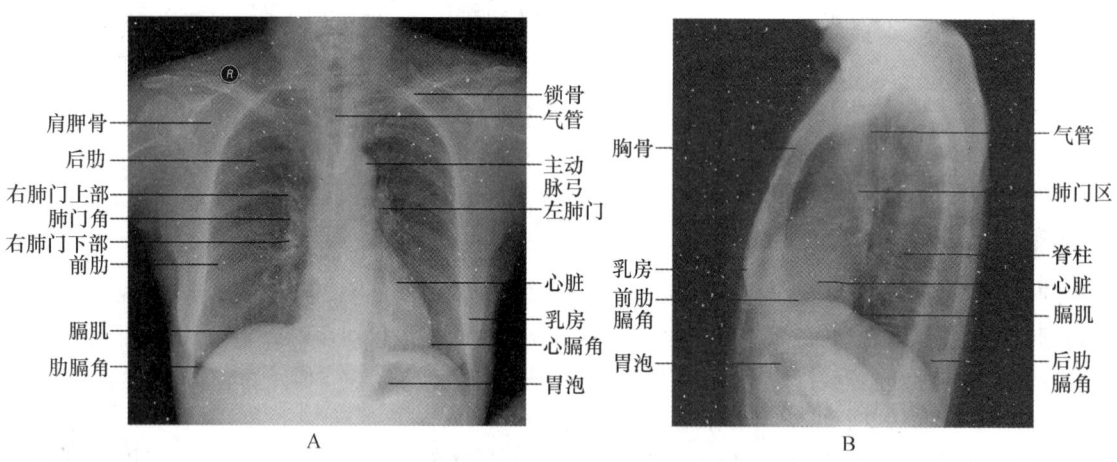

图4-1 正常胸部X线片
A. 正位;B. 侧位

(一)胸廓

胸廓(chest cast)的影像包括软组织和骨骼。

1. 胸廓软组织影像

(1)胸锁乳突肌:胸锁乳突肌在锁骨内1/3部上方形成带状致密阴影,位于两侧肺尖的内侧,向外上方走行,其边缘清楚,不应被认为是肺尖部病变。

(2)胸大肌:胸大肌可在两肺中野的外侧形成片状阴影,易在男性胸片显示,右侧一般较显著。胸大肌阴影向外上方可达腋部,阴影的外下方比内上方密度高,有助于与肺内病变区别。

(3)女性乳房和乳头:女性乳房在两侧肺下野形成高密度阴影,其下缘清楚、呈半圆形。发育期的乳房阴影边缘不清,易被误认为肺内炎症。两侧乳房不对称或一侧乳房切除术后不应被误认为是肺内病变。乳头在两肺下野可形成两侧对称的小圆形致密阴影。男性乳头阴影一般位于第 5 前肋间，女性乳头位置可较低。可依据乳头阴影的特定位置及两侧对称特点与肺内结节病灶鉴别。

2. 胸廓骨骼影像

（1）肋骨：肋骨的后段位置较高，前段较低。肋骨之间的间隙称为肋间隙。肋骨和肋间隙可作为肺内病变定位的标记。肋骨前端为肋软骨，肋软骨未钙化时不显影，钙化后形成斑点及斑片状的骨性密度阴影。

肋骨常见的先天变异有：①颈肋：颈肋为位于第 7 颈椎一侧或两侧的短小肋骨。②叉状肋：肋骨的前端呈叉状。③肋骨联合：为相邻肋骨的局部融合，在第 5、6 肋较多见。

（2）锁骨：锁骨位于第 1 肋骨前端水平。

（3）肩胛骨：在标准后前位胸片上肩胛骨投影于肺野上部外侧。若投照时上肢内旋不足，可使肩胛骨内侧不同程度地与肺野重叠，这不仅影响肺部病变的诊断，而且易被误认为是肺及胸膜病变。

（4）胸骨：在正位胸片上胸骨与纵隔阴影重叠，在上纵隔两侧仅可见少部分胸骨柄阴影。若投照时体位不正，一侧胸骨可显示较多，易被误认为纵隔淋巴结肿大或肺内病变。

（5）胸椎：在正位胸片透过含气的气管阴影可显示第 1～4 胸椎。其下部的胸椎隐约可见。在高电压胸片或数字胸片上全部胸椎可以显示。突出于纵隔阴影之外的胸椎横突易被误认为肿大的淋巴结。

（二）气管和支气管

1. 气管　在后前位胸片上气管（trachea）为气体密度的柱状影，位于上纵隔中部。气管起自第 6、7 颈椎水平，向下至第 5、6 胸椎平面，下端延续为左、右主支气管。普通胸片仅显示气管上段，CR 和 DR 胸片可显示气管全长。侧位胸片上气管由前上向后下方斜行。

2. 支气管及其分支　在 CR、DR 胸片上两侧主支气管（main bronchus）隐约可见。主支气管以下的分支在胸部 X 线平片上不能显示。

（三）肺

1. 肺野　肺野（lung field）是 X 线胸片上两侧肺形成的透明区域。为了方便病变的定位，将每侧肺划分为上、中、下野和内、中、外带。上野是过第 2 肋骨的前端下缘的水平线以上的部分，下野是过第 4 肋骨的前端下缘水平线以下的部分，二者之间为中野。沿胸部纵轴将一侧肺野分成 3 等份，分别称为内、中、外带。第 1 肋骨下缘以上的部分称为肺尖，锁骨以下至第 2 前肋下缘为锁骨下区。

2. 肺纹理　肺纹理（marker）是由肺门向肺野外围放射状分布的树枝状阴影。肺纹理是肺动脉、肺静脉分支和支气管的投影，主要由肺动脉的分支构成。肺纹理的多少及粗细程度受多种因素的影响，故对胸部疾病的诊断价值需结合其他影像结果和临床表现综合分析。

3. 肺叶（lobe）和肺段（segment）　右肺由上、中、下三个肺叶组成，左肺由上、下两个肺叶组成。

右肺上叶位于右肺的上、中肺野，以水平叶间裂为下界，后缘为斜裂上部。右肺中叶位于右肺的前下部，其上缘为水平叶间裂，内侧为心脏，后下缘为斜裂下部，前部与前胸壁相连。右肺下叶位于右肺的后下部，前缘为斜裂，前上方为上叶，前下方为中叶。

左肺上叶位于左肺的前上方，下叶位于后下方，两叶之间为斜裂。正常人肺内可有额外的肺叶，称为副叶。常见的副叶有：①下副叶：又称心后叶，位于下叶内基底段的内侧，右肺多见，其外缘为下副裂。②奇叶：位于右肺上叶的内上部与纵隔间，外缘为奇副裂。

肺段的解剖形态呈圆锥状，基底部位于肺野的外围，尖端在肺门部。右肺有 10 个肺段，左肺有 8 个肺段。

4. 肺门　肺门阴影（hilar shadow）为后前位 X 线胸片上位于两侧肺中野内带的树根状密

度增高阴影，由肺动脉的肺叶、肺段分支，相应的肺静脉分支和支气管的投影构成，主要成分为肺动脉和肺静脉。左肺门比右肺门通常高约1~2cm。右肺门的上部由右上肺动脉及肺静脉组成，右肺门的下部为右下肺动脉。右肺门上下部的夹角称为右肺门角。左肺门由左肺动脉及上肺静脉的分支构成。左肺动脉弓在左主支气管及左上叶支气管之间形成半圆形阴影。

在侧位X线胸片上，左、右肺门常有不同程度的重叠，右肺门多位于前方，左肺门位于后方。两侧肺门影完全分开时，二者之间有左、右主支气管形成的含气影像。

（四）胸膜

叶间裂（interlobular fissure）是肺叶之间的胸膜在X线胸片上形成的线样阴影。水平叶间裂又称横裂，正位X线胸片上在相当于右肺门中部平面水平走行，在侧位X线胸片上位于肺门前方。斜裂胸膜的线性阴影在侧位X线胸片显示清楚，从后上向前下方走行。常见的副裂为位于右心膈角处的右下副裂及右肺上叶内部的奇副裂。

（五）膈

膈（diaphragm）在正位片上位于两侧肺野的下缘，分为左膈及右膈。膈的上缘因肺的对比呈边缘清晰的圆顶状，最高点在膈的中点偏内侧，称为膈顶。膈与胸壁间形成肋膈角，肋膈角为锐角。膈与心脏形成心膈角。在侧位片上，膈与前胸壁形成前肋膈角，与后胸壁形成后肋膈角，后肋膈角为胸腔的最低位置。一般右膈顶在第5至第6前肋间水平，右膈通常比左侧高1~2cm。在平静呼吸状态下，膈运动幅度约为1~2.5cm，深呼吸时为3~6cm，膈的左右侧运动大致对称。有的正常人在膈的前内侧出现向上的局限性半圆形隆起，称为局限性膈膨出。此为部分膈肌较薄弱或膈肌的张力不均所致。有时，膈在吸气时可见3~4个弧形凸起，呈波浪状，是因膈肌收缩不均匀引起，深吸气时明显。在深吸气时膈面可出现数个小三角形突起，或使膈呈阶梯状，此为在膈肌过度下降时附着于前肋端的膈肌受到牵拉所致。

（六）纵隔

纵隔（mediastinum）位于两肺之间，自胸廓入口向下至膈，前部为胸骨后缘，后部为胸椎。在侧位X线胸片上根据解剖标志将纵隔分区以便于纵隔病变的诊断。

前纵隔位于气管、升主动脉和心脏之前。中纵隔相当于气管、主动脉弓、心脏和肺门的区域。食管前壁及心脏后缘以后为后纵隔。

自胸骨角至第4胸椎椎体下缘做一连线，其上部为上纵隔，下部为下纵隔。

二、正常CT解剖

（一）胸壁

胸壁（chest wall）的最外部可显示女性乳房的结构。腋窝部脂肪丰富，其内淋巴结肿大易于被发现。

胸壁肌肉间有脂肪分隔。胸大肌及胸小肌在第5肋以上，胸大肌位于前方。第7肋以下内侧有腹直肌，外侧有腹外斜肌。后胸壁有斜方肌、菱形肌和胸椎棘突周围肌群。

CT纵隔窗可显示胸壁的骨骼，包括胸骨、肋骨、胸椎等，骨的结构如骨皮质和骨髓腔、骨的连接均可清楚显示。胸骨和胸锁关节位于胸壁前部。肋骨在同一CT层面仅能显示某一节段。肋骨的序数和详细形态需综合相邻的多个CT层面判断。胸壁后部中线有胸椎，可分辨出椎体、椎弓、横突和棘突。椎管中央有硬膜囊。肩胛骨位于后胸壁两侧。在肺尖层面第1肋软骨与胸骨的关节可能突入胸廓内，类似肺内结节。

（二）胸膜

叶间裂位于肺叶的边缘，在CT上叶间裂附近无血管影像。水平叶间裂在CT层面上表现为无肺血管区域。斜裂为线状影像，在上部CT层面其位置靠后，在下部的CT层面位置逐渐靠前。有时线性影像不明显，根据无血管区域，可判断其位置。

(三) 支气管、肺动脉和肺静脉

一些支气管呈水平或近似水平方向走行，在 CT 上显示其长轴形态，一些支气管呈斜行及头足方向走行，在 CT 上为椭圆形或圆形的环状断面。肺动脉与支气管伴行，呈分支或小结节状。在下叶多为横断面影像。肺静脉位于肺段或亚段之间。下肺静脉干呈水平方向至左心房，CT 上显示其长轴影像。支气管和其伴随的肺动脉以及周围包绕的结缔组织称为支气管血管束。正常结缔组织不能显示，支气管血管束边缘光滑清楚，自肺门至外围部逐渐分支、变细。

(四) 肺小叶

肺小叶（lobules）又称次级肺小叶（secondary lobules），是指小叶中心支气管远端的肺组织。肺小叶为多边体状，基底部位于脏层胸膜，成人肺小叶的每侧边长为 10～25mm。包绕肺小叶的结缔组织间隔称为小叶间隔。正常小叶间隔在 HRCT 上偶可显示，表现为与胸膜垂直并相连的线状影像。小叶中央的点状影像称为小叶核，为小叶中央动脉的横断面投影。小叶核距离小叶间隔及胸膜约 0.5～1cm（图 4-2）。小叶核周围的肺组织包含有肺泡、小血管和细支气管的分支，呈低密度影像，但比空气的 CT 值略高。

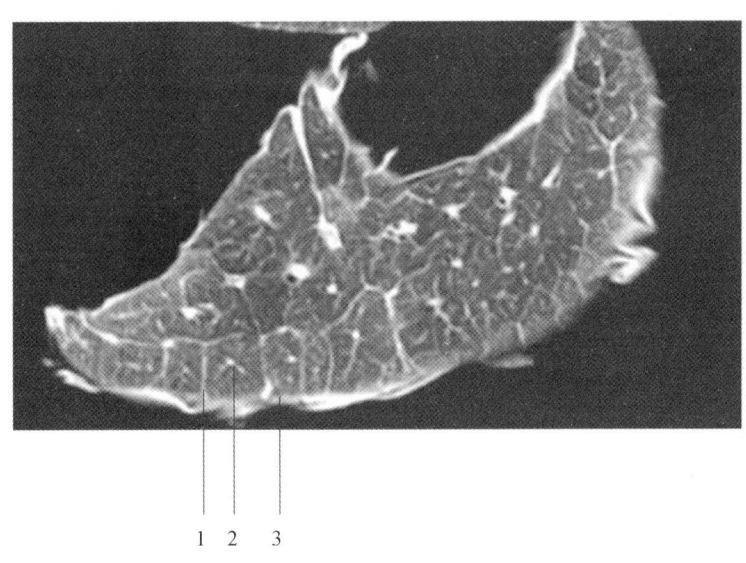

图 4-2 离体肺 CT 扫描显示的肺小叶
1. 小叶间隔；2. 小叶核；3. 胸膜

(五) 肺门

正常肺门的 CT 影像主要由肺动脉及肺静脉构成。肺门可分为上、下部。两侧肺门上部由上叶支气管、肺动脉上干、肺静脉上干的肺上静脉构成。右肺门下部由中叶支气管、右下叶支气管、右叶间动脉、右中叶肺动脉和静脉、右下叶的肺段支气管和肺动脉构成。左肺门下部由左舌叶支气管的起始部、左下叶的肺段支气管起始部和相应的肺动脉及肺静脉构成。

在肺门的 CT 层面可清楚显示各个结构（图 4-3）。

1. 主动脉窗层面　显示右上叶尖段支气管及左上叶尖后段支气管断面，以及伴随的肺动脉分支。

2. 气管分叉层面　显示气管分叉和两侧主支气管的近端。

3. 右上叶支气管层面　在右肺门可见右上叶支气管及其前、后段的分支。前、后段支气管之间有中心肺静脉，为前、后段肺静脉的共干。左肺门有尖后段支气管的断面及其后方的左肺动脉。

4. 中间段支气管层面　在右肺门可见中间段支气管断面，前方为右肺动脉，前外方为右肺静脉。左肺门可见左上叶支气管及左舌叶支气管近段，左肺动脉和肺静脉分别位于支气管的后方和前方。

5. 右中叶支气管层面 在右肺门显示下叶支气管断面、向前走行的中叶支气管、向后的下叶背段支气管。中叶支气管的外侧为叶间动脉，前内侧为肺静脉。在左肺门见左下叶支气管、向前走行的舌叶支气管、向后的左下叶背段支气管。舌叶支气管的外侧为下肺动脉，前内侧为肺静脉。

6. 心室层面 两下肺静脉水平走向左心房，可见基底段支气管及伴随的肺动脉的断面。

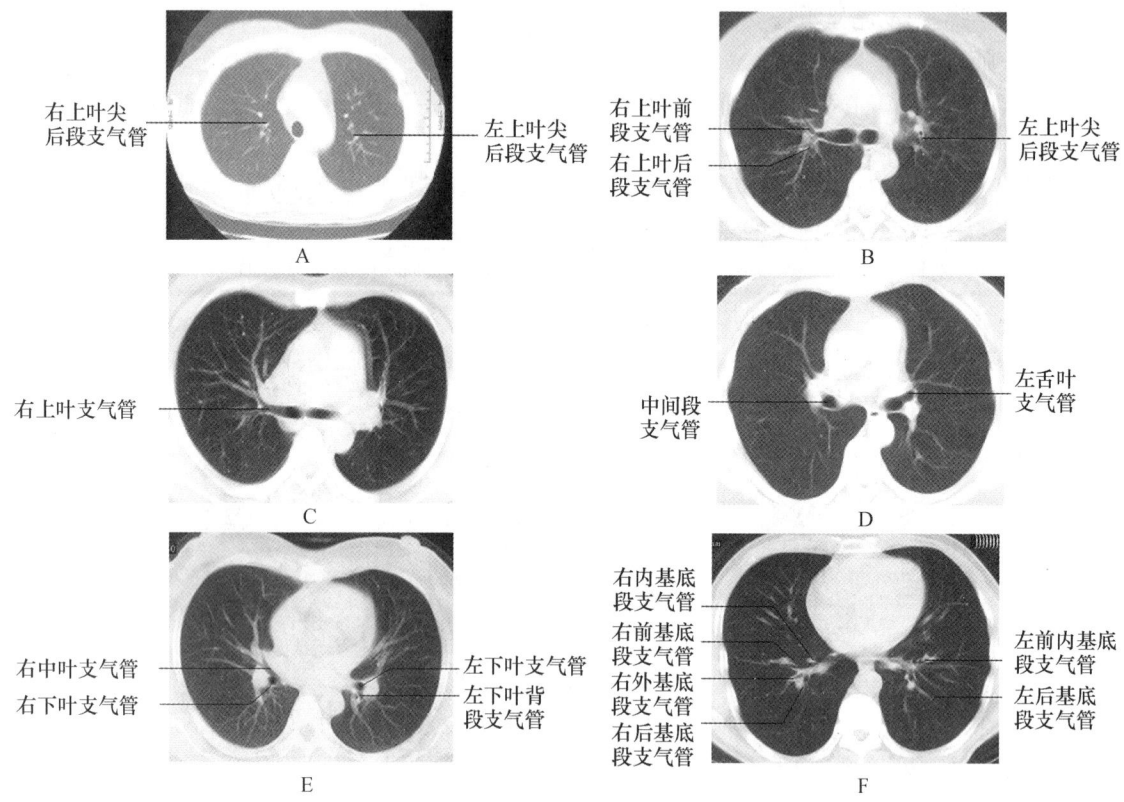

图 4-3 正常肺门及支气管的 CT 表现

A. 主动脉窗层面；B. 气管分叉层面；C. 右上叶支气管层面；D. 中间段支气管层面；E. 右中叶支气管层面；F. 心室层面

（六）膈

膈在 CT 层面呈软组织密度影像，其前部为膈的胸骨部及肋骨部，附着于剑突及两侧肋骨。膈的后部为腰椎部，两侧的膈脚为凹面向前的线状影。右侧膈脚附着于第 1～3 腰椎前面，左侧附着于第 1～2 腰椎。肌肉发达者膈脚较明显，老年人的膈脚可呈不规则状。较粗大或分叶状的膈脚类似淋巴结。膈脚后部为胸腔，前部为腹腔。

（七）纵隔

CT 的纵隔窗用于显示纵隔内的心脏、大血管、食管、气管、支气管、膈神经等结构。增强扫描可清楚显示大血管，有助于区别淋巴结与血管断面。

胸腺位于上纵隔的血管前间隙，为箭头状，10 岁以后其边缘凹陷，年龄在 20 岁以下时胸腺的密度与肌肉相似，50 岁以上时为脂肪密度。

纵隔的主要 CT 表现有以下几点（图 4-4）：

1. 胸廓入口层面 位于胸骨切迹水平，气管在胸椎前方中线部位，食管在其左侧。气管两旁的血管自后向前依次为锁骨下动脉、颈总动脉和头臂静脉。

2. 胸骨柄层面 血管位于气管的前方，从左到右为左锁骨下动脉、左颈总动脉、无名动脉及右头臂静脉。最前方是左头臂静脉。

3. 主动脉弓层面 气管的左侧及前方为主动脉弓，右前方为上腔静脉，左后部为食管。

4. 主动脉窗层面　气管前方为升主动脉，右前方为上腔静脉，右侧有奇静脉，左后方有降主动脉。

5. 气管分叉层面　气管分叉前方可见肺动脉主干及左、右肺动脉。左肺动脉位于左主支气管前外方，右肺动脉在升主动脉或上腔静脉与右主支气管之间。

6. 左心房层面　胸椎前方为左心房，下肺静脉干汇入其内。左心房之前为升主动脉根部。升主动脉左前和右侧分别为右心室及右心房。胸椎左前方为降主动脉。

7. 心室层面　可显示四个心腔，并可见与左心房相连的肺静脉。

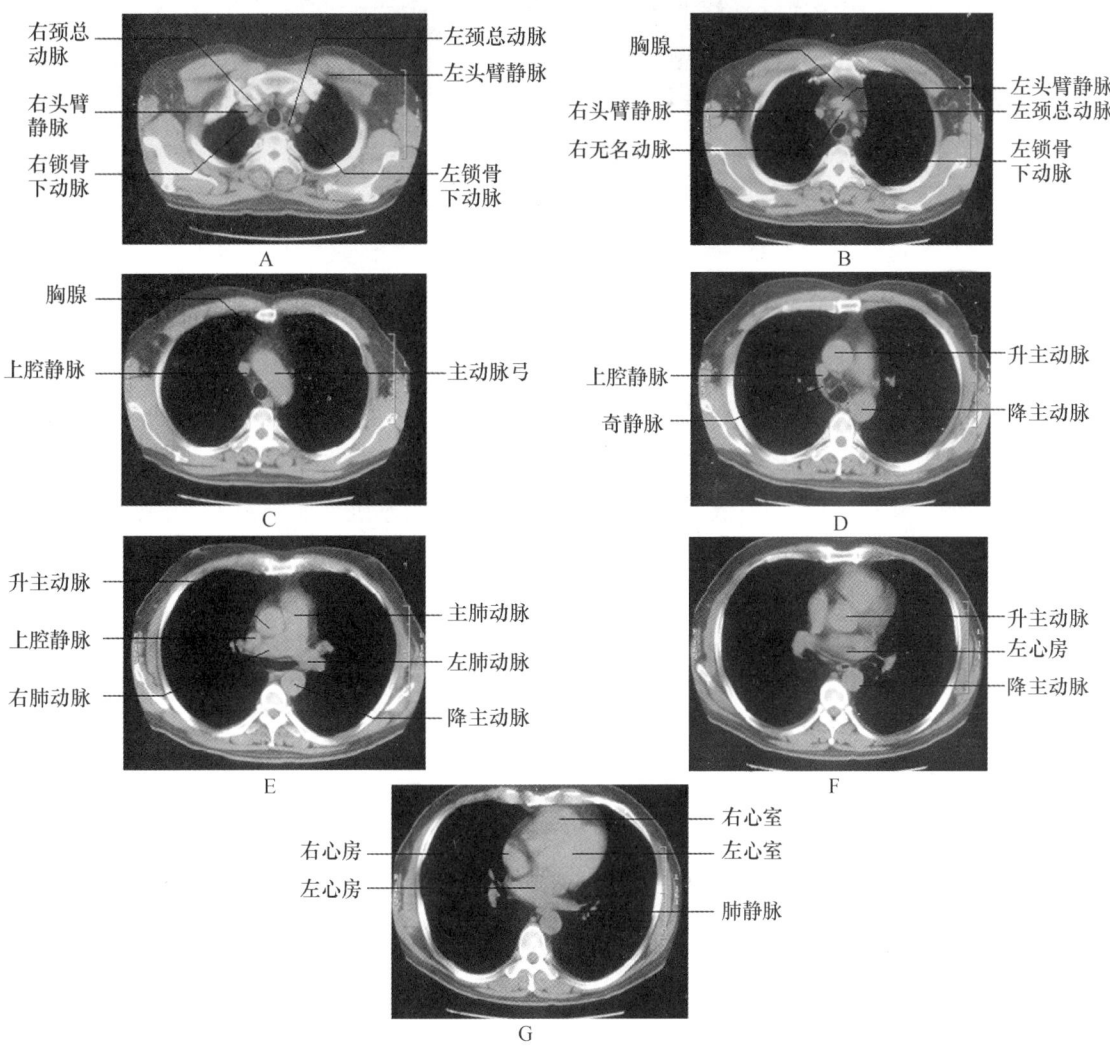

图 4-4　正常纵隔的 CT 表现

A. 胸廓入口层面；B. 胸骨柄层面；C. 主动脉弓层面；D. 主动脉窗层面；E. 气管分叉层面；F. 左心房层面；G. 心室层面

三、正常 MRI 解剖

正常 MRI 横断面图像的解剖结构与 CT 所见相同，但 MRI 图像上各结构具有特定的信号强度。MRI 还能够以冠状面（图 4-5）及矢状面图像显示病变。

气管与支气管的管腔为极低信号。其管壁在 T_1WI 上呈中等信号。MRI 难以显示肺段以下的支气管。具有一定倾斜角度的冠状面和矢状面图像可沿长轴显示气管与主支气管。两侧肺野 MR 信号很弱，呈黑色。肺内支气管和血管均呈低信号，MRI 不易显示。MRI 也不能显示叶间裂及小叶间隔。

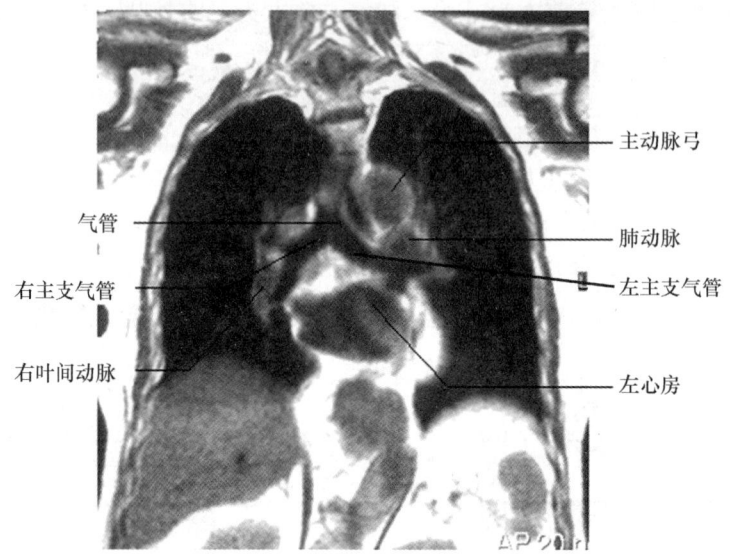

图 4-5　胸部 MRI 冠状面 T_1WI，经过主支气管平面

在肺门及纵隔内有时可见淋巴结，呈圆形或卵圆形，MR 信号中等，边缘光滑整齐，一般肺门淋巴结肿大的标准为短径大于 1cm，纵隔淋巴结肿大的标准为短径大于 1.5cm。胸腺位于纵隔的前上部，其体积在青春期最大，其后逐渐萎缩。中年后胸腺主要成分为脂肪，MRI 为高信号，与周围脂肪组织信号相似。由于血液的流空效应，心脏及血管腔在 SE 序列无信号，呈黑色。在 TFE、FFE 序列心脏及大血管则呈高信号。心脏肌层及血管壁在 SE 序列呈中等信号。食管呈圆形中等信号。食管黏膜在 T_2WI 呈高信号，食管壁厚约 3mm。

MRI 不易显示胸膜。胸壁肌肉组织在 T_1WI 呈中等信号，T_2WI 呈较低信号。脂肪组织呈高信号。骨皮质质子密度很低，呈低信号，骨髓因富有脂肪而呈高信号。

横膈呈低信号的细线状影，厚度约 2～3mm。

第三节　基本病变的影像表现

一、X 线和 CT 表现

呼吸系统疾病基本病变的 X 线和 CT 表现包括气管和主支气管、肺、胸膜、膈及纵隔的改变。

（一）气管和主支气管病变

气管和主支气管常见病变有肿瘤、异物、结核及先天异常等。肿瘤和淋巴结肿大引起气管、支气管外压性改变。X 线平片能够显示气管、支气管病变引起的肺内继发性改变，有时可显示气管外形及位置改变，并用于检查气管、支气管异物。若想了解气管和支气管病变的详细情况需要进行 CT 检查。

1. 管腔内病变　气管及主支气管、中间段支气管等较大支气管的腔内肿瘤（tumor）和异物（foreign body）在 CT 检查时易于显示，肿瘤呈息肉状、结节状或扁丘状。良性肿瘤边缘光滑。恶性肿瘤边缘多不光滑，常有基底部较宽及管壁增厚的表现。

2. 管腔狭窄和梗阻　肿瘤引起的气管、支气管狭窄（narrow）较为局限，并可引起主支气管阻塞。支气管结核及复发性多发性软骨炎等引起的狭窄范围较广泛，可同时累及气管、主支气管、肺叶甚至肺段支气管。引起支气管狭窄、阻塞的疾病可导致肺内继发的阻塞性改变，包括阻塞性肺气肿、阻塞性肺炎及肺不张。

3. 管壁增厚　恶性肿瘤使支气管的管壁局限性或环形增厚，常合并腔内结节、管腔狭窄及管外肿块。

4. 管腔增宽　先天性巨气管、支气管症可使气管及左、右主支气管增宽。支气管扩张症可引起肺段以下支气管增宽。

5. 软骨钙化　老年人的气管、主支气管软骨可发生生理性钙化。

（二）肺部病变

1. 肺泡充填性病变（alveolar filling lesions）　主要病理改变为肺泡腔内充盈各种病理组织，如炎性渗出、水肿、出血和肿瘤等。可合并不同程度的肺间质异常。由于肺泡腔内气体被液体及细胞成分所代替，在X线及CT检查时出现片状密度增高的影像，一般按解剖区域分布，可呈局限性或弥漫性。根据病变的密度不同，分为：①肺实变影像（consolidation）：病变密度较高，肺血管影像被遮盖而不能显示。病理改变为肺泡腔的大部分气体被病变替代。②磨玻璃密度影像：影像密度较低，在其影像区可见血管影像。病理改变为肺泡腔的病变程度较轻，残留的气体较多（图4-6）。

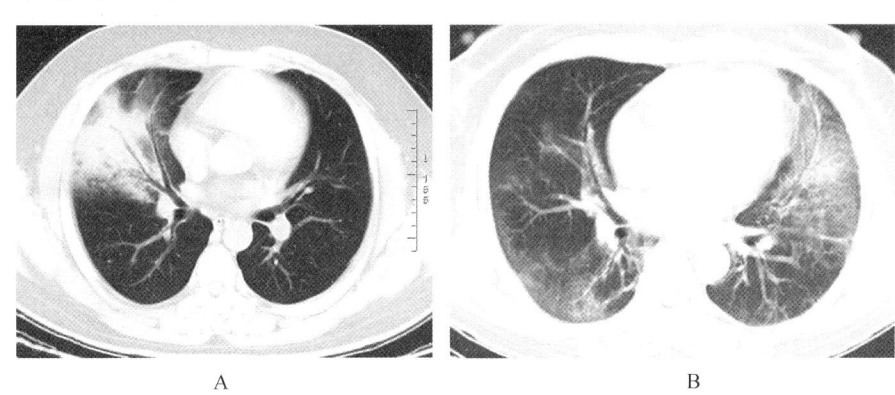

图 4-6　肺泡充填性病变
A. 肺实变CT片，病变密度比血管密度高；B. 磨玻璃密度病变CT片，病变密度比血管密度低。
均可见支气管气象

腺泡范围的实变直径约6～8mm，为边缘模糊的斑点状影像，肺小叶范围的肺泡充填性病变大小约1～2.5cm，为边缘模糊的斑片状影像。较大的病变表现为肺段或肺叶范围的密度增高影像。在肺泡病变的对比下，含气的支气管分支影像可以显示，称为支气管气象（air bronchogram）。弥漫性肺泡病变（diffuse alveolar disease）为两肺广泛的片状影像，累及多个肺叶、肺段，见于炎症、肺水肿、急性呼吸窘迫综合征、肺出血、肺泡蛋白沉着症及肿瘤等。

2. 增殖性病变　肺内增殖性病变（proliferative lesion）包括肉芽肿、炎性假瘤和慢性炎症。肉芽肿呈结节状，炎性假瘤多呈结节及肿块形状，慢性肺炎呈肿块、肺段或肺叶实变影像。病变边缘清楚，动态变化缓慢。

3. 纤维化　纤维化（fibrosis）是指由纤维组织构成的病灶，从增殖性病变发展而来。纤维化表现为条索、斑片、肿块、蜂窝等影像。较大的纤维化病变可为肺段及肺叶范围，纤维化病变可引起周围肺气肿，也可使气管、纵隔及肺门向患侧移位。

4. 钙化　钙化（calcification）为高密度的影像，CT值一般在100Hu以上。肺结核钙化为斑点、结节或片状，表示病变愈合。肺内多发细微点状钙化见于肺泡微石症，多发小结节状钙化见于尘肺。肿瘤的钙化为瘤体成分之一。错构瘤的钙化呈爆米花样或斑片状。

5. 空洞和空腔

（1）空洞：空洞（cavity）在影像上是指肺内由完整的壁包绕的含气腔隙，壁的厚度在

1mm 以上。空洞是因病变内发生坏死、坏死组织液化经支气管排出后而形成的。肺内单发空洞的病变常见于肺结核、肺脓肿和肺癌。薄壁空洞的洞壁厚度在 3mm 以下。厚壁空洞的洞壁厚度超过 3mm。肺结核空洞的壁可为薄壁及厚壁，空洞外缘清楚、内缘光滑。病变周围有斑点及条索影，称为卫星病灶。有的干酪空洞内可呈不规则状改变。急性肺脓肿空洞外缘模糊不清，内缘光滑，空洞内有液体和空气共存而形成的水平面状气液界面，简称液平。肺癌空洞外缘毛糙，有分叶，内缘凹凸不平，可有壁结节（图 4-7A）。真菌球由莆状菌形成，寄生于肺内原有的空洞或空腔内，在空洞及空腔内可随体位改变而移动位置。多发空洞见于肺结核、转移瘤、血源性肺脓肿和韦氏肉芽肿病等。

（2）空腔：空腔（intrapulmonary air containing space）为肺内生理腔隙的异常扩张，常见于肺囊肿、肺大疱和支气管扩张。影像表现为肺内局限性的含气影像，周围具有完整的壁。壁的厚度一般在 1mm 以下，内外缘光滑。合并感染可有液平（图 4-7B）。

6. 肿块及结节　肺内肿块（mass）及结节（nodule）为圆形、类圆形或团块状影像。肺结节根据密度不同分为实性结节（密度高于血管）、磨玻璃密度结节（密度低于血管）和混合密度的结节。

实性结节和肿块在病理上多为肿瘤及肿瘤样病变。常见的病变为周围型肺癌、结核球和转移瘤，较少见的有错构瘤、炎性假瘤和支气管腺瘤等。结节内有钙化多见于结核球及错构瘤。结节内有脂肪密度见于错构瘤，脂肪的 CT 值为 $-90 \sim -50$ Hu。空泡征是指结节内的小灶性低密度区，约数毫米直径，多见于早期周围型肺癌。边缘毛糙是肺癌的常见征象。边缘清楚的结节以良性病变多见。分叶征是指病变边缘呈分弧状轮廓，常见于肺癌。胸膜凹陷征为结节与胸膜之间的线形或三角形影像，多见于肺癌。卫星灶主要见于结核球。有些肺癌如细支气管肺泡癌表现为磨玻璃密度结节，有的腺癌表现为混合密度的结节。

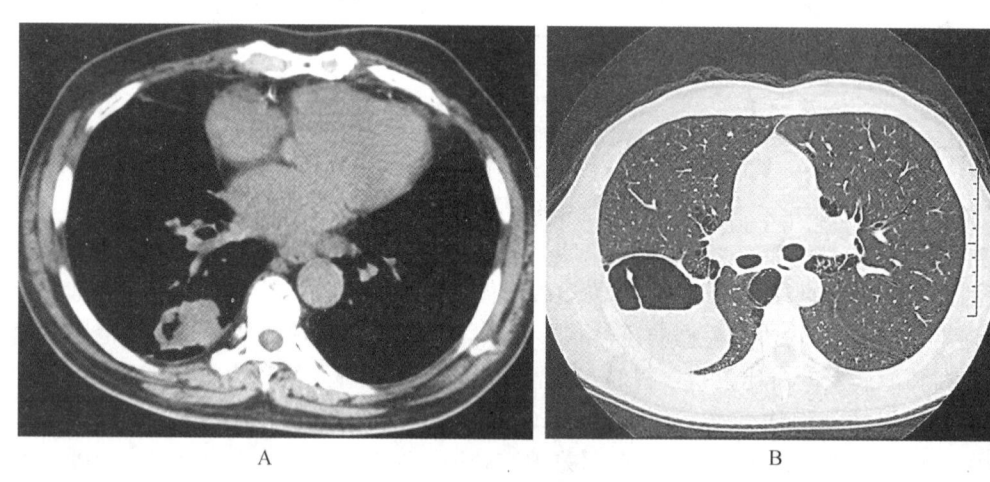

图 4-7　空洞和空腔
A. 肺癌空洞 CT 片，右肺下叶空洞，有分叶和毛刺，洞壁厚薄不均，内缘凹凸不平；
B. 肺大疱合并感染 CT 片，右肺上叶空腔病变，可见合并液平

一般恶性肿瘤生长比良性肿瘤快。倍增时间是指结节的体积增长一倍所需要的时间，反映了结节的生长速度，可根据两次不同时间 CT 检查测量获得。

7. 肺不张　肺不张（atelectasis）主要包括阻塞性肺不张和瘢痕性肺不张。阻塞性肺不张是因支气管阻塞引起的肺含气减少，多见于中央型肺癌和异物。瘢痕性肺不张是由于结缔组织增生及瘢痕收缩引起的肺体积缩小，多见于肺结核和慢性肺炎，瘢痕性肺不张的影像内有支气管扩张，相连的支气管通畅。

一侧肺的肺不张影像表现为肺野密度增高，胸廓塌陷，肋间隙变窄，膈升高，纵隔向患侧

移位，健侧肺代偿性肺气肿。

肺叶、肺段肺不张表现为叶间裂移位和血管支气管聚拢，并可见密度增高，患侧膈抬高，纵隔向患侧移位，邻近的肺野充气过度，肺门向患部移位，肋间隙变窄。各肺叶肺不张的X线形态如图4-8所示。

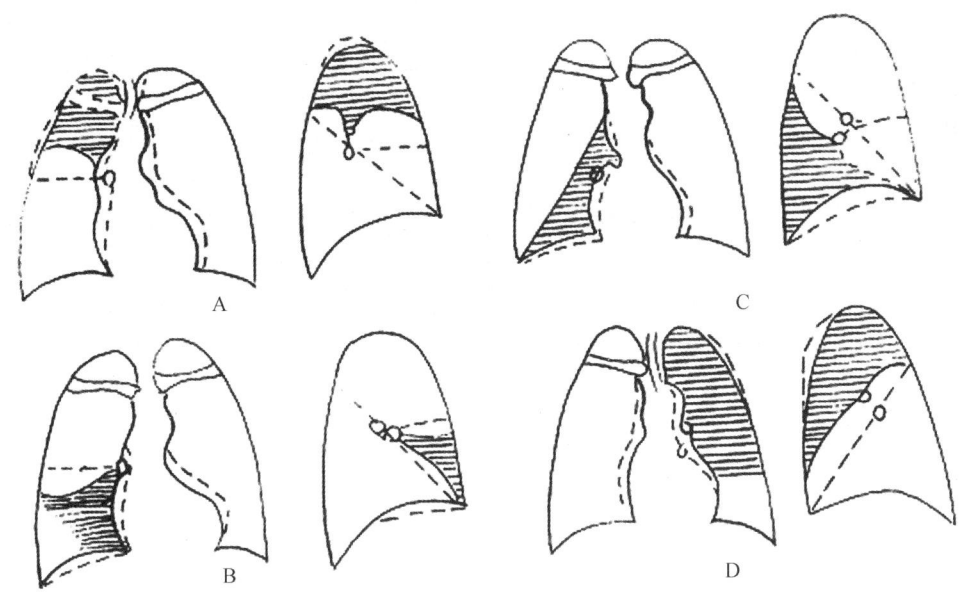

图4-8 肺叶肺不张的X线形态及纵隔、叶间胸膜和膈移位
A. 右上叶肺不张；B. 右中叶肺不张；C. 右下叶肺不张；D. 左上叶肺不张
虚线为纵隔、叶间胸膜和膈的正常位置，实线为肺不张时的位置移动

肺叶肺不张的CT表现：右上叶发生肺不张时向内上移位，形成与纵隔相连的带状或三角形影像。右中叶肺不张时呈三角形影像，其尖端指向胸壁，底部与右心缘相连。右下叶肺不张时向后内侧移位，严重者可收缩到脊柱旁。左上叶发生肺不张时向前上方移位，前缘与前胸壁相连，内侧连向纵隔，在气管分叉部以上的CT层面肺不张的后缘形成"V"形轮廓。"V"形轮廓的形成是由于肺动脉和支气管牵拉肺不张的后缘所致。左下叶肺不张时向后内方移位，位于主动脉及脊柱旁。

8. 多发性小结节及粟粒病变　肺内多发性小结节及粟粒病变（multinodular and military disease）影像在X线胸片检查的基础上需要薄层CT或HRCT检查。肺内小结节的直径在1cm以下，粟粒病变大小在3～5mm以下。根据结节的分布不同可分为：①血源性结节：由血行途径到肺内，主要为急性粟粒型肺结核及血源性转移瘤。CT显示结节比较均匀地分布到支气管血管束、胸膜及肺内。②淋巴管周围结节：由淋巴途径到肺内，主要见于癌性淋巴管炎、结节病及尘肺。CT显示结节在胸膜、支气管血管束和小叶间隔分布较突出。③小叶中心结节：主要经支气管分布。见于一些感染性炎症，结节主要位于小叶中心部位。小气道疾病如细支气管炎性病变及支气管播散型肺结核时，CT显示在小叶中心有小结节及短线影像，与支气管血管束远端分支相连，称为树芽征（tree-in-bud）。

9. 弥漫性肺间质病变　弥漫性肺间质病变（diffuse interstitial disease）主要为肺间质纤维化。常见的肺间质纤维化病变有特发性肺间质纤维化，也见于结缔组织疾病（类风湿关节炎、硬皮病、干燥综合征及红斑狼疮等）、结节病、过敏性肺炎、某些化疗药物及尘肺等引起的肺间质纤维化。弥漫性肺间质病变需要进行CT或HRCT检查。

X线表现为两肺多发线状、网状及小结节和蜂窝状阴影。小叶间隔增厚，表现为与胸膜垂直的细线阴影，长约2cm。也可有磨玻璃密度阴影及肺实变阴影。

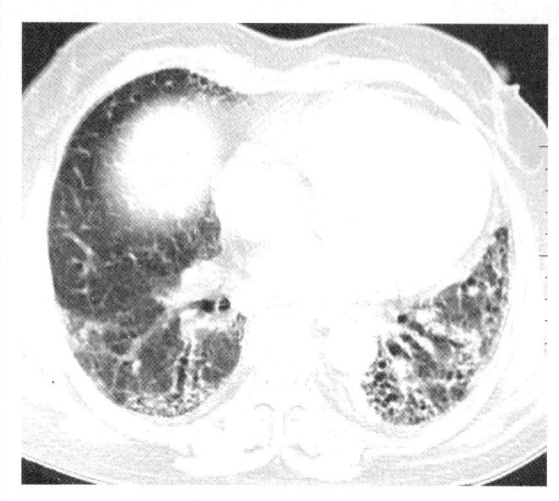

图 4-9　肺间质纤维化蜂窝影像的 CT 表现

CT 表现为细线状及细网状影、小叶间隔增厚、支气管血管束增粗扭曲及蜂窝状影像。蜂窝为多发、集聚的环形影像（图 4-9），是肺间质纤维化的重要诊断依据。肺间质疾病时肺泡间隔增厚及肺泡内渗出可引起磨玻璃密度影像，见于肺间质纤维化的早期和活动期，也见于间质性肺炎和肺水肿等。

10. 肺气肿　肺气肿（emphysema）是终末细支气管远端气腔的过度膨胀，并有气腔壁的破坏及融合。阻塞性肺气肿多见于肿瘤或异物引起支气管活瓣性阻塞。X 线和 CT 显示病变范围肺部透明度增加，肺纹理稀疏，横膈下降，纵隔向对侧移位。慢性阻塞性肺疾病和其他小气道气流阻塞的疾病引起两肺广泛性阻塞性肺气肿，X 线胸片及 CT 显示两肺野透明度增加，呼气与吸气时肺野透明度改变不大，肺纹理稀疏，横膈低平，胸廓呈桶状，肋间隙变宽，心影狭长呈垂位心型。

肺气肿在病理上分为小叶中心型肺气肿、全小叶型肺气肿、间隔旁肺气肿和瘢痕旁肺气肿四型。CT 检查可显示各型肺气肿。小叶中心型肺气肿在肺内有散在的低密度区（图 4-10A）。全小叶型肺气肿为广泛性密度减低，肺内支气管血管束变细、稀疏（图 4-10B）。间隔旁肺气肿为胸膜下局限性低密度区，病变长轴与胸膜平行。小叶中心型、全小叶型及间隔旁肺气肿常见于慢性阻塞性肺疾病（如慢性支气管炎）及支气管哮喘等。肺气肿可形成较大的含气空腔影像，称为肺大疱。瘢痕旁肺气肿为肺严重纤维化病变周围的含气腔隙异常扩张，常见于肺结核纤维化病灶和尘肺进行性纤维化病灶的周围。

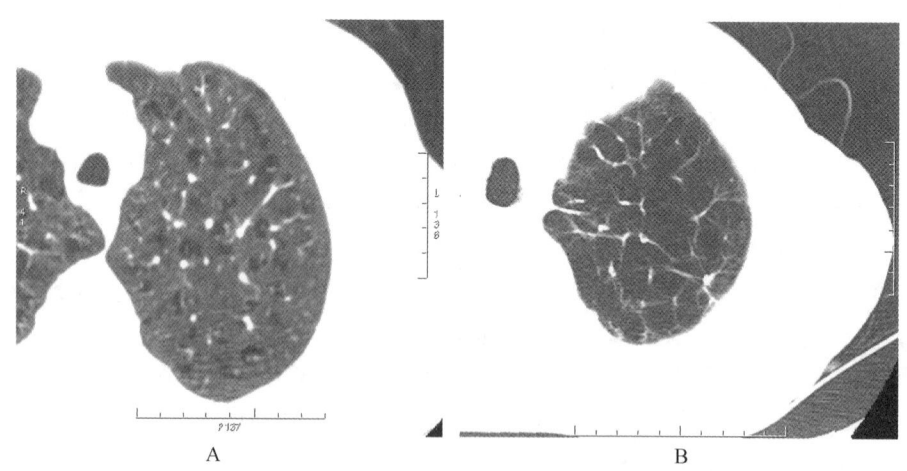

图 4-10　小叶中心型肺气肿（A）和全小叶型肺气肿（B）

（三）肺门的改变

1. 肺门肿块　常见原因有淋巴结肿大、中央型肺癌及血管异常。

淋巴结肿大多见于肺癌转移、结核、结节病、尘肺和恶性淋巴瘤等。在病变部位，淋巴结肿大位于支气管的分叉部，支气管肺癌位于支气管周围。血管性病变为动脉瘤、肺动脉高压和静脉瘤。血管性病变与肺动脉或肺静脉相连，增强扫描有明显强化。淋巴结肿大可为单侧和双侧性，结核及转移瘤一般为单侧性，结节病可为双侧性，支气管肿块为单侧，血管性病变可为单侧，也可为双侧性。在病变密度上，肺门肿块为软组织密度，但可发生钙化。结核钙化为斑片或斑点状，尘肺钙化为斑点、蛋壳状或完全钙化。

2. 肺门移位　肺不张及肺内严重纤维化病变可牵拉肺门移位。

（四）胸膜病变

1. 胸腔积液　液体可为渗出液、漏出液、血液及乳糜液。渗出液的常见原因有结核、炎症、肿瘤转移。漏出液常见于心功能不全、肾病综合征、肝硬化等，血性胸腔积液见于肿瘤及外伤。

（1）游离性胸腔积液：少量游离性胸腔积液最先积存在胸腔的最低处，在立位 X 线胸片上，后肋膈角的位置最低，少量液体首先位于后肋膈角，在侧位 X 线胸片显示后肋膈角变钝。液体进一步增多使正位 X 线胸片上侧肋膈角变钝，在 CT 上形成胸腔后下部的条状液体密度影。中等量胸腔积液在立位 X 线胸片上使中下胸部形成致密影像，液体上缘呈外高内低的弧形，CT 表现为沿侧胸壁分布的围绕肺的影像。大量胸腔积液时在 X 线胸片上呈均匀致密阴影，或仅有肺尖部保持透明影像。CT 可见胸腔积液压迫肺引起肺不张，不张的肺位于液体前内侧，可见支气管气象。中等量及大量的胸腔积液引起纵隔向健侧移位，肋间隙增宽，横膈下降。

（2）局限性胸腔积液：位于胸腔某一局部的胸腔积液称为局限性胸腔积液，分为包裹性积液、叶间积液、肺底积液和纵隔积液等。

包裹性积液是由于脏层和壁层胸膜粘连所致，易发生在下、后胸部。X 线切线位投照或 CT 检查表现为基底位于胸膜、凸向肺内的半圆形或扁丘状影像，边缘清楚，与胸壁的夹角呈钝角。包裹性积液内有气体进入可形成包裹性液气胸，可见液平。周围胸膜可发生钙化。

胸腔积液局限于水平叶间裂或斜裂称为叶间积液。侧位 X 线胸片易于显示液体与胸膜的关系。少量的叶间积液引起叶间裂增宽，多量的积液表现为叶间裂处的梭形及类圆形影像，下缘清楚，密度均匀。叶间积液影像与叶间胸膜影像相连。

胸腔积液位于肺与横膈之间称为肺底积液（subpulmonary pleural effusion），一般为单侧性。发生原因与肺弹力减低及胸膜粘连等多种因素有关。肺底积液上缘呈圆顶状，与膈升高相似。卧位时液体在一侧胸腔弥漫分布，在卧位 X 线胸片上患侧胸部密度均匀增高，正常膈得以显示。

2. 气胸与液气胸　空气进入胸膜腔内形成气胸（pneumothorax）。气胸的原因有胸壁穿通伤、支气管破裂、胸部手术及胸腔穿刺等。当胸膜破裂口较大或气体持续进入，胸膜腔的气体不断增多则形成张力性气胸。影像表现为肺体积不同程度的受压变小，肺表面与壁层胸膜之间的气体形成无肺结构的气胸带。少量气胸时肺轻度受压，气体位于胸腔的上部。大量气胸时肺明显受压变小，纵隔向对侧移位。

液气胸（hydropneumothorax）是胸膜腔内同时有液体与气体。X 线及 CT 可显示液平。

3. 胸膜增厚、粘连及钙化　胸膜腔的炎症性纤维素沉着、肉芽组织增生、外伤出血机化等病理改变是胸膜增厚、粘连及钙化的原因。轻度胸膜增厚使肋膈角变钝，膈运动轻度受限。严重的胸膜增厚及钙化可使胸廓变小，肋间隙变窄，膈升高，膈运动减弱或消失，纵隔向患侧移位。CT 检查在胸部外侧及后缘沿胸膜下有带状密度增高影或更加广泛的密度增高影。广泛胸膜增厚可引起支气管扩张。胸膜钙化时在肺野边缘呈不规则片状高密度阴影。包裹性胸膜炎时，胸膜钙化可呈弧线形或不规则环形。

4. 胸膜结节及肿块　胸膜肿块呈扁丘状和半球形，基底位于胸膜，凸向肺内。单发的病变常见于局限性间皮瘤、结核等。多发、弥漫性胸膜结节及肿块多见于胸膜转移瘤及弥漫性间皮瘤，可合并胸腔积液、胸壁肿块及肋骨破坏。

（五）纵隔的改变

1. 纵隔肿块　纵隔肿瘤及囊肿（mediastinal tumors and cysts）是纵隔肿块的常见原因。纵隔肿块在纵隔分区中的位置是定性诊断的基础。侧位 X 线胸片上的纵隔分区是肿块定位的依据。前纵隔肿瘤有胸内甲状腺肿、胸腺瘤、畸胎类肿瘤。中纵隔肿瘤有淋巴瘤、转移瘤。后纵隔肿瘤为神经源性。囊肿发生于前纵隔的有胸腺囊肿、皮样囊肿及心包囊肿。支气管囊肿及淋巴管囊肿多发生在中纵隔。食管囊肿多位于中后纵隔。纵隔增宽的原因还有结核、脓肿、出血及脂肪组织过多等。大血管病变如主动脉瘤及肺动脉瘤也可使纵隔增宽。X线检查可用于较大肿瘤和明显纵隔增宽的鉴别诊断。CT可用于显示纵隔肿块的组织结构。

2. 纵隔移位　肺不张、肺纤维化及广泛胸膜增厚使纵隔向患侧移位。胸腔积液、巨大的胸膜肿瘤、肺内肿瘤及纵隔肿瘤可使纵隔向健侧移位。一侧肺气肿时，过度膨胀肺连同纵隔向健侧移位，可引起纵隔疝，好发生于纵隔的前上部与后下部。支气管内异物导致一侧主支气管不完全阻塞时引起纵隔摆动，呼气时纵隔向健侧移位，吸气时纵隔回复原位。

（六）膈的改变

1. 形态改变　膈胸膜增厚时膈的边缘不规则，有条索状影像。膈肌肿块见于囊肿、平滑肌瘤、转移瘤及包虫病。在X线影像上表现为半球形、扁丘状或立卵形边缘清楚肿块。膈面平直见于严重肺气肿、胸膜增厚粘连。

2. 位置改变　一侧膈升高见于肺不张、膈麻痹及肺部肿瘤和腹部肿瘤。两侧膈升高多见于腹水、肺间质纤维化、妊娠及腹腔巨大肿瘤。肺气肿时可使双侧膈肌下降。

3. 运动的改变　胸膜粘连、膈膨出、膈麻痹及肺气肿均可使膈运动减弱乃至消失。肿瘤、外伤或炎症可引起膈麻痹，出现矛盾运动，即呼气和吸气时患侧膈运动与健侧相反，表现为患侧膈在吸气时升高，呼气时下降。

二、MRI 表现

在呼吸系统疾病影像检查中MRI于一些特定的情况下选择使用，作为对X线及CT检查的补充，例如纵隔肿瘤、肺癌的分期及胸膜胸壁病变等。MRI可常规进行多平面成像，具有较高的组织对比度、对血流敏感和避免使用碘造影剂等优点。

1. 纵隔病变

（1）纵隔肿瘤：纵隔实性肿瘤一般为T_1WI较低信号和T_2WI较高信号，增强扫描多有强化。常见的肿瘤为胸内甲状腺肿、胸腺瘤、畸胎瘤、淋巴瘤和神经源性肿瘤。脂肪在T_1WI和T_2WI上均为高信号，脂肪抑制像为低信号，见于畸胎瘤和胸腺脂肪瘤。肿瘤钙化在T_1WI和T_2WI上均为极低信号，有坏死液化及囊变时在T_1WI上为低信号、T_2WI上为高信号。畸胎瘤具有多种组织成分，可为复杂信号，其他肿瘤合并液化、出血及钙化时可出现相应的MRI信号。MRI有助于显示肿瘤与周围结构的关系，浸润性胸腺瘤可侵犯心包、胸膜和腔静脉，淋巴瘤可侵犯纵隔结构，使脂肪间隙被破坏，神经源性肿瘤可合并椎间孔增大及椎管内肿块。

（2）纵隔囊肿：纵隔浆液性囊肿在T_1WI为低信号，T_2WI为高信号，含蛋白质较高的囊肿在T_1WI为较高信号，T_2WI为较低信号。囊肿出血早期具有复杂的信号。增强扫描囊肿壁有强化。

2. 肺部病变　MRI主要用于肺门病变及肺内结节和肿块的诊断。

（1）肺门病变：肺门有流空现象的肿块为血管性病变，增强扫描有强化。位于血管和支气管之间的结节多为淋巴结，引起支气管狭窄阻塞的肿块为中央型肺癌。肺癌引起肺门和纵隔血管变形移位表明肿瘤侵犯血管。肺不张内显示肺门肿块见于中央型肺癌。

（2）肺内结节及肿块：肺内结节及肿块一般表现为T_1WI较低信号和T_2WI较高信号，病变的形态是鉴别诊断的重要依据。肺内肿块有分叶、边缘毛糙见于周围型肺癌；边缘清楚、光滑多见于良性结节，如结核球和错构瘤。结节内有脂肪信号见于错构瘤。病灶内的钙化为极低信号，在结核球和错构瘤多见。结节呈流空信号为血管病变，如动静脉畸形。

3. 胸膜、胸壁病变

（1）胸腔积液：渗出液和漏出液在T_1WI为低信号，T_2WI为高信号，信号均匀。胸腔内有亚急性和慢性出血时T_1WI和T_2WI均为高信号，以T_1WI显示较明确。含铁血黄素沉着处为低信号。包裹性胸腔积液与游离积液信号相似，周围包裹的纤维组织的 T_2WI 信号较低。

(2) 胸膜结节和肿块：良性胸膜肿瘤的边缘光滑、病变局限，在 T_1WI 和 T_2WI 多为低到中等强度信号，肿瘤钙化为斑片状低信号。增强扫描肿瘤强化不明显。胸膜恶性肿瘤为多发胸膜结节和肿块，有不规则胸膜增厚，在 T_2WI 及增强的 T_1WI 为高信号，常合并胸腔积液和胸壁受侵。

(3) 胸壁病变：恶性肿瘤侵犯胸壁引起肋骨被破坏和软组织肿胀。肺尖部肿物侵犯肋骨、壁丛神经和其他软组织为肺上沟瘤。胸壁肿胀并有液体信号见于胸壁结核。

第四节　支气管疾病

一、支气管扩张

支气管扩张（bronchiectasis）是指支气管由于管壁病变而引起管腔的病理性增宽。本病多为支气管反复感染的结果，常继发于婴幼儿期支气管和肺部的反复炎症。肺内严重纤维化的牵拉是另一主要原因，如肺结核、慢性炎症引起的局部纤维化、各种原因引起的弥漫性肺间质纤维化等。支气管近端的阻塞性病变也可引起远端分支扩张。少数病例为先天性。

【病理与临床表现】

支气管扩张好发于肺段支气管至支气管的第 6 级左右分支。病理上支气管扩张分为：①柱状扩张：扩张支气管的内径均匀增宽。②静脉曲张型扩张：病变支气管的内径粗细不均，形似静脉曲张。③囊状扩张：扩张的支气管腔呈囊状。④混合性扩张：合并有上述改变。扩张的支气管内及远端分支内常有黏液潴留。主要临床表现为咳嗽、咳痰和咯血。咳痰的量较大，多为脓痰。咯血可为较多量或大咯血。患者有较长时间支气管感染的病史，或有肺结核、胸膜炎、肺间质纤维化等病史。体检少数患者有杵状指，听诊肺内可有湿啰音。

【影像学表现】

1. X 线　轻度的支气管扩张在胸部 X 线片上往往不能显示异常所见。支气管扩张引起肺纹理增粗。有时沿肺纹理可见平行的两条线状阴影，称为"轨道征"，表示有支气管壁增厚。较为明显的支气管扩张形成环形阴影。支气管扩张合并感染引起肺纹理模糊、斑片状阴影及环形阴影内有小液平。肺内严重纤维化引起的支气管扩张发生在肺纤维化病变部位或其周围。

2. CT　支气管扩张表现为支气管内腔增宽，为环形或管状影像（图 4-11），可有管壁增厚。和伴行的肺动脉相比，病变支气管的宽度增加。支气管内有黏液栓塞时呈柱状或结节状高密度影像。囊状支气管扩张表现为多发的囊状影像，囊壁光滑、菲薄，可见液平。支气管扩张邻近的支气管血管束增粗、紊乱，可合并斑片状影像，为继发的感染。病变邻近的支气管可扭曲、并拢。病变部位的肺体积可缩小。

【诊断与鉴别诊断】

本病的 CT 所见具有特征性，是影像诊断的依据。X 线平片诊断支气管扩张的价值有限。对于具有支气管扩张临床表现的患者 X 线平片有两下肺纹理增重或多发环状阴影时应考虑到

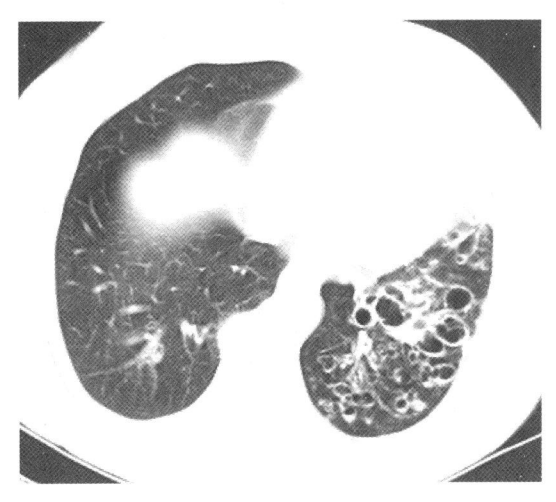

图 4-11　支气管扩张的 CT 表现
支气管柱状及囊状扩张

本病的可能。对于临床有长期咳嗽、脓痰及咯血的患者无论 X 线胸片有无异常都应进行 CT 检查。

二、气管支气管异物

气管支气管异物（tracheo-bronchial foreign body）多见于儿童。常见的异物为植物性异物，如花生、谷粒、瓜子等，其他异物有义齿、金属制品等。右侧支气管异物一般比左侧多见。

【病理与临床表现】

气管、支气管内较大的异物可使支气管完全阻塞，引起阻塞性肺炎及肺不张。较小的异物引起呼气性活瓣性阻塞，发生阻塞性肺气肿。支气管因异物的刺激而发生黏膜充血、水肿，长期病变引起肺内纤维组织增生。临床表现为刺激性呛咳、呼吸困难、青紫、气喘等。继发阻塞性肺炎时有发热和白细胞计数增高。

【影像学表现】

1. X 线　X 线胸片可显示不透 X 线的异物。为了对异物准确定位需要拍正位及侧位 X 线胸片。X 线可穿透的异物在 X 线胸片不能显示，根据气道阻塞的间接征象可以判断异物的位置。拍摄呼、吸气相的两张照片进行比较，可显示纵隔移位、肺野含气量异常等间接征象。例如支气管异物引起呼气性活瓣性阻塞时，呼气时患侧肺的气体不易呼出，含气量比健侧多，纵隔向健侧移位，吸气时纵隔位置恢复正常。合并阻塞性肺炎时肺内有斑片或大片状阴影，可有肺体积减小。支气管完全阻塞可引起肺不张。气管异物引起的呼气性活瓣性阻塞使两肺发生阻塞性肺气肿。

2. CT　CT 检查可发现密度较低的异物。螺旋 CT 的多平面重建有助于异物的显示。

【诊断与鉴别诊断】

患者有异物吸入的病史和典型的临床表现。X 线检查用于确诊及异物定位。对于 X 线可穿透的异物根据 X 线检查诊断困难，CT 有助于发现密度较低的异物。有的患者异物吸入的病史不明确，X 线表现为长期的阻塞性肺炎或肺不张，CT 检查可用于判断有无支气管异物。

第五节　肺部疾病

一、肺部炎症

肺部炎症主要由多种病原体引起，如细菌、病毒、真菌、原虫、寄生虫等。病原体以外的其他病因如过敏、理化因素及放射线等也可引起肺炎。根据 X 线及病理大体形态，肺炎分为大叶性肺炎、支气管肺炎和间质性肺炎。X 线平片是肺炎影像诊断的主要方法，可确定病变的部位和范围，了解病变的动态变化。CT 检查用于诊断肺炎的合并症及 X 线诊断困难的病例。肺炎的病原诊断需根据临床及病原学检查来确定，影像表现提供病原诊断的可能范围。

（一）大叶性肺炎

大叶性肺炎（lobar pneumonia）一般是指由肺炎链球菌引起的肺内炎症，在病理上可引起整个肺叶实变，其他的病原菌有金黄色葡萄球菌等。临床上不少病例的炎症并非累及整个肺叶，而仅发生在肺段范围，或肺段的一部分。

【病理与临床表现】

肺炎链球菌引起的大叶性肺炎在病理上可分为四期：充血期、红色肝变期、灰色肝变期和消散期。病变多在 2～4 周内吸收。少数患者并发肺脓肿和急性呼吸窘迫综合征。炎症也可吸收延迟或引起机化性肺炎。

临床表现起病急，有高热、寒战、胸痛、咳嗽、咳铁锈色痰等。体检胸部听诊有细湿啰音。白细胞总数及中性粒细胞计数明显增高。

【影像学表现】

1. X线　X线表现反映了病理上四期的形态改变。

病变早期肺内可出现局限性的斑片状磨玻璃密度阴影，也可仅为局限的肺纹理增强。此时相当于病理上的充血期。

病变进展后，肺内出现气腔填充病灶（实变），病变范围可为整个肺叶（图 4-12）、某个肺段（图 4-13）或肺段的一部分，少数患者可累及一侧肺。病变的密度均匀一致，常可见支气管气象。这些改变相当于病理上的红色及灰色肝变期。

各个肺叶的实变在正位 X 线胸片上有特征性的表现。右上叶实变时，阴影的下缘以水平叶间裂为界，边缘平直，界限清楚。右中叶实变时，阴影的上界为水平叶间裂，平直清晰，自上而下阴影密度逐渐减低，右心缘模糊。右下叶实变时，阴影上界模糊，密度从上至下逐渐增高，右心

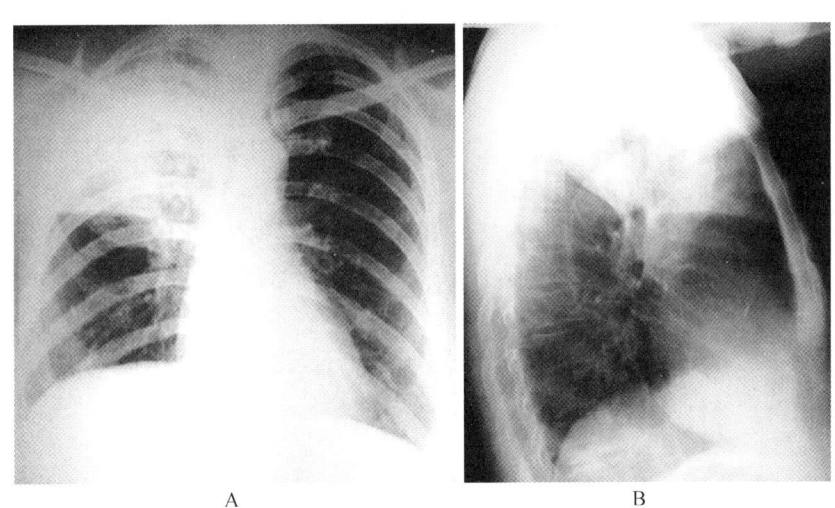

图 4-12　右肺上叶大叶性肺炎
A. 正位 X 线胸片；B. 侧位 X 线胸片

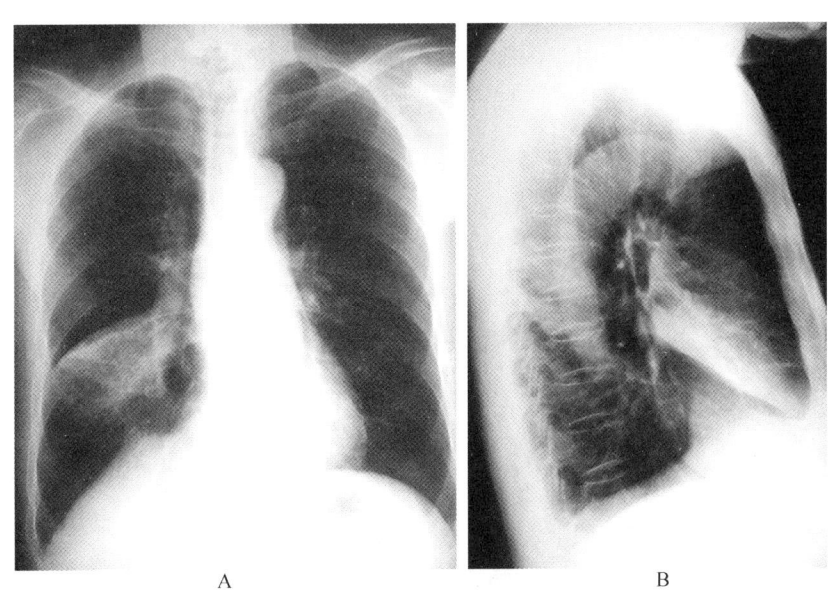

图 4-13　右中叶肺段肺炎
A. 正位 X 线胸片；B. 侧位 X 线胸片

膈角消失。左上叶实变时,其上界模糊,至病变下部密度逐渐减低。左下叶实变时上界模糊,从上至下密度逐渐增高。在侧位 X 线胸片上很容易显示各个肺叶实变的边界(图 4-12)。

病变吸收时,肺实变阴影的范围逐渐减小、密度减低,但密度可不均匀,呈斑片状实性或磨玻璃密度影。

大叶性肺炎的常见合并症为胸腔积液,一般为少量积液,使肋膈角变钝。合并肺脓肿时阴影内有透光区及液平。有的病例肺炎可延迟 1~2 个月吸收,少数病例可演变为慢性机化性肺炎。合并急性呼吸窘迫综合征时肺内出现多发或弥漫片状影像。合并慢性机化性肺炎时表现为范围不等的片状影像或结节、团块状影像。

2. CT　CT 显示肺内肺叶或肺段实变,有支气管气象。CT 检查较容易发现合并的肺脓肿和胸腔积液。

【诊断与鉴别诊断】

大叶性肺炎的诊断依据是急性炎症的临床表现以及肺叶或肺段的实变影像。

发生在肺野上部的片状阴影需与浸润型肺结核鉴别。肺炎一般在两周内有吸收,肺结核的动态变化比较缓慢。

肺叶或肺段范围的实变阴影有时需与中央型肺癌引起的阻塞性肺炎鉴别。肺癌引起的阻塞性肺炎不易吸收,或在同一部位反复出现,常合并肺不张和肺门肿块。

引起肺叶、肺段实变阴影的肺炎除肺炎链球菌外,还有其他病原菌,如革兰阴性杆菌、病毒及真菌等,需将 X 线表现与临床及实验室检查结合进行综合诊断。

本病主要采用 X 线检查。临床及 X 线表现典型的病例可确定诊断。CT 用于本病与阻塞性肺炎、肺结核的鉴别,并可确定肺炎的合并症。CT 也有助于对肺间质纤维化、支气管扩张等疾病基础上发生的肺炎进行鉴别诊断。

(二) 支气管肺炎

支气管肺炎 (bronchopneumonia) 即小叶性肺炎,是主要发生在细支气管及肺小叶的急性化脓性炎症。病原菌主要为金黄色葡萄球菌、肺炎链球菌等,也可为革兰阴性杆菌和某些真菌。

【病理与临床表现】

在病理上首先发生小支气管和呼吸性细支气管的炎症,气道黏膜出现炎性水肿、化脓性渗出。病变进而累及周围的肺泡,引起两肺多发大小不等的实变区。肺泡内有大量炎性渗出物。终末细支气管炎性狭窄引起阻塞性肺气肿或小叶肺不张。可有脓肿形成。金黄色葡萄球菌肺炎可形成肺气囊。

支气管肺炎易发生在婴幼儿、老年及免疫功能损害的患者,或为手术后并发症。患者起病急,常有高热、咳嗽、咳痰、呼吸困难、发绀及胸痛。查体可闻及湿啰音。实验室检查白细胞增多,中性粒细胞比例增高。

【影像学表现】

X 线平片主要表现为肺纹理模糊、增粗。沿肺纹理有模糊的小结节和斑片状阴影(图 4-14)。斑片状阴影相当于肺小叶的实变。病灶也可融合成大片状。病灶多位于两肺中下肺野、中内带,可发展到两肺广泛分布。合并肺气肿时表现为两肺透亮度增高、肋间隙增宽及膈肌低平。合并的空洞表现为斑片状阴影内有环形透亮区和液平面。肺气囊表现为囊壁厚度 1mm 左右的空腔阴影。可合并胸腔积液。

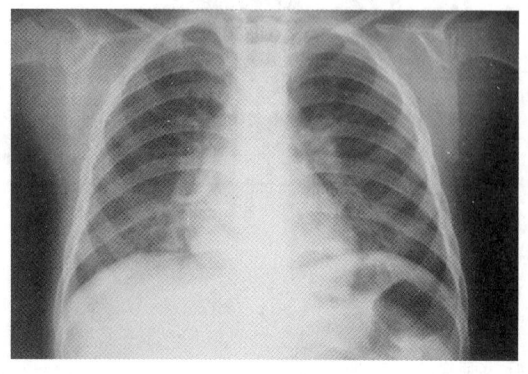

图 4-14　支气管肺炎
两下肺野有斑片状阴影

CT表现为沿支气管血管束分布的小片状及片状融合影。

【诊断与鉴别诊断】

支气管肺炎诊断依据是肺纹理增粗、模糊及沿肺纹理分布的模糊的小片状影。本病主要依靠X线胸片检查。CT可判断是否合并肺脓肿及脓胸等并发症，也用于与阻塞性肺炎鉴别。

（三）间质性肺炎

间质性肺炎（interstitial pneumonia）由多种原因引起，包括感染性及非感染性病变。感染性间质性肺炎的病原主要是病毒、肺炎支原体和卡氏肺孢子虫等。

【病理与临床表现】

间质性肺炎的病理改变是主要发生在肺间质的水肿和炎性细胞浸润。急性感染性间质性肺炎进展较快，肺间质增厚明显，肺泡有Ⅱ型上皮细胞增生和渗出。进展较慢的病变主要为肺泡壁的淋巴细胞浸润，肺泡腔可有轻微或无明显异常改变。

病毒性肺炎患者一般先有上呼吸道感染的症状，引起高热、咳嗽、咳黏液痰和气急，病变严重者有呼吸困难。听诊肺部有水泡音。实验室检查白细胞计数可正常、略有升高或减少。卡氏肺孢子虫肺炎多见于免疫功能损害的患者，是艾滋病的较常见并发症，患者有急性感染的呼吸道及全身的症状和体征。

【影像学表现】

1. X线 病变初期一般仅见肺纹理增重、模糊。病变进展后出现两肺弥漫网状、线状阴影。严重病例有斑片或大片状阴影，呈单发或多发（图4-15），可为磨玻璃密度（图4-15A），或肺泡实变影像。细小支气管炎症性狭窄可引起两肺弥漫性肺气肿。

2. CT 肺内有磨玻璃密度影像，可为局限性或弥漫性，其形态为结节、斑片或大片状（图4-15B）。病变严重者可见肺泡实变影像。可合并小叶间隔增厚和支气管血管束增粗、模糊。

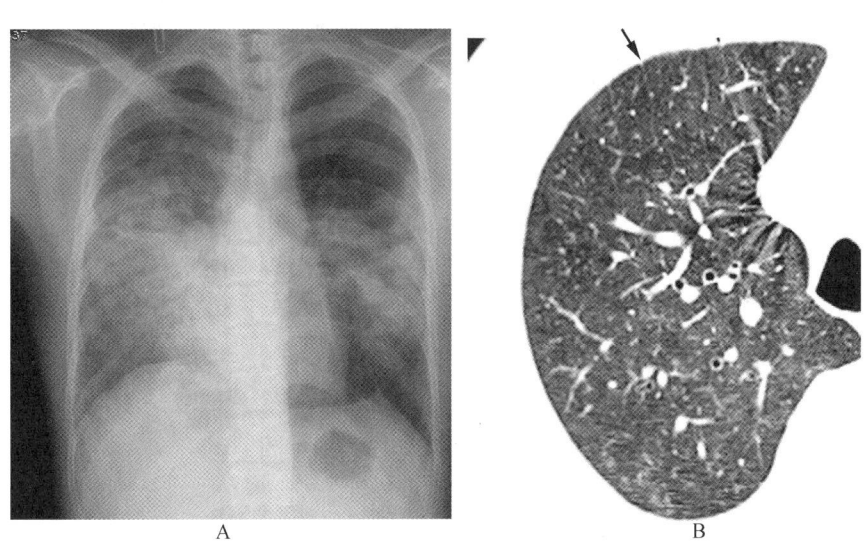

图4-15 间质性肺炎
A. 腺病毒肺炎，X线胸部平片见两肺弥漫磨玻璃密度阴影；
B. 巨细胞病毒肺炎，CT显示弥漫磨玻璃密度阴影和小叶间隔增厚（箭头）

【诊断与鉴别诊断】

间质性肺炎的诊断依靠特征性的X线和CT表现、临床及实验室检查。婴幼儿、老年人或免疫功能损害患者出现间质性肺炎时，应当考虑到病毒性肺炎的诊断。免疫功能损害如艾滋病患者出现广泛的间质性肺炎改变，特别是两肺弥漫毛玻璃密度影像时应当考虑到巨细胞病毒和卡氏肺孢子虫肺炎的可能。采用胸部X线片可获得初步诊断。CT用于显示病变的分布和细节，了解病变的严重程度和进行鉴别诊断。

特发性间质性肺炎和胶原血管疾病合并的间质性肺炎缺乏急性感染的临床表现，可结合其他各项检查鉴别诊断。

（四）肺脓肿

肺脓肿（pulmonary abscess）为肺内的化脓性炎症。常见的致病菌为金黄色葡萄球菌、肺炎双球菌及厌氧菌，多为混合感染。感染途径主要有病原菌直接经气道吸入，也可能由其他部位化脓性感染经血行或直接蔓延到肺内。

【病理与临床表现】

吸入性肺脓肿的病原菌首先引起肺部化脓性炎症，约一周后形成脓肿，脓肿液化后经支气管排出并吸入气体则形成空洞。经血行途径的感染可在肺内形成多发化脓性病灶和空洞。直接蔓延到肺内的脓肿如肝阿米巴脓肿向右肺下叶扩散。肺脓肿也可为支气管扩张及肺囊肿继发的感染。吸入性肺脓肿经抗菌治疗 4~6 周病变逐渐吸收。长期不吸收的病变形成慢性肺脓肿。

临床表现为高热、咳嗽、咳大量脓痰、咯血和胸痛等。厌氧菌感染的痰气味较臭。实验室检查白细胞增多，中性粒细胞增多，核左移。痰中可培养出病原菌。

【影像学表现】

1. X 线

（1）吸入性肺脓肿：好发于上叶后段、下叶背段及下叶后基底段。病变初期为肺内大片状模糊阴影。肺脓肿空洞有液平，空洞的壁较厚，洞壁内缘多较光滑。空洞的外缘模糊，有斑片状浸润阴影（图 4-16A）。

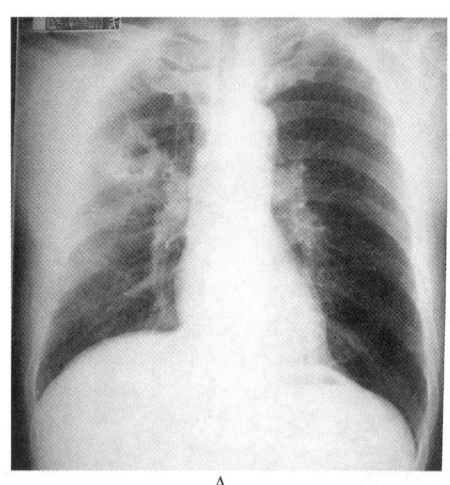 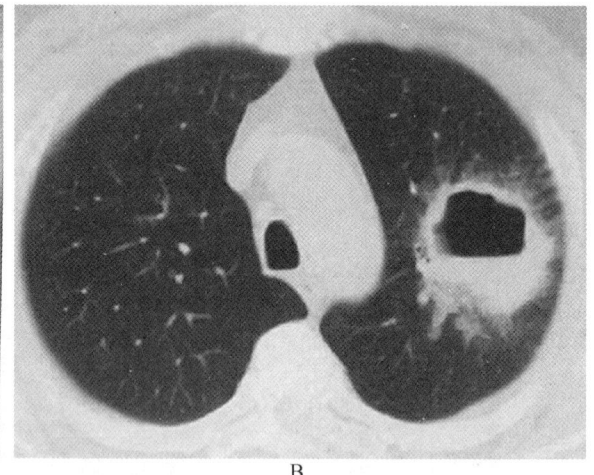

图 4-16　肺脓肿

A. 胸部 X 线平片，显示右肺上叶肺脓肿；B. 胸部 CT，显示左肺上叶肺脓肿。均表现为厚壁空洞，边缘模糊，有液平。

（2）血源性肺脓肿：两肺有多发空洞阴影，可见液平。空洞的壁较厚，内缘较光滑，外缘清楚或模糊。肺内常合并模糊的结节、肿块及斑片状阴影。

（3）慢性肺脓肿：为厚壁空洞，内缘光滑，边界清楚。有的病例为实性肿块内多发的小空洞。空洞可有或无液平。病变周围的肺纹理增重，可合并片状阴影。邻近胸膜增厚。

2. CT　CT 可清楚显示空洞的形态，急性肺脓肿为厚壁空洞，空洞壁的厚度较均匀，内缘多较光滑，有液平。洞壁外缘模糊，有片状浸润影（图 4-16B）。血源性肺脓肿的液平可清楚显示，多发的空洞及结节位于肺内及胸膜下。阿米巴脓肿位于右肺下叶，合并胸膜增厚及胸腔积液，并可见原发于肝内的病变。慢性肺脓肿多表现为肺内的肿块，其内有大小不一的空洞，边缘比较清楚。有的病例空洞的形态不规则，周围有斑片或条索影。

【诊断与鉴别诊断】

X线及CT所见结合临床上急性感染的表现可对本病作出诊断。

肺脓肿需与肺结核空洞及肺癌空洞鉴别。急性肺脓肿的特征是：厚壁空洞、有液平、内壁光滑、外缘模糊。肺结核空洞好发于上叶尖后段及下叶背段，可为薄壁或厚壁空洞，无液平，有卫星灶。肺癌空洞的洞壁薄厚不均，内缘凹凸不平，有壁结节，空洞外缘有分叶。CT较X线检查可更为明确地显示空洞的特点，适用于本病的鉴别诊断。

二、肺结核

肺结核（tuberculosis）是结核杆菌引起的慢性传染病。肺结核的诊断需根据病史、体检、实验室检查、痰菌检查、痰培养及影像检查综合分析。X线检查对于病变的早期发现、鉴别诊断和随访有重要价值。有些病例需要CT检查进行鉴别诊断。

我国在1998年提出中国结核病的分类法。Ⅰ型：原发型肺结核，Ⅱ型：血行播散型肺结核，Ⅲ型：继发性肺结核，Ⅳ型：结核性胸膜炎，Ⅴ型：其他结核病。

（一）原发型肺结核

原发型肺结核（primary tuberculosis）为机体初次感染结核菌引起的肺结核病，多见于儿童和青年，临床表现有低热、盗汗、乏力及精神不振，体温可达39～40℃。

原发综合征（primary complex）

结核菌经气道进入肺内，形成单发或多发的原发病灶，其好发部位为上叶下部和下叶上部的胸膜下。病理上为肺泡浆液性或纤维素性炎症。结核杆菌沿淋巴管蔓延，至所属的肺门淋巴结，引起结核性淋巴管炎与结核性淋巴结炎。

【影像学表现】

1. X线　原发综合征包括原发病灶、淋巴管炎与淋巴结炎。原发病灶为圆形、类圆形或斑片状模糊影像，有的病灶边缘清楚，或为肺段、肺叶实变影像。肺门及纵隔淋巴结增大。有时在肺内病变与淋巴结之间可见条索状阴影，即结核性淋巴管炎。

2. CT　对肺内病变显示清楚，尤其是易发现纵隔淋巴结肿大（图4-17A）。

胸内淋巴结结核

胸内淋巴结结核包括纵隔和（或）肺门淋巴结结核。

【影像学表现】

1. X线　肺门淋巴结肿大一般发生在单侧，呈边缘清楚的肿块（图4-17B）。有的肿大淋巴结伴有周围炎症使其边缘模糊。纵隔淋巴结结核在X线胸片上表现为纵隔阴影增宽或突向肺内的肿块阴影。右侧支气管旁淋巴结增大常见。可见淋巴结钙化。

2. CT　CT可以发现肺门和纵隔内较小的淋巴结。结核病的淋巴结肿大多发生于气管旁、气管分支下及肺门等区域的淋巴结（图4-17C）。有的淋巴结内可见钙化。CT增强扫描淋巴结内干酪性坏死部位不强化，边缘强化多见。

（二）血行播散型肺结核

血行播散型肺结核（hematogenous pulmonary tuberculosis）由结核菌侵入血液循环后引起。

急性血行播散型肺结核

急性血行播散型肺结核又称急性粟粒型肺结核（acute military tuberculosis）。本病是大量结核菌一次或在极短时间内多次侵入血液循环而引起的。肺内结节为结核性肉芽肿。患者起病急剧，有高热、寒战、咳嗽、呼吸困难等症状。也有的患者临床表现较为轻微。

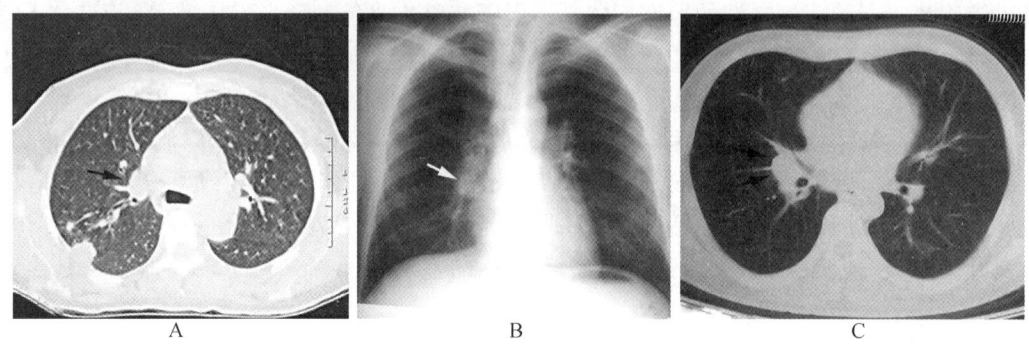

图 4-17 原发型肺结核

A. 原发综合征，CT 显示右肺上叶胸膜下病灶，肺门淋巴结肿大（箭头）；B、C. 右肺门淋巴结结核，X 线胸片（B）和 CT（C）显示右肺门肿块（箭头）

【影像学表现】

1. X 线 两肺具有密集的粟粒样大小结节阴影，病灶弥漫散布在各个肺叶和肺段，分布均匀。结节的大小均匀一致，约 3～5mm 以下。病灶密度均匀，边缘较清楚（图 4-18A）。

2. CT 两肺弥漫分布的粟粒大小结节影像，HRCT 或薄层 CT 显示病变较清楚、密度相似。结节呈随机性分布，在支气管血管束、小叶间隔、肺实质及胸膜均可见结节（图 4-18B）。病变后期结节可融合成较大的病灶，边缘可较模糊。

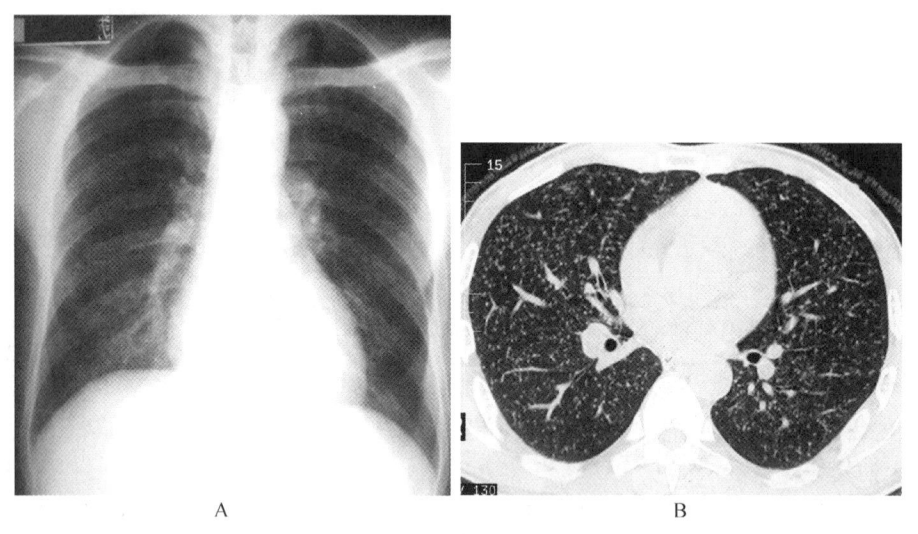

图 4-18 急性血行播散型肺结核

A. X 线胸片正位；B. CT 示两肺弥漫小结节病灶

【诊断与鉴别诊断】

急性血行播散型肺结核的临床和影像表现典型者易于诊断。

需要与本病鉴别的疾病为其他原因所致的肺内弥漫结节病变。鉴别诊断需用 CT 检查。急性血行播散型肺结核的结节病灶位于胸膜、支气管血管束及肺内各个部位，呈随机性分布；结节的大小及密度相似。肺血行转移瘤的结节也呈随机性分布，但病灶的大小往往不一致。结节病、癌性淋巴管炎和肺尘埃沉着病（尘肺）的结节属于分布在淋巴管周围的结节，在胸膜下及支气管血管束周围分布较为突出。

在影像检查方法上，X 线是首选的检查方法，CT 是诊断与鉴别诊断的主要方法。

亚急性及慢性血行播散型肺结核

此型肺结核一般是少量的结核杆菌多次侵入血液循环。患者多为成人,具有一般的结核全身及呼吸道临床症状。可无显著的结核中毒表现。

【影像学表现】

胸部X线及CT可见两肺多发小结节阴影,大小不等。结节的密度高低不等,可有浸润、硬结及钙化灶。病灶在上叶比下叶多。边缘模糊的斑片状渗出性病灶在下肺较多见。

(三) 继发性肺结核

机体再次感染结核杆菌而引起的肺结核称为继发性肺结核 (secondary pulmonary tuberculosis)。再次感染的结核杆菌多为来自体内愈合的原发病灶,少数情况下是由体外再次侵入的。

浸润型肺结核 (infiltrative pulmonary tuberculosis)

此型肺结核为最常见的继发性肺结核。

【病理与临床表现】

常见的病理改变为肺内渗出性病变。病灶内有干酪性坏死并常形成空洞,可发生支气管播散。病灶也可吸收,或形成硬结、纤维化及钙化。患者可有低热、盗汗、乏力、咳嗽、咯血、胸痛及消瘦症状,红细胞沉降率(血沉)增高。结核球,或称结核瘤,为干酪坏死病变被纤维组织包裹形成的2cm以上的球形病灶。大量的坏死病变形成干酪性肺炎。干酪性肺炎发病急,有高热,痰结核菌检查有较高的阳性率。

【影像学表现】

1. X线 浸润型肺结核好发于上叶尖后段及下叶背段,在肺尖和锁骨下区较多见,可发生在一侧或两侧肺。

浸润型肺结核有多种形态的病灶,如斑片状、结节状、空洞及条索状。斑片状阴影的边缘模糊(图4-19A)。结节影边缘比较清楚。空洞阴影多为圆形或椭圆形(图4-19B)。纤维空洞形态多不规则;干酪空洞为厚壁空洞,洞壁厚薄不均。空洞周围有斑点、结节及条索状卫星灶。空洞与肺门之间常可见条状的引流支气管影。病变愈合可形成密度较高的硬结及钙化灶。多种病变形态常同时存在。

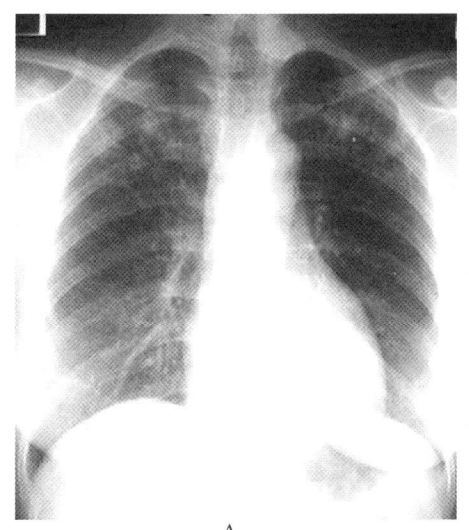 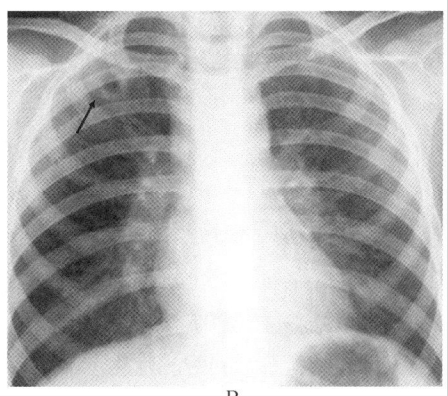

图 4-19 浸润型肺结核
A. 两上肺斑片状影;B. 右上肺空洞(箭头)

结核球大小一般为2~3cm,边缘光滑、清楚,钙化及空洞较常见,病灶周围常有卫星灶(图4-20A)。

干酪性肺炎一般发生于一个肺段或肺叶，呈高密度的实变阴影，其内有形态不规则、大小不一的空洞。

2. CT　CT易于显示浸润阴影中的空洞，一般无液平，有卫星病灶。CT容易显示结核球的空洞和钙化灶，结核球边缘清楚、光滑，无分叶或呈轻度凹凸不平状，有卫星病灶（图4-20B）和钙化（图4-20C）。增强扫描无强化或仅包膜强化。干酪性肺炎为肺叶及肺段的实变，密度较高，空洞常见。有的空洞边缘不规则，呈虫噬状，称为虫噬状空洞（图4-21）。

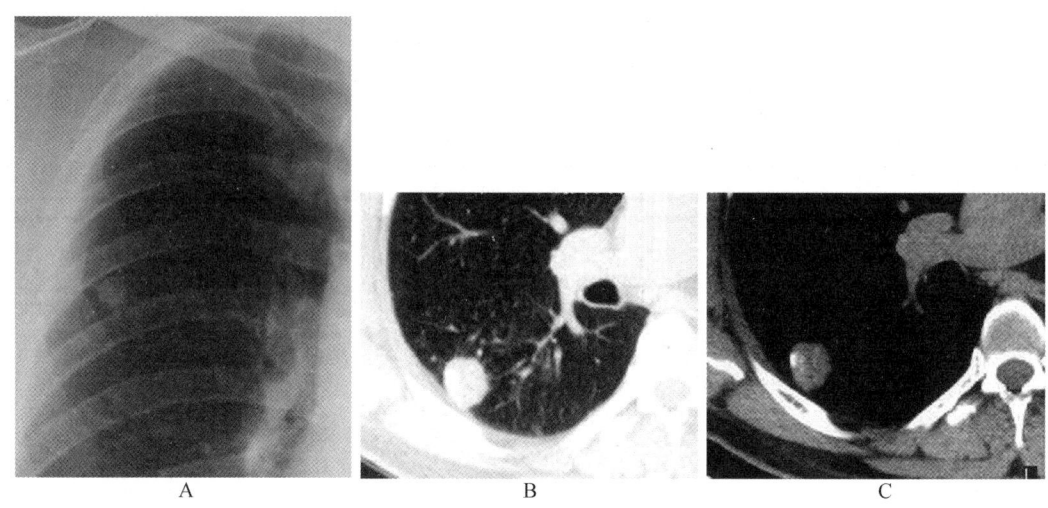

图4-20　结核球

A. 胸部X线平片，右上叶结节病灶；B. CT肺窗，右上叶结节病灶，周围有卫星灶；
C. CT纵隔窗，右上叶结节病灶内有钙化

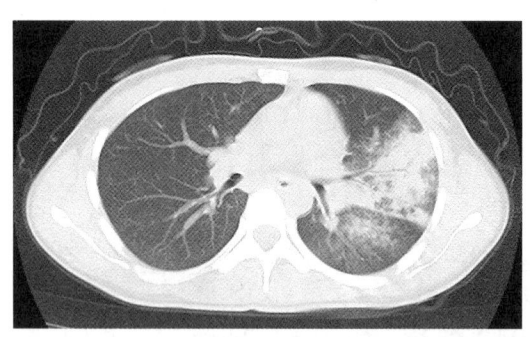

图4-21　干酪性肺炎

左肺舌叶实变影，有不规则空洞，如虫噬状

【诊断与鉴别诊断】

浸润型肺结核的X线特点为好发于上叶尖后段及下叶背段、具有多种形态的病灶影像，如斑片、空洞、结节、条索及钙化灶。根据这些特点能够与肺炎鉴别。结核球的特点为边缘清楚，无分叶，可有钙化、空洞，有卫星灶。干酪性肺炎的肺叶及肺段实变的密度较高，有虫噬状空洞。

单发的小片状模糊阴影应与肺炎鉴别，肺炎病灶经抗感染治疗在两周左右范围缩小或吸收，而肺结核病变无明显变化。肺结核球需与周围型肺癌及其他的肺内孤立结节鉴别。2cm以下的周围型肺癌有空泡征、分叶征，边缘模糊，有毛糙及胸膜凹陷征。增强扫描强化程度比结核球显著。

X线平片是诊断浸润型肺结核的主要方法，用于发现病变、动态观察病变的变化及治疗的效果。CT有助于结核球、结核空洞及干酪性肺炎的鉴别诊断。薄层CT和HRCT用于2cm以下的球形结核的鉴别诊断，对于肺叶、肺段实变影像可用于判断支气管有无狭窄。CT增强扫描对于鉴别肺结核球与周围型肺癌有一定价值。

慢性纤维空洞型肺结核

此型肺结核为继发性肺结核的晚期类型，多数为浸润型肺结核及血行播散型肺结核未经有效治疗的结果。

【病理与临床表现】

病理上以一个或多个厚壁空洞和纤维增生为本病的主要改变。空洞较大，呈圆形或不规则状。空洞周围具有多种病理改变：渗出、增殖、干酪性坏死、支气管播散、纤维化、钙化、胸膜增厚。广泛纤维增殖引起支气管扩张。邻近的肺组织发生代偿性肺气肿，可并发肺源性心脏病。空洞闭合、浸润病灶被吸收后，病变以纤维化为主时称为肺硬变。

临床上除肺结核的一般表现外，咯血常见，部分患者有杵状指、患侧胸廓塌陷。痰菌检查常为阳性。

【影像学表现】

1. X线　病变多发生在上叶，呈一侧性或两侧性分布。病变肺叶的体积缩小，密度不均匀增高。可见空洞形成的透光区，以及密度较高的硬结灶和钙化灶；还可见纤维条索、斑片、结节状病灶和胸膜增厚。其他肺野常合并播散病灶。由于上肺纤维化的牵拉，中下肺野的血管分支向上移位似垂柳状。纤维化还引起胸廓塌陷，纵隔向患侧移位。其他肺部有代偿性肺气肿。两下胸部常合并胸膜增厚、粘连（图4-22A）。

2. CT　CT可清楚显示病变内的结节、空洞、条索、斑片影及胸膜增厚，有支气管气象及支气管扩张。空洞为薄壁或厚壁，形状可不规则（图4-22B）。肺硬变的肺叶体积缩小，有较明显的支气管扩张。

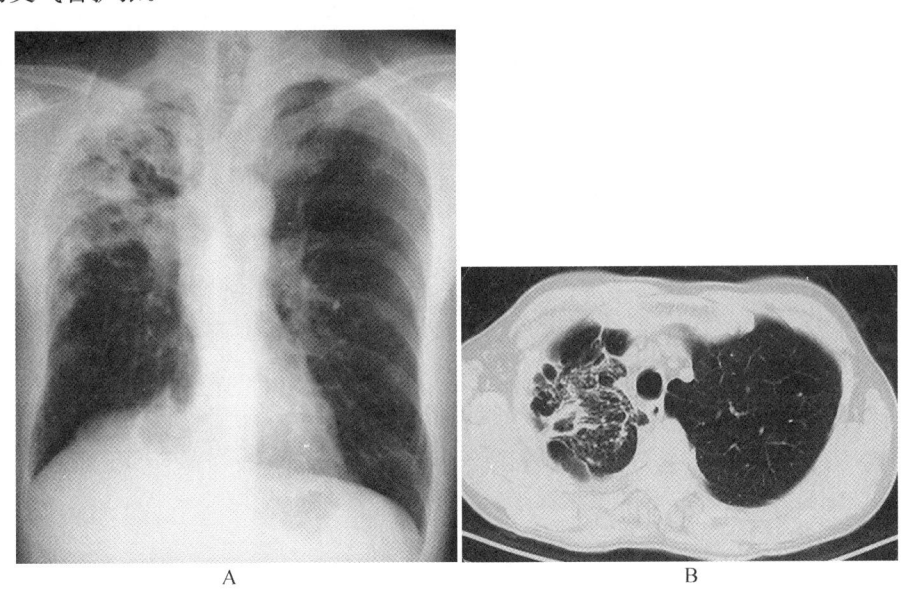

图 4-22　慢性纤维空洞型肺结核

A. X线胸片正位显示右肺上叶体积缩小，密度增高，有条索影及透光区。右肺门位置升高；
B. CT显示右肺上叶有条索影，不规则空洞和胸膜增厚

【诊断与鉴别诊断】

本病的诊断主要依据肺上叶有空洞及多种形态的结核病灶，如结节、斑片、条索、钙化及胸膜增厚，临床上有长期未愈的结核病史，痰找结核菌常为阳性。

本病有时需与中央型肺癌鉴别。CT显示支气管通畅，无肺门肿块及肿大的淋巴结，可与肺癌区别。

X线平片可作出诊断。CT用于进一步判定有无空洞及病灶的形态，进行诊断与鉴别诊断。

（四）结核性胸膜炎

原发型肺结核和继发性肺结核均可合并结核性胸膜炎（tuberculous pleuritis）。胸膜炎可由结核菌进入胸腔引起，或者是由于机体对结核分枝杆菌菌体蛋白及其代谢产物的过敏反应所致。

【病理与临床表现】

渗出性胸膜炎在胸腔内引起浆液渗出，产生胸腔积液。患者有发热和胸痛，液体量较多时可出现气急、呼吸音减弱或消失。病变痊愈后可发生纤维化，遗留胸膜增厚、粘连。

【影像学表现】

1. X线　少量的游离性胸腔积液使肋膈角变钝，最早发生在后肋膈角。较多量的胸腔积液使下胸部或中下胸部有大片致密阴影，密度均匀，上缘模糊，上界呈外高内低的反抛物线状，肋膈角消失，纵隔向健侧移位（图4-23A）。大量胸腔积液使一侧胸腔密度升高，仅在肺尖有透光阴影。

合并胸膜粘连时产生包裹性积液，也可见叶间及肺底积液。液体吸收后常遗留胸膜增厚、粘连及钙化。

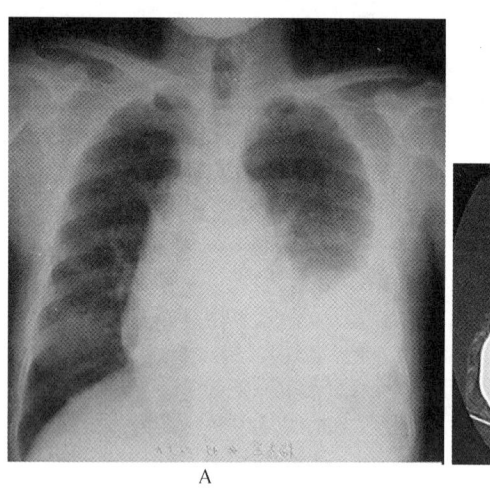
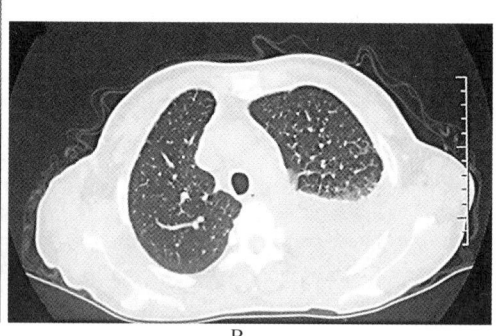

图4-23　结核性胸膜炎，左侧胸腔积液
A. 正位X线胸片；B. CT

2. CT　后下胸部有弧形、凹面向前的水样密度影像（图4-23B）。胸腔积液较多时邻近的肺组织被压缩成肺不张，表现为液体前内侧的带状高密度影像。病史较长者在液体周围有胸膜增厚及钙化。包裹性积液多发生在下胸部，为扁丘状及半球形，与胸壁之间呈钝角，周围的胸膜增厚，可见钙化。包裹性液气胸可见液平。

【诊断与鉴别诊断】

结核性胸膜炎根据X线和临床表现一般可作出诊断，本病的确诊需要胸膜穿刺抽出液体进行实验室检查和细菌学检查。较多量的胸腔积液需与胸膜恶性肿瘤鉴别，如转移瘤及恶性间皮瘤。胸膜的恶性肿瘤多为大量积液，液体增长迅速，肋胸膜及纵隔胸膜呈环状增厚，有胸膜肿块或结节。

本病一般采用X线胸片检查。CT比X线胸片更易于发现少量积液。CT可用于与恶性胸膜肿瘤的鉴别诊断。

三、肺部肿瘤

肺部良性肿瘤少见，主要有平滑肌瘤、纤维瘤和脂肪瘤等。错构瘤属于肿瘤样病变，由纤维组织、平滑肌、软骨和脂肪等成分构成，是内胚层与间胚层的发育异常，在肺内的良性肿瘤及肿瘤样病变中最为常见。肺部恶性肿瘤包括原发性和转移性肿瘤。支气管肺癌是肺部最常见的原发恶性肿瘤。

（一）支气管肺癌

支气管肺癌（简称肺癌）发生于支气管上皮、细支气管肺泡上皮及腺体，是最常见的恶性肿瘤之一。影像学检查的目的是早期发现病变、鉴别诊断、对病变进行分期（TNM分期）、进行介入性治疗、评价临床治疗效果及判断预后。影像学检查需与病史、临床表现、实验室检查及支气管镜等检查密切结合。

【病理与临床表现】

肺癌在大体病理形态上分为中央型、周围型和弥漫型。

中央型肺癌发生于肺段及肺段以上的支气管。肿瘤在支气管生长引起支气管不同程度的狭窄或阻塞。支气管阻塞的继发改变主要为阻塞性肺炎和阻塞性肺不张。

周围型肺癌发生于肺段以下的支气管，在肺内形成结节或肿块。较大的肿瘤可发生组织坏死及形成空洞。发生在肺尖部的周围型肺癌为肺上沟瘤（Pancoast瘤），或称为肺尖癌。

弥漫型肺癌少见。癌细胞沿肺泡壁生长形成斑片状肿瘤浸润或肺实变。肿瘤沿淋巴管生长形成多发小结节或粟粒状病变。

肺癌常见的组织学类型有四种：①鳞状细胞癌，是中央型肺癌的多见类型。②小细胞癌，包括燕麦细胞癌、中间细胞癌、混合燕麦细胞癌。多数为中央型肺癌。③腺癌，分为腺泡样腺癌、乳突样腺癌、细支气管肺泡癌和黏液样癌。周围型多见。④大细胞癌，少见。

早期肺癌：早期中央型肺癌是指肿瘤局限于支气管腔内或在肺叶或肺段支气管壁内浸润生长，未侵及周围的肺实质，并且无转移者。在病理上分为原位癌、腔内型和管壁浸润型。传统上早期周围型肺癌是指瘤体≤2cm并且无转移者。瘤体≤3cm且无转移者为ⅠA期。

肺癌转移：肺癌向胸内淋巴结转移引起肺门及纵隔淋巴结肿大，肺癌的肺内转移形成多发结节，胸膜转移引起胸腔积液和胸膜结节，胸壁转移引起肋骨破坏，转移到心包引起心包积液。肺癌的远隔转移常见于肾上腺、肝、脑、骨和对侧肺。

常见的临床症状为咳嗽、咯血和胸痛。其他表现有发热、胸闷、消瘦、乏力和体重减轻。早期肺癌缺乏临床症状和体征。晚期肿瘤远隔转移引起相应的临床表现。

【影像学表现】

1. 中央型肺癌（central lung cancer）

（1）X线：主要表现为肺门肿块和肺不张（图4-24）。肺门肿块密度较高，边缘清楚。肺不张表现为肺段、肺叶或一侧肺体积缩小、密度增高。肺不张阴影在肺门处增宽，密度增高，或可见有肿块突出。右上叶中央型肺癌时，右上叶肺不张的下缘凸向内上方，与肺门肿块下缘形成横置或倒置的"S"形，称为"横S征"或"反S征"（图4-25）。

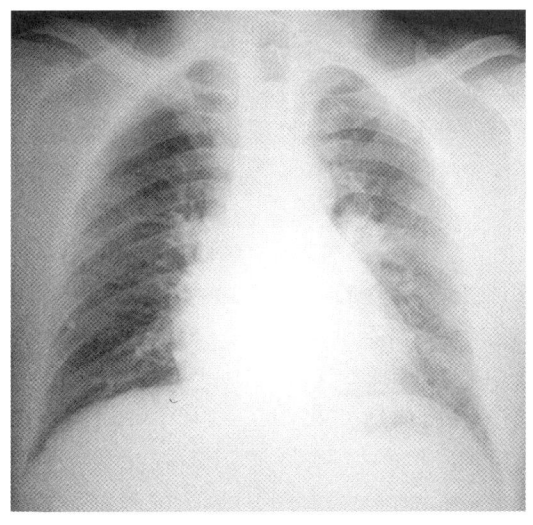

图4-24　左侧中央型肺癌

左肺门肿块，左肺密度增高

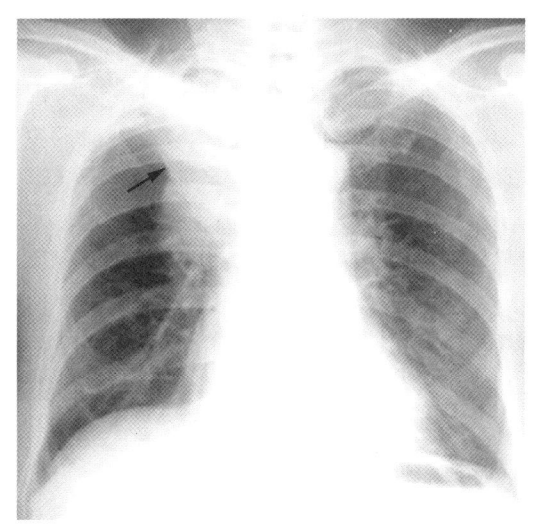

图4-25　右侧中央型肺癌反S征

右上叶肺不张（箭头）及右肺门肿块

早期中央型肺癌：早期中央型肺癌在X线胸片上可无任何异常表现。当肿瘤引起支气管一定程度的狭窄后出现相应的继发改变。阻塞性肺炎引起斑片状阴影。阻塞性肺不张表现为肺体积缩小、密度增高。

（2）CT：中央型肺癌的直接征象是支气管狭窄、阻塞及肺门肿块。支气管狭窄合并管壁增厚，管腔内缘常不规则。支气管阻塞表现为突然截断（图4-26），或管腔变细随后阻塞。肺门肿块位于病变支气管的周围，外缘光滑或为分叶状。

螺旋CT的支气管多平面重组及三维立体重建图像可使气管、支气管清楚显示。可显示支气管狭窄的程度、范围及狭窄远端的情况，并可了解肿瘤向管腔外侵犯的范围。CT仿真支气管内窥镜可观察肺癌的支气管腔内表现。

中央型肺癌的间接征象为支气管狭窄的继发改变。阻塞性肺炎表现为斑片状模糊影像或肺段、肺叶实变，肺体积常缩小，肺门区密度增高或有肿块。阻塞性肺不张在肺门区常见肿块突出肺不张的外缘。

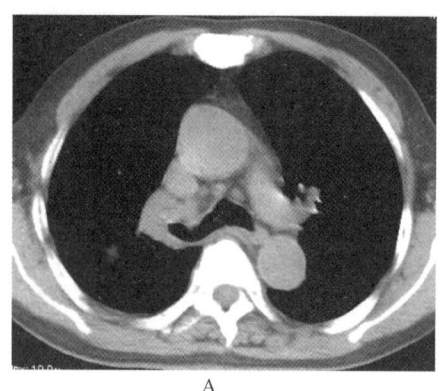 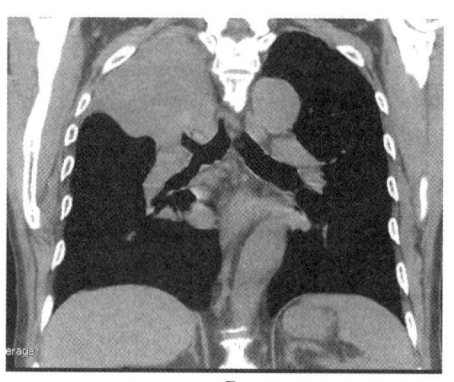

图 4-26　右侧中央型肺癌
A. 右上叶支气管阻塞，管壁增厚；B. 冠状重建图像，右上叶支气管阻塞，伴右上叶肺不张

早期中央型肺癌引起支气管的管壁轻度增厚，管腔内有小结节，可引起管腔狭窄或阻塞。

2. 周围型肺癌的影像表现

（1）X线：周围型肺癌表现为肺内结节和肿块阴影，多数病变有分叶，边缘毛糙、模糊。较大的肺癌可有空洞，肺癌空洞又称为癌性空洞。

早期周围型肺癌主要表现为结节阴影，密度较低，边缘模糊，有分叶和胸膜凹陷征（图4-27A）。少数病例表现为片状阴影和空洞阴影。

（2）CT：周围型肺癌的结节或肿瘤的密度一般较均匀。多数肿瘤有分叶征，边缘有毛刺（图4-28）。肺癌空洞为厚壁空洞，空洞壁厚薄不均，内缘凹凸不平，空洞壁向腔内有结节状突起。

早期周围型肺癌根据密度不同分为实性结节（图4-29A）、磨玻璃密度结节（图4-29B）和混合密度的结节（图4-27B）。结节的密度一般较均匀，部分结节可见空泡征，为结节内数毫米的低密度影；有的还可见含气的小支气管影像，多见于细支气管肺泡癌。肿瘤的边缘毛糙和分叶征较多见。胸膜凹陷是肿瘤与胸膜之间的线形或三角形影像（图4-27B）。

肺癌的CT增强扫描CT值增加15Hu以上，最大增强值约为60Hu。

周围型肺癌螺旋CT的多平面重组和三维容积重建影像可显示分叶征、胸膜凹陷征，可较全面地提供肺癌结节与血管和胸膜等结构的关系。

周围型肺癌的倍增时间多数为3～6个月。磨玻璃密度结节的肺癌（如细支气管肺泡癌）生长速度较慢，倍增时间明显延长。

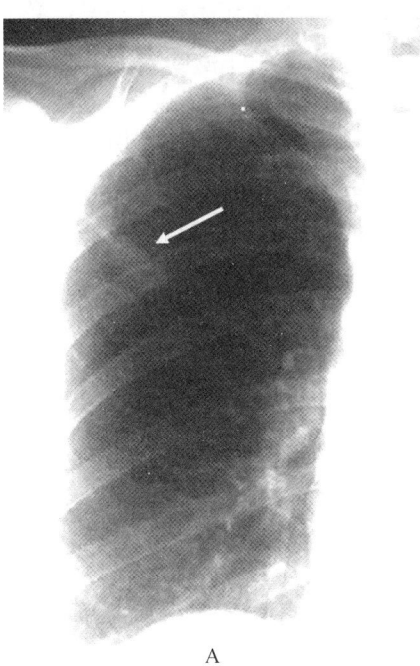
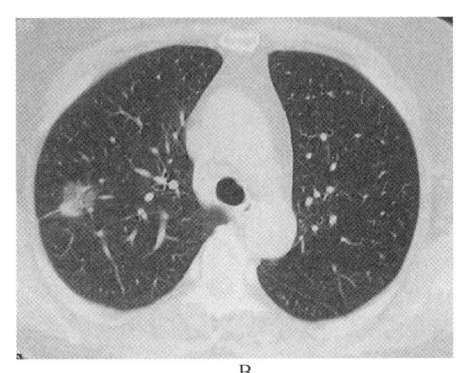

图 4-27 右肺早期周围型肺癌
A. X线胸片正位，右上肺小斑片状影（箭头）；B. CT示右上肺结节，为具有实性和磨玻璃密度的混合密度结节，有分叶和胸膜凹陷征

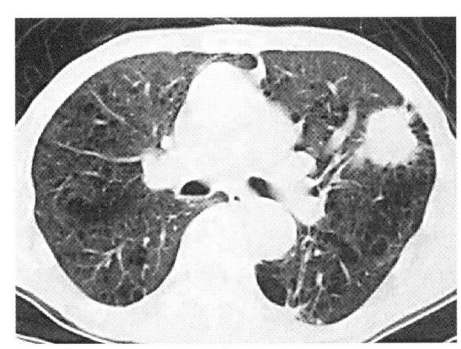
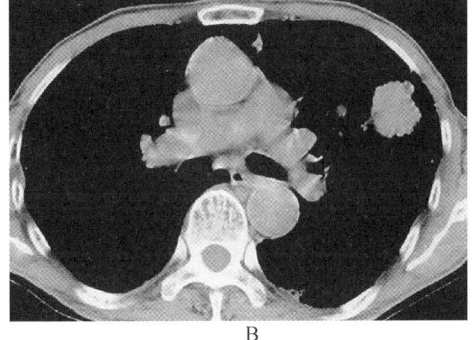

图 4-28 左肺上叶周围型肺癌
A. CT肺窗；B. CT纵隔窗显示肿块有分叶，边缘毛糙

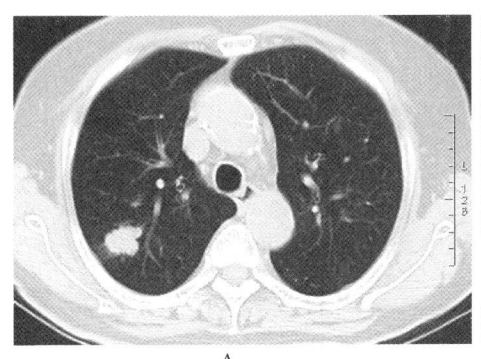
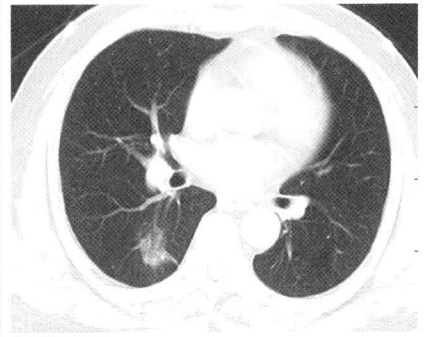

图 4-29 周围型肺癌 CT 片
A. 右肺上叶实性结节；B. 右肺下叶磨玻璃密度结节

3. 弥漫型肺癌的影像表现　X线及CT表现：为两肺多发病灶或肺段、肺叶的实变影像。两肺多发病灶呈斑片状，以两肺中下部分较多。肺叶、肺段实变的密度不均匀，有的可见支气管气象。含气的支气管不规则狭窄、扭曲及呈僵硬感。病变内或周围有小结节影。

4. 肺癌胸部转移的影像表现　肺癌胸部转移的影像分为肺内转移，胸内淋巴结转移，纵隔大血管受侵及胸膜、胸壁受侵。

(1) 肺内转移：血行转移表现为肺内多发结节及肿块影像。病变数量多少不一，有的呈弥漫分布，结节位于小叶中心、胸膜下及肺实质内，可合并多发空洞。淋巴管转移表现为小叶间隔及支气管血管束增粗，有粟粒大小结节在胸膜下及沿小叶间隔、支气管血管束分布。

(2) 胸内淋巴结转移：肺门淋巴结转移在X线胸片上表现为肺门增大和肿块，纵隔淋巴结转移引起纵隔增宽及肿块。CT及MRI可确定纵隔淋巴结的分区及大小。CT上淋巴结为软组织密度。MRI影像上淋巴结为T_1WI较低信号，T_2WI高信号。CT及MRI增强检查淋巴结强化一般均匀。

(3) 纵隔大血管受侵：肿瘤侵入纵隔的心脏和大血管，使血管周围脂肪结构消失。肿瘤包绕大血管引起血管狭窄变形。肿瘤可侵入肺静脉或左心房内，也可侵犯上腔静脉内形成瘤栓，引起上腔静脉阻塞。CT增强和CT血管成像可准确地评价血管受侵。MRI血管成像也可清楚显示肿瘤对心脏大血管的侵犯。

(4) 胸膜、胸壁受侵：肺癌转移到胸膜引起胸膜结节及胸腔积液。肿瘤侵及胸壁引起胸壁肿块和肋骨被破坏。MRI对于肿瘤侵犯胸壁的显示效果较好。

【诊断与鉴别诊断】

胸部X线平片是发现肺癌早期病变的最常用的方法。但是X线平片对于早期肺癌的检测有限度。采用减少X线辐射剂量的低剂量螺旋CT技术对肺癌的高危人群进行筛查，可提高早期周围型肺癌的检出能力。肺癌的确诊和鉴别诊断主要根据CT检查。在X线平片显示为阻塞性肺炎及肺不张，这是诊断中央型肺癌的间接征象。CT检查显示支气管管壁增厚、管腔狭窄及阻塞，是诊断中央型肺癌的直接征象，是诊断的依据。周围型肺癌在X线平片上表现为结节、肿块病变。CT平扫和增强可用于显示病变的形态特点，尤其适用于早期肺癌的诊断。经皮肺穿刺活检可用于确诊CT诊断困难的周围型肺癌病例。

中央型肺癌的阻塞性肺炎应与普通肺炎或浸润型肺结核鉴别。阻塞性肺炎经抗感染治疗后不易吸收，或在同一位置病灶反复出现。肺炎与肺结核CT检查时可以显示支气管腔通畅，无淋巴结肿大。中央型肺癌引起的肺不张应与结核及慢性肺炎的肺不张区别。结核性肺不张内有支气管气象，并常见支气管扩张，可有钙化和卫星灶，结核及肺炎一般无淋巴结肿大，支气管通畅。中央型肺癌还需与支气管结核鉴别。结核患者的支气管狭窄范围一般较长，而肺癌患者的支气管狭窄范围较局限。

需要与周围型肺癌鉴别的肺内孤立结节病变主要是结核球、错构瘤及炎性结节。肺癌的特点是边缘毛糙，有分叶征和胸膜凹陷等。结核球的特点为边缘光滑清楚，常有钙化及卫星灶。错构瘤边缘光滑清楚，病变内有脂肪及钙化。肺癌增强后CT值比平扫增高15Hu以上，高于结核球和错构瘤的增强值。对于不强化或轻度强化的结节，良性可能性大。CT引导下经皮穿刺活检是周围型肺癌定性诊断的可靠方法。

良性肿瘤比肺癌的生长速度慢，也是与肺癌鉴别诊断的依据之一。

(二) 肺转移瘤

肺是转移瘤的好发脏器，很多原发恶性肿瘤容易转移到肺部。

【病理与临床表现】

肺外原发恶性肿瘤向肺内的转移途径主要有血行和经淋巴途径转移。肿瘤经血行转移到达肺小动脉及毛细血管形成瘤栓，向肺间质及肺泡内生长，形成转移瘤灶。淋巴途径转移是肿瘤在淋巴管内形成多发的小结节病灶。淋巴途径转移发生在支气管、血管周围间质、小叶间隔及胸膜下间质。肺转移瘤病变较轻微时可不引起任何症状。较大及较广泛的病变引起咳嗽、呼吸困难、胸闷、咯血和胸痛等。患者一般先有原发肿瘤的临床表现，也有的患者肺转移瘤比原发肿瘤发现得更早。

【影像学表现】

1. X 线

（1）血行性转移瘤：为肺内单发或多发结节及肿块阴影。多见于两肺中下野。病变为粟粒结节大小至 10cm 以上。病变边缘清楚，可有空洞。小结节及粟粒病变多见于甲状腺癌、肝癌、胰腺癌及绒毛膜上皮癌转移；较大的结节及肿块见于肾癌、结肠癌、骨肉瘤及精原细胞瘤等转移。结节有钙化常见于骨肉瘤及软骨肉瘤肺转移。

（2）淋巴途径转移瘤：为网状及多发细小结节阴影，多见于两肺中下肺野，可见克氏（Kerley）B线。

2. CT 血行转移为单发、多发结节（图 4-30）或弥漫性小结节，多数病变边缘清楚。CT 易于显示结节钙化和空洞。结节的大小不均匀。CT 显示结节位于小叶中心、小叶间隔、支气管血管束及胸膜。淋巴途径转移在 CT 检查时显示有多发小结节，沿支气管血管束和小叶间隔分布，胸膜下结节较明显，支气管血管束和小叶间隔增厚。病变可为弥漫性或局限于一个肺叶，常合并胸腔积液，亦可合并纵隔及肺门淋巴结肿大。

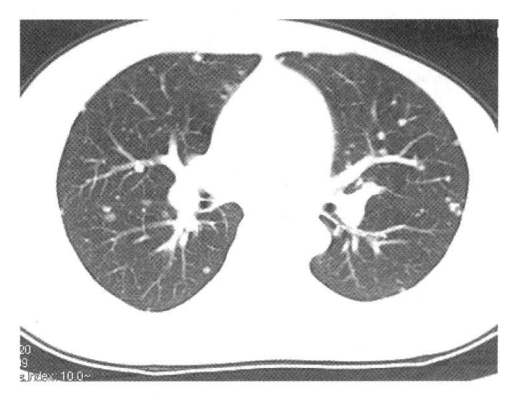

图 4-30　肺转移瘤
两肺多发结节影

四、支气管及肺部外伤

（一）外伤性支气管断裂

外伤性支气管断裂是胸部闭合性外伤的严重并发症，支气管断裂多发生在隆突下 1~2cm 处，右侧多见。X 线表现为气胸、纵隔气肿和皮下气肿，肺被压缩，体积变小。主支气管完全断裂时，压缩的肺下坠于胸腔的最下部。支气管不完全断裂时可见支气管气柱不连贯，病史较长者因感染和肺不张患侧胸腔密度升高，纵隔向患侧移位。

（二）肺部外伤

1. 肺挫伤（contusion of lung）　肺挫伤由胸部受到直接撞击或气浪冲击引起，造成肺泡小范围局限性出血性实变。肺泡腔及间质内有水肿液及血液。X 线胸片表现为斑片状或大片状阴影，边缘模糊，肺纹理边缘模糊。CT 表现为肺内斑片状影像，为肺泡出血所致。肺泡气体进入肺间质可形成间质性肺气肿，呈条状透亮带。

2. 肺撕裂伤和肺血肿　肺撕裂伤和血肿的原因为胸部钝伤及震荡伤。肺较大范围撕裂后由于肺组织弹性牵拉而形成外伤性肺囊肿或气瘤，其内充盈血液则形成肺血肿。肺撕裂破入胸膜腔则发生气胸或液气胸。在 X 线胸片及 CT 上外伤性肺囊肿表现为薄壁含气空腔，可有液平面。肺血肿可为 2~5cm 大小，呈圆形或椭圆形，边缘光滑清楚，密度均匀。肺外伤后由于血块或吸入物阻塞支气管常合并肺不张及吸入性肺炎。肺部外伤后两肺或一侧肺呈弥漫磨玻璃密度为创伤性湿肺，一般 2~3 天后病变被吸收。

第六节　胸膜疾病

胸膜疾病包括外伤、结核性胸膜炎、化脓性胸膜炎、胸膜良性及恶性肿瘤等。以结核性胸膜炎和转移瘤常见。

一、结核性胸膜炎

见"肺结核"部分。

二、胸膜肿瘤

（一）胸膜间皮瘤

【病理与临床表现】

胸膜间皮瘤从胸膜间皮发生，病理上为胸膜间皮细胞的瘤样增生。胸膜间皮瘤分为良性的局限型间皮瘤和恶性的弥漫型间皮瘤。局限型间皮瘤无明显临床症状。弥漫型间皮瘤有胸闷、气短及胸痛，进行性加重。

【影像学表现】

局限型间皮瘤呈扁丘形或球形，位于胸膜下。有蒂的间皮瘤可随体位变化而移位。从肺叶间发生的间皮瘤可呈梭形。CT增强扫描有强化。

弥漫型间皮瘤有广泛的胸膜增厚，胸膜有多发结节及肿块。胸膜增厚可超过1cm，引起胸廓变窄、胸椎侧弯。有的病例表现为胸腔积液，多为大量积液，且液体增长较快。胸腔积液常合并胸膜肿块，可合并肋骨破坏。

（二）胸膜转移瘤

有些恶性肿瘤如乳癌、肺癌、淋巴瘤可转移到胸膜。临床表现为胸痛、进行性加重的胸闷和气短。X线和CT主要表现为胸腔积液，积液增长快。纵隔胸膜增厚明显，胸膜厚度多在1cm以上，胸膜上有多发结节，可合并胸壁肿块和肋骨破坏。

三、胸膜损伤

外伤、结核、肿瘤、肺大疱均可引起胸膜损伤。发生气胸时突然出现呼吸困难，胸部不适。少量气胸临床症状较轻，张力性气胸呼吸困难较重。除气胸引起的临床症状外患者还有原发病症状。X线和CT主要表现为气胸和液气胸。

在胸膜病变的检查方法上，超声检查比较简单易行，超声可以发现胸腔积液、胸膜增厚及胸膜结节。X线胸片、CT平扫和增强是常用的检查方法。X线胸片随访可用于观察胸腔积液增长速度。MRI可较全面观察胸膜病变及合并的胸壁病变。

第七节　纵隔肿瘤

纵隔肿瘤、囊肿和肿瘤样病变（mediastinal tumors, cysts and tumor-like lesions）均表现为纵隔肿块影像。鉴别诊断首先应对肿块定位，然后根据肿块的形态及密度进行定性诊断。

一、胸内甲状腺肿

【病理与临床表现】

胸内甲状腺肿多为颈部甲状腺肿的直接延续，很少来自胸内异位甲状腺组织。病变一般在气管前方。可为甲状腺肿、甲状腺囊肿或腺瘤，恶性者较少见。在颈部有肿大的甲状腺。

【影像学表现】

1. X线　胸内甲状腺位于前上纵隔上部，向纵隔的一侧或向两侧凸出，多向右侧突出。气管受压移位、变形。侧位片见病变多位于气管前方，压迫气管向后。肿块密度均匀，可有斑点状钙化。患者做吞咽动作时行透视可见肿块上下轻微移动（图4-31A）。

2. CT 因甲状腺含碘，病变的 CT 值较高，在 100Hu 以上。肿瘤囊变的部位为水样密度，可见斑点状钙化及较高密度的出血灶（图 4-31B）。增强扫描有强化（图 4-31C）。

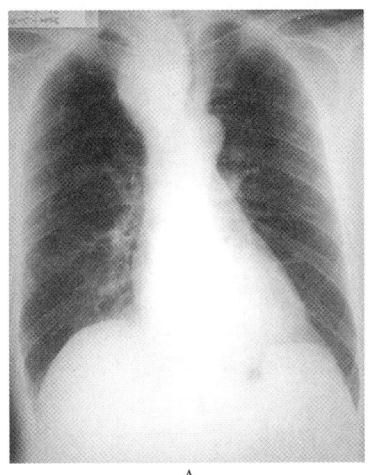

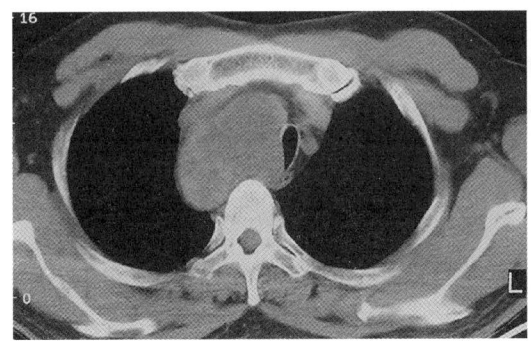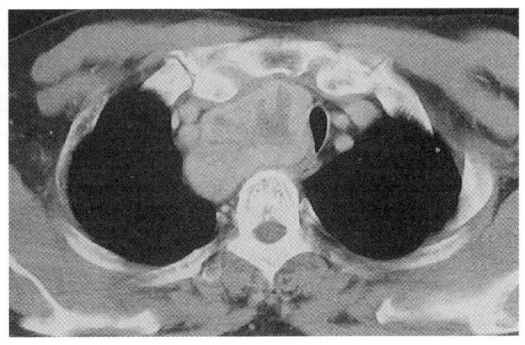

图 4-31 胸内甲状腺，气管受压移位
A. X 线胸片正位；B. CT 平扫；C. CT 增强

3. MRI 胸内甲状腺肿位于胸廓入口部位，MRI 有助于此部位解剖结构的显示。肿瘤实性部分为 T_1WI 低信号、T_2WI 高信号，信号可均匀及不均匀。囊变部分为 T_1WI 更低信号及 T_2WI 更高信号。钙化为无信号区。增强后有强化。

【诊断与鉴别诊断】

胸骨后甲状腺肿位于前纵隔上部，气管受压移位，根据病变部位和影像表现可与其他肿瘤鉴别。

二、胸腺瘤

胸腺瘤是前纵隔肿瘤中常见的一种。胸腺瘤具有多种分类方法。根据病变的预后分为非浸润性（良性）胸腺瘤和浸润性胸腺瘤，后者又分为Ⅰ型恶性胸腺瘤（细胞学良性，但侵犯包膜外或转移）和Ⅱ型恶性胸腺瘤（胸腺癌）。目前分别称为：胸腺瘤无浸润、胸腺瘤有浸润和胸腺癌。

【病理与临床表现】

根据细胞组成在病理上分为上皮细胞型、淋巴细胞型、梭形细胞型和混合型。良性胸腺瘤为圆形及卵圆形，边缘光滑。浸润性胸腺瘤和胸腺癌易向邻近组织浸润和转移，如侵犯心包、胸膜及纵隔淋巴结。约 30%～45% 胸腺瘤患者会出现重症肌无力症状。

【影像学表现】

1. X 线 胸腺瘤多位于前纵隔，在心脏与升主动脉交界处。肿瘤通常向纵隔的一侧突出，较大的可向纵隔两侧突出。较小的胸腺瘤在正、侧位 X 线胸片不能显示或不易被发现，但在 CT 上能够被发现。肿瘤一般为圆形或椭圆形，可有分叶（图 4-32A、B）。

良性胸腺瘤有完整包膜，因而轮廓清楚光滑。肿瘤通常密度均匀，少数可出现斑点状钙化或囊壁的钙化。良性和恶性胸腺瘤均可有钙化。有浸润的胸腺瘤和胸腺癌轮廓常较不规则，表面有多个结节状突起，也可伴有分叶。恶性肿瘤于短期内明显增大，并可合并心包积液、胸膜多个大小不等的转移结节及血性胸腔积液。

2. CT　CT易于显示胸腺瘤的形态。胸腺瘤通常为实性肿块。肿瘤实质内有的可见钙化，多呈蛋壳状。肿瘤囊变时有囊状低密度区。较大的肿瘤可压迫血管移位。浸润性胸腺瘤侵犯纵隔表现为肿瘤与纵隔的界限不清楚。增强扫描有不同程度的强化（图4-32C、D）。

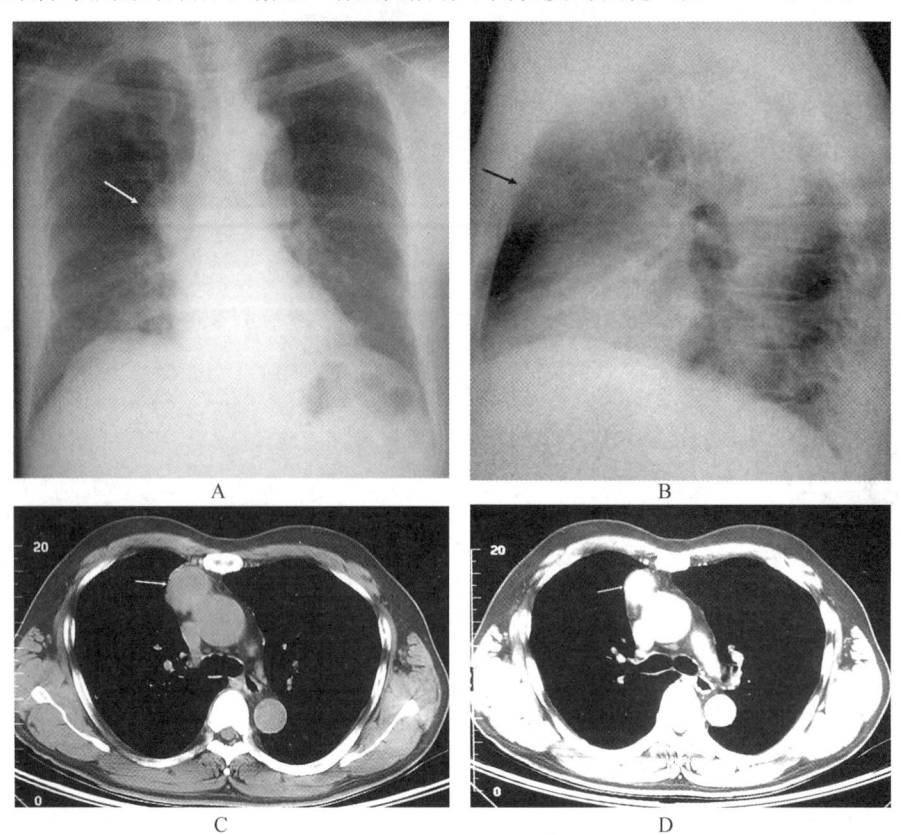

图4-32　胸腺瘤

A. X线正位胸片；B. X线侧位胸片；C. CT平扫；D. CT增强。显示前上纵隔肿物（箭头），有分叶，CT增强有强化

3. MRI　胸腺瘤的T_1WI与邻近的正常胸腺组织或肌肉的信号相似，T_2WI其信号强度增加，与脂肪信号相似。有囊性变时为T_1WI低信号、T_2WI高信号。肿瘤内的分隔使其信号不均。浸润性胸腺瘤和胸腺癌可侵犯周围组织并可转移到其他部位。

【诊断与鉴别诊断】

胸腺瘤好发于前纵隔中上部。良性胸腺瘤边缘清楚，浸润性胸腺瘤和胸腺癌可侵犯周围结构和转移。本病需与好发于前纵隔中部的畸胎瘤鉴别。畸胎瘤含有脂肪组织或可见骨及牙齿状影，是鉴别诊断的重要依据。

三、畸胎瘤

畸胎瘤（teratoma）在病理上分为成熟性和未成熟性畸胎瘤，成熟性畸胎瘤有囊性和实性之分。囊性成熟性畸胎瘤即皮样囊肿，为单房或多房的含液囊肿。实质性畸胎瘤由三个胚层的组织构成。畸胎瘤内可有毛发、皮脂腺，并可见脂肪、软骨、骨和胰腺等组织。肿瘤与支气管形成瘘时引起肺内继发感染，并可发生咳嗽、咯血及咳出毛发等症状。未成熟性畸胎瘤常为恶性。

畸胎类肿瘤多位于前纵隔中部，向一侧或两侧突出。大的肿瘤可以自前向后至后纵隔，其至占满一侧胸腔。

【影像学表现】

1. X线 肿瘤通常呈圆形或椭圆形，可有分叶，未成熟畸胎瘤分叶常见。肿瘤轮廓一般清楚光滑（图4-33），合并感染时边缘毛糙。肿瘤密度常不均匀，含脂肪组织多的部位密度较低，瘤内可见骨及牙齿状阴影，为畸胎类肿瘤的特征性表现。软骨组织可出现斑点和不规则的钙化影，囊肿壁可出现弧线形钙化。肿瘤在短期内增大应疑有恶变可能，但肿瘤继发感染、囊肿内液体迅速增多或囊内出血，也可使肿瘤在短期内显著增大。肿瘤穿破支气管后肺内可出现片状阴影。囊肿继发感染破入胸腔可并发胸膜炎和胸腔积液。

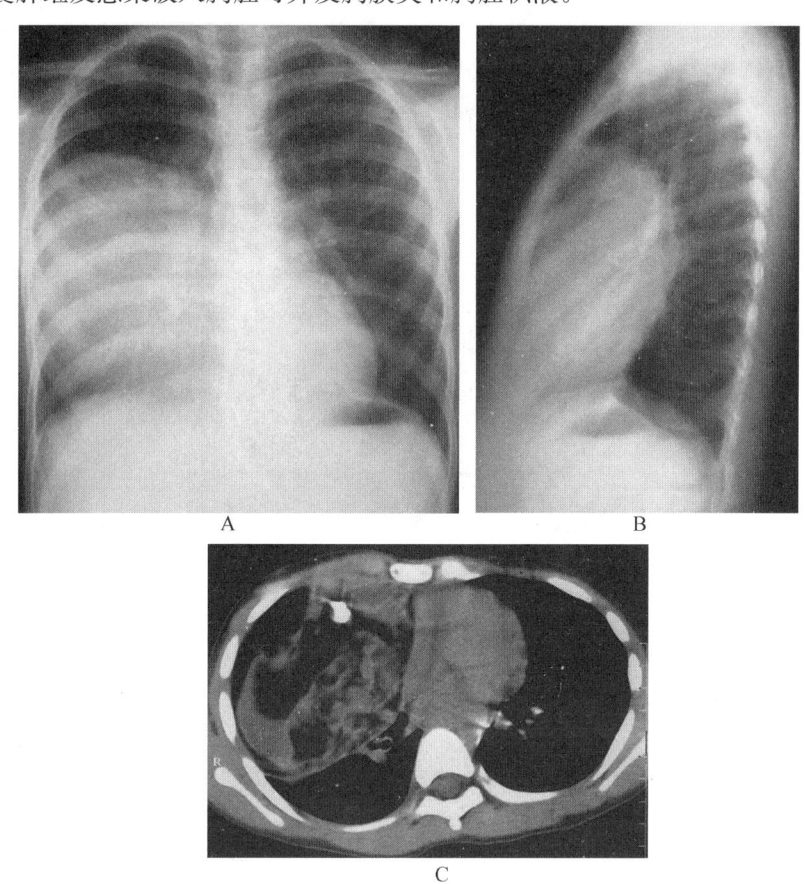

图4-33 畸胎瘤
A. X线正位胸片；B. X线侧位胸片；C. CT平扫显示病变内有脂肪和钙化

2. CT 囊性或囊实性畸胎瘤在CT上为混杂密度。CT能够清楚显示肿瘤的囊性区域、脂肪组织、软组织和钙化（图4-33C）。囊性畸胎瘤内容物的CT值为-5～15Hu，合并出血和感染时CT值可更高。CT检查发现骨质和牙齿影对畸胎瘤的诊断与鉴别诊断有重要意义。增强扫描有不均匀强化，囊性成分不强化。

3. MRI 病变的MR信号不均匀。囊内液体为T_1WI低信号、T_2WI高信号，脂肪在T_1WI、T_2WI均为高信号，软骨信号与肌肉相似。钙化和牙齿呈T_1WI、T_2WI极低信号。

【诊断与鉴别诊断】

畸胎瘤好发在前纵隔中部，具有脂肪组织、骨及牙齿状结构为畸胎瘤的特征性表现。需要与本病鉴别诊断的疾病主要是胸腺瘤。

四、淋巴瘤

淋巴瘤在病理上包括霍奇金病和非霍奇金淋巴瘤。

【病理与临床表现】

纵隔淋巴瘤通常累及多组淋巴结。病变可侵犯肺、胸膜、骨骼。临床症状主要为发热、乏力、浅表淋巴结和肝脾大。

【影像学表现】

1. X线　肺门和纵隔淋巴结肿大，多为两侧对称性。纵隔淋巴结肿大可发生在一个区域或几个区域。多数肿大的淋巴结融合，使上纵隔向两侧显著增宽，在肺野的对比下轮廓显示清楚并呈波浪状，淋巴结密度均匀。侧位X线胸片见肿瘤位于中纵隔中上部。胸骨后淋巴结也常被侵及，表现为紧贴于胸骨后的圆形或椭圆形阴影。霍奇金病侵犯纵隔较非霍奇金淋巴瘤更为多见。瘤组织可向肺内浸润，形成线状及细小结节影，可合并胸腔积液。淋巴瘤侵犯心包产生心包积液。

2. CT　CT检查易于显示纵隔各区肿大的淋巴结及其大小。血管前、腔静脉后、气管旁淋巴结肿大较常见。血管前淋巴结位于头臂血管前、主动脉弓及上腔静脉前，为圆形、椭圆形或不规则肿块。增强扫描肿大淋巴结有强化（图4-34A、B、C）。

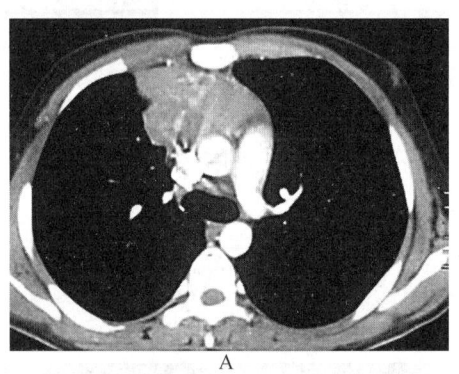

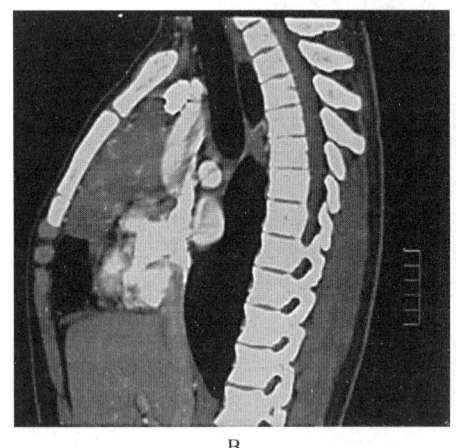
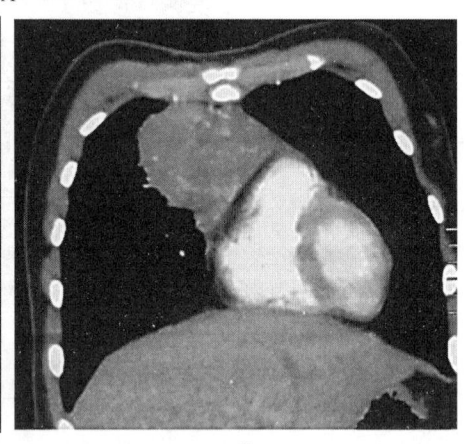

图4-34　霍奇金病

A. CT增强扫描；B. CT冠状面重建图像；C. CT矢状面重建图像。显示纵隔血管前淋巴结肿大，形成肿块

3. MRI　MRI所见与CT相似。MRI由于流空效应无需注射造影剂即可区分淋巴结与血管结构。

【诊断与鉴别诊断】

本病在影像表现上应与结节病、淋巴结结核及肿瘤的淋巴结转移鉴别。结节病引起双侧肺门淋巴结肿大，纵隔淋巴结可肿大或不肿大。胸骨后淋巴结肿大多见于淋巴瘤。结核性淋巴结肿大一般见于一侧的肺门淋巴结，也可有同侧的气管旁淋巴结肿大。纵隔淋巴结结核最多见于右侧气管旁淋巴结，其次为隆突下淋巴结，偶尔也可见到两侧气管旁淋巴结均显著肿大，甚似淋巴瘤。淋巴结出现钙化影在结核最为多见。转移性淋巴结肿大多由肺癌引起，常见于与原发肿瘤同侧的肺门和右侧气管旁淋巴结。

五、神经源性肿瘤

神经源性肿瘤分为良性及恶性。良性肿瘤有神经鞘瘤、神经纤维瘤和节细胞神经瘤。恶性肿瘤包括恶性神经鞘瘤、节神经母细胞瘤和交感神经母细胞瘤。

【病理与临床表现】

神经源性肿瘤主要发生在后纵隔。有的神经源性肿瘤呈哑铃状生长,部分肿瘤位于脊柱旁,另一部分通过椎间孔进入椎管内,并使椎间孔扩大。由于脊髓受压而引起神经症状。患者可伴有其他部位的多发性神经纤维瘤。

【影像学表现】

1. X线 神经源性肿瘤多位于后纵隔脊柱旁,上、中纵隔多见。在X线侧位片上肿瘤阴影的后缘与脊柱重叠。肿瘤常呈圆形、椭圆形或呈较长的扁圆形。肿瘤边缘光滑,密度均匀,少数可有钙化。肿瘤可压迫邻近椎体或肋骨引起骨质缺损,可使椎间孔受压扩大,可并发胸腔积液。

2. CT CT平扫和增强对于肿瘤的位置及形状显示清楚。少数病例可有肿瘤坏死的低密度灶及钙化。偶见肿瘤内囊变。有的肿瘤通过椎间孔达椎管内呈哑铃状,引起椎间孔扩大,并可见肿瘤对胸椎的侵蚀。

3. MRI MRI可准确地显示肿瘤的大小及形态,确定肿瘤是否侵入椎管。肿瘤的MRI信号多均匀一致。有些病变的信号复杂,可有不同的信号强度。囊变部分为较强的T_1WI低信号、T_2WI高信号,钙化无信号。增强扫描实性病变有强化(图4-35)。

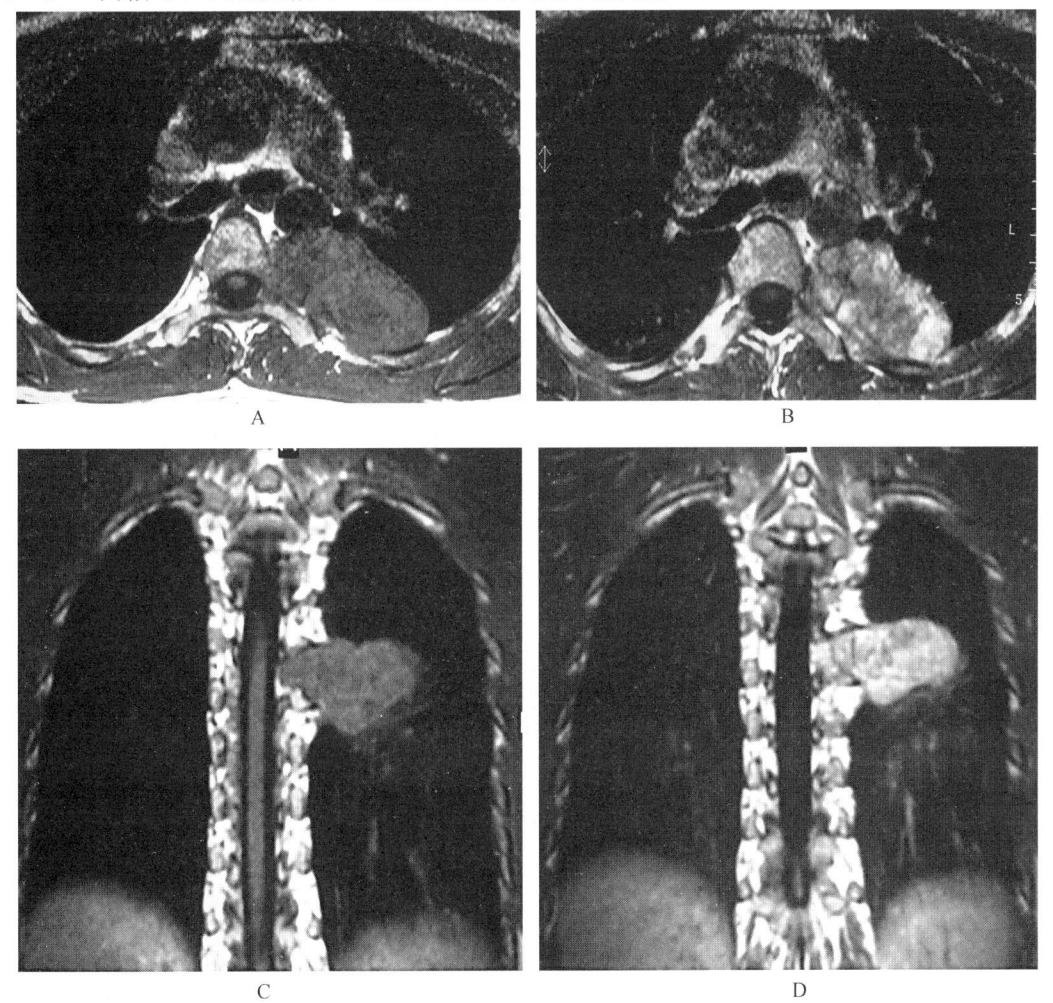

图4-35 神经鞘瘤的MRI影像

A. MRI横断面T_1WI;B. 横断面增强;C. 冠状面T_1WI;D. 冠状面增强

【诊断与鉴别诊断】

神经源性肿瘤主要发生在后纵隔。典型的影像表现为肿物呈哑铃状，即部分肿瘤位于脊柱旁，另一部分通过椎间孔进入椎管内，并使椎间孔扩大。根据影像表现可与其他肿瘤鉴别。

六、纵隔囊肿

比较常见的纵隔囊肿有淋巴管囊肿、支气管囊肿、食管囊肿及心包囊肿等。

【病理与临床表现】

淋巴管囊肿为单房或多房囊肿，或为海绵状淋巴管瘤，囊肿内壁为内皮细胞。支气管囊肿内膜为支气管黏膜上皮，囊内为黏液样液体，通常为单房性。食管囊肿来源于胚胎期前肠，囊肿的壁包含黏膜层、黏膜下层和肌层，黏膜层的细胞可以和消化管的黏膜相同。心包囊肿的内壁为单层的间皮细胞，外层为疏松结缔组织，囊内含澄清的液体，囊肿通常为单房。不同纵隔囊肿的 X 线、CT 和 MRI 表现相似，病变位置是鉴别诊断的重要依据。

【影像学表现】

1. X 线　表现为纵隔阴影增宽，多为一侧局限性突出。

2. CT　为圆形、椭圆形或不规则形态的肿块，轮廓清楚光滑，也可有部分边缘较模糊和不规则，病变密度均匀，少数有钙化。增强扫描无强化。淋巴管囊肿位于前纵隔的上中部者较多，也可位于前纵隔的下部。支气管囊肿位于气管分叉以上的气管周围。食管囊肿位于后纵隔前部、食管旁，可发生于食管走行的任何部位。心包囊肿大多位于心膈角区，右侧较左侧多见。

3. MRI　为 T_1WI 低信号、T_2WI 高信号，增强扫描无强化。

【诊断与鉴别诊断】

常见的纵隔囊肿在纵隔内有一定的好发部位。支气管囊肿和心包囊肿在中纵隔。支气管囊肿位于气管、主支气管和肺门支气管附近，相当于中纵隔的上中部。心包囊肿紧贴心包，多数位于心膈角区。食管囊肿位于中后纵隔交界处。

纵隔囊肿需与纵隔肿瘤区别。纵隔肿瘤多为实性。根据 CT 及 MRI 所见判定病变为囊性或实性。囊性病变的边缘光滑，囊内 CT 值为水样密度，增强扫描无强化，MRI 为均匀的 T_1WI 低信号、T_2WI 高信号。

（贺　文　李保卫　马大庆　李建丁）

第五章　循环系统

第一节　检查方法

一、普通X线检查

心脏边缘与含气的肺组织形成良好的自然对比，有利于进行X线的检查。心脏普通X线检查分为X线透视和X线摄影两种。

（一）X线透视

X线透视虽可从不同角度观察心脏和大血管轮廓及其搏动状况，纠正因体位不正、吸气不足等因素所致的摄影失真，但不能准确判断病变细节，更重要的是患者接受的X线辐射剂量较大，现已不作为常规检查。

（二）X线摄影

心脏大血管X线摄影有后前位、右前斜位、左前斜位和左侧位4个标准位置，但目前以后前位和左侧位组合最为常用。投照一般在平静吸气末进行，为减少放大所致的失真，X线管球应距离胶片至少2m（远达摄影）。

X线摄影检查价格低廉、简便易行，尤其显示肺循环明显优于其他影像学检查。

二、CT检查

（一）心脏大血管CT检查的扫描方法

为在心动周期中心脏相对静止的期相"冻结"心脏，最大幅度减少搏动伪影对图像质量的影响，心脏CT扫描时需应用心电图门控，主要有两种门控方式：

1. 回顾性心电图门控重组　该技术连续扫描时间长，被检查者接受的辐射剂量较大，但可观察整个心动周期中心脏搏动和测定心功能。

2. 前瞻性心电图门控扫描　扫描时间短，辐射剂量低为其优点，但不能观察整个心动周期中心脏搏动情况，也不能进行心功能测定。

（二）CT在心脏大血管疾病诊断中的应用

多排螺旋CT心血管成像检查能清晰显示心脏大血管形态，测量心腔大小、室壁厚度，测定心功能，64排以上多排螺旋CT能进行冠状动脉检查，显示冠状动脉起源和走行异常，狭窄和闭塞改变，在冠心病筛查、冠状动脉支架置入和冠状动脉旁路移植（搭桥）术后随访等方面得到广泛应用。此外，多排螺旋CT心血管成像对胸部大血管（主动脉、肺动脉）病变、心脏瓣膜疾病、心脏肿瘤和心肌病等均有良好的临床应用价值。

三、MRI检查

（一）心脏大血管MRI扫描的常用序列

1. 黑血序列　包括自旋回波序列（SE）和在其基础上改进的快速自旋回波序列（TSE）、

半傅里叶采集单次激发快速自旋回波序列（HASTE），这些序列上心腔和血管内快速流动的血液无信号，具有明显的流空效应，可清晰显示心脏大血管的解剖细节。

2. 亮血序列　包括梯度回波序列（GRE）和在其基础上改进的稳态梯度回波序列（FISP）、真实稳态梯度回波序列（trueFISP）等，这些序列上心腔和血管内流动的血液呈高信号，主要用于心脏电影MRI、心肌灌注、心肌活性、冠状动脉及冠状动脉桥血管的检查。

（二）心脏大血管MRI扫描的适应证和禁忌证

1. 适应证　心肌病变、大血管疾病、心包疾病、先天性心脏病（尤其是复杂畸形）、心脏肿瘤、心脏瓣膜疾病等。

2. 禁忌证　植入心脏起搏器、体内有大块金属植入物、心功能不全和幽闭恐怖症等。

（三）心脏大血管MRI扫描的体位选择

1. 常规横断面、冠状面和矢状面像　横断面、冠状面和矢状面图像与人体轴线一致。冠状面图像对左心室及其流出道、升主动脉、左心房、腔静脉入口能较好显示。矢状面图像有利于观察右心室流出道、主肺动脉、主动脉弓和降主动脉。

2. 心脏长、短轴位像　心脏长轴位图像与左心室长轴和室间隔平行，短轴位图像垂直于室间隔，这些图像可准确测量心腔径线和室壁厚度，进行心功能测定，便于与超声心动图、放射性核素显像及X线心血管造影对比分析。

3. 左心室流出道和右心室流出道体位像　分别用于观察左心室流出道和右心室流出道有无狭窄，判断主动脉瓣和肺动脉瓣有无反流。

垂直于体轴的横断面是心脏大血管MRI检查的基本体位，辅以冠状面和矢状面能较好地显示房室心腔和大血管的形态及位置关系。根据心脏自身轴向获取的长轴位和短轴位图像能更确切地观察心脏的形态和功能，是常用的辅助体位。为了完整显示心脏大血管结构，扫描时需要结合多个体位成像。

四、X线心血管造影检查

X线心血管造影（angiocardiography）是应用导管技术将含碘对比剂引入心腔或大血管使其显影的影像学检查技术。X线心血管造影属于创伤性、有射线辐射危害的技术，价格也比较昂贵，所以，通常在X线平片、超声心动图、MSCT和MRI等影像学方法不能满足诊断需要时，最后才进行此项检查。心脏和大血管病变外科手术治疗前需要了解病变确切的形态学特点和血流动力学状况，或患者进行介入性治疗时均需要进行X线心血管造影检查。近年来随着无创影像学检查技术的不断丰富和进步，X线心血管造影的应用范围逐渐缩小。

五、超声检查

超声心动图检查有经胸、经食管、经血管及心腔内三种检查方法。

超声心动图分M型、二维和多普勒（包括频谱多普勒和彩色多普勒）三种基本技术。M型超声心动图能清晰方便地观察心脏收缩期和舒张期的变化、心壁与瓣膜的活动规律等。实时二维超声心动图可显示心脏大血管断面的解剖结构、空间关系及其功能状态。多普勒超声可定量分析心脏大血管内部的血流状况，对心脏瓣膜疾病（狭窄和关闭不全）所致异常血流和先天性心脏病患者心腔和大血管的异常分流十分敏感，并可用于心功能测定。

经静脉注入超声对比剂，可显示血流方向及其走行途径，又称声学造影。声学造影主要用于先天性心脏病显示心腔内部血液的分流，还可增强多普勒频谱的回声强度，使检查结果更准确、可靠。

超声以其普及率高、价格低廉、无创伤、无射线辐射危害、操作简便、实时显示图像、易于重复检查和敏感度高等优势，在心脏大血管疾病的诊断与鉴别诊断方面发挥重要作用。

六、放射性核素检查

(一)放射性核素心室造影

1. 首次通过法　对于右心室功能测定有独特优势,但不作为常规使用。
2. 平衡法　能准确评价左、右心室的整体和局部功能,节段性分析室壁运动和射血功能。

(二)放射性核素心肌显像

1. 放射性核素心肌灌注显像　心肌细胞对某些放射性核素标记的化合物有选择性摄取能力且摄取量与心肌血流灌注量呈正比,当心肌缺血时相应区域表现为放射性分布稀疏或缺损,即"冷区"。心肌灌注显像包括静态显像和负荷试验显像,是目前诊断心肌缺血最可靠的方法。
2. 放射性核素心肌代谢显像　^{18}F-FDG代谢显像对心肌梗死后残余存活心肌的评估被认为是目前最好的诊断心肌梗死后心肌活性的方法。

七、心血管病影像学技术的综合评价

影像学技术在心血管疾病的诊断和治疗中扮演着重要的角色,近年来各种无创和少创技术的不断进步使疾病的诊断进程和诊断水平发生了革命性的变化,各种无创影像学技术能提供精确的心脏大血管解剖、心肌灌注和心脏功能、心肌活性分析等丰富信息,这些信息被广泛应用于疾病诊断、指导治疗和评估预后。

影像学技术手段日益丰富的同时也给临床医生造成了极大的困惑,针对某一特定疾病或病程的某一阶段如何选择合理的检查方法是实际工作中需要解决的关键问题。选择合理的检查应遵循如下原则:对疾病诊断、指导治疗和评估预后有重要价值;满足临床需要的前提下尽量选择无创或少创、价格低廉、简便易行、患者耐受性佳、辐射剂量低的检查;避免患者重复检查,节省社会医疗资源。不同疾病及同一疾病的不同病程对影像学检查有不同的要求,工作中需按照临床病例的实际需要做到影像学检查的优化和合理应用。

第二节　正常影像解剖

一、普通X线摄影正常解剖

1. 后前位(又称正位)　后前位(图5-1)上心影的2/3位于胸中线左侧,1/3位于右侧。右心缘分为上、下两段,上段在幼年和青年为上腔静脉边缘,而老年人则多为升主动脉边缘;下段为圆隆的右心缘,由右心房构成。左心缘分为三段,上段为主动脉结,是主动脉弓的投影;中段为肺动脉段(心腰部),主要由肺动脉主干构成,此段平直或略凹陷;下段为左心室段的边缘,其下部为心尖凸向左下。两心缘与膈顶以锐角相交,称为心膈角,右心膈角内有时可见三角形阴影,斜向外下方,为下腔静脉。为判断心脏大小,临床常在后前位像上进行心胸比率的测量,即心脏横径与经右侧膈顶所测胸廓内壁横径之比,正常人成年平均为0.44±0.03,不超过0.5。

2. 左侧位　心脏左侧位摄片(图5-2)可见心脏位于胸骨和脊柱之间,前下缘为右心室,其前壁与胸壁紧密相邻,向上、向后段为右室流出道和肺动脉主干,呈弧形斜向后上。心后缘中上段是左心房,下段为左心室,呈弧形由后向前,成锐角与膈肌相交,左心室与横膈接触面处有时可见一弧形相反的下腔静脉影。心前缘上段与胸壁之间倒三角形的透光区称为心前或胸骨后间隙,心后缘与脊柱之间透光区称为心后间隙。

第五章　循环系统

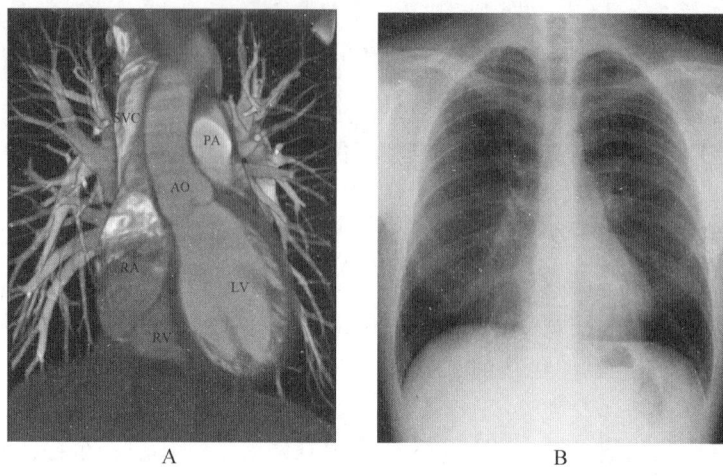

图 5-1　胸部 X 线摄影后前位片
A. 示意图；B. 正常表现
AO：主动脉；PA：肺动脉；RV：右心室；LV：左心室；RA：右心房；SVC：上腔静脉

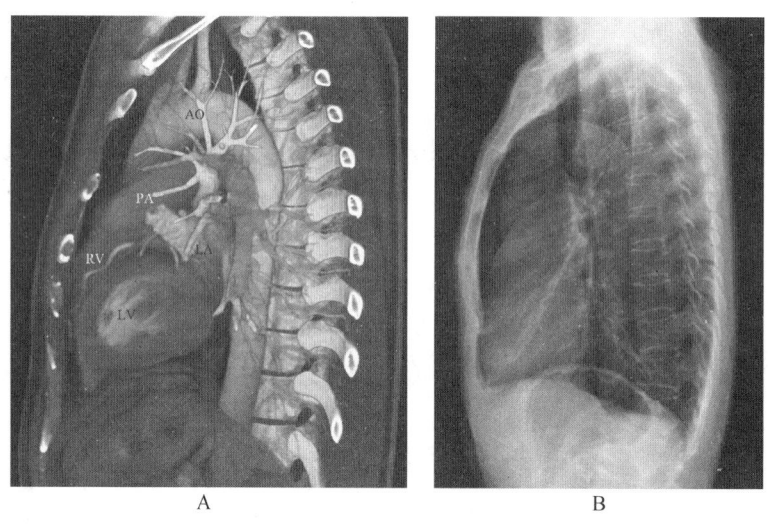

图 5-2　胸部 X 线摄影侧位片
A. 示意图；B. 正常表现
AO：主动脉；PA：肺动脉；RV：右心室；LV：左心室；LA：左心房

二、正常 CT 解剖

（一）CT 体轴横断面

心脏大血管 CT 平扫仅用于计算冠状动脉钙化积分或观察心包、瓣膜和大血管钙化。通常采用注射对比剂后进行增强 CT 检查来显示心脏和大血管结构。心脏大血管 CT 增强扫描有代表性的横断面位于主动脉弓上（图 5-3）、主动脉弓（图 5-4）、主动脉弓下、肺动脉（图 5-5）、左心室流出道、左心室体部（图 5-6）等层面。

（二）多排螺旋 CT 血管成像（computed tomography angiography，CTA）

结合心电门控技术可获取心动周期中某一时相的心脏容积数据，应用后处理软件可重建出心脏和冠状动脉的三维图像（图 5-7）。冠状动脉 CTA 的解剖分段参照美国心脏病协会的标准，摄片时尽可能参考冠状动脉造影体位以利于对照和解读。

第五章 循环系统

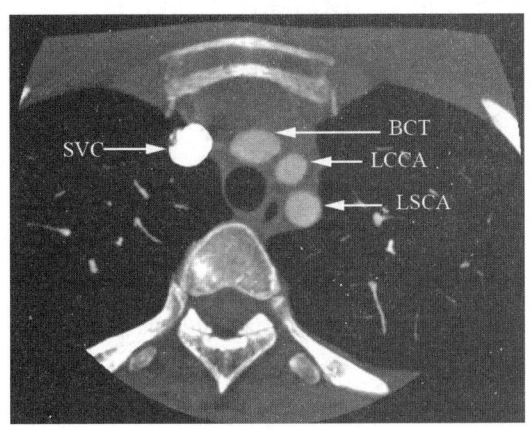

图 5-3　CT 增强扫描横断面主动脉弓上层面
SVC：上腔静脉；BCT：头臂干；LCCA：左侧颈总动脉；
LSCA：左侧锁骨下动脉

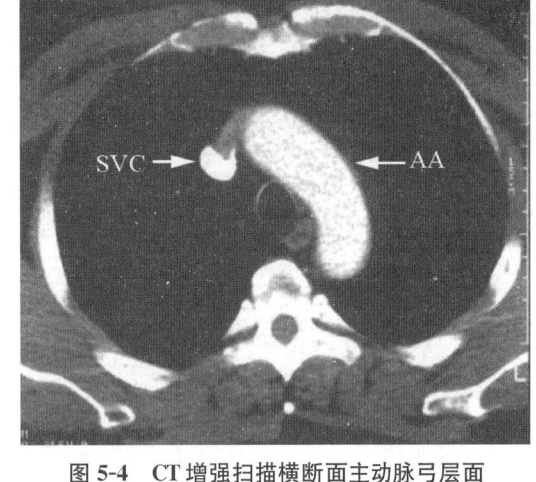

图 5-4　CT 增强扫描横断面主动脉弓层面
SVC：上腔静脉；AA：主动脉弓

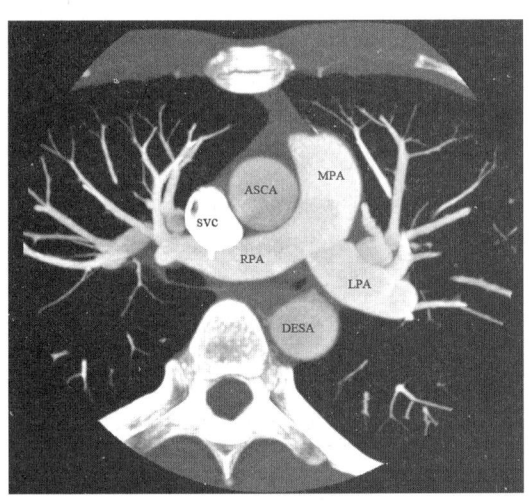

图 5-5　CT 增强扫描横断面肺动脉层面
SVC：上腔静脉；ASCA：升主动脉；DESA：降主动脉；
MPA：主肺动脉；LPA：左肺动脉干；RPA：右肺动脉干

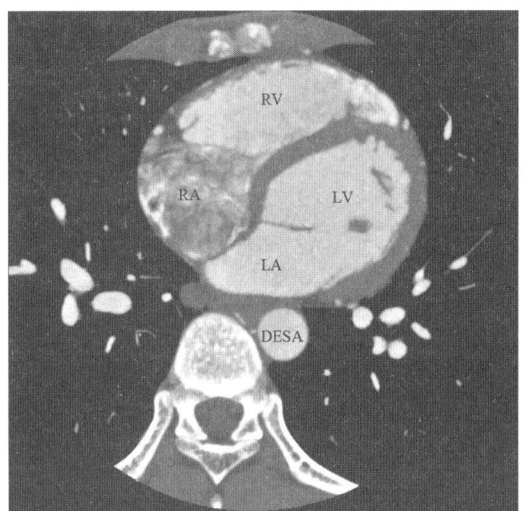

图 5-6　CT 增强扫描横断面左心室体部层面
RV：右心室；RA：右心房；LV：左心室；LA：左心房；
DESA：降主动脉

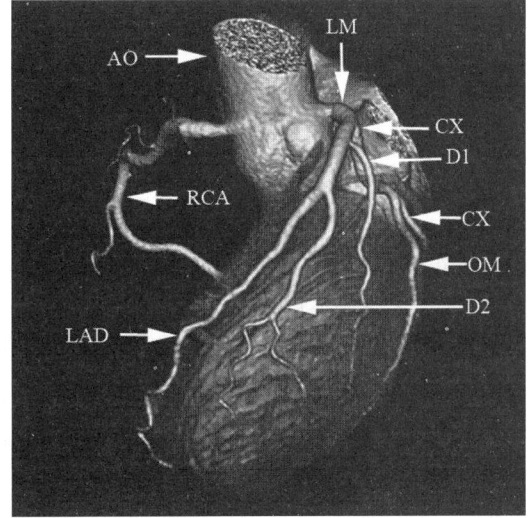

图 5-7　冠状动脉 CTA
AO：主动脉；LM：左主干；LAD：左前降支；CX：回旋支；D1：第 1 对角支；D2：第 2 对角支；OM：钝缘支；
RCA：右冠状动脉

三、正常 MRI 解剖

(一) 自旋回波序列成像（图 5-8）

SE T_1 加权体轴横断面图像所见解剖结构与 CT 类似，但心腔和大血管由于血液的流空效应而呈黑色的极低信号区，心肌呈灰色的中等信号，心外膜脂肪层和心内膜为线状高信号。MRI 显示房室瓣和半月瓣均呈线状等信号。T_1WI 和 T_2WI 上心包均呈线状低信号，以右心室前方显示最佳，厚度为 1～2mm。

心室长轴像主要用于观察左心室腔长轴在心动周期中的径线改变和二尖瓣运动。心室短轴像主要用于评估左心室功能，计算射血分数。

MRI 除显示心脏大血管外，还可同时清楚显示周围器官和其他组织结构，有助于疾病的诊断与鉴别诊断。

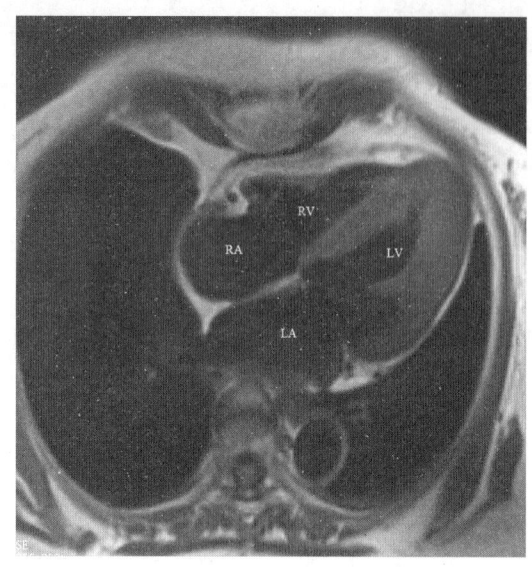

图 5-8　SE 脉冲序列 T_1 加权体轴横断面左心室体部层面

RV：右心室；RA：右心房；LV：左心室；LA：左心房

(二) 梯度回波序列成像（图 5-9）

梯度回波序列中正常血流呈亮白信号，与心肌的中等信号形成鲜明对比。应用梯度回波快速成像在 1 个心动周期内可轻松获得超过 50 幅以上的图像，特别适合心脏动态成像，若连续动态显示称为 MRI 电影。MRI 电影主要用于心功能测定和观察血流动态变化。

四、正常 X 线心血管造影解剖

(一) 选择性冠状动脉造影（图 5-10）

选择性冠状动脉造影可清晰显示冠状动脉解剖细节，目前仍是诊断冠状动脉狭窄的金标准。

左冠状动脉从主动脉左窦发出，主干分为前降支和回旋支。前降支在室间沟内下行至心尖，沿途发出若干对角支，走行于左心室的前侧壁。此外，还发出若干间隔支供应室间隔的

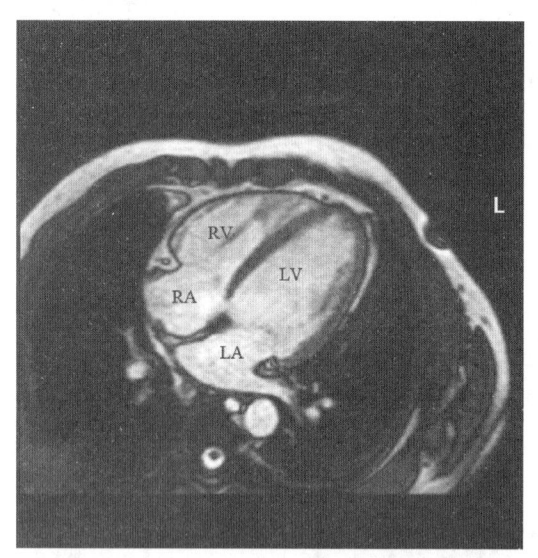

图 5-9　梯度回波序列 MR 心脏扫描横断面左心室体部层面

RV：右心室；RA：右心房；LV：左心室；LA：左心房

前 2/3。回旋支由前至后走行于左侧房室沟内，沿途发出若干钝缘支，分布于左心室侧壁。此外，回旋支还发出数支心房支。

右冠状动脉从主动脉右窦发出，进入右侧房室沟走行，沿途可发出圆锥支、窦房结支和右房支、锐缘支、后降支、房室结支和左室后支等。

左右冠状动脉的分布分为右优势型（右侧冠状动脉发出后降支和左室后支，约占 60%～85%）、左优势型（回旋支发出后降支，约占 7%～20%）和均衡型（右侧冠状动脉发出后降支，回旋支发出左室后支，约占 7%～20%）。需要注意的是冠状动脉主要节段和其边缘分支有很大的解剖变异（出现与否、管径大小和形态、长度、走行）。

(二) 心腔和大血管造影

心血管造影时右心房位于心脏右侧，腔静脉从其上下进入，右心耳宽大呈三角形。右心房

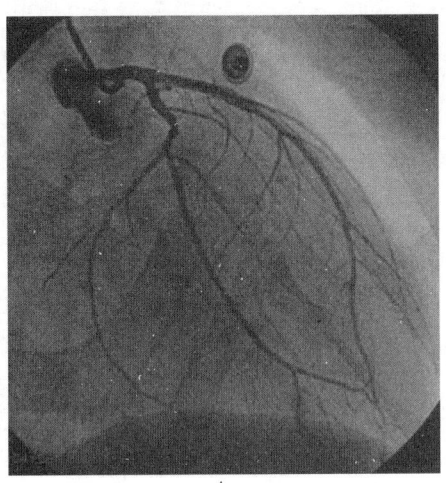
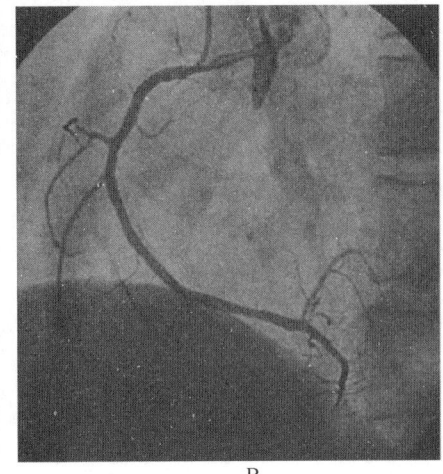

图 5-10 选择性冠状动脉造影
A. 选择性左侧冠状动脉造影正常表现；B. 选择性右侧冠状动脉造影正常表现

的左下缘与右心室之间可见一个切迹（三尖瓣环）。右心室呈圆锥状，其底居膈面，左缘为室间隔，内部肌小梁粗大，右缘是三尖瓣口，流出道为圆锥的尖。主肺动脉位于升主动脉的左前方，在脊柱左缘分为左右肺动脉。

左心房位于心脏后方中央略偏左，呈横置椭圆形，4 支肺静脉从左右两面进入（图 5-11）。左心耳狭长呈手指状，向左缘突出。左心室正位呈斜置椭圆形，前上缘为主动脉瓣，后上缘为二尖瓣，前缘为室间隔，下缘为左心室膈面。左心室内部肌小梁纤细。主动脉起于左心室，根部有 3 个窦，分别称为左（冠状）、右（冠状）和无（冠状）或后窦，侧位或左前斜位可观察主动脉全貌，可见主动脉弓发出 3 支头臂动脉。

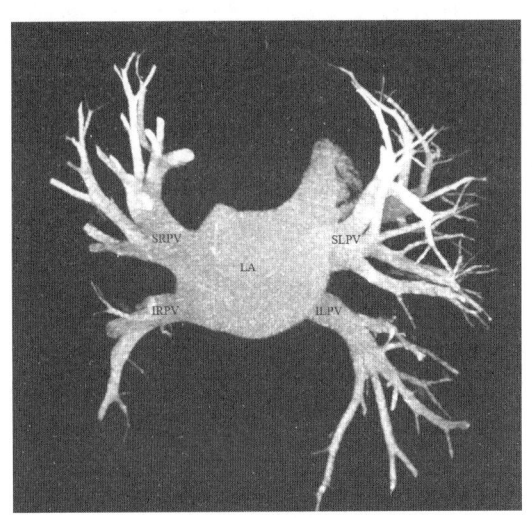

图 5-11 左心房造影示意图
LA：左心房；SRPV：右上肺静脉；IRPV：右下肺静脉；
SLPV：左上肺静脉；ILPV：左下肺静脉

五、正常超声心动图解剖

（一）M 型超声心动图

M 型超声心动图常见的波群有二尖瓣波群、主动脉波群、三尖瓣波群和心室波群等。二尖瓣前叶曲线正常人呈双峰改变。在主动脉根部曲线内可见主动脉瓣曲线，利用主动脉波群可以测量主动脉瓣开放和关闭的时间。心室波群可测量左心室内径、室间隔和左心室室壁厚度。

（二）二维超声心动图

比较有代表性的切面包括胸骨旁左心长轴位、心脏短轴位（心底部、二尖瓣水平、乳头肌水平）、心尖四腔位、心尖两腔位和主动脉弓长轴位等（图 5-12 至图 5-14）。

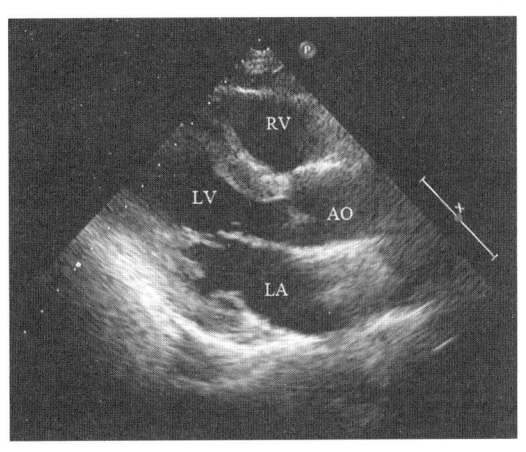

图 5-12 胸骨旁左心长轴位
RV：右心室；LV：左心室；LA：左心房；AO：主动脉

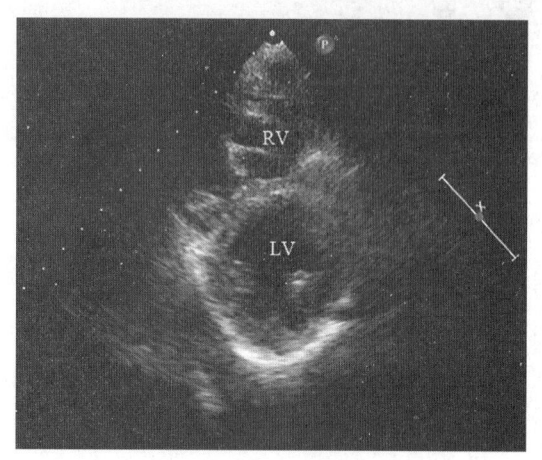

图 5-13　二尖瓣水平左心短轴位
RV：右心室；LV：左心室

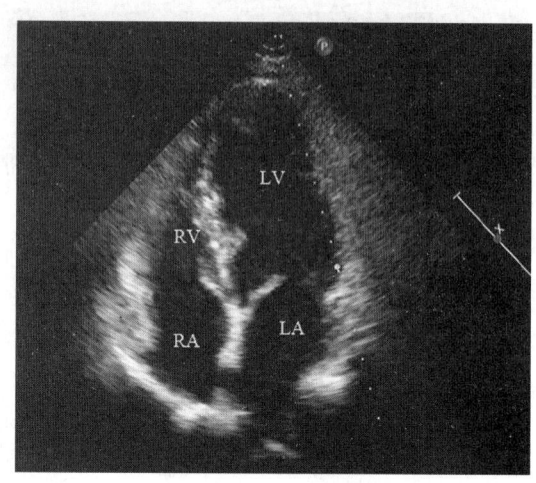

图 5-14　心尖四腔位
RV：右心室；RA：右心房；LV：左心室；LA：左心房

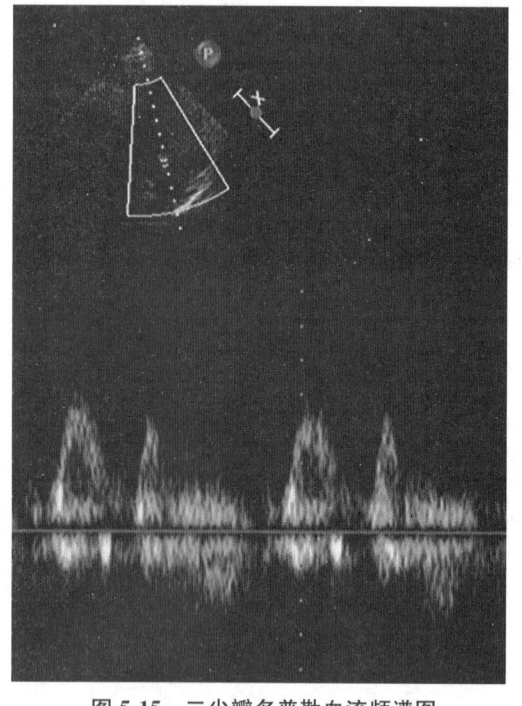

图 5-15　二尖瓣多普勒血流频谱图

（三）频谱多普勒

超声心动图可应用脉冲波或连续波多普勒频谱显示各瓣口的血流动力学情况，获得有关流速、流量的多个指标，包括二尖瓣多普勒血流频谱（图 5-15）、三尖瓣多普勒血流频谱、主动脉瓣多普勒血流频谱、肺动脉瓣多普勒血流频谱等。

（四）彩色多普勒

以红、蓝、黄（或绿）颜色标记血流方向和流速，可直观显示心脏大血管内部的血流方向、速度等。通常规定朝向探头的血流为红色，背离探头的血流为蓝色。

第三节　基本病变的影像表现

一、心脏增大

（一）心脏增大的 X 线表现及其临床意义

1. 心脏增大　测量心胸比率是临床上判断心脏增大最简便的方法（图 5-16），一般认为 0.5 是成人心胸比率的上限。心胸比率测量受生长发育、体格和胸廓类型、性别、呼吸状况、心动周期、妊娠等因素的影响，新生儿和婴儿右心室相对较大，正常心胸比率接近 0.6，矮胖型体格和妊娠时横膈位置较高，心影呈横位，心胸比率均超过 0.5。

为了便于描述心脏增大的形态，在后前位观察，将心脏增大分为以下类型：

（1）普大型：心脏各房室均增大或心影轮廓均匀对称性增大，肺动脉段平直。常见于左右心负荷均增加的心腔变化，心包积液的心脏亦为普大型。

(2) 二尖瓣型心：心脏呈梨形，主动脉结小，肺动脉段凸出，心尖上翘。通常反映右心负荷或以其为主的心腔变化，常见于二尖瓣狭窄、肺源性心脏病、先天性心脏病心内间隔缺损和肺动脉狭窄。

(3) 主动脉型心：主动脉结增大，肺动脉段即"心腰"凹陷，心尖部下移。通常反映左心负荷或以其为主的心腔变化，常见于高血压病和主动脉瓣病变。

(4) 其他类型：靴形心见于以法洛四联症为代表的先天性心脏病复杂畸形；"8"字形心代表心上型完全性肺静脉异位引流；怪异形心主要见于缩窄性心包炎或心脏肿瘤。

心脏增大的分型并不代表具体的心脏病，但可揭示左心和（或）右心受累，为进一步诊断提供线索。

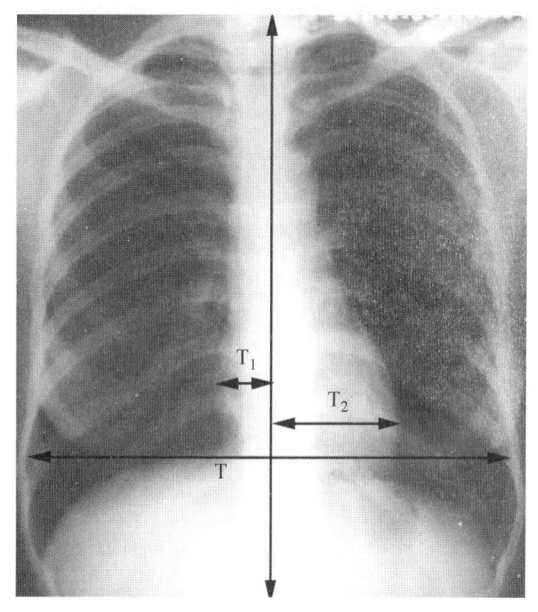

图 5-16　心胸比率测量示意图
T：胸廓最大横径；T_1+T_2：心影最大横径

2. 各心室和心房增大

(1) 左心室增大：后前位示左心缘下段延长，心尖向左下移位（可至膈下），明显增大时左心缘下段向左膨隆，心腰凹陷。左侧位显示心后缘下段向后下突出，还可见心后间隙变窄或消失。常见于高血压病、主动脉瓣病变、二尖瓣关闭不全及先天性心脏病动脉导管未闭等。

(2) 右心室增大：后前位示心脏向两侧扩大，心尖圆隆甚至上翘。肺动脉段凸出代表主肺动脉扩张，是右心室增大的间接征象。左侧位显示心前缘下段与胸壁接触面延长，上段向前凸起。右心室增大常见于二尖瓣狭窄、肺源性心脏病、肺动脉狭窄、肺动脉高压、先天性心脏病心内间隔缺损和法洛四联症等。

(3) 左心房增大：后前位示左心缘在肺动脉段下方出现第 3 弓，为扩大的左心耳。左心房扩大向右膨凸至右心缘时出现双重致密影或双重边缘，有时可见气管隆突角增大，左侧主支气管上移。食管吞钡左侧位可见食管受压移位，产生弧形压迹。左心房增大常见于二尖瓣病变，特别是二尖瓣狭窄、左心衰竭、先天性心脏病动脉导管未闭和室间隔缺损等。

(4) 右心房增大：右心房增大在后前位像可见右心缘下段延长并向右突出，右心房/心高比值≥0.5。右心房增大常与右心室增大并存。主要见于右心衰竭、先天性心脏病房间隔缺损、三尖瓣病变和肺静脉畸形引流以及心房黏液瘤等。

(二) 心脏增大的其他影像学评价

MRI 的 SE 图像即可清楚显示心脏位置异常，直接测量心腔径线、室壁厚度等，作出心脏增大的定量诊断。MRI 显示心脏大血管结构优于超声心动图。

CT 增强扫描可显示心脏内部结构，并进行径线测量，以判定各心腔增大，显示心内畸形（如房间隔缺损等），但辐射剂量较大和必须应用含碘对比剂是其不足。

超声心动图能直接测量心腔径线、面积及体积，定量分析心脏房室心腔扩大，反映心腔容积负荷增加和（或）心功能不全，并可测量心脏房室壁的厚度，发现心内膜增厚、心肌肥厚、心肌变薄和心肌内部回声增强等异常改变，以及房室间隔缺损、消失和心腔间的异常交通等。此外，超声心动图还可清楚显示由各种病因所致的心腔变形，发现心腔内部的异常回声团块（如肿瘤、血栓和赘生物等）。

超声心动图可清楚显示心脏瓣膜的异常增厚、钙化，瓣膜粘连，瓣口变形、缩小，显示先天性瓣叶裂和瓣膜的数目异常，以及损伤和感染所致的瓣叶撕裂或穿孔等，并对瓣膜运动进行动态观察，是目前显示心脏瓣膜的最佳影像学技术。

二、胸部大血管异常

普通 X 线检查可显示主动脉扩张、迂曲、延长以及主动脉壁钙化。

CT 增强扫描和 MRI 均能清晰显示大血管位置异常，测量管壁厚度和管腔径线，显示附壁血栓，区分主动脉夹层真假腔，观察内膜片和主动脉夹层破口。

X 线心血管造影检查不但能直接显示大血管及其病变，还能反映血液循环的功能变化，但费用昂贵、操作复杂、有创、不能直接显示血管壁及其病变为其不足之处。

三、肺循环异常

肺循环情况能反映心脏血流动力学改变和心功能状况，X 线检查对显示肺循环异常明显优于其他影像学手段，分析肺循环异常是心脏疾病 X 线诊断的重要内容。

（一）肺充血

肺动脉血流量异常增多简称为肺充血，主要见于左向右分流的先天性心脏病和导致心排血量增加的疾病。X 线平片后前位显示两肺门增大，肺动脉段突出，成人右肺下叶动脉主干横径＞15mm，幼儿血管横径＞胸锁关节水平气管横径；肺内血管纹理成比例增粗，边缘清楚，肺野透亮度正常。

（二）肺血减少

肺动脉血流量异常减少简称为肺血减少，右心排血受阻、肺动脉阻力或压力增加、肺动脉分支狭窄或闭塞等疾病均可导致肺动脉血流量减少，又称为肺缺血。X 线平片后前位显示肺门缩小，右肺下叶动脉干变细，肺内血管纹理普遍变细，分布稀疏，肺野透亮度增加。肺血严重减少时肺门区可见紊乱的网状血管影，为支气管、膈、肋间等动脉形成侧支循环的影像。

（三）肺循环高压

肺循环高压可由肺充血引起，称为高流量性肺动脉高压；也可继发于肺内小血管痉挛或狭窄导致的肺循环阻力加大，属于阻塞性肺动脉高压；或者由肺静脉回流受阻所致，称肺静脉高压，肺静脉高压晚期亦可导致继发性肺动脉高压，称混合型肺循环高压。

1. 肺动脉高压　肺动脉收缩压＞30mmHg 或平均压＞20mmHg 称为肺动脉高压。常由肺动脉血流量增加、心排血量增加、肺小动脉阻力增加所致。X 线所见为肺动脉段突出，肺门动脉及其肺内分支扩张、增粗，如果动脉成比例扩张，则为高流量性肺动脉高压；而肺门动脉显著扩张，外围肺动脉分支细小，即有"肺门截断征"，则为阻塞性肺动脉高压。肺动脉高压同时可有右心室增大。

2. 肺静脉高压　肺静脉压力＞10mmHg 称为肺静脉高压。若压力＞25mmHg，即引起肺水肿。常由左心阻力增加（二尖瓣狭窄、主动脉瓣狭窄、左心衰竭）或肺静脉阻力增加所致。

（1）肺淤血：肺静脉回流受阻导致血液在肺内淤滞，简称肺淤血。X 线平片后前位见两肺门影增大，肺内血管紊乱增多、增粗，血管纹理边缘模糊，肺野透亮度差；上肺静脉增粗，下肺静脉变细。

（2）肺间质水肿：是肺淤血加重，渗出液进入肺间质的结果。在肺淤血的 X 线所见基础上，肺野内出现小叶间隔线、即"克氏 B、A 线"时即为间质性肺水肿。以克氏 B 线最常见，长 2～3cm，宽 1～3mm，多位于肋膈角区，横向走行并与侧胸壁垂直。

（3）肺泡性肺水肿：渗出液主要积聚在肺泡内。X 线表现为以肺门为中心，位于肺野中内带的片状模糊影，可累及一侧或两侧肺，两肺受累时的"蝶翼状"阴影为其典型表现，阴影短期内变化迅速。

3. 混合型肺循环高压　肺静脉压力升高时，为维持肺动脉血流量，肺动脉压亦相应升高。X线表现兼有肺动、静脉高压征象，多见于重度二尖瓣狭窄和缩窄性心包炎。

第四节　先天性心脏病

一、房间隔缺损

房间隔缺损（atrial septal defect，ASD）是最常见的先天性心脏病（简称先心病）之一，约占全部先心病的20%～26%，发病率居先心病首位。女性多发，男女比例为1∶2。本病可单独发生，也可与其他先天性心脏病畸形并存。

【病理与临床表现】

根据缺损所在部位，病理上将房间隔缺损分为原发孔（Ⅰ型）和继发孔（Ⅱ型）两种，以后者多见，并进一步分为：中央型（卵圆孔型）、下腔型、上腔型和混合型。

正常生理状态下左心房平均压约为8～10mmHg，右心房平均压约为4～5mmHg，房间隔缺损患者的血液从左心房向右心房分流，即导致右心房、右心室和肺循环血流量增加，而引起右心房、右心室扩大，肺动脉高压，右心室壁肥厚；疾病晚期肺动脉高压严重时出现血液分流方向逆转，出现心房水平双向分流或右向左分流，患者预后不佳。

临床症状出现较晚，部分患者可有劳累后心悸、气短，易患呼吸道感染等症状，合并肺动脉高压后症状加重，出现双向分流或右向左分流时有发绀。体检：胸骨左缘第2～3肋间闻及2～3级收缩期吹风样杂音，肺动脉瓣第二心音分裂、亢进，心界扩大。心电图可见不完全性右束支传导阻滞，少数有右心室肥厚的心电图表现；Ⅰ型房间隔缺损可有第一度房室传导阻滞和P-R间期延长等异常改变。

【影像学表现】

1. X线平片　典型者心影呈"二尖瓣"型，肺血增多，肺纹理增粗，主动脉结缩小或正常，肺动脉段凸出，右心房、右心室增大（图5-17），分流量不大时X线平片可正常。

2. 超声心动图　二维超声心动图显示房间隔回声中断，断端清楚。Ⅰ型缺损位于"十字交叉"处，Ⅱ型缺损多位于房间隔中部（彩图5-18）。右心房、右心室扩大，肺动脉增宽。M型超声心动图可见右心室前后径增大，室间隔与左心室后壁同向运动。多普勒可探及左向右分流的收缩期和（或）全舒张期正向低速双峰或三峰状湍流频谱，若出现右向左分流，可探及负向湍流频谱。彩色多普勒于心房水平可见自左心房经房间隔射向右心房以红色为主的五彩血流束。

3. CT　直接征象为增强扫描时房间隔中断，左、右心房直接连通，同时可见右心房、右心室增大，主动脉扩张。

4. MRI　SE T_1加权像显示房间隔信号中断。当缺损较小不易显示时，梯度回波电影MRI可见左向右通过缺损部的低信号喷射血流，借此

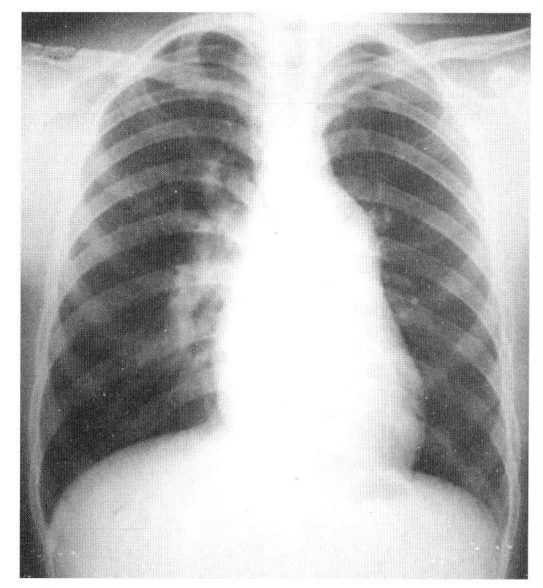

图5-17　房间隔缺损的X线摄影正位片

可确定缺损的位置和大小。

5. X线心血管造影　右上肺静脉四腔位造影，可见对比剂沿房间隔下行，在左心房体部充盈前，对比剂经缺损进入右心房。

【诊断与鉴别诊断】

房间隔不连续和右心房室增大为诊断房间隔缺损的主要依据。本病主要需与下列疾病进行鉴别。

1. 卵圆孔未闭　缺损较小的房间隔缺损需要和卵圆孔未闭鉴别，后者缺损区直径通常＜5mm，且不伴右心房和右心室增大，超声心动图检查卵圆窝处组织回声呈两层，中间有斜行缝隙。

2. 室间隔缺损　缺损较大，病程较长的房间隔缺损患者合并重度肺动脉高压时需要与合并重度肺动脉高压的室间隔缺损进行鉴别。

二、室间隔缺损

室间隔缺损（ventricular septal defect，VSD）是最常见的先天性心脏病之一，约占先心病的22%，发病率居先心病的第二位，可单独发生或者为复杂畸形的组成部分。

【病理与临床表现】

根据胚胎发育、形态学特征和临床表现，可将室间隔缺损分为三大类型。

1. 膜周部缺损　最为多见，进一步可分为单纯型、嵴下型和隔瓣下型3个亚型。

2. 漏斗部缺损　位置较高，可分为干下型和嵴内型两型。前者缺损位于肺动脉瓣下，上缘为肺动脉瓣环，缺少肌性组织；后者缺损的周围有完整的肌组织。

3. 肌部组织缺损　较少见，约占室间隔缺损的12%，缺损小，位置低。

正常生理状态下左心室收缩压约为120mmHg，右心室收缩压约为30mmHg，室间隔缺损患者的血液从左心室向右心室分流，导致右心室、肺循环和左心房、左心室血流量增加，而引起左心房、左心室、右心室扩大，肺动脉高压；疾病晚期肺动脉高压严重时出现血液左向右分流减少，甚至出现心室水平右向左为主的双向分流，患者可有发绀，即艾森门格综合征。

若缺损较小，引起左向右分流量小，患者可无任何症状；缺损大者，在婴儿期即可发生充血性心力衰竭，出现消瘦、发育差、反复呼吸道感染、心悸、气促、乏力等症状，当肺动脉高压导致右向左分流时，出现发绀。体检：胸骨左缘第3～4肋间可闻及响亮粗糙的全收缩期杂音，多伴收缩期震颤，肺动脉瓣第二心音亢进。心电图多有左心室或双心室肥厚。

【影像学表现】

1. X线平片　典型者心脏呈"二尖瓣"型，肺血增多，主动脉结正常或缩小，肺动脉段凸出，左、右心室增大，通常以左心室增大为主（图5-19），出现上述改变提示中至大量左向右分流量，患者已有中度肺动脉高压。室间隔缺损合并重度肺动脉高压时心脏增大不明显，以右心室增大较为显著，伴右心房增大，肺野中外带肺血减少，纹理变细。少量分流的室间隔缺损X线表现可正常，或仅出现左心室轻度增大伴轻度肺充血。

2. 超声心动图　二维和M型超声心动图示室间隔回声中断或消失，左心室或双心室扩大，肺动脉增宽。不伴有肺动脉高压时脉冲连续多普勒可探及缺损部的右心室侧有高速血流频谱，彩色多普勒超声心动图可见自左心室穿越室间隔，

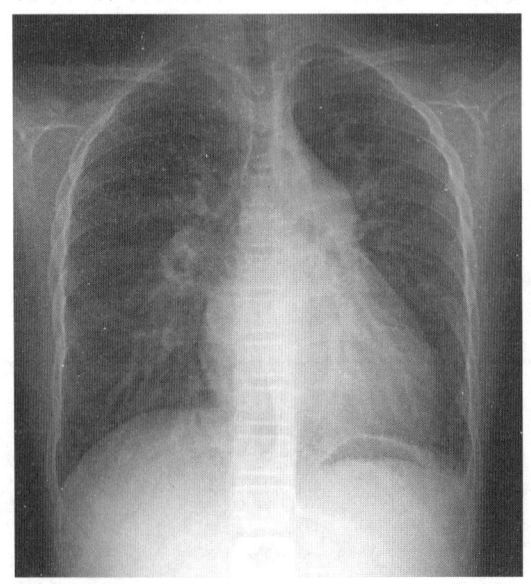

图5-19　室间隔缺损的X线摄影正位片

进入右心室以红色为主的五彩血流束（彩图 5-20）。伴有肺动脉高压时可出现心室水平的双向分流或右向左分流。

3. CT 和 MRI　增强 CT 可见室间隔不连续，左、右心室异常连通。心电门控自旋回波序列 T_1 加权像可直接显示室间隔信号不连续（图 5-21）。电影 MRI 于心室收缩期可见源于左心室、经室间隔进入右心室的喷射湍流无信号血流束。

4. X 线心血管造影　选择性左心室造影，见对比剂经室间隔缺损向右心室分流，出现左、右心室显影；左、右心室增大，以左心室增大为著。

【鉴别诊断】

室间隔缺损应该与动脉导管未闭、房间隔缺损相鉴别。动脉导管未闭以左心室扩大显著，主动脉明显扩张，肺动脉与主动脉峡部经动脉导管连通为鉴别要点。

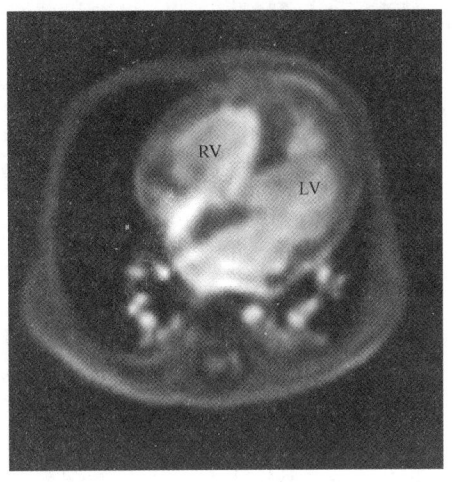

图 5-21　增强 MR 扫描横断面左心室体部层面显示室间隔缺损
RV：右心室；LV：左心室

三、动脉导管未闭

动脉导管未闭（patent ductus arteriosus，PDA）也是常见先心病之一，约占全部先心病的 20%，女性好发，男女之比为 1∶3。

【病理与临床表现】

动脉导管位于主动脉峡部与肺动脉根部之间，为胎儿期的供血通道，出生后逐渐关闭，一般在 6 个月内完成，部分可延迟至 1 年，持续不关闭者则形成动脉导管未闭。未闭导管直径多为 0.5～10mm，长度为 2～10mm，按其形态分为 3 种类型。

1. 圆柱型或管状型　导管的主动脉端和肺动脉端粗细基本一致。
2. 漏斗型　导管的主动脉端膨大，肺动脉端细小，状如漏斗。
3. 窗型或缺损型　导管短而粗或者主动脉与肺动脉直接连通。

一般而言，在整个心动周期中主动脉压力均显著高于肺动脉压力，血流经未关闭的动脉导管形成持续的左向右分流，导致体循环血量减低，肺循环及左心血量增加，引起左心室扩大、肥厚；肺循环血流量增多逐渐引起肺动脉高压，疾病晚期肺动脉高压严重时出现右向左为主的双向分流，临床上患者出现发绀，往往下肢发绀程度较重，有时左上肢重于右上肢，即分界性发绀。

少量分流的患者可无临床症状；分流量较大时患者主要临床表现为心悸、呼吸困难、乏力和反复呼吸道感染；分流量大者，出生后即可出现左心衰竭。查体：胸骨左缘第 2～3 肋间可闻及连续性机器样杂音，伴震颤，并向颈部传导，脉压增大，出现周围血管搏动征（包括水冲脉、毛细血管搏动征和四肢枪击音）。肺动脉高压严重时出现分界性发绀。心电图示左心室增大，可见 P-R 间期延长，出现右心室肥厚则提示肺动脉高压。

【影像学表现】

1. X 线平片　典型者肺血增多，主动脉结增宽，出现漏斗征，表现为 X 线正位片主动脉弓降部呈漏斗状膨凸，其下方的降主动脉在与肺动脉相交处骤然内收，肺动脉段凸出，左心室增大（图 5-22）。分流量小的 PDA 肺血正常或轻度增多，心脏大小在正常范围。PDA 伴肺动脉高压者，可出现双心室增大。

2. 超声心动图　二维和 M 型超声心动图示左心室增大或双心室增大；可清楚显示未闭动

脉导管，并观察其形态、长短和直径。多普勒超声频谱，于主动脉腔内可探及收缩期为峰值流速的双期血流频谱，起源于降主动脉，呈阶梯状改变。彩色多普勒超声心动图可显示以红色为主的五彩镶嵌异常血流束，由降主动脉经动脉导管进入肺动脉。

3. CT 和 MRI（图 5-23）　增强 CT 能直接显示未闭动脉导管。心电门控 MRI 自旋回波序列 T_1 加权像显示未闭动脉导管，位于主动脉降部内下壁与左肺动脉起始段上外壁之间，呈管状或漏斗状无信号或低信号。电影 MRI 有利于显示窄细的未闭动脉导管，表现为无信号或低信号血流束，并可显示血流的喷射方向。

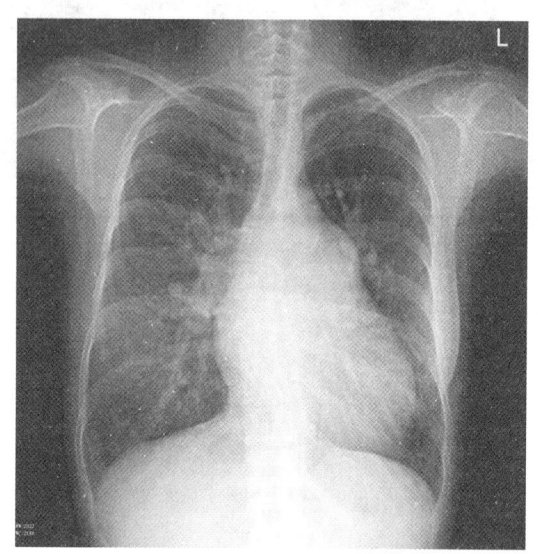

图 5-22　动脉导管未闭的 X 线摄影正位片

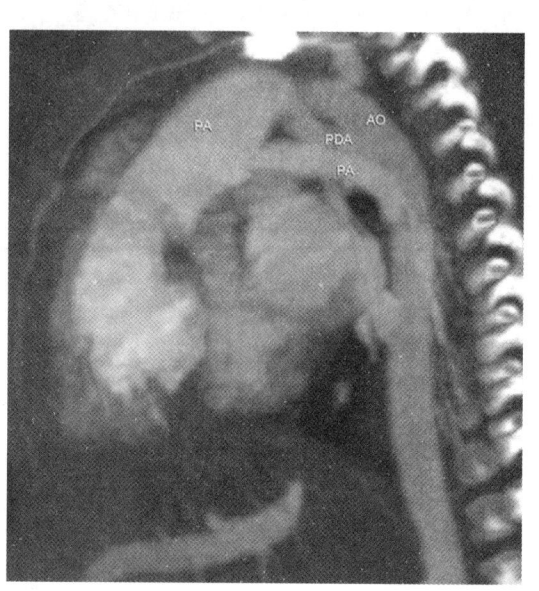

图 5-23　MSCT 增强扫描后最大强度投影显示动脉导管未闭

PA：肺动脉；PDA：动脉导管未闭；PD：动脉导管；AO：主动脉

4. X 线心血管造影　主动脉弓降部对比剂显影后，见对比剂经未闭的动脉导管，从降主动脉进入主肺动脉，使主肺动脉早期显影为主要征象。动脉导管主动脉端呈漏斗样扩张，主动脉弓和升主动脉增宽，降主动脉远端对比剂浅淡。

【鉴别诊断】

本病的临床表现、血流动力学改变均与主-肺动脉间隔缺损类似，后者是胚胎期升主动脉与肺动脉分隔不完全引起升主动脉与肺动脉直接相通，X 线平片无漏斗征、主动脉结不大，其他影像学检查（尤其是 MRI）能直接显示间隔缺损为其鉴别要点。

四、法洛四联症

法洛四联症（tetralogy of Fallot，TOF）是最常见的先心病复杂畸形，居发绀型先心病的第一位，约占全部先心病的 12%～14%。

【病理与临床表现】

按照经典的定义，法洛四联症由肺动脉狭窄、室间隔缺损、主动脉骑跨和右心室肥厚四种畸形组成，其中肺动脉狭窄和室间隔缺损是最主要的畸形。约 40% 的病例合并其他畸形，合并房间隔缺损者称为"法洛五联症"。

肺动脉狭窄以漏斗部或漏斗部合并肺动脉瓣和（或）肺动脉狭窄最常见，约 50% 的患者合并肺动脉瓣二瓣畸形，右心室肥厚是右心室流出道狭窄的继发改变。

血流动力学异常取决于肺动脉狭窄程度和室间隔缺损的大小及相互关系。如肺动脉狭窄程度较轻者可为双向分流或主要为左向右分流，患者缺氧和发绀程度较轻；反之，肺动脉狭窄程度较重者右心室射血阻力较大，主要通过室间隔缺损形成右向左分流，患者缺氧、发绀程度较重。

发绀为患者的主要临床表现，多在出生后4~6个月出现。其次还有发育迟缓，喜蹲距，劳累后气急，杵状指（趾），严重者出现缺氧性晕厥。查体：胸骨左缘第2~3肋间可闻及响亮的收缩期杂音，多伴有震颤，肺动脉瓣第二心音减低或消失。心电图示不同程度的右心室肥厚表现。

【影像学表现】

1. X线平片 典型者心脏呈"靴"型，肺血减少，肺门血管细小，心腰部凹陷，心尖圆钝、上翘，右心室增大。主动脉升部、弓部增宽、凸出，25%~30%者合并右位主动脉弓（图5-24）。

2. 超声心动图 二维超声心动图示右心室增大，主动脉增宽，室间隔回声不连续；主动脉短轴切面示右心室流出道及主肺动脉内径变窄；左室短轴切面示左心室相对较小，主动脉骑跨。M型超声心动图可见主动脉前后径增宽，位置前移，主动脉前壁与室间隔不连续，主动脉骑跨于室间隔之上，肺动脉狭窄，右心室前壁增厚，右心室流出道缩窄。连续多普勒可见位于基线以下的倒"匕首"型频谱，最高峰值流速出现在收缩晚期。彩色多普勒示左、右心室的血流均进入主

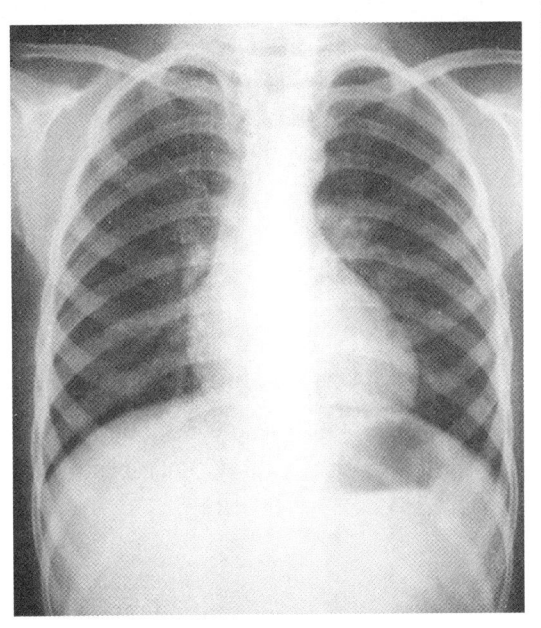

图5-24 法洛四联症的X线摄影正位片

动脉，心室水平有双向分流的血流信号，右心室流出道及主肺动脉内有五彩镶嵌的高速血流束。

3. CT和MRI CT和MRI均可显示右心室流出道狭窄，肺动脉发育不全、变细，右心室壁增厚，室间隔缺损，升主动脉增宽、前移并骑跨（图5-25）。

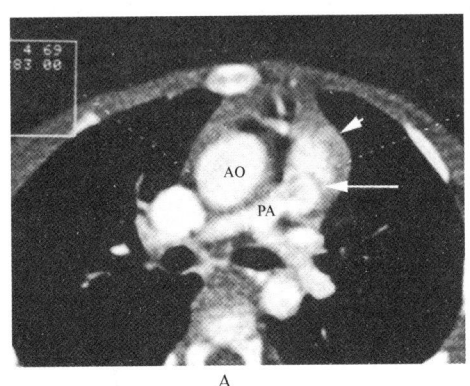
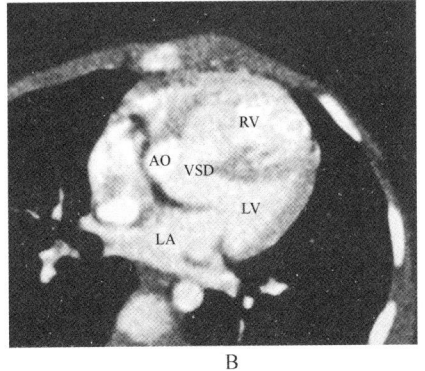

图5-25 法洛四联症的CT增强扫描

A. 肺动脉发育细小，肺动脉瓣增厚（长白箭），提示瓣膜狭窄，右心室流出道增厚（短白箭）；B. 主动脉骑跨和室间隔缺损

AO：主动脉；PA：肺动脉；RV：右心室；LV：左心室；LA：左心房；VSD：室间隔缺损

4. X线心血管造影 右心造影示收缩期左心室及主动脉早期显影，心室水平出现双向分流，主动脉骑跨在室间隔之上，升主动脉扩张，右心室漏斗部狭窄，肺动脉及其分支细小。

【诊断与鉴别诊断】

法洛四联症主要应与室间隔缺损合并肺动脉闭锁鉴别，后者在X线胸片上肺门区无明

确肺动脉干影，局部见紊乱的血管影，主动脉结和右心室显著增大，MRI 检查有助于两者鉴别。

五、影像学检查方法的选择

在无创评价先天性心脏病的影像学技术中，X 线摄片是必需的常规检查，而经胸超声心动图检查是最常应用的，特别是对于新生儿和儿童，由于他们狭小的胸腔提供了最佳的观察声窗，同时，简便易行和无辐射性使其成为先天性心脏病最主要的成像方法。超声检查对简单的先天性心脏病如房、室间隔缺损和动脉导管未闭等多数能提供明确诊断。复杂先天性心脏病有时需要进一步检查来明确诊断和为治疗提供细节的信息，包括手术依据等。

超声检查对大多数心腔内畸形多可明确显示，但对于心脏外的解剖显示受限，例如主动脉弓降部血管、体肺侧支血管、冠状动脉血管的发育情况等。多排螺旋 CT 和 MRI 被视为先天性心脏病的二线检查手段，两者比较 MRI 技术因无 X 线辐射而成为更理想的方法。MRI 能对心脏功能和结构进行量化分析，应用对比剂后 MR 血管成像很适合评价大血管形态学异常和冠状动脉起源、近段血管走行和管腔情况，MR 延迟对比增强技术判断心肌活性在合并有心肌灌注不足者或先天性冠状动脉异常的先天性心脏病患者中有一定价值。另外，MRI 还可评估瓣膜功能，测定反流和狭窄程度，为临床决策提供依据。

心血管造影至今仍是诊断的金标准，但辐射剂量和对比剂用量较大，属于有创检查，一般认为在超声、CT 或 MRI 检查后不能满足诊断，且需要测定血流动力学指标时采用。

第五节　获得性心脏病

一、风湿性心脏病

风湿性心脏病分为急性风湿性全心炎和慢性风湿性瓣膜病。前者可累及心包、心内膜、心肌，以心肌受累最重，影像学检查缺乏特异性。后者为急性期后遗的慢性心脏瓣膜损害（包括：纤维化、粘连、缩短、黏液样变和缺血性坏死等），导致瓣膜开闭功能障碍。病变可累及任何瓣膜，但以二尖瓣受累最常见，其次为主动脉瓣和三尖瓣。本病常见于 20～40 岁的青壮年。

【病理与临床表现】

1. 二尖瓣狭窄（mitral stenosis，MS）最为常见。病理表现为瓣叶增厚，交界处粘连，开放受限，形成瓣口狭窄。二尖瓣狭窄使左心房压力增高，导致左心房扩大和肺循环阻力增加，最后产生肺循环高压。因右心负荷加重，使右心室肥厚、右心室腔扩大，最终导致右心衰竭。

患者主要临床表现为易疲劳、气短、心悸，重者可出现咯血、呼吸困难、下肢水肿及端坐呼吸，颊部发绀变色为典型的"二尖瓣面容"。查体：心尖部可闻及响亮的舒张期杂音伴震颤，肺动脉瓣第二心音亢进，脉搏不规则。心电图有宽大的双峰 P 波，左心房增大，右心室肥厚。

2. 二尖瓣关闭不全（mitral insufficiency，MI）主要病理表现为瓣叶、乳头肌和腱索的缩短及相互粘连，使瓣膜不能正常关闭。二尖瓣关闭不全引起左心室收缩时血液向左心房反流，左心房、左心室均增大，继而导致肺循环高压。二尖瓣关闭不全往往与二尖瓣狭窄并存。

患者主要临床表现为乏力、气急、心悸及左心功能不全。查体：心尖部闻及粗糙的全收缩期吹风样杂音，向左腋中线传导，同时可扪及收缩期震颤，第一心音减弱，脉搏不规则。

3. 主动脉狭窄（aortic stenosis，AS）主动脉瓣叶相互粘连、融合，使瓣口开放受限，引起收缩期左心室后负荷增加，左心室壁代偿性肥厚，至失代偿期出现左心室扩大，心肌氧耗量增加，冠状动脉供血不足，最终导致充血性心力衰竭。

患者主要临床表现为呼吸困难、乏力、心绞痛和晕厥。查体：主动脉瓣区可闻及3级以上向颈部传导的收缩期杂音，第二心音减弱，并可触及收缩期震颤。心电图示左心室高电压、肥厚，严重者可出现T波倒置（劳损型），偶有左束支传导阻滞。

4. 主动脉瓣关闭不全（aortic insufficiency，AI） 常与二尖瓣病变并存。主动脉瓣环扩大，瓣叶缩短、变形，致主动脉瓣在舒张期不能正常关闭为其主要病理改变。由于舒张期主动脉血液向左心室内反流，使左心室容量负荷增加，致左心室扩大，最终亦引起左心衰竭。

患者主要临床表现为劳力性乏力、呼吸困难、心悸和心绞痛，晚期可出现心功能不全。查体：主动脉瓣区闻及舒张期哈气样杂音，第二心音减弱或消失；有"水冲脉"、"枪击音"和脉压增大等周围血管征。心电图示左心室高电压、肥厚。

【影像学表现】

(一) X线平片

1. 二尖瓣狭窄 单纯典型MS者心脏呈"二尖瓣"型，可见肺淤血表现，重者出现间质性肺水肿或肺循环高压的征象；主动脉结缩小，肺动脉段凸出；左心房及右心室增大；部分病例可见二尖瓣区和左心房壁钙化（图5-26）。

2. 二尖瓣关闭不全 心脏呈"二尖瓣"型，肺淤血程度较单纯二尖瓣狭窄减轻，左心房、左心室、右心室增大。

3. 主动脉瓣狭窄 心脏多呈"主动脉"型，主动脉结大，心腰凹陷，左心室增大，心尖圆隆，升主动脉中段局限性扩张，部分患者可见主动脉瓣区钙化。

4. 主动脉瓣关闭不全 主动脉瓣关闭不全多与二尖瓣病变并存。心脏呈主动脉型，可有肺淤血，主动脉结凸出，左心房、左心室增大。

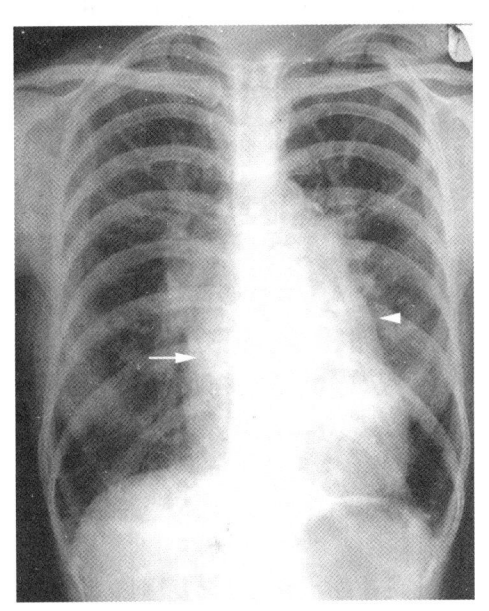

图5-26 二尖瓣狭窄的X线正位摄影

正位胸片示双肺纹理增多、模糊，呈肺淤血表现，右心缘见凸出的左心房影（长箭头），左心缘见第3弓（三角箭头）

(二) 超声心动图

1. 二尖瓣狭窄（彩图5-27） 二维超声心动图示舒张期二尖瓣开放受限，瓣叶增厚、钙化，左心房内常见附壁血栓，腱索增粗、缩短及融合；二尖瓣口缩小呈"鱼口状"或"一"字形，并可测量瓣口面积。M型超声心动图示二尖瓣前叶回声增粗、增强，EF斜率减低，A波消失呈"城墙样改变"，二尖瓣前、后两叶平行上移。多普勒超声心动图示舒张期瓣口有高速喷射血流。

2. 二尖瓣关闭不全 二维和M型超声心动图表现为瓣叶增厚、有赘生物附着和钙化，收缩期瓣口不能闭合。多普勒超声心动图在二尖瓣口的左心房内有反向血流频谱。彩色多普勒显示左心房内有起自二尖瓣口的五彩镶嵌色反流束。

3. 主动脉瓣狭窄 二维超声心动图示瓣叶回声增强、增粗、钙化，开放受限，形态不规则，并可测量瓣口面积。M型超声心动图可见主动脉瓣呈多层回声增强，彩色多普勒收缩期主动脉瓣口可见五彩镶嵌血流束从主动脉瓣口喷射进入升主动脉。

4. 主动脉瓣关闭不全 二维超声心动图可见瓣口关闭受限，瓣叶增厚、钙化，可见团块状赘生物回声。M型超声心动图表现为舒张期主动脉瓣不能合拢，瓣间裂隙大于3mm。彩色多普勒超声心动图示舒张期有起自主动脉瓣的五彩镶嵌反流信号进入左心室流出道，可达心尖部。

(三) CT

CT 平扫可显示瓣膜和左房壁钙化；增强 CT 可显示瓣叶增厚和心腔内的附壁血栓，动态电影观察可显示瓣叶开放受限和瓣口狭窄，但对瓣膜关闭不全的观察受限。

(四) MRI

1. 二尖瓣狭窄　SE 序列 T_1WI 可见左心房明显扩大和右心室肥厚，左心房内多呈中至高信号，为淤滞的血流所致；而左心房内的血栓则呈高信号。MRI 电影显示舒张期左心室内有起自左心房经二尖瓣口向左心室内喷射的无信号血流束。

2. 二尖瓣关闭不全　SE 序列 T_1WI 显示左心房和左心室增大。MRI 电影显示收缩期左心房内可见起自左心室经二尖瓣口的低信号反流束，重者可延伸至左心房后壁。

3. 主动脉瓣狭窄　SE 序列 T_1WI 显示左心室壁呈向心性肥厚，信号均匀，升主动脉扩张，以中段为著，主动脉瓣叶增厚，信号强度较低。MRI 电影显示心室收缩期可见起自左心室、经主动脉瓣口向升主动脉内喷射的低信号血流束，根据该血流束的长度和宽度，可评估狭窄程度及跨瓣压差。

4. 主动脉瓣关闭不全　T_1WI 示升主动脉扩张，左心室扩大，可伴有室壁肥厚。MRI 电影显示心室舒张期可见起自主动脉瓣口、向左心室腔内反流的低信号血流束。

(五) X 线心血管造影

双斜位左心室造影显示二尖瓣狭窄者，心室舒张期二尖瓣口可见类圆形、边缘清楚的"圆顶状"充盈缺损，凸向左心室内，提示二尖瓣叶粘连，开放受限。二尖瓣关闭不全者，收缩期可见对比剂经二尖瓣口反流进入左心房。主动脉瓣狭窄者，心室收缩期主动脉口不能正常开放，变形呈"鱼口状"或幕状，凸向升主动脉，血流经狭窄瓣口喷入升主动脉（即"喷射"征），升主动脉中段呈梭形扩张。主动脉瓣关闭不全者，心室舒张期可见对比剂自升主动脉经主动脉瓣口向左心室内反流。

【影像学检查方法的选择】

在评价心脏瓣膜疾病的影像学技术中，X 线摄片是必需的初步检查。诊断瓣膜疾病应包括瓣膜病变和血流动力学异常的信息，超声心动图因在此两方面均具有优势而成为首选。多排螺旋 CT 适用于评价瓣膜钙化和钙化积分、观察肺部和纵隔病变和显示左心房血栓，对于需了解有无合并冠心病的患者，多排螺旋 CT 是非常有价值的筛查手段。MRI 可评价患者心肌、心脏功能，测定反流和狭窄程度。心血管造影辐射剂量和对比剂用量较大，属于有创检查，一般认为在需要测定血流动力学指标或部分拟行瓣膜置换术的患者术前排除冠心病时采用。

二、冠状动脉粥样硬化性心脏病

冠状动脉粥样硬化性心脏病（coronary atherosclerotic heart disease）简称冠心病（coronary heart disease，CHD），是指冠状动脉粥样硬化使血管腔狭窄、阻塞导致心肌缺血、缺氧而引起的心脏病，是一种严重危害人类健康的常见病和多发病。

【病理与临床表现】

冠状动脉粥样硬化斑块病变位于血管内膜，主要累及冠状动脉主干及其近端较大分支。当冠状动脉狭窄超过 50% 时，患者于负荷状态下出现心肌缺血、缺氧，冠状动脉严重狭窄或者完全闭塞，则导致心肌梗死。根据梗死部位心肌梗死可分为心内膜下和透壁性两种，前者梗死区局限于心内膜下，后者的梗死区超过心肌厚度的 1/2 以上。若梗死累及乳头肌或室间隔，可造成乳头肌断裂、室间隔穿孔，大面积心肌梗死可引起室壁瘤和心室破裂。

患者的主要临床表现为心绞痛，急性心肌梗死者出现心前区剧烈疼痛、严重心律失常和心源性休克，陈旧性心肌梗死者主要表现为劳力性呼吸困难、端坐呼吸、不能平卧等心功能不全的症状。

【影像学表现】

1. X线平片　不能直接观察冠状动脉病变。部分患者可有心影增大，出现肺淤血或肺水肿时提示心功能不全。室壁瘤可表现为左室缘局限性膨凸，甚至左室壁钙化。

2. 超声心动图　能直接显示缺血或梗死心肌出现的节段性室壁运动异常、分析心功能变化。血管内超声成像可观察冠状动脉血管壁斑块形态，分析斑块性质，判断斑块稳定性。

3. CT　平扫可显示冠状动脉钙化，表现为沿冠状动脉走行的斑点状、条索状、双轨形或不规则形的面积≥2mm² 的高密度影，CT值>130Hu，根据CT峰值和钙化面积的积分值可作出钙化的定量分析（图5-28）。

冠状动脉钙化积分对预测冠状动脉狭窄有一定价值。冠状动脉CTA检出直径狭窄率在50%以上的冠状动脉病变具有很高的阴性预测值，是冠心病的重要筛查手段之一（图5-29）。CT对冠状动脉支架置入和冠状动脉旁路移植（搭桥）术后随访也有重要价值（图5-30、图5-31）。主要不足是受检者接受的X线辐射剂量较高，冠状动脉严重钙化时影响狭窄程度判断的准确性。

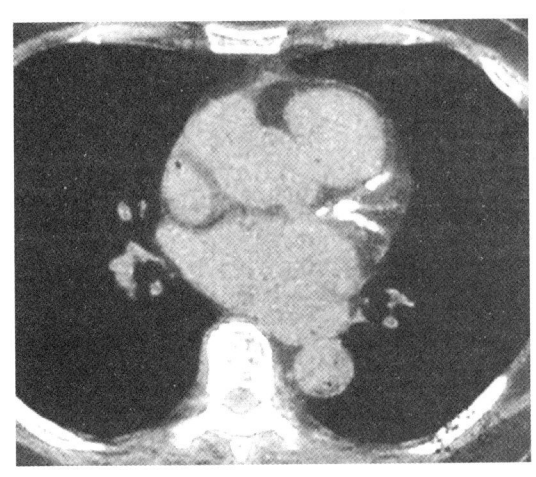

图 5-28　冠状动脉CT平扫显示左侧冠状动脉血管行程内有显著钙化斑

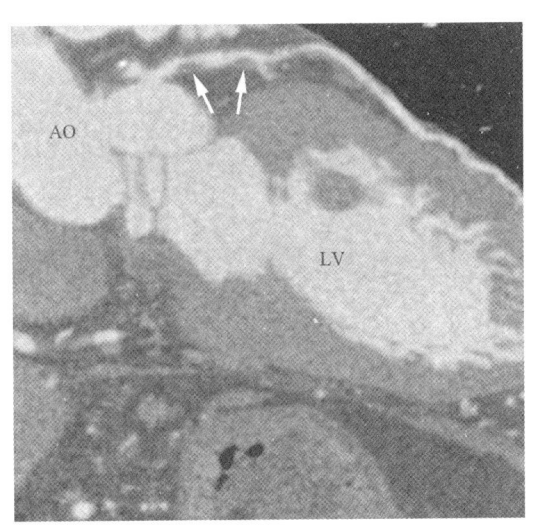

图 5-29　冠状动脉CTA曲面重组显示左主干和前降支近段内非钙化斑块伴血管腔狭窄（箭头）

AO：主动脉；LV：左心室

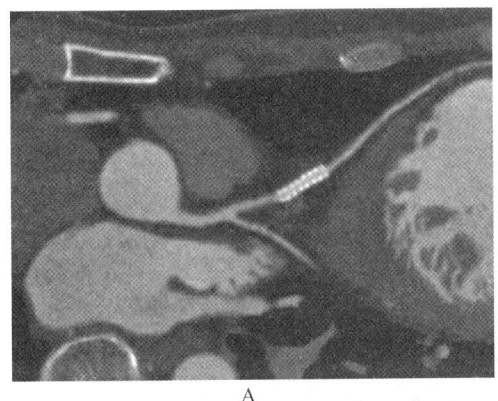

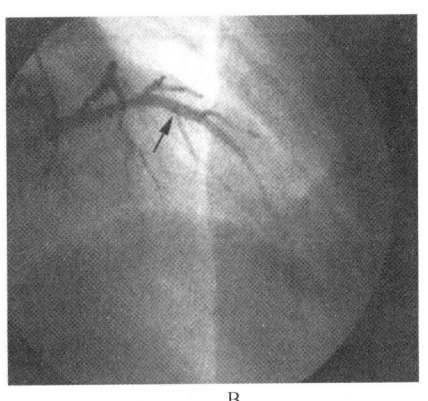

图 5-30　冠状动脉支架置入术后随访

A. CTA曲面重组显示前降支近段内支架通畅；B. X线冠状动脉造影显示支架通畅（箭头），与CTA所见一致

此外，CT增强检查还可分析心功能，动态观察室壁运动和瓣膜运动。心肌缺血时可表现为心肌密度减低，伴心肌变薄时提示为心肌梗死。

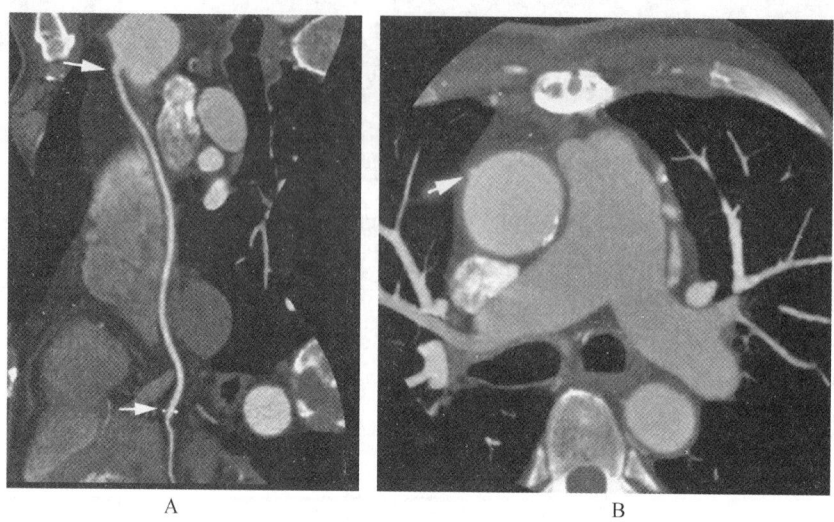

图 5-31 冠状动脉旁路移植术后随访
A. CTA 曲面重组显示一支主动脉-右侧冠状动脉大隐静脉桥，近端吻合口和远端吻合口通畅（箭头）；
B. 横断面显示另一支桥血管开口处闭塞（箭头）

4. MRI 急性心肌梗死者，梗死心肌呈高信号，以 T_2WI 更明显，室壁局限性变薄，收缩期增厚率降低（小于 30%），相邻心腔内可见淤滞血流所致的高信号，电影 MRI 显示室壁运动显著减弱，增强扫描梗死区延迟强化。陈旧性心肌梗死者梗死节段心肌变薄，呈低信号，以 T_2WI 更清楚，其他征象与急性心肌梗死相同。合并室壁瘤者，心室壁病变范围较大，收缩期室壁向外局限性膨凸。急性期瘤壁呈高信号，陈旧期呈低信号，病变节段室壁收缩期增厚率消失，电影 MRI 显示局部运动消失或呈反向运动，可见附壁血栓，通常 T_1WI 呈较高信号，T_2WI 呈等信号至高信号。

采用药物或运动负荷试验进行心肌灌注扫描可显示无心肌梗死的心肌缺血，常用负荷药物有双嘧达莫（潘生丁）和腺苷，经静脉注射 Gd-DTPA 后进行梯度回波快速扫描，电影显示对比剂依次充盈右心室、肺动脉、左心室和左心室壁，缺血心肌表现为心肌灌注延迟、稀疏或缺损，室壁运动减弱。注入对比剂 15min 后延迟扫描，T_1WI 显示高信号的区域则为梗死心肌。运用 MRI 延迟增强判断心肌活性已经在临床得到应用（图 5-32）。

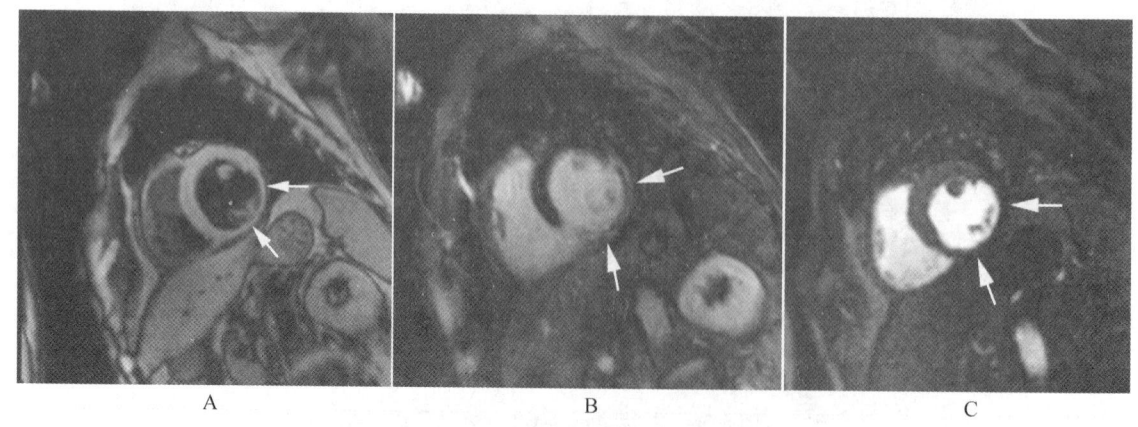

图 5-32 急性心肌梗死的 MRI 左心室中部短轴位成像
A. 左心室后壁、后间隔壁和后侧壁大范围梗死，局部心肌变薄（箭头）；B. 首过灌注显示梗死心肌灌注减低（箭头）；
C. 增强后延迟扫描梗死心肌呈延迟强化（箭头）

5. X线心血管造影　冠状动脉造影能清楚显示冠状动脉病变，表现为：①边缘光滑的充盈缺损和向心性狭窄，提示为内膜表面完整的斑块或管壁增厚。②边缘不规则的狭窄，尤其在充盈缺损基础上的龛影或腔内低密度区或杯口样阻塞等，提示为斑块裂解、溃疡和血栓形成等。此外，可见冠状动脉瘤样扩张、夹层等改变，管腔闭塞者还可显示侧支血管。发现冠状动脉狭窄，局部注入硝酸甘油后若血管扩张，则提示为冠状动脉痉挛。左心室造影可以显示室壁运动局部减弱，室壁瘤内呈充盈缺损的附壁血栓，以及心肌梗死其他并发症的相应表现。

6. 核素检查　心肌缺血在运动负荷试验呈可逆性灌注缺损，而心肌梗死则表现为不可逆性灌注缺损。

【影像学检查方法的选择】

冠心病的诊断需要包括判断冠状动脉狭窄程度和累及范围、是否合并心肌缺血或梗死、冠状动脉血流储备、斑块稳定性等多方面的内容，各种影像学方法各有优势，临床上应根据需要优化应用。

X线平片不用于检查冠心病，但对评估病情和预后有一定价值。多排螺旋CT是筛查冠状动脉病变很有价值的无创手段，但需严格掌握适应证。CT对支架置入和桥血管重建术后的随访有重要价值。MRI能准确分析心功能，评价室壁运动状态，同时能进行心肌灌注和心肌活性分析。超声心动图评价室壁运动和心脏功能简便易行，血管内超声成像可观察冠状动脉血管壁斑块形态，分析斑块性质，判断斑块稳定性。X线冠状动脉造影是诊断冠状动脉狭窄程度、部分和范围的金标准，是冠心病患者进行手术和介入治疗前适应证筛选的重要手段。核素检查是判断心肌缺血和心肌活性最可靠的方法。

三、肺源性心脏病

肺源性心脏病（pulmonary heart disease，PHD）是指胸肺疾病或肺血管病变引起的心脏病（简称肺心病），主要表现为肺动脉高压、右心室增大或右心功能不全，是我国的常见病、多发病之一。好发于40岁以上，男女发病率相近。

【病理与临床表现】

胸肺疾病和肺血管病变是肺心病的病因，以慢性支气管炎和肺气肿常见，支气管扩张、硅沉着病（矽肺）、弥漫性肺结核等亦可引起本病。近年来继发于血管病的肺动脉高压、肺心病有逐年上升趋势。

右心室肥厚是病理诊断肺心病的依据，以右心室流出道前壁厚度超过5mm为标准。

患者主要临床表现为咳嗽、咳痰、心悸、咯血等；出现心肺功能不全时，可出现气急、发绀、呼吸困难、颈静脉怒张、肝大、腹水和下肢水肿。体检可见桶状胸，闻及干湿啰音、肺动脉瓣第二心音亢进和三尖瓣区收缩期杂音。心电图示肺性P波，右心室肥厚表现，右束支传导阻滞。

【影像学表现】

1. X线平片　在慢性胸肺和肺血管疾病的基础上出现肺动脉高压、右心室增大和（或）右心衰竭的X线征象（图5-33）。

2. 超声心动图　二维及M型超声心动图示右心

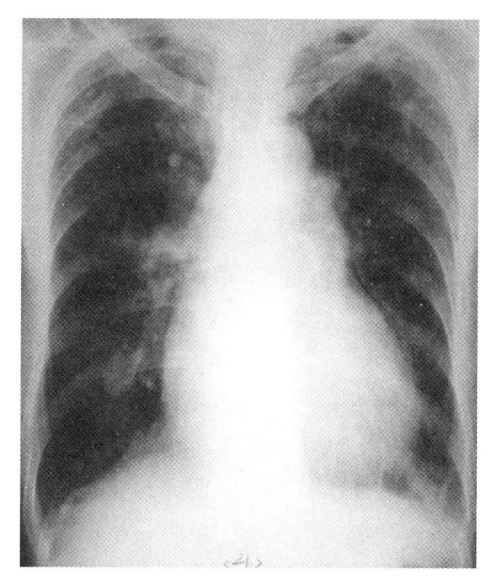

图5-33 肺气肿并发肺源性心脏病的正位X线摄影

室扩大,右心室流出道增宽,右心室前壁增厚,厚度大于 5mm,室间隔搏动幅度降低,肺动脉扩张,内径超过升主动脉。肺动脉瓣曲线 α 波低平,深度<2.0mm。多普勒超声心动图示主肺动脉血流频谱峰值流速前移,血流加速时间缩短,速度加快,加速时间与射血时间比值缩短,可见肺动脉瓣及三尖瓣反流。

3. CT 平扫可显示胸肺原发病变。增强扫描可见右心房、右心室扩大,肺动脉干及中心肺动脉扩张。

4. MRI SE 序列 T_1WI 显示右心室及室间隔肥厚,肺动脉及其分支扩张,收缩期肺动脉内血液呈高信号,右心房亦可扩大,腔静脉扩张。MRI 电影在右心室收缩期和舒张期分别可见三尖瓣和肺动脉瓣的反流低信号,并可以观察右心室收缩-舒张功能及肺动脉的血流变化。

5. 核素肺通气和肺灌注显像 慢性肺血管疾病如肺动脉栓塞主要表现为肺叶或肺段分布的灌注缺损,而无相应的通气异常。

【鉴别诊断】

本病在 X 线平片上需要与左向右分流的先心病相鉴别,其共同具有肺动脉段突出和右心房室增大的表现。鉴别诊断困难时,可选择进一步检查协助。

【影像学检查方法的选择】

肺源性心脏病的诊断包括原发胸肺疾患和其所导致的心血管病理变化,影像学检查中 X 线平片仍是最基本和重要的方法,超声心动图和放射性核素显像是重要的补充手段。

四、原发性心肌病

原发性心肌病系指由各种不同原因(常为遗传原因)引起的一组心肌异质性疾病,伴有心肌机械和(或)心电活动障碍,常表现为心室异常肥厚或扩张,可导致心功能不全和死亡。最新的分类将原发性心肌病分为遗传性、混合性和获得性,其中遗传性心肌病的主要类型是肥厚型心肌病,而扩张型心肌病和限制型心肌病则属于混合性心肌病。

(一)扩张型心肌病

扩张型心肌病(dilated cardiomyopathy,DCM)多见于青壮年男性。

【病理与临床表现】

根据受累部位扩张型心肌病可分为左室型(最常见)、右室型和双室型 3 个亚型。病理检查显示:心肌纤维排列正常,受累心肌细胞直径不大,细胞核肥大,可有坏死和间质纤维化,致心室收缩功能下降,舒张末期心室容量和压力增加,心室腔扩张,可并发附壁血栓。本病的主要临床表现为反复出现心力衰竭、心律失常或心脏扩大。

【影像学表现】

1. X 线平片 心脏多呈普大型或主动脉型,主动脉结正常,心腰凹陷,可见各房室均增大或以左心室增大为主,部分患者有肺淤血或间质性肺水肿。上述 X 线表现无特征性,应注意结合其他临床资料,排除能引起上述改变的其他疾病后,才能作出本病的诊断。

2. 超声心动图 M 型和二维超声心动图均可显示各心腔扩大,多以左心室扩大最为显著(左室型)。室间隔和左心室后壁的厚度明显变薄,以室间隔更明显,室壁运动普遍减弱,收缩期增厚率下降。

3. CT 和 MRI 增强扫描 可见心脏扩大,以左心室为主,横径增大较长径明显。心室壁密度或心肌信号强度无明显改变,室壁厚度大致正常,但室壁增厚率普遍下降或消失,室壁运动普遍减弱甚至消失。增强后延迟扫描室壁心肌中层内可见线条状延迟强化(图 5-34)。

本病通常无需进行 X 线心血管造影检查。

【鉴别诊断】

扩张型心肌病应与缺血性心肌病相鉴别,后者室壁呈不均匀广泛变薄,变薄节段 MRI 呈

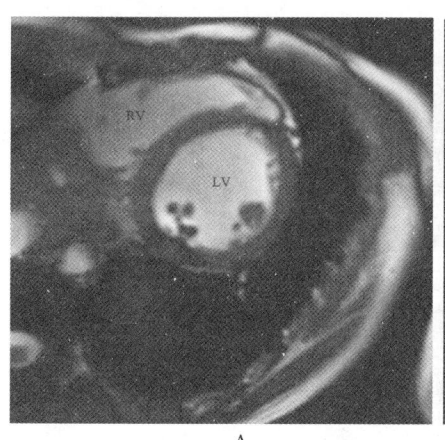 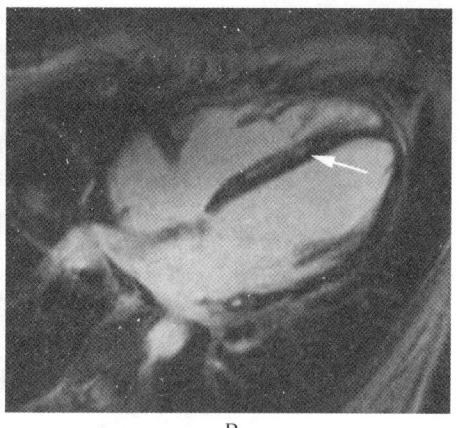

图 5-34 扩张型心肌病的 MRI 成像
A. 亮血序列左心室中部短轴位显示左心室扩张，未见心肌变薄；B. 增强后延迟扫描间隔
心肌中层内可见线条状延迟强化（箭头）
LV：左心室；RV：右心室

低信号，室壁运动异常呈节段性改变，为二者的鉴别诊断要点。必要时还可进行 CTA 或 X 线冠状动脉造影检查以排除冠心病。

（二）肥厚型心肌病

肥厚型心肌病（hypertrophic cardiomyopathy，HCM）多见于青少年，无性别差异。

【病理与临床表现】

肥厚型心肌病按照其有无左室流出道狭窄及左心排血受阻，可分为梗阻型和非梗阻型两个亚型。病变主要累及左心室，部分病例右心室可受累。病变可累及左心室任何节段，但以肌部室间隔肥厚最为常见，致心腔缩小、变形。镜下可见心肌细胞及细胞核异常肥大、变性，肌纤维排列紊乱，并见灶性间质纤维化。其病理生理改变主要为非对称性室间隔肥厚致左心室流出道狭窄，左心室排血受阻；同时，心肌肥厚、变硬致顺应性减低，左心室舒张功能受限。

患者常有心悸、气短、头晕等症状，少数病例出现晕厥，甚至猝死。胸骨左缘或心尖部闻及收缩期杂音，心电图示左心室或双心室肥厚表现、传导阻滞、ST-T 改变和异常 Q 波等。

【影像学表现】

1. X 线平片　心脏通常不大或仅左心室轻度增大，肺血正常。
2. 超声心动图　M 型和二维超声心动图可直接显示室间隔增厚、左心室流出道狭窄（<20mm）以及收缩期二尖瓣前叶向前运动，多普勒超声可以计算狭窄前后的压差。
3. CT 和 MRI　室间隔肥厚，舒张末期增厚心肌与左心室后壁的比值≥1.5，T_1WI 上肥厚心肌多呈均匀中等信号强度，T_2WI 可见中等信号中混杂点状高信号。左心室腔变形缩小，肥厚节段的室壁心肌增厚率下降，左心室整体收缩功能正常或增强。MSCT 的优势在于诊断肥厚型心肌病的同时还可以判断有无合并冠状动脉狭窄，对评估患者预后和指导治疗有重要价值（图 5-35）。

通常本病无需进行 X 线心血管造影检查。

（三）限制型心肌病

限制型心肌病（restrictive cardiomyopathy，RCM）以心内膜心肌纤维化（endomyocardial fibrosis，EMF）为代表，主要见于非洲湿热地区的青少年儿童。

【病理与临床表现】

病变主要累及心室流入道，尤以心尖和房室瓣环下部为重，心内膜增厚，乳头肌和腱索受

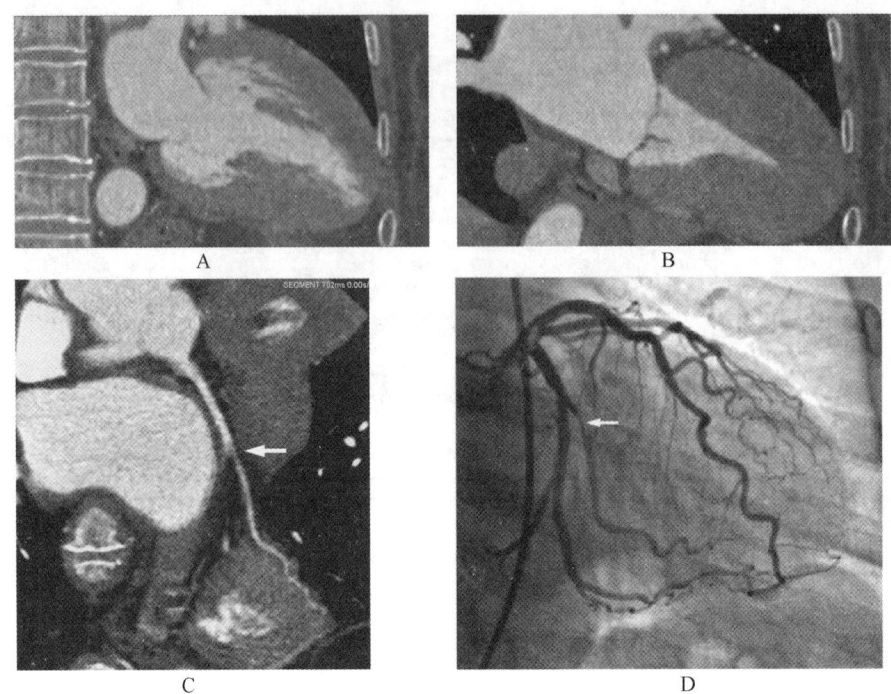

图 5-35 肥厚型心肌病的 MSCT 增强扫描并与 X 线血管造影对照
A. MSCT 增强扫描后舒张末期重组左心室垂直长轴位显示左心室心尖部心肌肥厚伴心腔变形，心尖部心腔明显变窄；B. 收缩末期重组左心室垂直长轴位显示左心室心尖部肥厚心肌增厚率减低，心尖部心腔闭塞；C. MSCT 冠状动脉成像曲面重组显示钝缘支近端中度狭窄（箭头）；D. X 线血管造影显示钝缘支近端中度狭窄，与 MSCT 所见一致（箭头）

累移位。流入道内膜面可有附壁血栓，血栓和内膜均可发生钙化，呈斑片状。

心内膜心肌纤维化根据受累部位不同分为右室型、左室型和双室型 3 个亚型，以右室型较常见，双室型次之，左室型最少见。右室型者主要临床表现为肝大、腹水；左室型常有呼吸困难、胸痛等症状，双室型兼有二者的表现。

【影像学表现】

1. X 线平片

（1）右室型：心脏呈普大型，右心房显著增大，上腔静脉扩张，肺血减少。

（2）左室型：X 线平片所见与心脏瓣膜疾病二尖瓣狭窄类似，但是左心房增大不明显。

（3）双室型：心脏多明显增大，以右心房、室为主，兼有上述两型的特点。

2. 超声心动图 可见右心房显著扩大，右心室流入道缩短，心尖处的心腔狭小甚至闭塞，流出道扩张。

3. CT 和 MRI 心室流入道短缩变形，心尖闭塞或圆隆，心室流出道扩张，心内膜面凹凸不平，可见钙化灶。心室壁普遍增厚，室壁运动减弱。心房高度扩张，收缩-舒张期心房内径几乎无变化。梯度回波电影 MRI 显示房室瓣中至大量反流。

【诊断与鉴别诊断】

限制型心肌病的临床表现、心电图改变，甚至心导管及心血管造影所见均与缩窄性心包炎相似，超声心动图也常常难以区分两者。CT 和 MRI 可清楚显示心包，对鉴别诊断有重要意义。

【影像学检查方法的选择】

X 线平片对扩张型心肌病具有初步筛选诊断的价值，但诊断肥厚型心肌病和限制型心肌病则价值有限。超声心动图简便易行，诊断准确性高，是首选的方法，但对肥厚型心肌病亚型的诊断价值有限。MRI 的大视野、多体位成像，直接显示心腔和心肌的形态变化及其功能改变对诊断心肌病有很高的临床价值。多排螺旋CT是诊断心肌病的二线检查方法,主要应用于心肌病与冠心病的鉴别诊断或判断是否合并冠心病。放射性核素和心血管造影,除非有特定的临床适应证,均已很少应用。

第六节 心包炎和心包积液

心包炎（pericarditis）是最常见的心包疾病,可由多种病因引起,心包积液（pericardial effusion,PE）常常是心包疾病的一部分,如果心包腔内液体超过50ml,则为心包积液。

【病理与临床表现】

临床上心包炎分急性和慢性两种,前者多为非特异性、结核性、化脓性和风湿性,常伴心包积液;后者多为急性炎症迁延,可发展为缩窄性心包炎。心包积液引起心包内压力升高,使心脏受压,心室舒张功能受限,导致心房和体、肺静脉回流受阻,静脉压力升高,终致心脏收缩期排血量减少,大量心包积液甚至可导致心脏压塞。

少量心包积液患者症状轻微或无症状,随积液量增加,患者出现乏力、发热、心前区绞痛,严重者有面色苍白、发绀、水肿和端坐呼吸。查体:心音遥远、心界扩大、颈静脉怒张、血压和脉压降低。心电图示T波低平或倒置、ST段抬高。

【影像学表现】

1. X线平片 心包积液量<300ml,X线平片可无异常改变。中等量以上积液主要表现为心脏呈球形或"普大"型,上腔静脉扩张,两侧心缘各弓分界不清,心膈角变钝（图5-36）,短期内动态观察心脏大小可有明显变化。

2. 超声心动图 二维及M型超声心动图显示,少量心包积液者左心室后壁后方可见液性无回声区。随积液量增加,心尖部、左心房后心包返折处均出现液性无回声区。根据心包积液的回声特点,有助于判断心包积液的性质,心包腔内出现较多纤维索带状回声为心包粘连的表现。

3. CT 心包积液的CT值一般为10～30Hu,CT值偏低提示为漏出液或乳糜液,偏

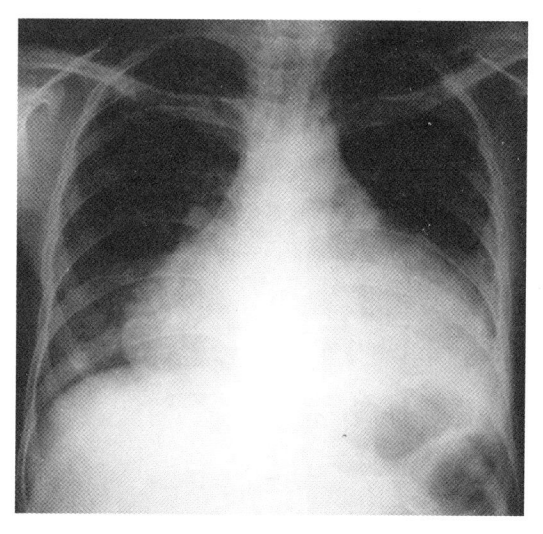

图5-36 心包积液的X线摄影正位片

高可能为血液或渗出液。心包增厚粘连时,可形成包裹性积液,表现为一个或多个孤立性液性腔隙,常位于心脏后方和右前方。

4. MRI 可见心包脏、壁层间距增宽,通常心包积液于T_1WI呈低信号、T_2WI呈高信号。根据T_1WI心包积液的信号表现,可判断心包积液的性质。浆液性积液呈均匀低信号,蛋白含量高的渗出性积液呈不均匀较高信号,血性积液呈高信号,肿瘤所致的积液呈不均匀混杂信号,其内部有结节状等信号影。MRI根据仰卧位检查心包脏、壁层间距的宽度,可作出积液的半定量评价:积液仅局限于左室后侧壁或右房侧壁外方为少量积液;延伸至左室后侧壁、右室前壁和左室心尖部外方为中等量积液;大量积液与中等量积液累及的部位相同,但是其脏-壁层心包的间距>25mm。

附：缩窄性心包炎

心包炎导致心包肥厚、粘连、纤维化和钙化,心包腔闭塞,代之以纤维瘢痕壳包绕心脏,即为缩窄性心包炎（constrictive pericarditis,CPC）。

【病理与临床表现】

本病心包脏-壁层广泛粘连、增厚，心包腔完全闭塞，部分出现心包钙化。病变使心脏不能充分舒张，心腔充盈障碍，导致体、肺静脉回流受阻，心脏排血量减低。多数患者有急性心包炎的病史，部分为隐匿发病，病因不明。呼吸困难、腹胀、水肿伴心悸、咳嗽、乏力和胸闷是常见症状。心电图示 QRS 波群低电压，T 波倒置或低平，二尖瓣 P 波等。

【影像学表现】

1. X 线平片　心脏形态多不规则，各弓分界不清，心缘僵硬，部分患者可见蛋壳状、弧线状钙化，多位于房室沟和右心房、右心室的表面（图 5-37A）。右心室舒张受限时肺血正常或减少，上腔静脉扩张，左心室舒张受限时可见左心房增大和肺淤血，可有胸腔积液和胸膜增厚、粘连。

2. 超声心动图　二维超声心动图表现为心室舒张受限，室腔缩小，心房扩大，但心室的内径尚在正常范围；室间隔运动异常，呈不规则左右摆动。M 型超声心动图示脏、壁层心包呈两条增厚的平行线状回声，其间距＞1mm，心包回声增厚，常＞4mm。多普勒超声心动图表现为心室舒张期血液充盈量减少和收缩期心室排血量不足等功能变化。

3. CT　心包增厚，厚薄不均，部分可见蛋壳状、弧线状或不规则形高密度钙化（图 5-37B）。左、右心房扩大，而左、右心室腔缩小，室间隔僵直，心腔大小随心动周期变化幅度明显下降。

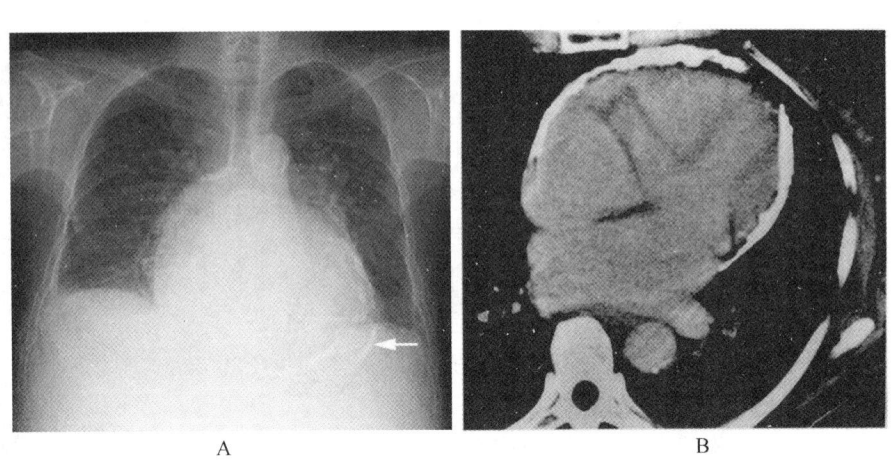

图 5-37　缩窄性心包炎
A. 正位 X 线片显示心包钙化（箭头）；B. CT 平扫显示心包钙化呈蛋壳状

4. MRI　SE 序列 T_1WI 可见脏、壁层心包分界不清，不规则增厚，呈中等信号，内部可见斑块状无信号或低信号区，提示为钙化灶。左、右心室腔缩小，室间隔僵直，心房扩大，腔静脉扩张。MRI 电影示心室舒张功能受限，心腔大小随心动周期改变不明显。

【鉴别诊断】

本病主要与限制型心肌病相鉴别。

【影像学检查方法的选择】

X 线平片诊断少量心包积液的价值有限，但对缩窄性心包炎，其可显示心包钙化和肺循环淤血，并对评估病变程度有一定帮助。超声是诊断心包疾病首选的影像学检查，尤其对于房室沟处心包缩窄和房室瓣狭窄的鉴别起决定作用。MRI 和 CT 均可直接显示心包结构及其异常改变，对于缩窄性心包炎和限制型心肌病的鉴别有重要价值，MRI 因无需应用对比剂、无 X 线辐射而更具有优势。

第七节 大血管病变

一、主动脉瘤

主动脉的病理性扩张称为主动脉瘤（aortic aneurysm，AA），病因主要有动脉粥样硬化、某些遗传性疾病（如马方综合征）、动脉炎、梅毒和外伤（假性动脉瘤多由外伤引起）等。

【病理与临床表现】

（一）主动脉瘤的分类

1. 按动脉瘤的形态分类

（1）梭形动脉瘤：瘤体呈梭形。

（2）囊状动脉瘤：瘤体呈囊袋状偏向一侧突出。

（3）混合型动脉瘤：多数在梭形动脉瘤基础上并发囊状凸出，少数为梭形和囊状动脉瘤分别发生于主动脉的不同部位。

2. 按动脉瘤的病理改变分类

（1）真性动脉瘤：瘤壁由发生病理损害的主动脉壁全层构成。

（2）假性动脉瘤：瘤壁由较厚的血栓构成，无主动脉壁的全层结构或仅有内膜面的纤维组织覆盖。

（二）主动脉瘤的临床表现

本病的主要症状为疼痛，多为钝痛，突发的撕裂样疼痛提示主动脉夹层或动脉瘤破裂。动脉瘤对周围组织、器官压迫产生各种症状，例如压迫气管及支气管，导致呼吸困难、咳嗽，严重者引起肺炎、肺不张；压迫喉返神经，患者出现声音嘶哑和失音；压迫食管产生吞咽困难；压迫脊神经可引起下肢刺痛和麻木。升主动脉瘤合并主动脉瓣关闭不全者，可有劳累后心悸气短，晚期动脉瘤可破入气管或食管，导致大咯血或大呕血。

动脉瘤的体征有：压迫上腔静脉产生上腔静脉阻塞综合征者，出现颈面部肿胀、发绀、颈静脉和胸壁静脉怒张等。有主动脉瓣关闭不全者，主动脉瓣听诊区可闻及舒张期杂音。压迫交感神经者，可有霍纳综合征。动脉瘤局部可闻及收缩期杂音。

【影像学表现】

1. X线平片　胸主动脉瘤主要表现为纵隔增宽或者出现与主动脉密不可分的肿块影，后者可呈梭形或囊状；若升主动脉壁有钙化，则有利于梅毒性动脉瘤的诊断。此外，还可显示气管、食管的受压、移位、变形，脊椎或胸骨的侵蚀性骨质缺损等征象。

2. 超声心动图　M型和二维超声心动图可明确显示主动脉瘤的部位、形态、范围，发现附壁血栓，但难以确定主动脉瘤与其主要分支的关系。受声窗的限制，超声有时难以获得满意的图像。

3. X线主动脉造影　X线主动脉造影曾是诊断本病的金标准，可清楚显示主动脉瘤的部位、形态、范围，明确动脉瘤与主要分支血管的关系。若对比剂进入主动脉周围组织，则提示动脉瘤壁不完整。对升主动脉瘤而言，还可明确病变是否累及主动脉窦，以及冠状动脉充盈情况，不足之处是其属于有创检查，且不能直接显示瘤壁和瘤腔内附壁血栓。

4. CT和MRI　CT增强扫描可清楚显示主动脉瘤的部位、形态、范围，测量瘤体径线，对瘤壁钙化和附壁血栓也十分敏感，根据CTA的各种重建图像可准确、全面地显示本病的形态（图5-38、图5-39）。

MRI不用对比剂即可获得与CT相当的诊断效果。目前MSCT和MRI已经取代X线血管造影成为本病确诊的检查方法。

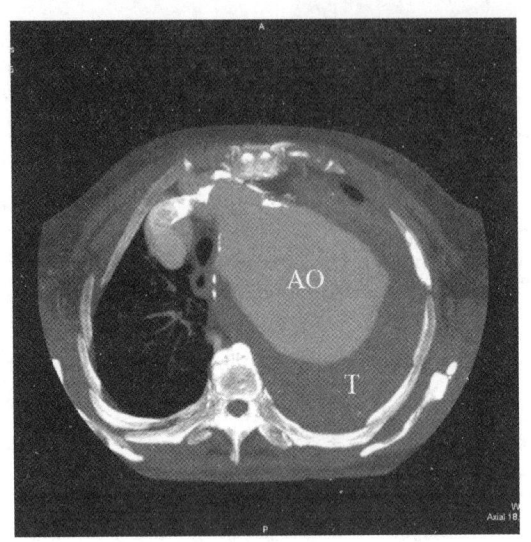

图 5-38 MSCT 主动脉成像，横断面显示胸主动脉瘤样扩张伴附壁血栓形成
AO：主动脉；T：附壁血栓

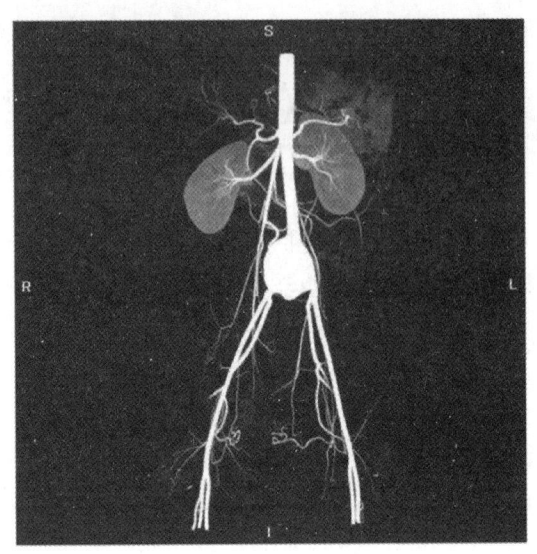

图 5-39 MSCT 主动脉成像，最大强度投影显示腹主动脉下段瘤样扩张

【诊断与鉴别诊断】

囊状动脉瘤要与假性动脉瘤鉴别，后者瘤体大而破口小，囊状动脉瘤为血管壁局部向外膨隆所致，瘤体最大直径位于瘤体与血管壁连接部。

二、主动脉夹层

主动脉夹层（aortic dissection，AD）是由各种病因所致主动脉壁内膜撕裂，血液破入中层并沿主动脉长轴顺行或逆行分离动脉壁，主动脉管腔呈真假双腔的一种主动脉疾病。

【病理与临床表现】

主动脉壁中层内血肿是本病的主要病理改变，约90%的病例在动脉内膜有一个破口，血肿将中膜撕裂、剥离，形成假腔并不断向远端延伸，可累及髂股动脉。部分由血栓闭塞内破口或中层内出血而无破口者，称为主动脉壁内出血（intramural hemorrhage，IMH）。夹层可累及主动脉分支，或者在远端形成再破口，使假腔内血液向主动脉腔内引流而自然减压。

根据主动脉破口位置和血肿扩展范围，可对主动脉夹层进行分型（表5-1）。

表 5-1 主动脉夹层的 DeBakey 分型

	Ⅰ型	Ⅱ型	Ⅲ型
破口位置	升主动脉	升主动脉	锁骨下动脉开口处以远
血肿范围	广泛	局限于升主动脉	局限于胸主动脉或广泛

注：Stanford 分型：A 型为上述Ⅰ型和Ⅱ型，B 型为上述Ⅲ型

患者主要临床表现为突发性撕裂样胸背痛或胸腹痛，部分患者有双侧上肢血压不对称或下肢动脉搏动减弱或消失等。

【影像学改变】

1. X线平片　X线平片不能直接显示主动脉夹层所形成的真假双腔，但可作为初步筛查手段。部分患者可见两侧上纵隔增宽、主动脉弓降部普遍扩张，若上述征象为近期出现或进行性加重，则对诊断有较大提示作用。心包积液或胸腔积液则提示夹层破裂可能。心影增大可能是夹层继发主动脉瓣关闭不全或高血压的基础病变所致。

2. 超声心动图　主动脉腔内有分离的内膜片，主动脉分为真、假双腔是诊断的直接征象，典型内膜片呈带状强回声结构，位于低回声的血管腔内。多普勒超声心动图示双腔血流，通常假腔血流速度较慢。经食管超声心动图显示降主动脉夹层的效果更佳，更容易显示破口。

3. CT　增强扫描能清楚显示撕裂的内膜片呈线状低密度影，主动脉分为真假双腔，血管近端和远端一般可见破口，破口可为多个（图5-40）；冠状动脉、头臂动脉和腹主动脉主要分支开口部可受累及，部分患者合并心包积液和（或）胸腔积液。

4. MRI　SE序列 T_1WI 能清楚显示主动脉夹层的真、假腔，内膜片及破口。主动脉夹层多数真腔呈无信号或低信号，假腔因血流缓慢呈等至高信号，真、假腔之间的线状等信号为内膜片，破口表现为内膜局限性中断。MRI还可显示假腔内附壁血栓，呈中至高信号。MRI亦能显示主动脉分支受累情况，可发现其受压、变形、狭窄或因假腔剥离所致的管腔闭塞（图5-41）。

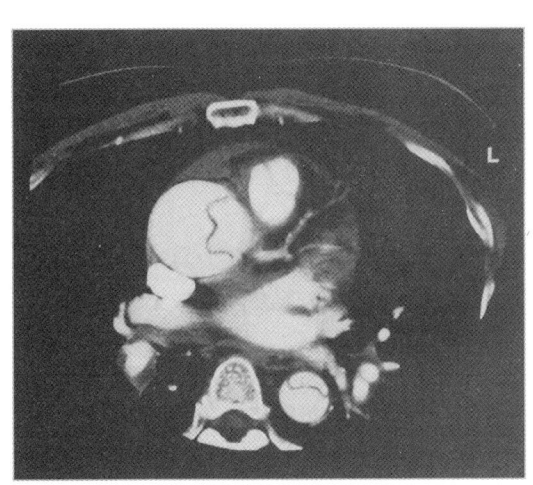

图5-40　MSCT主动脉成像，横断面显示升主动脉夹层，血管腔内可见线状内膜片

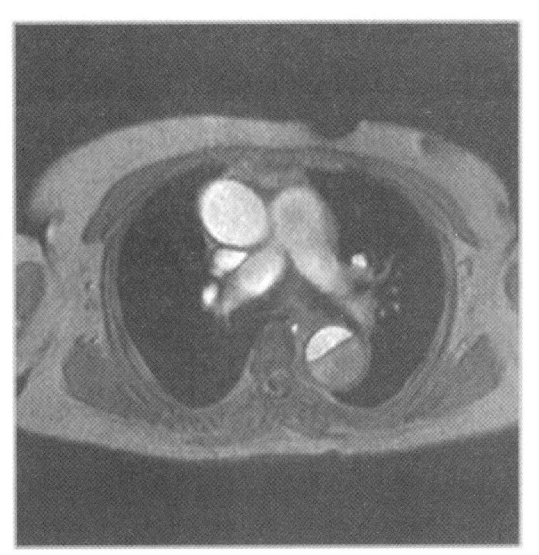

图5-41　MR主动脉成像，横断面显示降主动脉夹层，血管腔内见线状内膜片，假腔信号减低

MRI电影可清楚显示真腔血流经过内膜破口，喷射进入假腔，呈无信号或低信号血流束，还可准确显示再破口的部位、大小和数目，为制订手术方案提供重要信息，部分患者可见继发性主动脉瓣关闭不全。

5. X线心血管造影　主动脉造影可显示动脉扩张并形成真假双腔，内膜片在真假腔对比剂的衬托下呈线状低密度影，可显示对比剂经内膜破口向假腔喷射，假腔内的附壁血栓表现为充盈缺损。

三、大动脉炎

大动脉炎（aortic arteritis，AA）是指主动脉及其主要分支的慢性进行性非特异性全层动脉炎，好发于青年女性。

【病理与临床表现】

本病主要累及大动脉的中膜，动脉壁弥漫增厚，常引起动脉管腔狭窄和阻塞，少数病例可引起管腔扩大和动脉瘤形成，但是多与狭窄和阻塞病变并存。镜下动脉中膜的弹力纤维和平滑肌广泛断裂、破坏，同时有炎性细胞浸润和肉芽组织增生。动脉外膜亦见广泛纤维化，与周围组织粘连。

根据病变部位可将本病分为头臂动脉型、胸腹主动脉型、广泛型和肺动脉型。

患者的临床表现主要有非特异性感染症状（发热、乏力、食欲不振、多汗、月经不调、红细胞沉降率增高等），动脉狭窄、阻塞和瘤样扩张引起的血压改变（狭窄近端高血压、远端低血压），动脉阻塞以远部位的无脉征和局部闻及血管杂音等。

【影像学表现】

1. X线平片　主动脉弓以下降主动脉内收，主动脉弓及降主动脉边缘不规则，亦可见动脉局限性瘤样扩张。青少年患者动脉壁有线状钙化对提示诊断有意义。若病变累及肺动脉，患侧肺门缩小伴肺纹理稀疏、纤细。

2. CT和MRI　增强CT显示主动脉血管壁连续性向心性或新月形增厚、钙化，或伴有附壁血栓形成，血管腔狭窄伴或不伴管腔扩张，管腔粗细不均匀；主动脉主要分支血管受累时表现为血管壁增厚和管腔狭窄，甚至闭塞，累及肺动脉时肺动脉主干及其近端分支管壁增厚，管腔狭窄，远端分支呈枯枝状改变。MRI所见与CT类似。

3. X线血管造影　显示受累动脉管腔狭窄、阻塞以及扩张（呈串珠状或动脉瘤样），可见侧支循环形成。

四、影像学检查方法在主动脉疾病诊断中的选择

影像学检查对确诊主动脉疾病至关重要，实际工作中应根据患者情况优选应用。常规X线检查作为筛查手段有时可以显示主动脉轮廓异常，但需要进一步的检查明确诊断，尤其对于主动脉夹层敏感性较低。

超声心动图检查简便、快捷，部分患者可在床旁进行，且不需要注射对比剂。经胸超声难于显示降主动脉病变，经食管超声虽克服了这一不足，但属于有创检查，患者耐受性稍差。

多排螺旋CT诊断主动脉疾病具有无创、简便、快速、准确的优势，目前已成为应用最广泛的影像学首选方法，尤其适合于主动脉血管腔内支架隔绝治疗后的复查。对急性胸痛患者，多排螺旋CT一次扫描可同时评价冠状动脉、肺动脉和主动脉有无病变，具有重要临床价值。与CT比较，MRI的优势在于无需注射对比剂和无X线辐射，但检查时间较长是其不足。由于时间分辨力不够，对于内膜片与主动脉根部结构的关系很难显示。此外，幽闭恐怖症、起搏器和有金属植入物患者也是MRI检查的禁忌。

目前看来，经食管超声心动图检查、多排螺旋CT和MRI诊断主动脉疾病的价值相当，需要根据实际工作情况选择性采用。由于X线心血管造影属于有创性检查方法，费用昂贵，有一定的并发症，随着多排螺旋CT和MRI的广泛应用，其适应证范围在逐渐缩小。

第八节　肺动脉血栓栓塞

肺动脉血栓栓塞（pulmonary thromboembolism，PTE，简称肺栓塞）是肺动脉系统被内源性血栓栓子阻塞后发生的肺循环和呼吸功能障碍为主的一组复杂的综合征。引起肺栓塞的高危因素很多，最常见的是下肢深静脉血栓形成、手术外伤、心肌梗死、慢性心肺疾患及肿瘤等。

【病理与临床表现】

由于引起PTE的栓子大多来源于下肢深静脉，脱落栓子随血流进入肺动脉系统后易于停留在右肺动脉、下叶肺动脉和外周肺动脉。

PTE的病理生理变化严重程度与栓塞面积和血栓新旧程度，以及肺循环和心室功能状况密切相关。由于机械梗阻和神经体液反应因素的影响，机体可能出现肺动脉高压、通气血流比例失调、右心功能不全、体循环淤血、低血压或休克、严重低氧血症等病理生理学改变。相应地，肺组织由于血流灌注减少导致的肺泡表面活性物质减少和肺毛细血管床通透性增加，可能

会发生肺萎陷、肺不张、肺水肿和肺出血甚至肺梗死等多种复杂的病理生理变化。

PTE发病和临床表现隐匿且缺乏特异性，轻者无任何临床症状或出现气促、胸痛、咯血、心悸等表现，重者则发生心源性休克甚至猝死。体征主要包括肺梗死、肺动脉高压和右心功能不全的相应体征。动脉血气分析可发现低氧血症，吸氧无明显缓解。血浆D-二聚体（D-dimer）浓度升高，心电图可见电轴右偏、$S_I Q_{III} T_{III}$征（即Ⅰ导联S波加深，Ⅲ导联出现Q波及T波倒置）和右束支传导阻滞。

【影像学检查】

1. X线胸部平片　大多数肺栓塞患者的X线胸片有异常表现，但是缺乏诊断特异性。高度提示肺栓塞的征象有：单侧肺或局部区域肺血管纹理稀疏、纤细，或双侧肺纹理不对称，一侧肺门或肺动脉分支细小，对侧肺门影扩张；有尖端指向肺门的楔形阴影，以及患侧横膈抬高，肺动脉高压征象，肺内局部浸润阴影，少至中量胸腔积液等。

2. CT　CT肺动脉成像（CTPA）可清晰显示肺亚段以上肺动脉，准确判断是否存在肺动脉腔内栓子（图5-42）。CT可采用多种图像重建技术显示血栓形态、部位和范围。

（1）PTE的CT直接征象：肺动脉腔内充盈缺损或附壁充盈缺损造成管腔不同程度狭窄，甚至完全阻塞。肺动脉管壁不规则增厚伴钙化是慢性PTE的征象。

（2）PTE的CT间接征象：可出现肺梗死的表现，新鲜肺梗死呈基底靠近胸膜、尖端指向肺门的三角形阴影，陈旧梗死为斑片或条索影。还可引起肺动脉高压征象，表现为主肺动脉或左、右肺动脉扩张，右心室肥厚以及支气管动脉扩张等。

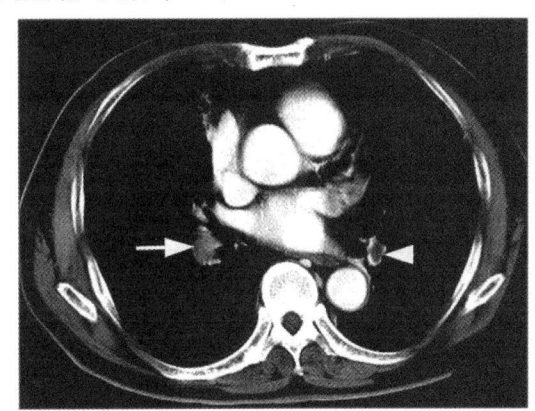

图5-42　MSCT肺动脉成像，横断面显示肺动脉栓塞，右肺下叶动脉血管腔内见完全性充盈缺损（长箭头），左肺下叶动脉内见部分性充盈缺损（三角箭头）

3. MRI　MR肺血管成像可显示主肺动脉、左右肺动脉主干和较大分支肺动脉血管内的栓子。还可显示主肺动脉、左右肺动脉干扩张，右心房、右心室扩大伴室壁运动减弱、室间隔向左心室凸出等征象。

4. 超声心动图检查　二维超声可发现主肺动脉及左右肺动脉干内的大块栓子，同时显示右心室和（或）右心房的扩大，右心室壁局部运动幅度降低，室间隔左移和运动异常，同时评价右心功能和估测肺动脉压力。此外，下肢深静脉超声检查对显示原发深静脉血栓（DVT）有重要价值。

5. 放射性核素检查　PTE的主要征象为按照肺叶、肺段分布的灌注缺损区，但相应肺叶、肺段的肺通气显像正常。放射性肺通气和肺灌注显像均正常可排除肺栓塞。

【诊断与鉴别诊断】

慢性肺动脉血栓栓塞需要与原发性肺动脉肿瘤鉴别，后者肿瘤栓子常位于主肺动脉内并与肺动脉瓣相关，肿瘤栓子边缘常呈分叶状甚至累及血管腔外结构，出现纵隔淋巴结转移和远处转移也有助于肿瘤诊断。

【影像学检查方法的选择】

X线平片快捷、经济，且能对心肺作出全面评价，不失为有价值的筛查手段，但X线平片不能直接显示栓子。X线肺动脉造影曾被认为是诊断PTE的"金标准"，但由于其有创、有发生并发症甚至致死的潜在危险性，除无创影像学检查无法确诊的病例外，现已较少应用。放射性肺通气和肺灌注扫描（V/Q）是无创诊断PTE的方法，如果临床疑诊病例的显像结果呈中度或低度 PTE 可能，此时其诊断特异性较低，且不能直接显示栓塞部位、形态，使其应用受限，目前认为应作为二线检查适用于不能或无法接受 CT 肺动脉成像检查的患者。超声心动图不能显示肺内血管与肺组织灌注，确诊 PTE 受到限制，但超声在无创评价心脏功能和血流动力学指标方面有独到优势。MRI 作为一种无创和无 X 线辐射的检查方法，对中央肺动脉 PTE 的敏感性和特异性较高，但检出亚段 PTE 的敏感性较低。MRI 检查有较多的禁忌证（金属植入物、幽闭恐怖症），且检查比较耗时。

螺旋 CT 已经成为 PTE 的主要确诊和随访手段，目前大多数学者将 CT 推荐为确诊 PTE 的一线检查。

（杨建勇　周旭辉　贺　文　穆玉明）

第六章　消化系统

第一节　消化道

一、检查方法

(一) X 线检查

1. 普通检查　包括腹部透视和摄影。常选择腹部立位检查，主要用于消化道梗阻和胃肠道穿孔等急腹症的诊断。

2. 造影检查　消化道疾病最常用的检查技术。

(1) 对比剂：医用硫酸钡（barium sulfate）是胃肠道造影检查最常用的阳性对比剂，为不溶于水的白色粉末，不被胃肠道吸收，不引起中毒或过敏反应；钡的原子序数高，不易被 X 线穿透，填充于胃肠道内呈高密度，与周围组织形成明显的对比。硫酸钡与气体同时使用可形成双对比检查，能更清楚地勾画出胃肠道内腔形态，有助于发现早期病变。

有机碘剂为另一种阳性对比剂，主要用于消化道穿孔或消化道术后检查。

(2) 造影方法：①单对比造影法：对比剂为硫酸钡，通过充盈像和黏膜像分别观察胃肠道轮廓改变、黏膜和黏膜皱襞形态变化。②气钡双重对比造影法：先口服产气粉使胃肠充气扩张，然后吞咽少量钡剂，使钡剂均匀涂布在黏膜表面以显示内腔表面的细微结构及异常。造影检查可辅以抗胆碱药物（如盐酸山莨菪碱、阿托品），以降低胃肠道张力，提高病变检出率；亦可应用新斯的明、甲氧氯普胺（胃复安）等增强胃肠动力药物，缩短检查时间。

(3) 常用造影检查：包括食管造影，上消化道造影，小肠造影，结肠灌肠造影和排便造影等。

(4) 造影前准备：食管、胃和小肠需要禁饮食 6h；结肠造影和排便造影需要在检查前清洁肠道（口服硫酸镁、甘露醇或清洁灌肠）。

(5) 注意事项：硫酸钡禁用于肠梗阻或消化道穿孔患者；活动性出血患者，应在出血停止一周后再检查；胃肠道钡剂造影应透视与摄影相结合、形态与功能并重、合理应用压迫器。

(二) CT 和 MRI 检查

食管和胃肠道 CT 扫描可以观察管壁的局限性增厚、病变内部改变、管壁浸润、肿瘤腔外生长及转移情况。增强扫描可明确有无纵隔淋巴结增大，判断肿瘤血供；协助临床分期。胃肠道 CT 扫描应常规作空腹准备。胃检查前口服 1%～2% 的泛影葡胺或清水 800～1000ml；小肠 CT 检查前 30～60min 口服 500～1000ml；结肠检查前需清洁灌肠，并注射盐酸山莨菪碱，使结肠呈低张力状态，然后经肛管注入足量的气体使肠腔扩张。

MRI 主要用于结肠直肠癌的诊断和分期。选用直肠内线圈，或直肠内注入对比剂，可以明显提高影像质量。

(三) 不同影像学检查方式的比较

1. 急腹症患者比如肠梗阻、肠穿孔等首选普通 X 线检查，可快速、敏感地发现膈下游离气体、胃肠道有无扩张及液平面等异常征象。

2. 食管及胃肠道检查首选 X 线造影检查，利用气钡双重对比勾画出消化道内腔形态以显示病变。

3. CT、MRI 对于了解胃肠道肿瘤的内部结构、胃肠壁受浸润程度和转移情况有较大价值，主要目的为观察病变向周围的侵犯情况以及临床分期。

二、正常解剖及影像学表现

1. 食管（esophagus）　食管上端于第 6 颈椎水平与下咽部相连，下端于第 10～11 胸椎水平与贲门相连，分为颈段、胸段和腹段。食管上、下括约肌位于食管与咽连接处及膈食管裂孔处，为生理性高压区。

吞钡后正位观察，食管位于中线偏左。轮廓光滑整齐，管壁伸缩自如，宽度可达 2～3cm。右缘可见主动脉弓和左主支气管压迹。右前斜位是观察食管的常用位置，在其前缘可见三个压迹，由上到下为主动脉弓压迹、左主支气管压迹和左心房压迹（图 6-1A）。在上两个压迹之间，食管往往略显膨出，勿误诊为憩室。在老年，明显迂曲的降主动脉可在食管下端后缘造成另一个压迹。食管充盈钡剂时，呈外壁光整的管状影。钡剂排空后，显示食管黏膜皱襞，食管的黏膜皱襞表现为数条纤细纵向平行的条纹状影，通过贲门与胃小弯的黏膜皱襞相连续。气钡双重对比造影下，黏膜面光滑，轮廓光整。

食管的蠕动将钡剂自上向下推进，可分为两种：第一蠕动波又称原发蠕动，系由下咽动作激发，使钡剂迅速下行，数秒钟内进入胃。第二蠕动波又称继发蠕动，由食物团对食管壁的压力引起，常始于主动脉弓水平向下推进。所谓第三收缩波是食管环状肌的局限性不规则收缩性运动，形成波浪状或锯齿状边缘，出现突然，消失迅速，多发于食管下段，常见于老年和食管贲门失弛缓症患者。深吸气时膈下降，食管裂孔收缩，常使钡剂于膈上方停顿，形成食管下端、膈上一个长约 4～5cm 的一过性扩张，称为膈壶腹，呼气时消失，是正常表现。

贲门上方 3～4cm 长的一段食管，是从食管过渡到胃的区域，称为胃食管前庭段，具有特殊的神经支配和功能。此段是一高压区，有防止胃内容物反流的重要作用。它的左侧壁与胃底形成一个锐角切迹，称为食管胃角或贲门切迹。

2. 胃（stomach）　胃分为胃底、胃体、胃窦三部分及胃小弯和胃大弯。胃底为贲门水平以上的胃腔，立位时含气，称为胃泡。胃小弯急剧转折处称为胃角，由贲门至胃角的区域为胃体。胃角至幽门之间的部分称为胃窦。贲门至幽门的右缘为胃小弯，左缘为胃大弯（图 6-1B）。胃可分为：牛角型胃、钩型胃、瀑布型胃、长型胃（图 6-2）。牛角型胃位置与张力均高，呈横位，上宽下窄，胃角不明显，多见于矮胖体型人；钩型胃位置与张力中等，胃角明显，胃下极大致位于髂嵴水平，多见于中等体型的人；瀑布型胃的胃底呈囊袋状向后倾，胃泡大，胃体小，张力高，钡剂先进入后倾的胃底，充满后再溢入胃体，犹如瀑布；长型胃又名无力型胃，位置与张力均较低，胃腔上窄下宽如水袋状，胃下极常在髂嵴平面以下，多见于瘦长体型的人。

充盈像上，胃的轮廓规则，胃大弯和胃小弯边缘光滑整齐，呈一条连续的曲线（边缘线）。黏膜像上，胃黏膜皱襞呈条纹状透光影，皱襞间沟内充钡，呈条纹状致密影。一般胃体部黏膜皱襞的宽度不超过 5mm，大弯侧的黏膜皱襞宽度可达 10mm。胃黏膜皱襞的粗细和走向可受肌层收缩与舒张、服钡多少及压迫器加压轻重等因素影响。胃双重对比像上，可显示胃微皱襞的影像，包括胃小沟及其勾画出的胃小区。胃小沟表现为宽度小于 1mm 的细线状致密影，粗细深浅均匀。胃小区表现为直径 1～3mm 的网眼状结构，呈圆形、椭圆形、长条形和多角形等（图 6-1C）。

胃的蠕动为胃的肌肉收缩，一般同时可见 2～3 个蠕动波。胃窦没有蠕动波，呈整体向心性收缩，将胃内容物送入十二指肠。整个胃腔一般于服钡后 2～4h 排空。

3. 十二指肠　十二指肠全程呈 C 形，分为球部、降部、水平部和升部，将胰头包绕其中。球部呈锥形，底部平整，两侧称为隐窝或穹窿，幽门开口于底部中央，两缘对称，尖部指向右上后方。球部轮廓光滑整齐，黏膜皱襞为纵向平行的条纹；降部以下黏膜皱襞与空肠相似，呈羽毛状（图 6-1D）。十二指肠乳头位于降部中段的内缘附近，呈圆形或椭圆形透明区，它是胆总管和胰管开口于消化道的部位，一般直径不超过 1.5cm。十二指肠球部的运动为整体性收缩，可一次将钡剂排入降部。十二指肠正常时可有逆蠕动。

4. 空肠与回肠　空肠与回肠之间没有明确的分界。空肠位于左上中腹，富于环状皱襞且蠕动活跃，常显示为羽毛状影像。回肠肠腔较小，皱襞少而浅，蠕动不活跃，轮廓光滑（图 6-1E）。末段回肠自盆腔向右上行与盲肠相接。空肠蠕动迅速有力，回肠蠕动慢而弱。服钡后 2~6h 钡首可达盲肠，7~9h 小肠排空。小肠的运动方式有蠕动、钟摆运动和分节运动。

回肠和结肠相接部位为回盲瓣。回盲瓣的上下两缘呈唇样突起，在充钡的盲肠中呈透明影。

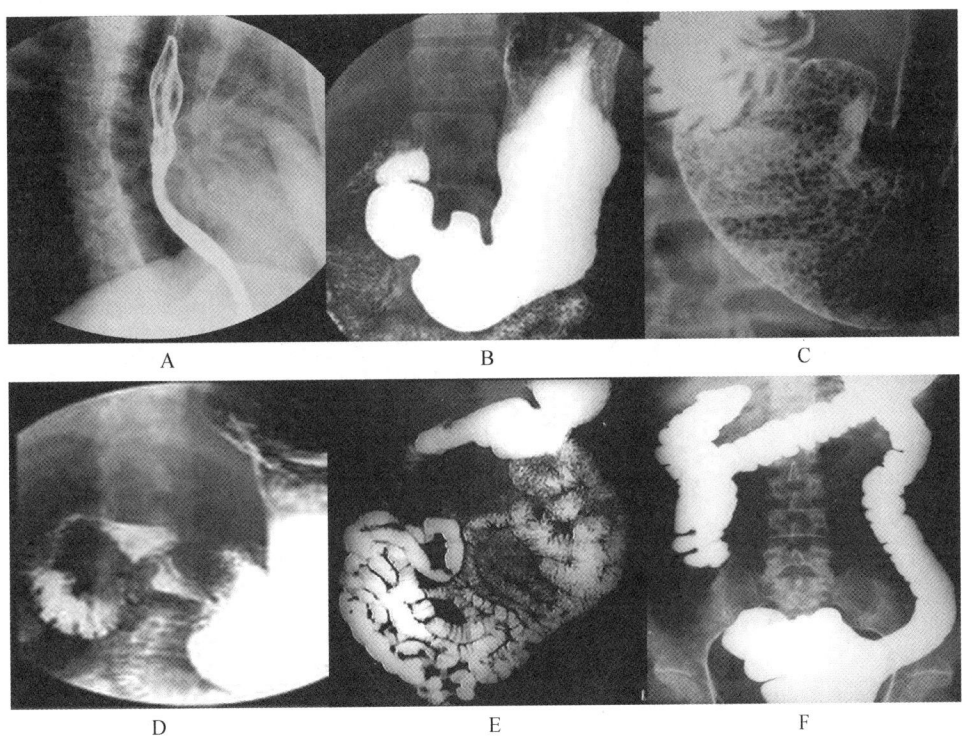

图 6-1　消化道造影正常影像表现

A. 食管右前斜位，显示三个压迹；B. 胃与十二指肠球部；C. 胃窦部气钡双重对比造影，显示胃小区及胃小沟；
D. 十二指肠，呈"C"形；E. 空肠与回肠；F. 钡灌肠显示各段结肠

5. 大肠　大肠绕行于腹腔四周，分为盲肠、阑尾、结肠、直肠和肛管。通常结肠又被分为升结肠、横结肠、降结肠、乙状结肠（图 6-1F）。

结肠影像的主要特征是结肠袋，呈多数大致对称的袋状凸出。它们之间由半月皱襞形成不完全的间隔。结肠袋由近向远逐渐变浅，升结肠最发达，直肠则没有结肠袋。大肠的黏膜皱襞表现为纵、横、斜三种方向交错结合的纹理。双重对比造影时，于黏膜面可以见到无数条微细的浅沟，称为无名沟或无名线。

结肠的蠕动主要为总体蠕动，一侧的结肠出现

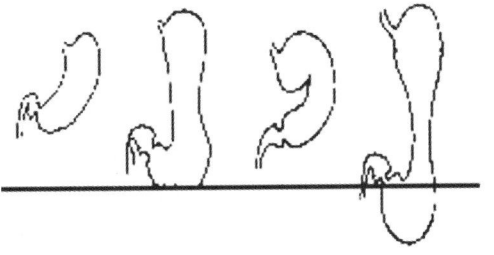

图 6-2　胃的分型
由左到右依次为牛角型胃、钩型胃、
瀑布型胃、长型胃

强烈的收缩，将肠管内容物推向远方。口服钡剂的排空时间约为24~48h。

阑尾在钡餐或钡灌肠时都可能显影，呈长条状影位于盲肠内下方。一般粗细均匀，边缘光滑，易于推动。阑尾不显影，充盈不均匀或其中有粪石而造成充盈缺损不一定是病理性的。

三、基本病变的影像表现

（一）轮廓的改变

1. 龛影（niche） 龛影也称壁龛。消化道管壁局限性缺损形成凹陷，造影检查在切线位呈局限性向轮廓外突出的含钡影像，轴位投影显示为一类圆形钡斑，是消化道溃疡的直接征象（图6-3）。

2. 憩室 憩室是因胃肠壁局部组织结构薄弱，由于管腔内高压或管腔外邻近病变粘连牵拉作用下形成的局限性囊袋状外凸，其内的黏膜与邻近胃肠黏膜相延续。

3. 充盈缺损（filling defect） 充盈缺损指钡剂充盈胃肠道轮廓时，由于来自胃肠道壁的肿块向腔内突入造成局部钡剂不能充盈，常见于占位性病变。

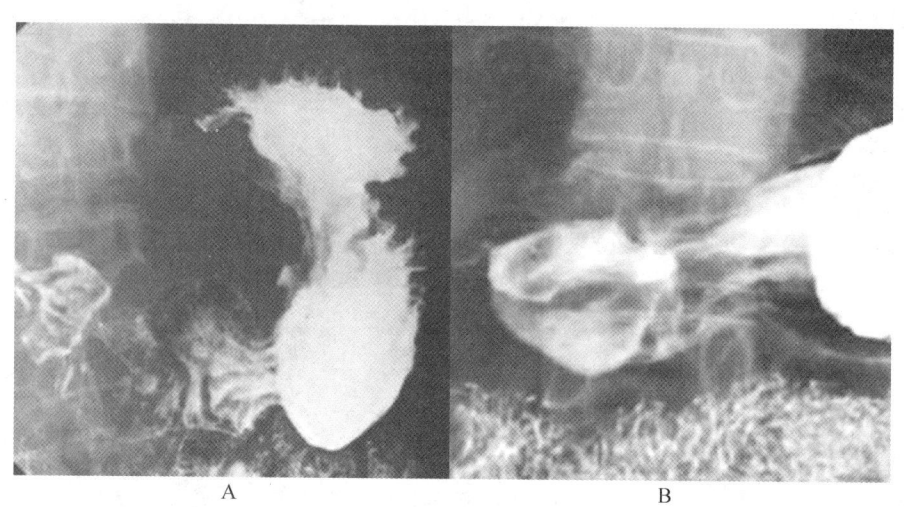

图6-3 胃的龛影
A. 切线位观察，胃小弯侧乳头状龛影；B. 轴位观察，局部类圆形存钡影

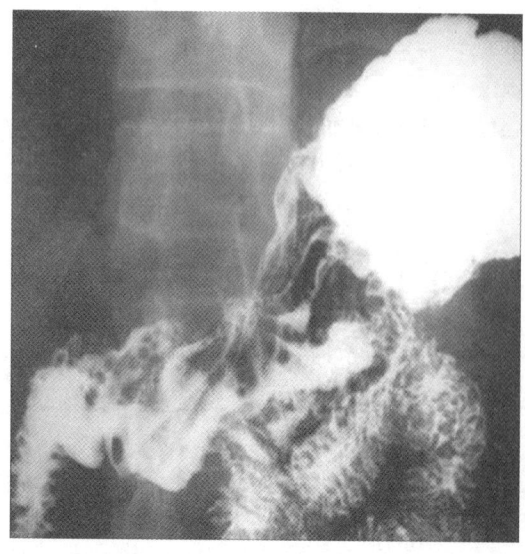

图6-4 黏膜皱襞纠集
胃体黏膜像观察，黏膜皱襞呈放射状改变

（二）黏膜与黏膜皱襞的改变

1. 黏膜皱襞增宽和迂曲 也称黏膜肥厚，表现为透明条纹状影的增宽，常伴有黏膜皱襞迂曲、紊乱。多见于慢性胃炎，亦可见于黏膜下静脉曲张。由黏膜和黏膜下层的炎性浸润、肿胀和结缔组织增生引起。

2. 黏膜皱襞平坦 表现为黏膜皱襞影变浅、模糊不清以致完全消失。常由黏膜或黏膜下层水肿或肿瘤浸润所致。

3. 黏膜破坏 表现为黏膜皱襞消失，呈黏膜皱襞中断的表现，与正常黏膜皱襞常有明确的分界。多由恶性肿瘤所致。

4. 黏膜皱襞纠集 表现为黏膜皱襞从四周向病变区集中，呈放射状或轮辐状（图6-4）。常见于慢性溃疡。

(三) 管腔大小的改变

1. **管腔狭窄** 超过正常范围的持久性管腔缩小为狭窄。炎症、肿瘤、痉挛及外压性病变都可引起。炎性狭窄一般为渐进性,与正常管腔分界不明显且常为多发;恶性占位所致的狭窄边缘多不整齐,伴有黏膜破坏和管壁僵硬;外在性压迫引起的狭窄,多位于管腔的一侧并伴有管腔的移位;痉挛引起的狭窄在痉挛解除后可恢复正常。

2. **管腔扩张** 超过正常范围的持久性管腔增大为扩张。消化管腔的扩张一般是由远侧管腔狭窄引起,狭窄近段的肠腔内积气、积液和蠕动增强。最多见于肠梗阻。

(四) 功能性改变

1. **张力的改变** 张力增强表现为管腔缩小,管壁增厚,排空增快。张力减低表现为管腔扩大,管壁薄而软。局部张力增高,可形成管腔局限性狭窄,即痉挛性改变。

2. **蠕动的改变** 可为蠕动增加、减弱或消失。肿瘤侵犯胃壁可使局部蠕动消失,浸润型胃癌所致的"皮革样胃"表现为整个胃僵硬、无蠕动。

3. **运动力的改变** 运动力为胃肠道输送食物的能力,具体表现在钡剂排空的时间。服钡后4h胃尚未排空可认为胃运动力减低或胃排空延迟。

4. **分泌功能的改变** 胃分泌增加,空腹状态下胃液增多,称为空腹滞留,立位胃内见气液平面,服钡时见钡剂呈絮片状下降和不均匀分布。

四、常见疾病的影像诊断

(一) 食管静脉曲张

食管静脉曲张(esophageal varices)是门静脉高压的重要并发症,肝硬化时发生率较高。

【病理与临床表现】

门静脉与上腔静脉之间在食管下段通过静脉丛相交通,正常状态时交通支细小,血流量少。肝硬化引起门静脉阻塞时,大量血液通过胃冠状静脉和胃短静脉进入食管黏膜下静脉和食管周围静脉丛,经奇静脉汇入上腔静脉,形成食管和胃底静脉曲张。

临床常见的症状有呕血、解柏油样大便,重者可致失血性休克乃至死亡。

【影像学表现】

1. 食管黏膜皱襞不同程度增宽、迂曲,呈串珠状或蚯蚓状充盈缺损,管壁边缘呈锯齿状改变,早期仅食管下段受累,晚期可累及食管全程(图6-5)。

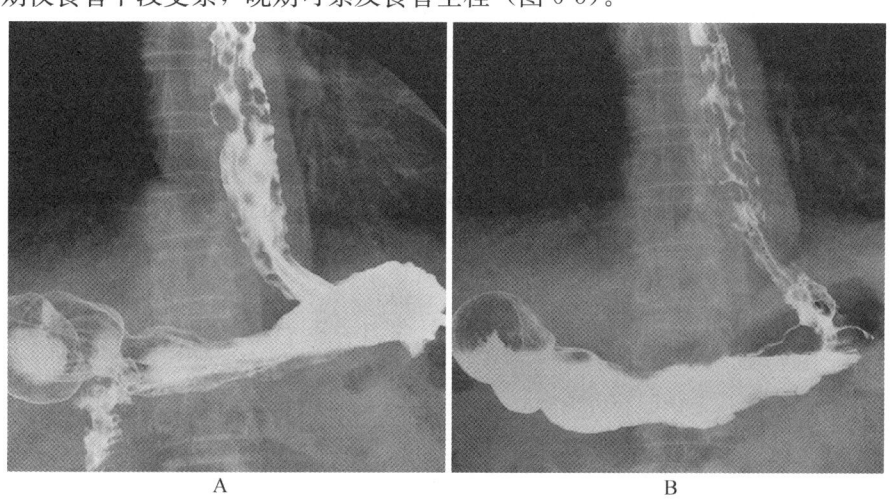

图6-5 食管静脉曲张
A. 充盈像;B. 黏膜像。中下段食管管腔扩张,并见多发结节状、蚯蚓状充盈缺损

2. 食管管壁柔软，收缩自如，无局限性狭窄或阻塞。
3. 食管张力降低，管腔扩张，蠕动减弱，钡剂通过缓慢，排空延迟。

【诊断与鉴别诊断】

X 线检查发现食管蚯蚓状、串珠状充盈缺损，结合肝硬化病史不难诊断。主要与食管癌鉴别。食管癌一般发生在食管中段，临床上有进行性、持续性吞咽困难，X 线检查可见管腔突然狭窄或充盈缺损，黏膜破坏，管壁僵硬，蠕动消失，是二者重要鉴别点。

（二）食管癌

食管癌（esophageal carcinoma）是常见的恶性肿瘤之一，好发于 40～70 岁的男性，与饮食习惯、遗传等有关。

【病理与临床表现】

食管癌起源于食管黏膜，多为鳞状细胞癌。病理上早期食管癌可分为平坦型、糜烂型、斑块型和乳头型。中晚期食管癌可分为：①髓质型（浸润型），癌侵及食管全层，使管壁增厚、僵硬并向腔外扩展；②蕈伞型（增生型、肿块型），肿块在腔内呈蘑菇状突起，多侵及肌层伴表面溃疡形成；③溃疡型，肿块形成局限性大而深的溃疡，可深达肌层；④缩窄型，癌累及食管全周，造成环形狭窄。

早期食管癌的症状不明显或偶有进食阻挡感；中晚期食管癌主要表现为进行性吞咽困难、贫血、消瘦、声嘶、呼吸困难及恶病质。

【影像学表现】

1. X 线

（1）早期食管癌：可表现为局部食管走行不自然，管壁僵硬，蠕动消失，局部黏膜被破坏中断以及小的充盈缺损等。

（2）中晚期食管癌：①管腔狭窄，管壁僵硬，狭窄范围一般局限，与正常区域分界清楚，钡剂通过受阻，其上方食管扩大，典型浸润型癌表现为环状狭窄（图 6-6）；②腔内充盈缺损，癌瘤向腔内突出，造成形状不规则、大小不等的充盈缺损，是增生型癌的主要表现；③不规则的龛影，见于溃疡型癌，早期为浅小龛影，典型溃疡型癌可见较大不规则的龛影，其长径与食

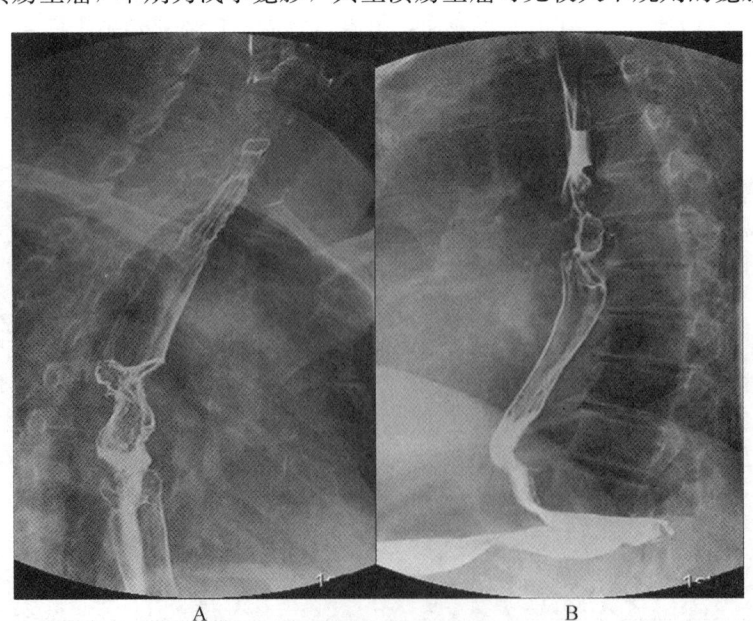

图 6-6 食管癌
A. 右前斜位；B. 左前斜位。食管中段管腔狭窄，管壁僵硬，黏膜被破坏

管的纵轴一致，周围有不规则的充盈缺损；④黏膜皱襞被破坏、中断、消失，代之以癌瘤表面杂乱不规则的影像。

2. CT、MRI 表现　对早期病变显示效果不佳。中晚期食管癌表现为：食管壁偏侧性或环形增厚；管腔内广基底肿块；病变区管腔狭窄，上段管腔异常扩张；肿瘤向外侵犯时，表现为食管周围脂肪层消失，与纵隔结构分界不清；伴淋巴转移时，可见纵隔和肺门淋巴结肿大。

【诊断与鉴别诊断】

早期食管癌的诊断须依赖于食管吞钡和食管内镜及病理学检查。中晚期食管癌行食管吞钡检查一般能确定诊断，但只能显示腔内情况。CT 及 MRI 能进一步评价食管壁浸润程度，周围器官受累及区域淋巴结转移，有助于临床分期和制订合理的治疗方案。

食管癌需与下列疾病鉴别：①贲门失迟缓症：局限于胃食管前庭段，局部呈鸟嘴样对称性狭窄，边缘光整，无黏膜破坏，解痉药可以缓解。②食管静脉曲张：静脉曲张时管壁一般柔软、管腔无狭窄且蠕动存在。③食管平滑肌瘤：表现为来自一侧壁的、边缘光滑锐利的局限性肿块，表面黏膜大多光整。

(三) 胃、十二指肠溃疡

胃、十二指肠溃疡（gastric ulcer，duodenal ulcer）是常见临床疾病，是指胃、十二指肠黏膜溃烂缺损引起的一种疾病，好发于 20~50 岁，约占消化性溃疡的 95%，十二指肠溃疡的发病率约为胃溃疡的 5 倍。

【病理与临床表现】

由胃酸和其他原因引起的胃肠壁的自身消化、溃烂，形成一个龛影，其深度可以达到肌层，呈类圆形，边缘整齐，有水肿和黏膜聚集，可继发出血和穿孔。溃疡愈合后可因瘢痕引起胃腔或十二指肠变形。

临床表现主要是上腹部疼痛，具有反复性、周期性和节律性的特点。严重者可继发大出血和幽门梗阻。胃溃疡可恶变。

【影像学表现】

胃、十二指肠溃疡影像学表现包括直接征象和间接征象。

1. 胃溃疡

(1) 直接征象：①龛影：龛影多见于小弯，切线位呈乳头状、锥状，正位或轴位加压呈类圆形钡斑（图 6-7）。②龛影口部透明水肿带：依据水肿的程度可出现三种 X 线征象。环绕龛影口部宽 1~2mm 的低密度线条影，称为黏膜线征；环绕龛影口部宽 5~10mm 的低密度带状影，如一个项圈，称为项圈征；龛影口部明显狭小，似龛影有一个狭长的颈部者，称为狭颈

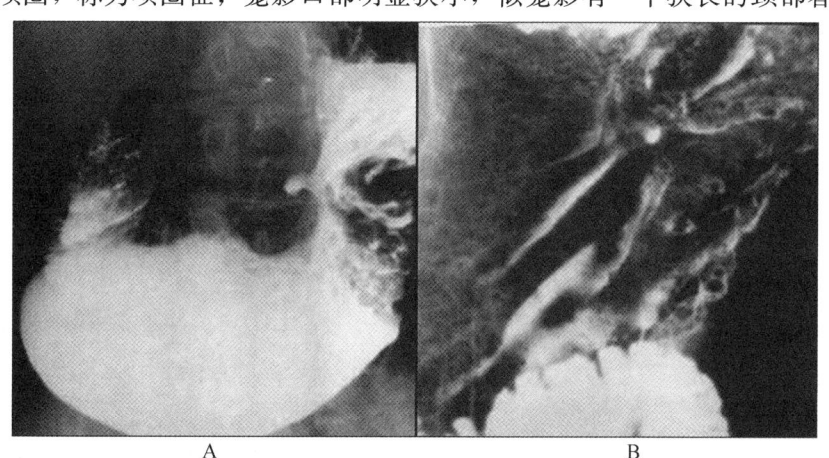

图 6-7　胃溃疡
A. 胃体小弯侧龛影，对侧大弯侧痉挛切迹；B. 黏膜皱襞向病变区聚集

征。③黏膜纠集：慢性溃疡周围的瘢痕收缩，造成黏膜皱襞均匀性纠集，如车轮状向龛影口部集中且到达口部边缘并逐渐变窄，是良性溃疡的特征性征象。

（2）间接征象：①痉挛性改变，表现为胃壁上的凹陷（又称切迹），小弯龛影，在大弯的相对处出现深的痉挛切迹，犹如一个手指指向龛影。胃窦痉挛或幽门痉挛也很常见。②分泌增加，使钡剂不易附着于胃壁，液体多时在胃内形成液面。③胃蠕动增强或减弱，张力增高或减低，排空加速或减慢。此外，龛影处常有不同程度的压痛。溃疡好转和愈合时，功能性改变也常随之减轻或消失。

2. 十二指肠溃疡

（1）直接征象：龛影和球部变形。十二指肠溃疡90%发生在球部。球部溃疡常较胃溃疡小，大多位于后壁或前壁，多为单发，直径<1.0cm，表现为类圆形或米粒状密度增高影，其边缘大多光滑整齐，周围常有一圈透明带，或有放射状黏膜纠集。许多球部溃疡不易显出龛影，但如有恒久的球部变形，也能作出溃疡的诊断。球部变形主要是由于痉挛、瘢痕收缩、黏膜水肿所致，可以是山字形、三叶形、葫芦形等。有时在变形的球部仍可显示龛影（图6-8）。

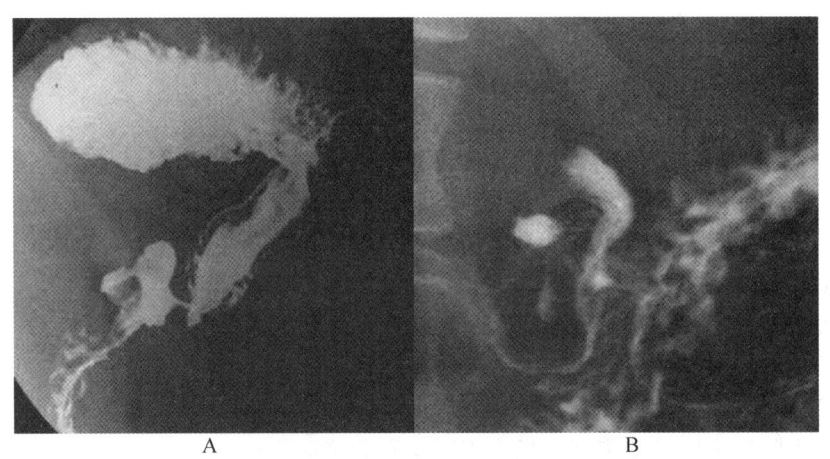

图6-8 十二指肠球部溃疡
A. 球部恒定变形；B. 球部钡斑形成，伴黏膜纠集

（2）间接征象：①球部激惹征，表现为钡剂到达球部后不易停留，迅速排出。②幽门痉挛，开放延迟，胃液潴留。③胃分泌增加及胃张力和蠕动方面的改变等。④球部有固定压痛。

【诊断与鉴别诊断】

依据典型临床表现和X线征象可明确诊断，胃溃疡主要和溃疡型胃癌鉴别（见胃癌部分内容）。

（四）胃癌

胃癌（gastric carcinoma）是胃肠道最常见的肿瘤，好发于40~60岁。可发生在胃的任何部位，多发生于胃窦幽门区，约占50%~60%，其次为贲门和胃体小弯侧。

【病理与临床表现】

早期胃癌是指癌变仅限于黏膜或黏膜下层，而不论其大小或有无转移。依其肉眼形态分为三个基本类型：①隆起型（Ⅰ型）：肿瘤呈类圆形突向胃腔，高度超过5mm；②浅表型（Ⅱ型）：又分为浅表隆起型（Ⅱa型）、浅表平坦型（Ⅱb型）、浅表凹陷型（Ⅱc型）三个亚型，肿瘤表浅、平坦，沿黏膜及黏膜下层生长，形状不规则，边界清楚，其三个亚型中的隆起及凹陷均不超过5mm；③凹陷型（Ⅲ型）：肿瘤形成明显凹陷，超过5mm（图6-9）。

中晚期胃癌又称进展期胃癌，依其形态可分为：①蕈伞型（息肉型、肿块型、增生型）：

肿瘤向腔内生长，呈菜花状，常有溃烂，与周围胃壁有明确分界；②浸润型（硬癌）：肿瘤沿胃壁各层浸润，使胃壁增厚、僵硬，黏膜平坦及消失，与正常区域分界不清，病变可只侵犯胃的一部分，也可侵及胃的全部，形成"皮革样胃"；③溃疡型：肿瘤在胃壁上形成巨大溃疡，深达肌层，边缘形成一圈堤状隆起称为环堤。溃疡型胃癌又称恶性胃溃疡。

临床表现主要是上腹部疼痛，不易缓解，呕吐咖啡渣样血液或有柏油便，可触及肿块或发生梗阻症状。

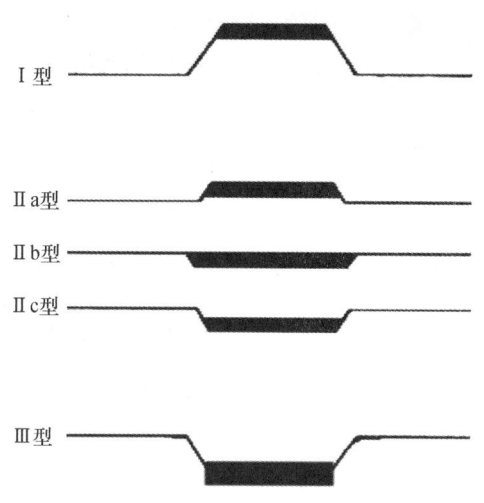

图 6-9　早期胃癌分型

【影像学表现】

1. X 线

（1）充盈缺损：形状不规则，多见于蕈伞型癌，其上亦可有龛影。

（2）龛影：见于溃疡型癌：①龛影形状不规则，多呈半月形，外缘平直，内缘不整齐而有多个尖角；②龛影位于胃轮廓之内；③龛影周围绕以宽窄不等的透明带称为环堤，轮廓不规则，其中常见结节状或指压迹样充盈缺损，以上表现称为半月综合征（图 6-10B）。

（3）胃腔狭窄、胃壁僵硬。主要由浸润型癌引起，病变可局限也可以波及全胃形成皮革样胃（图 6-10A）。

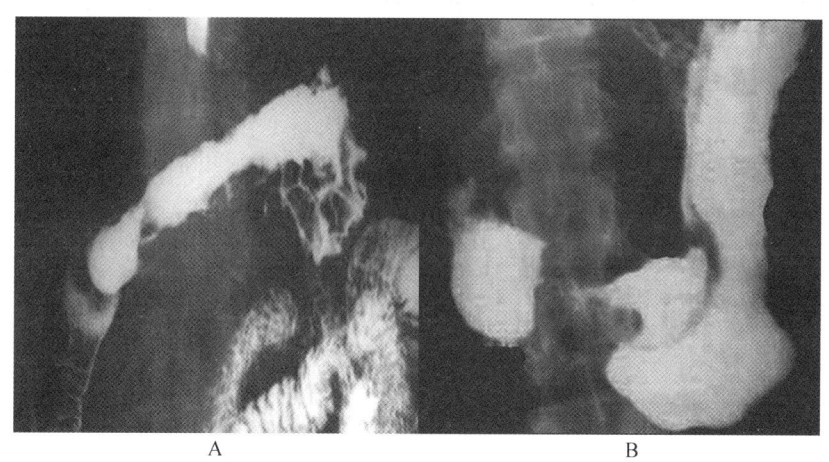

图 6-10　胃癌

A. 浸润型胃癌，胃壁弥漫僵硬且形态固定、胃腔狭窄；B. 溃疡型胃癌，半月综合征

（4）黏膜皱襞被破坏、中断或消失。黏膜下肿瘤浸润常使皱襞异常粗大、僵直或如杵状和结节状，形态固定不变。

（5）癌瘤区蠕动消失。

早期胃癌也表现上述征象，但病变更轻微，需良好的双重对比造影并结合多种造影技巧，如低张造影、加压法等，以显示微小的隆起和凹陷。对于浅表型早期胃癌常需借助胃小沟和小区的破坏以助诊断。

2. CT 和 MRI 表现　检查前需要作好胃肠道准备，用对比剂或清水将胃充分扩张才能观察胃壁正确厚度。肿块型胃癌表现为胃腔内肿块影；浸润型表现为胃壁局限性或弥漫增厚；溃疡型表现为在肿块的基础上有不规则的凹陷。CT 或 MRI 检查的重要价值还在于直接观察肿瘤侵犯胃壁、周围浸润及远处转移的情况。

【诊断与鉴别诊断】

主要是胃良、恶性溃疡的鉴别（表6-1）。

表6-1 胃良性溃疡与恶性溃疡的鉴别诊断

	良性溃疡	恶性溃疡
龛影形状	圆形或椭圆形，边缘光滑整齐	不规则，扁平，有多个尖角
龛影位置	突出于胃轮廓外	位于胃轮廓之内
龛影周围和口部	黏膜水肿表现，如黏膜线、项圈征、狭颈征等。黏膜皱襞向龛影集中，直达龛口	指压迹样充盈缺损，有不规则环堤，黏膜皱襞中断、破坏
附近胃壁	柔软，有蠕动波	僵硬，峭直，蠕动消失

（五）肠结核

肠结核多继发于肺结核，常与腹膜结核和肠系膜淋巴结结核同时存在。

【病理与临床表现】

肠结核好发于回盲部。病理改变分为溃疡型和增殖型两种。溃疡型结核首先是肠壁淋巴结干酪样坏死、黏膜溃烂，继之侵入黏膜下层、肌层、浆膜层引起肠管瘢痕狭窄；增殖型肠结核产生大量结核性肉芽组织和纤维增生，使黏膜隆起呈大小不等的结节、肠壁增厚变硬、肠腔狭窄。

临床上常为慢性起病，长期低热，有腹痛、腹泻、消瘦、乏力等表现。

【影像学表现】

1. 跳跃征　钡剂到达病变区时，不能正常停留，而迅即被驱向远侧肠管，致肠管充盈不良，末段回肠可呈细线状，是溃疡型肠结核的典型表现。

2. 龛影　溃疡较深时，病变段肠管呈不规则锯齿状，常与正常段肠管相间，肠腔不规则变窄，病变肠管与正常肠管分界不清。

3. 盲肠和升结肠缩短。

4. 增殖型肠结核主要表现为充盈缺损，病变段肠管呈小息肉样增生，形成大小不等的充盈缺损。

【诊断与鉴别诊断】

典型的好发部位，加上跳跃征，肠管挛缩、狭窄等特征性征象，使X线成为诊断肠结核的首选方法。

肠结核需要与克罗恩（Crohn）病及回盲部肿瘤相鉴别。克罗恩病好发于回肠及右半结肠。病变呈节段性、跳跃性是其特点，易发生窦道及肠梗阻。有时需要依靠病理来确定，无干酪样病变为区别于结核的要点。肿瘤一般较肠结核局限，若有充盈缺损常为单发，体积较大。

（六）小肠肿瘤

小肠良性肿瘤有平滑肌瘤、脂肪瘤、腺瘤和血管瘤等；小肠恶性肿瘤有腺癌、淋巴瘤、恶性间质瘤、类癌等。

【病理与临床表现】

小肠平滑肌瘤为肠壁肌层发生的肿瘤，向肠腔内或腔内、外同时生长。肿瘤边界清楚，肠黏膜破坏不明显。而且肿瘤一般只侵犯一侧肠壁并不侵犯整个肠管的周径，所以一般没有明显肠梗阻。大部分患者因消化道出血而就诊。

小肠恶性淋巴瘤好发于末段回肠，侵犯肠管的范围往往较长，以管壁增厚、僵硬为主，肠梗阻的程度较小肠腺癌相对轻，常常同时伴有肠系膜及腹膜后淋巴结广泛肿大，甚至融合成团。主要症状为腹痛、腹块、间歇性黑便。

【影像学表现】

1. 小肠平滑肌瘤　表现为一侧肠壁边缘光滑的局限性充盈缺损，其表面的黏膜皱襞被展平，破坏不明显，邻近肠管正常。

2. 小肠恶性淋巴瘤　①管壁浸润而僵硬，蠕动消失，呈"铅管状"改变。②多发结节状充盈缺损，大小不一，范围较长，管腔不规则狭窄。③黏膜下神经丛和肌层受侵时肠管张力减低，管腔扩张。④末端回肠淋巴瘤常可引起肠套叠。

【诊断与鉴别诊断】

小肠肿瘤的检出、诊断与鉴别诊断相对较难。①小肠炎性病变一般受累的肠管范围较长，而小肠肿瘤则范围局限；②小肠腺癌常表现为局限性肿块、狭窄及近端梗阻，小肠淋巴瘤多为小肠壁显著增厚形成巨大肿块或多发肿块、肠腔扩张，而小肠间质瘤则多为偏侧性腔外巨大肿块、边界清楚；③小肠良、恶性间质瘤在影像表现上虽无特征性差异，但一般认为肿瘤直径超过6cm须考虑为恶性，如发现腹膜后肿大淋巴结、肝转移则可明确肿瘤为恶性。

（七）结肠癌

结肠癌（colorectal carcinoma）在消化道肿瘤中位居胃癌和食管癌之后，居第三位。中老年男性高发。好发于直肠和乙状结肠。

【病理与临床表现】

结肠癌主要为腺癌，病理上分为4型，即增生型、浸润型、溃疡型和混合型。

临床表现为腹部肿块、便血和腹泻，或有顽固性便秘，也可有脓血便或黏液样便。直肠癌主要表现为便血、粪便变细和里急后重感。

【影像学表现】

1. X线钡灌肠

（1）肠腔内不规则的充盈缺损，相应黏膜皱襞被破坏消失，可呈"苹果核样"改变（图6-11A）。

（2）肠腔内不规则龛影，边缘多不整齐，具有一些尖角，龛影周围常有不同程度的充盈缺损和狭窄。

（3）肠管狭窄，肿瘤沿肠壁环状浸润生长，引起肠壁增厚，肠腔狭窄，边缘不规则（图6-11B、C）。

（4）肠壁僵硬、结肠袋消失。

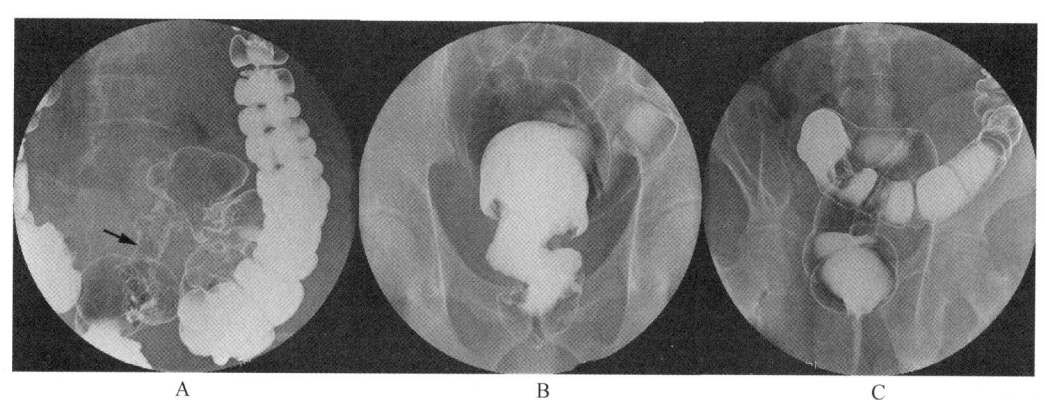

图6-11　结肠癌

A. 乙状结肠癌，黏膜像呈现"苹果核"征；B. 直肠癌，局部管腔环形缩窄，管壁僵硬；
C. 乙状结肠癌，局部管腔不规则狭窄，管壁僵硬

2. CT、MRI　可明确肿瘤与其周围组织的关系，局部有无淋巴结肿大，其他脏器有无浸润破坏或转移，以便进行准确分期；对鉴别诊断有帮助。

第六章 消化系统

【诊断与鉴别诊断】

腹痛、便血、腹部包块及 X 线钡灌肠检查发现确切的充盈缺损，腔内龛影及环形不规则狭窄，肠壁僵硬，诊断结肠癌不难。

结肠癌需与结肠痉挛、结肠息肉以及肠结核鉴别。结肠痉挛边缘光滑整齐，无黏膜被破坏，且为一过性；息肉造成的充盈缺损表面光滑，黏膜规则无破坏，肠壁柔软无僵硬感。盲肠、升结肠癌须与增殖型肠结核鉴别。肠结核病变的范围较长，同时侵犯末端回肠，X 线表现以挛缩、僵硬为主。结肠癌则多呈局限性肿块。

（赵明东　王　滨）

第二节　肝疾病

一、检查方法

（一）X 线

肝内部各种结构以及肝与周围组织器官缺乏天然对比，因此 X 线平片仅可显示较大的钙化灶、结石及气体影，在肝病的检测方面价值有限。利用胃肠道钡剂造影可显示肝病所致的胃肠道继发改变，如肝硬化并发的食管胃底静脉曲张等。

X 线血管造影属于有创伤性检查项目，包括肝动脉造影、门静脉造影以及肝静脉造影等。该技术不仅可清晰显示肝内的正常和异常血管，更重要的是可基于此进行介入治疗。

（二）超声检查

肝超声检查无创快捷、简便易行，可实现实时成像，是目前肝病首选的初筛检查技术。但超声图像空间分辨率较低，诊断准确性受检查者水平影响较大。肝检查多采用二维实时和彩色多普勒超声仪，探头频率一般为 3.5～5MHz。检查时患者需空腹，多取仰卧位，也可根据具体情况变化体位。常规二维超声检查多在右肋间斜断面、左右肋缘下斜断面、正中线左右纵断面、横断和冠状断面等采集图像。还可结合彩色多普勒、能量图、超声造影和三维超声成像等技术增加诊断准确性，甚至还可进行超声介入性诊断和治疗。

（三）CT

肝 CT 扫描范围应涵盖整个肝，扫描层厚一般为 5mm。对于小病变，应采用更薄的层厚。

1. 平扫　扫描前患者不应进行其他造影检查，尤其是消化道钡剂造影。患者禁饮食 4～6h，检查前 30min 口服温开水或含 2% 碘对比剂水溶液 500～800ml。多采用仰卧位，扫描时屏气。

2. 对比增强 CT 扫描（contrast enhanced CT scan，CECT）　患者准备事项同平扫，严格掌握对比剂应用禁忌证及注意事项，同时签署对比剂使用知情同意书。目前常用的扫描方法为动态对比剂增强扫描（dynamic contrast enhanced CT scan），利用高压注射器经皮下静脉快速注入对比剂后进行 CT 扫描，分别于注药后 25～30s（动脉期）、50～60s（门静脉期）、2min（平衡期）进行 3 次全肝扫描，还可根据需要进行不同时间的延迟增强扫描。

利用动态对比剂增强扫描可观察病变在不同扫描时相的动态变化特点，为诊断与鉴别诊断提供可靠的依据，是肝主要的影像学检查方法。同时，还可基于薄层 CT 横断面图像进行后处理重组，从而获得冠状面、矢状面、斜面或任意曲面以及三维的图像，从而更加准确地对正常结构及病变进行显示。

（四）MRI

1. 平扫　肝常用的 MRI 扫描序列包括：T_1WI、T_2WI、脂肪抑制 T_1WI 和 T_2WI、MR 胰胆管成像（magnetic resonance cholangiopancreatography，MRCP）、同反相位成像、扩散加权成

像（diffusion-weighted imaging，DWI）及MR波谱（MR-spectroscopy，MRS）等。不同的成像序列的结合可得到更多的信息，提高诊断和鉴别诊断的水平。

2. 增强扫描　MRI增强扫描常用的正性对比剂包括Gd-DTPA及四氮杂环十二烷四乙酸钆（Gd-DOTA）等，动态增强扫描的方法同CT，还可进行对比剂增强MR血管成像（MR-angiography，MRA），实现对病变血供情况及肝血管的显示。此外，超顺磁性氧化铁（super-paramagnetic iron oxide，SPIO）颗粒、钆塞酸二钠则可分别对网状内皮细胞、正常肝细胞进行特异性成像，为肝病的诊断提供更可靠的信息。

二、正常影像解剖

1. X线
(1) 腹部X线平片：肝表现为右上腹密度均匀似三角形的软组织影，右下缘的肝角为重要标志。
(2) 血管造影：肝动脉造影、门静脉造影显示肝动脉、门静脉于肝内呈树枝状分布，自肝门向外周逐级变细，边缘光滑，走行自然。

2. 超声　肝被膜光整，呈细线样回声，实质呈均匀中等水平的点状回声。可见门静脉、肝静脉和胆管系统，彩色多普勒清晰可显示门静脉和肝动、静脉血流。

3. CT　肝平扫CT值为40～60Hu，密度略高于脾。肝内胆管多显示不清，门静脉主干及重要分支、胆总管较肝密度略低。第二肝门区可见条形的左、中、右肝静脉汇入下腔静脉。增强CT动脉期显示肝实质轻度强化，肝门区可见较细并明显强化的肝动脉向肝内延伸；门静脉期显示肝实质均匀强化，门静脉及肝静脉呈高密度，胆总管及左、右肝管为低密度；平衡期肝实质的强化达到峰值，此后随着时间延迟逐渐降低。

(1) 第二肝门层面：三支肝静脉正常走行，汇入下腔静脉。此层面肝静脉可作为肝叶、段划分的标志（图6-12A）。
(2) 肝门层面：肝门呈裂隙状结构，内可见粗大的门静脉及其左右分支，其前方为较细的肝总管和肝动脉。肝总管位于肝动脉右侧（图6-12B）。
(3) 胆囊层面：胆囊呈椭圆形水样密度影，可作为肝左、右叶划分的标志（图6-12C）。

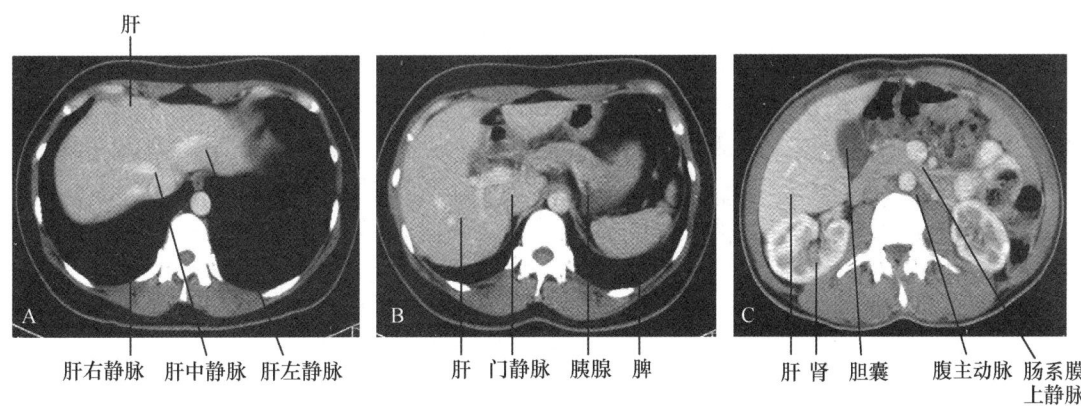

图6-12　肝正常CT表现
A. 第二肝门层面；B. 肝门层面；C. 胆囊层面

4. MRI　MRI轴位为主要断面影像，肝的形态结构与CT相对应。肝实质表现为均匀信号。T_1WI为中等信号，类似于胰腺组织，高于脾和肾信号（图6-13A）。T_2WI为低信号，类似于肌肉，低于肾和脾信号（图6-13B）。

在自旋回波序列图像上，较大的血管由于流空效应表现为低信号。肝内胆管由于含有相对静止的胆汁，表现典型的液体信号（T_1WI 低信号、T_2WI 高信号）。在梯度回波序列图像上，血管显示为高信号。以 Gd-DTPA 及 Gd-DOTA 增强时，肝强化表现同 CT 增强所见。

矢状面 MRI 可显示肝中静脉全长，冠状面 MRI 对肝右静脉显示良好，两者均可显示肝内静脉汇入下腔静脉。另外，肠系膜上静脉与脾静脉汇合形成门静脉主干的解剖关系也于冠状面图像观察最为满意（图 6-13C）。

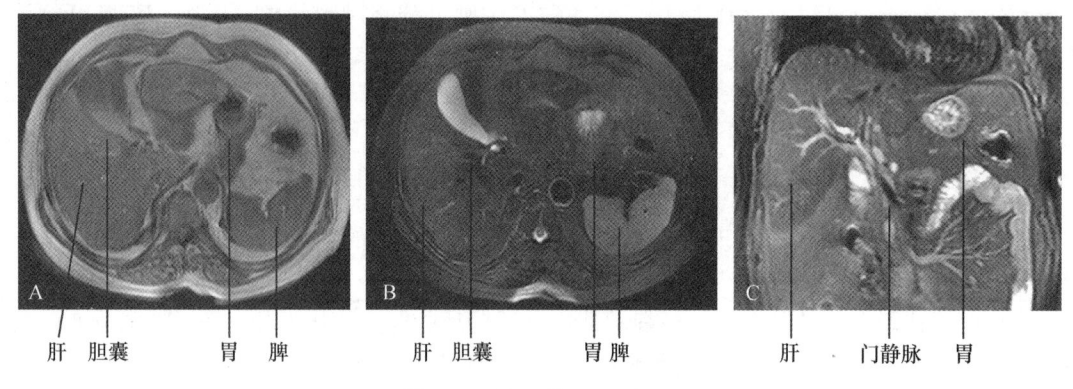

图 6-13 肝正常 MRI 表现
A. 横断面 T_1WI；B. 横断面 T_2WI；C. 冠状面 T_2WI

三、肝基本病变的影像表现

1. 形态异常　包括肝的增大或减小、表面不规则、肝叶比例失调及肝缘断裂等。肝体积增大常见于肝淤血、感染（病毒、细菌、寄生虫）、中毒、胆汁淤积、肝代谢障碍性疾病、风湿免疫性疾病、血液病及肝内巨大或多发占位性病变等。体积减小常见于肝硬化、肝纤维化等，表现为肝裂及胆囊窝增宽，肝边缘与腹壁距离增宽。肝表面不规则可见于晚期肝硬化，邻近肝表面的占位性病变可使肝局部隆起。肝叶大小比例失调见于肝硬化、局限于某个叶的占位性病变等。肝缘断裂见于肝破裂伤及术后改变。

2. 密度或信号异常　包括肝或病变密度（或信号）低于或高于肝正常值范围，根据病变的大小分为局限性或弥漫性。

在 CT 图像上，弥漫性肝密度降低多由脂肪肝、肝淤血及各种原因导致的肝细胞水肿引起；局灶性密度降低多见于局灶性脂肪肝、感染、囊肿或肿瘤等。弥漫性肝密度增高多见于肝血色素沉着症、肝硬化合并铁沉积等；局限性密度增高则多见于钙化、结石及急性出血等。

对于 MRI 的 T_1WI，表现为弥漫性信号增高的疾病有脂肪肝、糖原贮积症、肝硬化等，局限性信号增高的疾病有局灶性脂肪肝、亚急性出血、黑色素瘤等；而 T_1WI 表现为弥漫性信号降低的疾病有弥漫性炎症、肝淤血等，局限性信号降低的疾病有局灶性炎症、水肿、液化坏死、囊肿、脓肿及多数的良恶性肿瘤。对于 T_2WI，表现为肝信号弥漫性增高的疾病有弥漫性炎症、肝淤血等，局灶性信号增高的疾病包括局灶性炎症、水肿、液化坏死、亚急性血肿、囊肿、脓肿及多数的肿瘤；而弥漫性信号减低则见于肝血色素沉着症、肝硬化合并铁沉积等，局灶性信号减低多见于黑色素瘤、钙化、结石、陈旧出血、流空血管等。另外，对于 DWI，表现为高信号的有肿瘤、炎症及囊液中蛋白含量较多时（如脓液），低信号的包括肿瘤的坏死液化、胆汁、腹水、出血、钙化、囊肿等。当一种病变含多种成分时，如肝血管平滑肌脂肪瘤，则表现为混杂密度或信号。

3. 强化异常　增强扫描对于肝病变的定性诊断具有重要的价值。根据肝及病变血供的不同分为无强化（如囊肿）、轻度强化（如淋巴瘤）、明显强化（如肝细胞癌）等。如病变成分较为单一则表现为均匀强化，如其内成分复杂则强化不均匀。同时，不同的病变可表现为不同的强化方式,如肝细胞癌表现为动脉期明显强化,而胆管细胞癌则表现为延迟期强化,肝细胞癌的动态增强表现为对比剂的"快进快出"强化方式,而海绵状血管瘤则为"慢进慢出"方式。

4. 血管异常　血管造影、CT和MR增强及血管成像等均可显示血管的异常。恶性肿瘤可见多发异常血管团,表现为血管粗细不均、边缘不整、走行迂曲、常见动静脉瘘和血管湖。良性病变可压迫周围血管使其移位。肝硬化引起的门静脉高压,可见门静脉主干增宽及大量侧支血管的开放。增强及血管成像可显示门静脉、下腔静脉内的癌栓或血栓,表现为静脉内的充盈缺损。

四、原发性肝癌

原发性肝癌(primary hepatic carcinoma)是我国常见恶性肿瘤之一,在恶性肿瘤中死亡率居第三位,按病理学分型可分为肝细胞癌、胆管细胞癌及混合型肝癌,其中90%为肝细胞癌(hepatocellular carcinoma,HCC)。

(一)肝细胞癌

40～50岁发病率最高,男性多于女性。发病原因主要与乙型肝炎及肝硬化有关,约80%左右的患者合并肝硬化。

【病理与临床表现】

病理特点:

1. 肿瘤具有膨胀性和浸润性生长方式。部分病变可有纤维包膜,肿瘤内出血和坏死较为常见,少有钙化。

2. 转移方式　血行转移为主要途径,其次为淋巴转移。多为肝内转移,常见的肝外转移部位为肺,其次为肾上腺、骨、肾及脑。易侵犯门静脉与肝静脉,形成瘤栓及动静脉瘘等,还可侵犯胆管。

3. 大体分型

(1) 巨块型:约占23%,肿瘤巨大,边界不清,可侵及整个肝叶。常有门静脉浸润,伴有肝内子病灶。

(2) 结节型:约占64.4%,肿瘤呈单个或多个结节,边界清楚。通常为2～5cm大小,可有完整或不完整的包膜。

(3) 弥漫型:约占12.6%。呈小癌灶弥漫分布,结节直径从数毫米到1cm不等,肉眼常难与肝硬化的假小叶鉴别。极易形成门静脉、肝静脉、下腔静脉瘤栓。

临床表现:

多有慢性肝病史,早期多无症状,进展期可有肝区疼痛、消瘦、乏力及腹部肿块。晚期可有肿瘤转移或并发症引起的相应症状。

实验室检查:70%～90%的病例甲胎蛋白(alpha-fetoprotein,AFP)升高。

【影像学表现】

1. X线　血管造影(angiography)不仅可根据肿瘤的血供判断病变的大小、数目等,而且可同时进行介入治疗。

(1) 动脉期:肿瘤血供丰富,可见大量的迂曲扩张的肿瘤新生血管,还可见扩张的肝动脉,以及肝动脉-肝静脉短路、肝动脉-门静脉短路等。

(2) 实质期:可见不规则肿瘤染色及包膜染色征象。

(3) 静脉期:可见门静脉阻塞以及门静脉或肝静脉内瘤栓形成。

2. 超声

(1) 直接征象:肝实质内单个或数目和大小不等的肿块或结节,边界清晰或不规则,常伴有声晕。其内部根据是否合并坏死、出血、液化及钙化等而表现为不同的回声特点。

(2) 间接征象：巨块型及结节型肝局限性增大。侵及肝内血管时可致其移位、绕行、中断，压迫胆管可致远端胆管扩张。门静脉、肝静脉或下腔静脉内可见瘤栓，肝门淋巴结可肿大，可见其他组织器官的转移。

(3) 多普勒检查：癌肿边界及内部显示高速动脉血流，阻力指数可高可低。伴发门静脉癌栓的门静脉血流变为逆肝血流。

3. CT

(1) 平扫：肿瘤表现为低密度，CT值较正常肝低20Hu左右，部分分化程度较高的病变可与肝密度相近（图6-14A）。较大的病灶中心常出现液化坏死，呈不规则更低密度影。偶有新鲜出血，表现为高密度。包膜表现为肿瘤边缘一圈环状低密度带。

(2) 增强CT：由于正常肝血供75%~80%来自于门静脉，而肝癌95%以上的血供来自于肝动脉。应用增强CT多期扫描，根据肿瘤与周围肝组织所表现出的增强效应之时相不同的血流动力学特点，对病变的检出及定性具有重要意义。动脉期肿瘤出现明显强化，而周围肝实质强化不明显，因此，肿瘤与肝实质密度差加大，病变易于显示（图6-14B）；门静脉至平衡期，肝实质明显强化，而肿瘤内对比剂退出，呈低密度（图6-14C和D）。包膜可表现为延迟期环状强化。肝细胞癌的时间密度曲线主要表现为速升速降型。

(3) CTA主要用于显示肿瘤的供血动脉，以及肿瘤与周围血管之间的关系，为诊断和治疗提供更多的信息；此外，还可见静脉内瘤栓形成，表现为门静脉、肝静脉、下腔静脉内的条形充盈缺损，瘤栓可有强化。

大多数肝细胞癌伴有肝硬化及门静脉高压的CT表现。

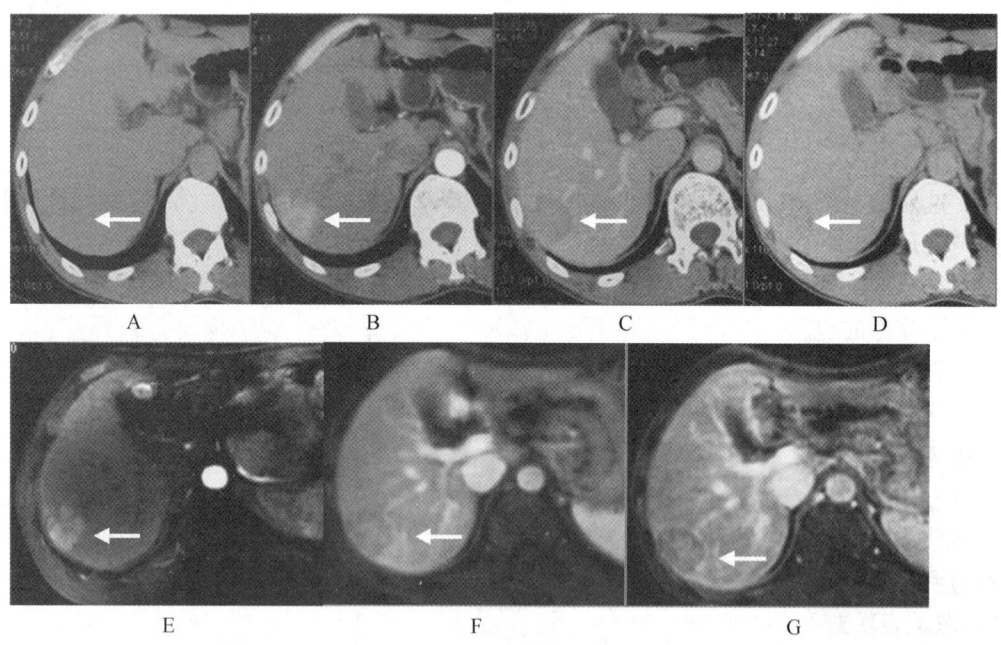

图6-14　肝细胞癌CT及MRI影像

A. 平扫，肿瘤呈略低密度（箭头）；B. CT动脉期，肿瘤明显强化；C和D. CT静脉期与平衡期，肿瘤呈低密度；E. MRI动脉期，肿瘤明显强化；F. MRI静脉期，肿瘤呈低信号；G. MRI延迟期，肿瘤呈低信号，周围包膜强化。

4. MRI　MRI具有良好的软组织分辨力，因此可更清楚地显示肿瘤的形态和信号特点，也有助于发现更多的病灶。T_1WI上多数肝细胞癌呈低信号，分化程度较好的肝细胞癌信号较高（图6-15A）；T_2WI呈均匀或不均匀略高信号（图6-15B），液化坏死区呈明显高信号；DWI显示肿瘤实性部分为高信号（图6-15C）。肝细胞癌MRI增强扫描的表现特点与CT增强特点相同（图6-14E至G，图6-15D至F）。

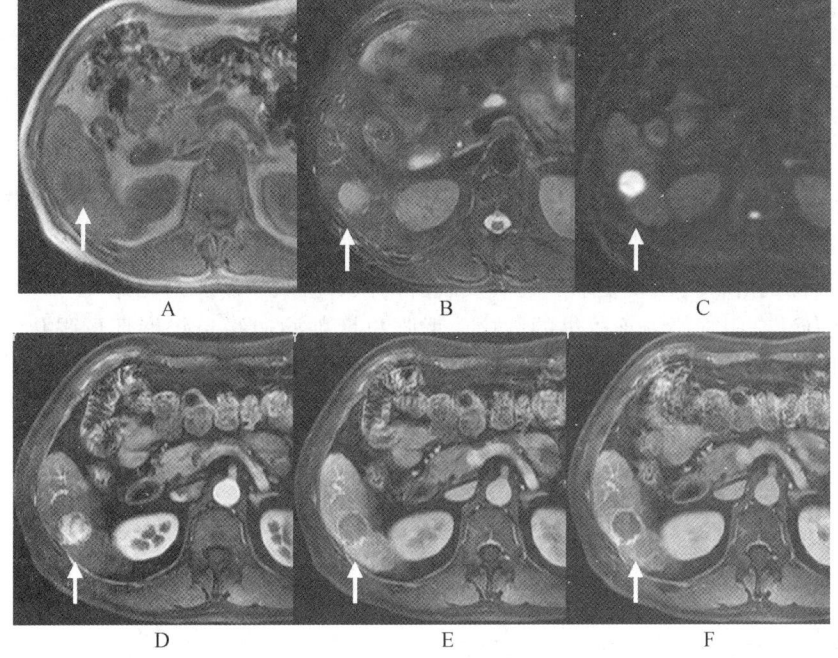

图 6-15 肝细胞癌 MRI 影像

A. T_1WI 显示肿瘤为低信号；B. T_2WI 显示肿瘤为高信号；C. DWI 显示肿瘤为高信号；D. 动脉期，显示病变明显强化；E. 静脉期，肿瘤内对比剂退出；F. 延迟期，显示病变呈低信号，包膜强化

MR 冠状面及矢状面成像，能更清晰地显示血管内瘤栓，以及显示病变的整体特点。SE 序列静脉癌栓可表现为流空血管内出现的软组织信号；在 GRE-MR 亮血技术中，于高信号的血管内显示为充盈缺损。

【诊断与鉴别诊断】

根据典型的超声表现可提示肝癌的诊断；CT 及 MRI 检查，尤其多期增强扫描中肝细胞癌增强后所表现出的对比剂"快进快出"的特点，对肝细胞癌的确诊与鉴别诊断具有重要意义。肝血管造影对小肝癌的诊断率高，并可同时进行肝癌的介入治疗。需要鉴别的疾病包括肝内胆管细胞癌、海绵状血管瘤、肝腺瘤及局灶性结节增生（focal nodular hyperplasia，FNH）等。

（二）胆管细胞癌

肝内胆管细胞癌占肝原发恶性肿瘤的第二位，起源于肝内小胆管或末梢胆管上皮。好发年龄为 30~50 岁，男女发病率相近。患者多无乙型肝炎及肝硬化病史，癌胚抗原和 CA19-9 可升高，甲胎蛋白为阴性。该病常与华支睾吸虫感染、慢性胆管炎及结石、胆总管囊肿、先天性肝内胆管扩张（Caroli 病）及原发性硬化性胆管炎合并存在。

【病理与临床表现】

病理特点：

1. 起源于胆管柱状上皮，肿瘤呈浸润性生长，周围无纤维包膜，瘤内具有丰富的纤维间质，血管相对较少。

2. 转移方式　淋巴转移为主要途径，常见肝门区、腹膜后淋巴结肿大，也可出现肝内及其他组织器官的转移，一般不会出现静脉瘤栓。

临床表现：

临床症状因发生部位及病变大小不同而异。早期可无症状，晚期可出现上腹不适、肝大、体重下降等；肿瘤压迫、浸润胆管可引起黄疸；如果继发胆管炎，可有发热等感染症状。

【影像学表现】

1. 超声 肝内探及团块影或结节影，形态不规则，境界多不清晰，病变多呈稍高回声或中等回声，也可为低回声。病变周围有时可见无回声的扩张胆管。彩色多普勒显示多数病变缺乏动静脉血流信号，肿瘤可包绕门静脉分支致其内血流信号消失。

2. CT

（1）平扫：表现为边缘不规则的低密度占位性病变，一般密度不均匀，无包膜；肿瘤内及边缘可见扩张的胆管，有时胆管内可见结石；肿瘤位于肝边缘时肝边缘可出现内陷（图6-16A）；肿块远侧的肝叶可出现萎缩。还可发现肝门区、腹膜后肿大淋巴结。

（2）增强CT：胆管癌为乏血供的肿瘤，增强早期肿瘤边缘呈轻度环形强化（图6-16B），内部强化不明显，随着时间延迟病灶强化范围可由外向内逐渐扩大、填充（图6-16C和D）。肿瘤的时间密度曲线主要表现为缓升缓降型。

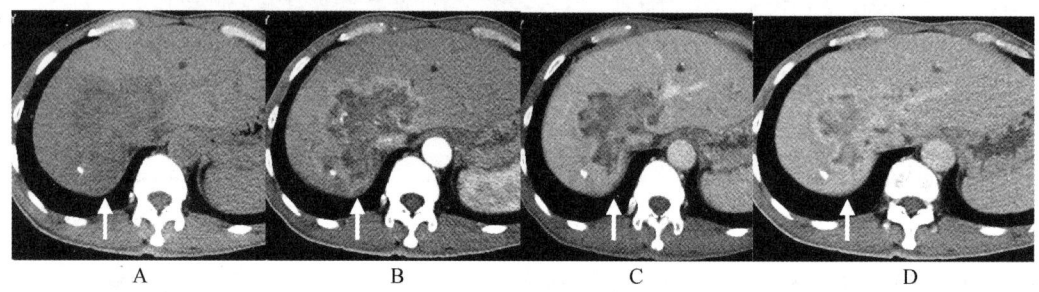

图6-16 肝内胆管细胞癌CT影像

A. 平扫，肿瘤为低密度，边缘见钙化灶；B. 动脉期，肿瘤边缘不规则环形强化；C. 静脉期，肿瘤呈低密度；D. 延迟期，肿瘤内逐渐强化

3. MRI MRI平扫多数病灶为混杂T_1WI低信号、T_2WI高信号结节或肿块影，形态不规则，边界不清；周围可见扩张的胆管影。DWI显示肿瘤为不均匀高信号。增强扫描动脉期呈不均匀轻度强化，静脉期及延迟期病变呈渐进式逐渐强化，强化程度多不均匀。病变动态增强扫描所得到的时间信号曲线与CT相同。

【诊断与鉴别诊断】

肝内胆管细胞癌平扫表现为混杂密度（信号）肿块，周围常见扩张的胆管；增强为轻度强化，且随时间延迟呈渐进式逐渐强化为其典型的影像学特点。需要鉴别的疾病包括肝细胞癌、肝脓肿、转移瘤等。

五、肝转移瘤

肝是转移瘤的好发部位，肝转移瘤（liver metastases）发病率仅次于淋巴结转移，居第二位。最常见的原发肿瘤为胃肠道恶性肿瘤、肺癌、胰腺癌、乳腺癌等。

转移途径有血行转移、直接浸润和腹膜种植等。

【病理与临床表现】

病理所见：肿瘤界限清楚。中心多发生坏死，部分病变偶见钙化。有结节型、结节相互整合呈块状的块状型及边界不清楚的弥漫型。

临床表现：可兼有原发肿瘤及转移瘤引起的症状，如乏力、厌食、体重下降等，严重时肝增大，偶有黄疸、腹水。肝功能可有异常。

【影像学表现】

1. X线 血管造影表现因肿瘤血供不同而异，富血供肿瘤易被显示。一般动脉期可见动脉受压、拉长、移位，其边缘可见微细的肿瘤血管；如肿瘤中心发生坏死，实质期可见环形肿瘤染色。

2. 超声　转移瘤最多见的类型为结节型，常为多发，多呈低回声，部分病灶可为高回声或混合性回声，如病变中心出现坏死则常出现典型的"牛眼征"。块状型则以单发为主，其内因出现出血、坏死而表现为混合型回声。邻近肝的恶性肿瘤浸润肝时则表现为肿瘤与肝毗邻部位出现不规则的不均匀低回声团块影，边界不清。弥漫型转移瘤表现为肝回声增粗、杂乱，内见大量的边界不清晰的斑块状高、低回声，但无法确定肿瘤的具体边界和形态。

多普勒超声能检出大多数肝转移瘤外周和瘤内的动脉型血流。

3. CT

（1）平扫：表现为单发或多发类圆形低密度结节，边缘较清楚，也可不清。肿瘤中心坏死区表现为更低密度影。

（2）增强扫描：肝转移瘤因原发肿瘤的血供特点不同而表现各异。当原发恶性肿瘤血供丰富时，增强动脉期肝转移瘤强化明显，多呈结节样强化或环形强化；而原发肿瘤为乏血供肿瘤时，肝转移瘤则多呈环形强化，强化程度较轻。多数的消化道原发恶性肿瘤血供相对较少，因此肝转移瘤易出现中心坏死，表现为边缘强化，形成典型的"牛眼征"（图6-17）。一些具有分泌黏液功能的恶性肿瘤，如囊腺癌，肝转移后以囊性为主，实性部分不易观察到，形似囊肿，此为囊性转移。

4. MRI　MRI因其对软组织分辨力强而有利于发现更多的转移瘤。肝转移瘤 T_1WI 呈低信

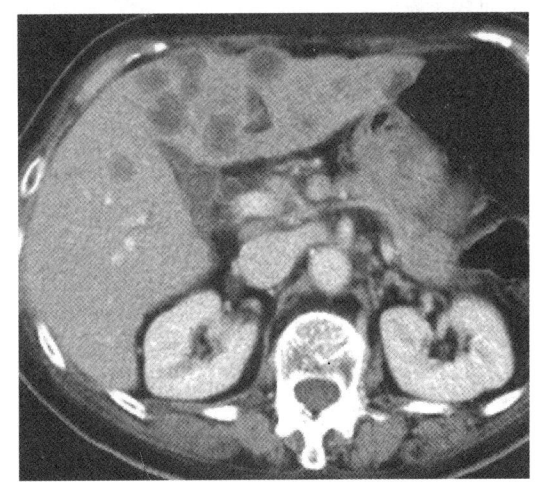

图 6-17　肝转移瘤增强 CT 影像

号，中心坏死区为更低信号区，如肿瘤内含脂肪、出血或黑色素，可表现为稍高信号；T_2WI 呈稍高或高信号，周围可被稍低信号环围绕（图6-18A）。DWI显示转移瘤实性部分为高信号。

Gd-DTPA 增强，因病灶的血供情况不同而表现各异，其特点同 CT 增强所见（图 6-18B 和 C）。

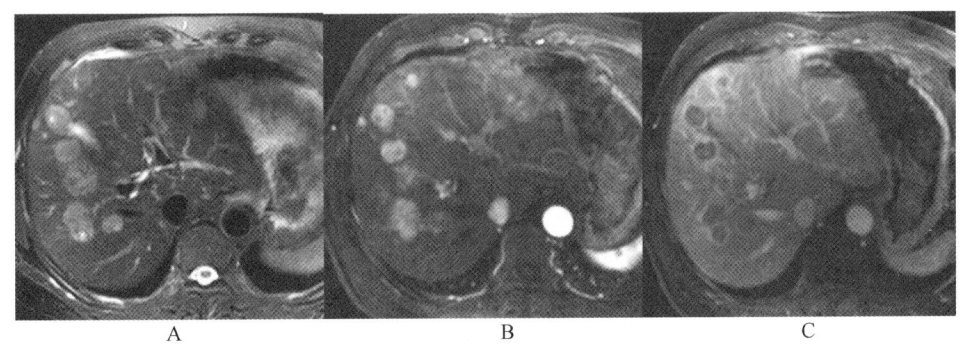

图 6-18　肝转移瘤 MRI 影像

A. T_2WI 显示肝内多发转移瘤，呈高信号；B. 动脉期显示肿瘤明显强化或环形强化；C. 静脉期显示肿瘤为环形强化

【诊断与鉴别诊断】

肝转移瘤常为多发，同时病变中心易出现坏死液化，结合原发肿瘤病史诊断较为容易。对于单发的转移瘤需要与肝原发性肿瘤及脓肿等进行鉴别；对于多发的病变而无明确原发肿瘤病史者，需进一步应用影像学检查方法及临床资料寻找原发灶，同时注意与其他肝内多发结节性病变进行鉴别，如多发脓肿、真菌或寄生虫感染等。

六、肝海绵状血管瘤

肝海绵状血管瘤（cavernous hemangioma of liver）为最常见的肝良性肿瘤。可发生于任何年龄，以 30～50 岁多见，女性发病率为男性的 5 倍以上。

【病理与临床表现】

肿瘤多为单发，多发者占 10%。多为不规则分叶状，与肝实质分界清楚。镜下可见肿瘤由大小不等的血窦组成，有纤维组织分隔，充满血细胞及机化血栓，肿瘤可发生纤维化和钙化。

临床一般无症状，肿瘤较大者可引起压迫症状，出现腹胀、腹痛、消化不良，也可出现腹部肿块。

【影像学表现】

1. X线　血管造影：在血管介入治疗时进行血管造影，动脉期表现为斑点状、团片状的造影剂潴留征象；实质期表现为斑点状的肿瘤染色，直至静脉期。

2. 超声　小血管瘤呈高回声，极少呈等回声，边界清楚；中等大小血管瘤多数呈高回声，少数为等回声和低弱回声；巨大血管瘤回声强、弱交错，并可见大小不一的无回声区及钙化的斑点状强回声；囊性血管瘤内部呈不规则的无回声，可见与其相通的血管，肿瘤后方回声增强。血管瘤的血流速度缓慢，大多数不能检测到内部血流。彩色多普勒仅能显示部分血管瘤内部及周边的斑片状或短线状血管，动脉大多为低速血流。彩色多普勒能量图对血管瘤的显示率高于速度图。

3. CT

(1) 平扫：肿瘤为低密度，呈圆形、类圆形或分叶状，边缘清楚，密度均匀（图 6-19A）。少数病灶内可见更低密度影或钙化。

(2) 动态增强扫描：表现为对比剂"快进慢出"或"慢进慢出"。动脉期，小病灶呈均匀明显强化，大病灶于病灶边缘呈斑点状、团片状、"C"形粗条状强化，其密度与主动脉接近（图 6-19B）；静脉期及延迟期，对比剂逐渐向中心填充，强化面积逐渐增大，直至完全或大部分被充填，病变与肝实质相比呈等密度或稍高密度（图 6-19C 和 D）。大病变内部可因血栓形成或纤维化而无强化或轻度强化。

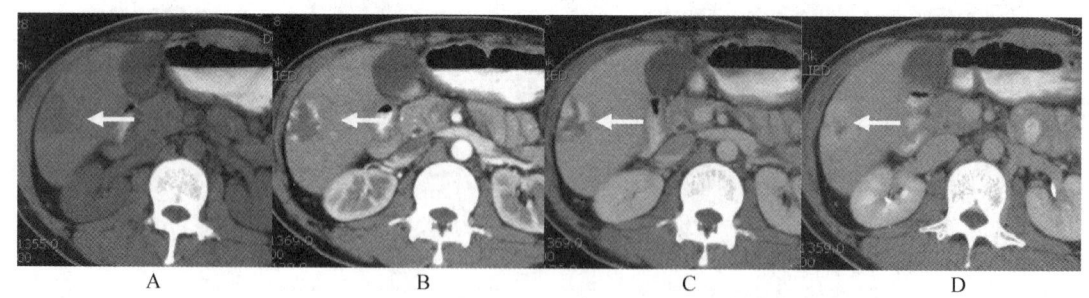

图 6-19　肝海绵状血管瘤 CT 影像

A. 平扫显示病变为低密度；B. 动脉期病灶边缘明显强化；C 及 D. 静脉期及延迟期病变强化面积逐渐扩大

4. MRI　肿瘤边缘光滑，呈圆形、椭圆形，无包膜。T_1WI 表现为均匀的低信号（图 6-20A），T_2WI 表现为很亮的高信号（图 6-20B）。应用多回波 SE 序列，可见随回波时间（TE）的延长，信号逐渐增高，可达到与胆汁信号相同，形成所谓的"灯泡征"，具有特异性。Gd-DTPA 增强时，动态变化如 CT 所见（图 6-20C 至 E）。

【诊断与鉴别诊断】

超声检查对肝海绵状血管瘤敏感性高；CT 增强扫描所显示的动态变化，为其特征性的表

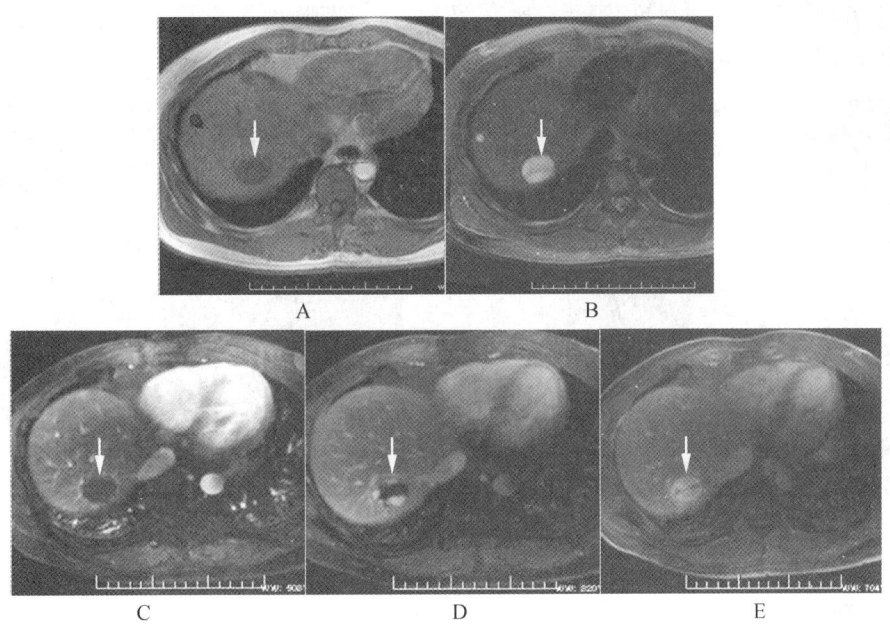

图 6-20　肝海绵状血管瘤 MRI 影像

A. T_1WI 显示病灶为低信号；B. T_2WI 病变为高信号；C. 动脉期显示病灶边缘轻度强化；D 和 E. 病灶强化面积逐渐扩大

现；MRI 的 T_1WI 及 T_2WI 表现的信号特点，多回波 SE 序列呈现的"灯泡征"，具有特异性。CT 及 MRI 对肝海绵状血管瘤的诊断与鉴别诊断具有重要价值。

不典型者注意与不典型肝细胞癌及肝内其他占位性病变进行鉴别，但其动态增强扫描特点较具特异性，此外，海绵状血管瘤无包膜及静脉内瘤栓形成等征象。多种影像成像模式的结合有助于与其他疾病的鉴别。

七、肝囊肿

【病理与临床表现】

肝囊肿（hepatic cyst）分为单纯性囊肿和多囊肝。均由小胆管丛扩张演变而成，囊壁内衬分泌浆液的上皮细胞。多囊肝常合并多囊肾、多囊脾、多囊胰，常有家族遗传史。一般无症状，病变大者可产生压迫症状。

【影像学表现】

1. X 线　血管造影：一般不必进行此项检查，动脉期可见邻近的动脉分支受压、拉长、分离，形成包绕囊肿的圆弧状走行，呈"手握球"征。

2. 超声　典型肝囊肿为肝内大小不等的圆形或卵圆形无回声区，囊壁为菲薄、光整的高回声带，囊肿后方回声增强。合并感染或出血时，囊内可出现弥漫性点状回声，囊壁可增厚。多普勒检查无特殊发现。

3. CT　肝囊肿的 CT 表现极为典型。

（1）平扫：病灶呈圆形，边缘光滑，密度均一，为液体密度，CT 值为 0～20Hu。

（2）增强扫描：病灶无强化，囊壁薄如线状而不能显示（图 6-21，图 6-22）。

4. MRI　病变呈圆形，单发或多发，大小不一，边缘锐利。T_1WI 表现为低信号，比血管瘤信号更低；

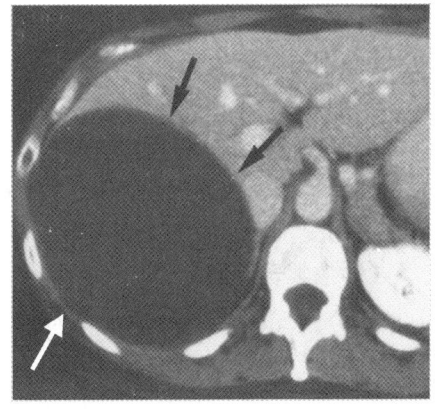

图 6-21　肝囊肿 CT 影像

T_2WI 表现为高信号，信号强度均匀一致（图 6-23）。囊肿内若有出血或含有蛋白性物质，T_1WI 可出现高信号。Gd-DTPA 增强时，病变不强化。

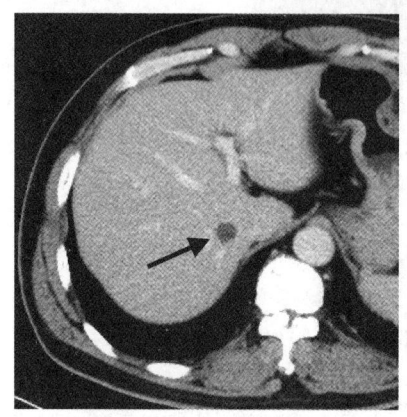

图 6-22 肝囊肿 CT 影像

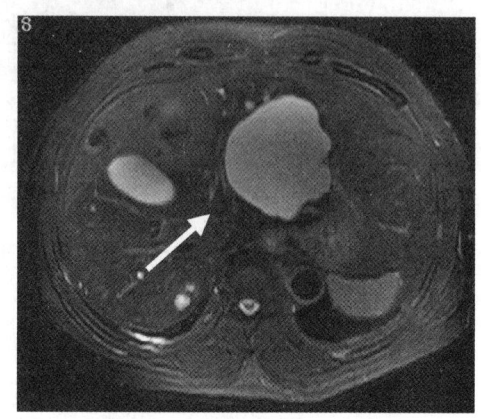

图 6-23 肝囊肿 MRI 影像

【诊断与鉴别诊断】

超声诊断肝囊肿的敏感性和特异性很高，是首选的检查方法。根据其典型的 CT 表现，一般为单房性，囊壁极薄如线状，边缘光滑锐利，内部呈均一液体密度，增强扫描无强化可以确诊。

不典型者注意与以下囊肿性疾病进行鉴别：

肝脓肿：可为多房性，有壁及多房分隔，增强扫描可见边缘及内部分隔的强化。结合临床典型症状，不难鉴别。

肝包虫性囊肿：特征为"囊中子囊"征象，结合临床病史及血清学检查可以鉴别。

肝内胆管囊腺瘤：为单房性或内有隔壁样结构的囊肿性病变。壁较厚，有壁结节；增强扫描时可见壁及壁结节的强化。

囊肿性转移瘤：表现为具有壁结节的多发囊肿样病变，边界有时不清晰，短期随访病变可逐渐增大。结合临床原发肿瘤病史，即可找到鉴别诊断依据。

总之，主要根据影像学特征结合临床资料可进行分析与鉴别。

八、肝脓肿

肝脓肿（hepatic abscess）包括细菌性肝脓肿、阿米巴性肝脓肿和真菌性肝脓肿。常见为细菌性肝脓肿，其他类型的较为少见。

感染途径有：①经胆道性，如胆石症、胆道蛔虫。②经肝动脉性，如败血症、细菌性心内膜炎。③经门静脉性，肠阿米巴病时，溶组织阿米巴原虫经门静脉系统进入肝。④直接感染，如胆囊穿孔、膈下脓肿以及肝外伤等。

【病理与临床表现】

早期为肝组织的局部炎症、充血、水肿，继而坏死、液化，形成脓腔。脓肿壁可由炎性充血的肝组织或纤维肉芽组织形成。

主要临床表现为发热、肝区疼痛、肝大、触痛等，白细胞增高。阿米巴性肝脓肿可有痢疾或腹泻病史，囊肿内可找到阿米巴滋养体。

【影像学表现】

1. X 线 腹部 X 线平片可见肝大。如产气菌感染可见蜂窝状气体影或较大的气液平面。还可见右膈升高，右侧胸腔积液，右下肺可有炎性反应等。

2. 超声 病变早期于肝内出现局部性不均匀低回声或等回声区，边界欠清晰、不规则或有低回声晕。脓肿形成后，内部呈无回声区，内有细小光点，后方回声增强。

在脓肿液化前，彩色多普勒可检测到病灶内的动脉血流；液化后，在脓肿的周边也可检出较丰富的血流，血管形态正常，多呈动、静脉频谱，血流速度及阻力指数一般无异常。

3. CT　不同病理阶段 CT 表现具有不同的特征。

（1）平扫：典型病变表现为单发或多发类圆形或不规则形低密度病变，可为多房性，病变边缘不清楚（图 6-24A）。中心出现液化坏死，呈更低密度区域，有时可见气液平面。发现病变中心坏死区存在气体则高度提示为脓肿。

（2）增强扫描：典型征象可显示脓肿的三层结构，即"靶征"：中心低密度为液化坏死区；周围为胶原纤维少的肉芽组织，即中间层，增强显示为强化的脓肿壁；外围为向正常肝组织的移行区域，即脓肿壁周围的水肿带，与正常肝组织分界模糊。多房性脓肿可见内部间隔的强化（图 6-24B 至 D）。

4. MRI　病变形态同 CT 所述。

T_1WI 呈低信号（图 6-24E），T_2WI 呈不均匀的高信号，脓腔内因组织坏死程度不同而显示不同信号，典型征象为脓腔中心呈高信号，脓肿壁表现为边缘清晰的环状低信号，边缘为模糊的稍高信号（图 6-24F）。由于脓肿坏死区脓液含细菌、炎性细胞、黏蛋白、细胞碎屑等，较高的黏稠度和大量的炎性细胞导致水分子运动受限，因此 DWI 表现为高信号（图 6-24G），这与恶性肿瘤的液化坏死不同，因此 DWI 在无创检测脓肿方面具有明显的优势。Gd-DTPA 增强表现同 CT，中心液化坏死区不强化，脓肿壁呈环状强化，中间的分隔也表现为延迟期强化（图 6-24H 至 J），外围为脓肿壁周围的水肿带，强化不明显，与正常肝组织分界模糊。

根据典型的影像学特征，结合临床症状，多可确诊。

鉴别诊断中注意与前述囊肿性疾病、中间出现坏死液化的肿瘤进行鉴别。DWI 检测有助

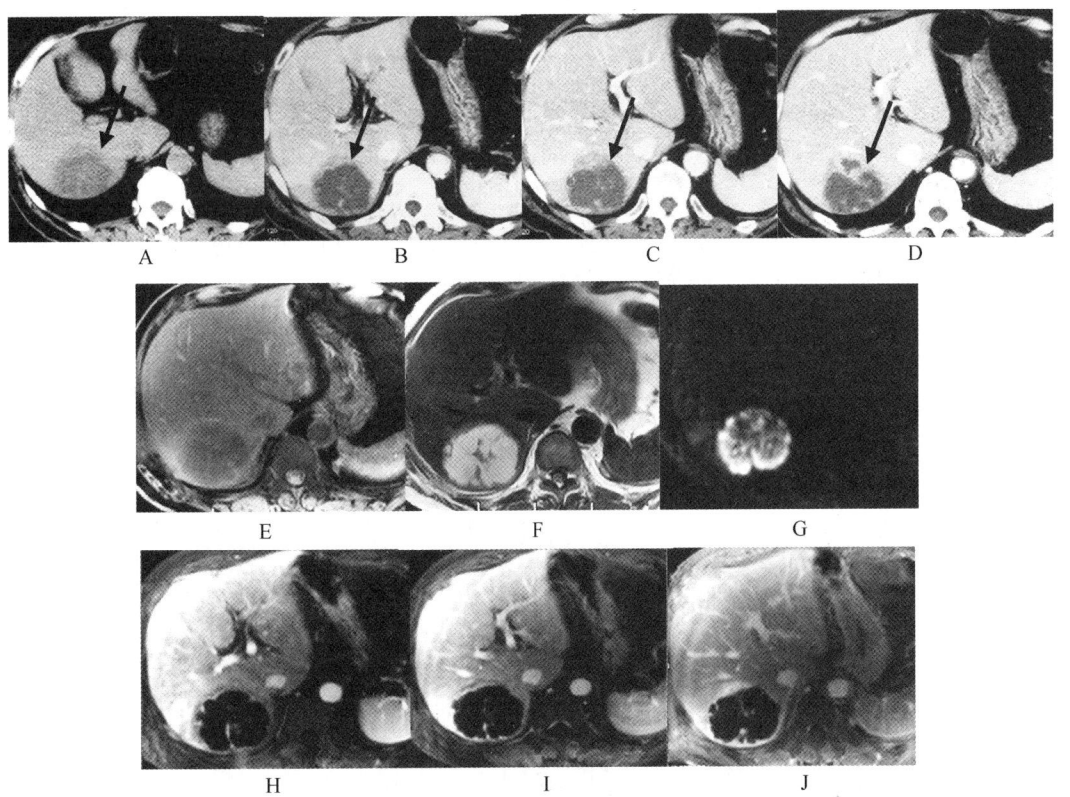

图 6-24　肝脓肿 CT 及 MRI 影像

A. CT 平扫病变为低密度（箭头）；B. 动脉期显示病变无明显强化（箭头）；C 和 D. 静脉期及平衡期病变边缘及分隔逐渐强化（箭头）；E. T_1WI 显示病变为低信号；F. T_2WI 显示病变为高信号，内见分隔；G. DWI 显示内部坏死部分呈不均匀高信号；H～J. MRI 增强扫描（动脉期、静脉期及延迟期）显示病变边缘及分隔逐渐强化

于鉴别，在超声或 CT 引导下可行穿刺确诊，并可进行介入性治疗。

九、肝硬化

肝硬化（liver cirrhosis）是以肝细胞的变性、坏死、再生及广泛结缔组织增生为特征的弥漫性肝实质损害。病因有多种，如肝炎、血吸虫病、酒精及药物中毒、胆汁淤积、肝淤血、代谢障碍等。我国主要以慢性乙型肝炎后肝硬化最多见。

【病理与临床表现】

肝细胞坏死、脂肪变性，肝组织代偿性增生，形成再生结节。同时，胶原纤维增生导致广泛纤维化，肝小叶结构紊乱，肝体积缩小、变硬，进而引起门静脉高压。

临床表现与病变程度有关。早期表现为食欲减退、乏力等。晚期出现消瘦、呕血、贫血、黄疸、腹水、脾大、肝功能不良等。

【影像学表现】

1. X 线

（1）上消化道造影可发现食管及胃底静脉曲张征象。

（2）血管造影：脾动脉明显扩张，肝内动脉迂曲、狭窄、分支减少，如枯枝状；门静脉及脾静脉明显扩张，胃冠状静脉等侧支血管增粗、曲张等，有时还可见其他侧支静脉的开放，如腹壁静脉、附脐静脉等开放。

2. 超声　肝硬化早期肝大，后期体积缩小，肝表面呈锯齿状或细波浪状。肝内回声弥漫性不均匀增强、增粗，可呈网格状，当肝内再生结节较大时常可显示等或略低回声结节。肝内管道结构欠清晰，肝静脉变细或粗细不均。门静脉高压的征象为：①门静脉增宽，主干内径＞1.4cm。②脾大，厚径大于 4cm，脾静脉扩张，内径大于 0.8cm。③肠系膜静脉扩张，内径大于 0.7cm。④胃左静脉等侧支循环开放。还可见腹水、门静脉血栓和海绵样变性等。超声多普勒显示门静脉压力增高，阻力增加，血液流速低于正常。门静脉高压严重时，门静脉流速极慢，或出现离肝血流。门静脉流速曲线波动随呼吸的变化而缩小或消失。

3. CT

（1）肝体积的变化：肝叶大小比例失调，肝炎后肝硬化常为肝右叶明显萎缩，尾叶及左肝外叶增大，肝裂增宽（图 6-25A）。肝表面呈锯齿状或波浪状改变。

（2）肝实质密度变化：肝实质密度不均匀，肝内可呈结节状改变，肝表面不光滑；增强后肝实质强化不均匀。

（3）门静脉高压改变：脾大；脾静脉及门静脉迂曲、扩张，侧支循环形成（图 6-25A）；食管胃底静脉曲张，CT 平扫表现为一堆小球状或迂曲条状软组织密度影，增强扫描可证实为静脉血管影（图 6-25B）。此外，还可见腹水形成等。CTA 对肝硬化导致静脉血管改变的显示

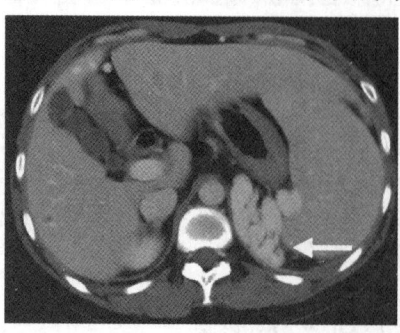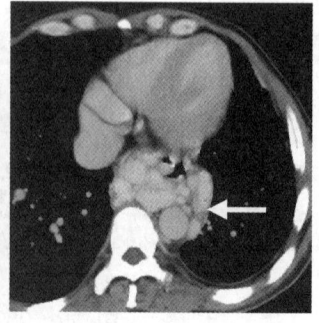

图 6-25　肝硬化 CT 影像

A. 肝裂增宽，左叶增大，脾内后缘见多发迂曲、扩张的静脉血管（箭头）；B. 食管下端黏膜下及周围见多发迂曲、扩张的静脉血管（箭头）

更具优势。

4. MRI　肝体积大小的改变如CT所述。T_2WI显示肝硬化结节呈等信号，如合并铁沉积则呈明显的低信号，纤维间隔则表现为相对高信号（图6-26B）；T_1WI肝硬化结节可表现为等信号、略高或略低信号，纤维间隔为中等信号（图6-26A）。DWI显示肝硬化结节为等或略低信号。如肝硬化结节出现信号的改变，如T_2WI和DWI呈高信号，则高度提示癌变的可能。

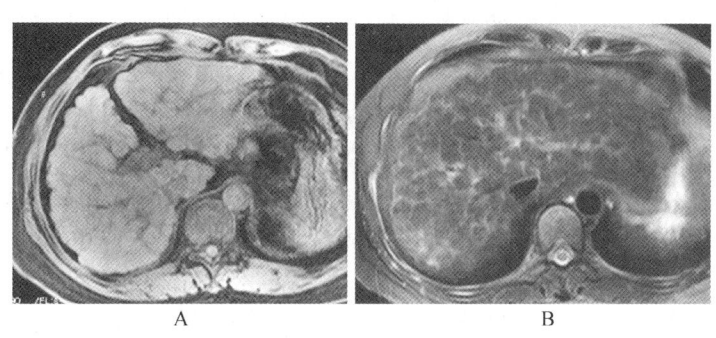

图6-26　肝硬化MRI影像
A. T_1WI显示肝表面不规则，内见多发略高信号结节；B. T_2WI显示肝硬化结节呈低信号

增强MRI：因肝硬化结节的血供方式与肝实质相同，主要为门静脉供血，因此动脉期并不强化，这与肝癌不同；如肝硬化结节出现动脉期强化，则不排除结节癌变。对比剂增强MR门静脉成像可清晰显示门静脉的全貌以及胃冠状静脉等侧支血管情况。

【诊断与鉴别诊断】

早期肝硬化无特异性影像学征象；中晚期肝硬化根据肝形态改变、门静脉高压等特点，诊断不困难。

需要注意的是癌变肝硬化的早期诊断的问题：肝硬化结节分为再生结节（regenerative nodule，RN）和不典型增生结节（dysplastic nodule，DN），一般认为后者为癌前病变。上述结节表现为T_1WI为等或略高信号，T_2WI为等或低信号，DWI呈等或低信号，增强扫描无动脉期强化。如结节出现T_2WI高信号，增强扫描出现动脉期强化，则高度怀疑出现癌变，此时应对可疑结节进行密切随访或穿刺活检。

第三节　胆道疾病

一、检查方法

（一）X线

1. X线平片　可显示胆道系统阳性结石、胆囊壁钙化及含钙胆汁等，当胆囊内气体较多时也可显示。

2. 术后T管胆管造影（T-tube cholangiography）　了解胆道取石术后胆总管是否通畅，胆道内是否有残留结石。

3. 内镜逆行胰胆管造影（endoscopic retrograde cholangio-pancreatography，ERCP）　ERCP是通过十二指肠内窥镜把导管经壶腹逆行插入胆总管内，注入对比剂，对胆道系统进行显示。该技术对胆道肿瘤、狭窄、结石等病变的诊断与鉴别诊断具有很高价值，尤其利于对中下段胆道病变的观察，还可直接观察壶腹乳头情况、进行活检病理组织学检查等。缺点是技术复杂，可能出现并发症，严重者可出现急性胰腺炎等。

4. 经皮肝穿胆道造影（percutaneous transhepatic cholangiography，PTC） 用于梗阻性黄疸的诊断与鉴别诊断，还可同时行经皮经肝穿刺胆管引流术（percutaneous transhepatic cholangial drainage，PTCD）及放置胆道支架等介入治疗。

（二）超声

目前超声已成为胆道疾病首选的影像检查方法。适用于胆道系统各种病变的检查。

（三）CT

轴位图像可清楚显示胆道系统的横断面解剖及其与周围脏器的关系，利用各种重组后处理技术可对胆管全程进行显示，对胆道系统疾病的解剖定位、诊断与鉴别诊断有重要价值。

常规 CT 检查：扫描层厚、层距为 5mm，病变区可行更薄层扫描。平扫图像更利于各种阳性结石、钙化及急性出血的显示；增强扫描多采用动态对比增强扫描，多用于肿瘤及炎症的诊断，常规采集动脉期、静脉期和延迟期图像。CTA 图像可显示肝门区血管与胆管之间的关系。

（四）MRI

MRI 能清楚地显示胆道系统的断面解剖及其与周围脏器的关系，其中 T_2WI 在显示含胆汁的胆管方面更具优势，MRI 在胆道系统疾病的诊断与鉴别诊断方面的作用突出，尤其在胆管壁及腔内小病变的显示方面更具优势。

MR 胰胆管成像（magnetic resonance cholangio-pancreatograpy，MRCP）能显示胆道系统形态及腔内的充盈缺损，可达到 ERCP、PTC 的效果，且患者无痛苦、无创伤，无需注入对比剂，临床应用广泛。

二、正常影像解剖

胆囊呈梨形、圆形、长形或葫芦形。一般长约 7~10cm，宽约 2.6~5.1cm，其形态、大小、位置受胆囊张力、体型、体位等因素影响。胆囊管呈螺旋状，直径约 2~3mm。肝内胆管呈树枝状，右肝管直径约为 3~4mm，左肝管约为 3mm，肝总管直径约为 4~6mm，胆总管直径约为 6~8mm，末端进入十二指肠壁内段较纤细。

1. 超声　正常胆囊为纵断面呈长椭圆形、横断面呈椭圆形的无回声区，长径一般不超过 8cm，前后径不超过 3.5cm。胆囊壁为光滑的高回声，有时可见胆囊动静脉的壁呈等号样高回声，胆囊壁厚不超过 3mm。左右肝管位于门静脉左右支腹侧，内径 2~3mm，与门静脉伴行的叶间、段间胆管较细。肝总管和胆总管上段均能显示，胆总管下段显示率较低，饮水后可提高显示率。正常胆总管内径 6~8mm，肝总管内径 4~6mm。

2. CT　胆囊横断面呈圆形、梨形或椭圆形等。胆汁为液体密度，CT 值为 0~20Hu。胆囊壁薄而均匀，厚度约为 1mm，增强扫描时可见轻度强化。胆囊管为与胆囊颈相连的线样低密度影。

胆总管表现为小圆形或线样低密度影，下段于胰头内表现为小圆形或椭圆形的低密度区。正常肝内胆管一般 CT 不易显示。

3. MRI　胆囊内胆汁呈 T_1WI 低信号、T_2WI 高信号；MRCP 可显示胆囊、胆囊管、左右肝管及胆总管的正常解剖形态。

三、基本病变的影像表现

1. 胆囊形态异常　胆囊增大见于急性胆囊炎、胆管阻塞。急性胆囊炎周围有炎性浸润及积液。胆管阻塞可见胆囊增大合并胆道系统扩张增宽。

2. 胆囊壁增厚　胆囊壁均匀增厚见于急、慢性胆囊炎，不规则增厚多由胆囊癌引起，也可由局灶性胆囊炎所致。胆囊壁钙化见于慢性胆囊炎。

3. 胆囊结节及肿物 胆囊壁不规则肿块突向胆囊内多为胆囊癌，边缘光滑的结节多为息肉。胆囊壁增厚和肿块在 CT 上表现为软组织密度，MRI 为 T_1WI 低信号、T_2WI 高信号，增强扫描可见强化。X 线及 CT 可显示胆囊内高密度的阳性结石影，胆固醇结石在 CT 上为低密度；MRI 的 T_1WI 显示胆固醇结石为高信号，含钙盐的结石为低信号，T_2WI 均表现为高信号胆汁中的低信号影；超声显示结石为强回声，后伴声影。结石可单发或多发。

4. 胆总管增宽 胆总管横径大于 8mm 为胆总管增宽，多因肿瘤、结石、炎症等导致或手术后改变。胆总管梗阻端呈楔形或不规则狭窄见于恶性肿瘤，胆总管下端狭窄合并胰头肿块见于胰腺癌，无胰腺肿块者多为胆总管末端肿瘤或壶腹癌。胆总管末端肿瘤可引起胆总管和胰管均扩张，称为双管征。胆总管梗阻端为杯口状见于结石，阻塞部位呈较长范围的狭窄见于炎症，一般炎性狭窄程度较轻。

5. 胆囊周围的异常 胆囊周围有炎性浸润及积液见于急性胆囊炎。胆囊癌可浸润、转移到邻近的肝，引起周围淋巴结转移。

四、胆道结石

胆石症是胆道系统中最常见的疾病。病因一般认为与感染、寄生虫、代谢障碍、胆汁滞留、神经功能紊乱等因素有关。胆石症分为胆囊结石、肝内胆管结石、肝外胆管结石和复合结石等。

【病理与临床表现】

胆结石分为：①胆固醇结石：主要由胆固醇组成，胆固醇含量在 65％以上，其余成分为胆色素和无机盐等。X 线平片不显影，又称阴性结石。②胆色素结石：以胆红素为主，尚含有少量钙盐和有机物构成核心。X 线平片上一般也不显影。（3）混合性结石：由胆固醇、胆色素和钙盐等合成，含钙质较多。含钙量大于 4％以上时，X 线平片可显影，称为阳性结石。

临床症状常有右上腹疼痛及黄疸。急性发作时，可出现寒战、发烧、胆绞痛。

【影像学表现】

(一) 胆囊结石 (cholecystolithiasis)

1. X 线 X 线平片只能显示含钙盐的阳性结石，约占 10％～20％。依据其化学成分的不同组合，可表现为多个多边形相嵌的环形致密影，形如石榴子样，或聚集成堆的形如砂粒样的致密影，或较大的圆形或类圆形高密度影等。

2. 超声 典型胆囊结石表现为胆囊腔内一个或多个点状、斑块状或带状强回声，后方伴有清晰的声影，可随体位变化而移动。结石填满胆囊时，胆囊无回声区消失，胆囊前半部呈弧形强回声带，后方伴声影。胆囊泥沙样结石表现为胆囊内多发点状强回声，呈带状沉积于胆囊后壁，后方伴声影，并随体位变化而移动。胆囊结石较小或未嵌顿时，左侧卧位或胸膝卧位可使结石向胆囊体、底部移动。若结石嵌顿于颈部多引起胆囊肿大。胆囊壁间结石为囊壁黏膜下强回声光点，直径 2～3cm，其后方伴"彗星尾"征，体位改变时不移动。

3. CT CT 可清晰地显示结石的位置、形态、大小、数目（图 6-27）。X 线平片不能显示的许多"阴性"结石，在 CT 检查时可显示为比胆汁密度高的结石影。CT 的另一个优势是在发现胆固醇结石的同时显示结石伴发胆囊炎所引起的改变。此外，CT 还可对结石进行 CT 值测定，确定其化学成分，为治疗方案的选择提供依据。

4. MRI 结石在 T_1WI 上表现为均匀或不均匀的高信号或低信号影，T_2WI 及 MRCP 上表现为高信号胆汁中的圆形、类圆形的低信号影（图 6-28）。一般容易诊断。

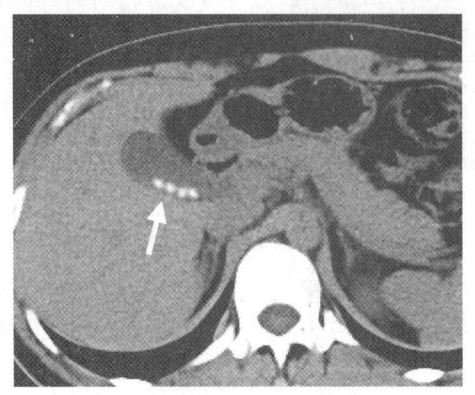
图 6-27 胆囊多发结石的 CT 影像（箭头）

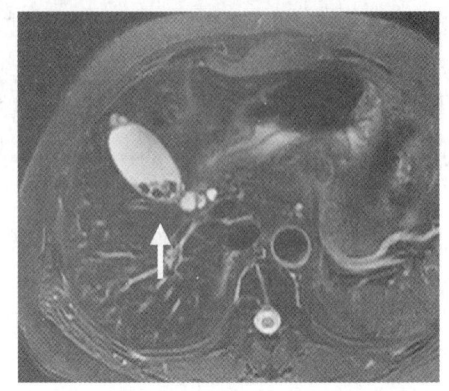
图 6-28 胆囊多发结石的 MRI 影像（箭头）

（二）胆总管及胆管结石（choledocholithiasis, bile duct calculi）

1. X 线 X 线平片于胆管走行区域可见高密度影；胆道造影（ERCP、PTC）等可显示结石的形态、大小、数目和位置，表现为充盈对比剂之胆道内类圆形的充盈缺损影，单发或多发，胆总管及上游胆管可扩张。

2. 超声 肝外胆管结石显示肝外胆管扩张（内径大于 8mm），管壁增厚，回声增强。胆管内可见强回声团，后方伴声影。肝内胆管结石表现为沿肝内胆管分布的靠近门静脉的斑片状或条索状强回声，一般伴有声影。结石上游小胆管扩张。

3. CT 可见胆管内单发或多发的大小不一、形态不同的高密度结石影，结石的上游胆管可见扩张（图 6-29）。

4. MRI T_1WI、T_2WI 上表现类似于胆囊结石，只是结石位置不同。MRCP 图像类似于 ERCP（图 6-30）。

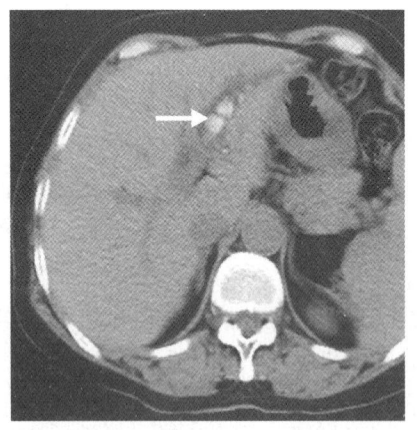
图 6-29 肝内胆管结石的 CT 影像（箭头）

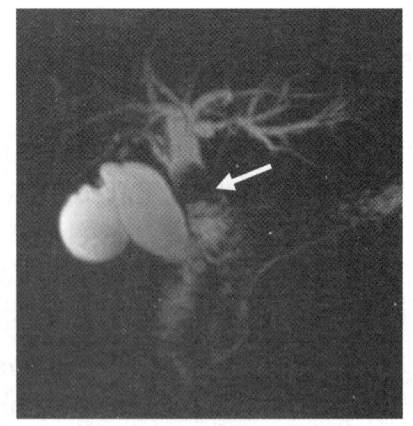
图 6-30 胆总管末端结石的 MRCP 影像（箭头）

【诊断与鉴别诊断】

超声、CT、MRI 对胆道系统结石均可作出正确诊断，其中超声应为首选检查方法，CT 对于较小的阳性结石较为敏感，MRCP 对于显示结石及胆道系统整体形态优势明显。

五、胆道炎症

（一）急性胆囊炎

急性胆囊炎（acute cholecystitis）主要原因为细菌感染、结石梗阻、化学性刺激等。

【病理与临床表现】

病理表现为胆囊黏膜充血水肿，胆囊增大，胆囊壁增厚、分层等。

临床表现有发热、右上腹疼痛、胆囊区明显触痛,有时可扪及肿大的胆囊,墨菲(Murphy)征阳性。

【影像学表现】

1. X线 X线平片有时可显示增大的胆囊;常可见反射性肠淤血肿胀、腹膜刺激征等间接征象。此外,还可显示胆囊区的阳性结石。

2. 超声 胆囊肿大,边缘模糊,囊壁弥漫性增厚,呈"双边影"。囊内出现稀疏或密集的细小或粗大斑点状、云絮状回声,后方无声影,为炎性物质所致。由结石梗阻引起的急性胆囊炎,可在胆囊颈部或胆囊管内见到结石强回声及后方声影。

3. CT 平扫可见胆囊增大,前后径超过5cm,还可见结石,胆囊壁增厚、密度降低;增强后显示胆囊壁增强表现为致密的环状内圈,浆膜下水肿或早期胆囊周围积液呈低密度外圈。

4. MRI 一般不必行 MRI 检查。MRI 所见与 CT 相同,可显示胆囊增大、壁的增厚、结石、胆囊壁水肿及胆囊窝积液等征象(图 6-31)。

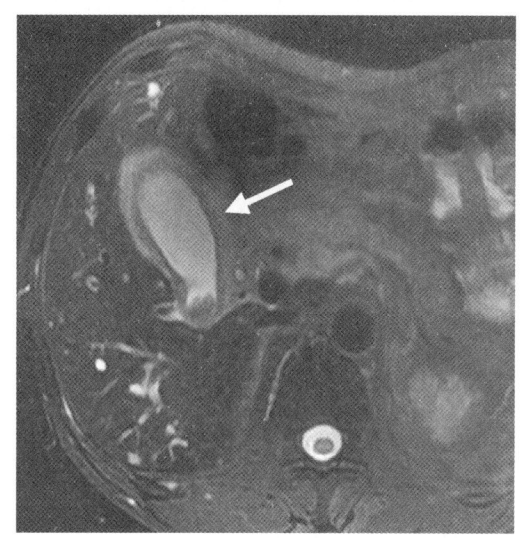

图 6-31 胆囊炎 MRI 影像
T_2WI 显示胆囊壁增厚、水肿

【诊断与鉴别诊断】

急性胆囊炎应主要依靠超声诊断,超声简便易行、准确性高。当超声诊断有困难,需了解化脓性、坏疽性胆囊炎的炎症范围,以及对气肿性胆囊炎进行诊断时,CT 检查则更有价值。

(二)慢性胆囊炎

慢性胆囊炎(chronic cholecystitis)为胆囊常见疾病,多与胆囊结石合并存在。

【病理与临床表现】

病理改变主要为纤维组织增生和慢性炎性细胞浸润,胆囊壁增厚,肌肉组织萎缩,胆囊浓缩及收缩功能受损。

临床表现:腹胀,上腹部或右上腹不适、疼痛等。

【影像学表现】

1. X线 X线平片可显示胆囊区阳性结石、胆囊壁钙化及含钙胆汁等征象。

2. 超声 胆囊大多缩小,胆囊腔内出现密集的中等或较弱的点状回声或沉积性团块,随体位缓慢移动和变形,后方无声影。炎症后期胆囊萎缩、囊壁增厚、回声增强、边缘不清,胆囊壁内可见散在钙化灶。若合并结石可以出现囊壁-结石-声影三合征。胆囊收缩功能减弱或消失。

3. CT

①胆囊壁增厚:为慢性胆囊炎的主要表现之一,一般为较规则的增厚,增强后可见强化。判断胆囊壁是否增厚时,需注意胆囊壁厚度与胆囊充盈扩张程度有密切关系。一般认为,胆囊充盈扩张良好时,壁厚度≥3mm,有诊断意义。②胆囊壁钙化,此为慢性胆囊炎之特征性所见。③胆囊缩小或扩大。④多合并胆囊结石。

4. MRI 同 CT 所见,MRI 对胆囊壁的增厚、水肿更为敏感,但对于囊壁的钙化和腔内较小结石则显示欠佳。

【诊断与鉴别诊断】

胆囊壁增厚为慢性胆囊炎的主要表现,胆囊壁钙化为慢性胆囊炎之特征性所见。

本病应注意与厚壁型胆囊癌进行鉴别。

六、胆道肿瘤

(一) 胆囊癌

胆囊癌（carcinoma of gallbladder）较少见。患者多为 45 岁以上，女性较多见。

【病理与临床表现】

肿瘤形态可分为厚壁型、腔内型和弥漫浸润型。约 85% 为腺癌，其余为鳞状上皮细胞癌及类癌。腺癌又分为乳头状、浸润型、黏液型，多合并胆囊结石。

临床表现为右上腹部疼痛，伴有恶心、纳差、消瘦等症状。多数有右上腹部肿块，早期多无症状。

【影像学表现】

1. X 线 X 线平片无阳性表现，对本病无诊断价值。

直接胆道造影：ERCP 及 PTC 可显示胆囊腔内不规则的充盈缺损，胆囊管和（或）胆总管受侵、梗阻等征象。

2. 超声 厚壁型胆囊癌表现为胆囊壁不规则增厚。腔内型表现为肿瘤向胆囊腔内突出，呈弱回声或中等回声。弥漫浸润型表现为整个胆囊为杂乱的低或中等回声的实性肿块，其内常可见伴有不典型声影的结石强回声。彩色多普勒显示肿瘤内有丰富的彩色信号，呈高速低阻抗血流频谱。

3. CT

①厚壁型：胆囊壁局限性或弥漫性不规则增厚，增强后可见强化。②腔内型：肿瘤由胆囊壁突入腔内，呈息肉状软组织肿块，增强可见强化（图 6-32）。③弥漫浸润型：胆囊腔闭塞，呈实性团块，常伴邻近脏器的直接受侵。

还可见肿瘤浸润邻近肝所致的低密度影及肝内转移、肝门周围的淋巴结肿大、胆道梗阻等征象。

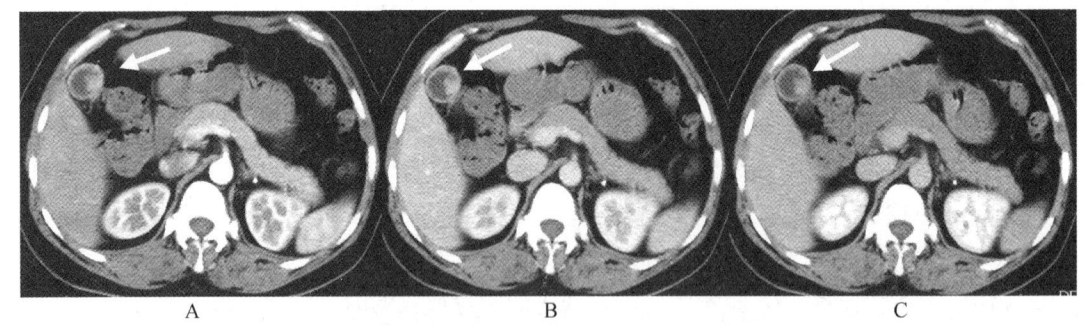

图 6-32 胆囊癌 CT 影像

A 至 C. 分别为动脉期、静脉期及平衡期图像，显示胆囊壁一个向腔内突出的不规则结节，明显强化

4. MRI T_1WI 上肿瘤表现为低信号；T_2WI 上表现为高信号的不规则增厚的胆囊壁，或高信号胆汁内的不规则充盈缺损，或整个胆囊呈软组织信号改变。MRCP 显示腔内型病变更为清晰。其余同 CT 所见。

【诊断与鉴别诊断】

当影像学检查显示胆囊壁不规则增厚、出现肿块，超声显示有高速低阻抗血流频谱时，高度提示胆囊癌的诊断。CT、MRI 对胆囊癌的诊断及判断浸润的范围和程度、有无转移等具有重要的价值。

厚壁型胆囊癌注意与慢性胆囊炎鉴别：胆囊癌为胆囊壁局限性或弥漫性不规则增厚，慢性胆囊炎一般为比较规则的胆囊壁增厚，并可出现钙化。肿瘤的浸润及转移征象对鉴别诊断也有参考价值。

(二) 胆管癌

胆管癌 (cholangiocarcinoma) 较为少见，多发生于 50~70 岁，男性多于女性。

【病理与临床表现】

多发生于较大的胆管，病理大多为腺癌，其次为鳞状上皮细胞癌等。肿瘤形态分为浸润型、结节型、乳头型。其中浸润型最为多见，常形成局限性狭窄，而无明显的肿块形成；结节型形成局部肿块，造成胆道梗阻症状，但不明显；乳头型形成腔内肿块，较为少见。

临床表现以渐进性梗阻性黄疸为主要症状。常伴消瘦、厌食、皮肤瘙痒，其次为腹痛、腹泻、陶土样便等。

实验室检查：血清胆红素增高，碱性磷酸酶升高等梗阻性黄疸表现。

【影像学表现】

1. 胆道造影（ERCP、PTC）

（1）胆管梗阻：梗阻端呈横截状、圆锥状、鼠尾状或不规则状。梗阻近端胆管呈不同程度扩张。此种表现最为多见。

（2）胆管狭窄：呈偏心性或向心性狭窄，狭窄长度在 1~4cm 的范围内。狭窄近端胆管不同程度扩张。

（3）充盈缺损：病变区呈乳头状或不规则形状的充盈缺损，近端胆管扩张。

2. 超声　超声表现分为：

（1）乳头型：在扩张胆管远端可见乳头状低回声至中等回声的肿块突入胆管腔内，或充满胆管腔。肿块边缘不规则，后方无声影。

（2）狭窄型或截断型：扩张的胆管远端呈"鼠尾状"狭窄，或突然截断，肿块呈中等或高回声，不伴声影，与管壁分界不清。胆管癌内有丰富的动脉血流，彩色多普勒显示其内有点状或线状彩色血流信号。

3. CT　由于病变较小，病变区需采用薄层扫描或进行图像重组。

（1）胆总管腔内乳头状肿块，增强后可见强化。

（2）扩张的胆总管远端突然变窄，狭窄段截面可见不规则的管壁增厚，管腔相应狭窄或闭塞；增强后肿瘤呈延迟期强化。

4. MRI　T_2WI 对扩张的胆管显示清晰，并基于此寻找增厚的胆管壁、腔内外的胆管癌肿块（图 6-33A）。MRCP 影像学表现与 ERCP、PTC 胆道造影所见相同。而且由于肿瘤远端及近端胆管都能显示，因此对于肿瘤的整体范围显示得更为清楚（图 6-33B）。胆管癌的 MRI 增

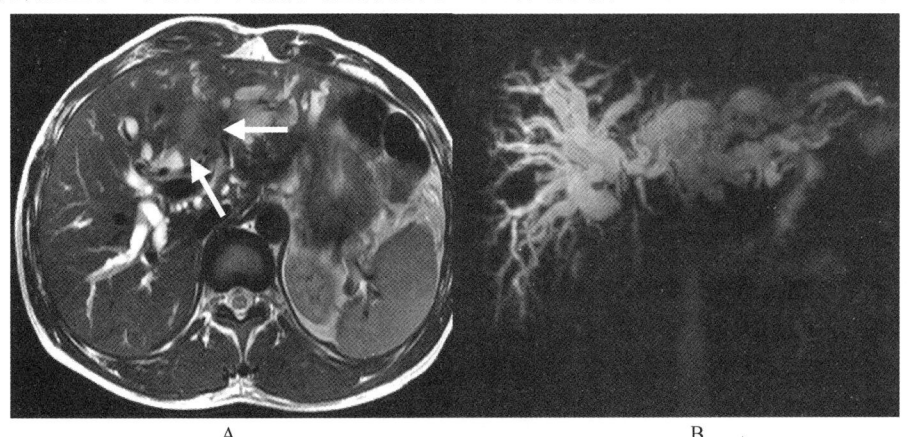

图 6-33　肝门区胆管癌 MRI 影像

A. T_2WI 显示肝内胆管明显扩张，左叶近肝门区见不规则略高信号肿块影（箭头）；
B. MRCP 显示肝内胆管明显扩张，胆总管未显影

强特点同 CT，表现为延迟期强化。MRI 还可判断肿瘤的周围浸润及转移等情况。

【诊断与鉴别诊断】

根据肝内、外胆管扩张及下游胆管的狭窄可以诊断胆道梗阻。胆管癌主要与胆管结石鉴别，胆管癌超声表现一般为低回声至中等回声，后方无声影，CT 及 MRI 表现为软组织影，邻近的胆管壁增厚，增强扫描可见强化；而结石为腔内的病变，CT 呈高密度，MRI 呈低信号，增强扫描无变化。

超声检查可确定有无胆道梗阻及梗阻的原因并排除结石。CT、MRI 及 MRCP 可进一步明确梗阻的部位及病因，除了可以直接显示胆道梗阻的形态、部位外，还可显示肿瘤的形态特点及其对周围组织的浸润及转移情况，对胆管癌的诊断，尤其对浸润范围及转移情况的评估具有重要价值。

第四节　胰腺疾病

一、检查方法

（一）X 线平片

胰腺与周围脏器在腹部平片上缺乏天然对比，因而价值有限。

（二）上消化道造影及低张力十二指肠造影

胰腺病变可推压、浸润邻近的胃及十二指肠，使后者的位置及形态发生一定的变化，因此可根据胃、十二指肠造影的 X 线征象间接推断胰腺病变的性质、范围等，但因其不能直接显示胰腺病变，因此在诊断和鉴别诊断方面均存在一定限度，对于胰腺早期病变则难以显示。胃肠造影应观察胃窦、胃体部后壁及胃大小弯有无压迫移位，黏膜皱襞有无浸润破坏，十二指肠曲有无扩大、局限性压迹、侵蚀征象以及内侧缘黏膜皱襞的情况等。

（三）胆道造影

包括 ERCP 及经皮经肝胆管造影（percutaneous transhepatic cholangiography，PTC）。主要用于胰头部病变的诊断及梗阻性黄疸的鉴别诊断。

ERCP 可使胰管显影，根据胰管形态的变化诊断胰腺疾病。ERCP 是诊断胰腺病变的可靠方法之一，对慢性胰腺炎及胰腺癌的诊断有重要价值，对沿主胰管走行，沿胰腺中心轴发生的小胰腺癌可能会早期发现。但此方法有发生急性胰腺炎和继发感染等并发症的可能，因此不应作为胰腺疾病的常规检查方法，而应于超声、CT、MRI 检查之后，需进一步确诊时再行该检查。目前高质量的 MRCP 图像已可取代 ERCP。

（四）血管造影

由于此法为有创性检查，目前多被 CTA 及 MRA 技术取代。

1. 动脉造影（arteriography）　采用 Seldinger 技术，经股动脉穿刺进行腹腔动脉及肠系膜上动脉造影。将导管插入胰内动脉的超选择性动脉造影，可显示血管的细微改变，对病变的诊断很有价值。

2. 门静脉造影（portal venography）　一般进行应用血管扩张剂的肠系膜上动脉造影，可以获得清晰的门静脉系统及肠系膜上静脉影像，从而有助于判断胰腺癌的部位、浸润范围、扩展方向，对决定能否手术切除有重要临床意义。

（五）超声

一般使用二维实时和彩色多普勒超声仪，探头频率使用 3.5MHz，肥胖者可用 2.5MHz，消瘦者和儿童则用 5.0MHz。

检查时应空腹，也可饮水或口服胃充盈剂后显示胰腺。常规二维超声检查采用胰腺纵轴或长轴断面（上腹部横断面或斜断面扫查）、胰腺横轴断面（上腹部纵断面扫查），以及经脾或左肾显示胰尾等断面。

超声检查方便简单，可重复性好，常作为胰腺疾病的首选筛查方法，但超声诊断的准确性常依赖于检查者的技术水平。

（六）CT

1. 平扫CT（plain CT） 检查前15～20min口服稀释的水溶性对比剂（如1%～3%泛影葡胺400～600ml），使胃、十二指肠充盈，更好地显示胰腺前缘及胰头右后缘。

扫描范围从脾门部至十二指肠水平部，即相当于从第12胸椎至第2腰椎水平。对于怀疑小病变时，应增加薄层扫描，多排螺旋CT可采用薄层观察。

2. 对比增强CT扫描（contrast enhanced CT scan, CECT） 由于胰腺病变与正常胰腺组织的血供存在差异，因此增强扫描可增加胰腺与病变的密度差，增加疾病的检出率，实现肿瘤的定位和定性诊断。

（1）团注法（bolus）：对比剂高峰浓度高，可获得胰腺峰值强化的图像，提高病变的检出率，显示病变的强化特征。

（2）动态对比剂增强扫描（dynamic contrast-enhanced CT scan）：为临床最常用的增强方式。注射对比剂后，通过扫描动脉期、静脉期及延迟期的图像特点判断肿瘤的性质，根据病变的强化程度及时间密度曲线了解血供情况。

（3）后处理重组图像及CTA：利用各种后处理重组图像（如冠状位、矢状位、斜位、曲面重组图像）及CTA图像，可显示病变与周围血管的关系，为胰腺病变的诊断及鉴别诊断、治疗方案的选择以及术前评价等提供重要的信息。

CT检查在胰腺病变的诊断和鉴别诊断中起着重要作用，特别是多排螺旋CT的应用，得到的容积数据可实现任意方位图像的重组，从而得到更多的诊断信息。①利于发现更多、更小的病灶，如胰岛细胞瘤、导管内乳头状瘤等；②对重症胰腺炎的诊断价值巨大，能正确判断炎症向胰腺外的浸润范围及病变程度，显示有无假囊肿、脓肿等并发症，为外科处置提供有价值的信息。③对有胰管结石、钙化的慢性胰腺炎，CT是很敏锐的检查方法。④对大的、不能切除的浸润型胰腺癌，CT可对其浸润范围、进展程度及转移情况予以判断。

（七）MRI

常用的胰腺MRI扫描序列包括：轴位T_1WI及T_2WI、轴位脂肪抑制T_1WI及T_2WI、冠状位脂肪抑制T_2WI。如拟诊肿瘤或脓肿则进行DWI扫描，判断有无出血可进行GRE T_2WI（T_2^*WI），如需观察胰管或含水的结构则可进行MRCP，增强扫描采用GRE快速扫描技术。

MRI在显示肿瘤、判断肿瘤对周围组织及其血管侵犯、淋巴结转移方面比CT更准确，MRI增强检查有助于发现小的胰腺肿瘤，MRCP作为无创性胰胆管成像的检查方法具有重要价值。扫描时间较长、易受呼吸伪影影响是MR胰腺成像的主要限制。

（八）超声、CT等引导下胰腺细针穿刺活检

目前胰腺癌的早期诊断、胰腺癌与慢性胰腺炎的鉴别诊断仍是临床工作的重点，应强调各种检查方法的相互配合、互相补充以及对多种影像的综合分析，必要时进行超声、CT等引导下的胰腺细针穿刺活检。

二、正常影像解剖

（一）内镜逆行胰胆管造影（ERCP）

1. 主胰管 通常始于第12胸椎至第2腰椎水平的右侧，向脾门方向走行，分为头、体、尾三部分，头部最粗，至尾端逐渐变细，轮廓光滑。主胰管平均长约16cm，其宽径平均值胰

头部约为 4mm、体部为 3mm，尾部为 2mm。

在胰头钩突部主胰管与胆总管汇合形成共同管道，开口于十二指肠乳头。共同管道可显示梭形膨大，至乳头口部变窄属于正常现象。

2. 副胰管　副胰管于胰头、体交界部与主胰管汇合，几乎水平走向十二指肠壁，开口于十二指肠副乳头。

主、副胰管的关系有多种变异。正常胰腺管内对比剂在 10s 左右即可完全排空。

（二）血管造影

主要进行选择性腹腔动脉干、肠系膜上动脉造影以及超选择性肝总动脉、胃十二指肠动脉、脾动脉造影及胰背动脉造影。

1. 动脉期（arterial phase）　可显示脾动脉的胰腺分支、胰十二指肠弓、胰背动脉及胰横动脉等。

2. 毛细血管期（capillary phase）　胰腺实质呈弥漫、均匀的密度增高，从而显示出胰腺形态。

3. 静脉期（venous phase）　通常腹腔动脉及肠系膜上动脉造影时，不足以显示胰腺静脉，但可显示脾静脉、门静脉及肠系膜上静脉，这对胰腺病变的诊断也很重要。

（三）超声

正常胰腺边界整齐，实质呈均匀的点状回声，但较肝实质回声略为粗大，如"鹅卵石"表现，其回声强度略高于肝，少数与肝回声相等或稍低。随着年龄的增长，胰腺脂肪组织含量增多，胰腺回声也增强。老年人胰腺缩小，实质回声明显增强，边缘不规则。儿童胰腺实质回声较低。正常成人胰头前后径小于 3cm，胰体和尾部前后径小于 2.5cm。老年人胰腺测量值小于正常成人。正常成人胰管内径 2~3mm，老年人随年龄增加而增粗。

（四）CT

1. 胰腺位置与周围毗邻关系　胰腺位于后腹膜腔中的肾前旁腔内。胰头部的前方为胃窦，外侧为十二指肠降部，后方为左肾静脉汇入下腔静脉水平；胰头部向下延伸为钩突部，呈钩形反折至肠系膜上静脉的后方。胰体呈略向前突出的弓形，位于肠系膜上静脉起始部的前方。胰尾在胃体、胃底的后方，延伸至脾门区，近脾门部时屈曲、膨隆。十二指肠水平段横行于胰头、体部的下方。胰腺体、尾部后方伴有脾静脉，平扫时不要误认为是胰腺病变。横断面图像上胰头左前缘为肠系膜上静脉的断面，呈类圆形低密度影，平扫不要误诊为胰头肿瘤。

2. 胰腺形态　正常胰腺在 CT 图像上可呈带状，也可呈自胰头至胰尾逐渐变细、变薄的蝌蚪状，有的还可呈哑铃状。但胰腺外形厚薄的改变是逐渐、光滑及连续的。胰腺实质密度均匀，CT 值低于肝，与脾的 CT 值接近（图 6-34）。

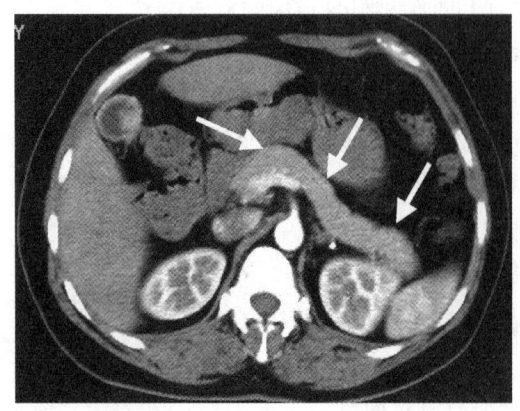

图 6-34　胰腺正常 CT 影像

3. 胰腺大小　胰头最大径为 3.0cm，胰体为 2.5cm，胰尾为 2.0cm，若以邻近椎体（多为第 2 腰椎）横径为标准，胰头部厚度（横径）与相邻层面椎体横径的比为 1/2~1，不应超过椎体横径，体、尾部为椎体横径的 1/3~2/3。

在观察胰腺的大小时，应注意胰腺外形曲线的改变是光滑连续的，还是突然变化的，局限性的凸出比各径线的测量往往更有意义。

4. 胰腺边缘　胰腺周围包有脂肪，边缘一般清晰、光滑，脂肪丰富的人尤为明显，有时可呈轻度分叶状。消瘦者、儿童等因腹膜后脂肪少，边缘可不甚清楚。老年人因为胰腺内脂肪组织增多,边缘可不规则。

(五) MRI

年轻人 T_1WI 上胰腺信号强度较肝略高,随年龄增长信号强度逐渐减低,年龄长者信号多与肝相似,脂肪抑制 T_1WI 上胰腺呈显著的高信号(图 6-35A)。T_2WI 表现为均匀的中等信号,与肝信号相似,与年龄关系不大(图 6-35B)。胰管直径 2~4mm,在胰腺中央呈线状,T_1WI 为低信号,T_2WI 为高信号,MRCP 显示更为清晰。胰腺周围较大血管因具有流空效应不用对比剂也能清晰显示。

关于胰腺正常形态、大小及其与周围血管、脏器的关系可参照正常 CT 表现所述。

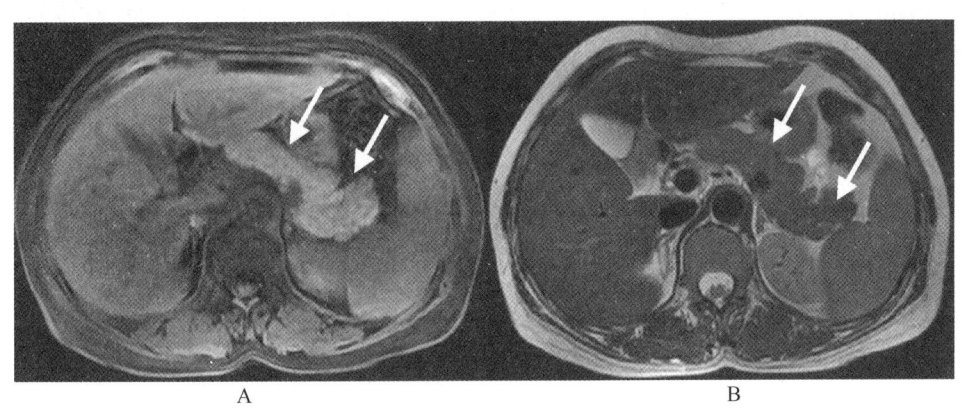

图 6-35 胰腺正常 MRI 影像
A. 脂肪抑制 T_1WI(箭头);B. T_2WI(箭头)

三、基本病变的影像表现

1. **形态异常** 胰腺弥漫增大多由急性胰腺炎引起,合并胰腺密度降低、边缘模糊。胰腺体积减小见于慢性胰腺炎。胰腺局限性隆起多见于胰腺肿瘤,胰腺癌多位于胰头部,也可在其他部位出现。少数慢性胰腺炎也可引起胰腺局限性隆起。胰头癌时胰腺体部和尾部可萎缩变细。

2. **密度或信号异常** 包括胰腺或病变密度(或信号)低于或高于胰腺正常值范围,根据病变的大小分为局限性或弥漫性。

CT 图像上,弥漫性胰腺密度降低多由胰腺炎引起,局限性密度降低多见于局灶性感染、囊肿或肿瘤等,病变的含水量越大,密度降低越明显。弥漫性密度增高可见于铁沉积,局限性密度增高则多见于钙化、结石及急性出血等。

对于 MRI 的 T_1WI,胰腺弥漫性信号增高可见于慢性胰腺炎,局限性信号增高多见于亚急性出血和含脂肪的病变;弥漫性信号减低则见于急性胰腺炎或胰腺广泛挫伤,局限性信号减低则见于局限性炎症、水肿、液化坏死、脓肿、囊肿及多数良恶性肿瘤。对于 T_2WI,弥漫性信号增高主要见于急性胰腺炎及胰腺广泛挫伤等水肿明显的疾病,而局限性信号增高主要见于局限性炎症、水肿、液化坏死、脓肿、囊肿及多数肿瘤;弥漫性信号减低主要见于铁沉积,局限性信号减低主要见于陈旧性出血、钙化、结石、流空血管等。另外,对于 DWI,表现为高信号的有肿瘤、炎症及脓肿的脓液,表现为低信号的包括肿瘤的坏死液化、囊肿、胰腺假囊肿、腹水、胰周积液、出血、钙化、扩张的胰管等。

当一种病变含多种成分时,如肿瘤合并液化坏死及钙化,则表现为混杂密度或信号。

3. **胰管异常** 胰管的异常主要为胰管增宽及边缘不规则。增宽的胰管在 CT 图像上表现为低密度,MRI 为 T_1WI 低、T_2WI 高的液性信号,增强扫描无强化。胰腺肿瘤引起胰管扩张常位于肿瘤远侧,其边缘光滑,或呈串珠状,在肿瘤部位突然截断。慢性胰腺炎胰管扩张形态不规则,可有局部变细、粗细不均、扭曲。合并的胰管结石在 CT 上为高密度影,MRI 表现为低信号,胰管结石可导致胰管阻塞。胰管增宽合并胆总管扩张见于胰头及壶腹部癌。

4. 血管异常　血管造影、CT 和 MR 增强、CTA 和 MRA 均可显示胰腺血管的异常。胰腺癌引起腹腔干、肠系膜上动脉、肠系膜上静脉、门静脉、脾动脉和脾静脉血管受侵,表现为血管变窄、粗细不均、血管边缘不整和中断。胰腺炎症可引起脾动脉和胃十二指肠动脉的动脉瘤。

5. 胰腺周围结构的异常　胰腺周围脂肪组织密度增高、混浊主要见于急性胰腺炎。胰腺周围液体渗出、邻近肾筋膜增厚也见于急性胰腺炎。胰腺周围囊性占位病灶见于慢性胰腺炎合并假囊肿。胰腺周围淋巴结肿大见于胰腺癌转移,多位于腹膜后。

四、胰腺癌

胰腺癌(pancreatic carcinoma)为胰腺最常见的恶性肿瘤,根据其发生部位分为胰头癌、胰体癌、胰尾癌及全胰癌。以胰头癌最为多见,约占 60%~70%。

【病理与临床表现】

胰腺癌多来源于导管上皮,少数发生于腺泡,约 90% 为腺癌。因富含纤维组织而呈质地坚硬的结节状肿块,与周围组织界限不清,肿瘤易发生出血、坏死及囊变。由于肿瘤压迫侵犯胰管而致其狭窄、阻塞,远端扩张,可呈囊状。肿瘤常浸润周围组织及器官,如胰头癌侵犯胆总管引起梗阻,胰体癌侵犯肠系膜上动、静脉根部,胰尾癌侵及结肠、脾门及肾等。

临床表现因肿瘤发生部位不同而异。主要症状为腹痛、腹部不适、黄疸、腹部肿块、消瘦、食欲不振等。胰头癌约有 85% 以黄疸为主要表现;胰体癌、胰尾癌则常以腹痛、腹部肿块为主要表现。

【影像学表现】

1. 消化道造影　胃和十二指肠异常:胰体癌可压迫及侵犯胃。低张力十二指肠造影(hypotonic duodenography)可出现十二指肠内侧缘"双边征"、十二指肠曲内侧缘"反 3 征"及十二指肠肠曲扩大,肠管壁僵硬,边缘皱襞呈棘状和锯齿状,甚至出现充盈缺损和溃疡。

2. 超声

(1) 胰腺局部肿大,呈团块状,或胰腺弥漫性肿大,形态失常,边缘不规则。小胰腺癌(直径≤2cm)呈圆形,边缘较规则。

(2) 小胰腺癌的内部回声以均匀低回声多见,其他较大的胰腺癌除多数仍为低回声外,还可因肿瘤出血、钙化、液化等而呈高回声、无回声或混合回声等。胰腺癌本身多数缺乏典型恶性肿瘤所常见的"花篮样"彩色血流包绕,但其周围可以见到较大的血管绕行彩色环,癌肿后方回声常衰减。

(3) 间接征象有胆道扩张,胰管阻塞、扩张,胰周血管、脏器受压和淋巴结转移等。

3. CT

(1) 直接征象:主要为胰腺肿块,边缘多不规则,内部多呈现不规则的低密度区,胰腺癌为少血供肿瘤,增强扫描强化不明显,与正常胰腺组织明显强化形成鲜明对比(图 6-36)。

(2) 间接征象:主要为胰头癌侵犯胰内胆总管及主胰管而引起的胆管及胰管扩张,还可伴有癌性胰腺炎改变及胰尾萎缩(图 6-36B 和 C)。

肿瘤较小未突出胰腺轮廓时,不易显示,间接征象成为提示胰腺癌存在的重要表现。

(3) 肿瘤向周围浸润征象:肿瘤向胰腺周围侵犯造成脂肪层模糊消失。肿瘤侵犯胰腺周围血管,可使腹主动脉、下腔静脉、肠系膜上动脉和肠系膜上静脉外形模糊、血管壁增厚,癌组织包埋可致血管形态改变、管腔变小甚至消失。胰腺周围及腹膜后淋巴结肿大提示发生淋巴道

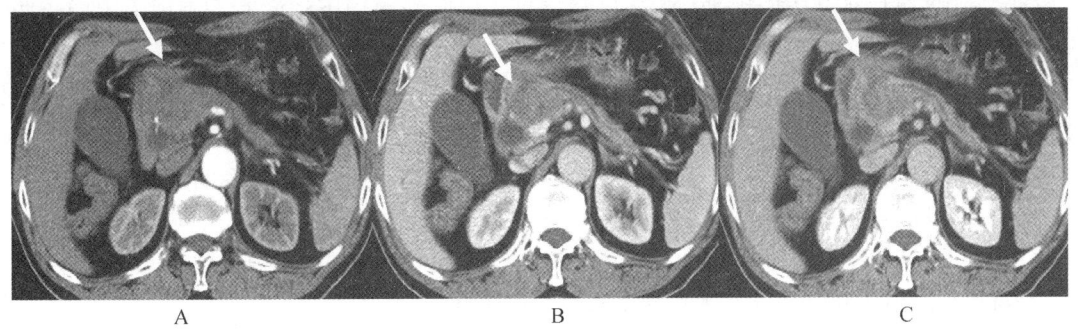

图 6-36 胰腺癌 CT 影像

A. 动脉期显示胰头增大，内见略低密度影（箭头），边界不清，胰体、尾部萎缩；B 和 C. 静脉期及延迟期显示胰头肿瘤呈轻度不均匀强化（箭头），边界不清，胰体、尾部萎缩，胰管扩张

转移。还可发生肝、肺、脾的转移。

CT 对胰腺癌的诊断率很高，可达 90% 以上，但平扫对未突出胰腺轮廓的小胰腺癌诊断比较困难，此时增强扫描有助于较小肿瘤的显示。

4. MRI

（1）局部肿块：T_1WI 呈低信号，T_2WI 呈略高信号（图 6-37A），脂肪抑制 T_1WI 上癌组织呈低信号，而正常胰腺组织由于富含水样蛋白仍呈高信号，两者信号差异增大，有利于病灶检出（图 6-37B）。DWI 显示肿瘤为高信号（图 6-37C）。Gd-DTPA 增强后，正常胰腺明显强化，癌组织强化不明显，因而更易识别（图 6-37D 至 F）。

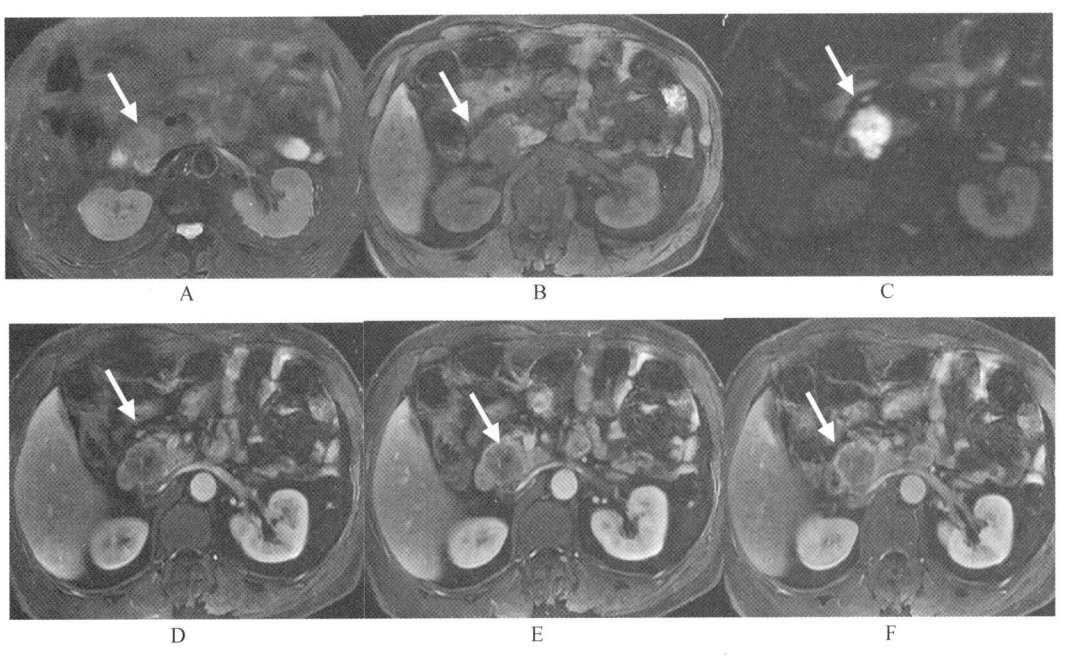

图 6-37 胰腺癌 MRI 影像

A. T_2WI 显示胰头增大，肿瘤呈高信号，边界不清（箭头）；B. 脂肪抑制 T_1WI 显示肿瘤为低信号（箭头）；C. DWI 显示肿瘤为高信号（箭头）；D 至 F. 增强扫描显示动脉期病变无强化，延迟期边缘可见线样强化（箭头）

（2）胰管、胆管扩张：扩张的胰管、胆管于 T_1WI 呈低信号，于 T_2WI 呈高信号，MRCP 显示更清晰。

（3）血管侵犯：MRI 显示胰腺癌对周围血管的侵犯优于 CT，可见受侵腹腔干、肠系膜上动脉、肠系膜上静脉及脾静脉、门静脉的狭窄或闭塞。

(4) 胰周浸润：胰腺周围脂肪 MRI 呈高信号，当肿瘤向周围浸润时，表现为周围脂肪高信号消失或呈网格状略低信号，易于观察。

(5) 淋巴结转移：受侵淋巴结信号和肿瘤信号一致，与正常组织信号明显不同，因而比 CT 更易于诊断。DWI 有助于发现更小的转移淋巴结。

5. ERCP 胰腺癌约 80% 由胰管上皮细胞发生，在肿瘤较小时，胰管就产生异常改变，因而 ERCP 是诊断胰腺癌的重要检查方法。但该技术有发生并发症的风险，不应作为常规检查，目前多已被 MRCP 取代。胰腺癌的 ERCP 表现主要为胰管的狭窄、阻塞，以及因癌肿侵犯破坏导致对比剂漏出于胰管外，呈现不规则斑点状潴留征象。

6. PTC PTC 检查主要用于乏特（Vater）壶腹区域病变引起的梗阻性黄疸的鉴别诊断，同时还可行胆道引流术以减轻临床症状。胰头癌时，PTC 表现为胰头部胆总管的锥形狭窄或阻塞，以及压迫性移位、狭窄等。

7. 血管造影 超声、CT、MRI 等的应用使大部分胰腺癌易于诊断，无需再进行血管造影检查。目前应用此法更多的是结合导管进行动脉化疗栓塞。

主要表现为：①动脉僵直，锯齿状不规则狭窄、闭塞等。②胰腺癌多缺乏新生肿瘤血管及肿瘤染色。③静脉及门脉可见受压、狭窄、闭塞等表现，但多无明显受压移位表现。

【诊断与鉴别诊断】

超声对直径 2cm 以下的胰腺癌难以显示，但超声可发现黄疸前胆道扩张，有可能检出早期胰腺癌。CT 诊断胰腺头部和尾部肿瘤优于超声，可作为第一线的检查方法，MRI 可作为进一步检查的技术。MRCP、ERCP 和 PTC 有助于了解胆管和胰管受侵情况，并有可能发现小胰腺癌。

根据典型的胰腺肿块、胰管和（或）胆管扩张等征象，多数胰腺癌可以得到明确的诊断，并作出可否切除的评价。但有时需结合多种方法进行分析。胰腺癌需要与胰腺的其他肿瘤及肿块形成型慢性胰腺炎等病变进行鉴别。

五、胰腺炎症

(一) 急性胰腺炎

急性胰腺炎（acute pancreatitis）可因创伤、感染、内分泌代谢异常、肿瘤、结石、胆道系统疾病及十二指肠疾病等引起。上述原因导致胰腺所分泌的无活性的消化酶原在胰腺内被激活，溢出胰管，引起腺体组织的自身消化，并可引发多脏器功能紊乱。

【病理与临床表现】

病理改变主要为胰腺水肿、出血及坏死，一般分为两型：①急性水肿型：最多见，表现为胰腺肿大、间质水肿、出血及炎性细胞浸润。②急性坏死型（也称出血坏死型）：以胰腺实质及脂肪组织坏死为其特征，易发生继发感染。胰腺炎治疗后可形成假囊肿、纤维组织增生及钙化等。

临床症状有发热、急性腹痛、恶心、呕吐等；出血坏死型胰腺炎症状重，可出现出血性休克。实验室检查可见血、尿淀粉酶升高。

【影像学表现】

1. 腹部 X 线平片 可显示反射性肠淤血、肿胀，小肠及结肠扩张、液体潴留等征象。

2. 超声 多数呈胰腺弥漫性肿大，少数局限性肿大，个别形成局限性炎性肿块，边缘规则或不规则。急性水肿型胰腺内部呈低回声，出血坏死型呈不规则高回声或混合回声。少数病例主胰管扩张。还可见急性胰内外积液和假囊肿。

3. CT

(1) 胰腺肿大，多为弥漫性肿大。急性水肿型胰腺炎密度比较均匀，边缘比较清楚，周围脂肪间隙存在或消失,周围无明显液体渗出,增强后胰腺强化尚均匀。

(2) 胰腺密度不均匀,由于胰腺实质坏死、液体潴留而出现低密度区(图6-38),新鲜出血时,CT值升高可达60Hu以上。当坏死的胰腺组织与肠管间形成瘘时,可见气体潴留征象,意味着脓肿形成。出血坏死型胰腺炎主要表现为胰腺密度不均匀,内有坏死、出血征象,并可形成脓肿,炎症波及范围广泛,有明显的胰液渗出征象,增强扫描可显示坏死区。

(3) 胰腺周围脂肪层模糊,表明炎症波及胰腺周围组织。

(4) 胰腺周围液体渗出,肾筋膜肥厚以及肾前间隙、小网膜囊、肾后间隙内液体潴留,甚至胸腔内有液体渗出。因液体渗出而致胰腺周围血管轮廓不清,脾动脉、胃十二指肠动脉可形成动脉瘤。

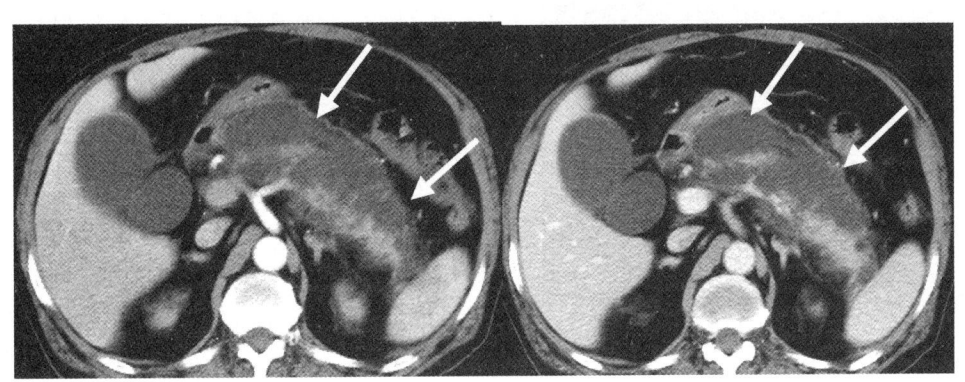

图6-38 急性胰腺炎的CT影像(动、静脉期)
胰腺边界不清,周围见液性密度影(箭头)

4. MRI

(1) 胰腺体积增大,急性水肿型胰腺炎边界清晰,而出血坏死型胰腺炎边界不清。

(2) 胰腺T_2WI信号增高,急性水肿型胰腺炎较均匀,而出血坏死型胰腺炎则信号不均匀,出现出血、坏死等时表现为混杂信号。T_2WI对于胰腺周围的渗液、胰腺假囊肿、腹水的显示更为敏感。DWI可用于鉴别胰腺假囊肿和脓肿,后者呈高信号。MRCP可显示扩张的胆管及胰管。

(3) 增强扫描显示胰腺轻度强化,程度可不均匀,胰腺假囊肿及脓肿的壁及分隔可见强化。

【诊断与鉴别诊断】

典型的超声表现可以诊断本病,但常因反射性肠淤血肿胀而影响检查。CT根据典型的影像学表现及其临床特点易于确诊,CT还可判断炎症浸润范围及程度,利于临床决定治疗方案。MRI对于水肿明显的胰腺炎及其渗液、胰腺假囊肿、扩张的胰管和胆管更加敏感,可作为进一步检查的选择方法。

(二)慢性胰腺炎

【病理与临床表现】

慢性胰腺炎(chronic pancreatitis)病理改变以胰腺纤维化为主,腺泡萎缩减少,可累及胰腺整体或一部分,常有假囊肿形成,可有钙化灶形成。胰腺被膜增厚,表面呈结节状。胰管见一处或多处狭窄,狭窄的远端扩张,主胰管内可有胰石形成。急性发作时可出现急性胰腺炎改变。在国外酗酒是其主要病因,国内以胆道疾病为主。

临床症状为上腹痛,向背部及肩胛部放射。饮酒及饱餐可诱发该病,常伴有恶心、呕吐、食欲不振等,严重者因胰液分泌不足而出现脂肪泻。损害胰岛细胞时,可出现糖尿病症状。

【影像学表现】

1. **腹部 X 线平片**　可见胰腺钙化及胰石。钙化为胰腺实质内钙质沉着，多较大，呈斑点状；胰石多见于主胰管内，可大可小。由于钙化细小，X 线平片的显示率很低。

2. **超声表现**　胰腺内部呈粗糙的不规则高回声，边缘不整齐，与周围组织分界不清。胰实质钙化及胰石表现为强回声，可伴声影。胰管可见不规则增宽。

3. **ERCP 及 MRCP**

①主胰管僵直、扭曲，扩张与狭窄交替存在，形成串珠状，并可有阻塞与钙化。②胰管分支扩张、粗细不均，呈小囊状改变，或形成假囊肿。③胰管阻塞，其内可见结石，多为阳性结石，偶见阴性结石。④胆总管下端可发生阻塞、狭窄、僵直。

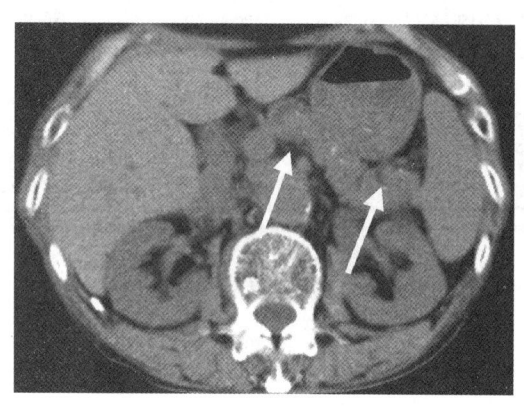

图 6-39　慢性胰腺炎的 CT 影像
平扫显示胰腺内多发散在钙化灶（箭头）

4. **血管造影**　多无特异性表现。但当慢性胰腺炎与胰腺癌鉴别困难时，血管造影检查有一定意义。

5. **CT 及 MRI**　胰腺增大、缩小或正常，边缘呈不规则结节状，并可形成局限性肿块以致难与胰腺癌鉴别。CT 可清楚地显示钙化和结石，此为诊断慢性胰腺炎的可靠征象（图 6-39），但 MRI 对此不敏感。CT 及 MRI 对假囊肿及胰管扩张等均较敏感，后者效果更佳。

【诊断与鉴别诊断】

超声诊断的依据为胰腺形态的改变、钙化和结石等。CT 可根据慢性胰腺炎的特征性改变（钙化、胰石）以及假囊肿、胰管扩张等，并结合临床相关检查，作出确定性诊断。胰腺局部增大者应与胰腺癌进行鉴别，超声或 CT 引导下穿刺胰腺活检、MRI、胰管造影等有助于鉴别诊断。

第五节　脾疾病

一、检查方法

（一）X 线平片

由于脾周围脂肪组织的存在，可在腹部 X 线平片上显示脾的形态、大小等情况，还可观察到较大的钙化灶。

（二）胃肠道造影

可显示因脾增大引起胃肠道压迫、移位等征象。

（三）血管造影

脾动脉造影为诊断脾动脉栓塞、脾动脉瘤、脾梗死、脾肿瘤以及脾破裂等的重要检查方法。血管造影为有创性检查，目前主要用于脾血管性病变的诊断以及脾病变的介入治疗。

（四）超声

最为简单、方便、无创伤，可作为发现脾病变的首选方法，但定性诊断存在一定的困难。

（五）CT

检查方法基本同肝。增强扫描的价值为：平扫发现病变后，利用对比剂增强技术进一步了解病变的血供情况，通过其血供判断病变的性质；确定病变的来源，并与来自邻近器官的疾病（胰尾、肾、肾上腺）进行鉴别；显示门静脉高压时的侧支循环血管，显示脾动脉瘤和脾静脉血栓等。CT（尤其是螺旋CT）检查对脾病变诊断有重要价值。

（六）MRI

常用的扫描序列同肝。MRI对于脾病变的检出较为敏感，增强扫描有利于根据病变的血供情况而进行定性诊断，MRA还可显示脾血管及其与病变的关系。超顺磁性氧化铁（SPIO）颗粒为网织内皮系统特异性对比剂，可用于脾的MRI检查，提高脾肿瘤的诊断率。

二、正常影像解剖

1. 普通X线检查　脾位于左上腹，相当于第9～11后肋部位，其长轴与第10后肋一致。在周围脂肪及充气胃肠道的衬托下，显示为边缘光整似新月形的软组织影像，密度均匀，下缘比较清楚。

2. 血管造影

（1）动脉期：脾动脉一般起自腹腔干，有时也直接起自腹主动脉或肠系膜上动脉。脾动脉起始于第1腰椎附近水平，于脊柱左缘弯向左后方，略向上行至脾门，分出上、下极动脉，向脾上、下部供血，之后继续分出小分支。此外，脾动脉向胰体、胰尾分出多数分支。

（2）毛细血管期：对比剂由脾动脉进入脾毛细血管及脾窦内，使脾的密度增加，最初显影不均匀，然后逐渐变均匀，出现脾染色。

（3）静脉期：脾染色变淡，对比剂流向静脉，静脉逐渐显影。先为较粗大的脾内静脉及脾门区静脉显影，之后脾静脉及门静脉显影。

3. CT　脾位于左上腹的后方，上方为横膈，内侧为胃底，外接胸壁。前方一般尖细，向后变膨隆，朝向左肾上极之外侧为圆隆状，内侧呈轻微波状或分叶状。CT能显示出脾的支持韧带，如与左肾之间的脾肾韧带、与横膈之间的脾横膈韧带、与胃之间的脾胃韧带，这些韧带是炎症、肿瘤浸润进展的基础，在诊断中有重要意义。

多排螺旋CT还可精确测量脾体积的大小，脾的大小个体差异较大，判断脾大需综合考虑。在横断面图像上，正常脾长径不能超过10cm，横径不能超过6cm，头尾方向长度不能超过15cm。

脾CT值的正常范围变化很大，一般低于肝的CT值。

增强CT扫描时脾的血管显示得非常清楚。脾动脉走行于胰腺上方，稍迂曲。脾静脉在其稍下方走行于胰体及胰尾后方。

4. MRI　脾的T_1WI、T_2WI信号比肝、胰长（T_1WI呈更低信号、T_2WI呈更高信号），与肾相似，其信号均匀。形态、大小及与周围脏器的关系参照CT所述。

三、基本病变的影像表现

1. 脾形态　脾增大：见于肝硬化、肿瘤及脾弥漫性疾病。脾局部隆起可因较大的占位病变引起。脾数目增多为副脾，副脾的超声回声、CT密度、MRI信号及增强特点与脾无异。脾边缘断裂、形态不规整、密度增高见于外伤引起的脾破裂。脾消失可为无脾综合征或手术切除后。

2. 密度及信号异常　CT显示脾弥漫性密度增高主要见于铁沉积，局限性密度增高见于急性出血、钙化等；脾弥漫性密度降低见于各种原因导致的广泛性水肿、炎症、淤血、感染或肿瘤浸润等，局灶性密度减低见于囊肿、脓肿、局灶性感染、肿瘤、梗死及挫伤等。而MRI的T_1WI显示的脾信号局限性增高见于亚急性出血、含脂肪病变或含蛋白的囊肿；T_1WI局限性信号减低同时T_2WI信号增高见于囊肿、脓肿、局灶性感染、肿瘤、梗死及挫伤等；T_1WI信号弥漫性降低同时T_2WI信号增高见于脾广泛性水肿、炎症、感染、淤血或肿瘤浸润等；T_2WI信号弥漫性减低见于铁沉积，T_2WI信号局限性降低见于陈旧性出血、钙化等。

3. 脾肿物及梗死　脾的肿物见于肿瘤、囊肿、脓肿和寄生虫等，可单发或多发。脾肿瘤有淋巴瘤、血管瘤和转移瘤等。超声、CT 及 MRI 所见与肝肿物相似。脾梗死形态为楔形，CT 为低密度，MRI 为 T_1WI 低信号、T_2WI 高信号，增强时无强化。

四、脾肿瘤

原发脾肿瘤非常少见，脾良性占位病变中以脾囊肿多见，其次为血管瘤、淋巴管瘤、错构瘤、类上皮性囊肿等。恶性肿瘤以淋巴瘤、血管性恶性肿瘤、转移瘤多见。

（一）脾囊肿

脾囊肿（splenic cyst）有寄生虫性囊肿及非寄生虫性囊肿，后者又分为真性囊肿和假性囊肿。

【病理与临床表现】

真性囊肿的囊壁衬以分泌性内膜，来源于血管瘤、淋巴管瘤、脉管瘤、类上皮囊肿等。假性囊肿的囊壁不衬以上皮，可因外伤、炎症、退行性变、栓塞等引起，最多为外伤所致。囊肿大小不一，以单房为主，多房性少见。

一般无特殊临床症状，大者有压迫感及对周围脏器压迫而产生的相应症状，常有疼痛、左肩痛、上腹部不适和消化不良等。50% 可出现脾大。包虫性囊肿可有嗜酸性粒细胞增多等表现。

【影像学表现】

1. X 线平片　可见脾增大、钙化，包虫性囊肿可见蛋壳样、弧线状钙化。
2. 消化道造影　囊肿较大时，可见胃及结肠的受压、移位现象。
3. CT　呈现边缘光滑、边界清晰的圆形低密度影像，密度均匀，CT 值为液体密度。合并感染及出血时，其内密度稍高或不均。囊壁可有条状钙化。增强后，病变不强化（图 6-40）。
4. MRI　为均匀的 T_1WI 低信号、T_2WI 高信号，边界清晰，内部信号均匀；增强后无强化。

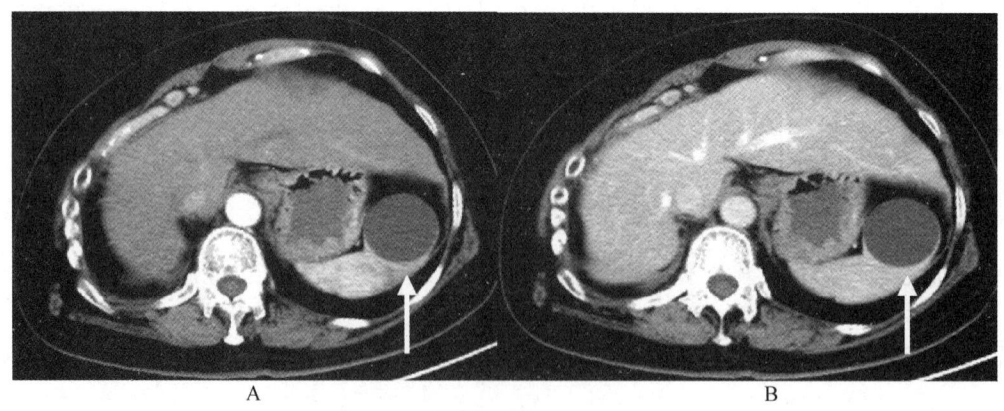

图 6-40　脾囊肿 CT 表现（箭头）

【诊断与鉴别诊断】

以上影像诊断中，超声、CT、MRI 能够直接显示囊肿的位置、形态、大小，根据其特征可以确诊。

（二）脾淋巴瘤

分原发性脾淋巴瘤和全身性淋巴瘤脾浸润两种。脾原发淋巴瘤的诊断除病理确诊为淋巴瘤外，需经临床、影像和手术证实肿瘤仅局限于脾和脾门淋巴结，无其他淋巴结及结外器官受累。

【病理与临床表现】

病理上可为弥漫性脾大，无明显肿块形成；或为粟粒状结节，也可为多结节或孤立性大肿块。临床表现主要为胃肠道症状及左上腹部肿块等。

【影像学表现】

1. CT　原发性脾淋巴瘤可见脾大。平扫时，表现为比脾实质密度稍低的单发或多发性占位性病变，边缘不清；增强后，因病变本身强化不明显，与正常强化的脾实质密度差加大而显示得比较清楚（图6-41）。全身性淋巴瘤的脾浸润表现为脾大或脾大小正常，脾门部淋巴结肿大。

2. MRI　T_1WI呈等信号或等、低混合信号，界线不清，T_2WI肿块信号略高或低于正常脾，定性困难。Gd-DTPA动态增强有助于诊断。

3. 血管造影　脾内动脉分支受压移位，较长范围的动脉浸润、狭窄多见于弥漫性浸润者；实质期显示充盈缺损征象。

【诊断与鉴别诊断】

脾淋巴瘤的影像学表现无特征性，需结合临床其他资料来确定诊断，并与其他疾病进行鉴别。

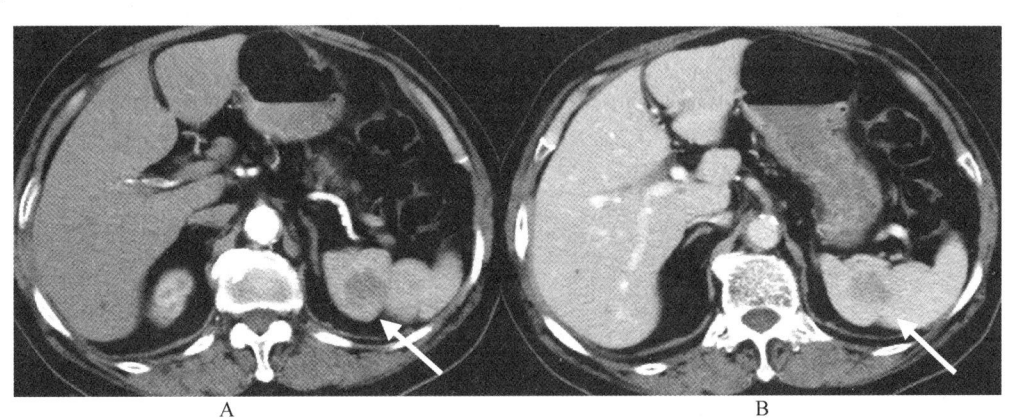

图6-41　脾淋巴瘤的CT影像

动脉期（A）及静脉期（B）强化均不明显（箭头）

五、脾脓肿

脾脓肿（splenic abscess）比较少见，常见于脾外伤、脾囊肿及脾梗死液化的继发感染，胰腺、左肾、小肠等邻近器官脓肿的直接蔓延，经导管脾动脉栓塞术后的继发脓肿等。患者有高热、寒战、局限性左上腹疼痛等症状。临床检查发现脾大、有触痛，白细胞增多及核左移等。

X线平片多无特异性征象，如左上腹部肿块、左横膈升高等。脾内出现气液平面为特异征象，但比较少见。CT平扫呈局限性低密度改变，对少量气体的检出很敏感，可见气液平面。MRI上病变呈T_1WI低信号及T_2WI高信号，内坏死液化部分T_2WI信号更高，DWI呈高信号，增强扫描可见脓肿壁及分隔的强化，界线清楚。

六、脾弥漫性疾病

脾弥漫性疾病的病因可为炎症、淤血、外伤、增殖、肿瘤、细菌和寄生虫感染和胶原病等，可引起弥漫性脾大。

X线平片测量脾长径超过14cm、宽径超过8cm可诊断脾大。胃肠道造影可显示脾大对胃肠道的压迫、推移征象。CT、MRI检查可清楚显示脾大的程度、形态、内部结构变化及周围组织和器官的变化，有助于进一步判断病因。脾动脉造影可根据动、静脉期血管形态改变来鉴别脾大的病因。

（于德新　谢静霞　王　滨　穆玉明）

第六节　急腹症

急腹症是临床工作中的常见病，指的是伴有急性腹痛症状的一组不同疾病的总称，包括肠梗阻、胃肠道穿孔、急性阑尾炎、胆囊炎、急性胰腺炎、动脉瘤破裂、腹部创伤等。本节主要介绍胃肠道穿孔、肠梗阻和腹部创伤。

一、检查方法

（一）X线平片

正常情况下，腹腔内的组织、器官及肠内容物多为中等密度，缺乏自然对比，因此，X线平片价值较低，但疾病状态下，其密度可以发生变化，且此法简便易行。因此，在肠梗阻和消化道穿孔等急腹症的检查中仍然是首选方法。

X线平片常用的摄影位置有仰卧前后位、仰卧水平侧位、侧卧水平正位、站立正侧位和倒立正侧位。其中，仰卧前后位和站立正位是急腹症X线平片的基本检查体位，后者又称为立位腹平片。部分无法站立的危重患者可采用侧卧水平正位或仰卧水平侧位。

仰卧前后位时，肠管分布接近自然状态，可以显示黏膜皱襞、结肠袋、肠管扩张程度均匀与否，因此，有利于显示腹内脏器的排列位置、腹脂线、胆结石、尿路结石，但难以显示少量气腹、肠内气液平面。站立正位适用于显示膈下游离气体、肠内气液平面，亦可估计扩大肠曲的气体、液体量及肠曲活动度。

（二）透视

可动态观察膈肌运动和胃肠蠕动，初步筛选是否存在肠管扩张、积液、积气等肠梗阻表现及明显游离气腹的胃肠道穿孔等表现。但是，因其分辨率低、射线剂量大及无图像资料保存等缺点，目前，已基本被腹部X线平片取代。

（三）造影检查

当临床或腹部X线平片怀疑肠套叠、肠梗阻时，应进行结肠钡剂或空气灌肠检查，可以确定梗阻的部位和性质。

（四）CT

CT检查具有高的密度分辨率，对常见的肠梗阻、消化道穿孔、腹部创伤均有重要价值。多排螺旋CT不仅可以显示轴位像，还可以运用图像后处理功能进行三维重建，从而多方位、多角度观察病变。增强扫描主要用于：肠缺血性病变、腹部实质脏器损伤、炎症及腹部大血管病变等。

二、正常影像解剖

（一）腹部X线（腹平片）平片

由于腹壁及腹腔内器官缺乏自然对比，因此，正常情况下，腹部X线平片显示的结构较少，主要包括：

1. 腹壁　立位腹平片上，在两侧胁腹壁的内侧，可见腹膜外脂肪影，呈灰黑影，称为腹脂线。
2. 腰大肌　脊柱两侧，自第12胸椎或第1腰椎水平向外下方伸展至髂窝中部，呈从内上向外下走行的"八"字形对称性的带状阴影。
3. 骨性结构　下位肋骨、腰椎、骨盆及髋关节可以在腹平片上清晰显示。
4. 实质脏器　肝、脾、肾等在周围脂肪组织和相邻充气胃肠的对比下，可显示其轮廓、大小及位置。
5. 空腔脏器　正常时，胃、十二指肠球部及结肠内含气体，可显示其内腔。胃、肠壁为中等密度，可部分借助胃肠腔内的内容物显示其轮廓。

（二）CT

正常表现见腹部其他有关章节。

三、基本病变的影像表现

（一）腹腔积气

某种病因引起腹腔内气体积聚，如气体随体位的改变而移动，则为游离积气。立位腹平片上，显示为膈与胃或膈与肝之间的新月状气体影。侧卧水平位投照，游离积气位于上方侧腹壁与腹部脏器外壁之间。局限性气腹，气体不随体位的改变而移动，局限于腹腔某处。

CT平扫可显示少量的积气，并清晰显示积气的位置，表现为圆韧带旁、肠间、膈下的游离气体影。

（二）腹水

腹平片上，肠内不含气或含气较少时，因缺乏对比，少量腹水甚至中量腹水难以作出诊断。腹水在腹腔内位于最低处。仰卧位时，腹、盆腔的肝肾隐窝最低，其次为两侧结肠旁沟。积液较多时，也可位于肠曲间，表现为肠间隙增宽。

CT平扫可清晰显示腹腔内的少量液性密度影，还可确定积液所处的解剖间隙。

（三）空腔脏器积气、扩张

小肠肠腔直径大于3cm可认为异常，结肠肠腔直接大于5cm可认为异常。扩张的肠腔内，可见气体及气液平面。可通过观察肠黏膜皱襞的形态将小肠和结肠区分开来。CT较腹平片可以更清晰地显示胃、肠壁的厚度，黏膜皱襞形态。增强CT可以观察肠壁血运循环情况及肠系膜血管有无血栓形成。

（四）腹部实质脏器损伤

CT扫描可显示腹部脏器挫裂伤、血肿、被膜下血肿，表现为器官轮廓不连续，器官内出现异常密度灶，随着出血时间的不同，可表现为从高到低的不同密度。CT可显示腹水或腹腔内积血。CT增强扫描可清楚显示脏器损伤的形态，并有助于发现腹部大血管及脏器的血管损伤。

四、胃肠道穿孔

胃肠道穿孔是临床上常见的急腹症。常见的病因是消化道溃疡穿孔，另外尚可见于结肠憩室穿孔、肿瘤和炎症性疾病。除胃肠道穿孔外，腹腔内游离气体还可见于腹部手术后、腹腔镜操作和输卵管通气术后等情况。典型的临床表现是突发性剧烈腹痛，腹肌紧张和明显的压痛、反跳痛。

【影像学表现】

1. X线表现　常规采用立位腹平片，腹腔内游离气体（pneumoperitoneum）表现为在横

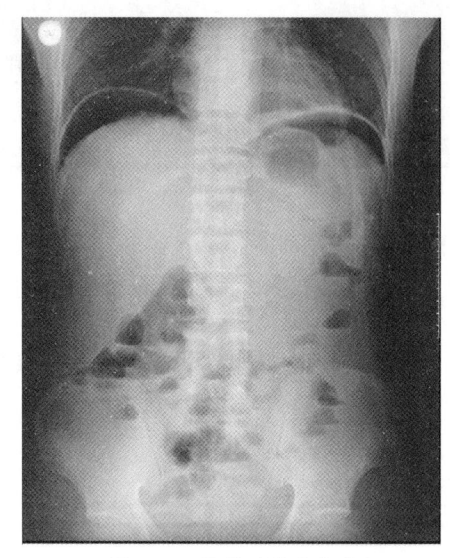

图 6-42　腹腔内游离气体

消化道穿孔患者的立位腹平片。双侧膈下可见新月状的气体密度阴影，提示腹腔内游离气体

膈与肝或横膈与胃壁之间的新月状气体密度影（图 6-42）。患者如不能站位，则可采用侧卧位水平投照。一般采用左侧卧位，使得气体积聚于肝右叶与侧腹壁之间得以显示。如患者病情危重，只能采用仰卧位腹平片时，若气体量较多，由于肠管内外气体共同衬托，可见肠管外壁显影，也可见肝镰状韧带和脏器外缘显影。

腹部的局限性积气一般提示腹腔内存在脓肿，气体可积聚在腹膜腔的解剖间隙中，如肝下方的胆囊窝、肾周间隙和小网膜囊等处，也可局限在腹部器官外。积气可表现为少量的气体积聚，但常为斑片状。在这种情况下，需要与肠曲内的气体相鉴别，可采用消化道造影区分是否为肠管内气体。

十二指肠穿孔可造成后腹膜腔的积气，表现为腰大肌影锐利，肾轮廓变得清晰，但仅应用平片诊断后腹膜积气较为困难。

2. CT　CT 可发现少量腹腔游离气体，用近似观察肺部的窗宽、窗位可较清楚地显示气体。在肝与膈之间、膈与胃之间及其他腹腔的间隙内可见到气体密度影，当除外了肠道内气体后，即可确定为腹腔内游离气体。也可应用 CT 扫描对肠管内外的气体作出可靠的鉴别（图 6-43）。

【诊断与鉴别诊断】

在没有进行外科手术或腹腔镜操作、输卵管通气术等操作的情况下，腹腔游离气体一般提示消化道的破裂。患者有消化道穿孔的典型临床表现并结合腹腔内游离气体的影像学所见，即可确诊为消化道穿孔。有 20%～30% 消化道穿孔的病例 X 线检查观察不到膈下游离气体的征象，这可能是由于气体量过少或腹膜将气体包裹、局限的原因。对于有少量气腹的患者，可以进行 CT 检查以确定诊断。

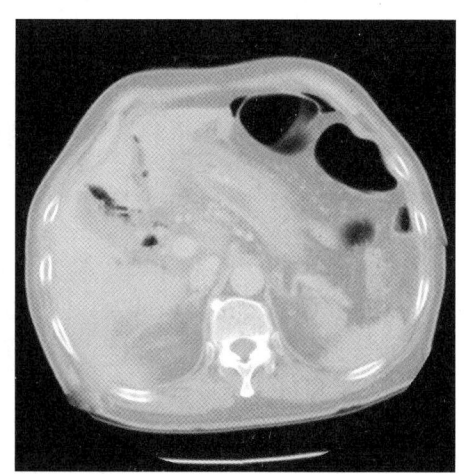

图 6-43　腹腔内游离气体 CT 表现

消化道穿孔患者，立位腹平片膈下未见游离气体。腹部 CT 扫描显示游离气体积聚在结肠周围及胆囊窝区域。结肠壁在气体的衬托下全层显影，在胆囊窝区域的游离气体呈斑片状气体密度阴影

五、肠梗阻

肠梗阻按照梗阻的原因可分为机械性、动力性和血运性三类。机械性肠梗阻是由于肠管内、外的原因造成肠腔的狭窄、梗阻。动力性肠梗阻则是由于神经反射或毒素刺激引起肠壁肌肉功能紊乱，肠蠕动丧失或肠管痉挛，致肠内容物通过障碍，肠管本身无器质性病变。血运性肠梗阻是由于肠系膜血管栓塞或血栓形成，使肠管血运障碍，继而发生肠麻痹而使肠内容物不能运行。根据有无肠壁血运障碍，肠梗阻分为单纯性及绞窄性肠梗阻。根据梗阻的程度，分为完全性和不完全性肠梗阻。

（一）单纯性小肠梗阻

即无肠绞窄的机械性小肠梗阻。常见的病因是腹腔手术后的肠粘连、炎症、肿瘤和异物等造成的肠内容物通过障碍。

【病理与临床表现】

主要的病理生理改变是梗阻近端肠内积气、积液，继而发生肠壁的血供障碍、肠壁缺血、

腹腔积液等。根据梗阻的部位可以分为高位（十二指肠和空肠上段）和低位肠梗阻。典型的临床症状有腹痛、腹胀、恶心、呕吐、停止排便和排气等，听诊可有肠鸣音亢进。

【影像学表现】

X线表现在梗阻发生的数小时后，梗阻的近端肠曲发生胀气、扩张。在立位腹平片上可见阶梯状液平面，肠曲胀气表现为弓形或倒置的"U"形气液平面，在高度上可以有差异。梗阻的位置越靠近小肠的末端，扩张的肠曲越多，积气、积液越明显。梗阻近端肠管黏膜水肿致使肠黏膜皱襞增厚，在肠气的衬托下显示，表现为横贯肠腔的线条状或弧形阴影，排列密集，呈

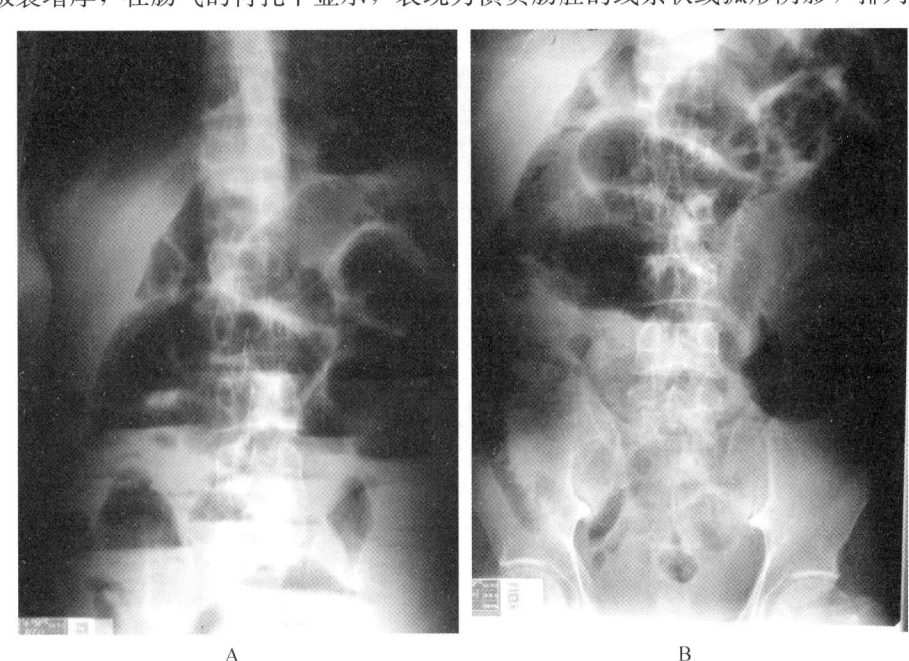

图6-44 单纯性小肠梗阻

A. 立位腹平片显示阶梯状气液平面，肠管扩张；B. 卧位腹平片可见肠黏膜皱襞影

弹簧状或鱼肋骨状（图6-44）。在发生小肠完全梗阻的24~48h之后，结肠内的气体和粪便排空，看不到气体。在早期和不完全性肠梗阻时结肠内可见到气体。

（二）绞窄性小肠梗阻

是指梗阻肠段的血供中断，可导致肠壁坏死、腹膜炎乃至肠穿孔等严重并发症，常由闭袢性肠梗阻造成，即一段肠管的两端发生了机械性肠梗阻。常见的病因有肠扭转、内疝。

【影像学表现】

充气的闭袢肠管呈"U"形，在形态上类似咖啡豆，也称"咖啡豆征"（图6-45）。闭袢肠管内如果充满液体，在腹平片上即表现为软组织密度，类似软组织肿块，这种表现也称为"假肿瘤征"。在肠壁发生坏死后，黏膜屏障被破坏，肠道内的气体即可以进入肠黏膜下和肌层内。肠壁内积气表现为气体

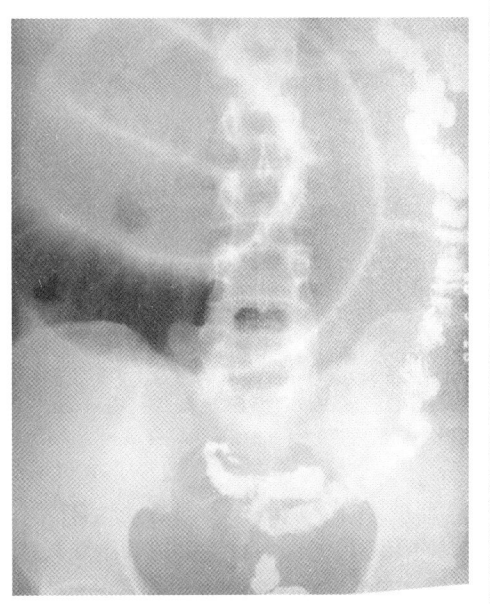

图6-45 绞窄性肠梗阻

积聚在肠黏膜或肠肌层内，常见的病因有肠憩室的微小穿孔，也可见于缺血性肠坏死。在肠梗阻时，肠壁增厚、肠壁内积气提示肠壁缺血、有绞窄性肠梗阻形成。另外，门静脉内积气

也是肠坏死的重要线索，上述表现均可在CT扫描上得到清晰显示。

（三）结肠梗阻

常见病因是结肠肿瘤和乙状结肠扭转。结肠梗阻时由于回盲瓣对反流的限制，类似闭袢性肠梗阻。

【影像学表现】

大量的液体、气体积存在梗阻端与回盲瓣之间的肠管内，造成这段结肠的明显积气、积液和肠曲扩张。而此时小肠肠曲一般在早期无明显积气、积液和扩张。乙状结肠发生扭转时，呈闭袢状梗阻，肠曲明显扩张、积气，呈典型的马蹄状，肠曲圆弧向上，可占据整个腹部，两支下端位于左下腹。根据肠曲扩张形态和肠黏膜皱襞的类型，可以区分结肠梗阻和小肠梗阻。在拟诊结肠梗阻后，可进行钡灌肠检查，确定梗阻的位置和病因。乙状结肠扭转钡灌肠时呈典型的鸟嘴样改变（图6-46）。CT检查可见肠曲扩张的表现。

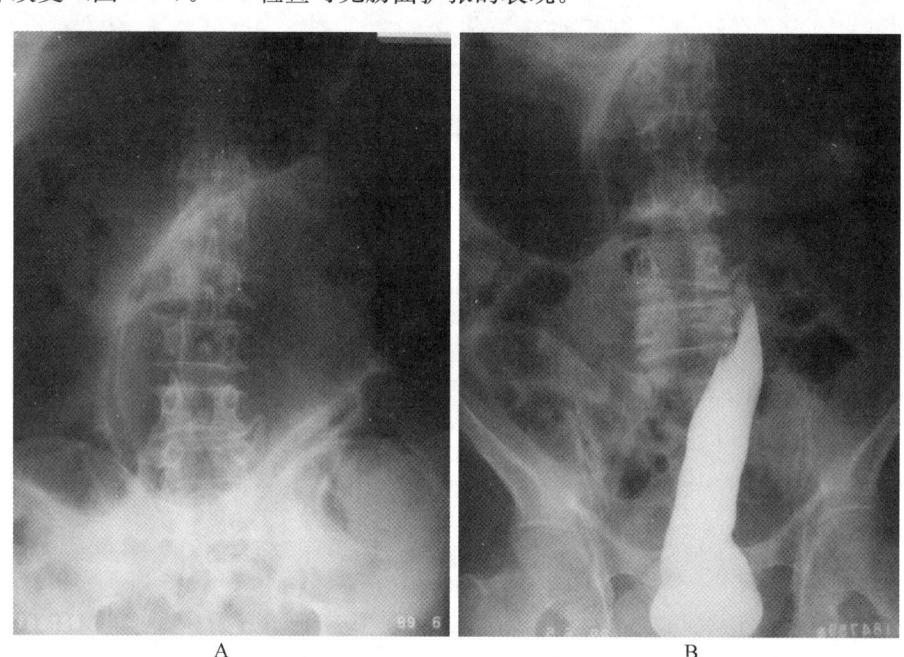

图6-46　乙状结肠扭转

A. 乙状结肠扭转患者仰卧位腹平片，显示乙状结肠极度扩张呈马蹄状。扩张的肠管中可见结肠袋，特点为不贯穿肠管纵径的全长；B. 同一患者钡灌肠检查，钡剂前端止于乙状结肠，形似鸟嘴样

（四）麻痹性肠梗阻

由于肠蠕动减弱乃至消失而造成的一种功能性肠梗阻，一般没有器质性病变。最常见的病因有腹部手术、腹膜炎、肠系膜血管血运不良和严重感染等。典型的临床表现是明显的腹胀、肠鸣音消失等。

【影像学表现】

在X线腹平片上表现为小肠、结肠内大量积气、积液。一般积气较多，积液较少，可见大的液平面。在透视下观察，肠管蠕动明显减弱乃至消失。麻痹性肠梗阻时小肠和结肠扩张程度均衡，根据这一特点可以和结肠梗阻相鉴别（图6-47）。

（五）诊断与鉴别诊断

1. 有无存在肠梗阻的判定　在发生了完全性肠梗阻的数小时之后，梗阻近端的肠曲扩张并且有积气、积液。在24~48h内，梗阻远端的肠管内的气体和食物残渣即被排空，表现为梗阻段以下肠管内看不到肠气影。虽然在肠梗阻的早期或不完全性肠梗阻的病例，梗阻远端内有气体存在，但梗阻近端含气量明显增多。而肠管普遍均匀扩张的麻痹性（动力性）肠梗阻则积气、积液程度均衡。

2. 肠梗阻部位的判定　可以根据肠曲扩张和液平面的部位、数量及肠黏膜皱襞的特点来判断肠梗阻的大致位置。小肠近端的梗阻扩张的肠曲少、液平面多并且多位于上腹部；小肠远端的梗阻则扩张的肠曲多、液平面多，有时扩张积气肠曲和液平面可遍及全腹。结肠梗阻时，由于回盲瓣的单向通过作用，在梗阻的早期，积气和积液主要发生在结肠，而小肠的积气和积液现象则不明显。随着病程的进展，回盲瓣的功能丧失，此时小肠也可有较多的肠曲扩张和积气积液。小肠和结肠同时明显扩张的情况更常见于麻痹性肠梗阻。

六、腹部创伤

腹部创伤是腹部受到外力直接或间接打击而受到的创伤，可以是腹部器官的损伤，也可以是全身复合伤的一部分。根据致伤外力的不同，可以分为闭合性和穿通性；根据受损器官的数量，可分为单一器官损伤和多器官复合损伤。腹部的实质性器官（肝、脾、胰和肾）可因外力的程度而表现为挫伤、裂伤和器官碎裂。胃肠道可有破裂穿孔。腹壁、盆壁的骨骼可有不同程度的骨折。在胸腹部复合伤时，膈肌可发生破裂形成膈疝。对腹部创伤的影像学检查要密切结合患者的临床表现，如患者情况不稳定，应首先进行相应的临床治疗，待病情稳定后再进行影像学检查。

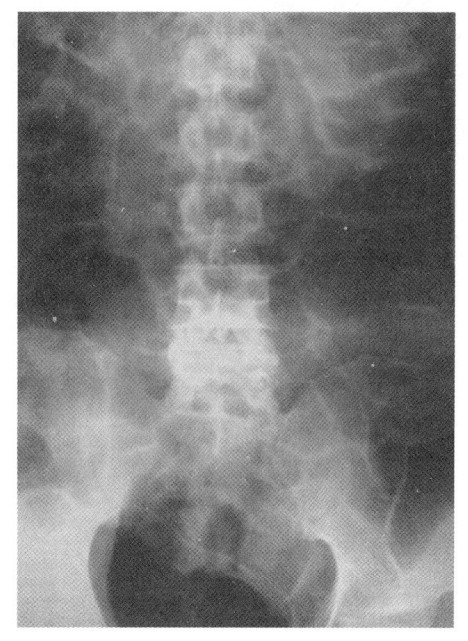

图 6-47　麻痹性肠梗阻
立位腹平片显示小肠、结肠普遍积气，肠管扩张，但未见明显的气液平面

【影像学表现】

普通 X 线检查虽然作用有限，但可了解腹部的概况，同时还可以了解相邻胸腔的情况，所以胸、腹部 X 线平片应该是腹部创伤的首选检查。

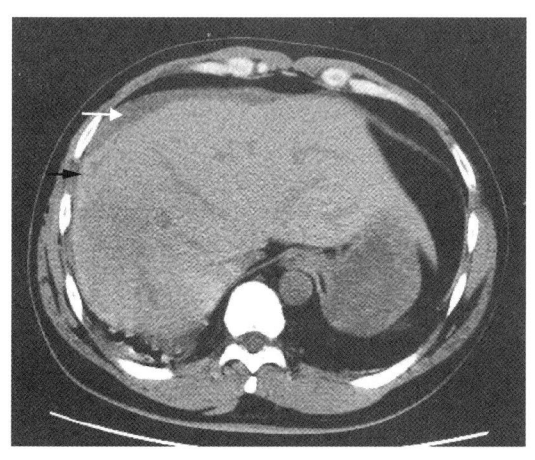

图 6-48　腹部外伤患者，肝破裂及肝被膜下积血
肝轮廓欠完整，实质内可见条状高密度及片状低密度，肝被膜下可见弧形低密度（CT 值约 48Hu，白箭头示）及稍高密度影（CT 值约 68Hu，黑箭头示）

实质性器官和空腔器官的破裂可有腹腔积液、脏器增大和界限模糊等表现。腹腔游离气体可表现为膈下游离气体或肝旁积气。由于普通 X 线检查的限度，阴性结果并不除外内脏损伤。

CT 是腹部外伤的主要影像方法，实质器官的挫伤、破裂或破碎等，表现为肝、胰、脾、肾等器官轮廓的不连续，器官内出现高低不等的混杂密度病灶（图 6-48）。可出现腹水或后腹膜间隙内的积液，或有高密度的血肿，CT 值为 60~90Hu。血肿可位于器官的被膜下，如肝被膜下血肿，可呈新月状或双凸镜状异常密度病灶；器官周围血肿见于后腹膜器官，如肾周血肿。CT 增强检查可清楚显示脏器损伤的形态，并有助于发现腹部大血管的损伤或器官的血管损伤。

（赵丽琴　贺文　王滨）

第七章 泌尿系统及肾上腺、腹膜后间隙

第一节 肾及输尿管

一、检查方法

(一) X线腹部平片

又称 KUB (kidney-ureter-bladder)。肾周脂肪多较丰富，KUB 上常能显示肾轮廓及其大小。除钙化、结石等高密度病变外，KUB 对泌尿系统病变的诊断价值不大。

(二) 尿路造影

主要用于显示肾盏、肾盂、输尿管和膀胱内腔的解剖和病变。按对比剂引入途径的不同，分为排泄性尿路造影与逆行性尿路造影等。

1. **排泄性尿路造影** 又称静脉肾盂造影 (intravenous pyelography，IVP)。将有机碘化合物溶液（对比剂）注入静脉后，几乎全部以原形经肾小球滤过、肾小管浓缩排入尿路，可形成高密度影像，借此了解尿路的解剖形态；根据对比剂进入尿路的时间与量还可评估双肾的排泄功能。肾功能不良时，对比剂不能被排泄入尿路而致检查失败；且对比剂还可能对肾功能造成进一步的损害，故此类患者不适于进行排泄性尿路造影检查。

2. **逆行性尿路造影** 用于排泄性尿路造影显影不满意（如肾盂、输尿管积水）或造影禁忌的患者。采用膀胱镜，将导管分别插入两侧输尿管内，透视下注入稀释至 10%～25% 的泛影葡胺 5～10ml，至患者有轻度腹胀感时摄片。

(三) 血管造影检查

主要有肾动脉造影，肾静脉造影少用。血管造影是微创性检查，需行血管插管；主要用于显示泌尿系统血管异常和病变的血供特点及其与大血管的关系。血管造影是非常规性影像检查，也是泌尿系统介入治疗的一部分。

1. **腹主动脉造影** 用 Seldinger 法经皮股动脉穿刺，经股动脉将导管置于腹主动脉，其前端位于肾动脉开口的近心侧，注入 60%～75% 的泛影葡胺或碘海醇 (300mgI/ml) 40ml（速度为 15～20ml/s），快速连续摄片。此检查常用于选择性肾动脉造影前除外肾动脉变异，也用于肾移植术供肾者的术前检查。

2. **选择性肾动脉造影** 可避免腹部其他显影血管的干扰。将导管置于一侧肾动脉，注入对比剂 10～20ml（速度为 5～10ml/s），快速连续摄片，可分别获得肾动脉期、实质期及静脉期图像。

(四) 超声检查

常用线阵式或凸阵式探头，超声频率 3.5MHz。检查前无特殊准备，若同时检查输尿管和膀胱，患者需在检查前 1～2h 喝水 400～600ml，待膀胱充盈后再行检查。

检查时患者常取仰卧位、侧卧位与俯卧位。仰卧位横断面肾血管显示最清楚；侧卧位肾结构显示最好；俯卧位利于观察肾的轴位断面与矢状位断面。侧卧与仰卧位利于观察输尿管。

(五) CT 检查

CT 图像上，脂肪组织与软组织器官间的对比良好，CT 可清晰显示泌尿系统等腹部解剖，优于常规 X 线和超声；除显示泌尿系统解剖异常外，增强 CT 还可用于评估肾的排泌功能。

检查前无特殊准备。检查前 30min 喝水充盈消化道，以利于影像鉴别。扫描层厚 5～8mm，观察细微解剖结构时可用薄层扫描。多排螺旋 CT 可实现亚毫米薄层扫描，能很好地显示细微解剖结构，利于 CT 血管成像 (CTA) 或尿路成像。

增强检查时，在对比剂注射开始后 30s 左右扫描可见肾皮质强化且明显高于髓质，称为肾皮质期；60～90s 时扫描见肾皮质与髓质均有强化且密度相似，为肾实质期；2min 后扫描见肾盂输尿管内充盈对比剂，为肾盂期。不同的增强时相对肾皮质、肾髓质及肾盂病变有不同的敏感性。

团注对比剂后 10～30min 行腹、盆部扫描并进行三维重组，用于整体观察肾盏、肾盂、输尿管和膀胱，称为 CT 尿路成像 (CT urography，CTU)；正常表现类似 IVP 图像。

(六) MRI

在显示病变内部结构、大血管受累和增大淋巴结等方面优于 CT，但在显示尿路结石、钙化等方面不及 CT。

1. 平扫　患者常规准备。多采用横断面、冠状面与矢状面自旋回波 T_1WI 成像（显示病变解剖）与横断面 T_2WI 成像（帮助病变的定性诊断）。

2. 增强检查　静脉注射对比剂 Gd-DTPA (0.1～0.2mmol/kg) 后，行 T_1WI 或 T_1WI 脂肪抑制序列成像。

3. 磁共振尿路成像 (MR urography，MRU)　利用重 T_2WI 的成像序列，可使机体组织的信号衰减，仅保留 T_2 弛豫时间极长的水的信号，此种方法形成的影像称为"水成像"。利用此种方法，尿路内尿液可形成类似 X 线尿路造影的图像。

二、正常影像解剖

(一) X 线平片

前后位 KUB 上，双肾表现为位于腰大肌上部两侧的"八"字形略高密度影，边缘光滑，密度均匀，左肾略高，通常位于第 12 胸椎与第 3 腰椎水平（图 7-1）。肾长轴自内上斜向外下，其延长线与脊柱相交成 15°～25° 的锐角，称为肾脊角。侧位 KUB 上，双侧肾影与脊柱影重叠。输尿管不显影。

(二) 尿路造影

1. 静脉肾盂造影　静脉快速注射对比剂后 1～2min 摄片，肾实质显影；2～3min 时肾盂、肾盏开始显影，15～20min 时显影最浓。肾功能不良或输尿管阻塞时，显影延迟，严重时不显影。

一般肾大盏常为每侧 3 个，小盏 10～20 个。小盏顶端呈杯口状凹陷，凹陷周边光滑锐利，称为穹窿部；其余为体部，也称漏斗部，常略窄。由于肾小盏的部位和指向不尽相同，在 IVP 上表现也不一致：与投照方向大致同向的肾小盏称为正位投影或轴位投影，可形成致密的环状或结节样影。数个肾小盏汇成一个肾大盏，由外周向肾盂可分为顶部（与肾小盏相连）、峡部或颈部（呈管状）、基底部（汇入肾盂）。肾盂常位于第 2 腰椎水平，呈略朝向外上的

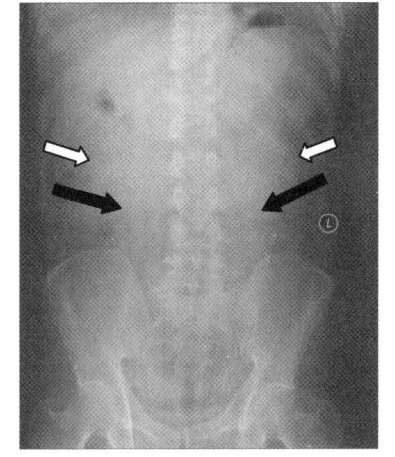

图 7-1　X 线腹部平片 (KUB)
示呈"八"字形的腰大肌外缘（黑箭头）与略高密度的肾影像（白箭头）

漏斗形，上缘圆隆，下缘略凹，边缘光滑整齐（图7-2）。肾盂可有变异，如分枝型肾盂与壶腹型肾盂。

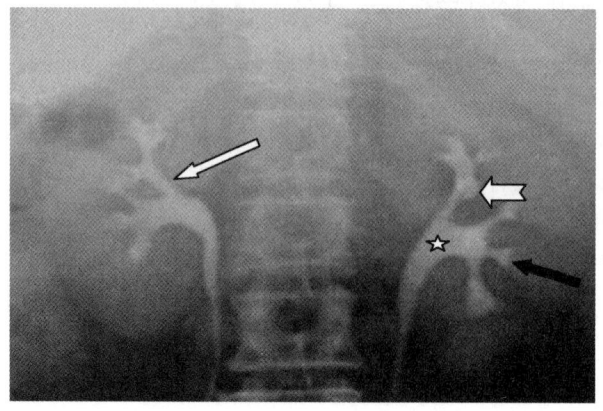

图 7-2　正常肾的静脉肾盂造影

示呈杯状的肾小盏（黑箭号）和肾大盏（白箭号），处于轴位投影时肾小盏呈环状（燕尾箭头）；所示输尿管充盈。☆为肾盂

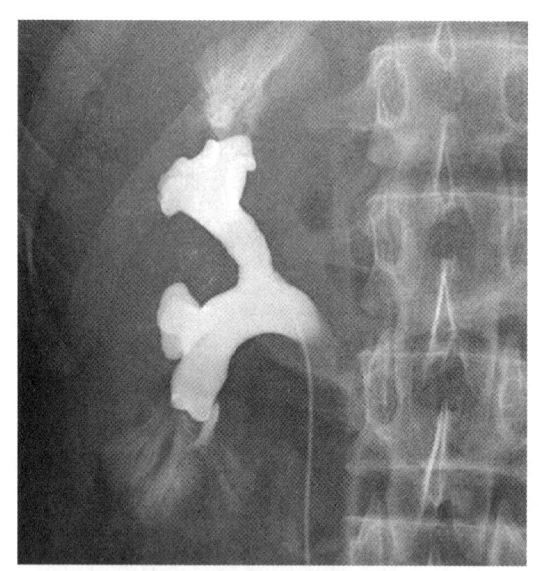

图 7-3　肾小管反流

右肾逆行性肾盂造影。肾小盏前可见羽毛状对比剂

输尿管全长约25cm，沿脊柱两侧走行，位于腰大肌影的中部，边缘光滑，有柔软感；也可有曲折，多见于输尿管上段。输尿管进入膀胱前转向内略上，与膀胱影重叠。输尿管有三个生理性狭窄处，即输尿管与肾盂连接处、进入小骨盆入口处、进入膀胱入口处；可见蠕动形成的假性狭窄。

2. 逆行性肾盂造影　肾盏、肾盂和输尿管的表现与IVP基本相同，但不能显示肾实质。注射压力过大时，可使对比剂回流或反流，进入肾盂肾盏以外的组织，如肾小管、肾血管周围间隙等（图7-3）。

(三) 血管造影

正常肾动脉分支的变异较大，但其外缘光滑，由肾门向肾皮质走行，由粗逐渐变细，分布均匀，略呈放射状，为动脉期表现（图7-4）。注射对比剂后4~10s，对比剂在肾实质内聚集，整个肾密度增高，肾轮廓显示清楚，为肾实质期，可显示肾外形异常，及观察肾的血液灌注情况并判断双肾功能。注射对比剂后10~20s，肾静脉充盈对比剂，为静脉期，正常肾静脉边缘光整，充盈良好。

(四) 超声

不同角度切面上，正常肾轮廓可表现为圆形、长圆形或马蹄铁形。肾实质回声较均匀，皮质回声略高，髓质回声略低，可见肾皮质伸入肾髓质内形成的肾柱。肾窦呈不规则的高回声结构，周围被放射状排列的卵圆形或锥形较低回声的肾乳头围绕。超声不能分辨正常肾窦内的肾盂、肾盏及血管结构，但彩色多普勒血流成像可显示肾内的血管呈扇形分布（图7-5）。

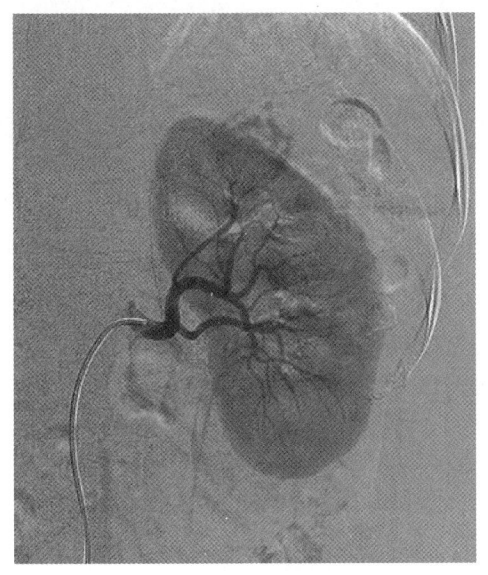

图 7-4　正常左肾 DSA 动脉期
示左肾动脉的各级分支由粗到细分布规律，肾实质显影

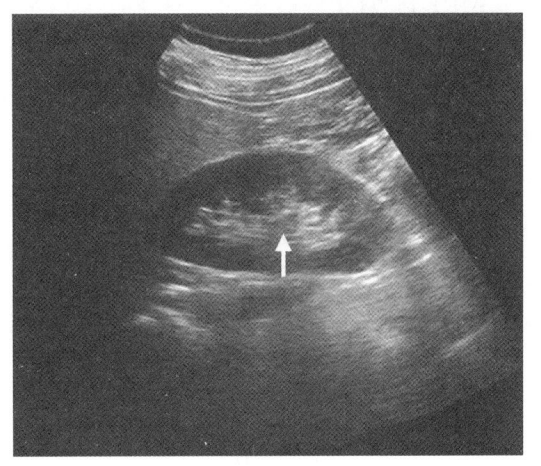

图 7-5　正常肾超声声像图
肾实质呈均匀较低回声，肾窦脂肪为高回声（箭头）

（五）CT

CT 轴位图像上，肾两极呈圆形或椭圆形软组织密度影。肾门区水平，肾呈马蹄铁形，密度均匀，边缘光整，CT 值为 30～50Hu；凹陷处为肾门，可见呈条索状进出的血管与输尿管。肾窦脂肪呈分叶状低密度，与肾周脂肪相延续。增强 CT 肾皮质期，肾皮质呈高密度车轮状，而肾髓质强化不明显，此时易于观察病变对肾皮质的侵犯；肾实质期，肾髓质密度增高，皮、髓质密度相似，易于显示肾实质内低密度病变；肾盂期，肾盂、肾盏呈高密度，边缘光滑，不易辨认肾大、小盏，但易于显示肾盂占位性病变造成的充盈缺损（图 7-6）。CTU 易于显示肾

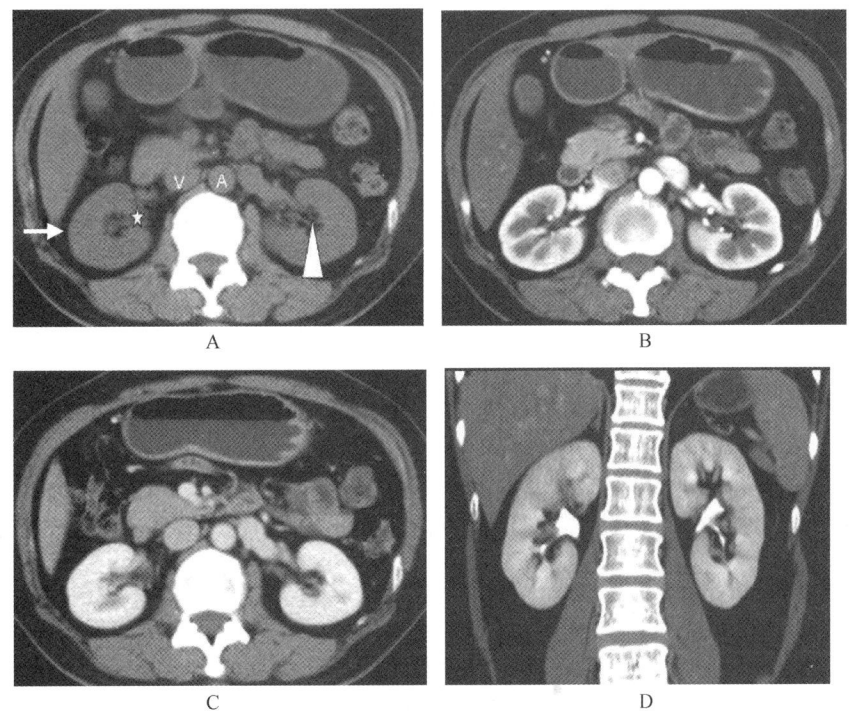

图 7-6　正常肾 CT

A. CT 平扫，双肾实质呈均匀软组织密度，呈马蹄铁形（箭头），肾窦脂肪为低密度（三角箭头），图中☆示肾门，V 示下腔静脉，A 示腹主动脉；B. 增强 CT 肾皮质期，肾皮质呈高密度车轮状，皮、髓质分界清楚；C. 增强 CT 肾实质期，肾髓质强化，密度增高，不易分辨皮、髓质；D. 增强 CT 肾盂期，冠状面多平面重组图像示肾盂、肾盏呈高密度

盂和输尿管占位性病变造成的充盈缺损。

（六）MRI

MRI T_1WI 上，肾皮质为中等信号，高于髓质信号；在高信号的肾周脂肪的对比下肾边缘显示清楚。T_2WI 上，肾呈较高信号，不能分辨皮、髓质；肾盂、肾盏内的尿液呈高信号；肾包膜为中等信号，与肌肉信号相似；肾周脂肪信号较高，但低于 T_1WI（图 7-7）。正常输尿管不易辨别。增强 MRI 检查，肾表现与增强 CT 相似。MRU 图像上，正常肾盂、输尿管常不能清楚显示；MRU 多用于肾盂输尿管积水的检查。

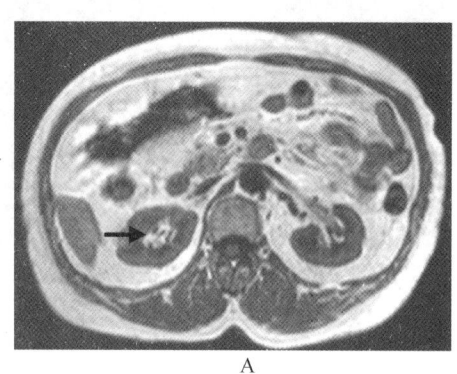 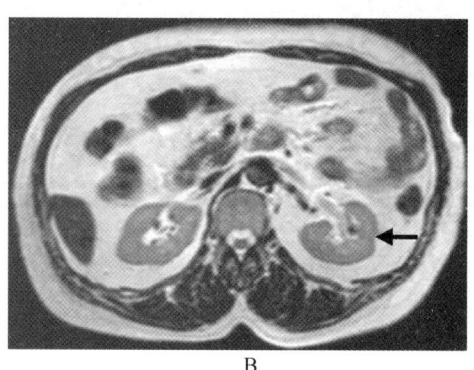

图 7-7　正常肾 MRI

A. T_1WI 示肾皮质呈车轮状的略高信号，肾窦脂肪呈高信号（箭头）；B. T_2WI 示肾实质呈较均匀高信号（箭头），大血管因流空现象呈无信号结构

三、基本病变的影像学表现

（一）X 线腹部平片（KUB）

肾增大见于肾积水、肾肿瘤、肾囊肿等病变，肿瘤等占位性病变常造成肾外形的局部增大。肾局部凹陷见于肾炎症等造成的瘢痕。肾影缩小见于慢性肾盂肾炎和先天性肾发育不良等；肾影消失常见于肾周围病变如肾周血肿等。投照技术条件不良或肠道内气体过多会干扰肾轮廓的显示。

肾结石及钙化等病变都可在肾影内形成高密度结节影。

（二）尿路造影

1. 变形　肾肿瘤等占位性病变可导致肾盂、肾盏的扭曲、拉长、移位。在正常肾盂肾盏旁出现对比剂聚集，多为结核性空洞所致。

2. 扩张　肾盂、肾盏增大，肾小盏杯口消失呈杵状扩张；输尿管增粗；严重时甚至不能辨认肾盂、肾盏的结构。多见于肾盂、输尿管积水（图 7-8）。

3. 充盈缺损　肾盂、输尿管内局部无对比剂充盈，见于肾盂、输尿管肿瘤、结石、血凝块和气泡等。部分肾盏甚至整个肾盂不显影，见于恶性肿瘤侵犯破坏局部或全部肾窦结构。

（三）血管造影

1. 动脉期

（1）局部血管稀疏：局部血管移位呈"抱球状"，见于囊肿、乏血供的肿瘤等少血供或无血供的病变；楔形血管稀疏区，相邻血管变化不明显，见于肾梗死。

（2）局部血管增多与异常血管：局部血管"抱球状"移位，病变内出现异常血管（表现为粗细不均和分布无规律），小血管扩张形成小动脉瘤以及弹簧状等形态异常的血管，见于多血供的肿瘤。

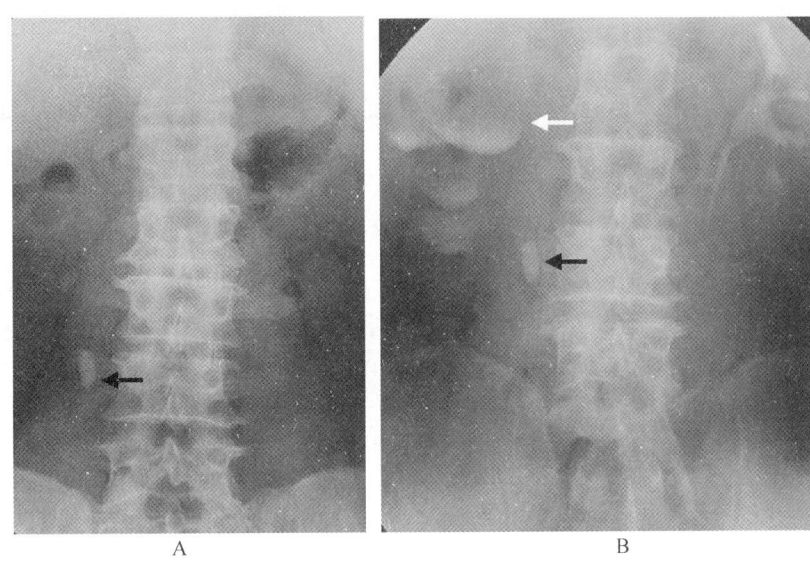

图 7-8 异常肾的肾盂扩张

A. KUB 示右侧输尿管走行区高密度影（箭头）；B. IVP 示右侧输尿管结石（黑箭头），肾盂、肾盏积水，内可见液-液平面，不易辨认肾盂、肾盏结构（白箭头）

（3）肾静脉早期显影：动脉期时肾静脉甚至下腔静脉显影，见于恶性肿瘤与动静脉瘘（如外伤性动静脉瘘）。

（4）对比剂溢出：局部对比剂进入血管外的组织或肾外，见于肾外伤或动脉瘤破裂出血。

2. 实质期

（1）局部异常染色：局部对比剂聚集，见于肾恶性肿瘤（图 7-9）。

（2）局部肾实质显示缺损：局部肾实质很少或无对比剂聚集，与动脉期血管稀疏区一致。原因同动脉期局部血管稀疏。

3. 静脉期 肾静脉主干或其分支充盈缺损或中断，阻塞近端的肾静脉排空延迟，见于肾静脉癌栓或血栓。

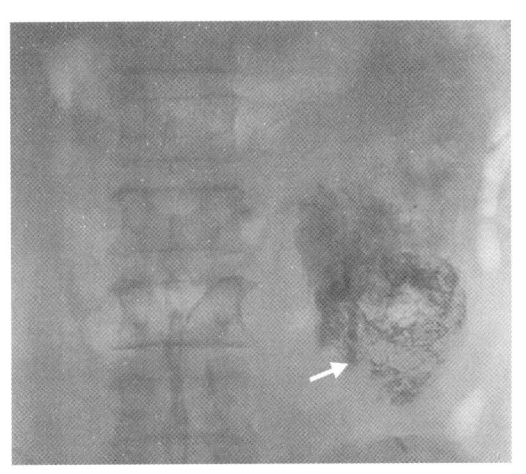

图 7-9 异常肾 DSA 示肾癌

左肾动脉 DSA 示肿瘤染色（箭头）

（四）超声

显示不同强度的异常回声，按其出现部位，分为肾实质、肾盂、输尿管的回声异常。

1. 肾实质异常回声 强回声光斑，后方可见声影，见于肾内钙化斑。异常高回声，多见于含脂肪的肾肿瘤，如血管平滑肌脂肪瘤。异常低回声，后方可见回声衰减，见于多数实性肿瘤，如肾癌；肿瘤内出血、坏死表现为混杂回声。异常无回声，后方回声增强，见于肾囊肿等囊性病变（图 7-10）。

2. 肾盂异常回声 强回声光斑，后拖带声影，见于肾盂结石；低回声结节，见于肾盂肿瘤；肾窦分离，肾窦内出现无回声的液性暗区，为肾盂积水（图 7-11）。

3. 输尿管异常回声 超声不易显示正常输尿管。当表现为增粗的管状无回声结构时，提示输尿管积水，积水远端常可见病变，如强回声的结石或低回声的肿瘤。

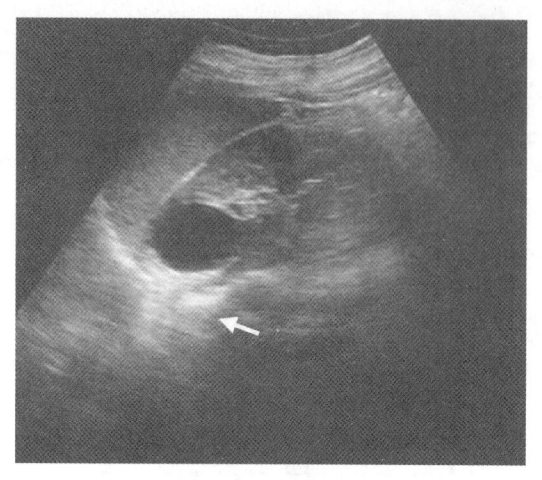

图 7-10 异常肾超声示肾囊肿
超声示椭圆形无回声区，囊壁菲薄、光整，
其后方回声增强（箭头）

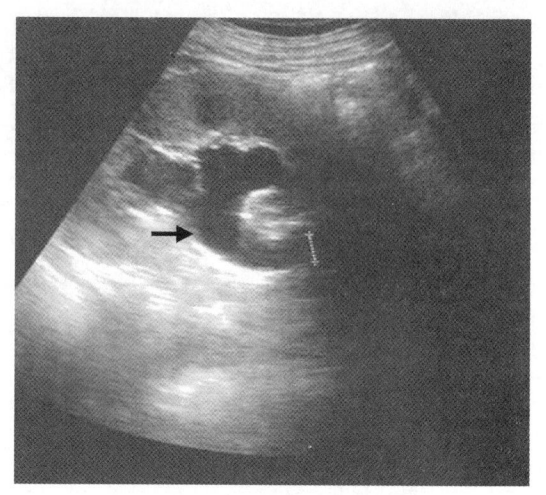

图 7-11 异常肾盂回声示肾盂积水
示肾窦内无回声的液性暗区（箭头）

（五）CT

1. 肾与肾周异常

（1）肾实质肿块：肾外缘局部隆起；肿块可为软组织密度的实性肿块，有不同程度的强化；也可为囊性肿块，囊内无强化。

（2）肾外形异常：一侧肾代偿性肥大或缩小，如肾动脉狭窄引起的肾萎缩；肾脏局部凹陷，如外伤或感染后形成的瘢痕。肾盂积水或多囊肾时，肾外形可增大。

（3）肾密度异常或异常强化：肾内高密度结节或斑块影见于肾结石、钙化。全肾呈高密度，见于肾结核的晚期（自截肾）。增强 CT 上，肾实质内局部楔形低密度影，见于肾梗死、节段性肾炎等病变；一侧肾强化差，见于各种原因造成的肾灌注不良。

（4）肾盂增大：见于各种原因造成的积水。表现为肾盂增宽，严重时可呈囊状（图 7-12）。增强 CT 肾盂期，可见对比剂进入扩张的肾盂、肾盏内，形成高-低密度液平；肾功能严重受损时，对比剂不能进入肾盂。

（5）肾盂、肾盏充盈缺损：增强 CT 肾盂期，肾盂或肾盏内局部无对比剂充盈，见于肾盂肿瘤、血凝块等。钙化性结石与肾盂或肾盏内的对比剂之间的对比差，不易观察到充盈缺损。

（6）肾周异常密度包绕：提示肾包膜下病变，如血肿、脓肿、积尿等，表现为肾周类环形或新月形占位，密度依病变而不同，如新鲜血肿密度

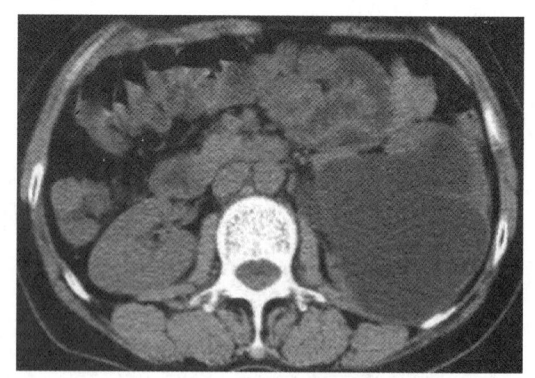

图 7-12 肾盂增大
CT 平扫示左侧肾盂增宽、积水，肾实质明显变薄

较高、不均匀，而积尿为液性密度。病变限于包膜下时，外缘光滑锐利，受累肾则有不同程度受压变形。病变突破肾包膜时，则异常密度可蔓延至肾周脂肪囊内。

2. 输尿管异常 输尿管增粗见于输尿管积水。梗阻性积水的输尿管下端常可见结石、肿瘤等病变，而病变远侧的输尿管纤细。多排螺旋 CT 扫描时，沿输尿管长轴的 CT 多平面重组（multiple planar reformation, MPR）图像可清楚显示病变与扩张输尿管的关系。输尿管结核时，输尿管可呈扩张与狭窄交替改变。输尿管局部增厚、异常强化，见于炎症、肿瘤等病变，

多伴有相应管腔的狭窄。

(六) MRI

MRI显示的肾与输尿管病变所形成的解剖异常与CT相似。囊肿、肾周积尿、肾盂/输尿管积水等在T_1WI为低信号，T_2WI为高信号，与椎管内的脑脊液信号相似；水含量高的组织，如肿瘤、脓肿等病变T_1WI为较低信号，T_2WI为较高信号（图7-13）；病变内的脂肪成分呈T_1WI高信号，T_2WI较高信号；若病变内有出血、坏死、纤维化，则病变呈高、低混杂信号。成熟的钙化与结石多为低信号。与CT相比，MRI观察钙化和尿路结石的敏感性较低。

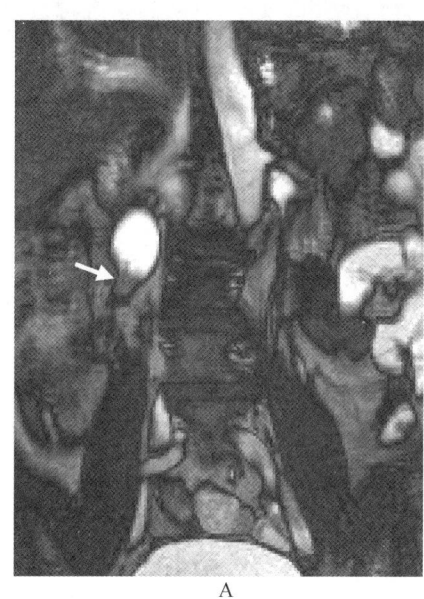
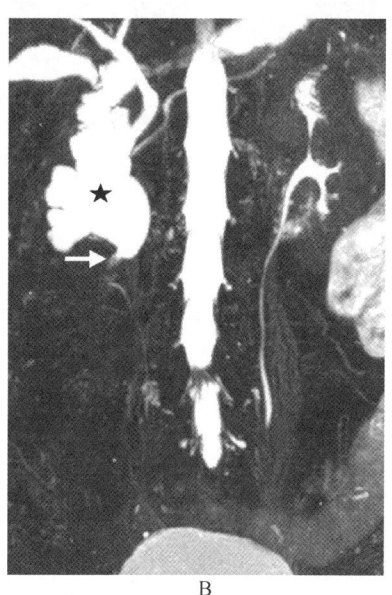

图7-13　MRI示输尿管癌

A. MRI冠状面T_2WI示右侧输尿管上端稍高信号结节影（箭头）；B. MRU示右侧输尿管上端管腔狭窄（箭头），近端肾盂、肾盏积水扩张（星号）

四、疾病诊断

(一) 先天性异常

【病理与临床表现】

泌尿系统的发育过程复杂，不同发育阶段均可发生异常，导致不同的先天性异常或畸形。肾先天性异常可有数目异常，如孤立肾、重复肾；位置异常如异位肾；大小异常如肾发育不良；融合性异常如马蹄肾；囊性异常如多囊肾等。多数异常并无临床症状，在合并尿路积水、结石后才出现相应症状。

【影像学表现】

尿路造影是泌尿系统先天性异常的首选影像学检查。CT与MRI的三维图像易于多角度观察尿路，对诊断帮助较大。

1. 单侧肾发育不全（unilateral renal hypoplasia）　患肾发育小，体积小于正常的50%以上。镜下无肾实质，常为多囊结构，没有正常的功能。临床上可无症状，也可因有血管畸形而合并高血压。IVP患肾不显影。超声与CT显示患肾的肾盂与肾实质变小，肾动、静脉细小，显示不清，增强CT示肾皮质菲薄。患肾体积过小时，其肾结构显示不清，而对侧肾有代偿性肥大（图7-14）。

应与孤立肾鉴别：孤立肾的肾代偿性肥大，对侧未发现任何肾结构。

2. 肾重复畸形（duplication of kidney）　较常见，多为单侧，是胚胎时期两个输尿管芽进

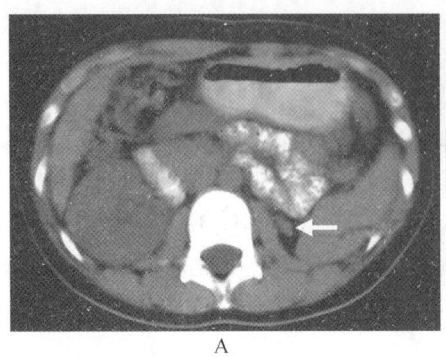
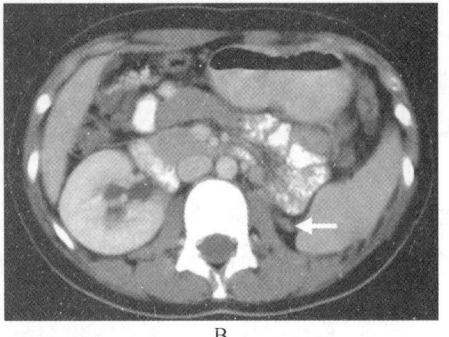

图 7-14 左肾发育不全

A. CT 平扫示左肾小（箭头）；B. 增强 CT 肾实质期，左肾小，无强化（箭头）

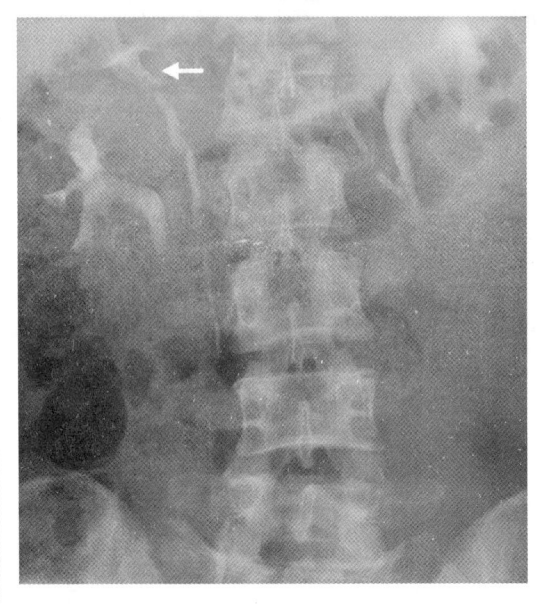

图 7-15 右肾重复畸形

IVP 示右肾有两套肾盂、输尿管，上半肾盂较小（箭头）

入同一个后肾胚基所致。肾分为上、下两部分，各有一套肾盂、输尿管；两输尿管可在不同水平汇合为一条，也可保持双输尿管分别进入膀胱。上部分肾较小，有时伴有肾盂输尿管移行部狭窄而继发重度肾积水；另一部分肾正常。KUB 上患侧肾影较大。IVP 是肾重复畸形的主要影像诊断方法，可见患肾有两套肾盂、输尿管，上半肾盂多较小，在合并尿路梗阻时只有下半肾显影（图 7-15）。CT 特别是 CTU 以及 MRU 可很好地显示畸形。

3. 异位肾（renal ectopia） 肾位于正常肾区以外的位置时称为异位肾。由于肾血管的位置异常，使肾在胚胎发育过程中不能上升到正常位置，而出现在髂腰部、盆腔或对侧，偶可穿过横膈进入胸腔；另一侧肾大小多正常。功能正常时，异位肾除位置异常外，影像表现与正常肾相似（图 7-16）。输尿管常有曲折，患侧肾床无肾影。

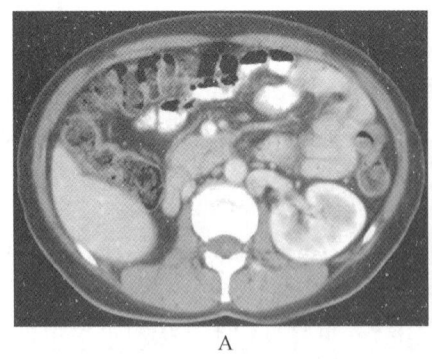
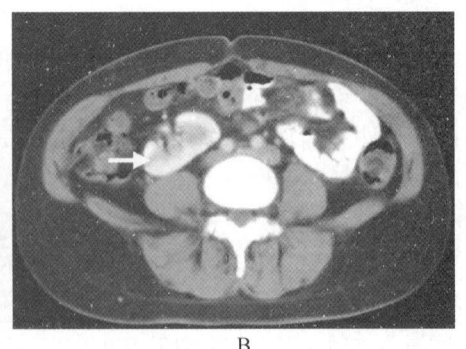

图 7-16 异位肾

A. 右侧肾床无肾影，左肾大小正常；B. 右肾位于髂腰部（箭头）

4. 马蹄肾（horseshoe kidney） 为融合肾畸形中最常见的类型，是胚胎早期两肾胚基在两脐动脉之间被挤压融合的结果。95% 为两肾下极在脊柱前融合，呈开口向上的马蹄铁形；常伴发旋转不良，表现为肾门朝向前方或外方；输尿管越过融合的峡部下行。由于引流不畅，易合并结石、积水或感染。超声、CT 与 MRI 可清楚显示两肾下极相互融合的解剖形态（图 7-17）。IVP 可见肾盂长轴与正常相反，呈倒"八"字形，肾盂、肾盏相互重叠。

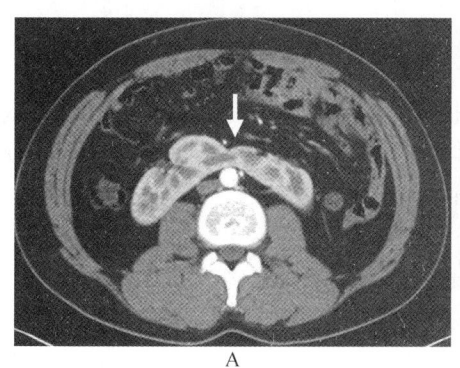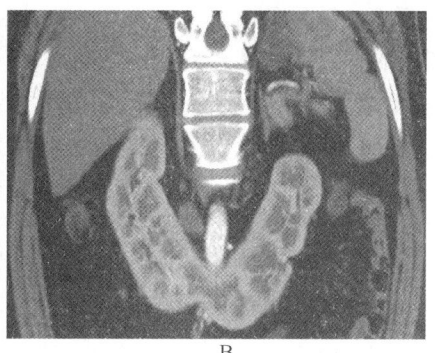

图 7-17　马蹄肾

A. 肾下极水平，增强 CT 示双肾下极在脊柱前方融合（箭头）；B. 增强 CT 冠状面 MPR 示双肾下极融合，双肾长轴呈倒"八"字形

5. 多囊肾（polycystic kidney）　属于先天性肾囊性疾病，分为婴儿型与成人型，后者多见。本节介绍成人型多囊肾。成人型多囊肾属常染色体显性遗传，一般为双侧发病，双肾弥散多发囊肿为其特征性表现。患者可有高血压，平均约 50 岁时出现肾衰竭。IVP 可显示肾增大，肾盏受压变短、聚拢、分离等，肾盂被拉长、弯曲。超声、CT 与 MRI 均易显示肾增大与多囊性改变，囊肿大小不一（图 7-18）。

（二）肾盂、输尿管积水

肾盂、输尿管积水指管腔增宽，尿液滞留。积水是多种疾病的继发性改变。可分为梗阻性积水与非梗阻性积水。影像诊断的目的是明确积水的程度及病因。

梗阻性肾盂、输尿管积水见于多种肾盂、输

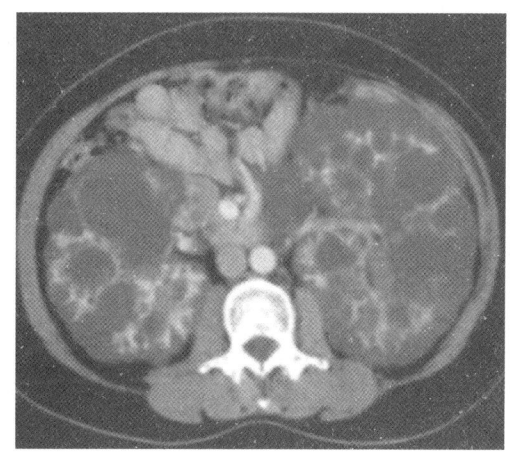

图 7-18　多囊肾

增强 CT 示双肾增大，双肾实质内见多发圆形低密度影，大小不一，壁薄

尿管、膀胱及输尿管周围病变，如结石、肿瘤、先天性或炎性狭窄；输尿管外的肿瘤或增大淋巴结压迫，腹膜后纤维化，膀胱肿瘤等病变亦可造成输尿管梗阻，梗阻近侧输尿管、肾盂积水扩张。非梗阻性肾盂输尿管积水多为功能异常的结果。如神经源性膀胱、膀胱反流等。

【影像学表现】

1. 梗阻性肾盂、输尿管积水

IVP 可显示扩张的肾盂输尿管与梗阻端的形态：扩张与狭窄间移行段较长，呈尖削状，常为良性狭窄；移行段短，呈突然截断，断端呈杯口状多为肿瘤性狭窄；外压性狭窄常见输尿管移位。完全性梗阻致肾功能严重损害时肾脏多不显影。逆行性肾盂造影不受肾功能的影响，完全梗阻时可显示梗阻远端的形态。

超声、CT 与 MRI 可显示积水扩张的肾盂输尿管，亦可对大部分梗阻原因做出诊断。超声与 CT 可显示肾盂输尿管结石、肿瘤及输尿管周围的病变。MRI 可显示引起梗阻的病变的解剖形态，病变的信号特征有助于病变的诊断，如腹膜后纤维化的斑块内水含量低，T_1WI 与 T_2WI 多为低信号，与 T_2WI 为高信号的增大淋巴结易于鉴别。

2. 非梗阻性肾盂、输尿管积水

影像诊断的目的主要是除外肿瘤等病变引起的梗阻性积水。IVP 可见积水扩张的肾盂输尿管通畅，无狭窄与梗阻。膀胱反流时，造影后排尿时摄片，可显示对比剂反流入输尿管，从而做出诊断。

（三）肾盂、输尿管结石

【病理与临床表现】

发生于肾盂输尿管的结石虽然成分不尽相同，但90%以上的结石含钙多，密度较高，KUB上可显影，称为阳性结石。尿酸盐类等少数结石钙含量低，密度低，不能在KUB上显影，称为阴性结石。阳性和阴性结石的概念只适于X线平片检查。3mm以下的微小结石，由于肠道气体干扰等原因，KUB难以发现，但CT可很好显示。

结石与周围软组织间有较高的声阻抗差，超声诊断的敏感性也很高；但由于输尿管蠕动、肠道气体干扰，超声诊断输尿管结石的敏感性低于CT。MRI对尿路结石的诊断价值不大。

尿路结石患者临床上可有腰痛、血尿等表现。输尿管结石可出现肾绞痛，为急腹症原因之一。

肾结石 肾结石（renal calculus）多发生于肾盂、肾盏内，可单侧也可双侧发生。

【影像学表现】

1. X线 KUB可见肾影内高密度影，密度均匀或呈分层状，常为圆形、类圆形、不规则形。结石巨大，充满部分或全部肾盂、肾盏时称为铸形结石或鹿角状结石。

2. 尿路造影 可用于阴性结石的诊断，表现为充盈缺损。也可用于明确可疑的高密度影是否位于肾盂肾盏内；但肾盏微小结石可被对比剂掩盖而漏诊。

3. 超声 肾结石表现为强回声光团，后方伴有声影（图7-19）。但微小结石的超声诊断有一定限度。结石造成肾盏、肾盂积水时，结石强回声光团周围可见液性暗区。

4. CT 可明确结石的大小、数目与位置，特别是肾盏内微小结石。CT不但可显示结石，还可显示结石所致的继发改变，如肾盂积水等（图7-20）。

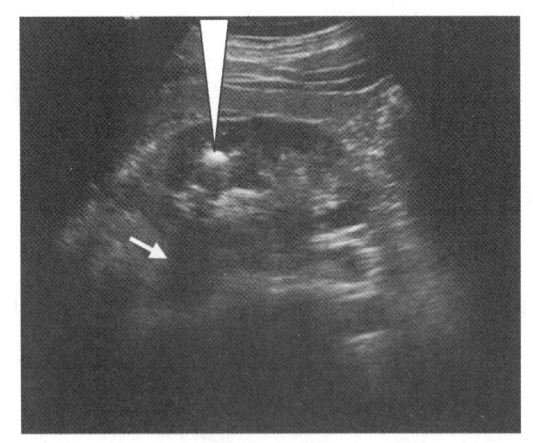

图7-19 肾结石
超声示肾盏内强回声光团（三角箭头），
伴后方声影（箭头）

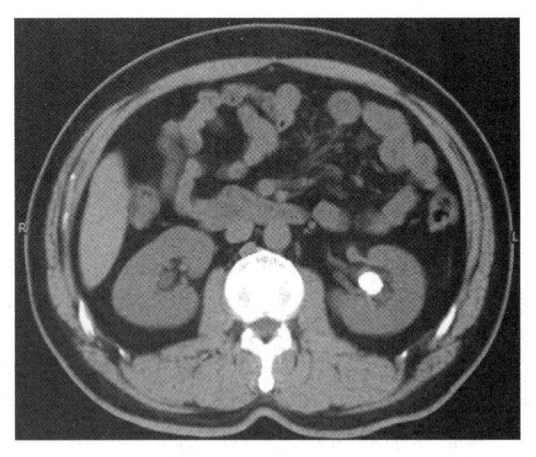

图7-20 肾结石
CT平扫示左肾盂内高密度结石

【诊断与鉴别诊断】

（1）胆囊结石：阳性结石少见，位置较右肾结石高。侧位KUB上，胆囊结石位于脊柱前方，而肾结石与脊柱影重叠。

（2）淋巴结钙化：常为团簇状分布的斑点状高密度影，超声、CT易于鉴别。

输尿管结石 多由肾结石下移而来，常较小，易停留于输尿管的生理性狭窄处。

【影像学表现】

1. X线 KUB上输尿管结石多表现为黄豆或米粒样大小的高密度影，位于输尿管走行区，其长轴与输尿管走行大致平行。进一步行尿路造影或 CT 检查能明确可疑的高密度影是否位于输尿管内。

2. CT　与 KUB 所见相似，CT 还可见到结石周围有软组织密度环（轻度水肿增厚的输尿管壁）和结石近侧的输尿管积水扩张（图 7-21）。由于螺旋 CT 平扫的敏感性高，检查时间短，不受肠道气体的干扰，已成为急腹症伴血尿的输尿管结石患者的重要诊断方法。

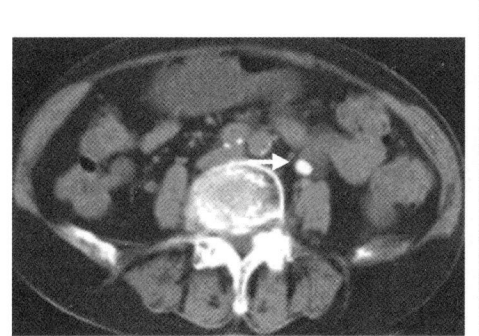
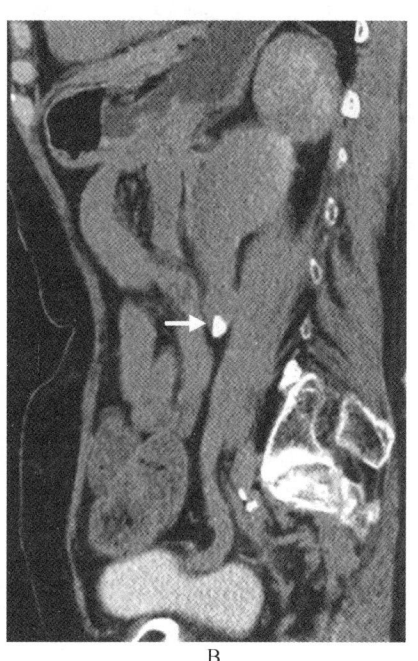

图 7-21　输尿管结石
A. CT 平扫示左侧输尿管内高密度结石（箭头）。B. 增强 CT 肾盂期，矢状面 MPR 示左侧输尿管结石（箭头），近侧输尿管和肾盂积水

3. 超声　输尿管结石表现为积水扩张的输尿管的远端出现强回声光团，后方伴声影；常位于输尿管的三个生理性狭窄处，中段输尿管的小结石显示较困难。超声可清楚显示结石近侧的输尿管积水。

【诊断与鉴别诊断】

本病需与静脉石与淋巴结钙化相鉴别。静脉石为盆腔静脉丛的钙化，无临床意义。KUB 与 CT 表现为小的圆形或环形高密度影，边缘光滑，常双侧多发，与输尿管的走行方向和位置无相关性。

（四）肾与输尿管结核

【病理与临床表现】

泌尿系统结核（urinary tuberculosis）大多继发于肺结核的血行播散，首先波及肾，继而蔓延至输尿管和膀胱。影像学检查可反映的病理改变包括皮质和髓质的破坏，结核空洞形成，病变愈合后肾实质的钙化；由于纤维化，肾皮质瘢痕形成，导致肾小盏及漏斗部狭窄、积水，输尿管壁增厚、管腔狭窄或闭塞，狭窄近侧尿路积水或积脓。有时可见腰大肌结核性脓肿。晚期患肾几乎完全钙化、功能丧失时，称为自截肾。临床表现包括尿频、尿急、尿痛等膀胱刺激症状，有时可有脓尿或血尿；常见低热、消瘦等结核中毒症状。

【影像学表现】

1. X 线　KUB 有时可见肾影内絮状或斑片状钙化影，小环形钙化影常代表脓腔壁的钙化。全肾钙化时，可见肾形高密度影。尿路造影易于显示尿路全貌，可显示肾盏变形、破坏等

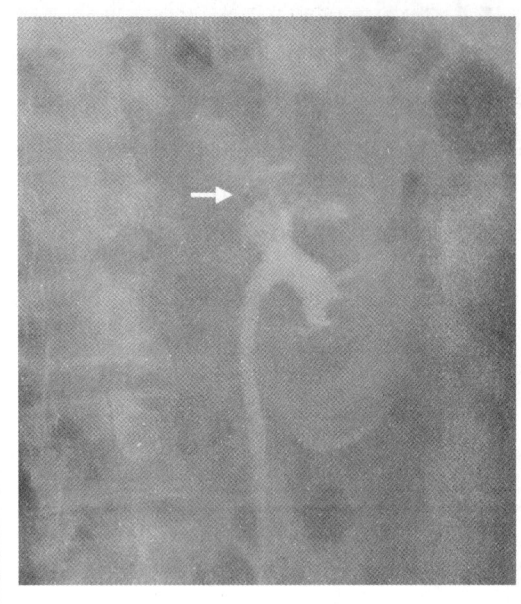

图 7-22 肾结核
IVP 示左肾上极肾小盏边缘不整齐、变形，
肾大盏狭窄（箭头）

改变，敏感性高，是泌尿系统结核重要的检查方法。病变早期，造影可见肾小盏顶端圆钝，边缘不整齐呈虫蚀状，代表肾乳头小溃疡形成。肾乳头空洞形成时，表现为肾盏外的对比剂团状异常聚集，边缘不整；也可有部分肾盏狭窄变形或积水（图 7-22）。输尿管结核造影检查可见输尿管边缘不整，狭窄与扩张段交替呈串珠状或螺旋状改变，严重时输尿管缩短、僵直，管壁可有线状钙化。

2. 超声　可观察肾结核时的空洞与继发性肾盂、输尿管积水或积脓，呈异常无回声区；钙化呈强回声光团，周围可见低回声的肾实质水肿。

3. CT 与 MRI　轴位图像不易观察尿路全貌。早期，肾实质内可见边缘不整的低密度灶，边缘有强化；若对比剂进入则提示为结核性空洞。病变进展致肾盏、肾盂狭窄时可见部分肾盏甚至全部肾盏、肾盂扩张，表现为多个囊状低密度灶。可见呈高密度的钙化影。晚期可见肾皮质萎缩变薄，直至全肾钙化（自截肾）。输尿管结核早期多无异常或轻度扩张，后期可见管壁增厚、管腔多发狭窄和扩张、管壁钙化，增强扫描管壁有强化。CTU 和 MRU 可整体显示肾和输尿管的受累情况（图 7-23）。CT 与 MRI 对结核累及肾外结构如肾周积脓或腰大肌脓肿等显示清楚。

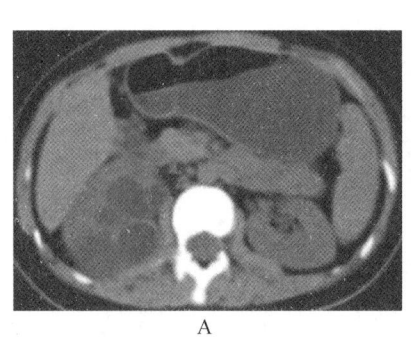
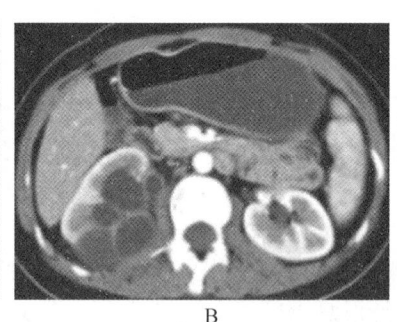
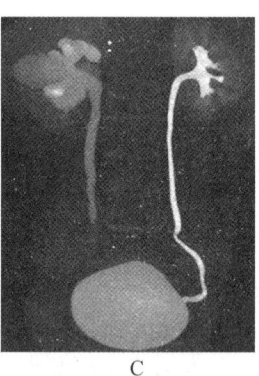

A　　　　　　　　　　B　　　　　　　　　C

图 7-23 肾结核
A. CT 平扫；B. 增强 CT 肾皮质期，示右侧肾盏、肾盂扩张，其壁有强化，肾实质内见囊状低密度影；C. CTU 显示右肾的肾盏和肾盂变形、扩张和积水，肾实质内可见囊状低密度影，右侧输尿管增粗、扩张，局部管腔变窄

【诊断与鉴别诊断】

肾结核的诊断主要依据实验室检查，尿中检出结核杆菌，结合影像学表现即可确立诊断。

（五）肾囊肿、肿瘤与肾盂输尿管肿瘤

单纯性肾囊肿

【病理与临床表现】

单纯性肾囊肿（renal cyst）多发生于肾皮质内，可单发也可多发；可能是肾小管阻塞，部分组织缺血所致。囊壁为一层扁平上皮，衬以薄层纤维组织，血供稀少；囊内含清亮液体。单纯性肾囊肿无临床症状，常偶然发现；囊肿巨大时可有压迫症状。

【影像学表现】

1. 超声　对肾囊肿的诊断敏感性和特异性均较高。表现为圆形或椭圆形无回声区，囊壁菲薄、光整，其后方可见回声增强。

2. CT　呈类圆形液性密度影，密度均匀，无强化；边缘光滑锐利，壁薄难以显示。有时部分囊肿可突出于肾轮廓之外（图7-24）。

3. MRI　呈T_1WI低信号、T_2WI高信号的液性信号影。壁薄不易显示，囊内无强化。

【诊断与鉴别诊断】

本病的诊断依据是典型的囊性病变的影像学表现。当囊肿有出血时需与肿瘤进行鉴别。

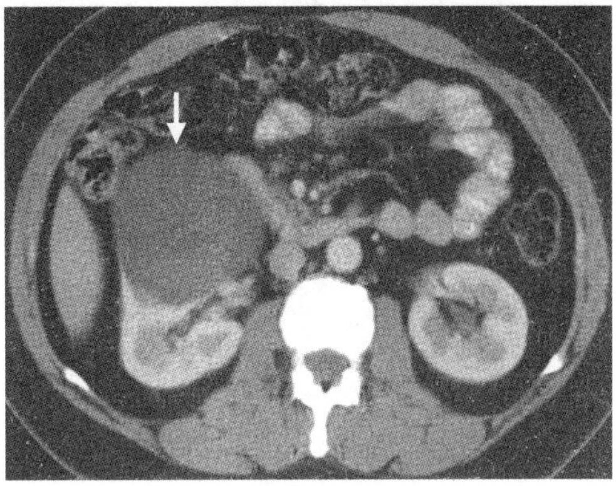

图7-24　肾囊肿
增强CT肾皮质期示右侧肾类圆形液性密度影，边界清楚，壁薄，病变局部突出于肾轮廓之外（箭头）

原发性肾细胞癌

【病理与临床表现】

肾细胞癌（renal cell carcinoma）多为源自肾小管上皮的透明细胞癌，主要病理改变为肾类球形占位，多数血供丰富；瘤内常有坏死、出血、囊变。肿瘤可穿破肾包膜侵犯邻近器官或组织，肾静脉内可形成瘤栓。晚期可有肺、骨、脑等器官的转移。

原发性肾癌多见于40岁以上的男性，以无痛性肉眼血尿、腹部包块为主要临床症状。

【影像学表现】

1. X线　肾盂造影主要异常为占位性改变。患肾肾盏受压或被牵拉而伸长、狭窄或变形；肿瘤较大时，肾盏相互分离，呈"手握球"样或"蜘蛛腿"样改变；这些表现无特异性。肿瘤侵犯肾盂可见肾盂边缘不规则，充盈缺损，甚至被破坏消失。

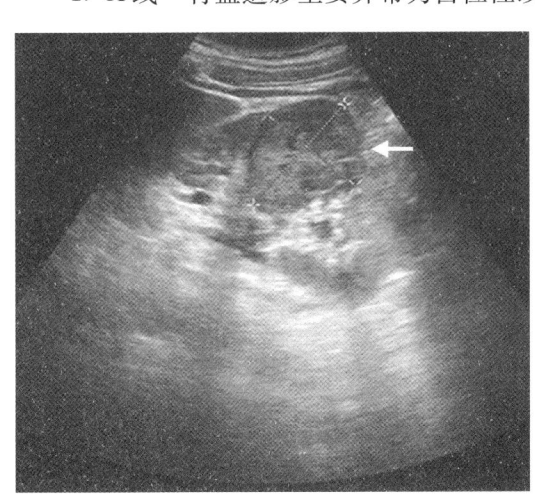

图7-25　肾细胞癌
超声示肾不均匀回声肿块（箭头）

2. 超声　可见肾内占位病灶。小肾癌边界清楚，可有包膜。大的肾癌边界欠清，常呈分叶状。病变内部回声在很大程度上取决于肿瘤的大小。2~3cm直径的小肿瘤，可呈中等或高回声；较大肿瘤由于瘤内出血、坏死、囊变、钙化，可呈不均匀回声（图7-25）。

3. CT　平扫表现为肾实质内的等密度或略低密度肿块，密度常不均匀，边缘可光整或毛糙，可见不规则的低密度坏死与高密度的出血或钙化。肿块可部分突出于肾轮廓之外。增强CT肾皮质期，肿瘤呈不均匀明显强化；肾实质期，肿块多较邻近肾实质密度低；肿块内部坏死区几无强化（图7-26）。肾筋膜受累时可见肾筋膜增厚。肾静脉增粗、充盈缺损或无强化，提示肾静脉瘤栓形成。

4. MRI　多呈T_1WI低信号，T_2WI高信号；信号多混杂。MRI对肾静脉和下腔静脉瘤栓及增大的转移性淋巴结的敏感性优于CT；静脉瘤栓表现为血管流空信号消失。

【诊断与鉴别诊断】

本病为肾实质的占位性病变，主要根据CT平扫和增强表现、MRI信号特点进行诊断，需与肾血管平滑肌脂肪瘤等鉴别。DWI对肾肿瘤和肿瘤样病变的鉴别诊断有重要意义。

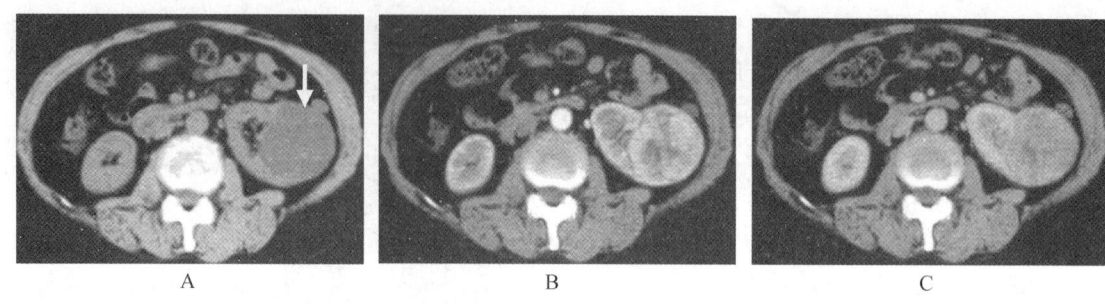

图 7-26 肾细胞癌

A. CT 平扫示左肾低密度肿块，部分突出于肾轮廓之外（箭头）；B. 增强 CT 肾皮质期示病变明显不均匀强化；
C. 增强 CT 肾实质期示病变呈相对低密度

肾脏血管平滑肌脂肪瘤

【病理与临床表现】

血管平滑肌脂肪瘤（angiomyolipoma）也称错构瘤，是肾常见的良性肿瘤，主要由血管、平滑肌与脂肪三种组织构成，其中脂肪成分可多可少。血管平滑肌脂肪瘤可伴发结节硬化病，此时肿瘤多为双肾多发。血管平滑肌脂肪瘤也可单发，不伴有结节硬化病。临床多无症状，瘤内出血时可有血尿。

【影像学表现】

1. X线　肾盂造影可见肿瘤引起的肾盏移位、变形、拉长等异常，但无特异性。

2. 超声　多表现为边界清晰的高回声灶，反映了瘤内脂肪组织内众多的小界面。瘤体多较小，后方回声衰减不明显，无声影。肿瘤较大时，后方回声略有衰减。

3. CT　表现为肾占位性病变，密度不均匀，可见 CT 值为 $-100 \sim -40\text{Hu}$ 的脂肪成分，是较特异性的表现。肿瘤与正常肾实质分界清楚。有时瘤内可见高密度的出血。增强 CT 扫描，肿瘤的实性成分有强化（图7-27）。

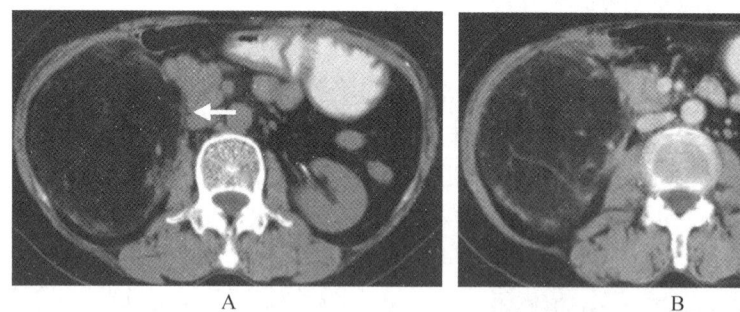

图 7-27 肾血管平滑肌脂肪瘤

A. CT 平扫示右肾巨大肿物，以脂肪密度为主（箭头）；B. 增强 CT 肾实质期示病变内条索状非脂肪成分有强化

4. MRI　较 CT 无更多发现。在显示脂肪成分方面优于 CT，表现为 T_1WI 高信号、T_2WI 较高信号，与皮下脂肪信号相似；脂肪抑制序列上信号下降。

【诊断与鉴别诊断】

影像诊断依赖于显示瘤内脂肪，如肿瘤内的脂肪成分很少，影像学诊断困难。由于直径大于 4cm 的肿瘤内出血可能性较高，因此，除肿瘤的检出、定性诊断外，肿瘤大小的测量也是影像诊断的重要内容。

肾盂癌与输尿管癌

【病理与临床表现】

肾盂癌与输尿管癌均来源于尿路上皮，多为移行细胞癌（transitional cell carcinoma），早期即可出现血尿。肾盂癌大体病理上多为乳头状,位于肾盂内,基底部向肾内浸润;可向下种植至输尿管和膀胱。晚期肿瘤可经肾侵犯肾外组织。除血尿外,肾盂、输尿管癌的主要临床表现为肿瘤梗阻引起的尿路积水。

【影像学表现】

1. X线 肾盂、输尿管造影的诊断敏感性高,是肾盂、输尿管癌的首选影像检查方法。肾盂造影可见肾盂内乳头状或菜花状充盈缺损;伴有肾盂或肾盏梗阻时,可见受累的肾盂肾盏扩大积水;梗阻严重时可不显影。肾盂、输尿管造影不能显示肿瘤向肾及肾外的侵犯。输尿管癌多较小,造影主要表现为输尿管杯口状充盈缺损或梗阻,近侧输尿管及肾盂可扩张积水。

2. 超声 1cm以上的肾盂癌多呈高回声内的低回声团块。平坦生长的肿瘤可能漏诊,仅表现为肾盂壁不规则增厚。输尿管癌伴输尿管积水时,沿扩张的输尿管检查,多可显示肿瘤。

3. CT 平扫可见肾盂内软组织密度病变,增强检查肿瘤多有轻度强化,从而与血凝块等非肿瘤性病变相鉴别。增强CT肾盂期,可见肾盂内充盈缺损。CT可显示肾盂、肾盏积水及肿瘤对肾或肾外组织的侵犯,有助于肿瘤的分期(图7-28)。但CT对小的早期肾盂癌的敏感性较低。输尿管癌于CT上可见积水扩张的输尿管梗阻端的软组织密度病变,可有轻度强化。沿输尿管长轴方向的MPR图像对肿瘤的范围显示更为清楚(图7-29)。

4. MRI T_1WI与T_2WI上,肿瘤的信号与肾实质相似,或T_2WI信号较低。MRI显示血管受侵较CT更为清楚(图7-13)。

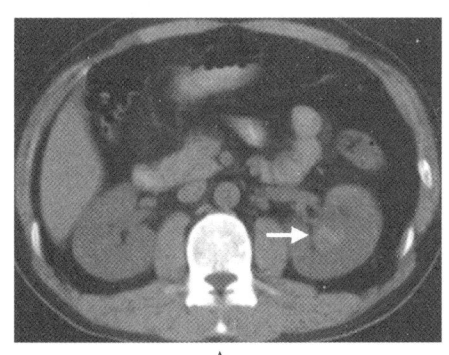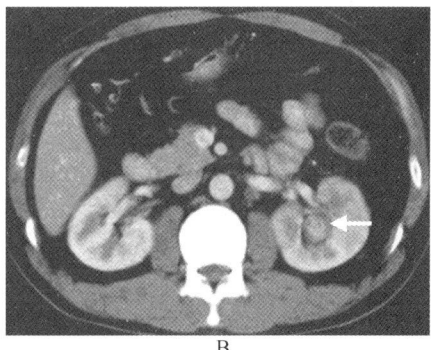

图 7-28 肾盂癌

A. CT平扫示左侧肾盂内软组织密度结节影(箭头);B. 增强CT示病变强化(箭头)

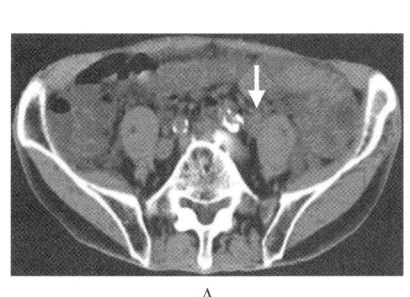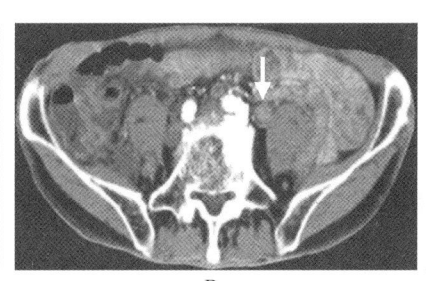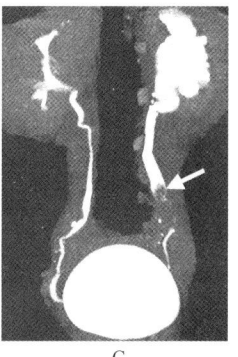

图 7-29 输尿管癌

A. CT平扫示左侧输尿管内软组织密度结节影(箭头);B. 增强CT示病变有强化(箭头);C. CTU示输尿管内充盈缺损(箭头),近侧输尿管和肾盂、肾盏积水扩张

第七章 泌尿系统及肾上腺、腹膜后间隙

【诊断与鉴别诊断】

肾盂癌的肾盂输尿管造影、CT 和 MRI 表现为肾盂内乳头状或菜花状病变，需与肾盂内血凝块等非肿瘤性病变鉴别，CT 和 MRI 有助于鉴别诊断。

第二节 膀　胱

一、影像检查方法与正常影像解剖

(一) X 线平片

由于膀胱为软组织器官，与周围组织缺乏天然对比，KUB 仅用于膀胱阳性结石的诊断。

(二) 膀胱造影

包括静脉造影与逆行性造影。用于诊断膀胱肿瘤、憩室及前列腺肥大等外压性病变。

静脉造影是 IVP 的一部分，排入膀胱的对比剂使膀胱显影。逆行性造影是经尿道将导管插入膀胱，注入 10%～20% 的泛影葡胺 100～200ml 后摄骨盆正位片，使膀胱显影的方法。单纯膀胱造影已很少应用。另外，膀胱镜检查可发现膀胱内壁浅表病变，并可同时进行病理活检，几乎已取代了膀胱造影检查。

【正常影像表现】

膀胱造影时膀胱的形态与其充盈程度有关。前后位投照，充盈较好的膀胱位于耻骨联合之上，呈横向卵圆形，边缘光整，密度均匀。因乙状结肠或子宫的压迫，膀胱顶部可略凹陷。部分充盈或收缩状态的膀胱，黏膜皱襞明显，膀胱边缘呈锯齿状。膀胱颈部（与输尿管相连接处）通常不能显影。

(三) 超声

检查前需充盈膀胱。

【正常影像表现】

充盈较好的膀胱，超声显示其内部为均匀的无回声区，膀胱壁呈完整光滑的高回声带。经直肠或尿道探测时，可清晰显示黏膜、黏膜下层及肌层的结构。充盈较好时，膀胱壁厚约 1mm，排空后约 3mm。排尿后膀胱内部的无回声区消失。

(四) CT

膀胱 CT 检查需充盈膀胱，多采用嘱患者饮水、不排尿的方法；也可用经尿道插管向膀胱内注入生理盐水、3% 泛影葡胺或空气的方法充盈膀胱，以增强膀胱壁与腔内的对比。增强 CT 检查有助于膀胱病变的诊断。静脉注射对比剂后延时 3～5min 行薄层 CT 扫描，在膀胱内对比剂的对比下，可显示病变的外形。

【正常影像表现】

CT 上膀胱表现为囊状器官，壁为软组织密度，厚薄均匀，可有轻度强化；壁厚度与充盈程度有关。CT 可显示输尿管的膀胱入口。增强 CT 可见对比剂向膀胱内喷射的现象；40～50min 延时扫描，可见膀胱内与对比剂相混合后的尿液呈高密度；混合不均时可见高-低密度的液-液平面。

(五) MRI

检查前准备同 CT。多采用横断面、矢状面 T_1WI 与横断面 T_2WI 成像。

【正常影像表现】

MRI 可很好地显示膀胱。膀胱壁与肌肉信号近似，T_1WI 上信号高于尿液，T_2WI 上信号低于尿液；脂肪抑制 T_1WI 显示更为清楚。

二、异常影像表现

(一)膀胱造影

包括充盈缺损、形态不规则及输尿管反流等异常。

膀胱充盈缺损表现为膀胱腔内的结节样或菜花样对比剂不充盈区,多见于膀胱肿瘤、血块、结石、息肉或增大的前列腺压迫等。

膀胱形态不规则可表现为膀胱腔小,边缘呈锯齿状或囊袋状突出,多见于膀胱挛缩或膀胱憩室。

输尿管反流见于逆行性造影时对比剂进入输尿管,可见于先天性异常、神经源性膀胱、感染和尿道梗阻等。

(二)超声

主要表现为呈无回声的膀胱腔内出现异常回声团,常见于膀胱肿瘤、结石、息肉等。显示与膀胱腔相连的异常液性暗区时提示膀胱憩室。

(三)CT

主要为膀胱壁的异常增厚,包括弥漫性与局限性增厚。弥漫性增厚多见于炎症及慢性排尿梗阻所致的膀胱挛缩。充盈良好的膀胱壁厚度>5mm 即可诊断。局限性增厚见于肿瘤、息肉性病变。CT 可显示肿瘤向膀胱壁外的侵犯情况。膀胱结石或血块有时与肿瘤表现相似,但增强扫描无强化;进行俯卧位扫描,观察病变是否随体位移动,有助于鉴别。

(四)MRI

异常表现与 CT 相似。但不同病变的信号可不同。T_2WI 上黏膜层信号增高见于膀胱炎症;与肌层等信号的膀胱壁增厚则见于膀胱挛缩;T_1WI 等信号、T_2WI 高信号的肿块见于膀胱肿瘤;而多数膀胱结石在 T_1WI 与 T_2WI 均呈低信号。

三、疾病诊断

(一)膀胱结石

包括原发性与继发性结石。

【病理与临床表现】

原发性结石(bladder calculi)指原发于膀胱的结石;来源于肾和输尿管的结石为继发性结石。原发性结石多见于儿童;继发性结石则以老年人多见。继发性结石多较小,常可自行排出。95%的膀胱结石见于男性,由于结石对膀胱黏膜的刺激,患者常有疼痛、血尿、排尿中断等症状。

【影像学表现】

1. X 线 膀胱结石多为含钙多的阳性结石,X 线平片可确诊,表现为耻骨联合上方的圆形、卵圆形或不规则形的高密度影,大小不一,有时可呈分层状;结石位置可随不同体位而改变。膀胱造影可进一步确定结石是否位于膀胱内。

2. 超声 结石的超声表现为强回声光团,其后方伴有声影;可随体位或探头的振动而改变位置,但结石嵌顿及憩室内的结石位置固定。

3. CT 可明确结石是否位于膀胱内,亦可清晰显示结石所致的膀胱炎症等改变(图 7-30)。

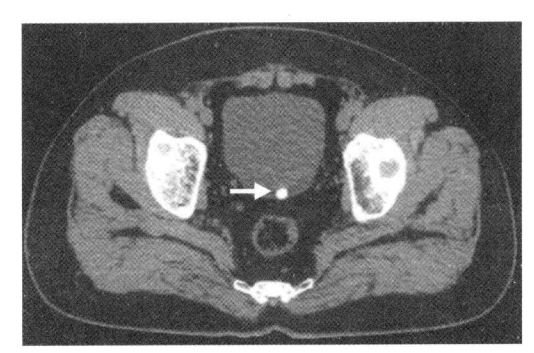

图 7-30 膀胱结石
CT 平扫示膀胱内高密度结节影(箭头)

4. MRI 多数膀胱结石在 T_1WI 和 T_2WI 上均呈低信号。

CT 与 MRI 不是膀胱结石的常规检查方法。

(二) 膀胱炎

膀胱炎 (cystitis) 可分为急性膀胱炎与慢性膀胱炎、细菌性膀胱炎与非细菌性膀胱炎、原发性膀胱炎与继发性膀胱炎等。临床上,急性膀胱炎表现典型,尿检具有特征性,多不需要进行影像学检查。本节主要介绍慢性膀胱炎。

【病理与临床表现】

多数膀胱炎的病理特点为膀胱壁纤维组织增生、瘢痕收缩,壁均匀增厚,膀胱容积变小,可合并有结石。

临床上,多有尿急、尿痛、尿频等膀胱刺激症状;症状时轻时重,病史长,可有反复发作的急性膀胱炎病史,也可无明显病因。尿检可见白细胞增多等感染表现。

【影像学表现】

1. X 线 膀胱造影可见膀胱容积变小,边缘毛糙;伴有下尿路梗阻时,可见假性憩室及弥漫分布的、增粗的小梁形成的条索状充盈缺损。输尿管反流提示炎症累及输尿管下段。

2. CT 显示膀胱壁均匀增厚,强化不明显;膀胱腔变小,偶见结石。

3. MRI T_2WI 上增厚的膀胱壁信号较低,强化不明显,反映膀胱壁纤维组织丰富。

(三) 膀胱憩室

膀胱憩室 (bladder diverticulum) 多为后天性憩室,常见于下尿路梗阻患者,如前列腺肥大、尿道狭窄等。

【病理与临床表现】

膀胱憩室为膀胱壁的膨出,常多发,并可继发感染、结石。临床上除下尿路梗阻的症状外,由于排尿后较大憩室内的尿液进入膀胱产生"二次排尿"是特征性表现。

【影像学表现】

1. X 线 膀胱造影可见膀胱壁局限性外突的囊袋样结构,可大可小,外缘光滑,合并感染时可毛糙。

2. CT 表现为膀胱壁局限性外突的囊袋样结构,增强 CT 延迟扫描可见膀胱腔内的对比剂进入其中,提示病变与膀胱相通。

3. MRI 多方位成像显示憩室更为清楚,对前列腺肥大等引起的继发性憩室亦可作出病因诊断。

(四) 膀胱肿瘤

多见于 40 岁以上患者,男性多见。恶性肿瘤居多,但恶性程度多较低。

【病理与临床表现】

膀胱恶性肿瘤多为乳头状癌 (papillary carcinoma),其基底部较宽,邻近膀胱壁有增厚。多单发,也可多发,好发于膀胱三角区等部位,可引起输尿管梗阻致输尿管积水。

膀胱良性肿瘤多为乳头状瘤 (papilloma),其基底部不宽,可有蒂,表面光滑,多无肌层侵犯。

临床主要症状为全程无痛性肉眼血尿,合并感染时可有膀胱刺激症状。

【影像学表现】

1. X 线 膀胱造影可见充盈缺损,大小不一,表面可不光整,有时呈菜花样。恶性肿瘤邻近的膀胱壁可有僵硬感。病变基底部的宽窄对良、恶性的判断有一定提示作用。

2. 超声 膀胱腔内可见菜花样或乳头样病变,肿瘤内部见较强的点状回声,部分肿瘤后方可见瘤蒂。若肿瘤外形不规则,内部回声很低、不均匀,提示肿瘤临床分期较高,预后差。

3. CT 平扫可见膀胱壁局限性结节样增厚,大小、范围不一。病变有轻度至中度强化

(图 7-31); 膀胱壁外缘是否光整可作为肿瘤是否侵犯膀胱外的依据。晚期肿瘤可见膀胱周围脂肪甚至盆壁结构受侵。CT 还可显示盆腔内增大的转移性淋巴结，表现为血管旁＞1cm 的软组织密度结节，无明显强化。

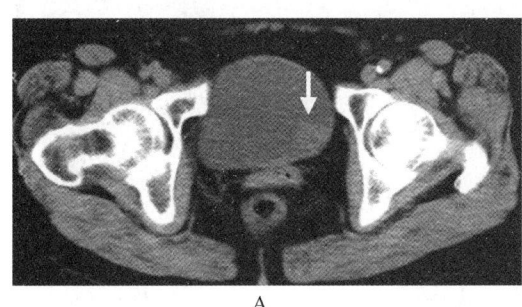 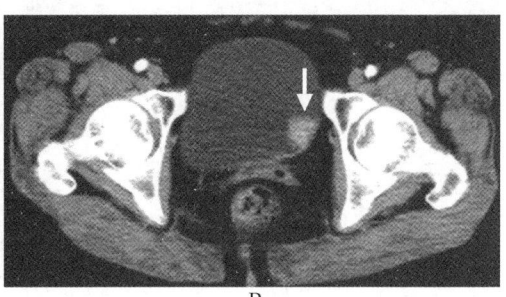

图 7-31　膀胱移行细胞癌
A. CT 平扫示膀胱左侧后壁结节影，基底宽（箭头）；B. 增强 CT 示病变有强化（箭头）

4. MRI　T_1WI 上，肿瘤信号常与盆壁肌肉相似或略高；T_2WI 上则高于肌肉信号。MRI 多方位、多序列成像有助于显示和判断肿瘤侵犯情况。DWI 对膀胱癌的诊断和分期具有较大价值。

第三节　肾上腺

一、影像检查方法与正常影像解剖

由于肾上腺相对较小，位置深，包埋于肾周脂肪囊之内，与周围组织缺乏对比，常规 X 线检查难于显示，超声、CT 和 MRI 是常用检查方法。

（一）超声

所用仪器需有较高分辨力；多采用扇形或凸形探头。探头频率为 3.0～5.0MHz。常规取仰卧位经肋缘下、肋间检查，俯卧位经背部检查。右侧肾上腺位于右肾上极的内前方，下腔静脉和右膈肌脚的外下方显示，显示率较高。左肾上腺位于左肾上极的内前方，腹主动脉左侧，显示率较低。

【正常影像表现】

正常肾上腺在声像图上切面呈三角形或新月形，周边有明亮的光带，内为中等偏低回声，不能分辨肾上腺皮质或髓质。由于肾上腺体积小、形态狭长、位置深及受到众多器官和结构的影响，获得正常成人肾上腺声像图较难。小儿肾上腺相对较大，周围脂肪组织薄，超声观察较为容易。超声对肾上腺皮质、髓质增生以及肾上腺直径＜1cm 的肿瘤的检出率低于 CT 和 MRI。

（二）CT

为成人肾上腺检查的首选影像学检查方法。检查前准备与一般腹部 CT 检查相同。采用仰卧位，常用 3～5mm 层厚扫描。怀疑有占位性病变时应行增强扫描以帮助诊断。

【正常影像表现】

CT 平扫，肾上腺呈均匀的软组织密度，与肾相近；边缘光滑锐利，边界清晰；增强 CT 早期可见较明显的均匀强化；CT 不能分辨肾上腺的皮质与髓质。两侧肾上腺的形态多不对称，横断面上，右侧常为"丿"状，左侧多为"人"字形。同一肾上腺在不同层面表现也不相同。正常肾上腺侧肢厚度不大于 1cm（图 7-32）。

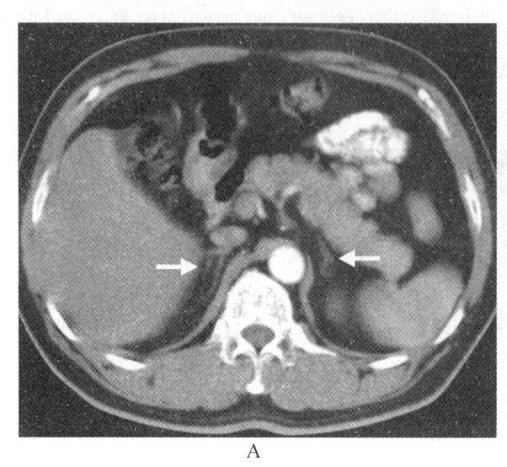
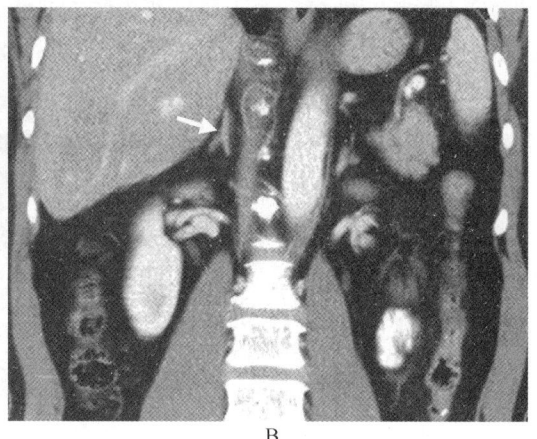

图 7-32 正常肾上腺
A. 肾上极水平，增强 CT 示双侧肾上腺（箭头）；B. 冠状面 MPR 示右侧肾上腺边界清晰（箭头）

（三）MRI

常规行 T_1WI 与 T_2WI 成像。冠状面图像有利于鉴别肾上腺与肾上极的病变。病变的信号特征有助于某些病变（如血肿）的定性诊断。一些特殊的扫描序列（如化学位移成像）可用于判断病变内有无脂肪成分。

【正常影像表现】

肾上腺 MRI 的形态特点与 CT 相同。冠状面图像上，肾上腺位于双肾上极内侧，呈"人"字形或倒"V"字形。T_1WI 和 T_2WI 上，肾上腺信号与肝信号相似，有时可显示肾上腺皮质与髓质的不同信号。

二、异常影像表现

（一）超声

常作为肾上腺病变的筛查手段，以确定肾上腺有无肿块。小于 1cm 的肿块，超声的敏感性较低，且不易确定肾上腺增生。超声易于鉴别肾上腺肿块与邻近器官（如肾、肝、脾）的肿块，肾上腺的肿块与相邻结构之间可见高回声的脂肪间隔。病变内的回声特点可在一定程度上反映不同的组织成分，如囊肿内部为无回声，低回声为实性肿块，而高回声反映了病变内的脂肪成分。

（二）CT

异常表现包括肾上腺增大（增生）、缩小（萎缩）和肿块。病变的 CT 密度与其成分相关，可以是水样密度、软组织密度、脂肪密度及钙化密度。不同病变增强 CT 表现不一，较大肿瘤因内部坏死可表现为不均匀强化，富血供肿瘤如嗜铬细胞瘤多为明显强化。良性病变与相邻器官或组织间分界清楚；恶性病变侵犯周围组织时，病变与受累器官或组织分界不清。多排螺旋 CT 的 MPR 图像可帮助显示肿块与肝、肾或脾的关系。

（三）MRI

显示肾上腺的形态异常与 CT 相似。病变信号特点与其组织成分有关，如单纯囊肿为 T_1WI 极低信号，T_2WI 较高信号；脂肪成分为 T_1WI 高信号，脂肪抑制序列成像为低信号。但多数病变的 MR 信号不具有特征性。

三、疾病诊断

肾上腺是人体的内分泌器官，由皮质的球状带、束状带、网状带和髓质构成，分泌多种激素。肾上腺病变根据相应功能的改变，分为功能亢进性、功能低下性与无功能性三种类型。功能亢进性与功能低下性病变，临床实验室检查多可明确诊断，影像学检查的目的是病变的检出和定位，以及病变良恶性的评估；而无功能性病变，影像学检查的目的是病变的检出及定性诊断。

（一）功能亢进性病变

肾上腺功能亢进性病变主要包括库欣（Cushing）综合征（糖皮质激素过多）、原发性醛固酮增多症（Conn 综合征）及嗜铬细胞瘤等。在大体形态上，功能亢进性病变的肾上腺可以是增生（如垂体性库欣综合征——促肾上腺皮质素分泌增多），也可为腺瘤（如 Conn 综合征）。腺瘤多为良性，亦可为恶性腺癌。

肾上腺增生

【病理与临床表现】

肾上腺增生（adrenal hyperplasia）多见于垂体性或异位性库欣综合征，占所有库欣综合征的 70%～85%，为垂体腺瘤、增生，或肺癌、胸腺瘤等垂体外组织分泌过多的促肾上腺皮质素（ACTH）所致。临床有向心性肥胖、高血压、皮肤紫纹、多毛等表现。

20% 的 Conn 综合征见于肾上腺皮质增生。多见于 20～40 岁患者，女性多见。临床上有高血压、肌无力、夜尿增多等表现。实验室检查有血钾降低。

肾上腺增生大体形态上有弥漫性增生与结节性增生两种，前者多见。双侧肾上腺皮质增生、增厚，一侧肾上腺重量大于 6g 为主要病理改变，且多伴有内分泌亢进症状。两种增生也可联合出现，肾上腺呈弥漫性结节样改变。

【影像学表现】

肾上腺体积增大，侧肢厚度超过 1cm。CT 和 MRI 可见双侧肾上腺增大、增厚，但仍保持正常形态；60% 以上有明显临床症状的患者，镜下可见肾上腺增生，但影像学上肾上腺形态可无异常。结节性增生时，肾上腺外缘不平整，可见多个小结节影，但其密度/信号与正常肾上腺相似，结合临床表现不难作出诊断。超声多不能作出诊断（图 7-33）。

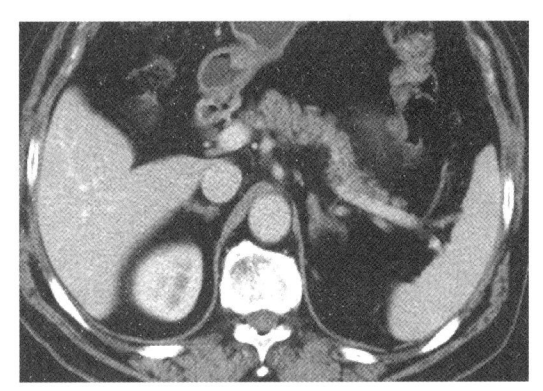

图 7-33　肾上腺增生
库欣综合征患者，增强 CT 示双侧肾上腺增大、增厚

肾上腺皮质腺瘤

【病理与临床表现】

肾上腺皮质腺瘤（adrenal cortical adenoma）源自肾上腺皮质，常有分泌功能；也可无分泌功能或临床无内分泌异常表现，称为无功能性腺瘤。由于症状出现晚，发现时多较大。有分泌功能的肾上腺皮质腺瘤常见于库欣综合征、Conn 综合征等。由于临床症状出现较早，病变多较小，直径多为 1～3cm，常位于肾上腺的一肢；对侧肾上腺分泌相同激素的皮质带受到抑制而萎缩变薄，库欣综合征时更明显。病变细胞内可见较多类脂分泌颗粒。有分泌功能的肾上腺皮质腺瘤的临床表现与相应肾上腺皮质增生相同。影像学检查不能区分肿瘤的内分泌类型，诊断主要依靠临床和实验室检查。

【影像学表现】

1. 超声　主要表现为肾上腺的圆形或长圆形肿块，边界清。病变呈低回声或弱回声，内部回声均匀，后方回声衰减不明显；可见包膜的回声。

2. CT　病变多表现为低密度，CT 值接近于水。增强检查肿瘤多有早期中度均匀强化（图 7-34）。

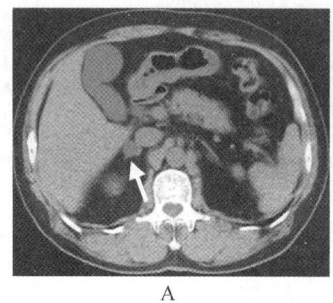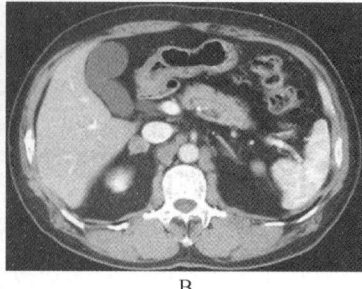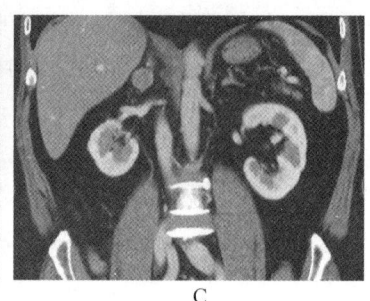

图 7-34　库欣综合征，右侧肾上腺腺瘤
A. CT 平扫示右肾上腺软组织密度结节影（箭号）；B. 增强 CT 示病变强化；
C. 增强 CT 冠状面 MRP 清晰显示病变与肾上腺的关系

3. MRI　T_1WI 上病变信号与肝相似或较低；T_2WI 上病变的信号与肝相似或略高。增强 T_1WI 上病变常呈轻、中度均匀强化。化学位移成像对肿瘤的定性诊断有帮助，在反相位图像上，病变的信号减低，提示病变内含有脂肪成分。

肾上腺嗜铬细胞瘤

【病理与临床表现】

嗜铬细胞瘤（pheochromocytoma）为源自肾上腺髓质的神经内分泌肿瘤，多较大，血供丰富，内部可见坏死或出血。肾上腺外嗜铬细胞瘤约占 10%，多见于腹主动脉旁、后纵隔、颈总动脉旁及膀胱壁等处。

临床表现：多见于 20~40 岁成人。由于肿瘤分泌肾上腺素，临床表现可有阵发性高血压、头痛、心悸、多汗、皮肤苍白，发作数分钟后缓解。实验室检查 24h 尿中儿茶酚胺的代谢产物香草基扁桃酸（VMA）定量增高具有诊断意义。

约 10% 的嗜铬细胞瘤为恶性。临床症状无特殊，发生肿瘤转移后可出现相应症状。

【影像学表现】

1. 超声　肿瘤呈圆形或椭圆形，轮廓清楚，表面光整，边缘回声高而平滑。内部见均匀分布的点状低回声。较大的肿瘤因有囊变、坏死、液化，其内部回声可不均匀，显示大小不等的无回声或高回声区。

2. CT　表现为肾上腺边界清楚的软组织肿块，多较大，瘤内可有不同程度的囊变。肿瘤钙化罕见，多呈壳状钙化。增强扫描肿瘤多有较明显强化；有坏死、囊变时呈不均匀强化。结合临床，CT 多可确定诊断。

3. MRI　肿瘤在 T_1WI 上为中等信号，与肌肉信号相似；在 T_2WI 上呈高信号。瘤内出血在 T_1WI 与 T_2WI 上可均呈高信号。增强检查时，肿瘤实性部分呈持续性强化。DWI 显示肿瘤水分子弥散受限，呈高信号（图 7-35）。肾上腺外嗜铬细胞瘤 MRI 的诊断敏感性高于 CT。影像学检查示肿瘤边缘模糊，相邻器官如肝、肾受侵，淋巴结增大，均应考虑为恶性嗜铬细胞瘤。

（二）肾上腺功能减退性病变

肾上腺功能减退可分为由于出血导致的急性肾上腺功能减退与慢性肾上腺功能减退。慢性肾上腺功能减退又称为艾迪生（Addison）病，原因主要有垂体分泌 ACTH 减少（垂体型 Addison 病）与肾上腺的慢性破坏（肾上腺型 Addison 病），如肾上腺结核。

垂体型 Addison 病

【病理与临床表现】

垂体分泌 ACTH 减少可见于产后出血、严重的空蝶鞍、垂体肿瘤和颅咽管瘤等病变。由于缺少 ACTH 的刺激，肾上腺萎缩变小。

临床主要症状包括乏力、皮肤黏膜色素沉着、低血压、纳差、低血糖和精神萎靡等。实验

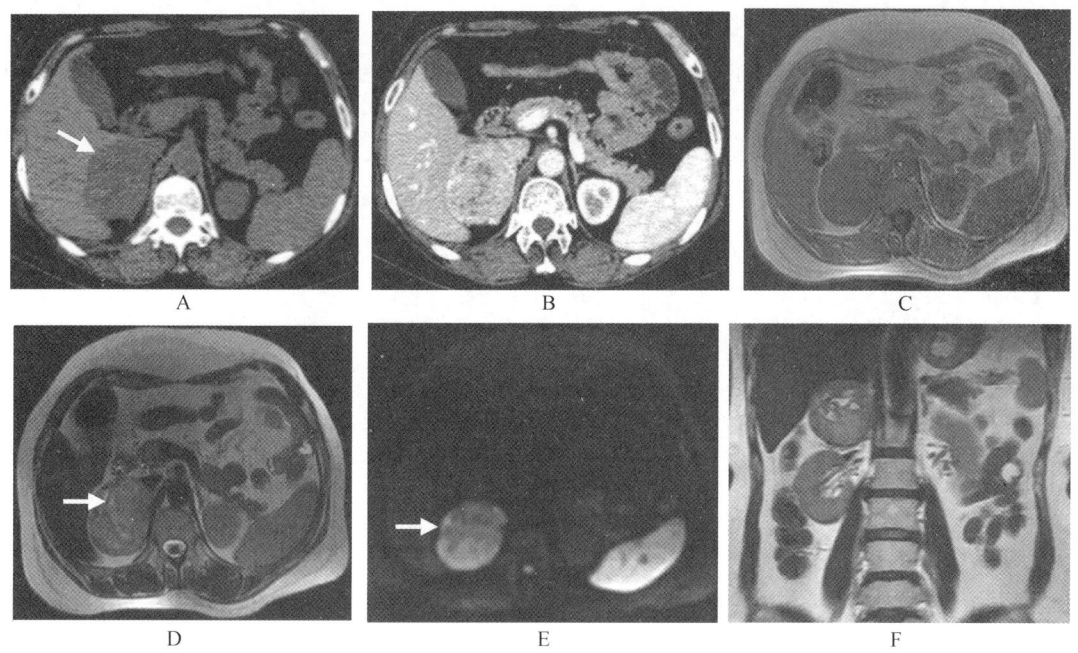

图 7-35 肾上腺嗜铬细胞瘤

A. CT 平扫示右肾上腺软组织密度肿块（箭头）；B. 增强 CT 示肿块不均匀强化；C. MRI T_1WI 示肿块呈中等信号，信号不均匀；D. T_2WI 示肿块为不均匀高信号，瘤内囊变呈不均匀 T_1WI 低信号、T_2WI 高信号（箭头）；E. DWI 示肿块水分子弥散受限，呈不均匀高信号（箭头）；F. 冠状面 T_2WI 示肿块位于右肾上方

室检查血 ACTH 水平降低。

【影像学表现】

CT 与 MRI 颅脑检查可发现蝶鞍和垂体的异常改变。肾上腺检查可见双侧肾上腺萎缩，各肢变薄、纤细，但仍保持肾上腺的大致形态。少数患者肾上腺的外形改变不大。

肾上腺结核

肾上腺结核（adrenal tuberculosis）是肾上腺型 Addison 病的主要原因之一，占全部 Addison 病的 10%～30%，患者常伴有肺等其他部位的结核。

【病理与临床表现】

多双侧发病。受累肾上腺的皮质、髓质均有破坏，表现为结核结节与干酪性坏死，坏死部分后期常发生钙化。

临床表现与垂体型 Addison 病相同。但实验室检查示血糖、血皮质醇水平降低，血 ACTH 水平增高，与垂体型 Addison 病不同。

【影像学表现】

①干酪化期，双侧肾上腺肿大，也可形成不同大小的肿块。超声表现为低回声；CT 呈不均匀低密度伴细小钙化（图 7-36）；MRI 表现为 T_1WI 与 T_2WI 均呈不均匀低信号、内部可见 T_1WI 低信号，T_2WI 高信号区。②钙化期超声显示双侧肾上腺为高回声光团伴声影；CT 表现为双侧肾上腺弥漫性钙化，软组织密度的肾上腺可完全消失；MRI 显示双侧肾上腺 T_1WI 与 T_2WI 均呈极低信号改变。

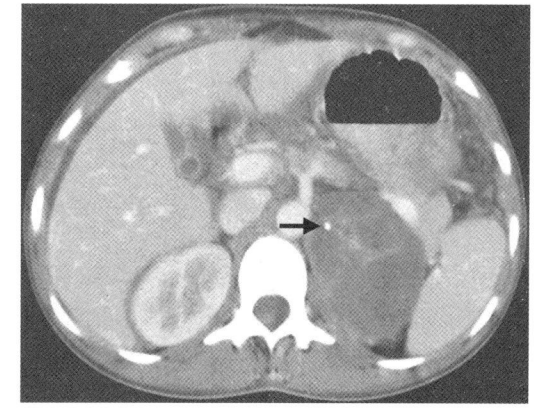

图 7-36 肾上腺结核

增强 CT 示左侧肾上腺呈肿块样增大，内见点状高密度钙化（箭头）

(三) 肾上腺非功能性病变

不引起肾上腺功能改变的病变称为肾上腺非功能性病变，主要包括非功能性肿瘤（非功能性腺瘤、髓脂瘤、神经母细胞瘤、转移瘤等）和囊肿两类。

非功能性皮质腺瘤

【病理与临床表现】

肿瘤细胞分化良好，有包膜。临床无症状，多因其他原因进行检查而偶然发现。

【影像学表现】

超声、CT 与 MRI 表现与肾上腺功能性皮质腺瘤相似。

【诊断与鉴别诊断】

应与肾上腺结节样增生和转移瘤鉴别。结节样增生无包膜，而转移瘤因不含类脂，CT 密度较高，MRI 反相位成像，病变信号变化不明显，提示瘤内不含类脂。

髓脂瘤

【病理与临床表现】

肾上腺髓脂瘤（myelolipoma）为良性肿瘤，罕见。瘤内含有成熟的脂肪组织与髓样组织，脂肪成分的显示是影像诊断的主要依据。肿瘤大小可达 30cm，瘤内可有出血。

肾上腺髓脂瘤多无症状，少数肿块巨大者可有腹部包块及压迫症状；极少数可有内分泌症状。

【影像学表现】

肿瘤多为单侧，多小于 10cm，偶可较大。超声表现为高回声；CT 表现为脂肪密度占位，密度可不均匀（出血），增强扫描时强化不明显；MRI 脂肪抑制序列成像可证实肿瘤内含脂肪成分。

肾上腺囊肿

【病理与临床表现】

肾上腺囊肿（adrenal gland cyst）包括真性囊肿与假性囊肿。真性囊肿指囊壁有内皮或上皮细胞内衬。淋巴管囊肿相对较多见。假性囊肿见于血肿或缺血性坏死的继发性改变，囊壁无内皮或上皮细胞。影像学检查多不能区分囊肿类型。

肾上腺囊肿少见，多数患者无症状。少数囊肿较大时可有腹部包块或压迫肾动脉致高血压。

【影像学表现】

典型肾上腺囊肿超声表现为肾上腺区圆形或椭圆形无回声区，边缘光滑，壁薄，后方回声增强。当囊内有出血时，可见无回声区内有细点状回声浮动。囊壁有钙化时，可见囊壁的强回声斑。

CT 表现为肾上腺单房或多房性囊性肿块，边缘光滑锐利，壁薄，可见囊壁的弧线状钙化，囊内为均匀的液性密度；增强扫描病变无强化，这可与低密度的肾上腺腺瘤鉴别。

MRI 表现为 T_1WI 低信号、T_2WI 高信号，信号均匀，增强检查病变无强化。

第四节　腹膜后间隙

腹膜后间隙（retroperitoneal space）是指位于后腹壁的壁腹膜与腹横筋膜之间的解剖区域，上达横膈，下至盆腔腹膜外间隙。腹膜后间隙由肾前筋膜、肾后筋膜及二者在外侧融合形成的侧锥筋膜分为三个间隙：①肾旁前间隙（anterior pararenal space），位于后腹壁的壁腹膜与肾前筋膜、侧锥筋膜之间，胰腺、十二指肠降部与水平部以及升结肠、降结肠位于其内，并含有少量脂肪组织；②肾周间隙（perirenal space），是指肾前筋膜与肾后筋膜之间的间隙，含有肾、肾上腺、输尿管与肾周脂肪，腹主动脉、下腔静脉及其部分分支以及淋巴组织也主要位于此间隙内；③肾旁后间隙（posterior pararenal space）位于腹横筋膜与肾后筋膜、侧锥筋膜之间，主要含有脂肪组织（图 7-37）。熟悉腹膜后间隙的解剖，有助于腹膜后间隙病变的诊断。

第七章 泌尿系统及肾上腺、腹膜后间隙

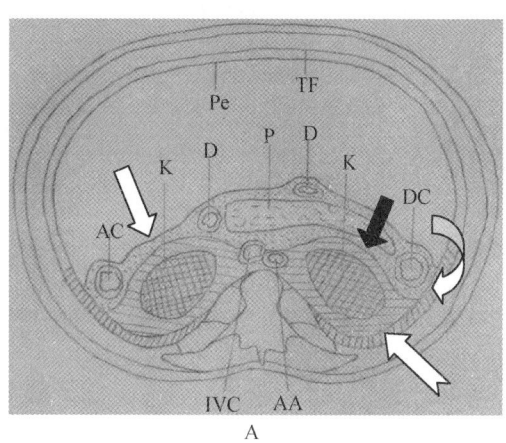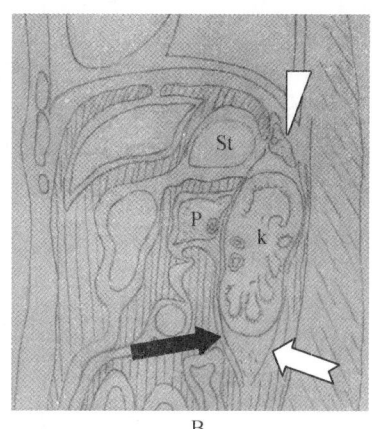

图 7-37 腹膜后间隙解剖

A. 横断面；B. 矢状断面。图中：IVC：下腔静脉，AA：腹主动脉，AC：升结肠，DC：降结肠，K：肾，D：十二指肠，P：胰腺，St：胃，Pe：壁腹膜，TF：腹横筋膜；白箭头示后腹壁壁腹膜；黑箭头示肾前筋膜；燕尾箭头示肾后筋膜；弯箭头示侧锥筋膜；三角箭头示肾上腺

一、检查方法与正常影像解剖

（一）X 线平片

由于腹膜后间隙内结构重叠，缺乏天然对比，KUB 对腹膜后间隙疾病的诊断价值不大。十二指肠、结肠及肾盂输尿管造影与腹主动脉、下腔静脉血管造影的主要目的是除外病变来源于这些器官，并可通过这些器官形态和位置的改变，间接对腹膜后间隙病变进行诊断。检查方法与正常影像学表现见相关章节。

（二）超声

患者取仰卧位或左、右侧卧位，观察病变与腹膜后间隙的器官及大血管的关系。超声不能良好地显示正常的腹膜后间隙的结构，主要根据病变与腹膜后间隙的大血管和胰腺、肾等器官的关系来进行定位诊断。

（三）CT

检查方法与腹部 CT 相同。由于腹膜后间隙内脂肪组织与肾筋膜间对比良好，CT 可显示各腹膜后间隙的结构，在窗宽较宽的图像上，肾前筋膜、肾后筋膜和侧锥筋膜表现为纤细的软组织密度影，厚约 1~2mm（图 7-38）。

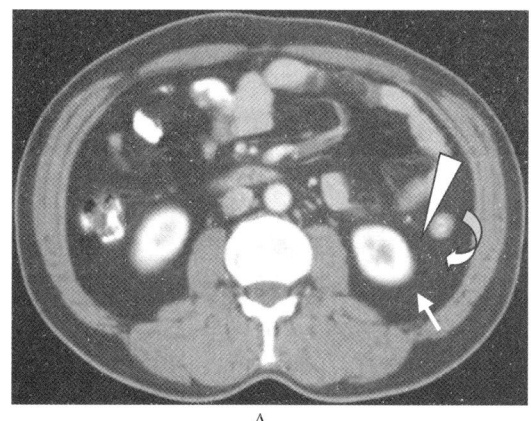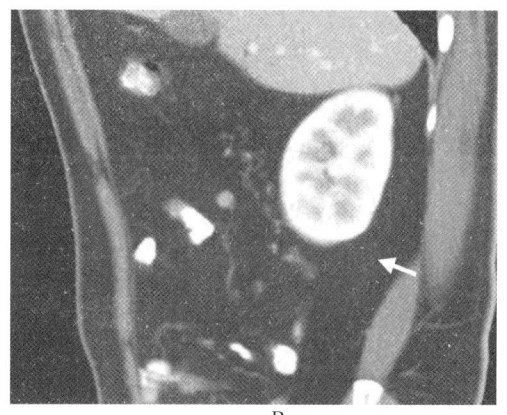

图 7-38 正常腹膜后间隙

窗宽较宽的增强 CT 横断面（A）与右旁矢状面 MPR（B）示肾前筋膜（三角箭头）、肾后筋膜（箭头）与侧锥筋膜（弯箭头）

(四) MRI

多采用横断面 T_1WI 和 T_2WI、冠状面 T_1WI 成像，必要时加做矢状面成像序列，以明确病变与腹腔和腹膜后间隙器官的关系并获得不同序列图像上病变的信号特点。由于血管的流空效应以及软组织与脂肪间的化学位移伪影，腹膜后间隙的血管和器官在 MRI 上显示清晰；但 MRI 不能良好地显示正常的肾筋膜。

二、异常影像表现

(一) X 线腹部平片

局部密度增高；病变内有气体时可见气体影，如十二指肠穿孔。肾盂、输尿管造影可见病变引起的肾盂、输尿管移位；腹主动脉造影可见病变所致的肾盂、输尿管或大血管移位、狭窄，出血部位可见对比剂外溢，可见病变（多见于肿瘤）染色。

(二) 超声

异常回声显示。腹膜后间隙积液呈无回声区，后方回声增强；通过积液与邻近器官的关系可判断积液的部位。腹膜后间隙内的气体呈高回声。占位性病变呈异常回声，病变内有出血时可见点片状高回声。

(三) CT

多排螺旋 CT 及三维重组技术可立体显示腹膜后间隙的肾筋膜等结构的解剖及病变的位置，明确病变与肾筋膜的关系有助于定位诊断。肾旁后间隙的病变可使肾和肾后筋膜向前移位。肾周间隙的病变可使肾受压变形、肾轴方向改变（图 7-39）。肾旁前间隙病变位于肾前筋膜的前方，并可使邻近的升或降结肠、十二指肠等向前移位；肾旁前间隙积液时，液体与升或降结肠的后缘接触；腹腔积液时，液体则与升或降结肠的前缘接触。胰腺与中线大血管的移位方向决定于占位性病变是位于其腹侧（向后移位）还是背侧（向前移位）。

病变的 CT 密度可在一定程度上反映病变的性质。腹膜后间隙积液时，原脂肪密度增高并可见液性密度；腹膜后间隙积气时，可见气泡影；炎症时表现为原脂肪密度增高呈液性或软组织密度。

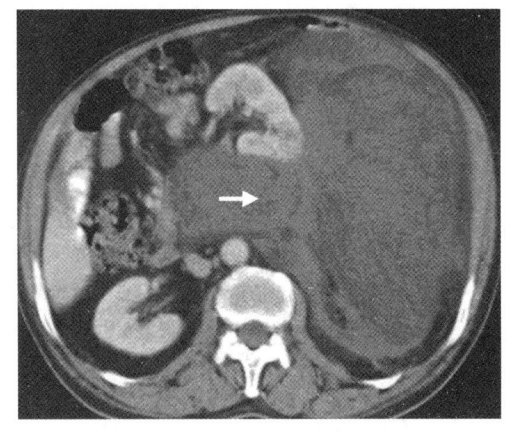

图 7-39　腹膜后间隙脂肪肉瘤
增强 CT 示左侧肾周间隙内巨大软组织密度肿块（箭头）。左肾向前、内侧移位，肾轴方向改变

(四) MRI

MRI 上腹膜后间隙病变引起的形态学改变与 CT 相同。但病变在不同成像序列上的信号特点有助于定性诊断。

拟诊为腹膜后间隙病变的患者，影像学检查应首选 CT，其次考虑超声与 MRI 检查。

三、疾病诊断

腹膜后间隙病变包括腹膜后间隙器官的病变、大血管的病变、淋巴组织病变及这些器官与组织以外的原发性病变。腹膜后间隙器官与大血管病变请参见有关章节。

(一) 炎症与脓肿

【病理与临床表现】

腹膜后间隙的炎症多来自腹膜后间隙器官的炎症。肾旁前间隙炎症多见，如急性胰腺炎或十二指肠、升/降结肠穿孔引起的炎症。肾周间隙炎症多来自肾脓肿或肾盂肾炎。肾旁后间隙

第七章　泌尿系统及肾上腺、腹膜后间隙

的炎症主要为继发性，可来自急性胰腺炎的跨筋膜扩散和外伤等。

由于腹膜后间隙富含脂肪组织，炎症主要表现为这些组织的水肿、渗出以及肾筋膜的增厚，病变扩散受到肾筋膜的限制。根据病变与腹膜后器官和肾筋膜的关系，可判断受累间隙。脓肿形成后，脓腔内可出现气体，脓肿旁的组织或器官可有受压移位（占位效应）。

临床上除原发病的表现外，可有发热、寒战、局部叩痛、血白细胞升高等感染的表现。

【影像学表现】

1. X线平片　KUB对诊断帮助不大。有时可见腰大肌边缘或肾影模糊；脓肿形成时，胃或肠道可有移位，偶可见脓腔内的气泡影。

2. CT　可显示原发病变以及炎症所累及的间隙。CT可见受累间隙内的脂肪组织密度增高，呈絮状液性密度或软组织密度。积液时，可见液性密度影（图7-40）。炎症累及肾筋膜时，可见筋膜增厚。脓肿形成时，脓肿壁厚度均匀，可有强化；脓腔内气泡影的显示是脓肿诊断的可靠依据。

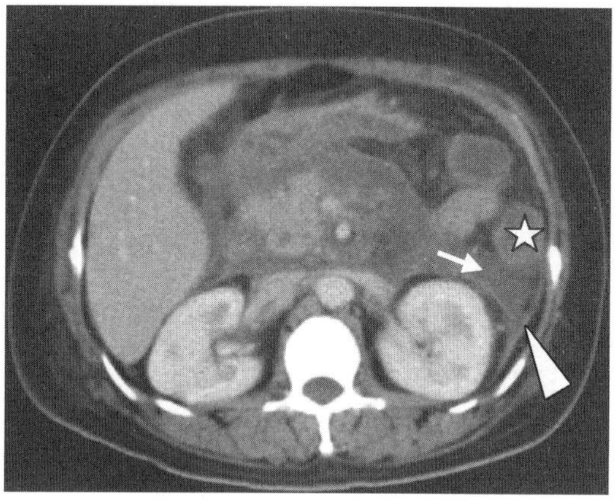

3. 超声　对腹膜后间隙炎症的诊断价值有限。

4. MRI　因成像技术的逐步完善，MRI在腹膜后间隙炎症诊断中的应用日益受到重视，但对肾筋膜的显示略逊于CT。

【诊断与鉴别诊断】

腹膜后间隙的炎症多为继发性。原发病变得以诊断后，腹膜后间隙炎症的诊断多无困难。

图7-40　肾旁前间隙积液

急性胰腺炎。增强CT示左肾旁前间隙内液体密度（箭头）位于降结肠（☆）背侧；肾前筋膜、肾后筋膜和侧锥筋膜增厚（三角箭头）

（二）原发肿瘤

【病理与临床表现】

原发性腹膜后间隙肿瘤指非腹膜后间隙器官起源的，来源于腹膜后间隙内间质的脂肪、神经、结缔组织、肌肉、血管、淋巴与胚胎残余组织的肿瘤，约80%的肿瘤为恶性。由于肿瘤位置深，不易引起腹腔或腹膜后间隙器官的功能改变，早期常无症状；肿瘤较大时，可扪及包块；压迫邻近尿路或消化道时可引起尿路梗阻、腹胀、腹痛、恶心、呕吐等症状。

【影像学表现】

拟诊为腹膜后间隙肿瘤的患者行影像学检查的目的包括：①肿瘤的定位诊断，需明确肿瘤发生于腹腔还是腹膜后间隙，若为后者，要明确位于哪个腹膜后间隙；②肿瘤良恶性的诊断与肿瘤病理类型的判断。原发性腹膜后间隙肿瘤的病理类型繁多，但仅少数肿瘤的影像表现有相对特异性，多数肿瘤不具有特异性影像表现。因此，原发性腹膜后间隙肿瘤的定位诊断与良恶性的诊断就成为了影像学检查的重点。

1. X线　KUB对原发性腹膜后间隙肿瘤的诊断帮助不大，偶可见畸胎瘤内的骨或钙化；神经鞘瘤引起的椎间孔增宽，肿瘤压迫造成相邻骨吸收。肿瘤较大时，可有邻近的胃肠道受压移位。尿路造影及血管造影可见肿瘤引起的邻近结构的移位。

2. 超声　腹膜后间隙肿瘤的超声表现差异较大。肿瘤多为低回声，瘤内高回声光斑常代表肿瘤内的钙化、脂肪或细小坏死等；瘤内出血、坏死、囊变表现为无回声区。超声可显示肿瘤引起的邻近器官的移位，有助于肿瘤的定位诊断。与CT、MRI相比，超声在肿瘤的良恶性诊断及病理类型的判断上价值较小。

3. CT　可清楚显示腹膜后间隙的解剖，对肿瘤的定位诊断具有重要作用。CT可显示肾筋膜，多可直接作出定位诊断。若患者较瘦或肿瘤较大，腹膜后间隙的分界则可能显示不清，需根据肿瘤引起脏器移位等征象进行定位诊断。如右上腹肿瘤，相邻胰腺、十二指肠向背侧移位,肿瘤可能来自腹腔;胰头向左上移位,右肾向背侧移位,则肿瘤可能来源于右侧肾旁前间隙;左肾向下移位并有旋转,病变可能源自左肾周间隙;如果右肾及下腔静脉向前移位,则肿瘤可能源自右侧肾旁后间隙。

CT 显示肿瘤边界不清、形态不规则,与邻近器官或组织分界模糊,邻近器官或组织受侵,淋巴结增大,邻近血管狭窄、有血(瘤)栓,伴有腹腔或腹膜后间隙积液等提示病变为恶性;病变形态规则,外缘光滑,边界清晰,囊性肿瘤的囊壁厚度均匀,则可能为良性肿瘤。

不同的腹膜后间隙肿瘤的 CT 表现可不同,大致分为实性肿瘤、囊性肿瘤和囊实性肿瘤。根据肿瘤的表现,可对部分肿瘤的病理类型作出初步判断:如 CT 显示肿瘤内有脂肪成分,提示肿瘤来源于脂肪组织,如脂肪瘤、脂肪肉瘤或含有脂肪成分的畸胎类肿瘤;含脂肪密度、软组织密度与骨密度的肿块则为畸胎瘤(图 7-41);肿瘤邻近的椎间孔扩大,提示肿瘤可能为神经鞘瘤;神经母细胞瘤多见于幼儿,CT 可见肿瘤内较多砂粒状或斑片状钙化。但多数腹膜后间隙肿瘤的 CT 表现缺乏特异性,需要活检或手术才能确定病理类型。

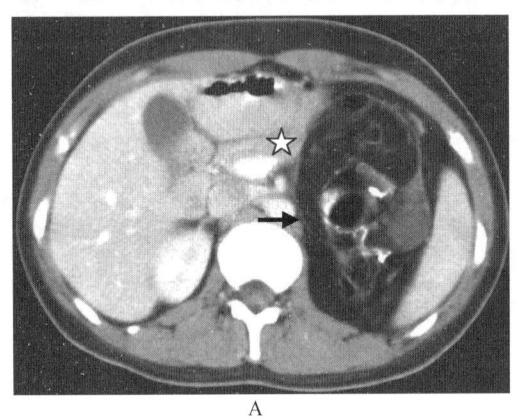
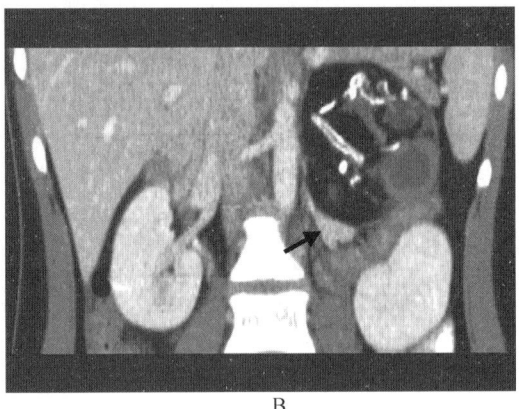

图 7-41 腹膜后间隙良性畸胎瘤

A. 增强 CT 肾实质期示左侧腹膜后间隙混杂密度占位(箭头),病灶内可见脂肪密度、软组织密度和骨密度结构,胰腺(☆)受压略向前、内侧移位;B. 冠状面 MPR 示左肾静脉受压移位(箭头)

4. MRI 腹膜后间隙肿瘤的形态学表现与 CT 相同。通过不同成像序列,可显示肿瘤内不同成分的 MR 信号,从而为肿瘤病理类型的判断提供更多信息(图 7-42)。

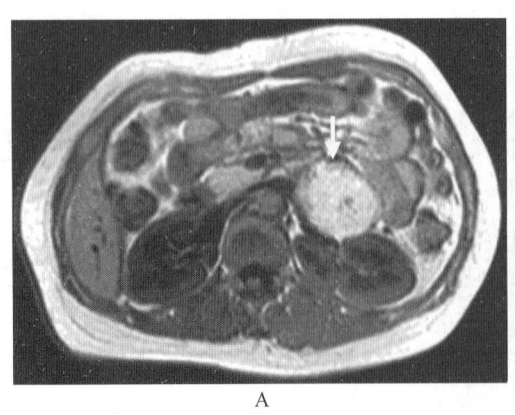
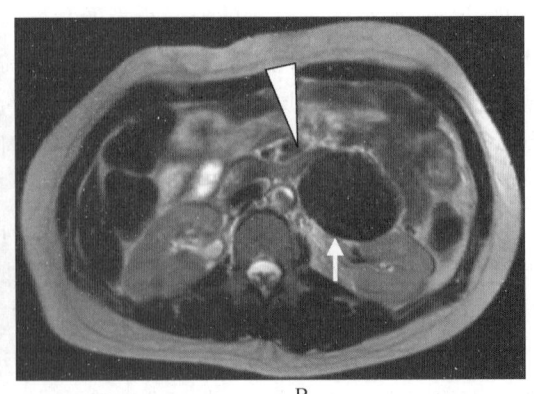

图 7-42 腹膜后间隙黑色素瘤

A. MRI T_1WI 示左肾前方不均匀高信号肿块(箭头);B. T_2WI 示肿块呈不均匀低信号(箭头),左肾受压、变形并后移,十二指肠水平段略向前移位(三角箭头)

(董 鹏 王 滨 穆玉明)

第八章 生殖系统及乳腺

第一节 女性生殖系统

一、检查方法

(一) X线检查

女性生殖系统以软组织密度为主,缺乏自然对比,X线平片价值有限,以X线造影检查为主。

1. X线平片 仅能显示正常宫腔内节育器的金属部分和某些疾病的间接征象,现已少用。

2. 子宫输卵管造影 子宫输卵管造影（hysterosalpingography）是经子宫颈口将对比剂注入子宫和输卵管内使其显影。现多采用水溶性碘对比剂。适应证主要有不孕症、各种生殖道畸形及与生殖道相通的瘘管等。禁忌证包括：各种活动性生殖道炎症、严重的全身疾病、月经期、妊娠期或刮宫术后子宫内膜未修复等。造影应选择在月经干净后4～10天,造影前3天和造影后避免房事。常见并发症有对比剂静脉和（或）淋巴管反流、感染和碘过敏反应等。

3. 盆腔动脉造影 数字减影血管造影（digital subtraction angiography, DSA）技术对于盆腔内肿瘤和血管性疾病的介入治疗有较高的应用价值。

(二) 超声检查

超声检查经济简单、无辐射,是生殖系统首选的检查方法。常用二维实时和彩色多普勒成像,使用经腹探头和腔内探头。彩色多普勒超声可测定血流速度及阻力指数,显示病变血流情况。经腹检查时,应使膀胱处于充盈状态。采用经阴道超声检查以及超声造影可更好地显示器官大体解剖结构和评价血流状态,有助于病变的检出和评估。

(三) CT

CT能详尽、直观地显示盆腔内解剖结构,已成为目前检查盆腔疾病的重要方法。检查前2～4h口服1.5%泛影葡胺800～1000ml,以充盈和识别盆腔肠管。检查时应使膀胱处于充盈状态。已婚女性可在阴道内放置纱布塞,以识别阴道和宫颈。扫描范围从耻骨联合下至髂前上棘水平。增强扫描从静脉快速注射对比剂后,行多期扫描或者对病变区进行连续快速扫描,动态观察病变的血供情况。多排螺旋CT扫描数据可采用多平面重建、容积再现等技术对器官及病变进行多方位观察,有助于准确判断病变与周围结构的关系。

(四) MRI

MRI图像软组织分辨率高,在盆腔疾病检查中应用越来越多。盆腔的MRI检查可采用体部线圈或直肠表面线圈。由于金属可产生伪影,对带有金属节育环的女性,需先取环再行MRI扫描。常规成像多采用快速自旋回波（TSE或FSE）序列,行T_1WI和T_2WI检查,结合脂肪抑制技术可提高病变检出率。增强扫描从静脉内快速注射顺磁性对比剂Gd-DTPA,对病变区进行脂肪抑制前后的T_1WI扫描或结合快速成像序列的动态扫描,有助于病变定性和定量诊断。DWI对发现病变有较高的敏感性。

二、正常影像解剖

(一) X 线检查

1. 子宫、输卵管造影　后前位上充填对比剂的子宫腔呈倒三角形，底边在上，为子宫底；底的两侧为子宫角，与输卵管相通；下端与子宫颈管相连。子宫腔内密度均匀，内壁光滑。子宫颈管呈梭形，黏膜皱襞表现为羽毛状。输卵管峡部细而直，壶腹部较粗大，伞端呈漏斗状。输卵管管腔呈柔软弯曲的细线状影，蠕动时可有一过性不连续。1～2h 后复查，对比剂全部排入腹腔，涂抹于肠管、卵巢及子宫的表面，呈多发弧线状或波浪状线影，示输卵管通畅（图 8-1）。

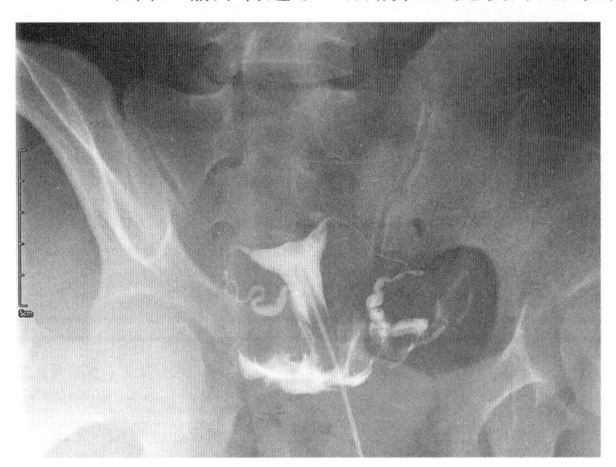

图 8-1　子宫输卵管造影
子宫腔呈三角形，双侧输卵管呈细软线状影，部分对比剂弥散入腹腔

2. 盆腔动脉造影　子宫动脉为髂内动脉前干的分支，沿盆腔侧壁向前、内、下走行，发出分支供应宫颈和阴道，并不断发出螺旋状小分支进入子宫肌层和内膜，末端分支供应输卵管和卵巢。卵巢动脉自肾动脉水平腹主动脉分出，沿腰大肌前下行至盆腔，供应卵巢、输卵管，并与子宫动脉卵巢支吻合。

(二) 超声

1. 子宫　子宫纵切面呈倒梨形，子宫体呈均匀的中等强度回声，宫腔呈线性高回声，宫腔线周围有周期性改变的内膜层围绕。横切面宫体及宫颈呈椭圆形或纺锤形。子宫下端的阴道，其内气体呈线状强回声，阴道壁为弱回声。子宫颈两侧的子宫动脉显示为形状各异的彩色血流，脉冲多普勒频谱表现为收缩期单峰频谱，快速上升，缓慢下降，舒张期为持续血流频谱。

2. 输卵管和卵巢　输卵管正常情况下不能显示。成年妇女的卵巢大小约 4cm×3cm×1cm，呈扁椭圆形，边缘稍有凹凸，内部回声略高于子宫，内可见大小不等的小圆形无回声卵泡影（卵泡的有无及大小与月经周期相关），直径<2.5cm。

(三) CT

1. 子宫　成人子宫纵径约为 7～8cm，最大横径约为 4～5cm，前后径约 2～3cm，产后增大，绝经期后萎缩变小。CT 平扫，子宫体呈横置纺锤形或卵圆形软组织密度影，边缘光滑，中央见小的低密度区为宫腔。宫颈呈圆形或椭圆形，直径小于 3.0cm。增强扫描，子宫肌层均匀强化，中央的低密度宫腔显示更为清楚。子宫旁组织以脂性低密度为主，内见弯曲条状或点状软组织影，为两侧子宫阔韧带及其包裹的子宫旁静脉丛、神经和淋巴组织（图 8-2）。

2. 阴道　阴道内放置纱布塞

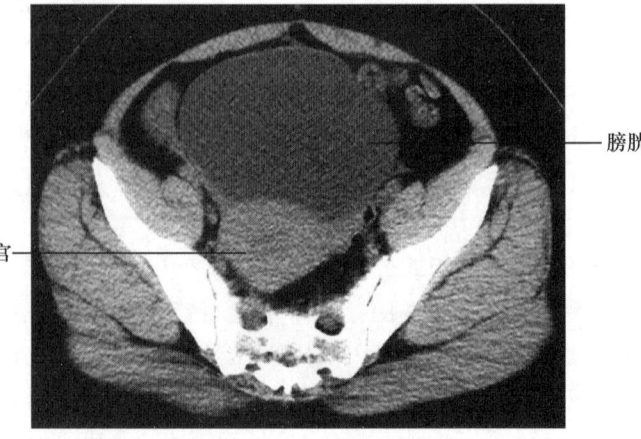

图 8-2　CT 平扫显示子宫

后，表现为环形软组织、纱布间隙显示为低密度气体影。

3. 卵巢和输卵管　正常的卵巢位于子宫体两侧或偏上方，呈较低密度的不均匀的软组织影，卵泡显示为小囊肿样影。CT 不能分辨正常输卵管。

(四) MRI

1. 子宫　在 T_1WI 上，子宫呈中等或偏低信号，子宫内部各层结构分辨不清。T_2WI 在显示子宫内部各带方面有明显的优势，宫腔黏液和子宫内膜层呈均匀的长带状高信号，厚约为 1～7mm，随月经周期变化；结合带为位于肌层和内膜之间的低信号带，厚约 5～6mm；子宫肌层呈均匀的中等信号，厚约 9～16mm；浆膜为一低信号线状结构。子宫颈在 T_2WI 上可清晰显示以下结构：中央高信号的为含有黏液的内腔及黏膜皱襞，肌纤维间质层的内层为致密弹力纤维，呈低信号，外层为平滑肌组织，呈中等信号。宫旁脂肪信号中可见迂曲或点状 T_1WI 低信号、T_2WI 高信号，为血流较慢的静脉丛。

2. 阴道　T_1WI 阴道壁呈中等信号，各层结构显示不清。T_2WI 显示阴道黏膜为高信号，肌层为中等信号，前方为尿道或膀胱，后方为直肠，两侧为高信号血管丛和脂肪。

3. 卵巢和输卵管　成人卵巢在 T_1WI 上为低或中等信号，不易和子宫后周围的肠管区别。在 T_2WI 上卵泡呈高信号，基质呈低或中等信号，周围可见一环形低信号，为卵巢的纤维浆膜。绝经期后卵巢萎缩，信号减低，体积缩小。正常输卵管在 MRI 不易显示。

三、基本病变的影像表现

1. 子宫异常　子宫数目增多见于先天畸形。妊娠时子宫增大。子宫壁增厚见于子宫腺肌病，分为弥漫型和局限型。前者子宫壁均匀增厚，子宫增大；后者多为子宫后壁增厚。子宫肿块见于肿瘤，肿瘤较大向外突出引起子宫形态改变。子宫肌瘤为常见的良性肿瘤，边缘清楚，有钙化。恶性肿瘤边缘不清。

2. 卵巢异常　卵巢囊性肿物中以卵巢囊肿常见，边缘光滑，囊壁薄，厚度均匀。囊腺瘤的囊壁厚薄不均，有分隔和壁结节。囊性畸胎瘤的囊壁厚薄不等，有脂肪、钙化成分。

卵巢实性肿物见于卵巢癌和其他恶性肿瘤，增强扫描显示肿块强化，可合并腹水、大网膜转移、腹腔播散、盆腔和腹膜后淋巴结转移及其他远处转移。

囊实性肿瘤可为良性、交界性及恶性。

3. 输卵管异常　子宫输卵管造影显示输卵管僵硬、狭窄、扩张和（或）闭塞，常为结核或非特异性炎症。

四、先天畸形

女性生殖系统常见的先天性畸形包括：双子宫、双角子宫、纵隔子宫、单角子宫、鞍状子宫和阴道闭锁、阴道隔膜、一侧或双侧卵巢缺如、一侧或双侧输卵管缺如等。临床表现取决于先天畸形的类型及部位，常见有原发性闭经、不孕症、习惯性流产等。

【影像学方法比较】

超声能发现大多数子宫畸形和卵巢发育异常，且简便易行，是首选的检查方法。子宫输卵管造影可发现子宫、输卵管内腔畸形并确定其类型，但不能显示子宫外形异常和卵巢异常，宫腔有粘连者较难完成检查。CT 能发现多种子宫畸形，但不能准确分型，临床应用较少。MRI 能清晰显示各种子宫和卵巢畸形，且能同时观察内腔和外形，是诊断女性生殖系统畸形的最佳方法。

五、子宫肌瘤

子宫肌瘤（myoma of uterus）又称为子宫平滑肌瘤，是女性生殖系统最常见的一种良性肿瘤。好发年龄是30～50岁，30岁以上妇女的发病率高达20%，绝经期前发病率高达70%～80%，绝经后肌瘤可以萎缩退化。

【病理与临床表现】

子宫肌瘤95%起源于宫体，5%发生于宫颈，常为多发，大小不等，其外有光整的假包膜。按其与肌层的关系可分为黏膜下肌瘤、肌壁间肌瘤和浆膜下肌瘤，其中肌壁间肌瘤最常见，约占60%～70%。子宫肌瘤由呈漩涡状排列的梭形平滑肌和数量不等的纤维结缔组织构成。当肌瘤较大时可因血供不足引起肌瘤变性，如玻璃样变、囊性变、红色变、肉瘤样变和钙化等。大多数患者无明显的临床症状，仅在妇科检查或手术中偶然发现。最常见的临床表现为月经过多、腹部肿块、白带增多等，肿瘤较大时可引起压迫症状如尿频、便秘。

【影像学表现】

1. 超声　位于肌壁间的小肌瘤，子宫形态、大小正常。多发肌瘤可表现为子宫增大、形态轮廓凹凸不平。宫内肌瘤多呈低回声，边界较清晰，较大的肌瘤内呈典型的漩涡状杂乱回声（图8-3）。瘤内钙化灶表现为强回声团伴有后方声影。发生囊性变时，肌瘤内出现低回声或无回声区。肌瘤挤压引起子宫内膜线偏移或消失。彩色多普勒显示富血管肌瘤外围或内部有较丰富的彩色血流。

2. CT　平扫显示子宫分叶状增大或向外突出的肿块，边界较清楚，密度等于或略低于子宫肌层，变性区表现为形态不规则的低密度。CT对肿瘤内钙化显示有较高敏感性，呈斑点状、环状、条块状，多见于绝经期后的肌瘤。增强扫描肌瘤强化程度与子宫肌层相似或略高，坏死区无强化（图8-4）。

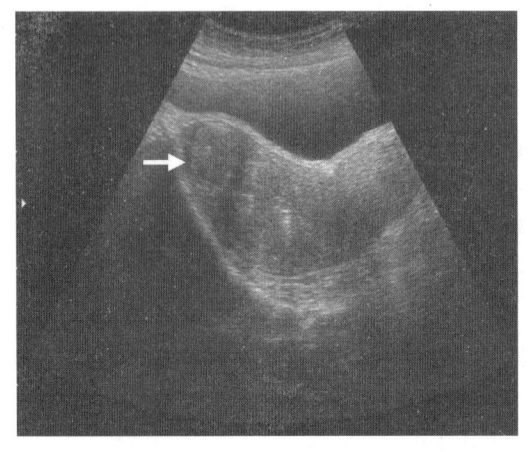

图8-3　肌壁间肌瘤

超声图像示宫底前壁肌层内见略低回声结节影，回声不均质，边界较清晰

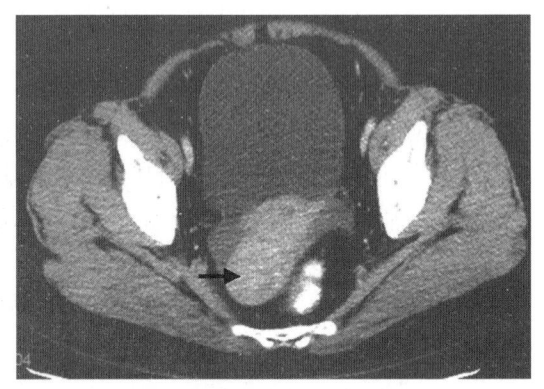

图8-4　子宫肌瘤

CT增强扫描示宫颈右后壁向外突出软组织密度结节影，边界清晰，有较明显略不均匀强化

3. MRI　MRI对平滑肌瘤最为敏感，可发现直径小至3mm的肌瘤，并且易于分辨黏膜下、肌层、浆膜下和子宫颈的肌瘤。典型的肌瘤T_1WI上与子宫肌层信号相似，而在T_2WI上呈明显均匀的低信号，边界清楚，与子宫肌层信号形成鲜明对比。变性的子宫肌瘤信号不均，坏死及囊变区在T_2WI上为高信号，血管淋巴管扩张、瘤周水肿在T_2WI上表现为高信号环。增强显示时肌瘤强化，有变性时强化不均匀（图8-5）。

【诊断与鉴别诊断】

超声是子宫肌瘤首选的检查方法，对大多数病灶都能作出诊断；而MRI是最准确的方法，能发现较小的病灶，并能准确定位。CT主要用于和其他盆腔疾病鉴别。

子宫肌瘤需与下列疾病鉴别：①子宫腺肌病：为子宫内膜异位于肌层引起的良性病变，也可为局限性腺肌瘤，有继发性渐进性痛经史，超声显示边界不清、无假包膜，亦无周围环状血

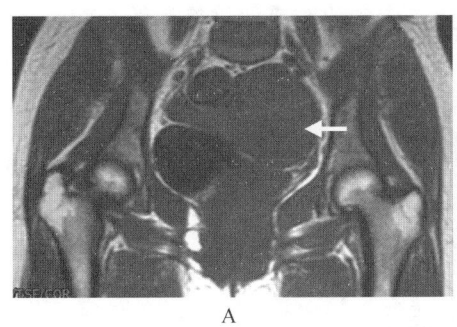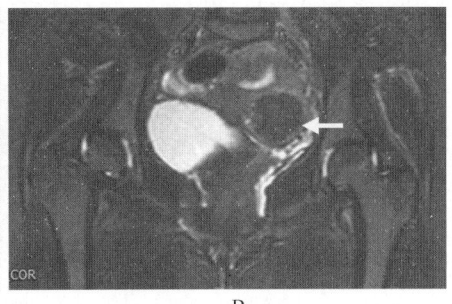

图 8-5　子宫肌瘤
MRI 冠状面 T_1WI（A）和 T_2WI（B）示子宫后壁肌层内圆形等 T1 长 T2 肿块，边界清晰

流信号；MRI 表现具有特异性，T_1WI 上出血灶为高信号，T_2WI 上可见结合带增厚，肌层内散在高信号小囊性病灶，可以作为定性诊断的重要依据。②子宫内膜息肉：是子宫内膜基底层局灶性增生并突向宫腔。多见于子宫底和双角子宫，常见于 35 岁以上女性，临床表现为阴道出血及月经量增多。超声表现为宫腔内边界清楚的、回声均匀的高回声结节，内膜基底层清晰连续。病变在 MRI 的 T_1WI 表现为宫腔内中等信号，T_2WI 显示与子宫内膜信号类似。注入对比剂息肉呈均质强化。

六、宫颈癌

宫颈癌（carcinoma of uterine cervix）是最常见的妇科恶性肿瘤，发病高峰在 50～55 岁年龄组，但近年来，宫颈癌发病出现年轻化趋势。宫颈癌发病率与早婚、多产、宫颈创伤、宫颈糜烂及激素失调等多方面因素有关。人类乳头瘤病毒（human papillomavirus，HPV）的持续感染在宫颈癌发生中起重要作用。

【病理与临床表现】

宫颈癌好发于子宫颈鳞状上皮和柱状上皮移行区，由宫颈上皮不典型增生发展为原位癌、浸润癌。大体病理分为内生型、外生型、溃疡型和颈管型。病理类型以鳞癌最多见，约占 80%～85%；其次为腺癌、腺鳞癌，近年来腺癌的发病率有上升趋势。转移以直接侵犯宫旁组织和淋巴转移为主。早期宫颈癌患者多无自觉症状，病变进展后可出现接触性阴道出血、阴道排液、疼痛等症状。

【影像学表现】

宫颈癌早期病灶较小时，宫颈形态大小仍正常，超声、CT 均难以诊断，主要用于排除宫颈旁侵犯。

1. 超声　宫颈增粗，外形不规则，可有不规则肿块，回声不均匀，后方回声衰减，彩色多普勒显示肿块内有丰富的彩色血流，动脉频谱显示为低阻力型，阻力指数比宫体恶性肿瘤高。

2. CT　平扫显示宫颈增粗，外形毛糙、不规则，呈软组织肿块影，肿块内可有低密度区，提示肿瘤坏死。子宫颈管阻塞可引起宫腔积液。肿瘤蔓延至宫颈外表现为三角形、不规则形或分叶状软组织肿块；宫旁侵犯表现为周围脂肪界限消失，邻近器官如膀胱、直肠壁增厚。螺旋 CT 容积扫描多方位重组图像有助于判断肿瘤范围及淋巴结转移。增强扫描肿块呈不均匀强化。

3. MRI　MRI 能明确显示宫颈的解剖层次，在宫颈癌分期诊断和判断肿瘤复发方面明显优于超声和 CT。宫颈癌在 T_1WI 上呈中等信号，与邻近子宫颈组织无明显对比。T_2WI 上呈中、高信号，与低信号的宫颈间质对比清楚、易于发现。子宫颈间质受侵犯时低信号环不完整，子宫颈增粗、不对称。宫旁组织受侵犯表现为组织边界不清、肿块包绕血管、韧带不规则增厚、直肠和（或）膀胱壁增厚等，注入对比剂后 MRI 动态成像可检出较小的宫颈癌，肿瘤呈早期强化。DWI 上癌组织弥散受限，高扩散敏感系数（b 值）DWI 呈高信号，ADC 值较低。DWI 对盆腔内淋巴结转移和骨转移具有极高的敏感性（图 8-6）。

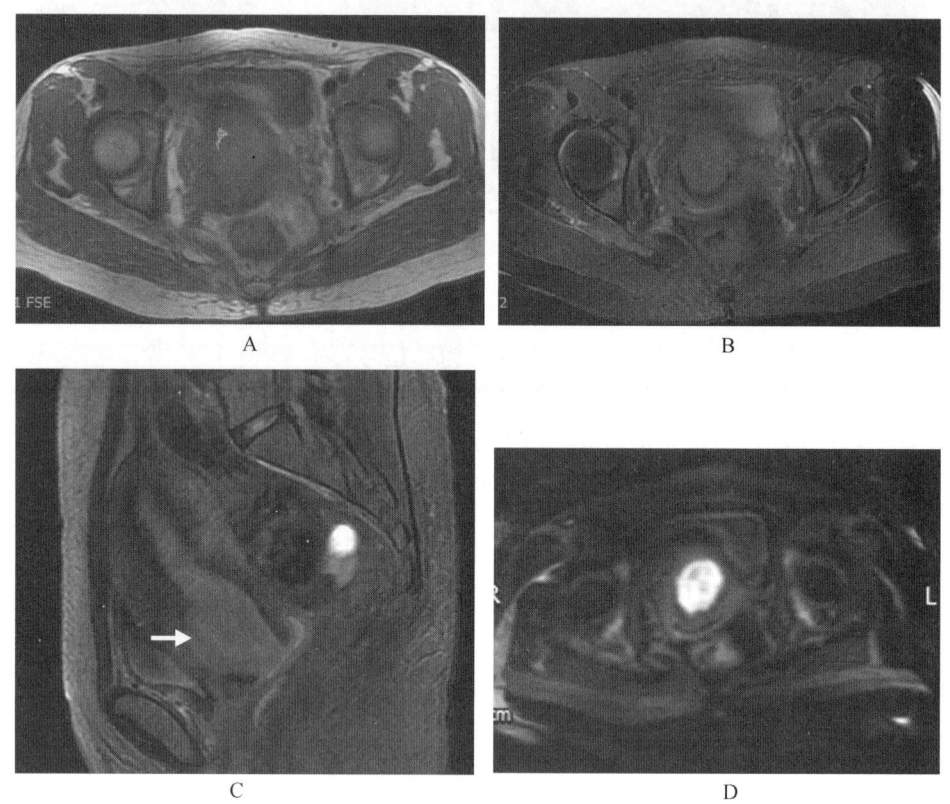

图 8-6　宫颈癌

MRI 轴位 T_1WI（A）和脂肪抑制 T_2WI（B）显示子宫颈部 T_1WI 低信号、T_2WI 高信号肿块，累及深层基质，矢状面脂肪抑制 T_2WI（C）显示肿瘤向前壁侵犯明显（箭头）；高 b 值 DWI 图像（D）显示肿瘤扩散受限，呈高信号

【诊断与鉴别诊断】

宫颈癌的早期诊断主要依赖于宫颈细胞学检查和活检，影像学检查主要用于肿瘤定位、分期及治疗后疗效评估。CT 和 MRI 较超声更为直观、全面，多用于宫颈癌术前分期，增强 MRI 更优于 CT。

七、子宫体癌

子宫体癌又称子宫内膜癌（carcinoma of endometrium），是女性生殖系统常见的恶性肿瘤，发病率仅次于宫颈癌，好发于绝经期后的妇女，高峰在 55～65 岁年龄组。近年来其发病率不断上升，可能与外源性激素应用、肥胖、糖尿病、不孕及社会老龄化有关。

【病理与临床表现】

子宫体癌是起源于子宫内膜腺体上皮细胞的恶性肿瘤，以腺癌居多，约占 90%，其余为腺鳞癌、透明细胞癌等。大体病理可分为局限型和弥漫型：弥漫型常见，累及范围可达大部分或全部子宫，表现为黏膜增厚、粗糙并有大小不规则的息肉状突起，病变晚期有溃疡及坏死，累及整个子宫内膜；局限型可表现为息肉状或菜花状、结节状。淋巴转移是主要的转移途径，晚期可直接侵犯邻近器官，再播散到腹腔内，甚至发生血行转移。

临床表现：不规则或绝经后子宫出血、阴道排液、下腹疼痛等。

【影像学表现】

1. 超声　早期子宫体癌无特殊异常所见。中晚期子宫体癌表现为子宫正常或增大，子宫内膜不均匀性或局灶性增厚，呈强弱不均杂乱回声或弱回声，形态可不规整，子宫内膜与肌壁分界不清楚。彩色多普勒显示增厚的子宫内膜及周边血流丰富，血管走向杂乱，动脉频谱呈低阻型（RI≤0.4）。

2. CT　早期病变CT平扫多难区分肿瘤与正常子宫，当肿瘤进展时可显示子宫形态异常和子宫内积液。合适的强化扫描能较好地区分肿瘤、正常子宫及腔内积液。肿瘤侵及宫壁厚度的1/3以上时，可见子宫不对称性或分叶状增大，边缘不整，密度不均，其内可见低密度肿瘤坏死区。增强后肿瘤呈不均匀强化，可与正常子宫肌层区分。子宫体癌侵犯宫颈、子宫附件及盆腔内其他器官时，表现为脂肪间隙消失，邻近器官壁增厚，并可见不规则的软组织影，晚期盆腔内广泛转移可形成"冰冻骨盆"。

3. MRI　对于早期的子宫体癌MRI无特异性表现。当肿块较大时，T_1WI上呈中、低信号，T_2WI上呈高信号或混杂信号的肿块，内膜不规则增厚，呈结节状或菜花状。结合带低信号完整性可用来判断肿瘤是否侵及深肌层。MRI结合DWI还能更准确地判断有无盆腔脏器浸润和淋巴结转移，动态增强检查肿瘤强化程度一般都比正常内膜和肌层弱，结合DWI对肿瘤分期有较高准确性。

【诊断与鉴别诊断】

早期诊断主要是依赖细胞学检查。影像学检查主要用于显示肿瘤、判断其侵犯和转移情况，以利于分期和治疗。MRI能清晰分辨子宫内部区带，对子宫体癌分期有较高的准确率。CT增强扫描在监测子宫体癌治疗后复发及放疗后疗效评估方面应用广泛。

当子宫体癌引起子宫增大时，需与多发性子宫肌瘤鉴别。当子宫体癌侵及宫颈时，影像学表现很难和宫颈癌区分。

八、卵巢囊肿

卵巢囊肿（ovarian cyst）属于卵巢功能性囊肿，与卵巢功能密切相关，往往可以自行消退。

【病理与临床表现】

卵巢囊肿包括滤泡囊肿、黄体囊肿、黄素化囊肿和多囊卵巢，其中滤泡囊肿最常见。较小的囊肿多无症状，较大的囊肿可表现为下腹不适、包块和压迫症状。有时卵巢囊肿可自发破裂或发生蒂扭转，引起急腹症。多囊卵巢可伴有不孕、月经不规律、多毛、肥胖等内分泌改变。

【影像学表现】

1. 超声　盆腔内囊性肿块，壁薄、光滑，内呈无回声区，后方回声增强（图8-7）。黄素化囊肿常为多囊性，且多为双侧。

2. CT　平扫示卵巢区囊性肿物，呈均匀水样密度，CT值0～15Hu，当伴有出血和感染时，密度升高。囊肿边缘光滑、壁薄。增强扫描见囊壁轻度强化，囊液无强化。

3. MRI　T_1WI囊肿呈低信号，壁薄、呈中等信号。T_2WI囊肿呈高信号，壁薄、呈相对较低信号，部分囊肿内可见分层现象。伴有出血的

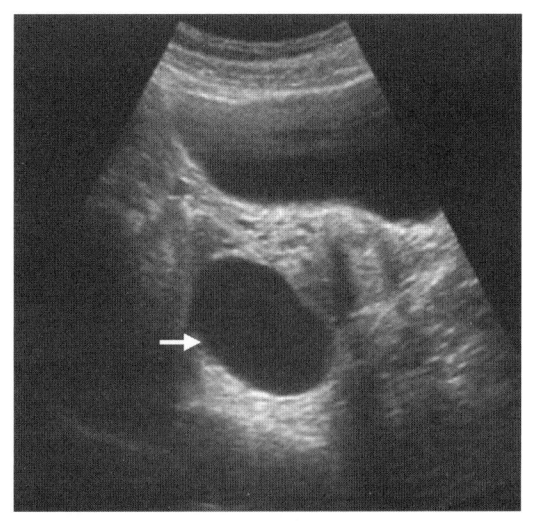

图8-7　卵巢囊肿

超声示右侧附件区椭圆形无回声区，壁薄、光滑，后方回声增强

囊肿可出现 T_1WI 高信号，信号随时间变化。

【诊断与鉴别诊断】

超声、CT、MRI 均能发现卵巢囊性病变，但不能区分其类型。卵巢囊肿需与以下疾病鉴别：①卵巢囊腺瘤（ovarian cystadenoma）：常较大，呈多房性，内可见线条状分隔，增强扫描可发现囊壁强化或细小的壁结节。②巧克力囊肿：又称卵巢子宫内膜异位症（endometriosis of the ovary）：密度较单纯囊肿高，边界不清，与盆腔有粘连是重要特征。MRI 表现为信号不均，有不同时期出血的表现。

九、卵巢良性肿瘤

（一）卵巢畸胎瘤

畸胎瘤（teratoma）是卵巢常见的良性生殖细胞肿瘤，约占全部卵巢肿瘤的 20%。

【病理与临床表现】

畸胎瘤由来自三个胚层的成熟组织组成，其中以外胚层组织为主。肿瘤呈囊性，壁较厚，表面光滑，内含皮脂样物质、脂肪、毛发，并可有浆液、牙齿或骨组织。大约 10% 的畸胎瘤为双侧性。恶性发生率很低。临床上，畸胎瘤一般无临床症状而在查体时发现，肿瘤较大时可触及包块，肿瘤可发生破裂或扭转引起急腹症。

【影像学表现】

1. 超声　肿块内含多种回声成分，表现为无回声区内有斑点状、团状强回声，并伴有多条短线状高回声，平行排列，浮于其中，部分可见脂液分层现象。彩色多普勒显示肿块为少血流或无血流信号。

2. CT　平扫表现为盆腔内边界清楚的混杂密度肿块，内含脂肪、软组织密度成分和钙化或骨化影，有时肿块内可见脂液平面（图 8-8）。囊壁可局限性增厚，呈结节状突向腔内。不典型者不含脂肪密度和钙化影而仅见软组织密度或较高密度液体，诊断有一定困难。

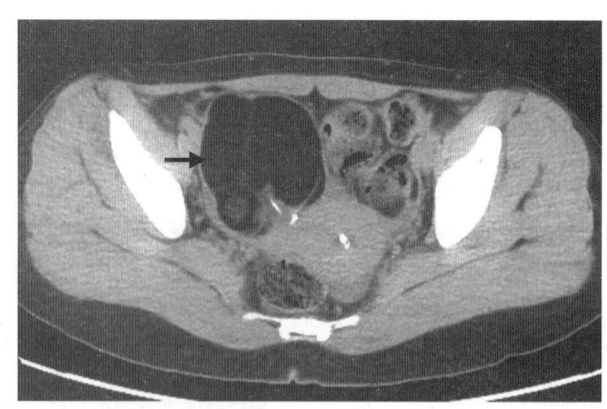

图 8-8　卵巢畸胎瘤

CT 平扫示右侧附件区分叶状脂性密度肿块，壁薄均匀，内见纤细分隔，边缘可见高密度钙化或骨化影

3. MRI　平扫表现为盆腔内边界清楚的混杂信号肿块，其特征表现为肿块内含脂肪信号，即 T_1WI 为高信号，T_2WI 为中高信号，脂肪抑制像上信号明显下降，与皮下脂肪信号变化一致。钙化在 T_1WI 和 T_2WI 上表现为无信号区。

【诊断与鉴别诊断】

畸胎瘤所含成分特殊，影像表现有特征性，不难作出诊断。

（二）卵巢囊腺瘤

卵巢囊腺瘤分为浆液性囊腺瘤（serous cystadenoma）和黏液性囊腺瘤（mucinous cystadenoma），分别占全部卵巢肿瘤的 23% 和 22%，为最常见的良性肿瘤。

【病理与临床表现】

囊腺瘤常为单侧发生，浆液性者以单房多见，壁薄，内充满淡黄色清凉液体，多房者囊内可见乳头；黏液性者大多数为多房性，体积较大，直径常大于 10cm，切面见大小不等的囊腔，内含胶冻样黏液，囊内较少见乳头。肿瘤破裂时，黏液种植于腹膜可形成假性黏液瘤。囊腺瘤易发生于中年妇女，主要表现为腹腔肿块。

【影像学表现】

1. 超声 囊腺瘤边界清晰，囊壁薄而完整，厚度均匀，内壁光滑。多房者囊内有纤细、光滑的分隔回声，部分囊壁可有增厚或结节状突起。浆液性者囊内为无回声或稀疏点状回声，黏液性者囊内多为云雾状或稀疏低回声。

2. CT 肿瘤表现为盆腔内较大囊性肿块，巨大者延伸至腹腔内，甚至到达肝下。可为多房或单房，多房者各房密度可略有差异。囊壁和分隔较薄且均匀一致，少数壁较厚或有小的乳头状软组织突起（图 8-9）。增强检查囊壁和分隔有强化。

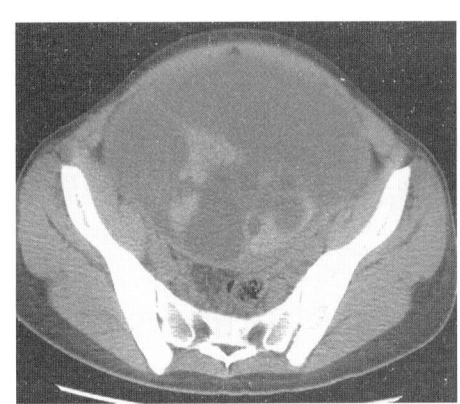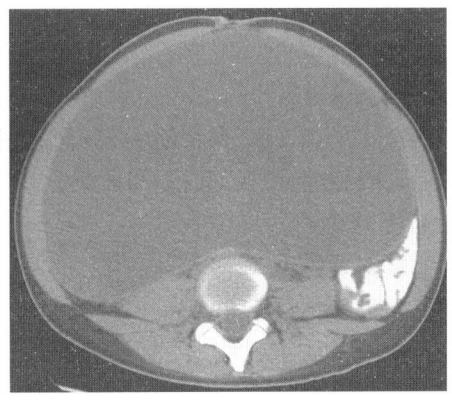

图 8-9 卵巢交界性黏液性囊腺瘤
CT 平扫示腹、盆腔内巨大多发性囊实性肿块影，其内可见分隔和实性成分，小肠被推移

3. MRI 肿瘤大小、形态、囊壁、分隔、突起及增强表现与 CT 相仿。囊液一般为 T_1WI 低信号、T_2WI 高信号，部分黏液性者因含黏蛋白而在 T_1WI 上信号不同程度增高。

【诊断与鉴别诊断】

囊腺瘤表现有一定特征性，当肿瘤为单房且较小时，不易与卵巢囊肿鉴别。

十、卵巢恶性肿瘤

卵巢恶性肿瘤的发病率在女性生殖系统恶性肿瘤中居第三位，但其死亡率居首位。其中 85%~90% 来源于上皮细胞，主要有浆液性囊腺癌、黏液性囊腺癌。转移癌多来源于胃肠道和乳腺。

（一）卵巢囊腺癌

卵巢囊腺癌是卵巢最常见的恶性肿瘤，主要包括浆液性囊腺癌（serous cystadenocarcinoma）和黏液性囊腺癌（mucinous cystadenocarcinoma）。

【病理与临床表现】

卵巢浆液性囊腺癌占全部卵巢恶性肿瘤的 40%~60%，其中绝大多数是由浆液性囊腺瘤恶变而来，一半病例为双侧性。肿瘤为囊实性，切面示瘤内有大小不等的囊性区，囊壁较厚、有明显的乳头状突起。黏液性囊腺癌占卵巢癌的 15%~20%，为多房状，囊内有乳头状增生。

临床上，肿瘤早期多无症状，待出现症状就诊时往往有腹腔转移。主要表现为腹痛、腹胀、腹部包块、腹水等。实验室检查，多数患者肿瘤标记物 CA125 明显升高。

【影像学表现】

1. 超声　卵巢囊腺癌表现为囊实性肿块，囊壁不规则增厚，囊壁或间隔上有乳头状突起或不规则增强回声的实性团块，囊腔内有多条不均匀增厚的分隔。彩色多普勒显示囊壁、分隔和实质性部分有彩色血流。

2. CT　对怀疑卵巢恶性肿瘤的患者应从耻骨联合到膈顶进行扫描。直接征象：盆腔内较大不规则囊实性肿块，囊壁和囊内分隔厚且不均匀。增强扫描显示囊壁、间隔和肿块实性部分强化。间接 CT 征象：①腹水：多为血性，其 CT 值相对偏高。②大网膜转移：表现为大网膜增厚，见界限不清的扁平如饼状的软组织肿块，称网膜饼（omentum cake）。③腹腔播散：腹膜增厚，腹壁上出现条块状、结节状软组织影，肠壁不规则增厚；黏液性囊腺癌发生种植转移时可形成腹腔假性黏液瘤，当位于肝外缘时在肝表面形成多个波浪状弧形压迹。④淋巴结转移，主要见于腹主动脉旁、髂血管和腹股沟淋巴结。⑤肝及其他远隔器官转移较少见。

3. MRI　盆腔囊实性肿块在 T_1WI 上表现为中低信号，T_2WI 上呈不同程度高信号，肿块形态不规则，与子宫之间的界限不清。MRI 对发现腹水、腹腔内播散、淋巴结转移和远处转移都较敏感。

【诊断与鉴别诊断】

根据超声、CT 和 MRI 典型的表现再结合临床诊断多不困难，在评估肿瘤腹腔转移方面 CT 和 MRI 价值较高。不典型时需与卵巢囊腺瘤、卵巢巧克力囊肿鉴别，必要时需结合临床。

（二）卵巢转移瘤

【病理与临床表现】

卵巢转移瘤占卵巢恶性肿瘤的 5%～10%，其中原发瘤多来自胃肠道印戒细胞癌，又称为 Krukenberg 瘤，常为双侧性。易发生在 30～50 岁，表现为下腹部包块，常因伴有腹水而腹痛、腹胀，部分患者以 Krukenberg 瘤首诊。实验室检查，肿瘤标志物 CA125、癌胚抗原（CEA）可升高。

【影像学表现】

1. 超声　双侧卵巢肿块呈实性或囊实性回声，无明显包膜，但边界清晰。瘤内血流较丰富，血流频谱以中等阻力（RI>0.4）为主。常合并腹水。

2. CT　表现为卵巢肿块，常为双侧性，以软组织密度为主，其内可有低密度区，常合并腹水。

3. MRI　与 CT 表现类似，肿块表现为不均匀 T_1WI 低信号、T_2WI 高信号。

【诊断与鉴别诊断】

有明确原发恶性肿瘤，尤其是胃肠道的恶性肿瘤病史，影像检查发现双侧卵巢软组织密度肿块并伴有腹水，应考虑为转移瘤。若无原发肿瘤病史则不易与卵巢原发恶性肿瘤鉴别，应仔细检查胃肠道以发现或排除原发肿瘤。

十一、异位妊娠

异位妊娠（ectopic pregnancy）是指受精卵在子宫体腔外着床发育，习惯上称为宫外孕（extrauterine pregnancy），以输卵管妊娠最常见，约占 95%～98%。本节着重介绍输卵管妊娠。

【病理与临床表现】

输卵管妊娠好发于壶腹部，约占 55%～60%，其次为峡部和伞端。当输卵管膨大到一定程度，可发生破裂和流产，为常见的产科急腹症，主要临床表现为停经、腹痛、阴道流血。

【影像学表现】

1. 超声　输卵管妊娠未破裂或未流产时，在孕卵着床侧输卵管内可见到胎囊，如探及胚芽原始心管搏动,便可确认为异位妊娠。胎囊结构的显示以阴道超声最佳。彩色多普勒显示肿块周边有丰富的彩色血流。异位胎囊破裂后,在子宫一侧见强弱不等、分布不均、形态不规则、边界模糊的混合回声肿块,该肿块多由输卵管血肿、胚胎及周围组织粘连构成。有时合并腹、盆腔积液征象。

2. CT 主要用于输卵管妊娠破裂引起的急腹症检查,宫旁附件区见圆形或条形软组织肿块影,密度不均匀,同时可见盆腔内积血,密度较腹水高。增强扫描肿块轻度强化,血管成像可见异常增粗的滋养血管,有时可见活动性出血导致的对比剂外溢。

3. MRI 宫旁见边界清楚的圆形或条形软组织肿块。如胎囊未破裂,肿块周边可见环状厚壁包膜,T_1WI 上呈等信号,中心羊水为 T_1WI 低信号、T_2WI 高信号囊状区域。如胎囊破裂,肿块在 T_1WI 和 T_2WI 上均呈混杂信号。如肿块内有 T_1WI 和 T_2WI 均为高信号区、且不受脂肪抑制的影像,为囊内出血。子宫增大,但宫内和肌层无异常信号。增强扫描可见病灶内树根状或网状强化,具有特征性,一般认为是胚胎滋养血管。

【诊断与鉴别诊断】

输卵管妊娠主要由超声诊断。超声发现附件肿块,结合血尿人绒毛膜促性腺素(HCG)测定,多可明确诊断。对临床表现不典型的输卵管妊娠,CT 和 MRI 能显示胎囊的血供情况和周围结构关系,可作为辅助检查方法。

第二节 男性生殖系统

一、检查方法

男性生殖系统的影像检查以超声、CT、MRI 为主,其常规检查方法与女性生殖系统常规方法基本相同。

近年来前列腺磁共振功能成像应用逐渐增多,包括 MRS、PWI、DWI、BOLD 等,可从不同角度了解组织的分子生物学和组织学信息,通过观察其生理、病理和血供的改变,描述活体器官的功能状态,在前列腺疾病的诊断和随访中起到了重要作用。

二、正常影像解剖

(一)超声

前列腺被膜完整、细亮,内部回声均匀一致,为密集细小的回声,不同带之间没有明显的分界。正常睾丸为椭圆形,呈均匀中等或稍低回声,边缘光滑。附睾头呈半圆形回声,紧邻睾丸上极;附睾体较薄,位于睾丸后方;附睾尾部毗邻睾丸下极,较体部稍粗。彩色多普勒能显示睾丸动脉。

(二)CT

1. 前列腺 前列腺横断面上呈卵圆形软组织影,上缘不超过耻骨联合上缘 2cm。平扫和增强均不能分辨前列腺各带和被膜。CT 能测量前列腺的大小,其上下径、前后径和左右径在 30 岁以前分别为 3.0cm、2.3cm 和 3.1cm,在 60 岁以后分别为 5.0cm、4.3cm 和 4.8cm。

2. 精囊 精囊位于膀胱和前列腺交界处后方,呈八字形软组织影,边缘常有小分叶。仰卧位精囊外侧部与膀胱后壁间有脂肪填充的低密度三角形间隙,称为膀胱精囊角。

3. 睾丸和附睾 正常睾丸在 CT 上表现为均匀的中等密度影,呈椭圆形,边缘光滑。附睾位于睾丸后方,表现为条状或点状中等密度影,其间夹有低密度脂肪组织。

(三)MRI

1. 前列腺 T_1WI 上呈均匀的低信号,与周围高信号的脂肪组织对比清晰,但不能区别各带。T_2WI 上前列腺各带因组织结构的差异而清晰可辨：移行带和中央带因含有肌纤维而呈低信号；周围带因含有腺体分泌液而呈略高信号；被膜为环状低信号影。前列腺周围高信号的脂肪组织中可见蜿蜒的静脉丛，因血流较慢而呈 T_1WI 低信号、T_2WI 高信号。正常前列腺组织 MRS 表现为在 2.6~2.7ppm 可见显著高耸的枸橼酸盐峰（Cit 峰），其峰值明显高于胆碱峰（Cho 峰）和肌酸峰（Cr 峰），后两者分别位于 3.2ppm 和 3.0ppm 附近，常以共峰出现（图 8-10）。

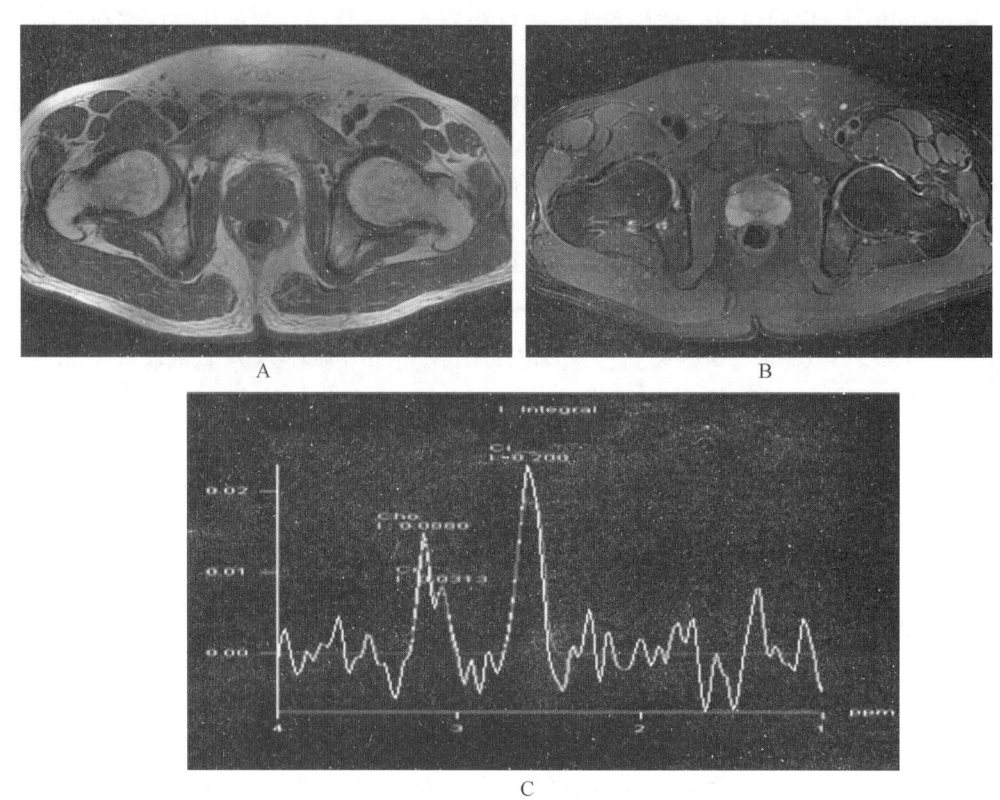

图 8-10　正常前列腺

正常前列腺轴位 T_1WI（A）和脂肪抑制 T_2WI（B）显示前列腺周围带的均匀 T_1WI 低信号、T_2WI 高信号，中央腺区信号较低；MRS（C）显示正常外周带组织 Cit 峰明显高于 Cho 峰和 Cr 峰，(Cho+Cr)/Cit=0.37

2. 精囊　MRI 轴位扫描精囊大小、形态、位置和 CT 所见相同。因其内含有精液，故在 T_1WI 呈低信号，T_2WI 呈高信号。膀胱精囊角内有脂肪填充，在 T_1WI 和 T_2WI 上均呈高信号，双侧对称。

3. 睾丸和附睾　正常睾丸 T_1WI 表现为低信号，T_2WI 呈高信号，信号均匀一致。周围被膜呈 T_1WI 低信号、T_2WI 低信号之双低信号。附睾呈"逗点状"，为 T_1WI 低信号、T_2WI 高信号。

三、基本病变的影像表现

前列腺增大见于良性增大和恶性肿瘤。良性增大见于良性前列腺增生，CT 显示前列腺均匀增大，MRI 可见中央叶增大，周围带变薄。前列腺肿瘤主要为前列腺癌，多发生在周围带，使前列腺局限性隆起。

四、良性前列腺增生

良性前列腺增生（benign prostatic hyperplasia，BPH）是老年男性的常见病。一般男性自 35 岁前列腺开始出现不同程度的增生，50 岁以后可出现临床症状，60 岁以上男性的发病率高达 75%，发病率随年龄增长而上升。

【病理与临床表现】

良性前列腺增生开始于移行带和中央带，表现为腺体组织和基质不同程度的增生并形成结节，正常的前列腺组织受压、被推向外围而形成假被膜。BPH 致膀胱出口梗阻，使膀胱内出现残余尿，容易继发感染和结石。常见症状为尿频、尿急、夜尿增多及排尿困难，直肠指诊可触及前列腺体积增大和增生结节。血清前列腺特异性抗原（prostate specific antigen，PSA）水平可略高于正常水平。

【影像学表现】

1. 超声 前列腺增大，中央带增宽，可向膀胱内凸出，周围带受压明显，呈狭长的低回声带。部分前列腺内出现中等或稍强回声的增生性结节，单发或多发，形态规则，界限清晰。有时内部可见强回声钙化影。

2. CT 平扫见前列腺增大，边缘光滑，呈均匀的软组织密度，内可见点状高密度钙化。一般前列腺超过耻骨联合上缘 2cm 和（或）前列腺横径大于 5cm，即可诊断为前列腺增生。增大的前列腺可向上突入膀胱底部，呈驼峰状。CT 多期增强扫描示前列腺增生的中央腺体区早期呈不均匀斑片状强化，延迟扫描趋向于均匀强化，强化持续时间较长。

3. MRI 前列腺增大，增生区在 T_1WI 上呈均匀的略低信号影，T_2WI 上增生结节使移行带和中央带体积明显增大，当以腺体增生为主时，呈不均匀的高信号，若基质增生明显，表现为以中等信号为主。结节周围常见环状低信号带，为假被膜。周围带信号正常，可受压变薄。MRS 显示 BPH 周围带与正常周围带相似，中央腺体区波谱表现取决于增生成分，腺体增生为主则 Cit 峰较高，Cho 峰和 Cr 峰变化不明显，Cit/Cho 比值增高；若基质增生为主则 Cit 和 Cho 浓度相对低（图 8-11）。

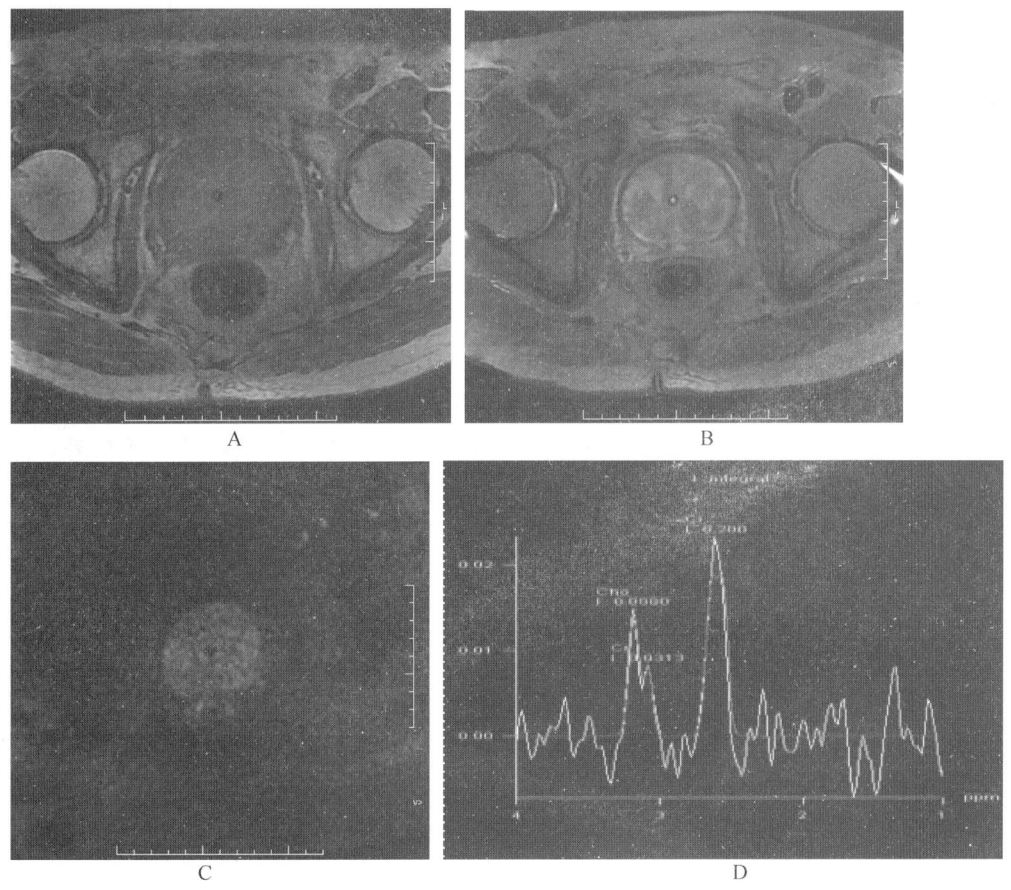

图 8-11 前列腺增生

MRI 轴位 T_1WI（A）和 T_2WI（B）图像显示前列腺增大，中央腺区增大明显，内见增生结节，信号不均匀；高 b 值 DWI 图像（C）显示增生的前列腺区无扩散受限的区域；MRS（D）见高耸 Cit 峰，Cho 峰相对较高，(Cho+Cr)/Cit＝0.60

第八章　生殖系统及乳腺

【诊断与鉴别诊断】

CT、MRI 和超声均能对前列腺的体积进行准确测量。MRI 检查及 MRS 能有效地对良性前列腺增生进行诊断及鉴别诊断，多排螺旋 CT 多期增强扫描亦为诊断本病的重要方法。

前列腺增生需与前列腺癌鉴别：前列腺癌多位于前列腺周围带（70%），超声上表现为低回声病变，彩色多普勒显示血流增加。在 MRI 的 T_2WI 上表现为周围带低信号肿块，病变可侵犯被膜及周围结构，MRS 显示（Cho+Cr）/Cit 比值升高，对鉴别前列腺癌有较高的特异性。血清 PSA 水平明显升高。晚期前列腺癌突破被膜，侵及周围结构，鉴别多不困难。

五、前列腺癌

前列腺癌（prostate cancer）是老年男性常见的恶性肿瘤，在欧美各国发病率更高，在老年男性恶性肿瘤中仅次于肺癌，随着我国老龄化社会的进展和生活方式改变，前列腺癌的发病率正处于快速上升阶段。

【病理与临床表现】

前列腺癌约 95% 为腺癌，70% 发生于周围带，20% 发生于移行带。肉眼见前列腺癌体积大小不一，小者仅数毫米，大者可替代整个前列腺，前列腺明显增大而质地变硬。肿瘤可直接侵犯周围脏器，如膀胱底、精囊、尿道等。淋巴结转移比较常见，也常转移至骨、肺、肝。骨转移主要见于骨盆、腰椎及肋骨，多为成骨性转移。

前列腺癌常合并良性前列腺增生，早期前列腺癌多数无明显症状或仅有类似前列腺增生的表现。肿瘤较大时，可引起排尿困难、尿潴留，直肠指诊可触及前列腺不规则硬结。实验室检查示 PSA 明显增高。

【影像学表现】

1. 超声　早期前列腺癌呈低回声结节，位于周围带，少数为等回声或不均匀回声增强病灶，边界多模糊不清，前列腺增大不明显，形态可轻度不对称，较大者可致局部被膜外突。在进展期前列腺呈不规则分叶状增大，被膜回声连续性中断，内部回声强弱不均，前列腺结构、边界不清。彩色多普勒显示前列腺癌结节周围和（或）内部血流丰富，多呈低速、低阻血流。

2. CT　当癌肿局限于被膜内时，CT 平扫不易显示或仅表现为前列腺外形出现不对称隆起，或周围带有边界模糊的稍低密度区。当癌肿向外侵犯超出前列腺时，CT 容易发现。膀胱精囊角消失、精囊增大提示癌肿累及精囊和膀胱。CT 还能发现盆腔内淋巴结增大、骨盆转移和远处转移。增强扫描显示病灶强化程度高于正常组织，具有早期强化的特点。

3. MRI　早期前列腺癌病灶局限于被膜内，T_1WI 为低信号，T_2WI 为中等信号，低于正常前列腺信号，多位于周围带。当癌肿外侵时，可有被膜的连续性中断，两侧静脉丛不对称，精囊增大，信号减低，膀胱精囊角脂肪信号消失等表现。累及膀胱时表现为膀胱壁中断，出现与原发肿瘤相连的低信号区。MRI 动态增强显示前列腺癌为早期强化，时间-信号曲线多为速升速降型，有助于提高前列腺癌的早期诊断率。MRI 对估计淋巴结转移的准确率与 CT 相近。MRS 对于早期前列腺癌及位于移行区和中央区的前列腺癌的诊断有较高价值，表现为病变区域的 Cit 峰明显下降或消失，Cho 升高，两者波峰可倒置，（Cho+Cr）/Cit 的比值显著增高。DWI 显示前列腺癌弥散受限（图 8-12）。

【诊断与鉴别诊断】

超声检查可作为前列腺癌筛选方法。CT 检查对于放疗计划的制订和随访有重要价值，尤其对于放射粒子置入治疗前列腺癌有重要意义。MRI 能清楚分辨前列腺各带，有助于诊断与鉴别诊断来自不同区域的病变，对于前列腺癌范围的评价也很准确，有助于临床分期与治疗，为前列腺癌最佳检查方法。

前列腺癌诊断依据：老年男性，直肠指检触及前列腺不规则硬结，血清 PSA 明显升高，

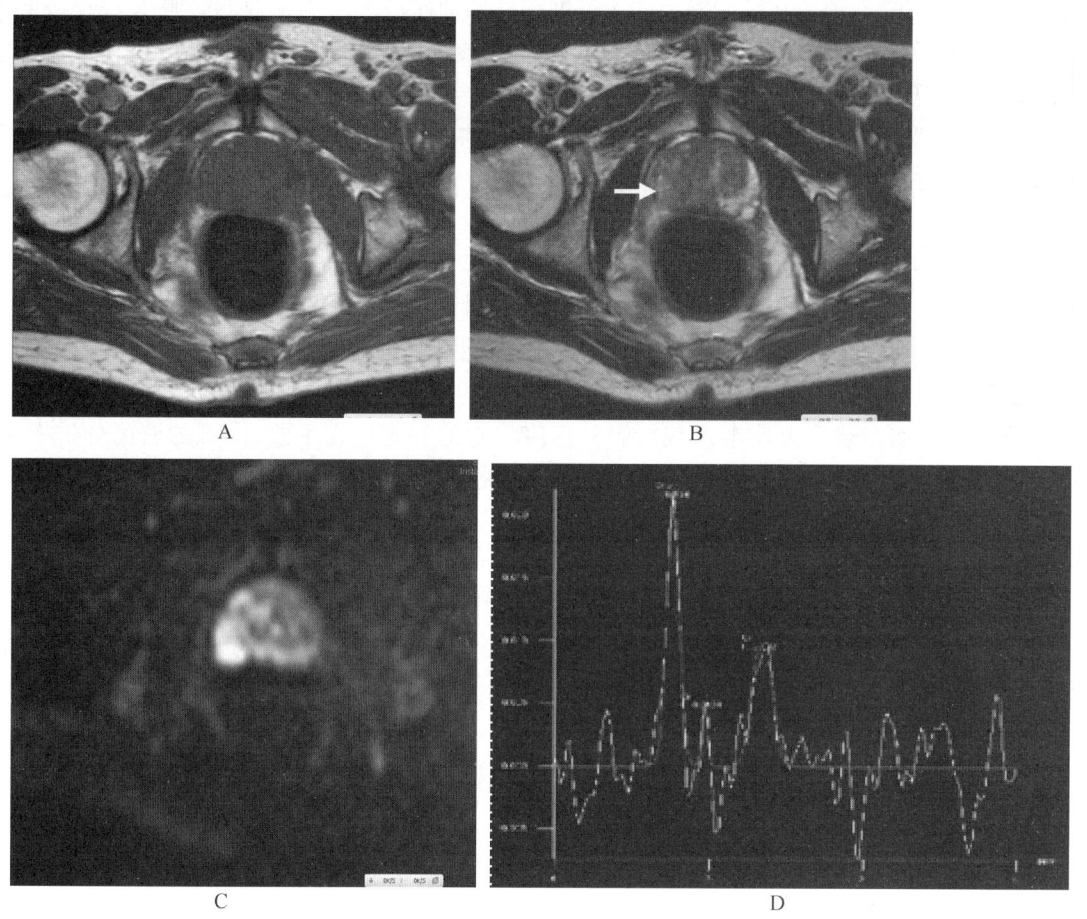

图 8-12 前列腺癌

MRI 轴位 T_1WI（A）和 T_2WI（B）显示右侧周围带不规则低信号病变，边界不清（箭头）；DWI（C）显示肿瘤在高 b 值 DWI 图像表现为高信号；MRS（D）显示 Cho 峰增高，Cit 峰降低，$(Cho+Cr)/Cit=1.5$

超声、CT、MRI 示前列腺非对称性增大，邻近组织受侵，膀胱精囊角消失。在 MRI 的 T_2WI 上高信号周围带出现低信号结节。在鉴别诊断上，主要需与前列腺增生鉴别。

（李丽新　王　滨　穆玉明）

第三节　乳　腺

乳腺疾病是妇女常见病、多发病。目前乳腺癌发病率已经跃居发达国家女性恶性肿瘤的首位，是危害妇女身心健康的主要疾病之一。及时准确地对乳腺疾病作出诊断变得越来越重要，影像学检查是乳腺疾病重要的诊断方法之一。乳腺影像检查常用的方法包括乳腺 X 线摄影、超声、CT 和 MRI 等。通过不同的检查方法可对乳腺疾病作出诊断及鉴别诊断，对恶性肿瘤进行分期，对接受治疗的乳腺疾病预后作出评估。

一、检查方法

（一）X 线检查

1. 乳腺 X 线摄影　为目前乳腺疾病检查的首选方法，主要用于乳腺疾病的普查和乳腺癌的早期发现和诊断。常规的投照体位包括内外侧斜位（mediolateral oblique，MLO）及头尾位

(craniocaudal，CC)，对于怀疑细微病变者可进行局部加压放大摄影。双侧乳腺 X 线检查利于对比。检查的最佳时间为月经后 1～2 周。乳腺 X 线检查方便快捷，安全可靠，经济实惠，敏感度高，诊断符合率高。

2. 乳腺导管造影（galactography） 是经乳头上的一个导管开口注入对比剂使其显影的 X 线检查方法。适用于乳头溢液的患者。

（二）超声

乳腺超声检查一般采用 7.5～10MHz 的高频线阵型探头。一般取仰卧或侧卧位，充分暴露乳房。检查时注意两侧乳腺对比观察。10MHz 以上的探头可提高成簇微小钙化的检出率，但其敏感性仍不如 X 线片。乳腺超声检查的准确率依赖于操作者的技术。

（三）CT

乳腺 CT 检查一般作为乳腺 X 线摄影和超声检查的补充检查手段，CT 的密度分辨率高，对致密型乳腺内的病变检出率以及观察腋窝淋巴结肿大情况要优于 X 线片，增强扫描可评估病变的血供情况。乳腺 CT 检查时患者所受辐射剂量较大，检查费用较高，对微小钙化的显示不及乳腺 X 线片。

（四）MRI

乳腺 MRI 检查软组织分辨率高，可任意角度成像，病变定位准确，无辐射。最常用的成像序列包括自旋回波序列、快速自旋回波序列、反转恢复序列和梯度回波序列等。其中应用脂肪抑制成像技术非常重要。动态增强扫描有助于乳腺良恶性病变的鉴别。乳腺 MRI 检查对细小钙化不敏感，检查过程复杂，检查时间长，费用较高。

二、正常影像解剖

（一）正常乳腺 X 线表现

1. 乳头（nipple） 乳头位于锥形乳腺的顶端，密度较高。

2. 皮肤（skin）及皮下脂肪（subcutaneous fat） 皮肤呈线样影，厚度均一，但在下后方邻近胸壁反折处的皮肤略厚。皮下脂肪层 X 线表现为高度透亮带，其内纤细的线样影为纤维间隔、血管及悬吊韧带。

3. 悬吊韧带（suspensory ligament） 又称 Cooper 韧带，是连接于浅筋膜的浅层纤维与皮肤之间的网状束带。悬吊韧带的 X 线表现因人而异。

4. 浅筋膜浅层（superficial layer of superficial fascia） 浅筋膜浅层和深层包绕着乳腺组织。浅筋膜浅层 X 线表现为皮下脂肪层与腺体组织间的一连续而纤细的线样影。

5. 腺体组织（glandular tissue） 影像上指由许多小叶及其周围纤维间质融合而成的片状致密影，边缘多较模糊。腺体组织的 X 线表现随年龄增长变化较大：年轻女性或中年未育者整个乳腺呈致密影，称为致密型乳腺（图 8-13）；中年女性随着年龄增加，腺体组织逐渐萎缩，脂肪组织增加，X 线表现为片状致密影中散在的脂肪透亮区；生育过的老年女性，整个乳腺几乎全部由脂肪组织、乳腺导管、残留的结缔组织及血管构成，X 线上较为透亮，称为脂肪型乳腺（图 8-14）。

6. 乳腺导管 正常人有 15～20 支乳腺导管，开口于乳头，呈放射状向乳腺深部走行。X 线平片上乳腺导管表现的线样阴影，同纤维组织构成的线样阴影难以鉴别。乳腺导管造影能清楚显示大导管及其分支导管。

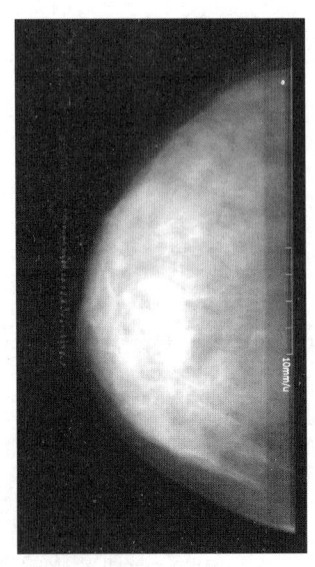

图 8-13 致密型乳腺

7. 乳腺后脂肪（retromammary adipose） 乳腺后脂肪位于乳腺浅筋膜深层与胸大肌筋膜之间，X 线上表现为线样透亮影，亦称为乳腺后间隙。

8. 血管（vessel） 在乳腺上部的皮下脂肪层中多能见到静脉影，乳腺动脉在致密型乳腺多不易显示，在脂肪型乳腺有时可见迂曲走行的动脉影。

9. 淋巴结（lymph） X 线上常见的淋巴结多位于腋前或腋窝软组织内，可呈圆形、椭圆形或蚕豆状影，边缘光滑，乳腺内淋巴结一般不显影。

正常乳腺的 X 线表现个体差异很大。美国放射学会提出的乳腺影像报告和数据系统（breast imaging reporting and data system，BIRADS）将乳腺分为 4 型：脂肪型（乳腺内几乎全部为脂肪组织，腺体组织＜25%）、少量腺体型（乳腺内散在腺体组织占 25%～50%）、多量腺体型（乳腺呈不均匀致密表现，腺体组织＞50%～75%）、致密型（乳腺组织非常致密，腺体组织＞75%）。这种分型的主要意义在于说明 X 线对不同乳腺类型中病变检出的敏感性不同，对发生在脂肪型乳腺中病变的检出率很高，而对发生于致密型乳腺中病变的检出率则有所降低。

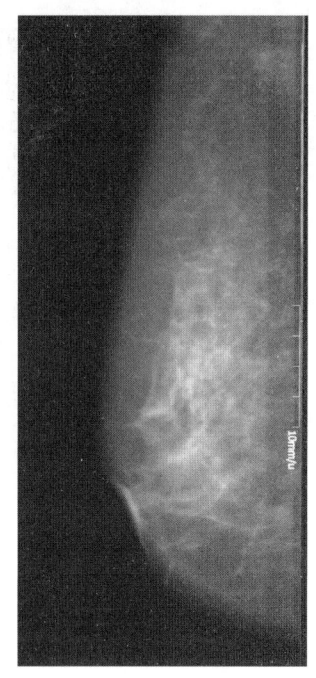

图 8-14 脂肪型乳腺

（二）超声

1. 皮肤 皮肤表现为强回声的弧形光带，边缘光滑。
2. 皮下脂肪层和悬吊韧带 皮下脂肪层回声较低，内有三角形的强回声悬吊韧带。
3. 腺体组织和乳腺导管 乳腺深部为乳腺腺叶及导管。腺叶呈中等强回声，乳腺导管呈椭圆形暗区，大小相似，排列不整齐。
4. 乳腺血管 静脉较动脉位置表浅。腺体内血管呈管状无回声区，彩色多普勒血流显像（colour Doppler flow imaging，CDFI）能够显示乳腺血流信号，并可测得各种参数值。
5. 胸大肌和肋骨 胸大肌位于乳腺腺叶的深层，呈均匀实质性的低回声。再深层的肋骨呈强回声，后方有声影。

（三）CT

1. 脂肪组织 乳腺脂肪组织在 CT 上清晰可辨，呈均匀低密度。在 CT 上，乳腺后脂肪的显示明显优于 X 线片。
2. 腺体组织 腺体组织在 CT 上表现为片状致密影。增强 CT 扫描，正常腺体显示轻度强化，强化后 CT 值增加 10～20Hu。

（四）MRI

乳腺 MRI 表现因所用脉冲序列不同而有所差别。

1. 脂肪组织 正常在 T_1WI 及 T_2WI 上均呈高信号，在脂肪抑制序列上呈低信号，增强后几乎无强化。
2. 腺体组织 腺体组织的信号明显低于脂肪组织，但略高于肌肉组织。动态增强 T_1WI 检查时，正常乳腺实质表现为轻度、渐进性强化。

三、基本病变的影像表现

（一）X 线检查

1. 肿块 乳腺内肿块可见于良性及恶性病变（图 8-15，图 8-16）。良性肿块多为圆形，边缘光整，密度均匀，与周围正常腺体相比呈等密度或略低密度；恶性肿块呈分叶状，边缘模

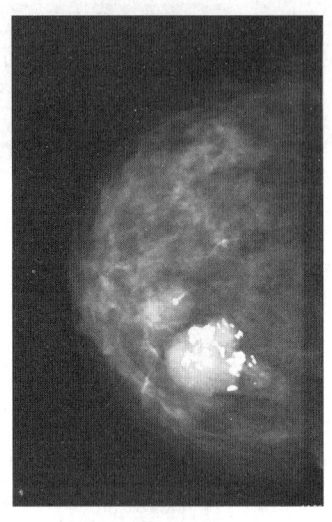
图 8-15 乳腺良性肿块
（多发纤维腺瘤）肿块轮廓清晰，边缘光滑，
见散在钙化，呈粗颗粒状及爆米花状

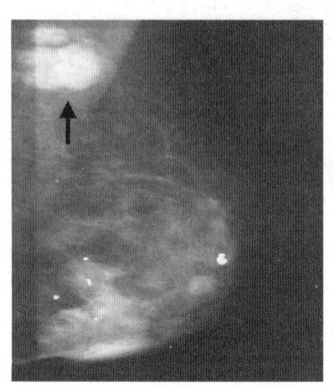
图 8-16 乳腺恶性肿块
（乳腺癌）肿块边缘不规则，呈分叶部分边缘
模糊，局部皮肤受侵，腋下淋巴结肿大（箭头所示）

糊，周围见长短不一的毛刺，密度高于周围正常的腺体。

2. 钙化　乳腺良、恶性病变均可出现钙化。良性钙化多较粗大，形态可呈颗粒状、爆米花样、粗杆状、圆形、新月形或环形，分布比较分散（图 8-17）；恶性钙化形态多呈细小砂粒状、线样或线样分支状，分布上常呈簇状、线样走行，大小不等，钙化可位于肿块内或外（图 8-18）。钙化的形态和分布是鉴别良、恶性病变的重要依据。大多数临床隐性乳腺癌只能依据钙化作出诊断。

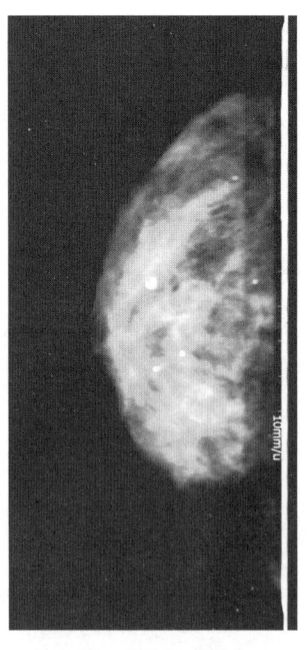
图 8-17 乳腺良性钙化
乳腺内多发散在的粗颗粒状钙化，部分呈环形，密度较高

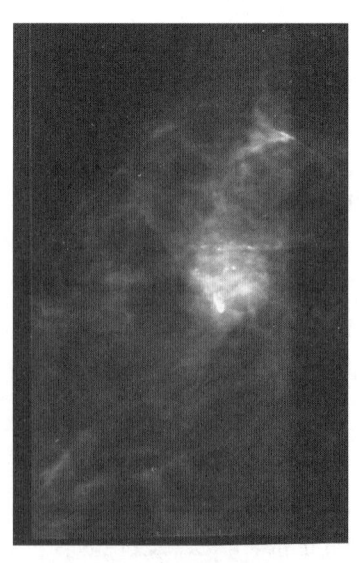
图 8-18 乳腺恶性钙化
内多发细小砂粒状钙化，呈簇状，密度浅淡

3. 结构扭曲　乳腺实质与脂肪间界面发生扭曲、变形、紊乱，但无明显肿块，可见于乳腺癌，也可见于良性病变。

4. 局限性不对称致密　两侧乳腺对比有不对称局限致密区或与以前X线比较，出现新的局限致密区，特别是当致密区呈进行性密度增高或扩大时，应考虑浸润性癌的可能，需进行活检。

5. 导管征　表现为一支或数支乳腺导管增粗、密度增高、边缘粗糙。可见于乳腺恶性病变，也可出现在部分良性病变中。

6. 晕圈征　肿块周围有一圈薄的透亮带，有时仅显示一部分，为肿块推压周围脂肪组织形成。多见于良性病变。

7. 局限性皮肤增厚、凹陷、乳头回缩　多见于恶性肿瘤，乳头回缩也可见于先天性乳头发育不良。

8. 腋下淋巴结肿大　病理性肿大淋巴结一般呈圆形或不规则形，密度增高。淋巴结肿大可为恶性肿瘤转移所致，也可为炎症所致。

9. 乳腺导管改变　乳腺导管造影可显示乳腺导管异常改变。

（二）超声

1. 肿块　良性肿块多表现为轮廓整齐，边缘光滑，有包膜回声，肿块横径通常大于纵径，内部为较均匀的低回声，肿块后方回声正常或增强，常有侧方声影，CDFI显示肿块内通常无血流信号。恶性肿块多轮廓不整齐，呈分叶状，边缘粗糙，无包膜回声，肿块纵径通常大于横径，内部回声不均匀，呈实性衰减，肿块后方回声多减弱且不清，侧方声影少见，常有周围组织浸润，CDFI显示肿块内有较丰富的高阻血流。

2. 钙化　钙化呈强回声光点或光团，其后方有声影。超声对存在于腺体组织内的小钙化显示困难。

3. 结构紊乱　乳腺结构紊乱表现为腺体增厚，内部呈强弱不等的网格状回声。

4. 乳腺导管改变　乳腺导管扩张时，可见导管显著增粗，如增粗的导管内出现肿块提示导管内有占位性病变。

5. 淋巴结肿大　对淋巴结的观察应包括其形态、血流情况等。转移性淋巴结多表现为单个或多个群集结节，形态不规整，边缘不光滑，CDFI显示血流信号丰富。

（三）CT

1. 肿块　良、恶性肿块形态学表现与X线相同。此外，CT的密度分辨力高于X线摄影，可以发现密度差较小的病变，根据CT值测量还可对肿块内的结构成分进行判断。增强CT扫描，良性肿块可呈中等强化，强化后CT值常增高30～40Hu；恶性肿块多有明显强化，CT值常增高50Hu以上。

2. 钙化　乳腺良、恶性病变钙化的CT表现与X线相同，但对于非常细小的钙化灶的显示，CT不如X线摄影。

3. 乳腺后间隙消失及淋巴结增大　恶性肿瘤侵及胸壁肌肉时，乳腺后间隙消失。有淋巴结转移时，在腋窝部及胸骨后可见肿大的淋巴结。

（四）MRI

乳腺病变的MRI的分析除了包括其形态学表现、内部结构，还要分析动态增强后病变强化分布方式和血流动力学表现特征，如早期强化率（early phase enhance-ment rate）和时间-信号强度曲线（time-signal intensity curve）类型等。

1. 形态学表现　对于良、恶性病变的形态学分析，与X线片相似。其中增强后病变的形态学表现能更清楚地显示其生长类型、病变范围以及内部结构，且能显示平扫难以检出的多灶或多中心性病变。形态学提示恶性的表现包括形态不规则，呈星芒状或蟹足样，边缘不清或呈毛刺样；反之，形态规则、边缘光滑锐利则多提示为良性。

2. 内部结构及强化方式　一般良性病变内部信号强度多较均匀，恶性病变内部因有坏死、液化、囊变、纤维化或出血，可表现为高、中、低混杂信号。动态增强检查，恶性病变强化多不均匀或呈边缘强化，并多由边缘环状强化向中心渗透呈向心性强化；而良性病变的强化多均匀一致或呈散在斑片样弥漫性强化，并多由中心向外围扩散而呈离心性强化。

3. 动态增强血流动力学表现　通常乳腺恶性病变动态增强信号强度呈快速明显增高且快速下降（快进快出）；而良性病变则表现为缓慢、延迟的渐进性强化，于强化晚期时相，病变的信号强度仍具有上升趋势。

四、乳腺炎性病变

常见的乳腺炎性病变包括急性乳腺炎（acute mastitis）、慢性乳腺炎（chronic mastitis）和乳腺脓肿（abscess of breast）。乳腺炎多见于产后哺乳期妇女，而青春期和绝经期后很少发病。急性乳腺炎临床症状及体征典型，一般很少需要进行影像学检查。

（一）乳腺炎

【病理与临床表现】

急性乳腺炎早期可无全身反应，严重时患侧乳腺出现红、肿、热、痛等症状，常合并有同侧腋下淋巴结肿大、压痛。乳腺炎致病菌常为金黄色葡萄球菌，少数为链球菌。实验室检查常有白细胞总数及嗜中性粒细胞计数升高。

【影像学表现】

1. X线　急性乳腺炎常累及乳腺的某一区段或全乳，表现为片状致密影，边缘模糊，患处皮肤水肿、增厚，皮下脂肪层混浊，并出现较粗大的网状结构。经抗生素治疗后，上述X线征象可迅速消失。慢性乳腺炎病变多较局限，呈致密影，可合并有多发或单发大小不等的脓肿，呈类圆形边界清晰或部分清晰的低或中等密度区。

2. 超声　急性期腺体层明显增厚，回声减低，病变区边界不规整；慢性期回声不均质；脓肿形成后可见类圆形的液性暗区，无明显包膜样反射，其后方回声增强。CDFI表现，急性期见多数腺体内血流信号轻度增加，脓肿形成时可在脓肿壁处探及低阻血流，这与乳腺恶性肿瘤的高阻血流不同。腋窝淋巴结肿大。

3. CT　急性乳腺炎平扫CT表现与X线平片大致相同，增强CT扫描病变区呈轻度至中度强化。慢性乳腺炎乳腺脓肿形成后表现为类圆形边界相对清晰的低或中等密度区，脓肿壁密度较高。增强后脓肿壁由于处于不同时期而表现为薄厚一致或不一的环状强化，中心部分无强化。若脓腔内出现气体，则可见更低密度区或气液平面。

4. MRI　急性或慢性乳腺炎在T_1WI上表现为片状低信号，T_2WI上呈高信号，且信号强度不均，边缘模糊，皮肤水肿、增厚。增强MRI扫描通常表现为轻至中度强化，且以延迟强化多见。乳腺脓肿在MRI上较具特征，T_1WI表现为低信号，T_2WI呈中等或高信号，边界清晰或部分边界清晰，壁较厚，增强后MRI表现与CT强化表现基本相同。

【诊断与鉴别诊断】

急性乳腺炎根据病史、典型症状及体征临床上不难作出诊断。其诊断要点：患者为哺乳期妇女，乳房肿痛伴有发热，白细胞增高，乳腺X线或超声检查乳腺组织结构模糊，边缘不清，并可见脓肿形成。

乳腺脓肿形成后，需与乳腺良性肿瘤和囊肿鉴别。

（二）乳腺结核

乳腺结核（tuberculosis of breast）少见，影像学不易与乳腺炎区别，鉴别诊断主要依据临床病史和实验室检查

五、乳腺增生症

乳腺增生症（hyperplasia of breast）为女性乳腺最常见的一类病变，发病高峰年龄在30～40岁。乳腺X线摄影、超声为此类病变的主要影像学检查方法。

【病理与临床表现】

乳腺增生症的临床症状常与月经周期有关，以乳腺胀痛为主，可伴有乳腺内囊性结节状"肿块"。是由于内分泌失调所引起的乳腺小叶实质、间质的异常增生。既不属于炎症，又不属于肿瘤的范畴。

【影像学表现】

1. X线 通常表现为乳腺内局限性或弥漫性片状、棉絮状影以及大小不等的结节状影，边界模糊。亦可见散在分布的细小钙化，轮廓光滑，此特点有助于与恶性钙化区别。伴有纤维囊变时，乳腺实质内可见密度增高的肿块影，边缘光滑。

2. 超声 乳腺腺体增厚，内部回声不均匀，回声光点增粗。如有乳腺导管囊性扩张或形成囊肿，可见管状分布或类圆形大小不等的无回声区，边界清晰，后方回声增强。

3. CT 平扫见乳腺组织增厚，表现为片状或块状多发致密影，密度略高于周围腺体。当有囊肿形成时，可显示为椭圆形水样密度区，密度均匀。

4. MRI 平扫T_1WI，增生的腺体组织表现为中等信号，在T_2WI上，增生的组织含水量越高信号强度越高。在动态增强扫描时，多数病变表现为渐进性强化。

【诊断与鉴别诊断】

乳腺增生症的诊断要点是：患者多为30～40岁，病变常为双侧，周期性乳腺胀痛；X线片或CT上，增生的乳腺组织多表现为弥漫性片状或结节状致密影；动态增强病变多表现为缓慢渐进性强化；囊性增生中的囊肿在超声上表现为无回声区，后方回声增强。

局限性乳腺增生，尤其是伴有结构不良时需与浸润型乳腺癌鉴别；乳腺囊性增生需与良性肿瘤如多发纤维腺瘤鉴别。

六、乳腺良性肿瘤

乳腺良性肿瘤以乳腺的纤维腺瘤最多见，乳腺导管内乳头状瘤、乳腺脂肪瘤、错构瘤等均少见。

（一）乳腺纤维腺瘤（fibroadenoma of breast）

多发生在20～30岁的女性，其发生与雌激素刺激有关，很少发生在月经来潮前或绝经后，可单发或多发。乳腺X线摄影、超声是乳腺纤维腺瘤的主要影像学检查方法，而MRI检查则有助于进一步确诊及鉴别诊断，一般不进行CT检查。

【病理与临床表现】

临床上常为偶然发现的无痛性肿块，边界清楚，活动度好。乳腺纤维腺瘤是由乳腺纤维组织和腺管两种成分增生共同构成的良性肿瘤，大多数肿瘤以纤维组织增生为主要改变。

【影像学表现】

1. X线 纤维腺瘤一般表现为圆形或卵圆形肿块（图8-15），亦可呈分叶状，直径多为1～3cm，边缘光滑，密度与正常腺体密度相似，肿块周围可见晕圈征，为被推压的周围脂肪组织。部分纤维腺瘤可见钙化影，形态多样，钙化分布在肿块的边缘或中心。

2. 超声 肿块呈圆形或卵圆形，轮廓整齐，横径通常大于纵径，有光滑清晰的包膜回声。内部呈均匀低回声，肿块后方回声正常或轻度增强。如有钙化，则其后方可出现声影。CDFI显示肿块内通常无明显血流信号。

3. MRI 在T_1WI上，肿瘤多表现为低信号或中等信号，在T_2WI上，依肿瘤内细胞、纤维成分及水的含量不同而表现为不同的信号强度；肿瘤内结构多较均匀，信号一致。动态增强大多表现为缓慢渐进性的均匀强化或由中心向外围扩散的离心性强化。

4. CT　平扫肿块与X线表现一致。增强扫描呈轻、中度均匀强化，强化后CT值常增高30~40Hu。

【诊断与鉴别诊断】

乳腺纤维腺瘤的诊断要点是：患者多为20~30岁的年轻女性；X线上表现为类圆形肿块，边缘光滑，密度均匀且近似正常腺体密度，部分可见粗颗粒状钙化；MRI、CT增强扫描，大多数纤维腺瘤表现为缓慢渐进性的均匀强化或由中心向外围扩散的离心性强化。

纤维腺瘤需要与乳腺癌鉴别。

(二) 乳腺导管内乳头状瘤 (intraductal papilloma of breast)

常见于经产妇，好发于40~50岁，肿瘤多位于接近乳头的大乳腺导管内，附近乳腺导管扩张。临床表现为间歇性的乳头溢液，当瘤体阻塞乳腺导管时出现乳房肿痛及肿块。本病的诊断主要依据乳腺导管造影。

七、乳腺恶性肿瘤

乳腺恶性肿瘤中约98%为乳腺癌（breast carcinoma）。我国乳腺癌发病率近年来呈上升趋势。影像学检查对乳腺癌的早期诊断至关重要。

【病理与临床表现】

乳腺癌好发于绝经期前后的妇女，临床表现常为乳腺肿块、乳头凹陷、溢血、乳腺皮肤及轮廓的改变以及淋巴结肿大等。病理学上通常将乳腺癌分为三类：非浸润性癌、浸润性非特殊型癌、浸润性特殊型癌。

【影像学表现】

1. X线　乳腺癌常见的X线表现包括肿块、钙化、结构扭曲等。肿块多呈分叶状或不规则形，边缘伴有长短不一的毛刺；肿块密度不均匀，且高于正常的腺体（图8-16）；临床检查测量的肿块常大于X线所示肿块的大小。钙化多呈细小砂粒状，分布上常呈簇状、线样走行（图8-18），钙化可单独存在，亦可位于肿块内或肿块外。钙化的形态和分布是鉴别良、恶性病变的重要依据。大多数导管原位癌（ductal carcinoma in situ, DDIS）是由乳腺X线检查发现特征钙化而明确诊断的，临床触诊并无肿块。结构扭曲是指乳腺实质与脂肪间界面发生扭曲、变形、紊乱，但无明显肿块，可伴或不伴有钙化，可见于恶性浸润性癌，也可见于良性病变。

在X线上，乳腺癌的征象还包括局限性不对称致密影、导管征、皮肤增厚和局限凹陷、乳头内陷和淋巴结肿大等，这些征象可以单独出现，也可以互相伴随出现。

2. 超声　肿瘤形态不规则，边缘不光滑，与正常组织分界不清，无包膜回声，纵径通常大于横径，肿瘤内部多为不均匀的低回声，如有钙化可出现强回声光点，部分有声影，肿块较大时内部可见液性暗区，肿块后方回声衰减，侧方声影少见。部分患者可探及患侧腋窝处回声较低的肿大淋巴结。CDFI显示肿块内有较丰富的高阻血流信号。

3. MRI　乳腺癌在T_1WI上表现为低信号，根据病变周围脂肪及腺体的分布，其边缘呈不同的表现。在T_2WI上，信号混杂。动态增强肿瘤信号强度趋于快速明显增高且快速减低，强化方式多由边缘强化向中心渗透，呈向心性强化，增强后还可以发现平扫未能检出的肿瘤。

4. CT　乳腺癌的CT表现与X线摄影基本相同，动态增强乳腺癌强化方式及特点与MRI类似。

【诊断与鉴别诊断】

乳腺癌的诊断要点是：患者多为 35 岁以上的女性，有相应的临床症状；乳腺 X 线片上，肿块形状不规则，边缘不光滑，多有小分叶或毛刺，密度高；钙化常表现为细小砂粒状，分布上常呈簇状、线样走行；MRI、CT 增强检查，病变信号强度或密度趋向"快进快出"，强化方式多由边缘强化向中心渗透，呈向心性强化。

本病需与纤维腺瘤鉴别。

（夏　军　王　滨　穆玉明）

第九章 骨与关节

第一节 检查方法

正常人体的骨骼组织由骨细胞、骨基质、无机钙盐和纤维构成。由于骨组织中无机钙盐所占比例较大，骨骼和周围组织形成良好的自然对比。骨骼组织由骨膜、骨皮质、骨松质和骨髓腔形成，密度差大，对比良好。通过 X 线摄影检查可满足多数骨关节病变诊断的需要。

一、检查方法

骨关节系统影像检查方法包括透视、摄影、关节造影、血管造影、CT、MRI 和超声等。X 线平片是骨关节疾病检查的基础和首选方法。

（一）透视

由于透视分辨率较差，不适用于观察骨骼和关节结构的细微改变，特别是较厚部位如头颅、脊椎等，一般只用于在创伤患者中寻找、定位高密度异物和辅助外伤性骨折与脱位的复位治疗。

（二）摄影

具有高度的特异性和敏感性，良好的空间和密度分辨率，射线剂量低，价格低廉，图像直观，钙化和骨皮质的显示较佳，对病变的范围、程度以及定性诊断有较大帮助。常规投照方法为正位和侧位 X 线摄影，必要时辅以斜位片或切线位片。骨骼 X 线摄影需要包括至少一个邻近关节及周围软组织，有时需要加摄对侧部位比较。滤线器、放大摄影等方法的应用较好地显示早期骨质硬化、死骨骨片、早期破坏、骨膜反应等。X 线放大摄影可以帮助观察骨结构的微细改变，特别有利于观察骨膜下骨质吸收、轻度的骨瘤侵蚀等变化。CR 与 DR 提高了 X 线照片的质量，因有助于骨关节病变的诊断而日益普及。

（三）关节造影

关节间隙由关节软骨和软骨之间的解剖关节间隙构成，其间充有少量滑液。由于与骨骼的自然对比，X 线平片可以清楚显示关节间隙的增宽、狭窄、骨性关节面破坏、硬化，但对透光度较高的关节内的软骨、关节盘、关节囊、滑膜及韧带等组织结构，由于相互间密度基本一致，在平片上缺乏对比，难于观察到其损伤和病理改变。通过于关节腔内注入对比剂，形成人工对比，从而较好地观察关节腔内结构，这种方法称为关节造影（arthrography）。关节造影通常采用低密度的气体作为对比剂，也可将高密度的有机碘水剂注入关节腔内。有时也可同时注入有机碘水剂和气体，这种方法称为双重造影。

（四）血管造影

主要用于四肢骨骼或软组织中的血管性疾病，特别是良性、恶性肿瘤的鉴别，根据肿瘤的血管形态学改变、肿瘤血流情况以及邻近血管的压迫移位等征象进行诊断和鉴别诊断。

（五）CT

采用横断面扫描，密度分辨率高，提高了病变的检出率和诊断的准确性。通过窗位、窗宽的调整可获得良好的对比,通过于静脉内注射对比剂的增强扫描能更好地观察组织结构的病理改变。多平面图像的重建有助于空间关系的观察。CT能较好地显示骨内、骨外、骨髓腔和关节周围结构,对确定病变性质亦有较大的优势。虽然CT的密度分辨率优于普通X线检查,但其空间分辨率有限,因此,CT和X线摄影检查相互补充,才能提高病变的发现率和诊断的正确性。目前CT已较广泛地应用于骨关节病变、骨密度测量等,还可在CT导引下进行骨组织穿刺活检。

(六) MRI

是一种安全、无创的检查方法。MRI具有软组织密度分辨率高和病理敏感度强,能多方位、多序列、多参数成像等特点,可提供更多信息,特别适宜于软骨、韧带和骨髓组织等骨关节疾病的诊断,充分显示骨关节内结构和软组织病变以及病变范围和解剖关系。MRI能很好地分辨各种不同的软组织,对软组织病变较CT敏感,能显示X线摄影和CT不能显示或显示不佳的一些病理变化,如软组织水肿、骨髓病变、肌腱和韧带的变性等等。因此,MRI在骨关节疾病中应用越来越广泛。但MRI对钙化、骨化、骨皮质的显示不及X线和CT。

(张 翱 胡 勇 刘挨师)

第二节 正常影像解剖

一、X线表现

(一) 四肢骨关节X线解剖

1. 管状骨的X线解剖(图9-1)

(1) 骨膜:正常骨膜在X线片上不能辨认。

(2) 骨皮质:骨皮质为密质骨,密度均匀致密,在骨干中段最厚,向两端逐渐变薄。

(3) 骨松质:在X线片上主要显示骨小梁,为网格样骨纹理,密度低于骨皮质。

(4) 骨髓腔:常显示不清,骨髓腔的骨干段可显示为边界不清、较为透亮的带状区。

2. 滑膜关节的X线解剖 X线片上滑膜关节由骨性关节面、关节间隙及关节囊构成(图9-2)。

(1) 骨性关节面(bony articular surface):X线片上表现为边缘锐利、光滑的线样致密影,由关节软骨深层的菲薄钙化带和其下的薄层致密骨质构成,通常凹侧骨性关节面较凸侧厚。

(2) 关节间隙(joint space):X线片上表现为两个相对骨端的骨性关节面之间的透亮间隙,由关节组成骨的关节软骨和解剖学上真正的关节腔构成。

(3) 关节囊:一般X线片上不能显示,有时在关节囊外脂肪层的衬托下可见其边缘。

(4) 关节附属结构:①某些大关节(如膝、髋和踝关节)周围的韧带,可在脂肪组织的对比下得以显示,如髌韧带;②关节内脂肪,位于关节囊内外层之

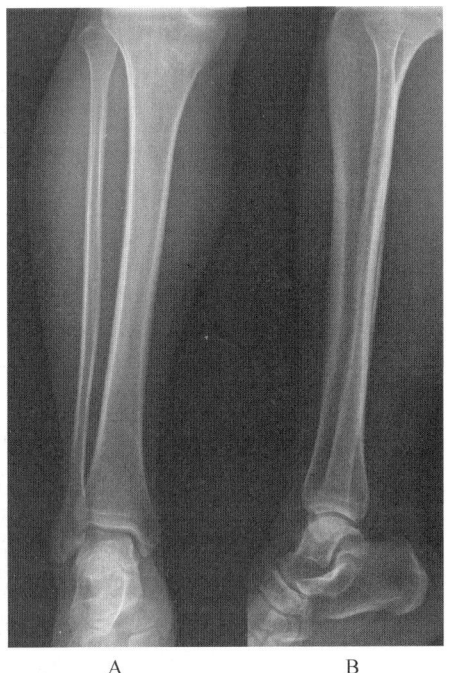

图9-1 长管状骨X线表现
A. 正位;B. 侧位。右侧胫腓骨的骨皮质、骨松质、骨髓腔的X线解剖

258　第九章　骨与关节

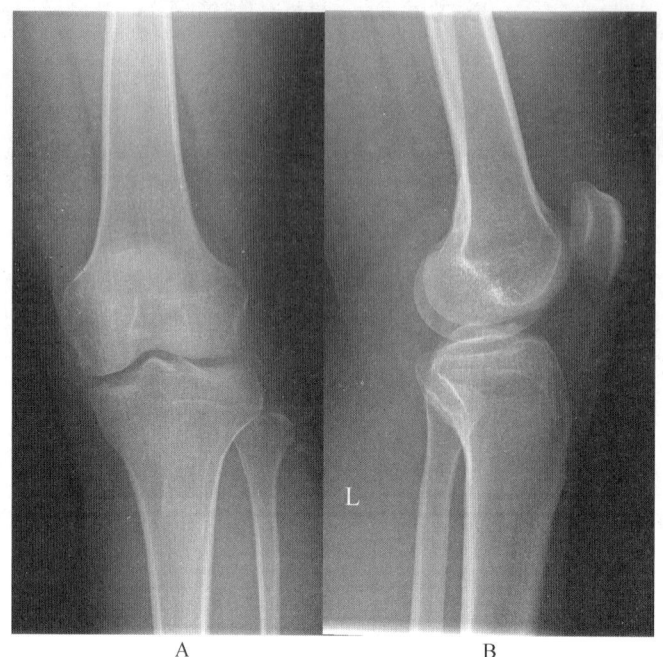

图 9-2　关节 X 线表现
A. 正位；B. 侧位。显示左侧膝关节 X 线解剖

间，见于大关节，如肘关节囊前后两个脂肪块及膝关节的髌下脂肪垫；③关节外脂肪层，位于关节囊和周围肌肉之间，层次清楚，可衬托出关节囊的轮廓。

3. 儿童四肢骨及关节的 X 线解剖特点　儿童期的骨处在生长发育阶段，在 X 线解剖上与成人骨有所不同。

（1）儿童管状骨的 X 线解剖：与成人管状骨由骨端和骨干两部分组成不同，儿童管状骨由骨骺、骺板及骨干三部分组成（图 9-3）。

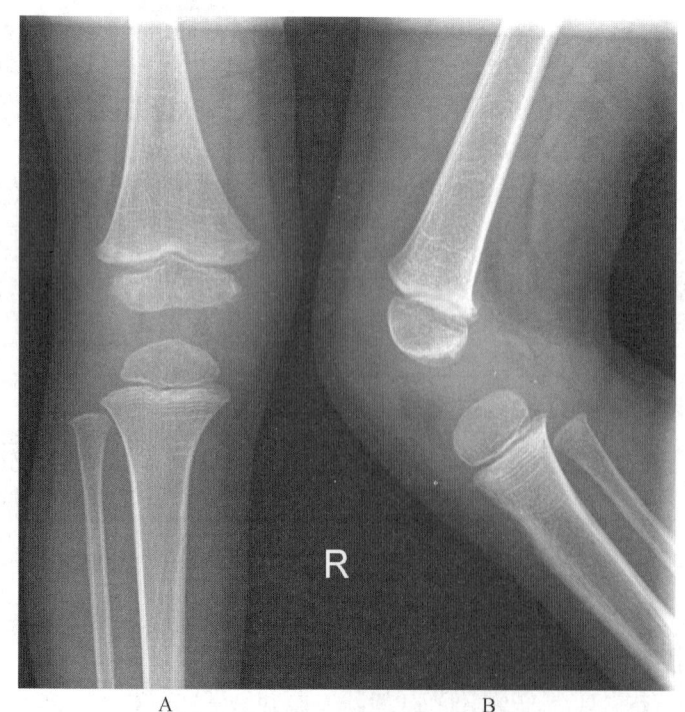

图 9-3　儿童关节及管状骨 X 线表现
A. 正位；B. 侧位。右侧股骨、胫骨的骨骺、骺板及骨干的 X 线解剖

1）骨骺：位于长骨骨端或某些骨突部位（如股骨大粗隆和肱骨大结节），由中央骺核和周围骺软骨组成。X线上显示的为发生骨化的骺核，即二次骨化中心。初期表现为一个或多个小点状骨化影，逐渐增大形成骨松质，其边缘由不规则渐变为光整，最后与骨干愈合。

2）骺板（epiphyseal plate）和骺线（epiphyseal line）：是干骺端（骨干两端增宽部）和二次骨化中心之间的软骨投影。儿童期显示为一较宽的透亮带，称为骺板；随年龄增长，骺板逐渐变窄，表现为一透亮线，称为骺线。

3）骨干：外围为高密度骨皮质，中央为低密度髓腔。骨干两端增宽部称为干骺端，是骨骼生长最活跃的部位。干骺端紧贴骺板的为一不规则的致密线，即先期钙化带，由骺板软骨内钙化的软骨基质和初级骨小梁所组成。

（2）儿童四肢关节的X线解剖：儿童骺软骨未完全骨化，因而"关节软骨"较厚，X线片上显示的关节间隙相对较成人宽（图9-3）。

（二）躯干骨X线解剖

1. 脊柱

脊椎及椎间盘的X线解剖：正位片上（图9-4A），椎体呈长方形，从上向下依次增大。椎体主要由松质骨构成，纵行骨小梁比横行骨小梁明显，周围为一层骨皮质，密度均匀，轮廓光滑。椎体两侧有横突影，其内侧可见椭圆形环状致密影，为椎弓根的横断面投影，称为椎弓环。椎弓根的上下方为上下关节突的影像。棘突位于中线，呈尖向上的类三角形线状致密影，投影于椎体中央偏下方。椎体上下缘的致密线状影为终板（end plate），彼此平行。侧位片上（图9-4B），椎体也呈长方形，其上下缘与后缘成直角。椎管在椎体的后方为纵行半透明区。椎弓板位于椎弓根和棘突之间，棘突指向后下方。上、下关节突分别起于椎弓根与椎弓板连接之上、下方，下关节突在下一脊椎的上关节突的后方。同一脊椎的上下关节突之间为椎弓峡部。脊椎小关节间隙为匀称的半透明影，颈、胸椎小关节于侧位片显示清楚，腰椎小关节在正位片显示清楚。椎间孔（intervertebral foramen）居于相邻的椎弓根、椎体、关节突和椎间盘之间，颈椎的椎间孔在斜位片上显示清楚，胸腰椎的椎间孔在侧位片上显示清楚。

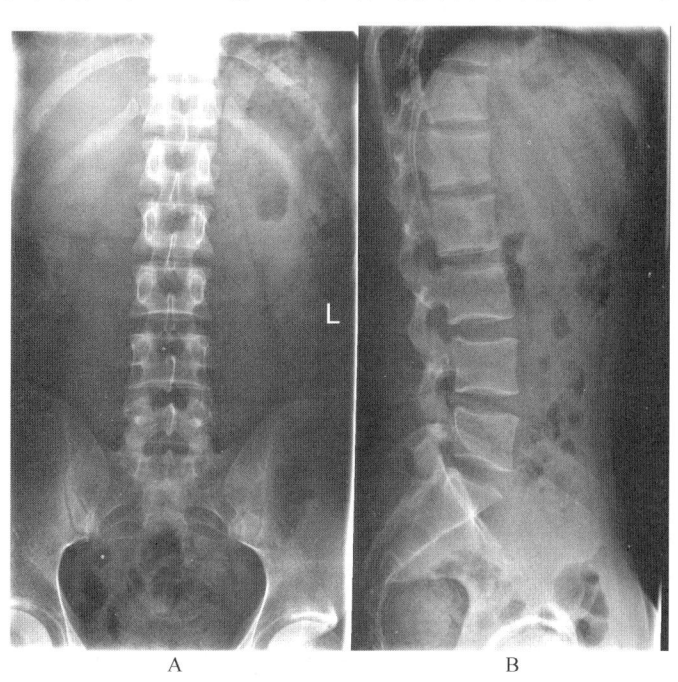

图9-4 脊柱X线表现

A. 正位；B. 侧位。显示脊椎椎体、椎间隙、小关节的X线解剖相邻两椎体终板间的透亮间隙为椎间隙（intervertebral space），是椎间盘（intervertebral disc）的投影。侧位片上可以更好地观察椎间隙，胸椎间隙较窄，自下胸椎起，椎间隙有向下逐渐增宽的趋势，以 L_4～L_5 间隙最宽，而 L_5～S_1 间隙又变窄。在侧位片上椎间隙前后部并不等宽，随脊柱生理弯曲有一定的变化。老年人的椎间隙较年轻人略窄。

在正位脊柱片上还可见一些软组织影，如胸椎旁线和腰大肌影。胸椎旁线是左肺内缘后部胸膜反折的投影，是一条与胸椎平行的中等密度线样影，左侧的胸椎旁线较常见，也较右侧的胸椎旁线宽。腰大肌影起于第 12 胸椎下缘，两侧对称，斜向外下方，其外缘在 X 线片上易于辨认。

2. 胸骨　胸骨由胸骨柄、胸骨体和剑突三部分组成。胸骨柄上方两侧各有一关节面与锁骨形成胸锁关节。柄和体部两侧有多个肋切迹，分别与两侧 1～7 肋软骨相连接。正位 X 线片上除柄外其他部分不能见到，故常用斜位或侧位观察。

3. 肋骨　肋骨包括肋骨头、肋骨颈、肋骨结节、肋骨体和肋软骨五个部分。

二、CT 表现

（一）躯干和四肢骨骼

在骨窗显示的 CT 图像上，可以很好地观察骨皮质和骨小梁，前者表现为致密的线状或带状影，而后者表现为细密的网状影。骨干的骨髓腔因骨髓内的脂肪成分而表现为低密度。

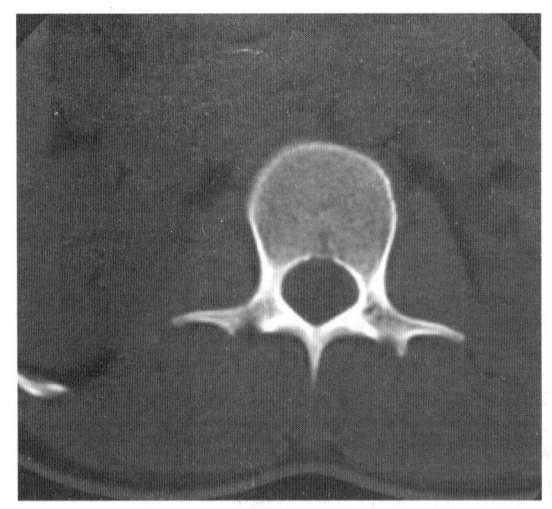

图 9-5　脊柱横断面 CT 表现
腰椎 CT 横断面示椎体、横突、棘突、椎管

在软组织窗上，中等密度的肌肉、肌腱和骺软骨在低密度的脂肪组织的衬托下也能清晰显示。

在脊柱的 CT 横断面图像上，在经过椎体中部的层面上可见由椎体、椎弓根和椎弓板构成的椎管骨环，环的两侧有横突，后方可见棘突；椎体的断面呈后缘向前凸的类圆形。在经过椎体上部和下部的层面上椎体断面呈后缘前凸的肾形，其后外侧方可见椎间孔和上下关节突。黄韧带为软组织密度，附着在椎弓板和关节突的内侧，厚约 2～4mm。硬膜囊（dural sac）居椎管中央，呈软组织密度，其与椎管骨壁间有数量不等的脂肪组织。在椎间盘层面上，可见椎间盘影，其密度低于椎体，CT 值为 50～110Hu（图 9-5）。

（二）关节

CT 能很好地显示关节骨端和骨性关节面，后者表现为线样高密度影。关节软骨常不能显示。在适当的窗宽和窗位时，可见关节囊、周围肌肉和囊内外韧带的断面，这些结构均呈中等密度影。正常关节腔内的少量液体在 CT 上难以辨认。关节间隙为关节骨端间的低密度影（图 9-6）。

（三）软组织

CT 能分辨密度差别较小的脂肪、肌肉和血管等组织和器官。在 CT 图像上，躯干和四肢的最外层是线样中等密度的皮肤，其深部为厚薄不一、低密度的皮下脂肪层，其内侧和骨的四周是中等密度的肌肉。由于肌肉之间有脂肪性低密度的间隔存在，因此依据各肌肉的解剖位置和相互关系，不难将它们辨认。血管和神经多走行于肌间，在周围脂肪组织的衬托下呈中等密度的小类圆形或索条影；增强扫描血管呈高密度影，显示更清楚且易于与并行的神经区别。关节囊可借助囊壁内外层间或囊外的脂肪而辨认其轮廓；关节附近的肌腱和韧带亦可为其周围的

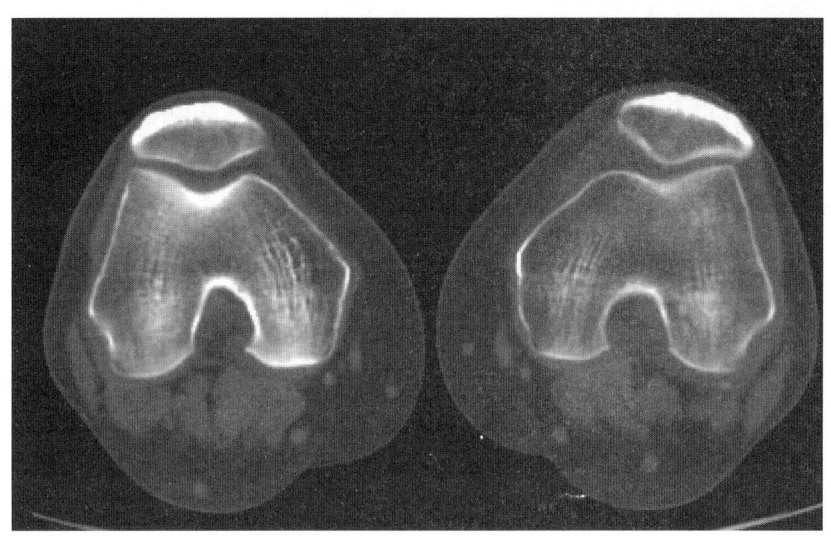

图 9-6 膝关节 CT 表现
膝关节 CT 横断面示股骨下端、髌骨、关节腔

脂肪所衬托而得以显示，上述结构也均呈中等密度影。

三、MRI 表现

（一）骨髓

骨髓由造血细胞及脂肪组织构成，松质骨骨小梁构成骨髓中细胞成分的支架。依据骨髓各成分比例不同，可以分为红骨髓和黄骨髓两类，红骨髓所含脂肪、水及蛋白质的比例约为 40：40：20，而黄骨髓则为 80：15：5。由于黄骨髓所含脂肪比例较红骨髓高，其 T_1WI 信号较高。正常情况下，T_1WI 上黄骨髓表现为与皮下脂肪相似的高信号，红骨髓信号介于皮下脂肪和肌肉之间；T_2WI 上，红、黄骨髓信号相似，其信号高于肌肉而低于水。在高分辨率 MRI 上，骨骺瘢痕和较大骨小梁可呈髓内条状低信号影而被识别。

新生儿大部分骨髓为红骨髓，随着生长发育，四肢骨骨髓自远端向近端顺序转化为黄骨髓。儿童期，骨髓中脂肪与造血细胞混合分布，T_1WI 信号可不均匀，呈斑片状高低混杂信号。青春期，仅中轴骨及股骨、肱骨近端有红骨髓分布。成年人，上述部位均转换为黄骨髓。脊椎内红骨髓成分中可含脂肪团，在 T_1WI 上表现为类圆形高信号区，类似于椎体内血管瘤。

（二）皮质骨、骨膜和关节软骨

由于皮质骨中自由质子含量很少，因此在任何序列上均表现为低信号。骨膜是紧贴非关节面处皮质骨外表面的一层菲薄纤维膜，正常情况下，MRI 不能显示。关节（透明）软骨是由软骨细胞、胶原纤维、水和蛋白多糖等成分构成的复杂的层状结构。SE 序列 T_1WI、DWI 上，关节软骨呈介于肌肉和脂肪之间的中等信号强度，T_2WI 上关节软骨为相对低信号，与高信号关节内液体形成对比。脂肪抑制 T_1WI 是观察关节软骨较为理想的序列，可以增加关节软骨和邻近结构的对比度，此时关节软骨为高信号，关节积液为中等信号，软骨下骨板及骨髓为低信号。

（三）滑膜结构

正常滑膜通常很薄，常规 MRI 上难以识别。有时在较粗厚的纤维性关节囊衬托下，滑膜可以表现为菲薄的低信号结构。正常滑膜在增强扫描图像上不会发生强化或者仅有轻度强化。

正常关节、关节隐窝、滑囊和腱鞘内通常都含有一定体积滑液，表现为 T_1WI 上低于肌肉的低信号，T_2WI 和 STIR 上的高信号影。

（四）纤维软骨、肌腱和韧带

关节内数种支持结构如关节盘、半月板及关节唇都由纤维软骨构成。正常纤维软骨在绝大多数序列上呈低信号。除特有信号特征外，正常纤维软骨尚有一定的形态特征。如：膝关节半月板的断面呈三角形或弯弓状；肩胛盂唇通常呈三角形，可因关节伸展和旋转程度不同而呈圆形或平板状。

正常肌腱在所有序列上均表现为均匀一致的低信号。MRI 上，正常肌腱边缘光整，典型者，断面通常为圆、椭圆或扁平状，一般其直径不会发生改变，除非是与骨连接处，肌腱会变得宽大以加大与骨的接触面。在肌腱-骨连接处，信号可以变得不均匀，局部组织成分为肌腱、纤维软骨或骨化的混合。

韧带与肌腱的组成成分相似，所有序列上都表现为低信号影。正常的韧带有一定的走行和大小，应当是从一骨连接至另一骨的连续完整的结构。

（五）肌肉

肌肉与肌肉之间通常被含脂肪的间隔相隔。每一块肌肉由肌束构成，肌束与肌束之间亦有含脂肪的结缔组织分隔。T_1WI 上高信号的肌肉间隔与低信号肌肉形成自然对比，可以辨认不同的肌肉，并且肌束间隔使每块肌肉断面呈花纹样外观。每块肌肉有其特定的大小与形态，两端往往与低信号的肌腱相延续。

（张　翱　刘挨师）

第三节　基本病变的影像表现

一、X 线表现

骨和关节的基本病变多种多样，不同的 X 线表现可反映不同疾病的病理表现，认识基本病变的 X 线表现，对推测骨骼疾病的病理学基础非常重要。通过准确地分析骨关节疾病的基本 X 线征象，将有助于疾病的正确诊断，在临床工作中具有重要意义。

（一）骨骼基本病变

1. 骨质疏松（osteoporosis）　是指单位体积内的骨量减少，即骨组织的有机成分和钙盐都减少，而骨的有机物和无机物比例保持正常。在组织学上见骨皮质变薄，哈氏管扩大，骨小梁数目减少。引起骨质疏松的疾病很多，广泛性骨质稀疏多见于高龄、绝经后、营养不良、代谢性和内分泌疾病等。局限性骨质疏松多见于骨折后、肿瘤、感染和失用等。

X 线表现：骨密度减低，骨小梁减少且变细，骨小梁间隙增宽，骨皮质变薄（图 9-7），患者易伴发骨折。在椎体内表现为纵行条纹影减少，椎体皮质变薄，由于脊柱承受体重，严重时椎体内结构消失，椎体受压，表现为双凹变形或楔形变，椎间隙增宽。

2. 骨质软化（osteomalacia）　是指单位体积内的钙质含量减少而骨组织的有机成分正常。在组织学上见骨小梁中央部分钙化，而周围存在较多未钙化的骨样组织。导致骨质软化的原因包括维生素 D 缺乏或抗维生素 D 体质，碱性磷酸酶活性减低，肠道吸收功能障碍，肾排泄钙、磷过多等。主要见于佝偻病（图 9-8）、骨质软化症、代谢性骨病、内分泌障碍性骨病、肾性骨病和药物中毒等。

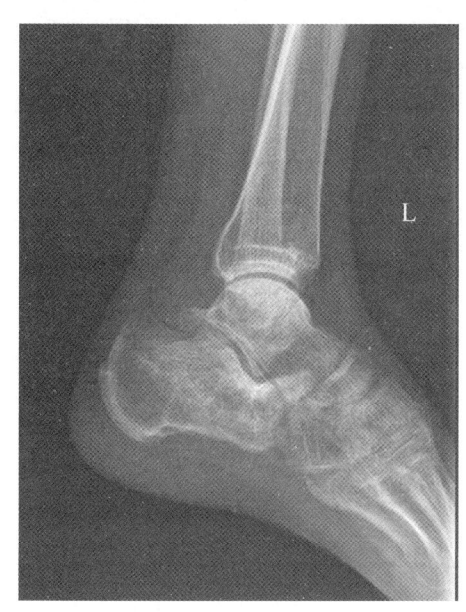

图 9-7　骨质疏松
骨密度减低，骨小梁稀疏，骨皮质变薄

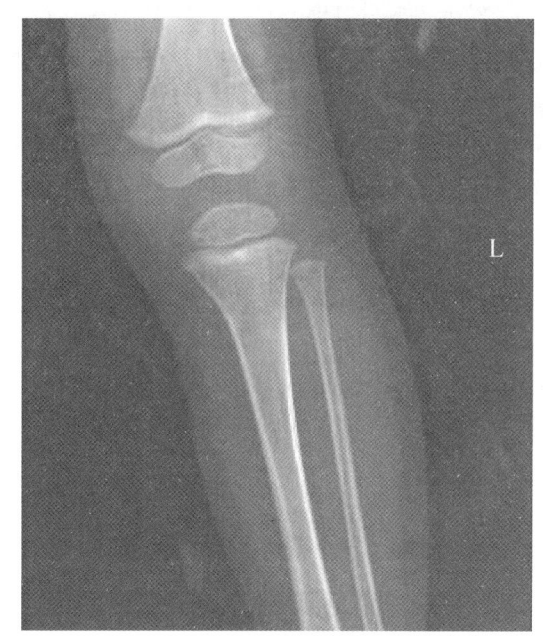

图 9-8　骨质软化
干骺端毛刷状改变

X 线表现：与骨质疏松有相似之处，表现为骨密度减低，骨小梁变细而模糊，骨皮质变薄。除此之外，骨质软化有特征性的 X 线表现，包括：①假骨折线，表现为垂直于骨皮质的长度从几毫米到几厘米不等的透光带。常发生于耻骨、坐骨、股骨颈、肋骨和四肢长骨骨干。②骨骼变形，常表现为骨盆凹陷、椎体双凹变形、骨干弯曲变形等。③骺线增宽，干骺端毛刷状改变，骺下骨质疏松带等，此表现主要见于佝偻病。

3. 骨质硬化（osteosclerosis）　也称骨质增生，是指单位体积内骨量增多，系成骨细胞活跃形成新生骨或软骨内成骨所致。在组织学上见骨皮质增厚，骨小梁增粗、增多。骨质硬化可分为局限性和全身性两种。局限性较常见，其原因为外伤、感染、肿瘤及退行性骨关节病等。全身性骨质硬化较少见，其原因为石骨症、氟骨症等。

X 线表现：骨质密度增加，骨皮质增厚，骨骼增粗甚至变形，骨小梁增粗、密集，骨髓腔边界不清楚，甚至变窄或消失。骨质增生还可以表现为骨赘、骨刺、骨桥或骨唇等，常发生于骨端边缘、肌腱及韧带附着处。

4. 骨质破坏（destruction of bone）　是指局限性正常骨组织被病理组织代替。骨质破坏可见于炎症、结核、肉芽肿、骨肿瘤和肿瘤样疾病等。

X 线表现：局限性骨密度减低，正常骨结构消失，可表现为斑点状、虫蚀状、筛孔状、大片状等。病变性质不同，其边缘、形状及周围骨质改变不同。如恶性肿瘤的破坏区边缘模糊，形态不规则，骨囊肿的破坏区边缘光整，边界清楚。

5. 骨质坏死（osteonecrosis）　是指骨组织血液供应中断后代谢停止，形成死骨、肉芽组织和新生骨。常见于慢性化脓性骨髓炎、骨结核、服用大量激素、酒精中毒、骨缺血性坏死和外伤骨折后等。外伤骨折常见于股骨颈骨折导致股骨头缺血、坏死。

X 线表现：局限性高密度区周围衬以低密度带，低密度带代表肉芽组织或骨质疏松区，低密度再外方有时可见稍高密度的新生骨。骨干骨质坏死最常见于急、慢性化脓性骨髓炎，表现为条片状及小片状高密度影，周围有低密度带和新生骨。

6. 骨膜反应（periosteal reaction）　是指骨膜被刺激后骨膜内层成骨活动增加，形成骨膜新生骨而引起的骨膜增生。常见于肿瘤、炎症、外伤、骨膜下出血等。

X线表现：根据骨膜反应的范围、结构和形态分为①平行型：平行于骨皮质的线状致密影，并间隔有透光影。常见于感染、骨膜下血肿、骨折等。②葱皮型：表现为多条线状致密影，呈分层状或葱皮状排列，常见于感染、尤因肉瘤及骨肉瘤等。③花边型：骨膜增生形成的新生骨沿皮质表面分布不均，呈波浪状，常见于感染及肺性肥大性骨关节病。④阳光型：表现为骨皮质伸向附近软组织的线状致密影，呈放射状，多见于恶性肿瘤。⑤三角型：表现为被掀起的骨膜两端的三角形致密影，是骨膜下病变突破增生的骨膜，称为Codman三角或骨膜三角，常见于骨肉瘤等恶性肿瘤。

7. 钙化（calcification） 可为生理性或病理性。软骨类肿瘤可出现软骨钙化。骨肿瘤中钙化提示肿瘤来源于软骨。少数关节软骨或椎间盘也可出现软骨钙化。骨梗死可导致骨髓内钙化。

X线表现为颗粒状、小环或半环状的致密影，数量不等，可在瘤体内广泛分布或局限于某一区域。

8. 骨骼变形（skeletal deformity） 是指骨骼的形态、大小、数量发生变化，常见于先天性骨发育畸形和先天性骨软骨发育障碍，如骨软化症、成骨不全等。

9. 软组织改变（soft tissue abnormality） X线片上可观察到伴随骨关节病变的软组织改变。外伤、感染、软组织肿瘤和骨恶性肿瘤侵犯软组织等常导致软组织肿胀。肌萎缩、先天性肌发育不良等常导致软组织萎缩。软组织在X线片上还可见钙化、骨化、气体、异物等改变。

（二）关节基本病变

1. 关节肿胀 由关节腔积液或周围软组织充血、水肿和出血引起。X线表现为关节周围脂肪影移位变形，脂肪层及间隙模糊，关节周围软组织肿胀，密度增高。若有关节腔积液则表现为关节间隙增宽。

2. 关节积液 由感染、外伤等导致的关节腔内液体积聚，关节囊周围软组织常伴充血、水肿。X线表现为关节周围密度增加，积液量较多时可见关节间隙增宽。采用MRI检查显示更加清楚。

3. 关节破坏 是指关节软骨或骨性关节面被吸收、破坏、囊变。软骨被破坏时，X线仅表现为关节间隙变窄。而骨性关节面被破坏时，X线可表现为关节面骨质缺损，关节面下囊变，骨质增生硬化等，严重破坏可导致关节脱位、变形和强直。

4. 关节脱位 是指组成关节的骨端失去正常解剖关系而脱离或错位。其原因为外伤、感染、先天发育异常等，以外伤最多见，可分为不完全性和完全性。X线表现为骨端分离错位，关节间隙增宽或变窄。

5. 关节强直 由感染、关节退变或其他病变引起，分为骨性强直与纤维性强直。骨性强直是指关节骨端的骨性相连，X线表现为关节间隙部分或完全消失，并有骨小梁贯穿，常见于化脓性关节炎。纤维性强直是关节被破坏后由纤维组织连接骨端，X线表现为关节间隙狭窄，关节的骨端以条索致密影相连，无骨小梁贯穿，常见于关节结核。

二、CT

骨关节的基本病变的CT表现与X线基本一致，但CT更有利于细微病变的显示，尤其是断层图像和各种后处理技术可更加全面地显示病变及病变范围，对软组织病变显示更加清楚。而CT的增强技术可进一步明确病变范围及血供。

三、MRI

MRI对于骨与关节的病变显示优于CT和X线检查，尤其是对软组织病变、关节软骨和韧带显示更加清楚，如 MRI 可准确显示关节软骨被破坏、关节积液等。MRI 显示骨骼病变的范围更加精确，并且可由 MRI 信号改变确定病变的病理改变。

（张　翱　刘　丹　刘挨师）

第四节　骨与关节损伤

一、骨折

骨折（fracture）是指骨结构的完整性和连续性发生完全或部分性中断。按病因分为创伤性骨折、疲劳性骨折和病理性骨折，按照骨折时间分为新鲜骨折和陈旧性骨折。骨折多见于长骨与脊柱。

【病理与临床表现】

骨折部位的骨结构及其附属组织断裂，包括骨皮质和骨松质折断，骨内外膜、血管、神经、骨髓以及关节软组织、软骨和肌肉等的损伤。儿童青枝骨折大多数损伤轻微，只有骨的折裂和骨髓损伤，骨膜组织可以保持完整或有轻微撕裂。

创伤性骨折一般有明确外伤史，多为直接暴力（如摔倒、撞击、砸压、火器伤等）和间接暴力（如外力传达和肌肉强力收缩牵拉）所致骨折。临床表现为骨折部位出现疼痛、肿胀、畸形、功能障碍和骨摩擦音等。

疲劳性骨折一般没有明确外伤史，因连续、多次、反复、轻微损伤而致骨折，好发于战士、运动员、舞蹈演员和其他劳动者，以跖趾骨、胫腓骨、肋骨为好发部位。

由于骨骼因全身性疾病或局部性疾病如炎症、肿瘤等而变脆弱，轻微外伤即可造成骨折，即为病理性骨折。临床表现既有原来骨病表现，又有骨折表现。

骨关节创伤时影像学检查以 X 线平片为主，其他检查为辅，先确定有无骨折、脱位以及骨折的性质，对于 X 线平片不明确而临床症状明显时可行 CT 及 MRI 检查，关节或重叠部位的创伤一般要行 CT 三维重建检查。隐形骨折（occult fracture），亦称骨挫伤（bone bruise），为骨小梁微骨折，骨髓内沿骨折线出血，X 线摄影不能显示出骨折线，可行 MRI 检查。

【影像学表现】

1. X 线　骨折时 X 线表现为骨小梁、骨皮质中断，可见骨折线，X 线平片表现为锐利的透亮线、致密线、骨皮质及骨纹理扭曲或骨骺分离。骨折线有横行、纵行、斜行、螺旋形等，常见于四肢管状骨骨干骨折（图 9-9）。儿童青枝骨折时 X 线表现为骨皮质及骨小梁的变形、皱褶。颅骨骨折表现为颅骨塌陷或星状骨折线。椎体骨折表现为椎体压缩变形呈楔形改变。

X 线可显示骨折断端移位、成角、重叠、旋转等情况。如果发现骨折断端皮质厚度不一、髓腔宽窄不一、骨干粗细不一时，均提示有旋转移位。X 线还可判断骨折复位后的情况。解剖复位是指骨折经整复后已达到或接近正常解剖和功能的要求，X 线表现为对位（两骨折断端的接触面）和对线（两骨折段在纵轴上的关系）完全良好。功能性复位是骨折对位稍差，但对线良好，特别是无成角畸形，旋转移位也得到改善，已达到功能复位的要求，X 线表现为对线良好，对位稍差：长骨干骨折断端对位至少达 1/3，干骺端骨折断端对位至少达 3/4。未达到解剖和功能复位要求者即为复位不佳，会发生畸形愈合。

骨折愈合的过程可分为纤维骨痂形成期（约骨折后 2~3 天）、骨性骨痂形成期（一般在骨折后 2~3 周）、骨痂改造塑形期（一般在骨折后 2~3 个月）三个时期。骨折愈合过程中骨痂主要来自骨外膜内层成骨细胞增生分化成骨，形成外骨痂，X 线表现为骨折段有光滑的骨外膜反应。内骨痂由骨内膜细胞及骨髓未分化间叶细胞演变成为骨母细胞,形成编织骨,X 线表现为不规则斑点状、团块状、条片状。随着内外骨痂的逐步形成,骨折逐渐愈合(图 9-10)。骨折在愈合的过程中可以出现的并发症包括骨折延迟愈合或不愈合、骨折畸形愈合、骨关节感

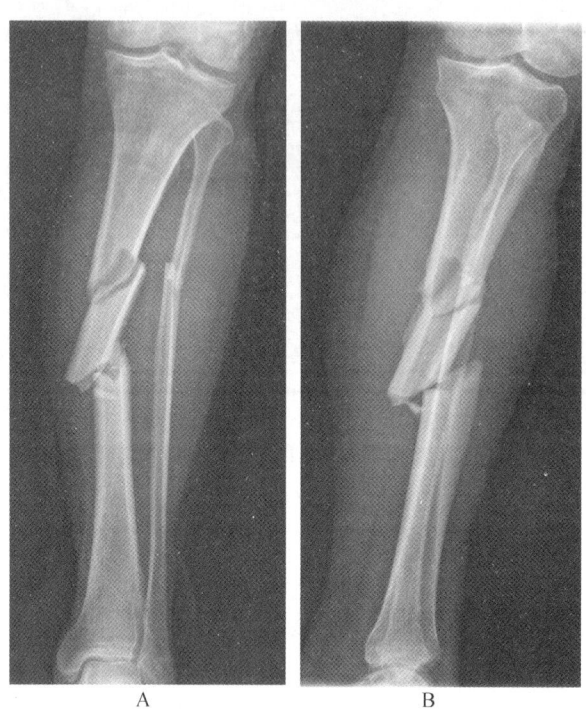

图 9-9　左侧胫腓骨骨折
A. 正位片;B. 侧位片。左侧胫骨中段粉碎性骨折,左侧腓骨斜行骨折

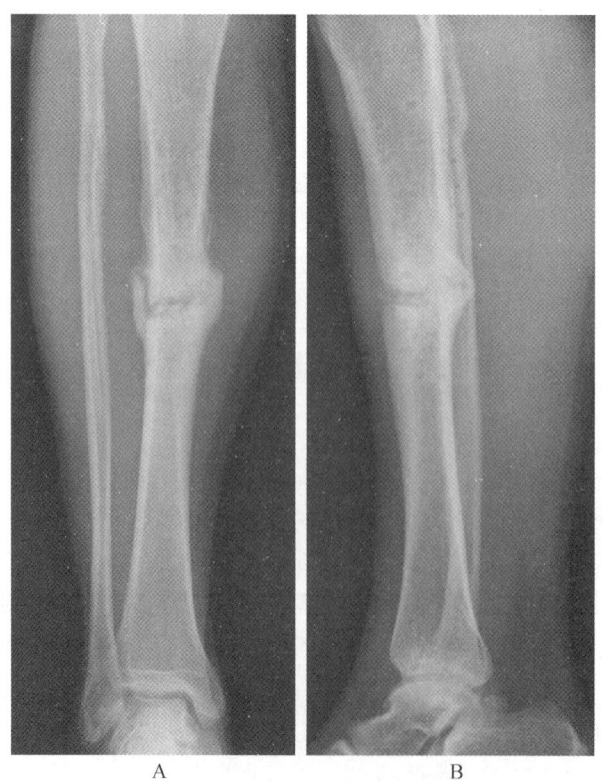

图 9-10　右侧胫骨骨折骨痂形成
A. 正位片;B. 侧位片。右侧胫骨中段横行骨折,见高密度的内、外骨痂形成

染、骨缺血坏死、外伤后骨质疏松、关节强直、创伤性关节炎和骨化性肌炎等。儿童骨端骨折累及骨骺者，某些骨折可造成骨骺早闭，引起骨骼变形和短肢畸形。

2. CT　一般情况下 X 线平片可以诊断大多数骨折，对于脊柱、骨盆、胸部、四肢大关节的损伤，CT 扫描能发现 X 线平片难以显示的骨折碎片和软组织出血、水肿。螺旋 CT 进行二维和三维重建能够清楚显示骨折的形态和骨折分离、移位的程度，以及骨折碎片的大小和数目。在脊柱骨折还能观察骨折碎片压迫椎管内的情况。以上这些对于临床的分型与治疗和观察预后都非常有帮助。

3. MRI　MRI 对骨皮质、骨痂以及骨折线的显示不如 CT，但是对骨折后骨折端的出血、髓腔内的水肿和血肿以及软组织的损伤显示最佳，特别是软骨损伤和儿童的骨骺骨折、骺板骨折。当外伤后引起骨小梁断裂和骨髓水肿、出血，在 X 线平片及 CT 常无异常发现，骨挫伤区在 MRI T_1WI 呈模糊不清的低信号区，在 T_2WI 显示为高信号区。

【常见的骨折类型】

1. 脊柱骨折　以第 12 胸椎、第 1 腰椎骨折常见，常见压缩性和爆裂性骨折，椎体变扁呈楔形改变（图 9-11），可伴有椎板骨折和小关节脱位。脊柱骨折可造成脊髓损伤，引起截瘫。

2. 肱骨外科颈骨折　是指在肱骨解剖颈下 2~3cm 处的骨折，见于成人和老人，X 线表现为肱骨外科颈处横形或短斜行的骨折线（图 9-12）。

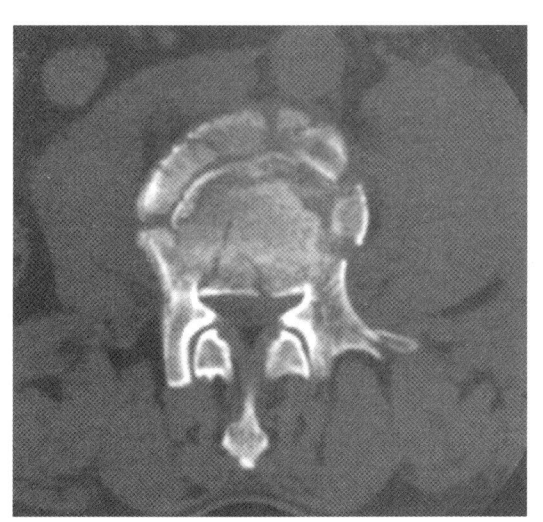

图 9-11　腰椎爆裂性骨折

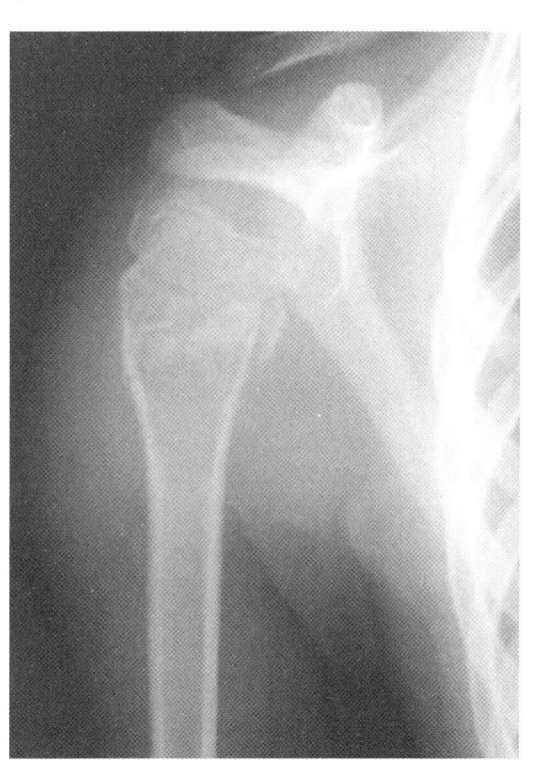

图 9-12　右侧肱骨外科颈骨折

3. 肱骨髁上骨折　最常见于儿童，根据损伤机制分为伸展型（骨折远端向后移位）和屈曲型（骨折远端向前移位），屈曲型少见，X 线表现为 "X" 形的骨质断裂或成角，骨折线横过喙突窝与鹰嘴窝（图 9-13）。

4. 桡骨远端柯莱斯（Colles）骨折　又称伸展型桡骨远端骨折，伤后腕背部肿胀，活动受限，腕呈叉样畸形，X 线表现为桡骨远端距关节 2~3cm 处横断骨折，骨折端凸向掌侧成角，骨折远端向背侧移位（图 9-14）。

第九章 骨与关节

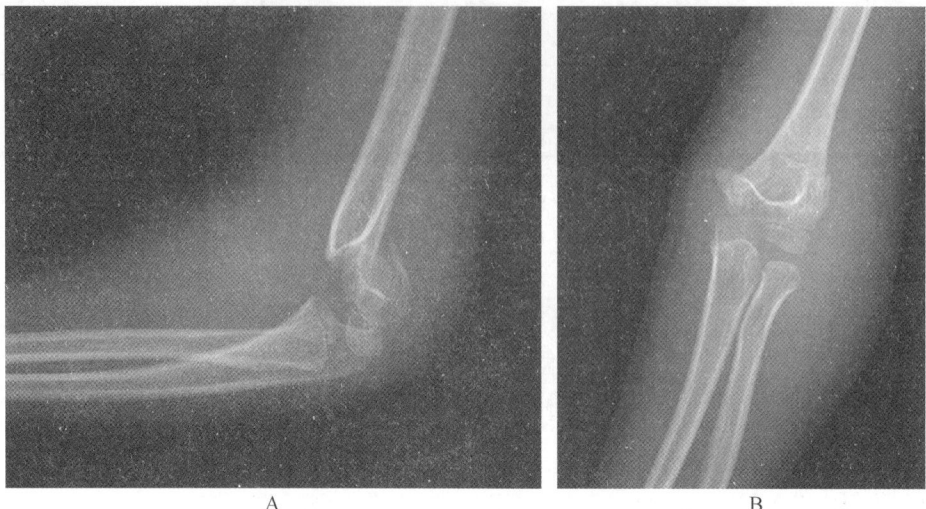

图 9-13 左侧肱骨髁上骨折
A. 侧位片；B. 正位片。肱骨髁上骨折，断端稍成角移位

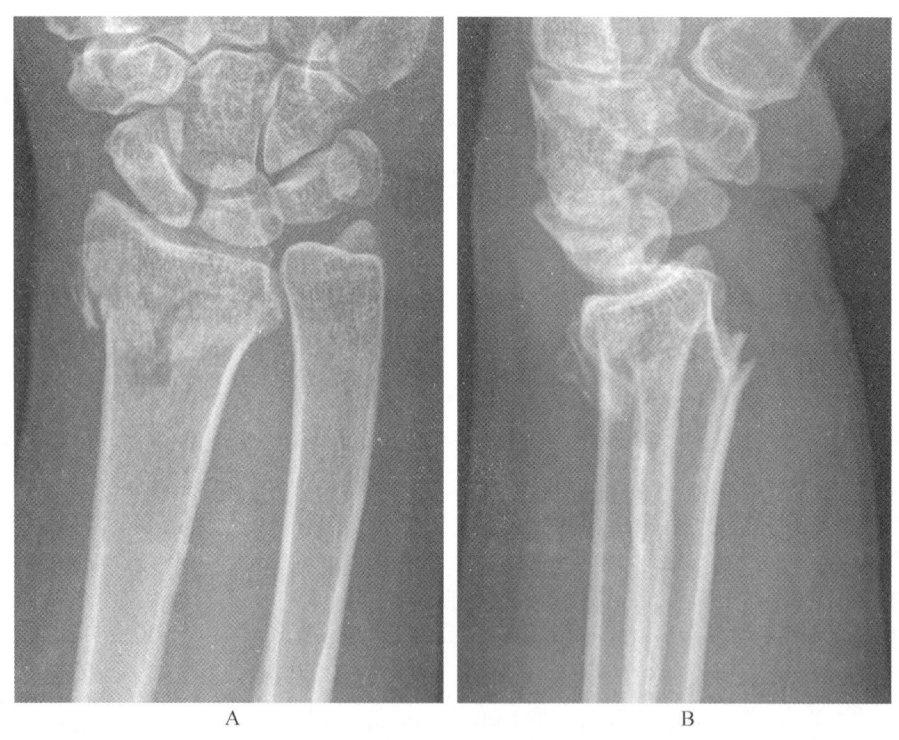

图 9-14 左侧桡骨远端 Colles 骨折
A. 正位片；B. 侧位片。左侧桡骨远端横行骨折，骨折远端向背侧移位

5. 股骨颈骨折　多见于老年人，分为嵌入型和错位型骨折，错位型最常见（占90%），根据骨折部位分为头下型、头颈型和颈中型。头下型骨折少见，头颈型骨折骨折线呈斜行（图9-15），两骨折端上下移位较明显，此型复位困难。错位型骨折时两骨折端错位达1cm以上或发生旋转，易损伤供应股骨头的血管而发生股骨头坏死和创伤性关节炎。

6. 胫骨平台骨折　胫骨外侧髁骨折常见，垂直外翻应力可造成胫骨外侧髁压缩性骨折，亦可见胫骨外侧髁劈裂或塌陷骨折。

【诊断与鉴别诊断】

当临床上有外伤史，影像学检查发现骨折线时，骨折诊断比较容易。鉴别诊断主要是骨干骨折线与滋养动脉的鉴别。儿童的骺软骨骨折易漏诊。

长骨骨折首选的检查方法为X线平片；对复杂部位的骨折，如骨盆、颌面部和较大的关节等，应行CT薄层扫描结合三维重建；判断有无骨挫伤、脊髓损伤和周围软组织损伤时可考虑行MRI检查。

二、关节脱位

关节脱位（dislocation of joint）是指组成关节各骨的关节面失去正常的对合关系。脱位可分为先天性、外伤性、病理性和习惯性脱位四种。如按脱位程度分为半脱位和全脱位。常见的是外伤性脱位。

【病理与临床表现】

外伤性关节脱位是暴力造成的关节囊、韧带及附近肌腱的广泛撕裂后而发生的关节脱离，主

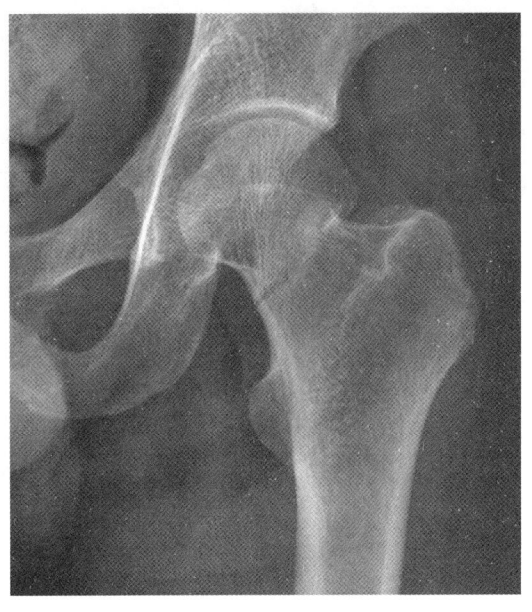

图 9-15　左侧股骨颈骨折
左侧髋关节正位片，可见左侧股骨颈斜行骨折透亮线

要发生于青壮年。以肘关节脱位发生率最高。关节脱位除有明显的外伤史和患部疼痛、肿胀外，最主要的特征是关节功能的丧失。有时亦可合并血管、神经的损伤，以及受伤关节所具有的特有体征，如方肩畸形等。

【影像学表现】

关节脱位X线表现为正常关节解剖关系的丧失。明显关节脱位的诊断并不困难，轻微半脱位的诊断不容易，一般需要通过质量较好的正、侧位X线片观察，有时需进行特殊位X线摄影，或者与对侧对比进行诊断。

关节脱位常有合并症。最常见的是关节附近骨折，多见的是撕脱骨折，这和关节损伤时韧带和肌腱的牵拉有关。关节内积血在脱位时也比较常见，表现为关节囊明显肿胀和关节脂肪垫推移。关节软骨和韧带也可随脱位而损伤。

常见的关节脱位有：①肩关节脱位：可分为前脱位和后脱位，大多数为前脱位，后脱位极少见。其中前脱位时肱骨头常向下、内方移位，向内移位明显时，肱骨头可位于喙突下或锁骨下，向下移位明显时，肱骨头位于肩胛盂下。②肩关节脱位常伴有肱骨大结节撕脱骨折，少数合并有外科颈骨折。③肘关节脱位：青少年患者较多。X线表现为尺、桡骨向肱骨下端的后上方移位，常伴有尺骨鹰嘴窝或肱骨下端骨折（图9-16）。

【诊断与鉴别诊断】

成年人的较大关节脱位，特别是完全性脱位，临床与影像诊断比较容易。观察是否合并骨折以及骨折的情况，对于复位治疗以及预后比较重要。

X线平片是判断关节脱位的首选检查方法，对小关节脱位或儿童的关节半脱位CT和MRI优于X线平片。对关节脱位诊断不容易时，可以通过双侧对比检查进行诊断。

三、椎间盘突出

椎间盘突出（protrusion of intervertebral disc）是指髓核经破裂的纤维环向外突出，导致相邻脊神经根受到刺激或压迫，从而产生局部疼痛和一侧或双侧肢体的麻木、放射性疼痛等一系列临床症状。

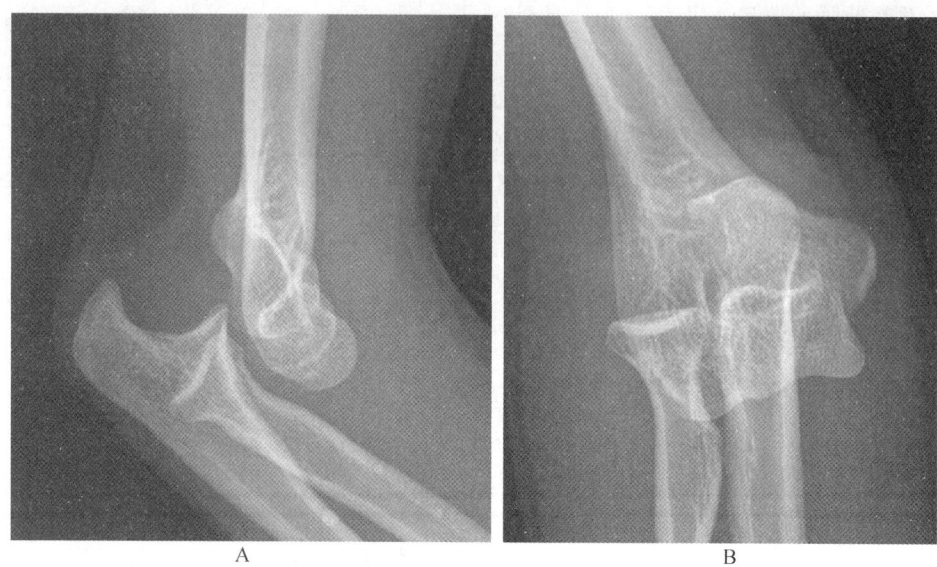

图 9-16　右侧肘关节脱位
A. 侧位片；B. 正位片。尺、桡骨向肱骨下端的后上方移位

【病理与临床表现】

椎间盘是由纤维环、髓核和软骨板三部分构成的，其中前方与侧方的纤维环最厚并且坚韧，前方还有坚韧的前纵韧带紧密附着。后方的纤维环最薄，与后纵韧带疏松相连。椎间盘突出时纤维环破裂、髓核突出，由于解剖结构的原因，大多数病变为后纤维环破裂，髓核向后突出压迫周围组织，主要是神经根和脊髓，并且引起相应的临床症状。椎间盘突出以 L_4~L_5、L_5~S_1、C_5~C_6 及 C_6~C_7 椎间盘常见。

临床常见症状为颈肩痛或腰痛和下肢放射性疼痛，由臀部沿坐骨神经方向向下蔓延，疼痛可因步行、咳嗽及增加腹内压力而加重，休息后可以减轻，直腿抬高试验常呈阳性。

【影像学表现】

1. X线　本病 X 线平片阳性发现较少，一般不能明确诊断。间接征象有椎间隙狭窄，可匀称或不匀称，椎体边缘骨质增生形成骨赘，还可见到脊柱生理曲度异常和侧弯。

2. CT　按突出部位可分为后外侧型、中心型、椎间孔内型和椎间孔外型四型。后外侧型和中心型突出均表现为椎体后缘与椎间盘相连，密度一致、边缘光滑的局限性弧形后凸的软组织影（图 9-17），其周边有时可见钙化。椎间孔内型突出显示为椎间孔内软组织影，脊神经节显示不清。椎间孔外型突出显示为椎间孔外与椎间盘相连的软组织影。椎间盘突出的间接征象：硬脊膜外脂肪、硬脊膜囊和一侧神经根鞘受压、移位或显示不清。

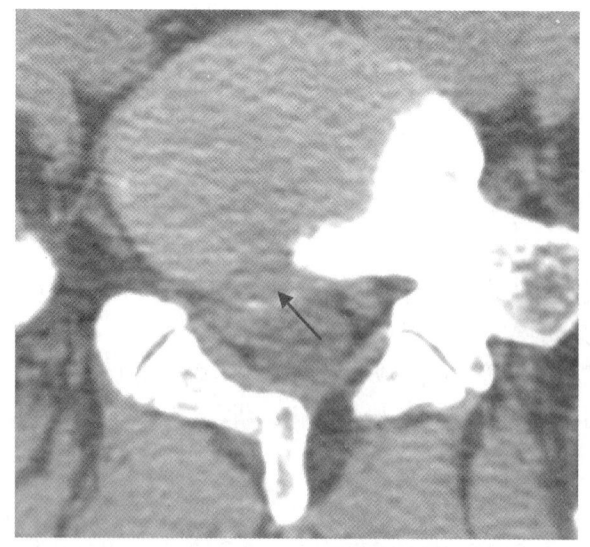

图 9-17　L_5~S_1 椎间盘突出
L_5~S_1 椎间盘 CT 轴位像显示椎间盘向右后方突出（箭头），硬膜囊及右侧脊神经根受压，其内可见钙化

3. MRI　MRI 对于椎间盘突出的显示优于 CT。通过矢状面及椎间盘的横切位影像，可以观察椎间盘突出的形态及其与硬膜囊、神经根等周围组织的关系（图 9-18）。

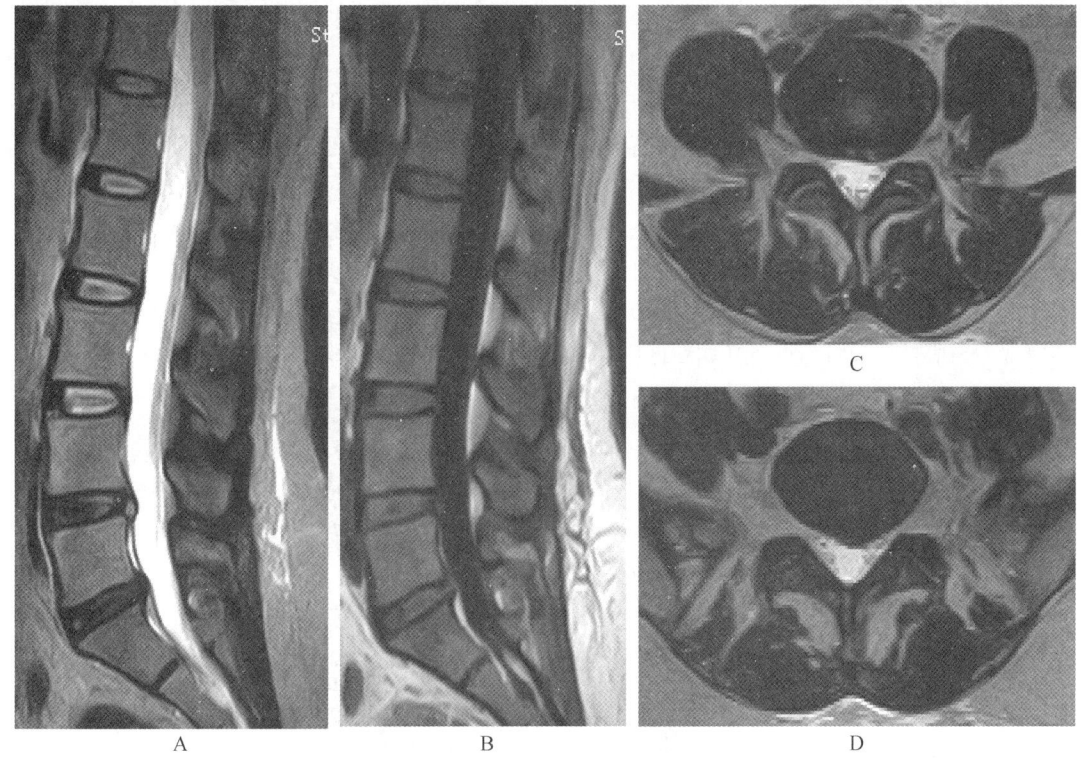

图 9-18 L_4~L_5、L_5~S_1 椎间盘突出

A. 腰椎 MRI 矢状面 T_2WI；B. 矢状面 T_1WI；C. L_4~L_5 椎间盘轴位 T_2WI；D. L_5~S_1 椎间盘轴位 T_2WI。显示 L_4~L_5、L_5~S_1 椎间盘 T_2WI 信号减低，椎间盘向左后方突出，压迫硬膜囊

正常椎间盘在 T_1WI 呈稍高信号，在 T_2WI 呈高信号。椎间盘变性时水分丢失，T_2WI 上高信号消失。T_1WI 轴位像上突出的髓核在椎间盘后方呈中等信号，基底部可宽广或局限，在 T_2WI 突出的髓核呈中等稍低信号，由于脑脊液呈高信号，能更准确地显示硬脊膜和神经根鞘的受压及椎间孔内脂肪的移位。

【诊断与鉴别诊断】

椎间盘突出一般有比较典型的临床表现，CT 和 MRI 可以见到突出椎间盘的结构及硬膜囊、神经根和椎间孔受压移位的情况。鉴别诊断主要是与肿瘤、椎间盘感染相鉴别。

四、膝关节半月板损伤

半月板损伤（injury of meniscus）是膝关节的常见疾病，主要原因是急性外伤、反复慢性损伤和退行性病变。急性外伤为运动性损伤，多见于青年人；后两种为非运动性损伤，多见于中老年人。

【病理与临床表现】

半月板为位于胫骨平台和股骨内外髁透明软骨之间的半月状纤维软骨盘。内侧半月板环较大，呈"C"形，其外缘肥厚，中部与内侧副韧带紧密相连，内缘薄而锐利，游离于关节腔，其纵切面呈锐角三角形。外侧半月板呈"O"形，其前角附着于前十字韧带附着点之前，后角附着于内侧半月板后角之前，其外缘与外侧副韧带不相连，其活动度较内侧半月板大。

常见临床表现包括局限性疼痛，关节活动时出现弹响或交锁，膝关节间隙或半月板部位有明显压痛。

【影像学表现】

1. X 线和 CT 半月板损伤于 X 线平片不能显示，CT 诊断困难，主要依靠 MRI 诊断。
2. MRI 半月板在所有 MRI 序列中均呈均匀低信号，半月板外缘因与关节囊相连处有脂肪、滑膜、肌腱和血管，多呈纵行不均匀的混杂信号，应与半月板边缘撕裂鉴别。

根据半月板形态、上下关节面的光滑程度和内部信号特征，在MRI图像上半月板损伤分为五度：0度，正常半月板形态，表面光滑完整，呈均匀低信号区；Ⅰ度（退行性病变早期），半月板形态正常，表面光滑，内部出现点状高信号区，范围小于半月板断面的1/2；Ⅱ度（退行性病变晚期），半月板形态及表面结构正常，内部条状高信号区大于半月板断面的1/2，但未达关节面；Ⅲ度（撕裂），半月板内部出现纵行、横行、斜行或放射状的线状高信号并达关节面，半月板形态正常或变薄，表面不连续（图9-19）；Ⅳ度，半月板破裂成多块并向关节腔内移位，半月板结构部分或全部消失，病变局部呈明显的T_2WI高信号。半月板退行性病变和撕裂在所有序列上均表现为高信号，前者与退行性病变区内黏多糖成分增多有关，后者与撕裂后关节液侵入有关。

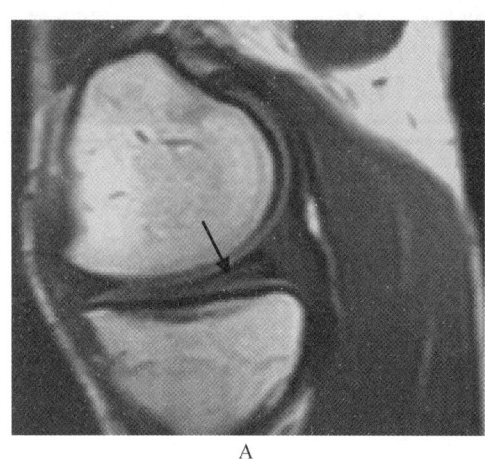 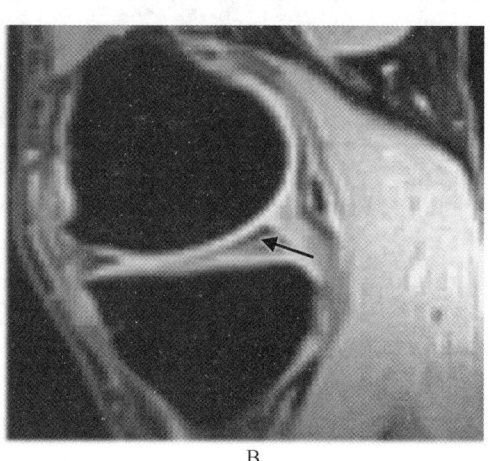

A   B

图 9-19 半月板撕裂（Ⅲ度）

A. MRI矢状面T_1WI；B. MRI矢状面脂肪抑制成像。右膝关节内侧半月板后角内见斜行的高信号影累及关节面（箭头）

【诊断与鉴别诊断】

临床有外伤史或者慢性损伤病史，结合MRI表现可以进行半月板损伤的诊断，半月板撕裂需与周围一些正常的结构进行鉴别，包括腘肌腱、膝横韧带、股骨韧带、冠状韧带等。

（张　翱　胡良波　刘挨师）

第五节　骨与关节化脓性感染

骨与关节化脓性感染以血源性感染最常见，常见致病菌为金黄色葡萄球菌。化脓性细菌引起的骨膜、骨质和骨髓的炎症为化脓性骨髓炎（purulent osteomyelitis），引起关节滑膜的化脓性炎症即为化脓性关节炎（pyogenic arthritis）。本病可发生于任何年龄，多见于2～10岁小儿，在临床上有急性和慢性之分。X线主要表现有骨质破坏、骨质增生、死骨形成。近年来，抗生素的广泛使用，使骨关节的化脓性感染发病率明显降低。

一、急性化脓性骨髓炎

【病理与临床表现】

急性化脓性骨髓炎（acute pyogenic osteomyelitis）的感染途径分为血源性和非血源性，血源性感染时，细菌经由骨内滋养动脉终末分支进入骨髓，停留在干骺端的骨松质区域并繁殖，可迅速引起骨髓炎性浸润，若此时原发病灶处理不当或机体抵抗力低下，脓液沿哈氏管扩散，到达相应部位形成脓肿，当感染穿破皮肤，则形成窦道。由于骨膜破坏和血栓性动脉炎，使得骨组织失去血供后缺血坏死，大块的死骨难以排出，长期滞留在骨包壳内，使得窦道经久不愈。骨髓炎修复期，肉芽组织吸收脓液，新生骨形成，骨髓硬化，死骨被吸收。

婴幼儿骨骺与干骺端均易被感染，容易侵及关节；儿童期骨骺对化脓性细菌有阻挡作用，化脓性骨髓炎极少侵犯骨骺和关节；成人骺板愈合，感染较容易侵及关节，引起化脓性关节炎。

急性化脓性骨髓炎好发于长骨，发病率由高到低依次为胫骨、股骨、肱骨、桡骨。临床表现为局部疼痛及寒战、高热等全身毒血症症状，血白细胞和中性粒细胞增多，当渗出液进入骨髓腔后，整个肢体剧烈疼痛、肿胀。成人症状可较轻微。

【影像学表现】

1. X线

（1）软组织肿胀：发病2周内，骨质多无明显改变，主要表现为软组织肿胀，皮下脂肪层水肿增厚，呈条网状改变，肌间隙模糊，皮下脂肪与肌肉分界模糊。

（2）骨质破坏：发病2周后，干骺端出现骨质疏松，继而出现小斑点状及虫蚀状骨质破坏区，逐渐蔓延至骨干，小的骨质破坏区融合成大片状骨质破坏区，可累及大部分骨干或全骨，骨质破坏的同时出现骨质增生，是较特征性的表现。

（3）骨膜增生：骨膜受炎症刺激，早期为层状骨膜反应（图9-20），随着病情进展，骨膜反应加重，可成葱皮样、花边状，甚至形成骨包壳。

（4）死骨：由于骨内血供障碍和骨膜被掀起，形成与骨长轴平行的条状死骨，X线表现为片状或条状高密度影，易形成病理性骨折。

2. CT　与X线相比，CT易于显示小死骨、脓腔、窦道及软组织肿胀。

3. MRI　早期骨髓水肿及软组织水肿呈斑片状T_1WI低信号、T_2WI高信号，在T_2WI脂肪抑制序列及STIR表现更为明显。脓液、炎症组织、水肿、出血、骨膜反应在T_2WI呈高信号，

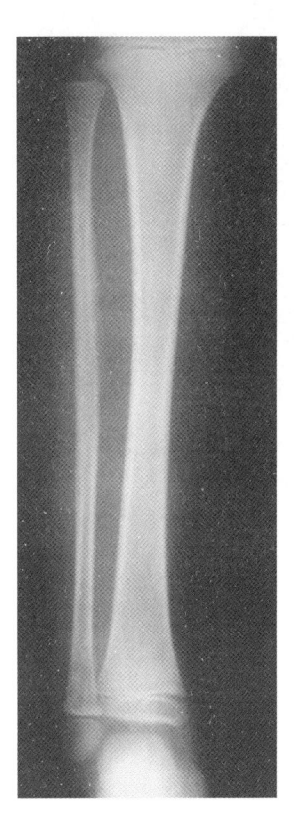

图9-20　左侧腓骨急性化脓性骨髓炎
左侧胫腓骨正位片，左腓骨中段骨质疏松，骨质破坏，层状骨膜反应，软组织肿胀

死骨呈低信号。骨质破坏区在T_1WI为低或中等信号。增强扫描，T_1WI炎性病变增强，脓肿壁强化，其内液化坏死区不强化。

4. 超声　骨膜增厚，回声增强。脓肿表现为厚薄不一的液性暗区。

【诊断与鉴别诊断】

急性化脓性骨髓炎主要表现为软组织肿胀，骨质破坏，骨膜反应和死骨形成，破坏区周围同时有骨质增生是其特点。本病应与骨肉瘤、尤因肉瘤、不典型骨结核等鉴别，鉴别时需结合临床、影像学表现和病理结果综合分析。

二、慢性化脓性骨髓炎

【病理与临床表现】

慢性化脓性骨髓炎（chronic pyogenic osteomyelitis）多是因急性化脓性骨髓炎未及时充分治疗导致。骨内病灶处于相对稳定状态，全身症状轻微，或有瘘管形成，经久不愈迁延数十

年。当机体抵抗力低下，可引起炎症急性发作。

慢性化脓性骨髓炎产生大块死骨，并伴有骨质和骨膜增生、骨质修复，骨小梁粗大、紊乱，骨干粗大、变形。骨髓腔内骨质破坏较局限，边界清晰。

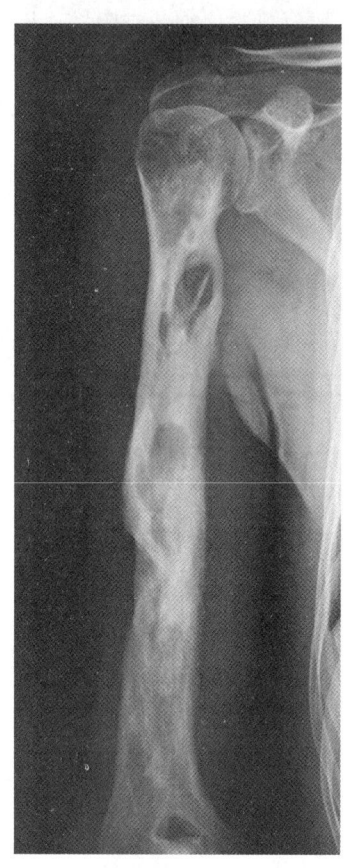

图9-21 右肱骨慢性化脓性骨髓炎
右肱骨正位片，右肱骨密度增高，骨干增粗，髓腔变窄，内有高密度死骨，骨膜增生

【影像学表现】

1. X线 慢性化脓性骨髓炎呈现明显修复表现。广泛的骨质增生硬化，表现为骨密度增高，骨干、骨皮质增粗，髓腔变窄，甚至闭塞。骨质破坏与死骨仍然存在，表现为低密度骨质破坏区内高密度长条状死骨影，多与骨干平行（图9-21），由于大量骨质和骨膜增生可掩盖病变，需高千伏摄影才能发现小的骨破坏区与死骨。骨膜增生表现为层状或花边状。慢性化脓性骨髓炎在婴幼儿和儿童期可形成骨包壳。有些慢性骨髓炎，由于患者身体抵抗力好或细菌毒力低而呈慢性过程，表现为广泛的骨质增生硬化而无骨破坏，称为慢性硬化性骨髓炎（Garre骨髓炎），主要表现为骨干增粗、皮质增厚、髓腔变窄。

慢性骨脓肿（Brodie骨脓肿），是慢性局限性骨髓炎，常见于儿童及青年，好发于长骨干骺端，早期表现为长骨干骺端不规则骨质破坏区，内为脓液，后被肉芽组织替代，周围骨质增生硬化，少有死骨，骨膜增生少见。

2. CT 易于发现X线平片不能显示的骨质破坏与死骨，小脓肿增强后可呈环形强化。

3. MRI 可以很好地显示骨髓炎症、脓肿和窦道，清晰显示病变范围，对鉴别急慢性骨髓炎，区分不典型骨髓炎与肿瘤有帮助。

4. 超声 骨皮质回声带凹凸不平，形成瘘管时可见回声带中断，死骨表现为点片状强回声区，后伴声影。

【诊断与鉴别诊断】

典型的慢性化脓性骨髓炎表现为广泛的骨质增生伴有骨质破坏及死骨，结合有急性化脓性骨髓炎的病史，不难诊断。不典型的慢性骨髓炎应与骨肉瘤相鉴别，骨肉瘤表现为软组织肿块及肿瘤骨，增强后肿块不均匀强化，区别于骨脓肿的环形强化。

三、化脓性关节炎

【病理与临床表现】

化脓性关节炎（pyogenic arthritis）是由化脓性细菌引起的关节内感染，常见致病菌为金黄色葡萄球菌。好发于髋、膝关节。

化脓性关节炎病理变化可分为3期：浆液性渗出期、浆液纤维蛋白性渗出期、脓性渗出期。细菌侵入关节后，先引起滑膜炎症，当累及关节后，可发生关节软骨及软骨下骨质破坏，最终导致关节间隙狭窄，关节纤维强直及骨性强直，也可穿破关节囊及皮肤，形成瘘管或引起化脓性骨髓炎。

急性期主要表现为寒战、高热等全身中毒症状；局部关节有红、肿、热、痛及活动障碍、畸形等表现；实验室检查血象增高，红细胞沉降率（血沉）及C反应蛋白增高等。

【影像学表现】

1. X 线　早期基本表现为关节囊肿胀，关节腔积液。化脓时表现为关节腔密度增高，关节间隙暂时增宽。当感染突破关节囊至周围软组织，表现为软组织肿胀、模糊、层次不清。关节软骨破坏主要以承重区为主，破坏区周围可见骨质增生硬化，关节间隙狭窄。当病灶逐渐扩大，可出现死骨及骨内脓肿，最后导致关节塌陷。晚期也可出现关节畸形及骨性强直。

2. CT　CT 对于关节积液、关节骨质、关节间隙及周围软组织的病变显示较 X 线平片更加清楚，且可发现 X 线平片不易发现的病灶。

3. MRI　对化脓性关节炎的病理细节显示明显优于 CT。滑膜增厚于 T_1WI 呈中等信号，T_2WI 呈高信号，增强后明显强化；关节积液表现为 T_1WI 低信号、T_2WI 高信号；骨髓水肿为骨髓内边缘模糊的斑片状 T_1WI 低信号、T_2WI 高信号，增强后轻度强化。关节软骨破坏表现为软骨变薄、破坏、缺损及关节间隙狭窄。骨质破坏表现为极低信号的骨皮质内出现异常信号。骨质、骨膜增生，表现为 T_1WI、T_2WI 呈层状、花边状低信号。

4. 超声　早期关节间隙增宽，可见液性暗区及滑膜增厚。

【诊断与鉴别诊断】

主要依靠临床表现、影像学表现进行诊断。应与结核性关节炎进行鉴别。结核性关节炎起病缓慢，骨质疏松较明显，数月后骨质才有明显的改变，骨质破坏常从非承重骨边缘开始，极少发生反应性骨质及骨膜增生，而化脓性关节炎骨质破坏常见于承重面，同时有骨质增生。

（张　翱　周永霞　刘挨师）

第六节　骨与关节结核

骨与关节结核（tuberculous of bone and joint）指结核分枝杆菌侵入骨或关节而引起的慢性感染性病变，95% 以上继发于肺结核，少数继发于消化道结核或淋巴结核，骨与关节结核是全身结核的局部表现。

结核分枝杆菌经血液播散至全身骨与关节，易停留在血供丰富的松质骨、红骨髓及负重、活动度大的关节，因此，骨与关节结核好发于长骨的干骺端、椎体、髋关节、膝关节等。骨与关节结核病理改变主要有两种，干酪样坏死型及增生型（肉芽肿型），干酪样坏死进展较快，以丰富的蛋白渗出与死骨形成为特点。当干酪样病变穿破骨皮质常在软组织内形成脓肿，局部无红、肿、热、痛，称为"冷脓肿"。病变穿破皮肤后，形成经久不愈的瘘管。增生型以结核肉芽组织增生为主，病灶较局限，预后较好，较少形成死骨。

骨与关节结核影像学检查技术主要有 X 线摄影、CT 及 MRI。X 线摄影为骨与关节结核的首选影像学检查技术，CT 对骨质破坏、死骨的观察优于 X 线平片，作为 X 线摄影的补充检查。MRI 对发现早期病变、软组织病变具有优势。

骨与关节结核主要包括骨结核、脊柱结核、关节结核。

一、骨结核

（一）长骨结核（bone tuberculosis）

长骨结核包括骨骺与干骺端结核、骨干结核，以前者多见。发病部位以股骨近端、尺骨近端、桡骨远端常见，其次为胫骨近端、肱骨远端、股骨远端。

【病理与临床表现】

长骨结核好发于儿童、青少年。临床表现为关节活动障碍、酸痛不适、负重活动后加重，全身症状不明显。病变可突破干骺端侵入关节，发展为关节结核，病变很少向骨干发展。

【影像学表现】

1. X线　病变早期，表现为干骺端局限性骨质疏松，随着病变进展，表现为斑点状骨质破坏，骨质破坏区扩大，形成圆形、椭圆形或不规则形破坏区。其内常见砂粒状死骨，病灶边缘清晰、锐利，无明显骨质增生及骨膜增生（图 9-22）。骨骺板对结核分枝杆菌不具有屏障作用，因此，干骺端骨质破坏区常常跨越骺线。

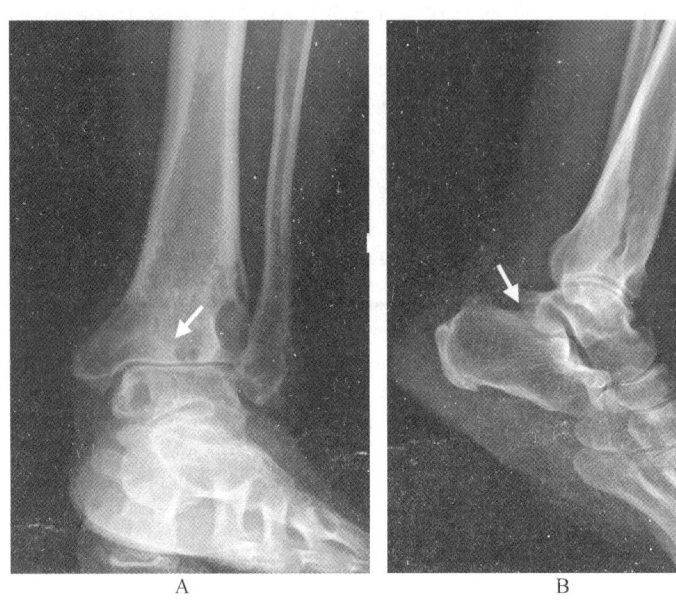

图 9-22　骨结核 X 线表现
A. 正位；B. 侧位。胫腓骨下端、距骨骨质破坏，周围无骨质增生及骨膜反应

2. CT　CT 平扫表现与 X 线平片表现相似，可以显示 X 线平片不能显示的微小骨质破坏及砂粒状死骨，CT 增强，病灶可呈斑片状强化或环形强化。

3. MRI　早期骨髓水肿，呈 T_1WI 低信号、T_2WI 高信号，边界不清。进展期，病灶若以干酪样坏死为主，则表现为 T_1WI 低信号、T_2WI 高信号；病灶若以肉芽肿为主，病灶 T_1WI 呈等信号或低信号，T_2WI 呈等信号或高信号，周围可伴有 T_1WI 低信号、T_2WI 高信号的水肿带。增强扫描，骨髓水肿轻度强化，干酪样坏死灶无强化，肉芽肿病灶不均匀强化。

【诊断与鉴别诊断】

长骨结核患者多有肺结核病史，影像学表现：长骨骨骺及干骺端骨质疏松、骨质破坏、砂粒状死骨，病灶周围无明显骨质增生及骨膜反应。长骨结核需与以下疾病相鉴别：①Brodie 骨脓肿：病灶一般不跨越骺线，病灶周围常见骨质增生硬化带。②骨囊肿：常位于干骺端，表现为囊状透亮区，边缘清楚、锐利，有硬化边缘，病灶区内常无死骨。③骨母细胞瘤：常有大小、范围不等的骨质破坏，边界清晰，周围骨质增生硬化及骨皮质膨胀变薄。

（二）短骨骨干结核（short bone diaphyseal tuberculosis）

短骨骨干结核指发生于手的掌、指骨及足的跖、趾骨的结核，其中发生于指骨及趾骨的结核又称为结核性指（趾）骨炎。

【病理与临床表现】

好发于 5 岁以下的儿童，发病部位以近节指（趾）骨常见，而较少累及末节指（趾）骨，临床表现为病变部位肿胀、压痛等轻微症状，可自愈，偶可形成窦道。

【影像学表现】

1. X线　常累及双侧多指（趾）骨，病变早期骨质疏松，软组织肿胀。继而骨干内出现圆形、卵圆形的骨质破坏，呈多房样，病灶多位于骨干中央，长径与骨干长轴一致，周围层状骨膜增生及骨皮质增厚，呈"纺锤状"，称为"骨气鼓"，死骨少见。病灶可累及整个短骨骨干，较少累及关节。

【诊断与鉴别诊断】

根据患者短骨"骨气鼓"及周围软组织肿胀典型影像学表现及实验室检查进行诊断。需与多发性内生软骨瘤相鉴别，后者常发生于骨的干骺端及骨干，呈偏心性膨胀性生长，骨质破坏区内可见斑点状钙化灶，骨皮质变薄，常无骨膜增生。

二、脊柱结核

脊柱结核（spinal tuberculosis）是骨与关节结核中最常见的一类疾病，约占骨与关节结核的50%。好发于儿童及青少年，发病部位以腰椎最常见，胸椎次之，颈椎较少见。儿童发病以胸椎较多见，常累及数个椎体。成人好发于腰椎，常侵犯相邻两个椎体。

【病理与临床表现】

根据结核分枝杆菌侵及椎体的感染途径不同，将脊柱结核分为椎体型、椎间型、椎旁型、附件型。主要临床症状有疼痛，常为酸痛及钝痛，脊柱运动障碍，甚至严重的脊柱侧弯后突畸形及神经功能障碍。脊髓受压可出现双下肢感觉运动障碍或瘫痪。颈椎结核形成咽后壁脓肿时可压迫食管和气管，引起吞咽困难及呼吸困难等。

【影像表现】

1. X线

（1）椎体型（中心型）：常见于胸椎。骨质破坏常从椎体中央开始，迅速破坏椎体，导致椎体塌陷，可穿破上下椎间盘而累及相邻椎体。椎体骨质破坏呈圆形、不规则形，边缘不清，如果椎体骨质破坏明显，出现病理性压缩性骨折导致椎体变扁；破坏椎间盘导致椎间隙狭窄；病变累及椎体周围软组织，表现为椎体周围软组织肿胀（图9-23）。

（2）椎间型（边缘型）：多见于成人，以腰椎多见。病变常从椎体前缘及前纵韧带下的椎间盘开始，病灶范围较局限。早期表现为椎体的前、上、下缘骨质破坏，常累及相邻两个椎体，椎间盘被破坏致相应椎间隙变窄。

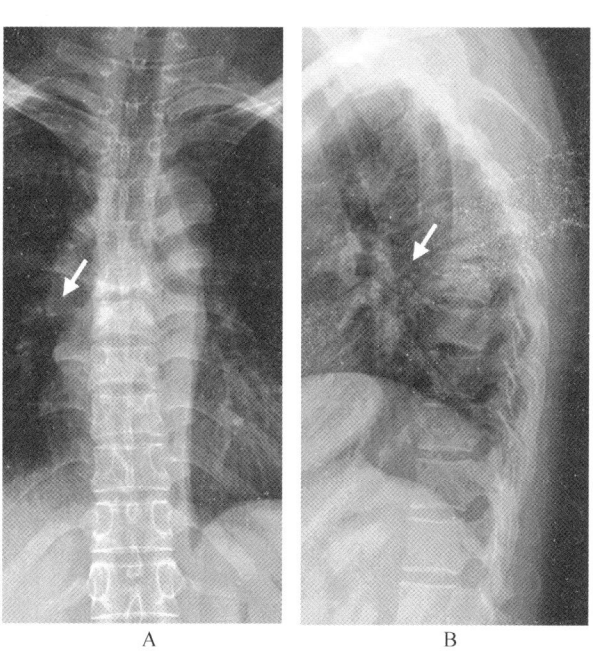

图9-23 胸椎结核X线表现

A. 正位；B. 侧位。T_6～T_7椎体骨质破坏，椎间隙狭窄，椎旁脓肿形成

(3) 椎旁型（韧带下型）：较少见，病灶主要累及椎旁软组织，椎体及椎间盘受累较轻。典型的表现为椎旁冷脓肿形成，椎体骨质破坏不明显，椎间隙无明显变窄。

(4) 附件型：少见，主要见于成人。病变累及棘突、横突、椎板、椎小关节。表现为椎体附件骨小梁模糊，骨质破坏，病变累及椎小关节突时常跨越关节。

2. CT　与X线平片表现相似，CT对病变范围、骨质破坏的内部结构、椎旁脓肿、椎管内脓肿及周围软组织受累情况显示较好，多排螺旋CT图像后处理重建能更好地整体显示椎体骨质破坏、压缩及椎管受累。

3. MRI　为早期检出脊柱结核的最好方法，可早期发现脊柱结核炎性水肿，完整显示椎体周围冷脓肿的蔓延范围及椎管、脊髓受侵情况。脊柱结核受累椎体于T_1WI上多呈均匀或混杂的低信号，于T_2WI上多呈混杂的高信号，增强扫描后呈不均匀强化。椎旁脓肿多呈混杂的T_1WI低信号、T_2WI高信号，增强扫描呈环形强化，受累椎间盘失去正常形态（图9-24）。

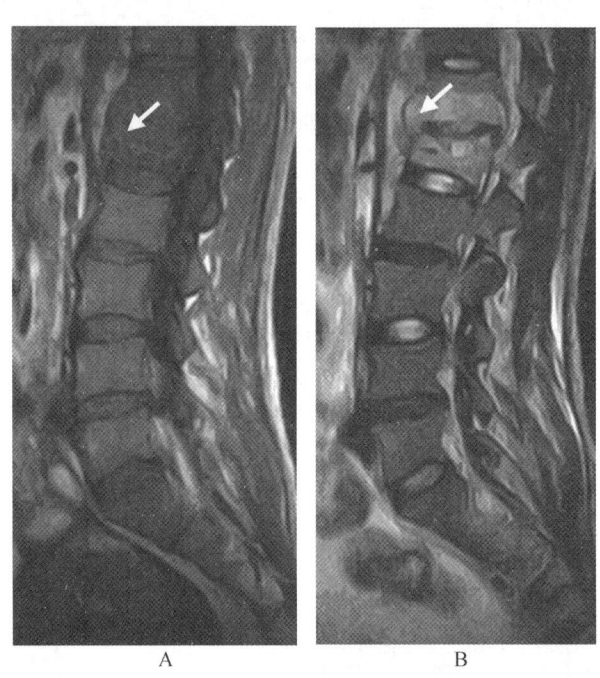

图9-24　脊柱结核MRI表现

A. T_1WI矢状面；B. T_2WI矢状面。T_{12}、L_1椎体被破坏，T_1WI上T_{12}、L_1呈等/低信号，T_2WI上呈等/高信号，椎间隙狭窄

【诊断与鉴别诊断】

依据脊柱结核典型的影像学特点：椎体骨质破坏、椎间隙狭窄及椎旁冷脓肿，结合实验室检查进行诊断。脊柱结核需与以下疾病相鉴别：①脊柱转移性肿瘤：好发于中老年患者，多有原发肿瘤病史，病灶累及单个椎体或呈跳跃式分布，常累及椎体附件，椎间隙无狭窄。②椎体压缩性骨折：患者多有外伤史，一般为单个椎体受累，无骨质破坏，周围软组织渗出范围较局限，椎间隙不变窄。③化脓性脊柱炎：患者发热、脊背部疼痛明显，早期椎体骨质破坏进展快，修复期病变椎体骨质增生明显，骨赘形成。

三、关节结核

关节结核（tuberculosis of joint）常见于青少年和儿童，常继发于肺结核或其他部位结核。

【病理与临床表现】

关节结核常单发，以承重关节受累常见，如髋关节、膝关节等，其他关节也可发病。临床上，患者起病缓慢，关节外伤为常见诱因。病变关节肿胀、疼痛，活动受限，活动时症状加重等，可伴病变邻近关节肌肉萎缩，也可伴发热、盗汗、食欲减退等全身症状。

关节结核分为滑膜型关节结核及骨型关节结核，以滑膜型常见。前者指结核分枝杆菌经血行首先侵犯滑膜，随着病变发展可累及骺软骨、骨端。后者指继发于干骺端结核，继而侵犯关节软骨、滑膜。在晚期，关节滑膜及组成关节的骨组织均受累时，无法分型，称为全关节结核。

【影像表现】

1. X线

（1）滑膜型关节结核：以膝、踝关节多见，肩、腕关节次之。早期X线表现为关节囊和关节软组织肿胀。关节间隙正常或增宽。受累关节骨质疏松，无特异性。随着病变进展，受累关节滑膜增厚形成肉芽肿，破坏关节软骨及骨性关节面，关节面骨质破坏从非承重面开始，即从关节两侧骨端的边缘部出现虫蚀状骨质缺损，边缘模糊。晚期，可破坏整个关节，表现为不对称性关节间隙变窄，关节脱位或半脱位。关节周围软组织因干酪样坏死形成冷脓肿，若穿破皮肤形成瘘管，表现为软组织肿胀，肌间隙模糊及瘘管影。关节病变愈合后，常导致关节强直，多为纤维性关节强直。

（2）骨型关节结核：以髋、膝关节多见，早期X线表现为骨骺、干骺端骨质疏松、虫蚀状骨质破坏、砂粒状死骨，侵及关节后表现为关节肿胀、关节间隙不对称狭窄等，邻近关节周围肌肉萎缩（图9-25）。晚期，肉芽组织增生，病变修复，关节面边缘增生硬化。

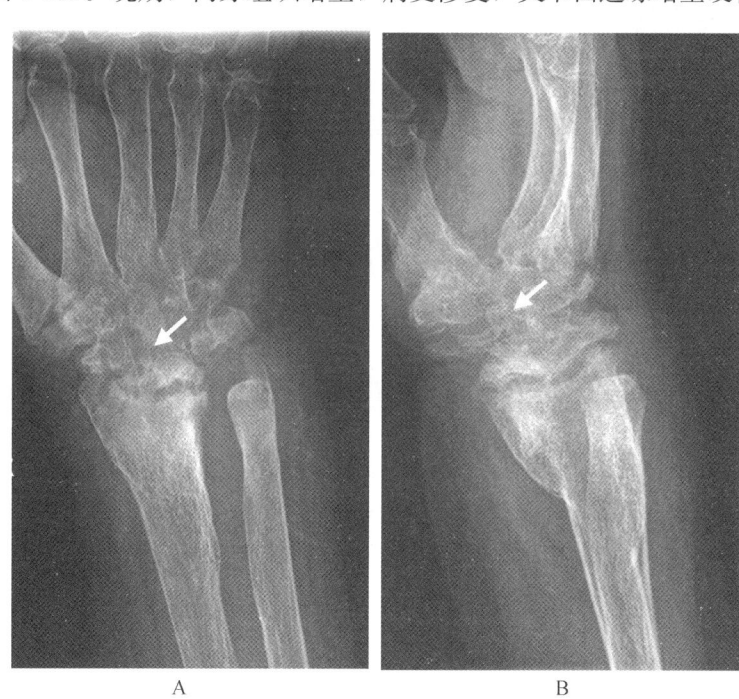

图 9-25　右腕骨型关节结核 X 线表现

A. 正位；B. 侧位。右侧腕关节骨质疏松，关节间隙狭窄，关节肿胀，关节周围软组织肿胀，肌间隙模糊

2. CT　可早期发现关节周围软组织肿胀，滑膜增厚，关节腔积液，骨质疏松，骨质破坏及其范围，死骨及钙化，准确显示关节周围软组织内冷脓肿范围及瘘管，增强扫描下关节囊及周围冷脓肿壁可均匀强化。

3. MRI　滑膜型关节结核，滑膜增厚于 T_1WI 呈低信号，T_2WI 呈略高信号；关节腔积液于 T_1WI 呈低信号，T_2WI 呈高信号；随着病变进展，关节软骨及软骨下骨质破坏，表现为关节软骨碎裂、不连续，关节面下骨质破坏充填肉芽组织，于 T_1WI 呈低信号，T_2WI 呈等、高信号，关节周围冷脓肿于 T_1WI 呈低信号，T_2WI 呈高信号，骨质破坏区内死骨及钙化于

T_1WI 及 T_2WI 均呈低信号。MRI 增强扫描：增厚的滑膜均匀强化，结核性肉芽肿不均匀强化，关节腔积液及干酪样坏死无强化，冷脓肿壁呈环形强化。

【诊断与鉴别诊断】

关节结核，病程长。①滑膜型，关节滑膜及周围软组织肿胀、骨质疏松，关节骨质破坏从关节非承重面开始，逐渐向关节承重面发展，关节软骨破坏出现关节间隙不对称性狭窄，病变愈合常为关节纤维性强直。②骨型：关节骨质破坏、砂粒状死骨、关节间隙狭窄等。

鉴别诊断：①化脓性关节炎：起病急，症状体征较结核明显，骨质破坏常从关节承重面开始，关节软骨较早被破坏而出现关节间隙狭窄，且骨质破坏的同时多伴有骨质增生硬化，病变愈合后关节常呈骨性强直。②类风湿关节炎：好发于手、足小关节，关节受累常为对称性和多发性，骨质破坏从关节边缘开始，骨质疏松明显，关节间隙变窄，关节周围软组织呈梭形肿胀，晚期可发生关节半脱位。

（张 翱 杨 全 刘挨师）

第七节 慢性骨关节病

一、类风湿关节炎

类风湿关节炎（rheumatoid arthritis，RA）是一种全身多关节、多器官受累的慢性结缔组织疾病。我国患病率为 0.32%～0.36%，男女比例 1∶3～1∶2，老年类风湿关节炎男性发病率高。该病的发病高峰为 45～60 岁，其中幼年类风湿关节炎指发病年龄<16 岁。

【病理与临床表现】

病因不明，人白细胞抗原-DR4（HLA-DR4）为该病最相关基因，微生物感染为 RA 发病的关键因素。潮湿，糖尿病，长期接触铅、汞，吸烟等环境因素为诱因。主要病理改变为滑膜慢性非特异性炎症，急性期滑膜充血水肿、炎性细胞浸润，滑膜增厚，毛细血管增多，血管翳形成。血管翳进一步破坏关节软骨及骨性关节面，引起骨坏死、纤维结缔组织增生，关节间隙狭窄，晚期关节纤维性强直。

临床起病隐匿，有乏力、食欲下降、体重减轻等前期症状，关节梭形肿胀、疼痛和僵硬。幼年类风湿关节炎可表现为高热，淋巴结、肝脾肿大，心脏损害。RA 晚期肌肉萎缩、关节畸形强直。关节外表现：约 20% 患者受累关节附近皮下有类风湿结节，可累及动脉、心脏，并引起肺间质纤维化。

【影像学表现】

RA 主要以手足小关节、多关节对称受累为主。尤以掌指、近端指间关节，第 2、3 掌骨头桡侧，尺骨茎突多见。腕、膝、肘、肩等大关节以及中轴骨的颈小关节和寰枢关节常受累。

1. X 线　手足小关节周围软组织对称性梭形肿胀，关节间隙因渗液可稍增宽。早期即可出现骨质疏松，先累及关节面区域，逐渐形成普遍性骨质疏松。RA 的骨质侵犯首先起于关节软骨的边缘，逐渐侵犯关节的骨性关节面，关节面模糊、边缘凹凸不平，呈杯口样变形，可见多发的小囊状破坏、缺损，指趾骨中段可出现羽毛状或层状骨膜增生，关节间隙对称性狭窄。晚期，关节面骨质溶解、吸收，肌肉萎缩，关节畸形、半脱位、强直，在掌指关节处向尺侧偏移，颇具特征性（图 9-26）。肌腱或韧带附着处纤维软骨增生，经软骨内骨化形成菜花样、羽毛样骨刺，称为类风湿骨炎。

2. CT　当 RA 累及颈椎时，CT 三维重建有助于判断寰枢关节有无侧方、旋转及垂直半脱位。

3. MRI　该检查对 RA 诊断敏感性优于 X 线，已成为 RA 早期诊断的重要检查方法。它可显示病变早期的血管翳、腱鞘炎、骨髓水肿、软骨及骨破坏。早期，炎性血管翳为富含毛细血管肉芽组织，表现为 T_1WI 低信号、T_2WI 高信号，T_1WI 增强明显强化；疾病的静止期，纤维性血管翳表现为 T_1WI 低信号、T_2WI 中/高信号，T_1WI 增强无明显强化。骨髓水肿表现为 T_1WI 低信号、T_2WI 高信号。软骨及骨破坏表现为软骨变薄，边缘毛糙，信号降低，骨性关节面边缘出现圆形骨质破坏。

【诊断与鉴别诊断】

诊断需根据影像学表现，结合临床体征、类风湿因子等实验室检查而作出判断。

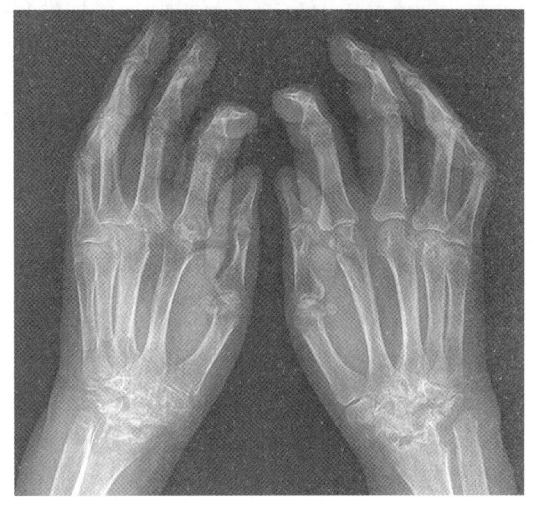

图 9-26　双手类风湿关节炎 X 线正位片
爪形手，骨质疏松，双侧尺桡骨、腕关节、掌指及指间关节面骨质破坏吸收，边缘硬化，关节间隙变窄，部分关节半脱位

鉴别诊断：①关节结核：常为单关节发病，骨质破坏快，可有死骨及窦管形成。②侵蚀性骨关节炎：多见于老年妇女，手指末节指间关节受累，增生为主。③银屑病关节炎：皮肤有银屑病史，远端指、趾关节受累为主，分布不对称，远端骨质丛状增生，有时吸收呈尖细铅笔状。④痛风性关节炎：男性多见，有高尿酸血症，穿凿样骨质缺损，远离关节面，范围广。

二、退行性骨关节病

退行性骨关节病（osteoarthritis，OA）又称为骨关节炎，主要特征是软骨退变，骨性关节面增生、硬化，边缘骨赘形成。好发于中老年人，以承重及多动关节发病为主。

【病理与临床表现】

OA 发病缓慢，主要表现为关节活动受限、疼痛。OA 分为原发性与继发性，原发性与种族、遗传、骨密度等因素有关。继发性常见于创伤、先天畸形、内分泌疾病等。主要的病理改变是软骨变性破坏，在酶与机械力共同作用下，软骨胶原纤维网受损，蛋白多糖缺乏，透明质酸损失，含水量下降，软骨出现裂隙、凹陷、逐渐变薄及剥脱，关节间隙狭窄。关节滑膜非炎性增厚可伴关节腔积液。骨性关节面裸露骨质坏死，关节囊压迫在其表面形成多个小凹陷，滑液进入并刺激骨小梁引起周围硬化，形成假囊肿。上述改变激发骨质增生、硬化，关节面带状硬化、关节边缘骨赘形成。晚期软骨或骨赘脱落形成关节腔内骨性游离体，关节间隙非对称性狭窄，严重者可有半脱位。

【影像学表现】

1. X 线　早期关节间隙狭窄，骨性关节面增生、硬化，向骨干侧逐渐减轻，边缘骨质增生形成骨赘，呈"唇样"、"骨刺样"，韧带及肌腱附着处钙化。关节面骨质囊性变呈圆形或类圆形透光区，边界清晰，周围常有硬化边。关节腔内出现骨性游离体。晚期可出现关节失稳、畸形、半脱位等。临床症状与影像学表现的严重程度常不匹配。

2. CT　多平面及三维重建能更清晰地显示关节边缘的骨质增生、关节面的囊性变及关节腔内游离体。软骨游离体常为类圆形，中心密度偏低呈同心圆样。

3. MRI　可清晰显示软骨病变，早期软骨肿胀于 T_2WI 显示为高信号，后期纤维化于 T_2WI 表现为低信号。可显示滑膜增厚，软骨变薄及囊变。骨赘及硬化带于 T_1WI、T_2WI 上表现为低信号。

【诊断与鉴别诊断】

诊断需将临床与影像学表现相结合，必要时结合关节镜。本病需与类风湿关节炎进行鉴别诊断：类风湿关节炎的关节间隙常对称性狭窄，滑膜增厚较 OA 广泛，骨质病变广泛且对称，骨质疏松较 OA 普遍且严重；OA 相对局限且严重程度不一。

三、强直性脊柱炎

强直性脊柱炎（ankylosing spondylitis，AS）是一种原因不明的慢性非特异性、以进行性脊柱强直为主的炎性疾病，主要侵犯中轴骨，几乎 100% 累及骶髂关节，大多数逐渐上行侵犯脊柱。

【病理与临床表现】

发病多为臀部、骶髂关节或大腿后侧隐痛，活动期骶髂关节、耻骨联合、脊椎棘突、髂嵴等部位疼痛并有压痛。本病多发于青年男性，男女比例约 5：1。基本病理改变为关节囊、肌腱、韧带的慢性炎症，伴有淋巴细胞、浆细胞浸润，韧带骨化，同时可伴滑膜炎症。常以骶髂关节发病最早，以后可发生关节粘连、强直，实验室检查 90% 人白细胞抗原-B27（HLA-B27）阳性，可作为参考指标。

【影像学表现】

1. X线　骶髂关节常最早受累及，其特征为双侧对称发病，骨质破坏以髂侧为主，呈鼠咬样，关节间隙早期呈"假增宽"然后变窄，最后间隙消失发展为骨性强直。根据骶髂关节病变程度分为五级：0 级，正常；Ⅰ级，可疑异常；Ⅱ级，轻度异常，可见局限性侵蚀硬化，但关节间隙无异常；Ⅲ级，明显异常，呈中度或进行性骶髂关节炎，有以下一项或一项以上改变：侵蚀、硬化、关节间隙增宽或狭窄，或部分强直；Ⅳ级，严重异常，关节完全骨性强直。

脊柱病变通常是自下而上发展，为上行性改变，并最终累及全脊柱，脊柱的主要改变为：开始病变侵蚀椎体前缘上下角及骨突关节，形成"方椎"，炎症引起纤维环及前纵韧带深层的骨化，形成平行于脊柱的韧带骨赘，使得脊柱呈竹节样改变，即"竹节状脊柱"（图 9-27）。晚

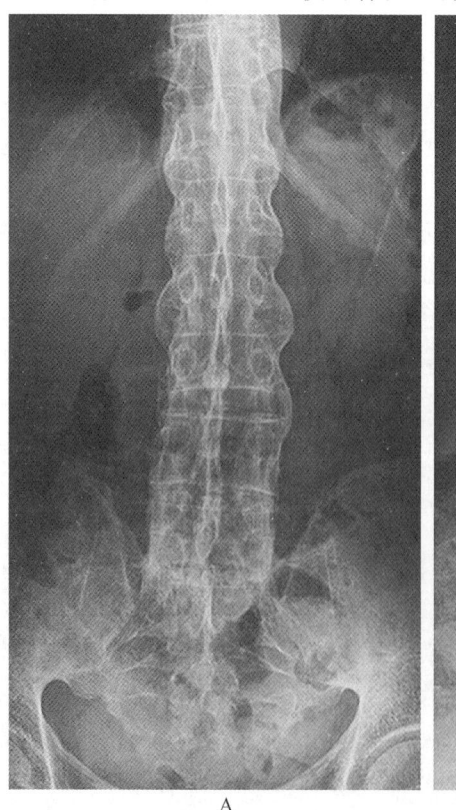 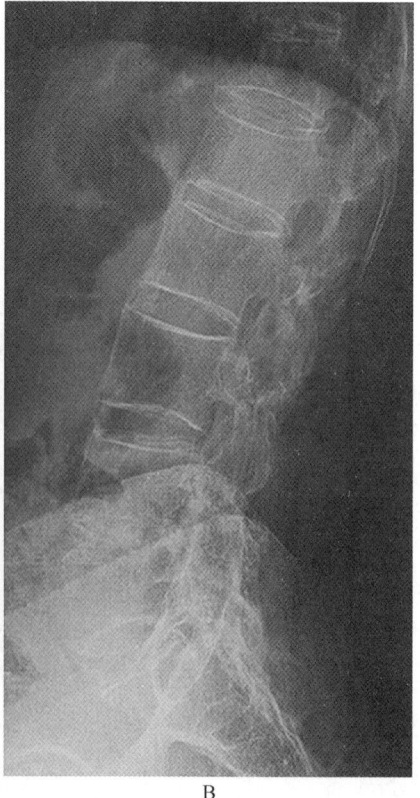

图 9-27　强直性脊柱炎的 X 线表现

A. 腰椎正位；B. 腰椎侧位。双侧骶髂关节间隙消失，骨小梁穿过关节面，关节骨性强直。
椎体前、后纵韧带骨化呈"竹节样"，棘间及棘上韧带骨化

期骨突关节囊、黄韧带、棘间和棘上韧带均可钙化，广泛的骨化使得脊柱强直。周围关节也可同时受累及，如髋关节、盂肱关节、肩锁关节等。

2. CT　结合多平面及三维重建显示 AS 骶髂关节骨质早期改变优于 X 线平片，表现为骶髂关节髂骨面骨质虫蚀样破坏，伴髂骨硬化，晚期骶髂关节炎表现为关节面的侵蚀破坏，边缘模糊，关节面的骨质硬化，骨质破坏缺损，骶髂关节变窄、消失。

3. MRI　对 AS 的早期诊断优于 X 线平片和 CT，能显示关节滑膜增厚和积液，关节腔积液时表现为 T_1WI 低信号、T_2WI 高信号，滑膜增厚时 T_1WI 增强明显强化；骨髓水肿，呈 T_1WI 低信号、T_2WI 高信号；关节周围骨髓内脂肪蓄积，于 T_1WI 及 T_2WI 均呈高信号；关节面软骨破坏，显示为异常信号；关节间隙变窄、消失，于 T_2WI 显示低信号的骨小梁穿过关节面。

【诊断与鉴别诊断】

诊断主要依靠临床病史、体征和 X 线发现双侧对称性骶髂关节炎。主要与类风湿关节炎鉴别，后者女性多见，类风湿因子阳性，病变为多关节（小关节多见）、对称性侵犯，很少累及骶髂关节，免疫组化浆细胞浸润以 IgM 为主；AS 以青年男性为主，免疫组化浆细胞浸润以 IgG、IgA 为主，骶髂关节几乎 100% 受累。

四、痛风性关节炎

痛风（gout）是嘌呤代谢紊乱和（或）尿酸排泄减少的全身性疾病，尿酸盐结晶体沉积于关节及软组织引起炎症性损伤称为痛风性关节炎（gouty arthritis）。

【病理与临床表现】

95% 为男性，男性常于青春期发病，女性常于绝经后发病。痛风分为原发性与继发性，原发性是由于基因突变引发酶结构改变和尿酸盐转运蛋白功能改变导致尿酸合成增多、排泄减少，有遗传性；继发者占 5%~10%，常由于血液病、恶性肿瘤导致酶的缺陷引起嘌呤核苷酸的分解加速，另一方面通过抑制肾小管排泄引起高尿酸血症。结晶体沉积于软组织引发无菌性炎性反应，形成肉芽肿伴纤维包裹及钙化，称为痛风结节；关节病变表现为滑膜增厚，软骨及骨破坏。精神紧张、疲劳、酗酒、感染等因素可诱发急性痛风。

临床分类：①无症状高尿酸血症期。②急性痛风性关节炎发作期：夜间睡眠中发病，关节剧痛、肿胀、发热、干燥，以第一跖趾关节受累多见，其次为踝、手、腕关节，1~2 周缓解。③痛风发作间歇期：每年发作 1~2 次或多年发作一次，间隔逐渐缩短，次数逐渐增加。④慢性痛风石性关节炎期：多发痛风石及骨、关节破坏。

【影像学表现】

1. X 线　早期表现为阴性或软组织肿胀，密度增高。病变进一步发展，关节周围出现偏心性肿块（痛风结节），逐渐增大，数目逐渐增多伴钙化。尿酸盐沉积于关节间隙，炎性刺激引起滑膜增厚，关节软骨破坏，关节面骨质穿凿样及囊性缺损，边界清晰，边缘硬化，好发于手足小关节，尤其是第一跖趾关节（图 9-28）。晚期关节面广泛受累、硬化，关节脱位、畸形。

2. CT　可清晰显示痛风结节及其与关节面骨质破坏的关系，可测定痛风结节的 CT 值，从而与其他非尿酸盐结节鉴别。

3. MRI　对于显示滑膜增厚、关节软骨及软组织侵犯有独特优势。痛风结节信号多样，与结节内钙化物沉积有关。增强后有均匀强化，骨髓及周围肌肉、肌腱由于炎症刺激可有强化。

【诊断与鉴别诊断】

根据临床症状，高尿酸，影像学表现可明确诊断。需与以下疾病鉴别：①假痛风：常侵犯大关节，血尿酸正常，对称性关节软骨弧状钙化或关节旁钙化。②类风湿关节炎：女性多发，

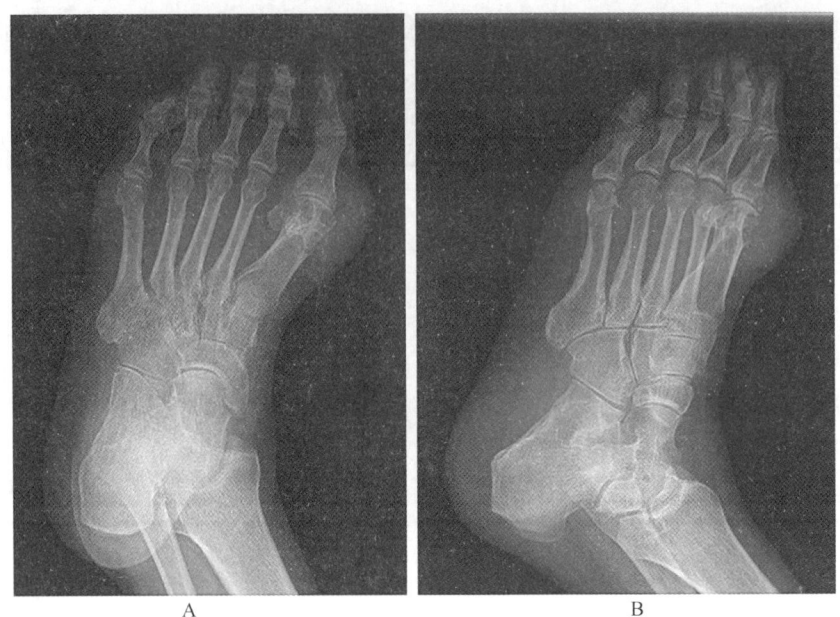

图 9-28 痛风性关节炎的 X 线表现
A. 足的正位；B. 足的斜位。左足第一跖趾关节面穿凿样骨质缺损，有硬化边，软组织内偏心性高密度痛风结节

类风湿因子阳性。手足小关节对称性破坏，骨质疏松，有类风湿结节。

（张　翱　李晓燕　刘挨师）

第八节　骨缺血坏死

骨质坏死（osteonecrosis）是指骨组织因血供中断而代谢停止，坏死的骨组织又称为死骨。外伤、感染、发育、全身性基础疾病等多种因素均可致骨质坏死，其中外伤致供血动脉中断且无有效侧支循环建立为其最常见的原因。可发生于全身各种骨组织，在临床上以股骨头坏死最为常见。

股骨头缺血坏死

股骨头缺血坏死（avascular necrosis of femoral head）是指股骨头部的血供中断，骨组织代谢停止。根据儿童与成人骨骼在发育上的差异，可将其分为股骨头骨骺缺血坏死和成人股骨头缺血坏死两种。

【病理与临床表现】

在 5～9 岁儿童，外骺动脉为股骨头唯一的供血动脉，因此股骨头骨骺缺血坏死好发于 5～9 岁。成人股骨头血供主要来源于股深动脉发出的旋股内侧动脉和旋股外侧动脉。不论是儿童还是成人股骨头的供血动脉均比较单一，损伤后不易建立侧支循环，因此股骨头缺血坏死的发生率很高。临床上主要表现为髋部疼痛、活动受限、跛行，在儿童还可有生长发育延迟、畸形发育等表现，体格检查"4"字征阳性。

病理上股骨头缺血坏死可分为三个阶段：①早期骨内细胞坏死、崩解，形成死骨，但原有骨架尚存，股骨头形态并不发生改变。②机体的损伤-修复机制启动后，肉芽组织逐渐沿骨小梁框架生长，将部分坏死组织吸收，同时分化新生骨细胞在骨小梁表面覆盖。在应力作用下，坏死骨骨小梁可发生微骨折，股骨头形态变扁。③晚期肉芽组织将新生骨组织进行改建重塑成规则的正常骨小梁结构，或者将坏死骨组织吸收、机化，形成瘢痕组织。在儿童可使骨骺干骺端提前闭合，从而影响下肢生长。

【影像学表现】

1. X线　病变初期股骨头形态不发生改变，仅表现为均匀性密度增高，如果此改变继发于股骨颈骨折后，则可将此征象归为股骨头缺血坏死的肯定征象。随着肉芽组织的浸润，在股骨头关节面下可见囊状低密度区，且可见硬化边，系沿骨小梁生长的新生骨组织。由于坏死骨小梁微小骨折的发生，虽不可见骨折线，但可以看到股骨头形态变扁。没能被吸收的大片状死骨被肉芽组织包裹，X线片表现为低密度环绕的致密骨块影。晚期髋关节继发退行性改变，关节间隙狭窄（图9-29A）。儿童股骨头骨骺缺血坏死的X线表现为骨化中心密度增高、形态变扁、有囊变，早期股骨头骨骺向外侧移位，"关节间隙"增宽，骨骺干骺端早期闭合，并发现髋关节内翻和髋关节半脱位等畸形（图9-29B）。

2. CT　CT能够显示股骨头内部的细节，早期即可见到不规则增粗、密度增高的骨小梁，表现为条带状、簇状高密度硬化影，能较早发现坏死骨小梁的微骨折；中期随着肉芽组织的浸润，股骨头内可有囊状低密度区，呈高低混杂密度或者硬化带旁侧并行带状低密度影，股骨头前侧皮质下可以见到条带状低密度影（新月征）。晚期股骨头塌陷，形态变扁，髋关节间隙狭窄（图9-29C）。

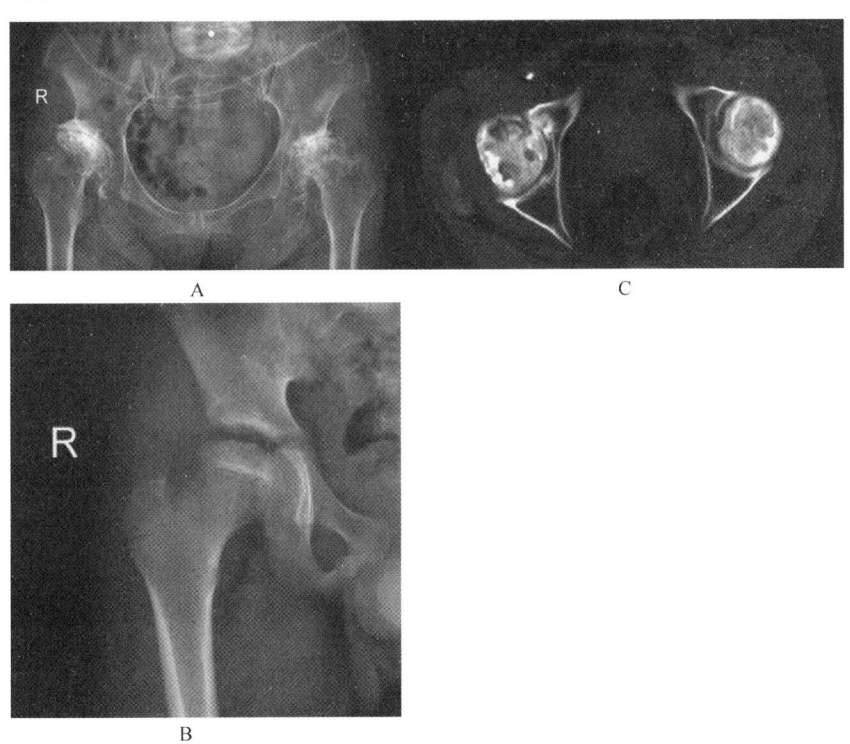

图9-29　股骨头缺血坏死的影像表现
A. 双侧成人股骨头缺血坏死X线后前位；B. 右侧股骨头骨骺缺血坏死X线后前位；
C. 双侧成人股骨头缺血坏死CT轴位

3. MRI　在早期诊断股骨头缺血坏死上较X线和CT有明显优势。早期在股骨头前上部或边缘出现线状异常信号带，T_1WI呈低信号，T_2WI呈并行的两条高低信号（双线征），随后异常信号变得不均匀，可表现为T_1WI低信号、T_2WI高信号，亦可表现为T_1WI低信号、T_2WI低信号，形状除了呈条带状亦可呈斑片状。中晚期关节腔内可见T_1WI低信号、T_2WI高信号的影像。儿童骨化中心呈T_1WI低信号、T_2WI高信号，且骺软骨信号增宽。

第九章 骨与关节

【诊断与鉴别诊断】

儿童股骨头骨化中心密度增高、形态变扁、有囊变及关节间隙增宽，MRI 表现为 T_1WI 低信号、T_2WI 高信号及骺软骨增宽，可明确诊断股骨头骨骺缺血坏死，有时需与骨结核相鉴别，骨结核骨质破坏较广泛，硬化带少，关节间隙狭窄。成人股骨头缺血坏死需要与暂时性骨质疏松以及骨岛相鉴别，暂时性骨质疏松所表现的异常信号在短期随访内可恢复正常，骨岛多表现为单发的类圆形高密度影，边界清楚。

（张　翱　赵兰峰　刘挨师）

第九节　良性骨肿瘤及肿瘤样病变

一、骨瘤

骨瘤（osteoma）指仅发生在膜内化骨骨骼的一种良性肿瘤，由成骨性纤维组织、成骨细胞及所产生的新生骨组成，不包括因外伤、炎症等引起的过度增生、血肿机化、钙化或骨化性纤维瘤等。骨瘤较常见，发病率仅次于骨软骨瘤。

【病理与临床表现】

骨瘤根据骨密度不同，分为致密骨型、松质骨型及混合型，以前者多见。致密型骨瘤由致密的骨密质组成，镜下显示结构简单，可含有成熟的骨板和少许哈氏管，松质型骨瘤由海绵状松质骨构成，可有骨髓组织。

好发于 10～20 岁的青少年，男性较多。骨瘤一般无临床症状。肿瘤生长缓慢，多在儿童时期出现，经数十年病程，多数因出现肿块才引起注意。也可由于压迫产生相应症状。骨瘤主要好发于颅骨、颌面骨。多见于颅骨外板、鼻窦壁。

【影像学表现】

1. X线　致密性骨瘤常呈一致性密度增高骨性肿块，外缘光滑，常呈椭圆形、圆形或分叶状，其基底部与骨板相连。其内无骨小梁结构。松质型骨瘤，较少见，其内可见海绵状松质骨结构，常表现为磨玻璃样。

2. CT　CT 检查主要是对颅面部解剖结构进行区分，以更好地显示 X 线上的各种征象（图 9-30）。

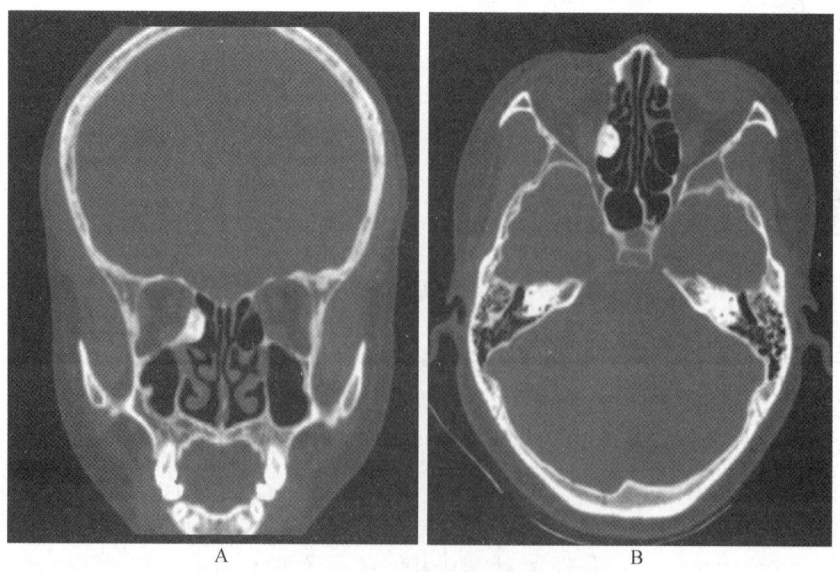

图 9-30　右侧筛窦骨瘤 CT 表现

A. 冠状面；B. 横断面。右侧筛窦旁致密性椭圆形骨性突起，边界清晰

3. MRI 致密型骨瘤在 MRI T_1WI、T_2WI 上均表现为与骨皮质一样的低信号,增强后无强化。

【诊断与鉴别诊断】

骨瘤影像诊断较容易,需要和下列疾病鉴别:①一些正常变异:枕骨粗隆外凸、肱骨髁上突等解剖变异。②骨岛:骨岛为正常松质骨内的致密性骨块,多发生于骨髓腔内,且与骨瘤的好发部位不同,故易鉴别。③骨软骨瘤:主要发生在软骨成骨的骨骼,多发生于干骺端或相当于干骺端的部位,向外生长,可见软骨帽,而骨瘤发生于膜内化骨骨骼。④骨旁骨肉瘤:中老年多见,好发于股骨远端后侧,密度欠均匀,边缘不规则,肿瘤与邻近骨皮质间常有透亮间隙。

二、骨软骨瘤

骨软骨瘤(osteochondroma)又称为外生骨疣(exostosis),是最常见的良性骨肿瘤,约占良性骨肿瘤的 20%~50%。骨软骨瘤有单发和多发之分,单发多见,两者发病率之比约为(8~15):1。多发性骨软骨瘤病(multiple osteo-chondromatosis)又称遗传性多发性外生骨疣(hereditary multiple exostosis),为一种先天性骨骼发育异常,与家族遗传有关。

【病理与临床表现】

骨软骨瘤由骨性基底、软骨帽和纤维包膜三部分组成。骨性基底可宽可窄,由松质骨及骨髓腔构成,髓腔与母体骨的相应部分相连续。软骨帽位于瘤体的顶部,为透明软骨,其厚度一般随年龄增大而减退,至成年可完全骨化。纤维包膜位于顶端,有薄层纤维组织构成的软骨膜。

本病好发于 10~30 岁青少年,男性多于女性。肿瘤早期一般无症状,仅局部可扪及一硬结。肿瘤增大时可有轻度压痛和局部畸形,邻近关节的可引起活动障碍,或可压迫邻近的神经而引起相应的症状。若肿瘤突然长大或生长迅速,应考虑有恶变的可能。

【影像学表现】

1. X 线 骨软骨瘤可发生于任何软骨内化骨的骨,长骨干骺端是其好发部位,以股骨下端和胫骨上端最常见,肿瘤多背离关节生长,X 线片上仅可见肿瘤的骨性基底、瘤体和钙化的软骨帽(图 9-31)。骨性基底与瘤体为母骨骨皮质向外延伸突出的骨性赘生物,其内可见骨小

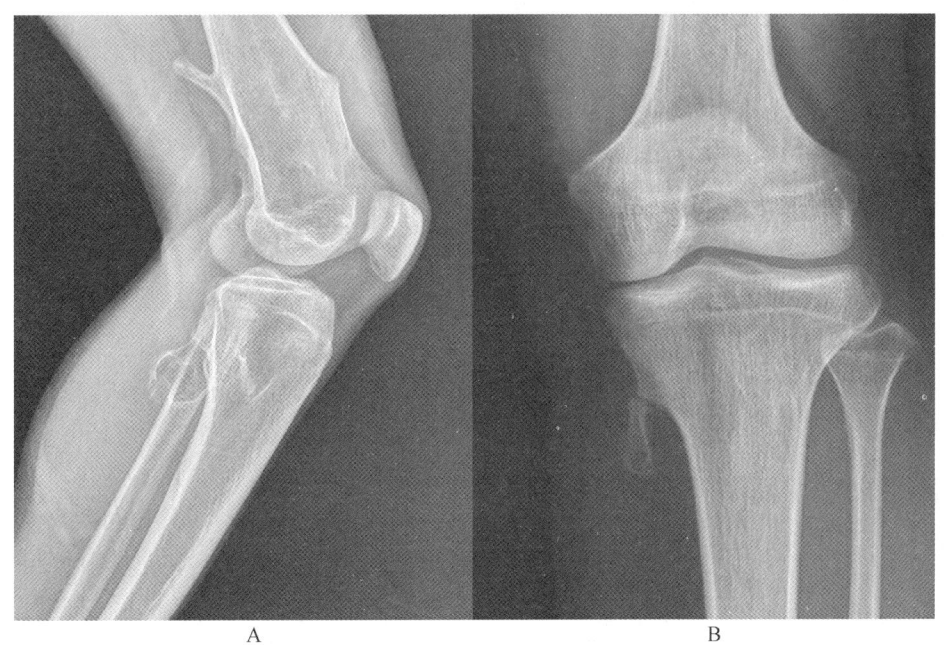

图 9-31 骨软骨瘤的 X 线表现

A. 侧位:右股骨下端、腓骨上端多发性骨性突起,背离关节生长;B. 正位:左侧胫骨骨软骨瘤骨折

梁，且与母骨的小梁相延续。基底部顶端膨大，或呈菜花状，或呈丘状隆起，有不规则的致密线。软骨帽在 X 线片上不显影，当软骨钙化时，软骨帽区出现点状或环形钙化影。

2. CT 可显示较为典型特征，即骨性基底的骨皮质和骨松质均与母体骨相延续，表面有软骨覆盖。软骨帽边缘多光整，其内可见点状或环形钙化。增强扫描无明显强化。

3. MRI 肿瘤的形态特点与 X 线、CT 所见相同。MRI 可清晰显示软骨帽、骨性基底。软骨帽在 T_1WI 上呈低信号，T_2WI 呈高信号，在脂肪抑制 T_2WI 上为明显的高信号，信号特点与关节透明软骨相似。由于 MRI 能清楚显示软骨帽，对估计骨软骨瘤是否恶变有一定的帮助，若软骨帽厚度大于 2cm，则提示恶变。骨性基底各部的信号特点与母体骨相同。

【诊断与鉴别诊断】

骨软骨瘤具有好发于长管状骨干骺端，带蒂或宽基底，背离关节生长，与母体骨的骨皮质及骨髓腔相连等典型 X 线征象。发生于一些解剖结构复杂部位的骨软骨瘤需借助 CT 检查确诊。同时可以借助 MRI 对软骨帽的显示情况，判断骨软骨瘤是否有恶变。骨软骨瘤需与以下疾病鉴别：①骨瘤：好发于颅骨及颌面骨等膜内化骨的骨骼，肿瘤来自骨皮质表面，不与母体骨的髓腔相通。②骨旁骨肉瘤、皮质旁软骨瘤和皮质旁软骨肉瘤：不具有与母体骨骨皮质和骨小梁延续的特点，即不与母体骨的髓腔相通。

三、骨巨细胞瘤

骨巨细胞瘤（giant cell tumor of bone）为骨原发的良性侵袭性肿瘤。在我国骨巨细胞瘤是常见的骨肿瘤之一，占原发骨肿瘤的 14.13%，居第三位，在良性骨肿瘤中仅次于骨软骨瘤和骨瘤，比国外资料中所报道的发病率高。

【病理与临床表现】

骨巨细胞瘤来自骨髓内未分化的间叶细胞，主要由单核基质细胞和多核巨细胞构成。据单核细胞和多核巨细胞的组织学特点可分为三级：Ⅰ级为良性，Ⅱ级为过渡类型，Ⅲ级为恶性。但组织学的分级不完全代表其生物学特性，有的镜下分化成熟的肿瘤，在临床上却表现为恶性。

骨巨细胞瘤好发年龄是 20~40 岁，男女之比为 1.2：1。好发部位为股骨远端和胫骨近端（膝关节周围），其次为肱骨近端和桡骨远端，其他部位有椎体、骶骨、髂骨、腓骨近端、胫骨远端等等。主要表现为局部疼痛，逐渐加重，随着病情进展，可有肿胀、压痛。如果发生骨折，则表现为突然剧痛、肿胀、畸形、不能活动。骨折诱因往往是轻微外伤。无发热、消瘦等全身表现。

【影像学表现】

1. X 线 肿瘤好发于长骨骨端，多为单发，X 线多呈偏心性、膨胀性、多房性溶骨性骨质破坏。肿瘤有横向膨胀的倾向，其最大径线常与骨干垂直。骨质破坏区与正常骨的交界清楚但并不锐利，无硬化边，骨壳较薄，其轮廓一般完整，其内可见纤细残留骨嵴，构成多房状（图 9-32）。有的肿瘤膨胀可很明显，甚至将关节对侧的另一骨端包绕起来。肿瘤一般无钙化及骨化，若没有病理性骨折，一般没有骨膜反应。

在 X 线上有以下几点提示恶性：①肿瘤与正常骨分界模糊不清，有虫蚀状、筛孔样骨破坏，骨性包壳

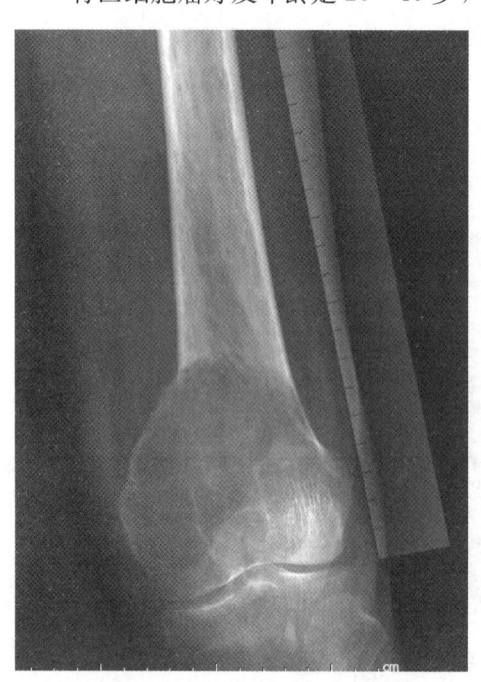

图 9-32 左股骨下端骨巨细胞瘤

和骨嵴残缺不全；②骨膜增生较显著，可见 Codman 三角；③软组织肿块较大，超出骨性包壳的轮廓；④患者年龄较大，疼痛持续加重，肿瘤于短期迅速生长。

2. CT　作为 X 线平片的进一步补充，通过 CT 轴位及三维重建，可清楚显示病变细节，如骨性包壳，大多数骨性包壳不完整，肿瘤内见残留骨嵴即骨性间隔，肿瘤内密度不均，可见低密度的坏死区，有时可见液-液平面。肿瘤与松质骨的交界多清楚，但无骨质增生硬化。对侵袭性较强的肿瘤，CT 也能显示其相应的特征，对诊断有很大帮助。

3. MRI　可显示肿瘤周围的软组织情况，肿瘤与周围神经、血管的关系，关节软骨下骨质的破坏，关节腔受累情况，骨髓是否受到侵犯和有无复发等。多数肿瘤在 MRI 图像上边界清楚，周围无低信号环。瘤体的 MRI 信号是非特异性的，在 T_1WI 呈均匀的低或中等信号，高信号区则提示亚急性、慢性出血。在 T_2WI 上信号不均匀，呈混杂信号。增强扫描可有不同程度的强化。

【诊断与鉴别诊断】

根据好发年龄、部位及典型 X 线特点，骨巨细胞瘤诊断较容易。但是需与下述疾病鉴别：①骨囊肿：好发于干骺端。骨囊肿表现为边界清楚、密度均匀的骨质破坏区，没有分隔，膨胀不如骨巨细胞瘤明显，且沿骨干长轴发展。②成软骨细胞瘤：该病好发于 5～25 岁患者的骨骺，骨壳较厚且破坏区内可见钙化影。③动脉瘤样骨囊肿：好发于长骨者多位于干骺端，常有硬化边，为含液囊腔，液-液平面较多见，且 CT 可显示囊壁有钙化或骨化影。④骨肉瘤：恶性骨巨细胞瘤常常需要与骨肉瘤鉴别，恶性骨巨细胞瘤软组织肿块外可见骨壳，而骨肉瘤没有。

四、骨囊肿

单纯性骨囊肿（simple bone cyst）常简称为骨囊肿，是一种病因不明的常见的骨内良性、膨胀性肿瘤样病变。

【病理与临床表现】

囊肿内含黄色或褐色液体，其间可有纤维性间隔，病变骨髓腔膨胀，骨皮质变薄。

发病年龄在 4～42 岁，最常见于 5～15 岁的青少年、儿童。好发于长管状骨，尤其是肱骨和股骨近端，以上两部位发病约占全部发病的 70% 以上。患者一般无明显症状，多数因病理性骨折，出现疼痛、肿胀、功能障碍而就诊。

【影像学表现】

1. X 线　常发生于长管状骨干骺端的松质骨或骨干的髓腔内，不跨越骺板。一般为单发。表现为边界清楚的膨胀性低密度骨质破坏区，周围可有硬化边。病灶大多为卵圆形，居于中心，其长径与骨长轴一致，很少偏心生长（图 9-33）。囊内一般无骨嵴，少数呈多房样。囊肿向外膨胀性生长，可使骨皮质变薄。囊肿病灶常出现病理性骨折，表现为骨皮质断裂，骨折碎片可插入囊腔内，即所谓的骨片陷落（fallen fragment sign）。

2. CT　表现为边界清楚的圆形或椭圆形骨质破坏缺损区，病灶内为均匀的液体密度影，CT 值 15～20Hu，其骨壳完整，边缘可见硬化带。

3. MRI　骨囊肿在 T_1WI 为低信号，T_2WI 为高信号。如果其内有出血或含有胶样物质则在 T_1WI 和 T_2WI 上均为高信号。

【诊断与鉴别诊断】

根据典型影像表现，本病不难诊断，但还应和骨巨细胞瘤、骨纤维异常增殖症和动脉瘤样骨囊肿等疾病鉴别。①骨巨细胞瘤：好发于骨骺闭合后的骨端，呈偏心性、横向膨胀性生长，囊状破坏区周围无增生硬化。骨包壳可不完整。②骨纤维异常增殖症：病变范围大，其特征性表现为病灶呈磨玻璃样改变；CT 和 MRI 检查为实性而非液性灶，同时 CT 增强可见强化，而

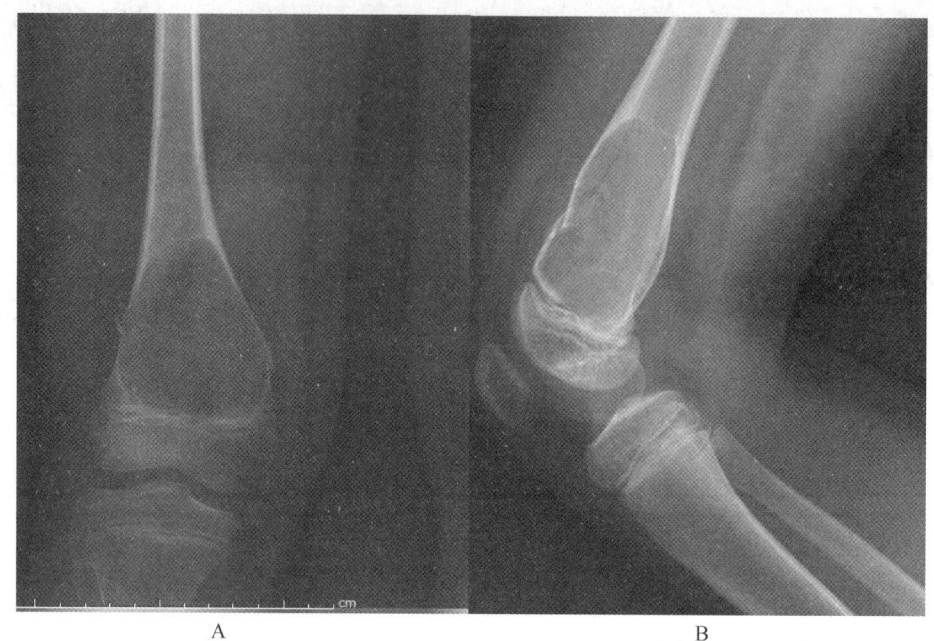

图 9-33 股骨下端骨囊肿合并病理性骨折
A. 正位；B 侧位。股骨下端囊性低密度影，边界清楚，骨皮质断裂，见骨片陷落

骨囊肿无强化。③动脉瘤样骨囊肿：多呈偏心生长，膨胀明显；常呈多房状，有时囊内可见点状钙化或骨化。瘤内常有出血，使 CT 值较高，而单纯性骨囊肿，CT 值较低呈水样密度。同时 MRI 可显示动脉瘤样骨囊肿内不同时期出血，并见液-液平面征象。

（张　翱　向　波　刘挨师）

第十节　恶性骨肿瘤

一、骨肉瘤

骨肉瘤（osteosarcoma）是指瘤细胞能直接形成骨样组织或骨质的恶性肿瘤，是最常见的原发性恶性骨肿瘤，约占 34%。发病年龄低，多为青少年，恶性程度高，病死及伤残的比例极高。按其发生的部位可分为髓性骨肉瘤（intramedullary osteosarcoma）和表面骨肉瘤（surface osteosarcoma）两种类型。

【病理与临床表现】

骨肉瘤好发于 11~20 岁青少年，男性多于女性，多见于长骨干骺端，尤以股骨远端和胫骨近端最为常见。临床上主要有疼痛、局部肿胀和运动障碍三大症状，可发生病理性骨折，实验室检查碱性磷酸酶增高。骨肉瘤为起源于间叶组织的恶性肿瘤，血行转移是其主要的转移途径，肺转移最常见，其次是骨转移，有时可以在原发瘤同一骨干或邻近关节的对侧骨内发现孤立的转移性结节，此为骨肉瘤所特有的一种转移方式，即跳跃性转移（skip metastases）。在病理组织学上骨肉瘤的主要成分有肿瘤性成骨细胞、肿瘤性骨样组织、肿瘤骨和少量的瘤软骨，在骨肉瘤中常可见到出血、坏死及囊变。

【影像学表现】

1. X 线　骨肉瘤在 X 线上可表现为多种形式的骨质破坏和新生肿瘤骨并存，二者在肿瘤内的多寡可将骨肉瘤分为成骨型、溶骨型和混合型三种类型。基本 X 线表现有以下几种：①骨质破坏：在干骺端骨松质出现斑片状的低密度区，边缘模糊呈虫蚀状；骨密质的破坏因哈氏管的扩张而呈现出筛孔状改变。随着肿瘤的浸润性生长，骨质破坏区域逐渐扩大并向骨干、骨外延伸，且相互融合成片形成大片状的骨缺损（图 9-34A）。②肿瘤骨：肿瘤骨的多寡决定着骨肉瘤在 X 线片上密度的高低，诊断骨肉瘤的关键就是在骨质破坏区及软组织肿块内发现肿瘤骨，其形态可以是象牙质样、云絮样、磨玻璃样，也可以呈针状。象牙质样肿瘤骨密度很高，边界清楚，病理上分化程度高，成骨型骨肉瘤内肿瘤骨多为此类。云絮样肿瘤骨密度稍高于正常骨质，边缘模糊，可以合并环形钙化，病理上分化较差，多见于混合型骨肉瘤。磨玻璃样肿瘤骨为片状、均匀的磨玻璃样阴影，密度较浅淡，在大片骨质破坏透亮区的背景上可以清楚显示，病理上分化程度最低，多见于溶骨型骨肉瘤。针状肿瘤骨是在瘤组织向软组织浸润过程中，沿着肿瘤供血血管间隙生长而形成的具有特定形态的肿瘤骨，位于骨外软组织肿块内，肿瘤骨密集且排列整齐，表现为垂直于皮质的辐射样针状高密度影。③软组织肿块：肿瘤穿透骨皮质后，肿瘤组织可以被骨膜暂时性包绕，骨膜被突破后，肿瘤组织就会侵犯周围软组织形成软组织肿块，其内可以发现肿瘤骨，边界多不清楚。④骨膜增生与 Codman 三角：骨肉瘤所引起的骨膜增生形态多为放射状，Codman 三角系被肿瘤组织从中间破坏之后在两端残留的三角形骨膜新生骨，它实际上揭示了骨膜新生能力与肿瘤破坏能力之间相互作用的过程，也标志着肿瘤对邻近软组织的侵犯。⑤远处转移：骨肉瘤的恶性程度较高，早期即可通过血行途径转移至肺，肺内转移瘤内可见到高密度的肿瘤骨。

2. CT　可以将前述骨肉瘤在 X 线平片上的各种基本表现显示得更为细致，在肿瘤组织低密度破坏区内，骨松质和髓腔正常结构消失，可见软组织密度影，并有各种形态的肿瘤骨形成，可以清晰显示瘤内出血、坏死及囊腔，骨皮质外侧可以见到日射状骨膜增生和 Codman 三角，软组织肿块影可存在于骨的一侧或包绕骨干，边界不清，内亦可发现肿瘤骨。增强检查肿瘤组织明显强化，坏死区无强化，同时还能显示肿瘤与邻近结构的关系，血管、神经是否受到侵犯，对指导临床制订治疗方案有重要意义（图 9-34B）。

3. MRI　在 MRI 上可见到正常骨松质及髓腔结构为大片状异常信号所取代，在 T_1WI 上表现为不均匀低信号（图 9-34C），在 T_2WI 上表现为中高混杂信号（图 9-34D），肿瘤骨、钙化以及骨膜反应在 MRI 上表现为低信号，其形态与 CT 相似。在显示肿瘤与邻近结构之间的关系方面，由于可以进行多平面成像，MRI 较 CT 更具优势。MRI 对肿瘤骨、骨膜增生的显示不如 X 线。

【诊断与鉴别诊断】

对绝大多数骨肉瘤依 X 线平片上典型的基本表现都能够作出诊断，但 CT 和 MRI 在细节显示上以及了解肿瘤与邻近结构关系上是对 X 线平片检查不可或缺的补充。骨肉瘤主要需要与化脓性骨髓炎、尤因肉瘤相鉴别。化脓性骨髓炎多位于骨干，其骨质破坏周围有骨质增生，增生的新生骨中亦有破坏存在（而骨肉瘤的破骨与成骨是不相关的），骨膜增生形态多呈层状，且范围较广泛，没有 Codman 三角。尤因肉瘤多位于骨干，与骨肉瘤多位于干骺端不同，没有像骨肉瘤那样的各种形态的肿瘤骨，骨膜增生多呈葱皮样改变。

二、尤因肉瘤

尤因肉瘤（Ewing's sarcoma，ES）比较少见，因 1921 年 Ewing 首先报道而得名，占所有原发性骨肿瘤的 6%～8%，主要发生于儿童和青少年，好发年龄为 10～25 岁，男女发病率相近，20 岁以下好发于长骨骨干，20 岁以上扁骨多见。影像学检查主要用于评价详细的解剖部位、软组织浸润、椎管侵犯程度及远处的转移。

第九章 骨与关节

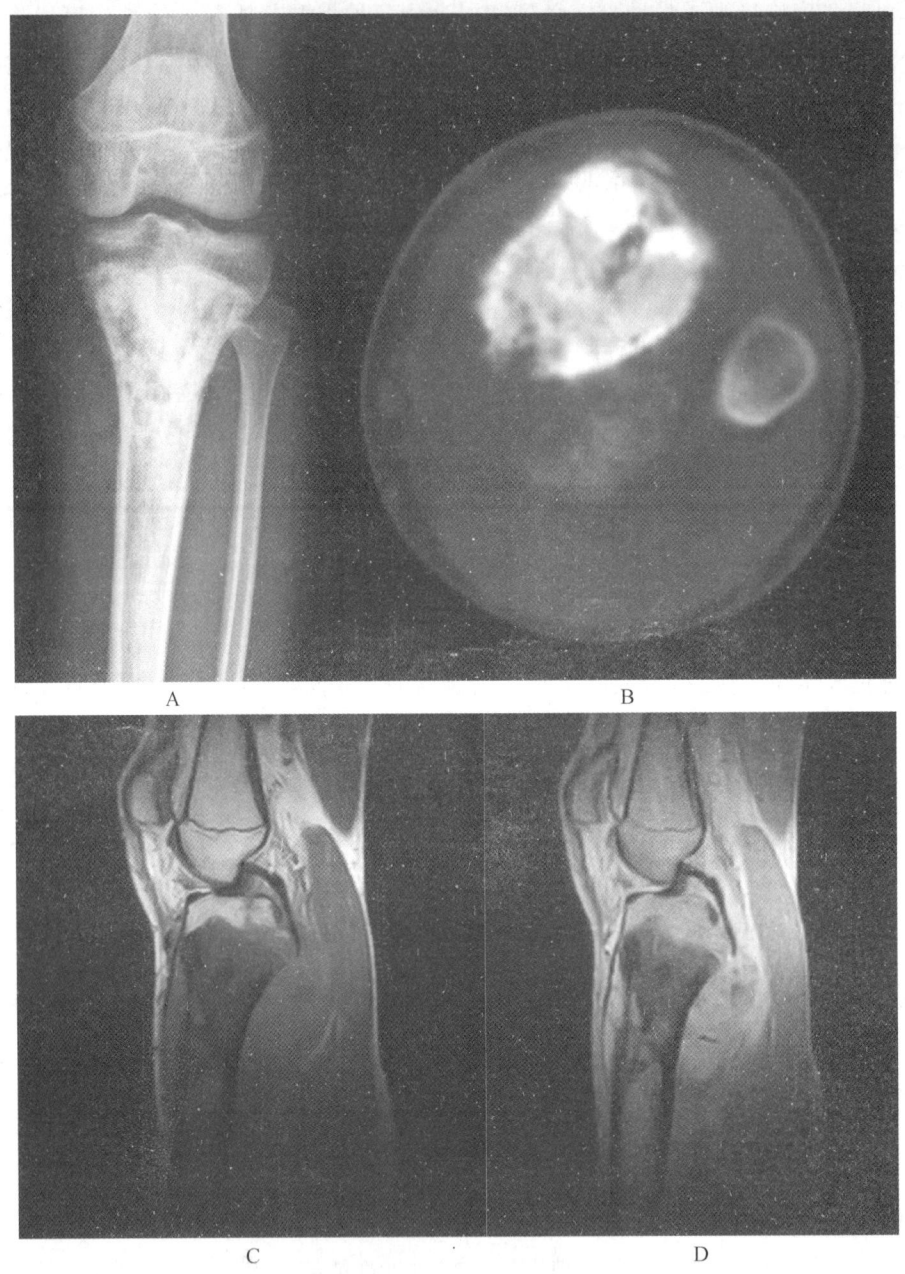

图 9-34 左侧胫骨上段成骨型骨肉瘤

A. 左胫骨上段后前位 X 线平片；B. CT 横断面；C. T_1WI 矢状面；D. T_2WI 矢状面。以上组图均为同一患者，男，19 岁，病理切片：成骨型骨肉瘤

【病理与临床表现】

尤因肉瘤起源于骨髓间充质细胞，是富含小圆形细胞和血管的低分化恶性肿瘤。肿瘤组织大体标本切片呈灰白色，鱼肉状，质地中等，部分病灶内见大片状坏死。

疼痛是最常见的临床症状。大约有 2/3 的患者可有间歇性疼痛。疼痛程度不一，初发时不严重，但迅速变为持续性疼痛；根据部位的不同，局部疼痛将随肿瘤的扩散而蔓延。如发生于骨盆部位，疼痛可沿下肢放射，影响髋关节活动；若发生于长骨邻近关节，则出现跛行、关节僵硬，还伴有关节积液。位于脊柱，可产生下肢的放射痛、无力和麻木感。但本病很少引起病理性骨折。

随着疼痛的加剧而于局部出现肿块，肿块生长迅速，表面可呈红、肿、热、痛的炎症表现，压痛明显，表面可有静脉曲张，有时肿块在软组织内生长极快，2～3个月内即可明显增大。

患者往往伴有全身症状，如贫血、周身不适、乏力、食欲下降等，部分患者伴低热，血清高密度脂蛋白胆固醇和红细胞沉降率（血沉）明显升高，有时伴有白细胞增多。

【影像学表现】

1. X线　①骨质改变：好发于长骨骨干及干骺端，常常发生溶骨性骨质破坏，破坏范围较广泛，以髓腔骨质破坏为主，早期呈筛孔样或小斑点状骨质破坏，晚期呈虫蚀状改变。有时也可见少量的反应性成骨，甚至表现为硬化性，钙化少见。②骨膜反应：平行型和葱皮型骨膜反应最常见，并可形成 Codman 三角，也可见针状、放射状改变。③软组织肿块：骨干皮质外缘常形成巨大软组织肿块，与骨质破坏不成比例，其内通常无坏死。④尤因肉瘤可跨关节生长，具有很强的浸润生长能力。

2. CT　能较好地判断肿瘤的大小、范围及侵犯软组织的情况，CT 表现为骨髓腔内弥漫性溶骨性骨质破坏，CT 显示的软组织肿块密度通常不均匀，坏死或出血不常见。

3. MRI　能敏感地显示病变在骨髓腔内及骨外的侵犯范围，对于病变的发现早于 X 线和 CT，肿瘤常表现为不均匀的 T_1WI 低信号、T_2WI 高信号。

【诊断与鉴别诊断】

根据发病年龄、发病部位、临床特点和 X 线表现大多数可明确诊断，CT 和 MRI 可用于了解病变浸润范围。

本病需与以下疾病相鉴别：①急性化脓性骨髓炎：常有弥漫性软组织肿胀（尤因肉瘤表现为局限性软组织肿胀和肿块），急性化脓性骨髓炎病程短，急性起病，有死骨，骨增生与破坏同时存在。②转移性神经母细胞瘤：发病年龄较小，多在3岁以前发病，影像表现为干骺端出现多发性对称的骨质破坏。患者尿中香草基扁桃酸（VMA）可增高。③骨干结核：临床症状轻，起病慢，病变区可见骨髓腔膨胀和骨膜反应，常伴有其他部位结核。④溶骨性骨肉瘤：一般好发于干骺端，骨破坏区、软组织肿块及肿瘤骨较常见，骨膜反应多表现为放射状和针状。

三、骨髓瘤

骨髓瘤（myeloma），又称浆细胞瘤，常常发生在多个骨骼，并可发生多个肿瘤病灶，故常被称为多发性骨髓瘤，而单发性骨髓瘤相当少见，骨髓瘤好发于中老年人，常见于50～70岁，男性多于女性。

【病理与临床表现】

骨髓瘤是一种由骨髓内浆细胞单克隆增生所致的造血系统恶性肿瘤，来源于终末分化的B淋巴细胞。常常累及含有红骨髓的骨骼，肿瘤组织可累及骨骼周围软组织，有时伴有出血、坏死及囊变。其好发部位主要为颅骨、脊椎、骨盆、肋骨、胸骨等扁骨，也可发生于股骨、胫骨近端。

该病临床表现多样，持续性的骨骼疼痛为主要症状，逐渐加重，由于本病可抑制免疫球蛋白的合成导致免疫力低下，故易发生各种感染，以反复的肺部感染常见。该病还可导致肾功能损害，出现水肿、蛋白尿、肾衰竭等。50%以上的患者尿中可出现本周蛋白，有助于确诊。

【影像学表现】

1. X线　主要表现为溶骨性骨质破坏和骨质疏松，常为多发圆形虫蚀样或穿凿样骨质破坏，有时为颗粒状、斑点状或不规则状，病变边界清楚，周围一般无硬化（图9-35）。病变可发生于多个骨骼，同一骨骼也可发生多处病变，其中以颅骨最常见。骨髓瘤弥漫浸润红骨髓时

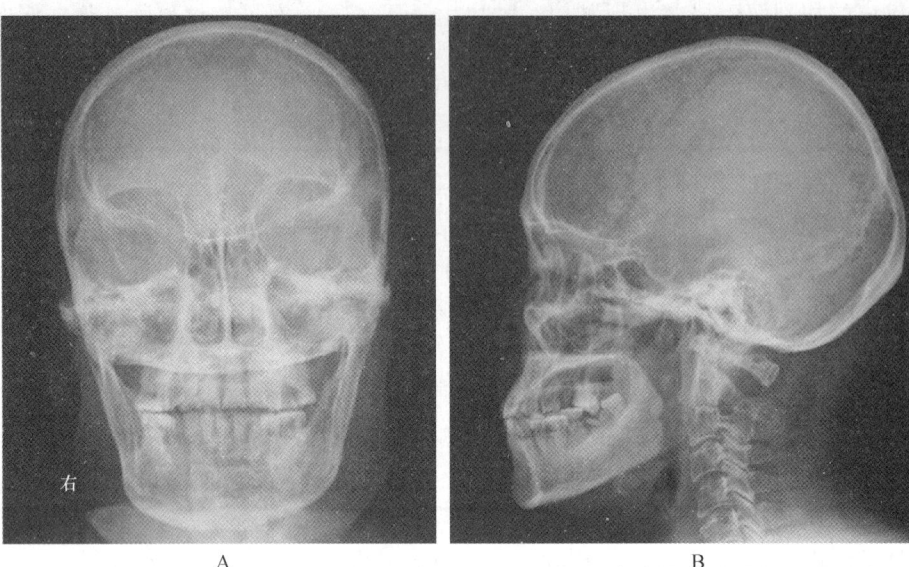

图 9-35　颅骨多发性骨髓瘤
A. 正位；B. 侧位。颅骨内可见多发穿凿样骨质破坏

仅表现为广泛性骨质疏松，这与老年性、绝经后等非骨髓源性骨质疏松表现相似。当骨髓瘤生长缓慢时，表现为膨胀性骨质破坏，破坏区呈蜂窝状和皂泡状改变。肿瘤突破骨皮质时，可在周围软组织形成肿块。

2. CT 和 MRI　可检出较小的病灶和 X 线不易发现的病灶，并可评价肿瘤累及骨髓的范围，有时还可在 CT 引导下进行穿刺活检。MRI 在较早期骨髓浸润时可发现病变，其阳性发现率高于 X 线和 CT，表现为 T_1WI 低信号、T_2WI 高信号，脂肪抑制序列上呈高信号。

【诊断与鉴别诊断】

骨髓瘤好发于中老年人，一般为多个骨骼的多发骨质破坏，尿本周蛋白阳性有助于明确诊断。在影像上主要应与溶骨型转移瘤相鉴别，骨髓瘤一般骨质破坏较广泛，以圆形穿凿样为主，破坏区边界清，而骨转移瘤有原发肿瘤的病史，骨质破坏相对较少，常大小不一，破坏区边界不清且不规则，并较少出现膨胀性破坏。骨髓瘤侵犯脊柱时，主要发生在椎体，椎弓根相对较少，而脊柱转移瘤早期即可破坏椎弓根。另外，骨髓瘤仅表现为广泛骨质疏松时，需要与老年性骨质疏松相鉴别。

对于骨髓瘤的检查，X 线检查为常规检查，并且应进行多部位的检查。为检出细小病变和明确病变累及的范围时，应行 CT 和 MRI 检查。

四、转移性骨肿瘤

转移性骨肿瘤（metastatic tumor of bone）是指原发于身体其他部位的骨外的恶性肿瘤通过各种途径（血行、淋巴及直接浸润）转移至骨骼并在骨内生长，常见于前列腺、乳腺、肺、肾等器官的恶性肿瘤。

【病理与临床表现】

转移性骨肿瘤常见于中老年人，男性多于女性，男女之比为（2～3）∶1。在全身转移性肿瘤中，转移性骨肿瘤居第三位。

转移性骨肿瘤转移途径以血行转移最常见，少数通过直接转移和淋巴转移，全身任何部位骨骼都可以发生转移，主要发生于脊柱，以胸椎、腰椎多见；骨盆、股骨近端、肱骨近端次之；膝关节、肘关节远端骨骼转移较少见。

转移性骨肿瘤可分为溶骨型、成骨型及混合型,以溶骨型最常见。前列腺癌、鼻咽癌及膀胱癌以成骨型转移多见,乳腺癌转移可以是溶骨型、成骨型、混合型,其他肿瘤多为溶骨型。

疼痛为常见症状:早期表现轻微而隐蔽,呈间歇性,逐渐演变为持续性,晚期疼痛剧烈,使用大剂量镇痛药物才能获得暂时性缓解。转移性骨肿瘤可发生病理性骨折、肿块、压迫症状等,有时因病理性骨折被发现。患者有消瘦、贫血、发热等症状。

实验室检查:血红蛋白降低,血红细胞减少,血白细胞增高,红细胞沉降率(血沉)增高,血浆蛋白水平下降。溶骨型转移瘤血清钙、磷增高;成骨型转移瘤碱性磷酸酶升高,血清钙、磷偏低;前列腺癌转移瘤酸性磷酸酶增高。骨髓检查:可找到肿瘤细胞。

【影像学表现】

1. X线 溶骨型转移瘤多发或单发,发生于长骨者,多位于骨干,表现为溶骨性、虫蚀状、穿凿状骨质缺损,边缘不规则,周围骨质无硬化(图 9-36)。晚期,破坏区融合扩大,形成大片状溶骨性骨质破坏区,骨皮质不规则破坏,很少出现骨膜增生,常合并病理性骨折。发生于扁骨者,常表现为大小不一的骨质破坏区及软组织块状影。发生于脊柱者,椎体及其附件广泛性骨质破坏,因承重常发生病理性压缩性骨折,椎间隙不狭窄。

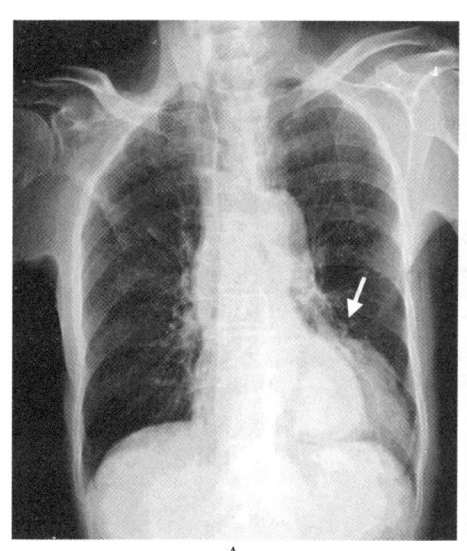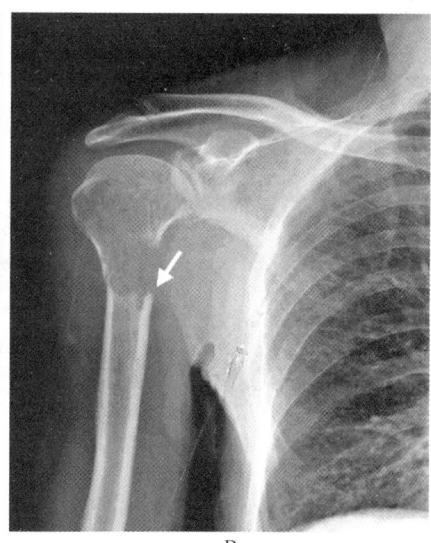

图 9-36 右侧肱骨近端溶骨型转移性骨肿瘤

A. 胸部正位 X 线片示左肺下叶中央型肺癌(箭头);B. 右侧肱骨 X 线片示右侧肱骨近端溶骨型骨质破坏,局部骨皮质缺损(箭头),周围软组织肿胀

成骨型转移瘤较少见,常由生长较缓慢的肿瘤引起,转移瘤的成骨不是肿瘤细胞成骨,而是肿瘤引起的宿主骨的反应性成骨或肿瘤间质通过化生而成骨。多发,呈斑片状、结节状密度增高影,有时呈象牙质样改变,骨皮质多完整。发生于椎体时,椎体常不被压缩、变扁。

混合型转移瘤兼有溶骨型和成骨型转移瘤的骨质改变,可见于同一骨,亦可见于不同骨。

2. CT 显示病变破坏的形态、范围、大小及与邻近组织结构的关系较 X 线平片敏感。溶骨型转移瘤表现为不规则骨质破坏缺损区,边缘模糊,周围无骨质增生硬化。成骨型转移瘤表现为斑片状、棉团状或结节状密度增高影,边缘模糊,少有骨膜反应(图 9-37)。混合型转移瘤兼有溶骨型和成骨型的骨质改变。

3. MRI 显示骨髓组织中的肿瘤病灶及周围水肿非常敏感,能检出 X 线、CT 不易检出的转移性肿瘤病灶。

溶骨型转移瘤病灶在 T_1WI 呈低信号,T_2WI、STIR 为高信号,增强时呈轻至中等程度强化(图 9-38)。成骨型转移瘤病灶在 T_1WI 及 T_2WI 均为低信号,MRI 增强时病变轻度强化或

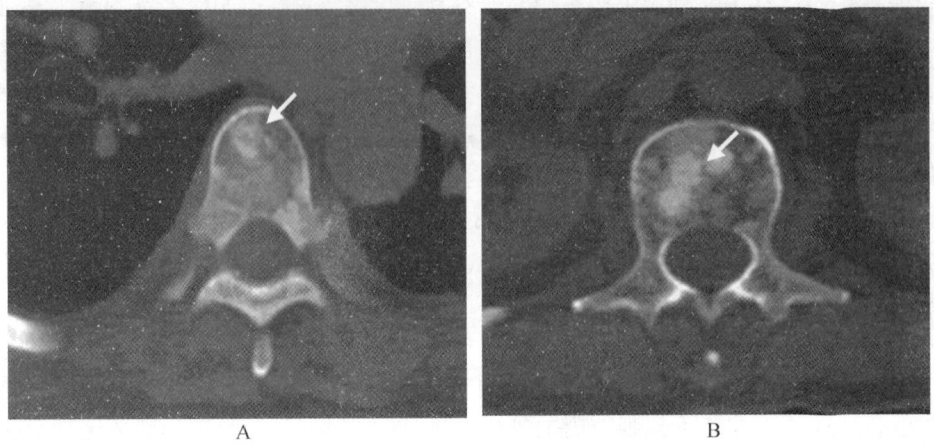

图 9-37 成骨型转移性骨肿瘤（前列腺癌）
CT 平扫横断面，胸椎（A）、腰椎（B）松质骨内类圆形、斑片状高密度影，边界模糊（箭头）

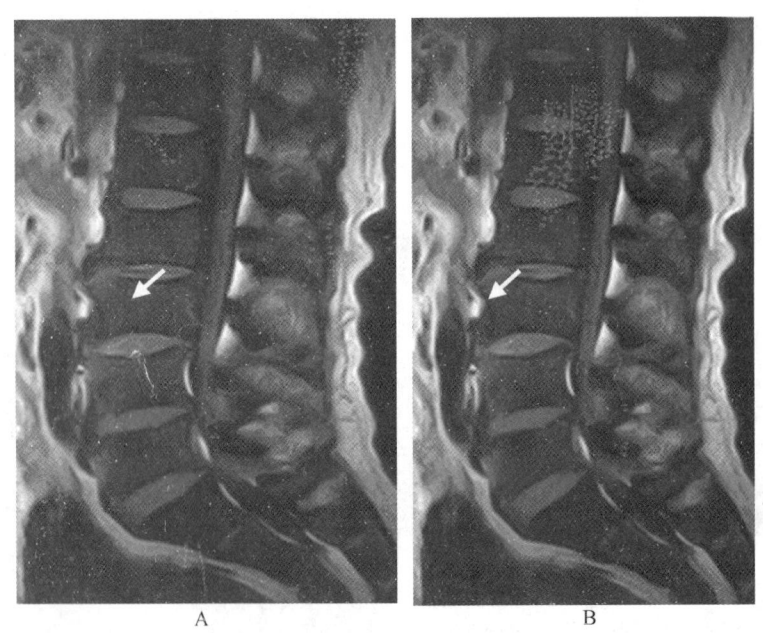

图 9-38 腰椎转移性骨肿瘤（肺癌）
A. 腰椎矢状面 T_1WI 示 L_3~L_5 多发骨质破坏呈略低信号（箭头）；B. 腰椎矢状面 T_2WI 示 L_3~L_5 多发骨质破坏呈等/高混杂信号（箭头）

无强化。

【诊断与鉴别诊断】

转移性骨肿瘤发生于中老年人，患者常有身体其他部位原发恶性肿瘤病史。病灶多发，大小不一，边缘模糊，主要发生在中轴骨或四肢长骨近端。转移性骨肿瘤需与多发性骨髓瘤鉴别：后者病灶大小多较一致，呈穿凿样骨质破坏，常伴明显的骨质疏松。实验室检查，多发性骨髓瘤患者血清球蛋白增高，骨髓穿刺涂片浆细胞增多，可找到骨髓瘤细胞；尿中本周蛋白阳性。成骨型转移瘤还应与骨肉瘤鉴别，骨肉瘤发病以青少年多见，局限性骨质破坏、肿瘤骨形成、Codman 三角形成为其特征。

（张 翱　赵兰峰　刘 丹　杨 全　刘挨师）

第十章 介入放射学

第一节 总 论

血管造影术曾经是影像医学的重要诊断工具,在 CT 和 MRI 问世之前是诊断实体肿瘤的重要手段。长期以来,一直是临床诊断血管性疾病的"金标准"。医学影像科医师在诊断血管病变的过程中,成功利用导管穿越血管高度狭窄的病变,并对病变的血管进行扩张治疗以后,放射学的工作再也不仅仅停留在诊断上了。快速发展的血管腔内治疗技术催生了一门崭新的学科——介入放射学。介入放射学的发展速度远远超过了内科、外科等传统学科的发展速度,它的基本理念甚至影响到其他临床学科的发展。现代治疗技术中许多微创技术就是在"介入放射学"的影响下不断涌现的,其理念已经代表着整个临床医学发展的方向。

现代介入放射学不仅将解决临床诊疗问题作为本学科的任务,还利用介入放射学的技术手段来研究疾病的发生、发展以及与诊疗相关的规律,和其他临床学科一起担负起了探索医学科学的使命,从而逐渐转化成一门临床学科。

与其他临床学科相比,介入放射学具有以下特点:

1. 利用医学影像学设备为导向,将特制的器械导入人体病变部位,通过获取病理学证据或注入对比剂等诊疗手段对病变进行形态或功能的诊断。

2. 诊断和治疗的过程创伤微小、安全性高。

3. 集诊断与治疗为一体,在诊断的基础上直接实施治疗。诊断和治疗的效率高、个体化及针对性强。这些特点代表着现代医学的发展方向。所以,介入放射学是一门极具生命力的学科。

一、介入放射学的基本技术

(一) 基本技术

和外科的切开、分离、缝合等基本技术相类似,介入放射学的基本技术有穿刺、扩张、成形、栓塞或封堵以及灌注等。各类复杂的介入手术操作都建立在这些基本技术的基础上,这些基本技术也是介入放射学操作入门的基本功。

1. 穿刺技术 目前普遍使用的血管穿刺技术归功于瑞典放射学家 Seldinger 的发明。Seldinger 技术的关键是用空心针穿刺血管后导入与空心针内腔相匹配的导丝,保留导丝的过程中,退出穿刺针,再沿着导丝建立的血管内外"路线"置入内径相当的导管(图 10-1)。

2. 扩张技术 美国放射学家 Dotter 最早对狭窄血管的扩张治疗是采取逐级换用较大外径的导管,以增加对狭窄部位的扩张压力。这和 Seldinger 穿刺技术的要点相似,即将已被放入血管的导管作为更大外径导管的支持物。

3. 成形技术 包括经皮腔内血管成形术(percutaneous transluminal angioplasty, PTA)和血管内支架成形术。早期临床使用内支架的目的是弥补经皮腔内血管成形术治疗血管狭窄的不足,纠正球囊扩张治疗的残余狭窄、术中内膜损伤和术后复发等,但这项技术很快发展为介入放射学的一个基本操作,用于维持生理管腔或维持人工建立的辅助治疗通道(如经颈静脉肝

第十章 介入放射学

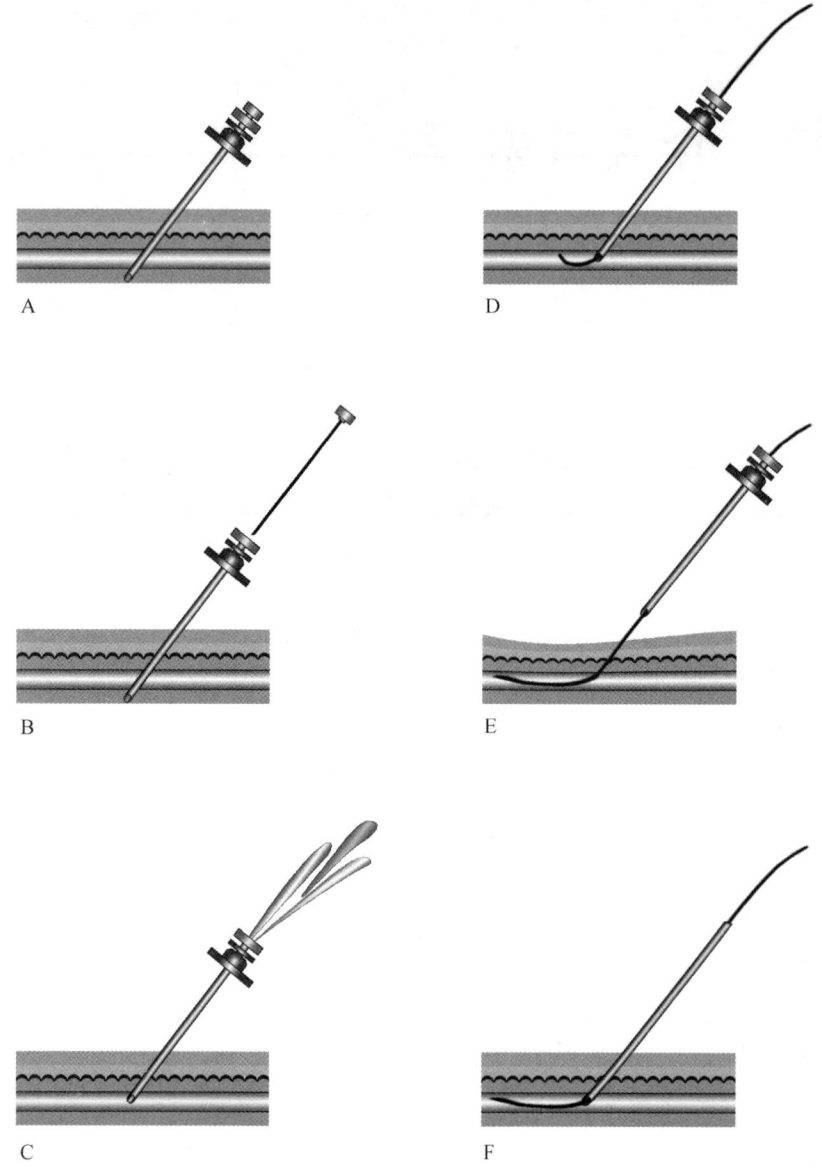

图 10-1 Seldinger 技术示意图

内门-体静脉分流术的通道）的长期通畅。

4. **栓塞技术** 对病变相关的血管定向地注入栓塞剂或诱导血小板凝集的栓塞物质是介入放射学的基本止血方法。其与外科结扎或电凝止血的差别在于栓塞技术可以按照治疗目的的差异选择不同循环层面的血管堵塞，如对肿瘤的栓塞使用毛细血管层面的栓塞（称为周围性栓塞），而对一般出血病变的栓塞则选用对靶血管内腔的堵塞（称为中央性栓塞）。

5. **抽吸技术** 通过介入手段导入的器械对病变组织进行负压抽吸可以获得细胞学样本，抽出堵塞在血管内的血栓，还可以吸出病变组织达到减压的目的（如肺内病变的细胞学抽吸、下肢动脉血栓的抽吸等）。

6. **切割技术** 介入的切割技术是采用特制的器械，切除病变的组织，如椎间盘突出病变的切割减压治疗椎间盘突出症等。每项切割技术的掌握要通过对特定器械的应用训练。

7. **灌注或引流** 通过导入人体内的导管注入与治疗相关的药物制剂或引流出体液等技术也是常用的介入基本技术。

（二）介入放射学的临床应用

1. **血管介入**（vascular interventional radiology） 主要目的是对血管闭塞性病变进行再

通、成形（球囊扩张成形或内支架成形），对出血病变进行止血，对畸形血管、动静脉瘘等进行封堵治疗，对大血管的夹层或者动脉瘤进行覆膜支架的封堵治疗。

2. 非血管介入（non-vascular interventional radiology） 主要包括对生理或人工管腔的成形、维持通畅或引流，对病变的穿刺活检，对病变组织的减压等。

3. 肿瘤介入（interventional oncology） 包括经肿瘤供养血管的栓塞或化疗药物的灌注等，以及利用介入器械和设备进行的各种消融治疗等。

二、介入放射学的常用设备和器械

（一）影像导向设备

数字减影血管造影（digital subtraction angiography，DSA）机是介入操作最常用的导向设备。它能提供透视的实时图像用于监视器械的导入，并可对注射对比剂前后的数字图像进行减影处理，得到清晰的血管减影图像，还能用所采集的影像融合到实时的透视图像中，指导准确的介入操作，又称路径图功能（road mapping）。现代的 DSA 系统还可以通过三维图像采集获得类似 CT 的断层图像和三维的血管图像以满足介入操作的不同需求。有的 DSA 还配备有基于断层和三维图像的定位穿刺系统。越来越一体化的导向功能朝着低辐射、高精确度和高安全性的方向发展。

超声、CT 和 MRI 不仅是良好的诊断设备，同时也是非常重要的介入导向设备。超声不具有电离辐射，使用简便，成本低，对肝等实质器官的导向效率高。将带超声探头的导丝置入血管病变部位还可以获得一般血管造影无法显示的血管壁的超声影像，因此越来越受到介入医生的青睐。

CT 能提供高质量的断层影像和三维图像。高速的扫描和重建速度使图像几乎实时地展现给操作者，为位于大血管和心脏等重要器官周围的病灶定位穿刺提供了精准的导向。它的缺点是辐射剂量相对较高。

MRI 的导向价值在于它能提供多层面、多角度的断层图像，有良好的空间分辨率和组织结构分辨率以及无电离辐射等优点。已有研究者将发射射频的电极制成导丝，通过导管导入血管以展现血管壁的结构变化，提供了较 DSA 更丰富的血管壁结构影像，具有极为广阔的应用前景。使用 MRI 导向的缺点是成本较高，且所有相关的介入器械需要具有抗磁性，所以目前在临床上还没有大范围普及。

（二）造影设备

血管介入常常需要将对比剂（通常是非离子型碘对比剂）注入血管行血管造影来显示病变的性质、范围或评估治疗效果。高压注射器是最常用的影像造影设备，它可以按照预置的注射速率自动注射对比剂，或按照靶血管血流的速率设定安全压力限度和对比剂注射速率，高压注射器会在一定的压力范围内根据指令以速度优先的方式克服阻力注射对比剂。

（三）介入常用器械

介入放射学所涉及的器械种类繁多，以下是一些基本的器械。在这些器械基础上，正在不断研发和改进针对特殊诊疗目的的新器械。

1. 穿刺针（puncture needle） 穿刺针是创建导入介入器械通道的基本器械。有专门针对动脉穿刺的穿刺针（图 10-2），也有用于特殊介入操作的穿刺针，例如胆道穿刺针、TIPS 穿刺针以及活检用的切割性穿刺针（图 10-3）等。

2. 导管（catheter） 根据用途有专门用于血管造影的导管，溶栓导管（图 10-4），用于扩张治疗的球囊导管，有侧孔的引流导管（图 10-5）等。导管的直径用 F 值（French 简称 F 或 Fr，$1F \approx 0.33mm$）表示，F 值越大直径越粗。导管的内径和所用的导丝直径相当，用英寸

第十章 介入放射学

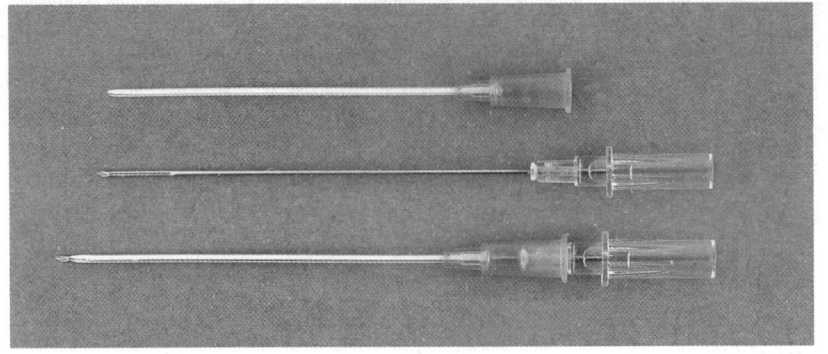

图 10-2 动脉穿刺针实物图

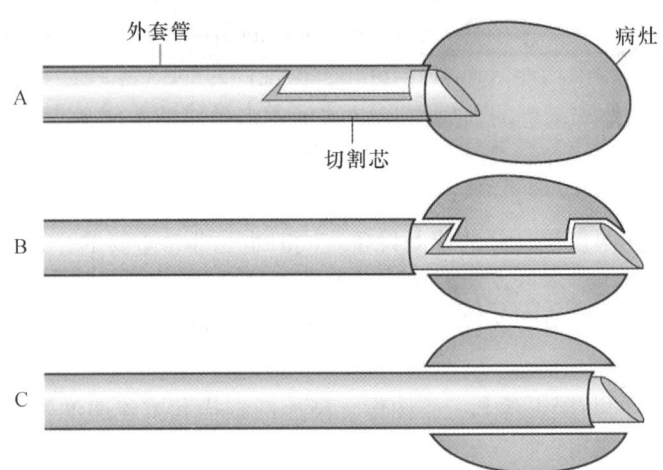

图 10-3 切割性穿刺针及穿刺原理示意图

A. 针尖向前靠近病灶边缘；B. 内芯向前运动进入病灶；C. 外套管向前运动切割组织

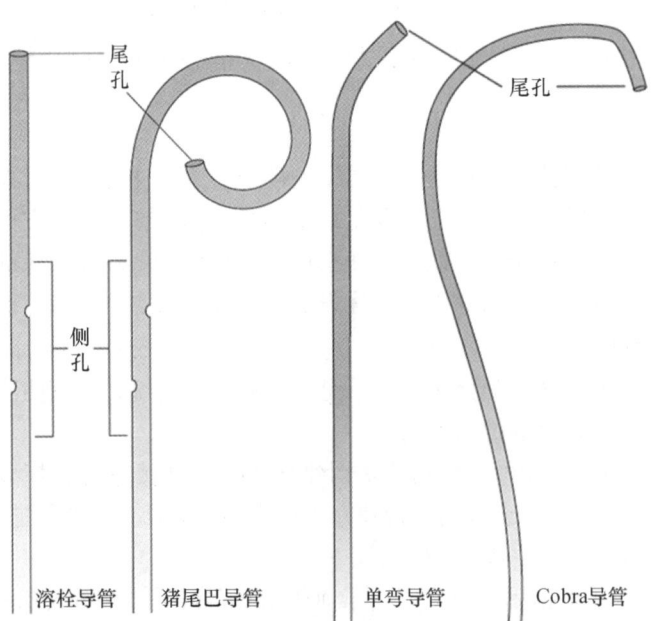

图 10-4 不同形状导管示意图

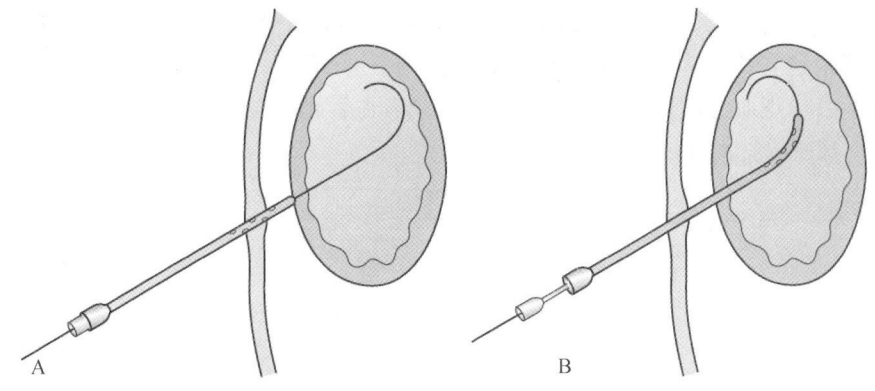

图 10-5　引流导管及原理示意图

A. 导管的内外芯沿导丝到达病灶的边缘；B. 松开导管尾端的鲁尔锁，
固定导丝和内芯，前推外套管进入病灶，退出内芯和导丝

（inch，缩写为 in，1 in＝2.54cm）表示。由于插管部位的需求不同，导管的前端需要特殊的塑性，根据这些塑性的不同又有不同的名称，例如眼镜蛇导管、多用途导管、猪尾巴导管等。

3. 导丝（guidewire）　导丝是引入各种介入器械的基本器械。导丝的种类繁多，有普通的血管造影导管的导入导丝，也有满足特殊操作的超硬导丝。有的导丝表面涂有特殊的物质，如 Teflon，提供超滑的表层，有利于减少和导管内层的摩擦，有助于有效地选择性插管。一般而言，导丝的前端比较柔软并有一段小的弯曲，而且柔软段的长短和弯曲的角度各有不同。有的导丝前端可以根据操作者的需求塑形。操作者可根据需要选用不同类别的导丝。同时，导管和导丝往往需要配合使用（图 10-6）。

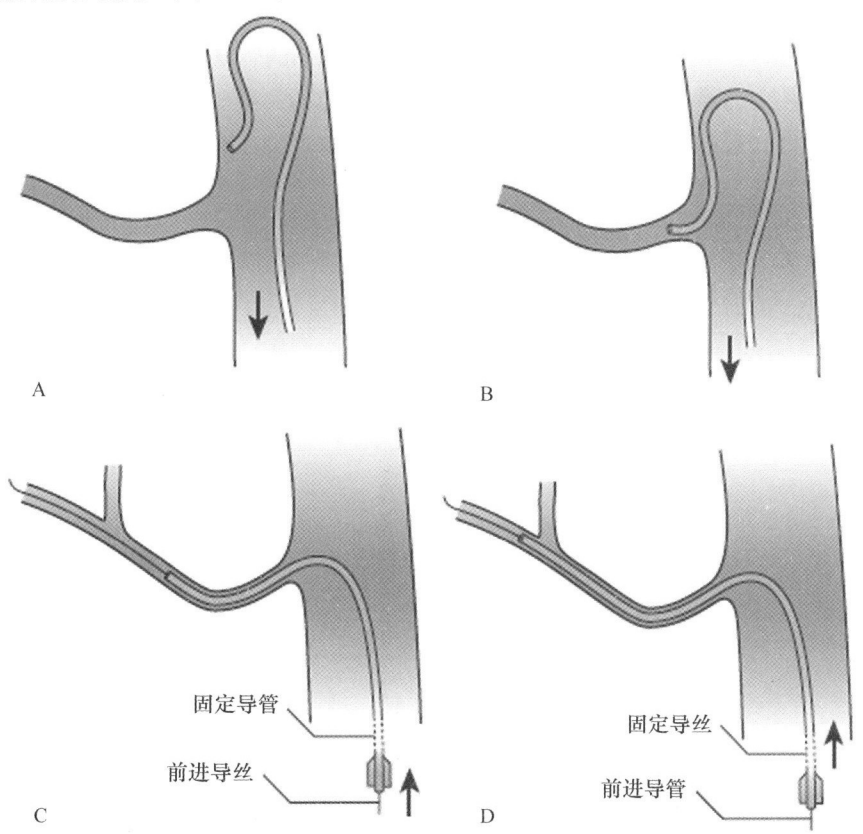

图 10-6　导管超选择进入血管示意图

A. 头端成形的导管靠近动脉的开口附近；B. 调整导管头端方向，回退导管使其进入血管开口；
C. 推进导引导丝；D. 沿导丝前推导管，使导管进入指定的位置（箭头所示为操作方向）

4. 导管鞘（sheath） 有些介入操作需要反复更换器械或导管，为了减少损伤和方便操作，需要使用导管鞘建立和维持进入血管的通道。导管鞘比导管短，末端附有单向阀门，器械可以反复进出而不会出现血流的反流，故名为导管鞘或者血管鞘（图10-7）。

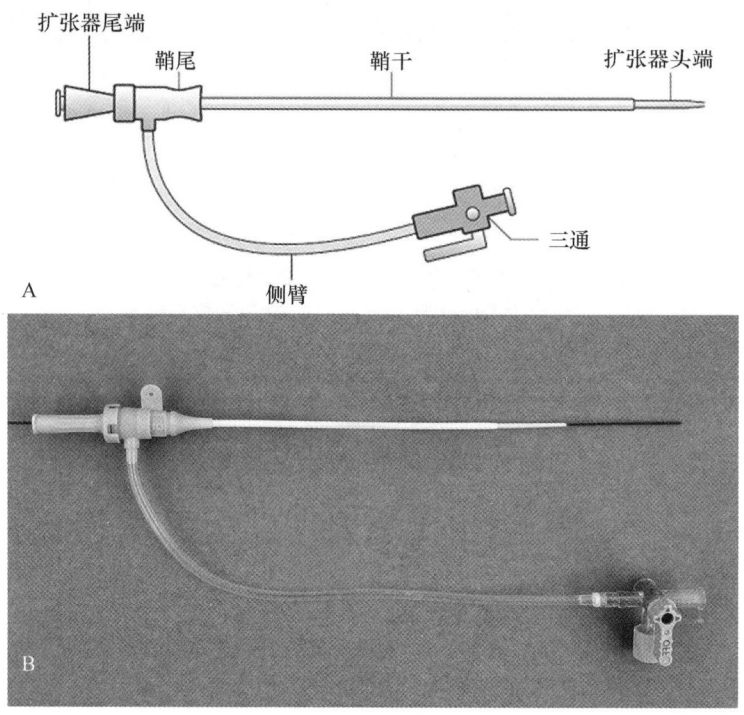

图 10-7　导管鞘结构示意图及实物图

5. 支架（stent） 不同直径的由金属丝编制或激光雕刻的管状支架被广泛用于维持管道器官和人为建立的体内通道，有些支架表面还覆有不同材质的薄膜。血管内支架的最大特点是置入体内后其内表面会被新生内皮覆盖，从而获得长久开放的临床效果（图10-8）。

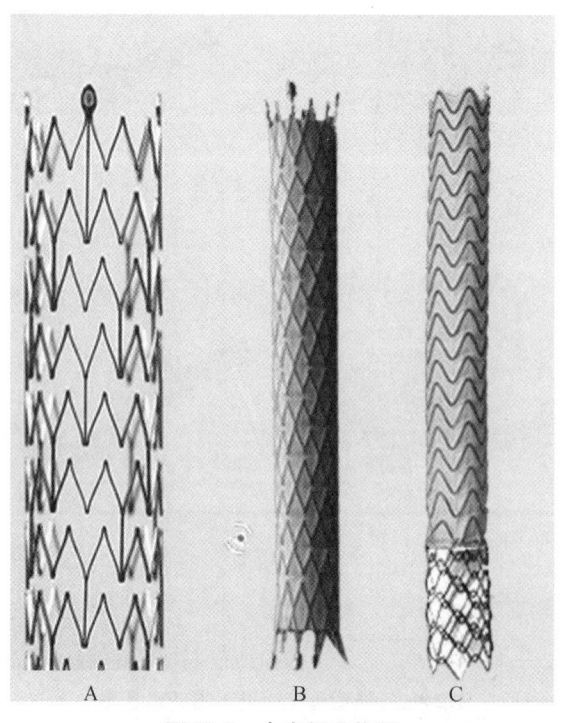

图 10-8　内支架实物图
A. 金属裸支架；B. 全覆膜支架；C. 头端裸露的覆膜支架

6. 其他　伴随介入放射学的发展，越来越多的特殊器械不断问世，例如用于拦阻下肢静脉脱落的血栓，降低肺动脉栓塞发生率的下腔静脉滤器（图 10-9）；用于取出血管内异物或者胆管内结石的网篮导管；用于取出血栓的抽吸导管或旋切导管；用于各类肿瘤消融治疗的射频、微波或者冷冻器材等。

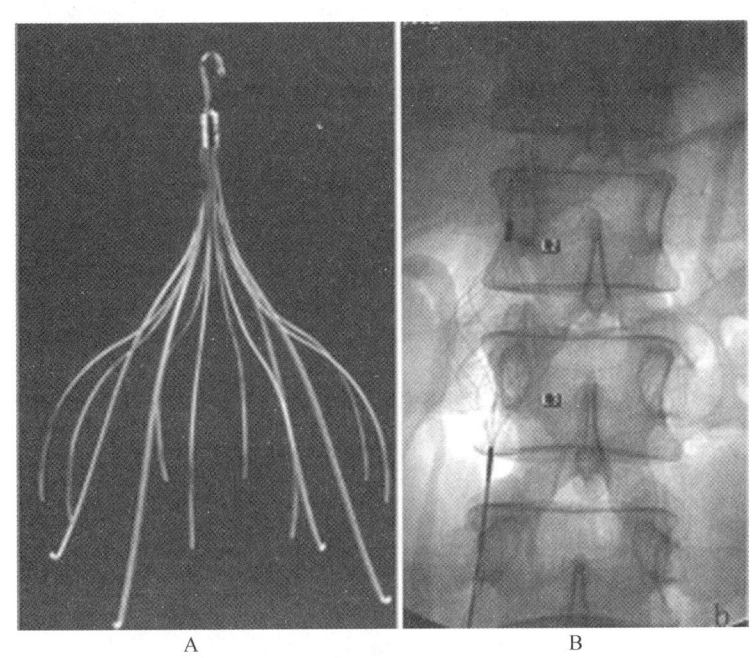

图 10-9　特殊器械实物图
A. 下腔静脉滤器实物图；B. 下腔静脉滤器在体内的释放

第二节　血管病变的介入治疗

一、概述

介入放射学起源于对血管狭窄病变的治疗，血管狭窄的主要病因包括动脉粥样硬化、动脉炎以及纤维肌性发育不良等。介入放射学以经皮腔内血管成形术（percutaneous transluminal angioplasty，PTA）和血管内支架成形术（endovascular stenting）为主要手段，二者已经成为血管狭窄病变的基本治疗模式。这些技术的成功应用大大改善了治疗效果，同时还能对非血管管腔的狭窄病变进行治疗，并成为其他介入操作的基础。例如经颈静脉肝内门-体静脉分流术（TIPS）就采用了内支架成形的方法支撑肝实质内肝静脉与门静脉之间的分流通道。

二、经皮腔内血管成形术与血管内支架成形术

（一）经皮腔内血管成形术

Dotter 和 Judkins 于 1964 年采用同轴导管技术成功地对下肢动脉粥样硬化性动脉狭窄病变进行了扩张治疗，从而创立了非手术的治疗血管狭窄病变的技术。同轴导管技术具有很大的局限性，主要是对穿刺部位和病变段血管的损伤较大，且无法治疗不同直径的复杂血管病变，因而临床应用受限。直到 1974 年，Gruentzig 发明了双腔球囊导管才解决了以上问题（图 10-10，图 10-11）。目前 PTA 已经成为冠状动脉粥样硬化引起的缺血性冠状动脉狭窄和周围血管狭窄的一线治疗选择，并成为其他成形技术（例如激光或旋切斑块技术）的比较标准。

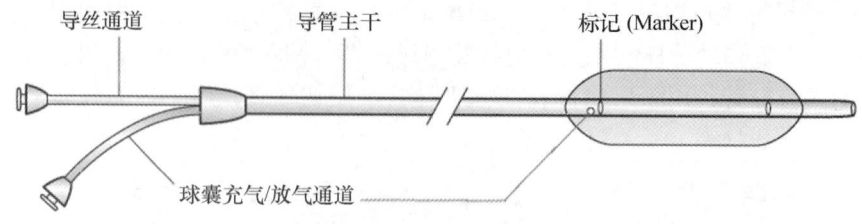

图 10-10　双腔球囊导管示意图

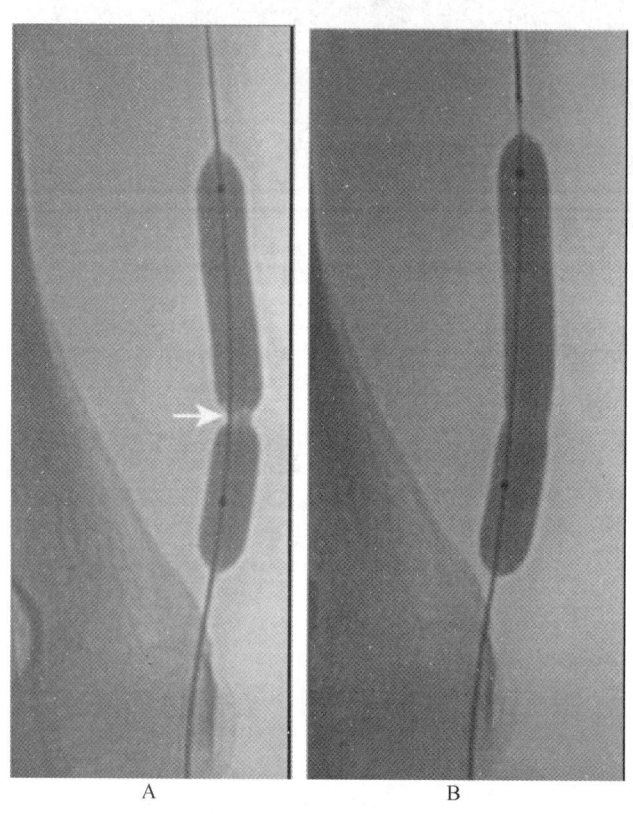

图 10-11　PTA 在临床中的应用

A. 球囊扩张部位明显狭窄，形成"腰凹征"；B. 增加压力后"腰凹征"消失

PTA 治疗粥样硬化血管病变的原理是球囊对血管病变部位的局限性撕裂，使血管结构（尤其是中膜）伸展和粥样斑块断裂，进而扩大血管的横截面积，增加血流量。

PTA 是采用损伤血管壁的结构（包括病变结构）的方式来扩大血管内腔。这种损伤会激发血管壁的修复反应，导致内膜过度增生和治疗段的血管再狭窄。血管弹性回缩也是 PTA 后短期内发生再狭窄的原因之一。为了解决这些难题，许多内科治疗方法也被同时运用，例如抗凝药物和抗血小板药物对于预防再狭窄的运用。同时也催生了另外一个成形技术——血管内支架成形术。

（二）血管内支架成形术

血管内支架的基本构造是一个金属网格状圆柱结构，其材料具有良好的组织相容性和金属抗疲劳特性。在释放系统内被束缚在直径较小的导管内，到达病变血管段，在透视监视下，血管内支架会以不同的方式膨胀释放，用自身的管状结构支撑和维持血管的直径，保证血流最大程度恢复正常（图 10-12）。

按照血管内支架的释放原理大致可以分为球囊扩张内支架和自膨式内支架。前者是将支架

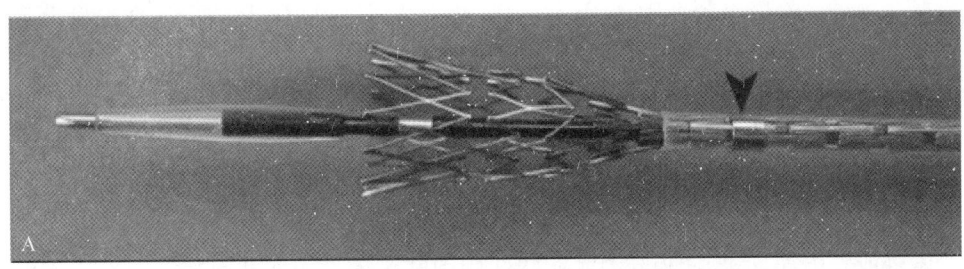
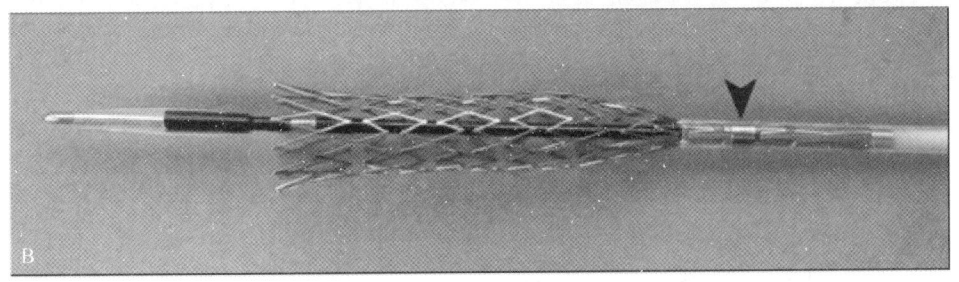

图 10-12 自膨式金属支架释放实物图

A. 定位头端后回退支架外鞘，支架头端释放；B. 支架在释放过程中逐渐膨胀

预装在球囊上，在指引导管的保护和引导下推送到血管的病变段，推出指引导管以后用稀释对比剂注入球囊的方式扩张支架。自膨式内支架多采用金属丝编织或由激光雕刻而成，预置在释放系统中，到达指定部位后，退出外套管，支架自行膨胀，达到支撑血管的目的。

内支架的应用克服了 PTA 治疗的不足，支架的远期通畅率与很多因素相关，如血管狭窄的病变性质、病变血管的管径以及围术期是否进行规范的抗凝或者抗血小板治疗等。

为了提高血管内支架成形术的临床疗效，从支架材料到结构设计、表面处理等都是目前研究的热点。载有可洗脱药物（如紫杉醇、西罗莫司等）的药物洗脱支架（drag eluting stent, DES）与普通支架相比远期通畅率较高，目前已成功应用于冠状动脉狭窄的治疗。

血管内支架与人造血管的材料相结合制成的"覆膜支架"（图 10-8B、C）或"支架-人工血管"被应用于新的治疗领域：①胸腹主动脉瘤和动脉夹层的腔内修复治疗；②封堵外周血管破裂出血、动静脉瘘，动脉瘤腔内修复，经颈静脉肝内门-体分流术分流通道的维持等。

（三）临床应用

1. 颈动脉狭窄支架成形术（carotid angioplasty and stenting，CAS）

缺血性脑卒中发病率、致死率和致残率高，约 20%～30% 的缺血性脑卒中与颈动脉狭窄相关，颈动脉狭窄大于 70% 的患者每年发生脑卒中的概率高达 13%。及时治疗颈动脉狭窄有助于降低缺血性脑卒中的发生率。颈动脉狭窄的主要病因为动脉粥样硬化，此外还有大动脉炎、纤维肌性发育不良以及创伤等。

介入放射学的主要任务是明确颈动脉病变的部位、性质和程度，通过血管内支架成形术纠正狭窄、提高脑灌注和预防斑块局部栓子脱落引起的缺血性脑卒中。

血管造影的目的：①准确了解血管的病变程度和范围。②明确同时并存的脑血管病变（包括颈动脉虹吸段和颅内循环情况）或者其他血管异常。③了解颅内外动脉的吻合情况。颈动脉狭窄好发于颈总动脉分叉处及颈内、外动脉起始部。动脉硬化性狭窄可有以下血管造影表现：血管管腔不规则、血管管腔狭窄或闭塞、斑块溃疡形成、斑块局部血栓形成、血管迂曲、狭窄后扩张或动脉瘤形成。

血管造影的注意事项：动脉近端病变是脑缺血的独立危险因素，因此脑动脉造影应从主动脉弓开始，常规的左前斜位造影可清楚了解弓上动脉起始部的情况。选择性无名动脉及左锁骨下动脉造影有助于全面了解椎动脉起始部情况。

颈动脉分叉处的造影至少采用正侧位投照，两个方向的斜位投照有利于准确显示斑块的情况及最严重的狭窄段。单纯了解颈动脉分叉处是远远不够的，必须同时检查包括虹吸段、颅内循环情况，而且还应采取至少两个体位的投照，了解并存的血管病变如动脉瘤、血管畸形等，这对制订治疗方案非常重要。而明确侧支循环情况对制订正确的治疗方案有重要的临床意义。

CAS的适应证如下：①≥50%的症状性颈动脉狭窄（指患者在6个月内发生一过性或永久性的局灶性视网膜或神经功能损伤，包括狭窄同侧黑矇、对侧肢体或头面部麻木、视野缺损、发音困难或失语等）；②≥60%的无症状性颈动脉狭窄；③动脉内膜剥脱术后效果不理想或术后再狭窄；④手术风险高或无法以手术方法治疗的病变，如合并严重内科疾病患者的重度症状性颈动脉狭窄，无名动脉和颈总动脉起始部或颈内动脉颅内段病变，双侧多血管、多部位病变以及放疗后颈动脉狭窄等；⑤非动脉粥样硬化性颈动脉狭窄，如纤维肌性发育不良或处于稳定期的大动脉炎性狭窄；⑥自发性、创伤性及手术或PTA后形成颈动脉夹层者；⑦严重颈动脉狭窄合并假性动脉瘤者；⑧不超过6个月的短段（<10mm）颈动脉闭塞；⑨颈内动脉闭塞伴发的颈外动脉狭窄；⑩无严格的年龄及其他病史限制，年龄<70岁的颈动脉狭窄患者更适宜采用CAS治疗。为防止CAS中颈动脉斑块局部栓子脱落，目前在CAS中常规使用脑保护装置。其中，最常用的是远端滤器保护装置，包括滤膜型滤器及金属网型滤器两种。滤膜型滤器的网孔直径为80~130μm，可拦阻超过滤孔直径的较大碎片及血栓，且使用时无需阻断血流。使用颈动脉滤器可使CAS围术期脑栓塞并发症发生率降至2‰~3‰，大大提高了CAS的安全性。

2. 冠状动脉狭窄支架成形术　这一技术已经纳入冠状动脉缺血性心脏病的国际指南，成为冠心病的主要治疗手段。在技术方法上，以球囊扩张支架比较常用；在维持长久通畅方面，抗凝和抗血小板药物起到重要作用。

3. 肾动脉狭窄支架成形术　肾动脉狭窄可以引起肾性高血压。肾动脉造影可以为肾动脉狭窄提供直接的诊断依据。对纤维肌性发育不良所致的肾动脉狭窄，采用PTA可以达到临床治愈的效果；对动脉硬化性肾动脉狭窄采用PTA或内支架技术也可不同程度地改善高血压和保护肾功能。支架成形术已经成为肾动脉开口部位的狭窄的首选治疗方法（图10-13）。

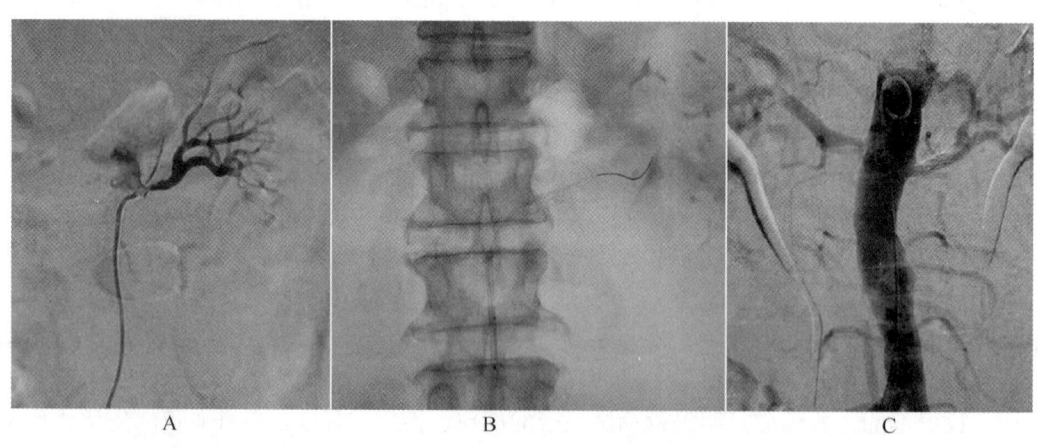

图10-13　左肾动脉狭窄支架成形术
A. 术前造影显示左肾动脉开口部狭窄；B. 经导引导管行球囊扩张式支架置入；C. 术后造影显示左肾动脉通畅

4. 下肢动脉狭窄成形术　腹主动脉末端、髂动脉、股腘动脉以及膝下动脉的狭窄可引起间歇性跛行或静息痛，严重时导致下肢溃烂和感染，甚至造成截肢致残。盆腔和下肢动脉的完整血管造影可以为下肢动脉狭窄提供准确的诊断依据，有助于确定治疗方法。PTA和内支架成形术是下肢动脉狭窄的一线治疗方法（图10-14）。最近几年对糖尿病致膝下小动脉的狭窄也在进行介入治疗的研究，所用的球囊直径比较细，但球囊长度长于一般球囊，其远期效果和技术还在研究之中。

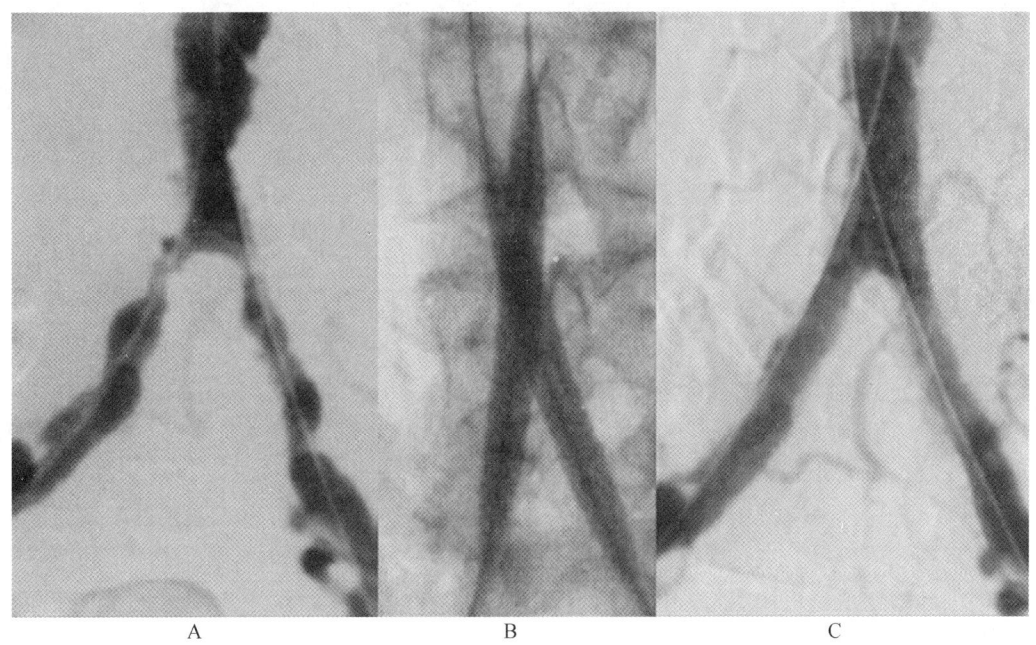

图 10-14　双下肢动脉粥样硬化 PTA 治疗实例

A. 腹主动脉分叉及双侧髂总动脉狭窄；B. 球囊对吻扩张，行 PTA 治疗；C. 扩张后再次造影显示血管狭窄明显好转

5. 腹主动脉瘤带膜内支架封堵　腹主动脉瘤（abdominal aortic aneurysm，AAA）主要是由腹主动脉的退行性改变所致，并可能与局部动脉壁的酶学改变有关。病变段主动脉薄弱，继而受管腔内压力影响向外膨出，当发展到一定程度会导致腹主动脉的破裂，致死率高达 90% 以上。长期以来，腹主动脉瘤的外科手术治疗创伤性大、风险高。介入治疗克服了外科手术创伤大的缺点，但可以达到与外科手术同样的效果（图 10-15）。

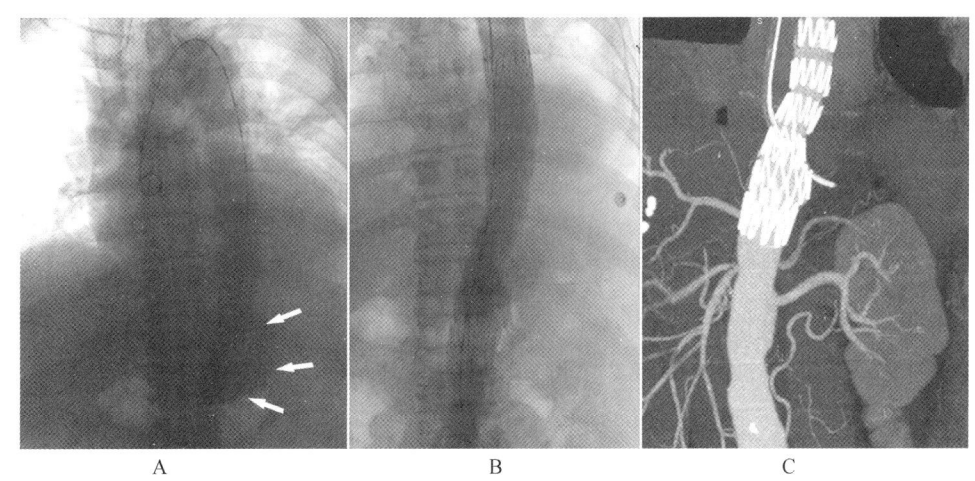

图 10-15　覆膜支架治疗腹主动脉瘤实例

A. 治疗前腹主动脉造影显示腹主动脉下段膨大，动脉瘤形成（箭头）；B. 覆膜支架治疗后，腹主动脉瘤消失；
C. CTA 检查显示覆膜支架位置正常，动脉瘤消失

6. 巴德-基亚里综合征介入治疗　由于肝静脉和（或）下腔静脉血流受阻导致门静脉及下腔静脉高压的临床综合征称为巴德-基亚里综合征（亦称布-加综合征，Budd-Chiari 综合征，BCS）。其病因尚不明确，病理表现和分型复杂，有的是肝静脉和下腔静脉的局限性狭窄或闭塞，有的是血管内膜状结构形成，阻碍血液回流，导致下腔静脉淤血和门静脉高压。肝静脉完全缺如型 BCS

最为严重，一旦出现临床症状，死亡率极高。介入治疗 BCS 的方法如下：①下腔静脉造影或经皮穿刺肝内静脉造影，结合压力测定分析和判断病变的部位和程度；②对狭窄或者闭塞的血管试行再通，重建肝静脉和下腔静脉血流；③对完全没有肝静脉引流的患者，采用经过下腔静脉肝段穿刺肝内肝静脉残段的方法重建肝静脉和下腔静脉的通道（又称为第二肝门重建），能够完全恢复肝静脉回流的生理通道，疗效远高于门-体静脉分流。

7. 门静脉高压并发症的介入治疗　门静脉高压是许多终末期肝病的病理生理改变，常导致腹水、食管静脉曲张破裂出血等严重并发症。内科的药物治疗效果局限，内窥镜下的食管静脉硬化和套扎技术在控制急性出血方面有肯定疗效，但是远期复发率高。外科的治疗方法包括断流和分流两类，前者是切断门-体侧支循环，后者是用手术的方法建立门静脉和体循环通道，将门静脉血流分流到体循环以降低门静脉压力，从而达到止血的目的。所有的外科方法都具有较大的创伤性，断流之后存在复发可能，分流以后可能会导致肝性脑病并发症，所以门静脉高压的治疗一直是临床难题。

经颈静脉肝内门-体静脉分流术（TIPS）是采用微创的方法插管进入颈静脉，越过上腔静脉和右心房到达肝静脉，在这个路径上导入穿刺针穿刺肝内门静脉，在肝实质内部建立一个肝静脉到门静脉的通道，再用 PTA 和内支架成形技术来维持这个分流通道，达到建立小口径分流的目的。同时，还可以对曲张的食管或胃底静脉实施栓塞治疗（相当于外科断流），充分发挥两种外科手术方式的优点。另外，小口径分流或者个体化地按照患者门静脉压力梯度调整分流通道的直径也是其独特的优势。最近的多中心临床研究显示，早期使用 TIPS 技术比内科保守治疗或者硬化结扎加上药物治疗的效果更佳，所以推荐将 TIPS 的适应证扩大，并有可能成为门静脉高压的第一线治疗选择（图 10-16、图 10-17）。

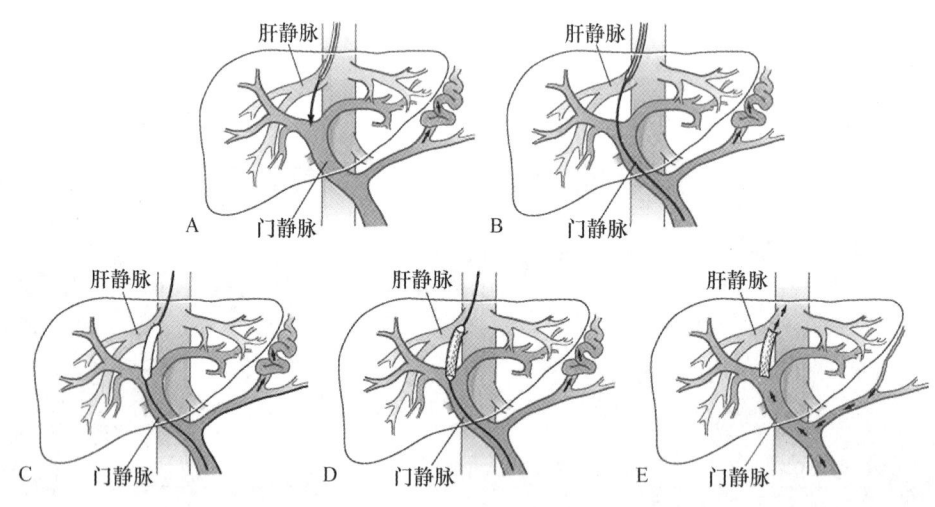

图 10-16　TIPS 操作示意图
A. 颈静脉穿刺和选择性肝静脉插管；B. 穿刺肝内门静脉；C. 扩张肝静脉和肝内门静脉之间肝实质；
D. 放置支架；E. 门静脉血流直接进入下腔静脉分流，扩张的侧支循环消失

三、血管栓塞术

血管栓塞术是将栓塞材料经过导管注入病变组织的供血血管，通过激活凝血系统促进血栓形成或运用栓塞材料的物理堵塞作用使血管或者微循环闭塞，从而达到治疗的目的。其主要用于对出血动脉的止血、对肿瘤供血动脉或微循环的栓塞、对血管畸形和动脉瘤等血管病变进行栓塞以预防出血以及对某些功能亢进的器官功能灭活等。对一些血液供应丰富的良恶性病变，在手术前的栓塞治疗有利于手术的分离和切除，减少手术中的出血和创伤，如鼻纤维血管瘤术前的栓塞。

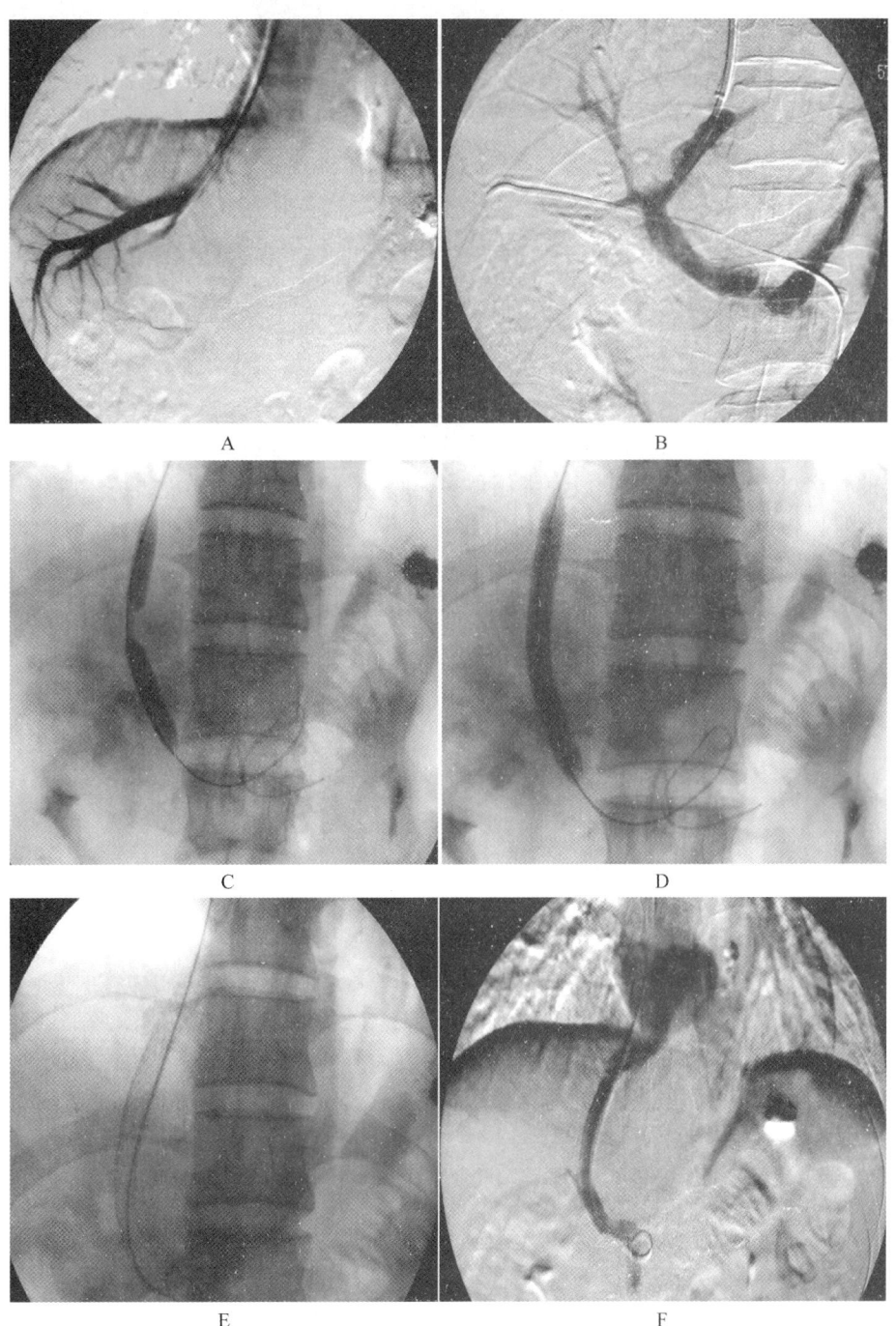

图 10-17　TIPS 操作实例

A. 颈静脉穿刺和选择性肝静脉插管；B. 穿刺肝内门静脉；C. 对肝静脉和肝内门静脉之间肝实质进行扩张；
D. 证实肝内通道被充分扩张开；E. 成功放置支架，要求必须完全覆盖肝实质通道；
F. 再次造影证实门静脉血成功分流入肝静脉

按照栓塞血管的水平不同，栓塞分为血管中央性栓塞和周围性栓塞。前者是对供血血管的直接栓塞，采用的一般都是所谓的中心栓塞材料，例如栓塞钢圈，其直径与靶血管直径相当，主要针对出血或者预防出血；周围性栓塞是指对病变毛细血管网水平的栓塞，采用的栓塞材料比较细小，主要用于对肿瘤的栓塞治疗。从病理改变来看，中央性栓塞一般会降低供血区域的血流速度和灌注压力，导致的梗死范围不大或对于很多双重供血器官不会导致梗死。经过一段时间的微循环代偿或侧支循环的形成，周围组织的供血会得到恢复。周围性栓塞将微循环床完全阻塞，造成组织缺血严重，侧支循环建立困难，梗死和组织丧失功能严重。所以说中央性栓塞类似外科手术中小血管的结扎，周围性栓塞则类似不开刀的组织切除。

（一）常用栓塞材料

栓塞材料（又称栓塞剂）按照栓塞作用的持久性可以分为短期栓塞材料和永久栓塞材料，前者如患者的自身血凝块、明胶海绵颗粒等；后者如栓塞钢圈、聚乙烯醇（PVA）颗粒等。根据物理性状的不同可分为固体栓塞材料和液体栓塞材料。按照理化特点可分为物理栓塞材料、化学栓塞材料或生物栓塞材料。以下是常用的栓塞材料和主要用途：

1.明胶海绵颗粒（gelfoam） 明胶海绵是常用的外科手术止血材料，价格低廉，易于获得，在介入治疗出血的操作中也有广泛运用。明胶海绵的止血原理不仅是物理性的堵塞血管，而且能大量吸附血小板和凝血因子，在降低血流速度的同时启动或者加速凝血过程从而达到栓塞血管的目的。在介入操作中往往根据栓塞血管的直径或者栓塞水平来决定明胶海绵颗粒的大小。中小血管的栓塞以后可能会在一定时间后被吸收，相应的血管也可能再通，一般认为是一种非永久的栓塞材料。但是如果明胶海绵用得多，吸收过程延长，被堵塞的靶血管栓塞时间过长，血管就难以再通，所以明胶海绵的使用效果在很大程度上还取决于操作者的个人使用经验。现在已经将明胶海绵材料制成标准的细小颗粒，栓塞水平更加个体化。在这种情况下，栓塞的维持时间更非绝对的概念，在使用过程中需要不断地积累经验。

2.碘化油（iodized oil） 碘化油的比重轻，难溶于水，其表面张力系数决定了它对小血管具有一定的栓塞效果，其在血管床内的聚集程度取决于该血管的血流量。在肿瘤的治疗中由于肿瘤血管内血流丰富，血流的"虹吸"作用使碘化油较多地沉积于肿瘤血管床内，因此，在肝癌的动脉介入治疗中常用来作为栓塞材料。为了加强其栓塞效果，常常将其与明胶海绵等栓塞材料混合使用。

3.栓塞钢圈（俗称弹簧圈，coil） 弹簧圈外观像弹簧，材料直径和导管内径相当，被装在管状套管内，送入靶血管后自动回缩成重叠盘旋的螺旋结构。螺圈直径可以是相同的（侧面成管状结构，图10-18），也可以是不相同的（所谓塔形钢圈）。一般将钢圈丝截面直径小于0.457mm（0.018英寸）、需用微导管推送到靶血管的钢圈称为微钢圈（microcoil）。钢圈的材料由不锈钢、钽或者镍钛等金属制成，有的在表面还附有高分子材料的绒毛样结构，用于吸附血小板，提高栓塞效果。出血动脉的栓塞可以用栓塞钢圈，它的特点是定位比较准确，不易导致远端血管的异位栓塞。颅内动脉瘤的介入治疗常用微钢圈或者螺旋状微钢圈用于封闭动脉瘤瘤体。

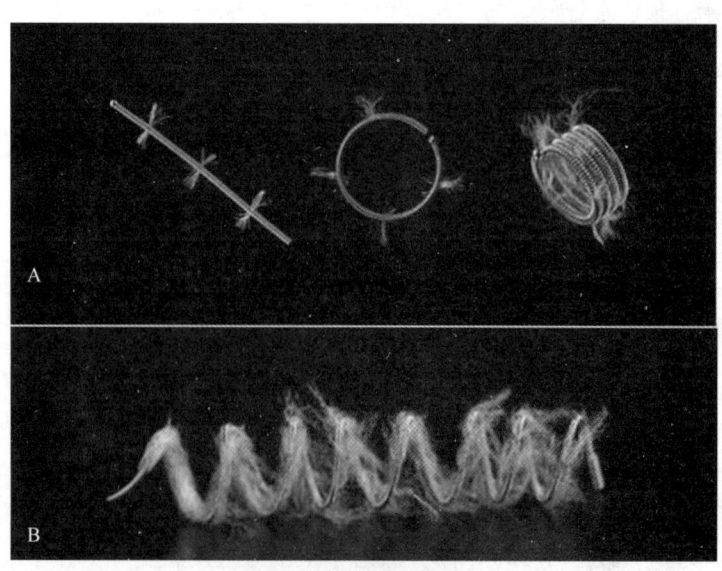

图10-18 弹簧圈实物图
A.各种形状的弹簧圈；B.弹簧圈上附着的羊毛，有利于血栓的形成

4. 聚乙烯醇（polyvinyl alcohol，PVA） 聚乙烯醇和明胶海绵相似，曾经用来制成海绵用于心血管外科手术，用它制成的直径等大的微小颗粒是一种很好的栓塞材料，可以按照栓塞的目标血管或血管床的大小选择不同直径的 PVA 材料。

5. 异丁基-2-氰丙烯酸（isobutyl-2-cyanoacrylate，IBCA） 异丁基-2-氰丙烯酸是一种组织黏合剂，遇到血液中带电离子后会迅速聚合固化，闭塞血管。一般在使用时与碘化油以一定比例混合，不仅可以根据对比剂的比例控制注入后聚合的速度，同时，碘化油可以在透视下显示，帮助控制栓塞材料的流向。

6. 可脱离球囊（detachable balloon） 可脱离球囊将球囊以特殊方式固定在导管上，随导管置入需要堵塞或栓塞的血管，可以用来封堵颅内海绵窦瘘等富血供病变或栓塞病变动脉。脱离球囊的方式有电解脱落式与机械脱落式两种。

7. 无水乙醇（alcohol） 无水乙醇注入小血管内可以导致小血管内皮损伤，蛋白凝固，最后促进血管内血液凝固，所以被用做末梢性栓塞剂。栓塞的范围程度与注射速度和用量相关，使用时根据不同的需要加以控制。

（二）栓塞的技术要点

任何栓塞治疗前都必须进行一个完整的血管造影，以充分了解病变的性质、范围、供血血管分布和范围、有没有侧支循环以及可能影响到的其他血管，并了解靶血管的直径和流速。如果使用液体栓塞剂，还需分析靶血管容纳量和循环时间。根据以上诊断信息选择适当的栓塞材料和用量，并在注入栓塞剂的过程中始终监视栓塞剂的走向和运动方式，谨防反流或误栓非靶血管。

（三）栓塞后反应

血管栓塞后会引起组织的缺血。机体对组织缺血的反应有局部疼痛、局部坏死或变性，引起的炎症反应会导致发热和功能障碍，炎症介质的吸收会导致机体不适和消化道反应，临床上称为栓塞后综合征。一般对症治疗可以缓解，如果发热时的体温高，要警惕并发感染，及早发现和处理可能出现的感染等并发症十分重要。

（四）临床运用

1. 头部病变的栓塞治疗

（1）颅内动脉瘤：颅内动脉瘤是颅内出血的重要病因。无症状的动脉瘤每年破裂机会为 1%～2%。诊断后每十年的积累出血发生率为 20%，多发性动脉瘤的出血发生率更高。多数学者认为动脉瘤无论有无并发出血都应积极治疗，但就颅内动脉瘤介入治疗的适应证和禁忌证仍有争议。具体的经血管治疗术有瘤腔闭塞、载瘤动脉闭塞以及血管重塑等。介入栓塞治疗的主要适应证：①动脉瘤颈/体比是介入治疗的重要指标，囊状（包括浆果形）动脉瘤一般颈/体≤1/2 或动脉瘤颈≤4mm 都是介入栓塞治疗的绝对适应证；②经神经外科检查认为不能或难以经手术夹闭的颅内巨大动脉瘤、海绵窦段动脉瘤、颞骨岩部动脉瘤、后组循环动脉瘤和形态奇特、解剖复杂的动脉瘤；③手术夹闭失败、不完全夹闭或术后复发的动脉瘤；④患者一般情况差，不宜行全身麻醉或因其他原因不愿接受手术治疗；⑤发生于颈内动脉、椎动脉和基底动脉的宽颈、巨大的囊状动脉瘤和梭形动脉瘤，在经闭合试验证明颅内侧支循环良好的情况下，可进行载瘤动脉和梭形动脉瘤的腔内闭塞术。

（2）颅内动静脉畸形：先天性颅内动静脉畸形是脑内出血的重要原因。介入治疗是一种有效的治疗方法，主要适用于位置较深的病变。多选用液体栓塞材料，对范围较大或复杂的畸形有时需配合放射线照射等其他治疗才能完全治愈（图 10-19）。

2. 肺部病变的栓塞治疗

（1）急性大咯血：急性大咯血指每日咯血量大于 500ml，是许多慢性肺部疾病或肿瘤的严重并发症，容易引起窒息导致死亡。由于出血动脉多源于支气管动脉，出血动脉内血压较高，

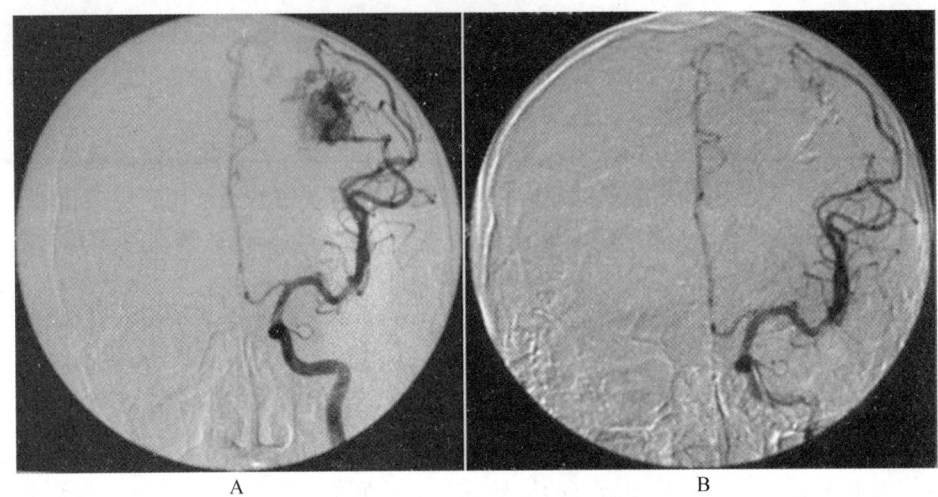

图 10-19 右顶部动静脉畸形的栓塞治疗

A. 左侧颈内动脉造影示左顶部动静脉畸形；B. 栓塞后畸形血管团内未见造影剂充盈，栓塞效果满意

内科方法止血效果往往不理想，外科急诊手术难度大，手术前对出血部位的准确判断是一个难题。大出血时患者的血压等生命体征难以维持，麻醉风险很大。介入放射治疗已经成为这类急诊处理的首选方法。基本方法是将导管插到胸主动脉的支气管动脉开口处，行选择性造影寻找出血动脉。这样可以发现对比剂外渗的出血的直接征象，但在较多患者只能发现间接征象，如增粗的病理血管、动脉瘤样扩张迂曲等。栓塞材料一般是选用明胶海绵颗粒，力求达到止血目的而不对支气管动脉造成永久的闭塞（图 10-20）。

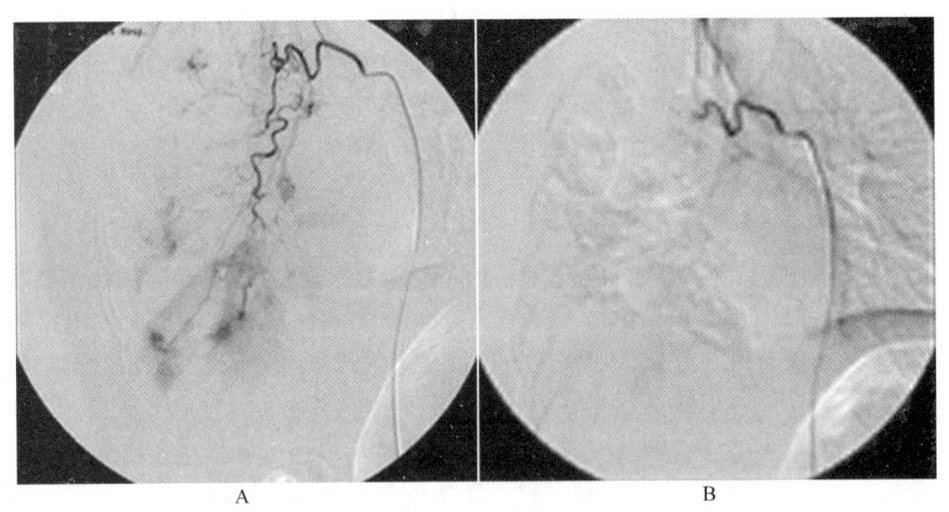

图 10-20 支气管扩张大咯血

A. 右侧支气管动脉增粗，造影剂溢出血管外，分布于扩张的支气管壁上；
B. 经明胶海绵颗粒栓塞后右侧支气管动脉闭塞，咯血停止

(2) 肺动静脉畸形：肺动静脉畸形是由于先天发育或后天疾病引起的肺动脉和肺静脉之间发生交通，造成肺动脉内的静脉血流短路到肺静脉。其结果是全身动脉血氧饱和度下降，严重者导致发绀和发育异常。这类病变同时也是出血的常见病因。介入放射学利用选择性插管的方法可以对病变的范围和性质作出明确诊断，同时用栓塞材料进行栓塞治疗。

3. 腹部病变的栓塞治疗

(1) 腹部器官急诊出血：各种创伤、肿瘤、血管病变以及医源性损伤（图 10-21、图 10-22）等导致的器官出血均可以采用介入放射学技术明确出血部位，再通过注入栓塞材料达到治疗的

目的。深部大血管的创伤出血在临床处理上十分困难，例如下腔静脉等大血管的损伤出血，可以联合采用血管内覆膜支架置入术和栓塞技术达到治疗目的。

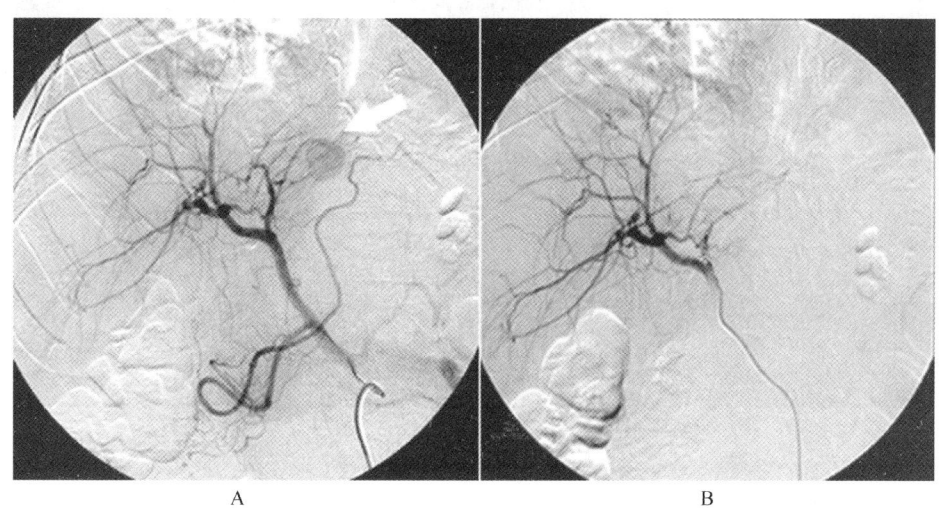

图 10-21　胆结石急性化脓性胆管炎术后 12 天，突发大量呕血
A. 肝总动脉造影见肝左叶假性动脉瘤；B. 明胶海绵颗粒＋微钢圈栓塞肝左动脉，出血停止

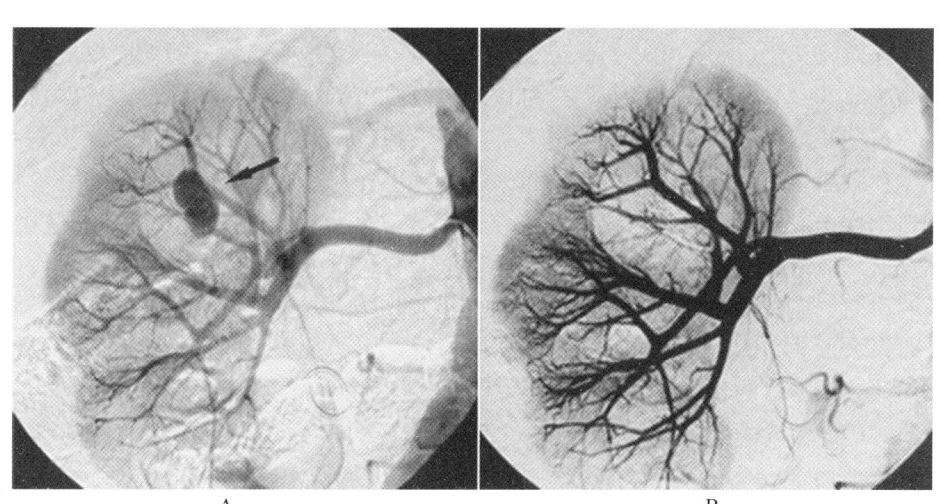

图 10-22　肾穿刺活检后肉眼血尿
A. 肾动脉造影肾段以下分支假性动脉瘤形成；B. 微导管超选择性插管，以微弹簧圈栓塞后造影，提示出血停止

（2）精索静脉曲张：曾经是用外科手术结扎治疗的这类疾病，现在都可以采用介入的方法插管于精索静脉进行栓塞，达到微创的治疗目的。

（3）器官功能的灭活：对于脾动能亢进等器官功能亢进症，可以按照治疗需求进行部分脾动脉栓塞，有效减轻脾功能亢进，缓解有关临床症状（图 10-23）。

（4）其他方面的运用：鉴于介入放射学在急诊诊断和治疗急性出血方面的应用价值和广泛使用，现在已经在有些地区和医院建立了专门的急诊介入中心。在战地或自然灾害的现场救护中，介入放射学的诊断和急诊栓塞治疗技术为复合性外伤患者的抢救赢得治疗时机起到非常重要的作用，因此介入放射学正在催生一门新的学科——急诊介入放射学。

四、血管灌注

灌注术是通过介入操作的导管途径注入治疗相关的药物，以达到直接和更好的治疗效果。最常见的是局部溶栓和实体肿瘤的动脉灌注化疗。现在研制的溶栓导管可以在导向指引下置入血管

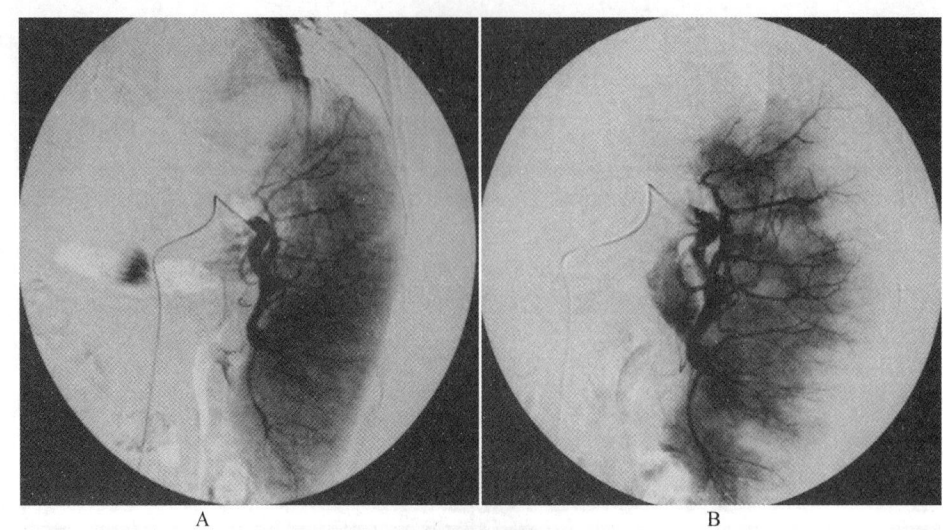

图 10-23 脾动脉部分性栓塞术
A. 脾动脉造影显示脾明显增大，染色丰富；B. 明胶海绵栓塞后脾染色较前减少

内的血栓之中，直接注入溶栓药物，大大提高了溶栓效率，降低了溶栓并发症的发生率。

实体肿瘤的动脉灌注化疗基于以下研究结果：对于细胞周期非特异性化疗药物，药物的剂量和浓度与疗效成正比，局部化疗的优势在于没有提高全身总体药物负荷的前提下增加了局部浓度，提高了疗效。另外，局部灌注治疗可以减少血浆白蛋白对药物的结合，提高药物自由分子浓度，使这些非结合的自由分子能够进入细胞核发挥治疗作用。

溶栓术在脑血管缺血性卒中的治疗中越来越受到重视。脑血管缺血性卒中的发生是由于来自颅外的血栓栓子或局部脑血管形成血栓，致死率或致残率高，是目前严重影响健康的疾病。由于脑组织对缺血耐受性差，血管闭塞后几小时就会导致不可逆性的病理改变。现代影像学手段可以及时诊断缺血性卒中并排除出血的可能。介入放射学的导管内溶栓技术如果能及时正确地实施，可以大大改变此类患者的预后。同样的原理，对周围血管的栓塞或血栓形成也可以采用溶栓技术达到治疗目的。

在进行深静脉溶栓的同时，为了防止大的血栓脱落到肺循环导致严重的肺动脉高压并发症，下腔静脉滤器（inferior vena cava filter，IVCF）常常用来阻挡较大的血栓脱落（图10-9）。这一技术也可以用来预防下肢深静脉血栓脱落或预防某些容易诱发深静脉血栓形成并脱落的外科手术并发症。

第三节　非血管病变的介入治疗

介入放射学起源于对血管的诊疗，但很快就发展到非血管方面的应用，其中应用比较广泛的有：经皮穿刺活检技术、经皮穿刺导管引流技术、经皮穿刺肿瘤消融技术、管道器官的球囊扩张成形和支架成形技术等。

一、经皮穿刺活检

临床医学的发展不仅没有降低活检技术的应用，反而扩大了应用范围，原因是对疾病的诊断不仅要求定性，更要求对病理分型以及包括分子遗传学等特性在内的相关信息，以满足有效的个体化治疗。

现代影像技术的发展为精准的导向穿刺技术提供了保证。超声成像提供了实时导向而且没有辐射损害，现代的DSA设备可以融合各种断面成像和CT功能，加上辅助定位或导向技术增加了导向的精准性,结合穿刺部位选择适当的导向技术有利于减少对患者的损伤,提高穿刺的安全性和准确性。

在穿刺取材方面,要尽可能取得病变的关键区域的细胞或组织。细针抽吸的安全性高,但只能获得细胞学材料(图 10-24);特制的活检针取得的组织学材料有利于组织病理诊断和基因学诊断(图 10-3),应该结合具体的临床需求选择取得材料的工具。

由于穿刺活检技术在取材方面有一定的随机性,所以临床判断结果的时候不能因为诊断的阴性结果而否认病变的存在,必要的多点取材或重复穿刺有时是非常重要的。许多疾病的病理变化是多样的,不仅是随时间和治疗与否的变化,而且在病变空间分布上也会有所不同,例如实体肿瘤的周边某些区域的组织会发生水肿,穿刺到炎症性水肿的组织材料并不能作为排除肿瘤诊断的证据。在判断结果时要综合考虑上述因素。

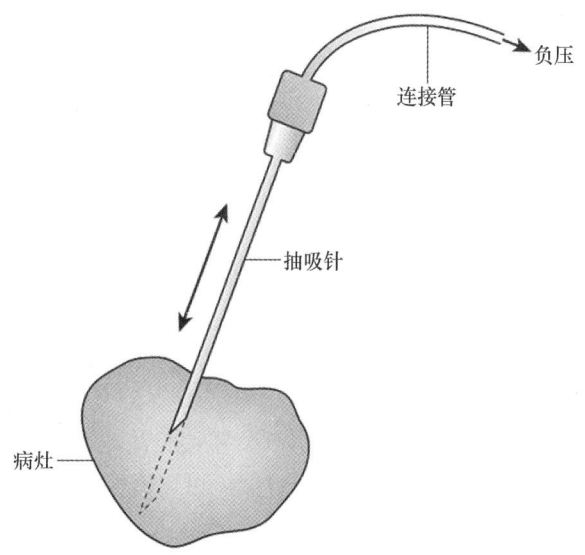

图 10-24 细针穿刺活检术示意图

二、管道器官的成形术

血管狭窄病变的介入成形技术被广泛地应用到非血管领域,例如呼吸道狭窄、食管狭窄(图 10-25)、肠道狭窄等,其基本操作技术和血管狭窄的治疗相似。但是从整体治疗效果来看还远远不如血管方面的应用,尤其是内支架成形技术。关键的原因是内支架在被置入非血

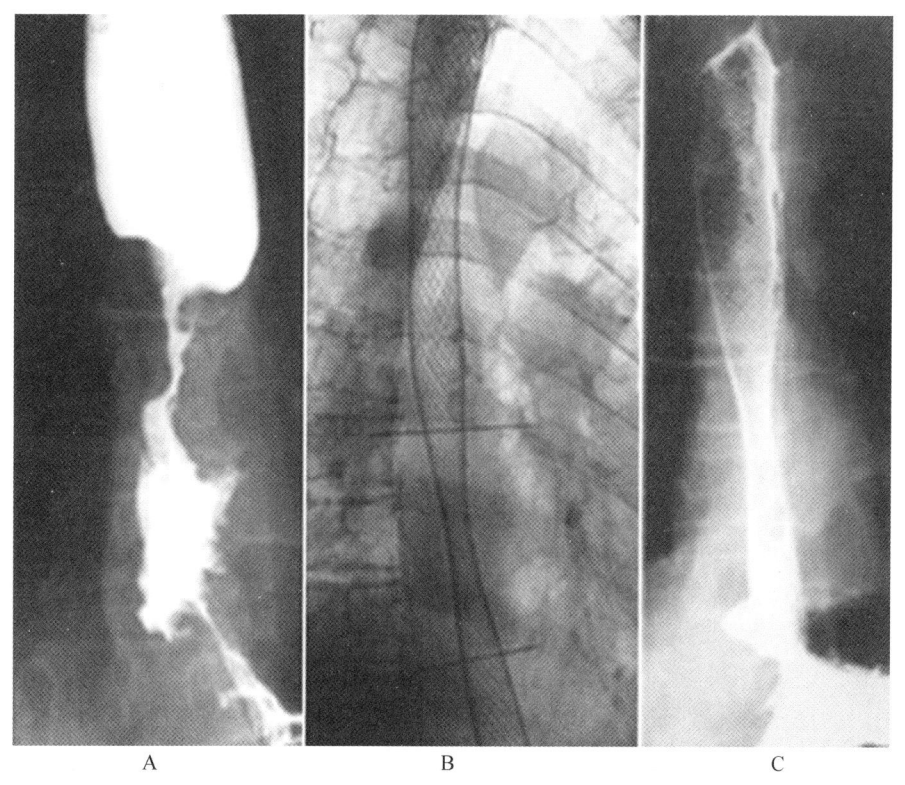

图 10-25 食管支架置入术

A. 钡餐提示食管下段充盈缺损;B. 食管支架置入术后见食管下段仍狭窄,但较置入前通畅;
C. 24h 后再次钡餐检查提示食管完全通畅

管脏器后,内支架不能顺利地完成"内皮化"。管道器官的共同特点是直接或间接地与外界相通,各种微生物会在支架周边适应性生长,激发局部炎症反应和慢性肉芽增生,这种增生最终导致管道器官的完全闭塞,虽然有很多研究企图抑制这种肉芽增生,但是效果不够理想。

对先天性的管道器官狭窄可以首选球囊成形,为了避免管道器官内容物(尿液、胆汁等)对成形过程中造成的管道内膜损伤形成刺激而引起过度增生,有时需要内置引流管,保证一段时间内内膜的正常修复,维持管道直径。一般不对良性狭窄病变放置内支架,除非恶性肿瘤堵塞重要管道器官威胁患者生命时,才考虑用内支架技术作为姑息治疗的选择。

胆道的狭窄和闭塞在临床上比较常见,多为胰头部、十二指肠乳头附近和胆管壶腹部恶性肿瘤所致。这类患者会因为胆汁的淤积出现严重的黄疸,损害肝功能,手术切除是第一选择。但是部分患者的手术耐受力差,并发症和术后死亡率高,介入放射学提供手术前的胆道引流,可以有效地降低黄疸,改善肝功能,提高手术的耐受性和安全性。对不能完全手术切除的病例可以采用内-外联合引流技术或内支架技术维持胆道较长时间的通畅,达到姑息治疗的目的(图 10-26)。单纯的外引流会导致胆汁的丢失和水、电解质紊乱,内科的相应处理对此类患者至关重要,虽然内-外联合引流可以避免这类问题,但是容易造成胆道的逆行感染,应该引起高度重视。

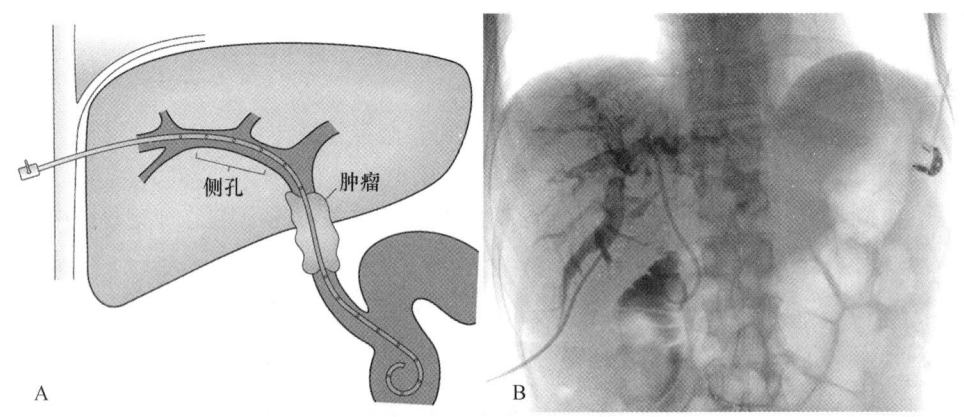

图 10-26　PTCD 内-外联合引流
A. PTCD 内-外联合引流示意图;B. PTCD 内-外联合引流实例图

第四节　肿瘤介入

在介入放射学中,肿瘤介入占有至关重要的地位。随着肿瘤微创治疗技术的进步,肿瘤介入治疗不再只是姑息性治疗手段,它同样可达到治愈性效果,如:肝血管瘤、子宫肌瘤等疾病的栓塞治疗以及小肝癌的消融治疗;对不能外科切除的肿瘤,介入微创技术可以使某些肿瘤降级行二期手术切除,获得治愈的机会,如部分肝癌病例由于肝移植或手术根治标准的限制,无法在一期行肝移植治疗,通过化疗栓塞治疗使肿瘤缩小后,仍可以实施肝移植等根治治疗;对于肿瘤并发症的治疗,介入微创技术也发挥着重要的作用,如肿瘤压迫或侵犯大血管导致血管阻塞时所使用的血管支架置入技术、肿瘤引起阻塞性黄疸时使用的经皮胆管引流技术等。本节就目前用于肿瘤治疗的主要介入微创技术进行简要介绍,主要包括经动脉灌注化疗栓塞术及经皮穿刺局部肿瘤消融治疗。

一、动脉灌注化疗栓塞术

动脉灌注化疗栓塞术是动脉内治疗技术的一种,它通过穿刺股动脉等浅表动脉,置入血管造影导管,在 DSA 引导下选择或超选择插管进入靶动脉,进行灌注化疗或栓塞等介入治疗。连续动脉灌注化疗系统(port-catheter system,PCS)是一种特殊的经动脉化疗技术,它为延长动脉灌注化疗的持续灌注时间而设计。PCS 一般经表浅动脉插管,保留导管在肿瘤供血动脉内,导管尾端外接埋植在皮下的药盒(或称输液港),方便连续从药盒灌注化疗药物。它具有连续灌注、相对并发症少、效果肯定、患者易于接受等优点。动脉栓塞术是将导管进一步超选择至肿瘤局部供血动脉,注入液体或颗粒性栓塞剂,使之进入靶血管并阻塞肿瘤微小动脉,从而使肿瘤组织缺血、坏死。临床上通常将动脉化疗和动脉栓塞结合用于肿瘤的治疗,称为经动脉化疗栓塞术(transarterial chemoembolization,TACE)。在非持续的动脉化疗术中,多选用对癌肿的治疗效果与灌注区域的药物浓度成正比的化疗药物(即浓度依赖性化疗药物,如铂类化疗药)。由于采用了经动脉注入化疗药物的方法,其肿瘤局部药物浓度可比经静脉用药提高 10~100 倍,如果同时进行动脉栓塞则可使药物在局部滞留延长数小时至数周。因此,TACE 在很大程度上提高了肿瘤治疗的效果和安全性。

二、经皮穿刺局部肿瘤消融治疗

局部肿瘤消融治疗是借助医学影像技术的引导对肿瘤定位,局部采用物理或化学的方法直接杀灭肿瘤组织的治疗手段,主要包括射频消融(RFA)、微波消融(MWA)、冷冻消融(cryoablation)、无水乙醇消融(PEI)以及高功率超声聚焦消融(HIFU)等。它们均有微创、安全、简便和易于多次施行的特点。影像引导技术通常使用超声、CT 和 MRI 导向。由于采用先进影像技术引导,经皮肿瘤消融术能够实现定位准确、毁损彻底。目前肿瘤的经皮消融治疗已经成为肿瘤的治愈性治疗手段之一,对某些肿瘤的治疗已经达到或接近外科切除的疗效。

(一)射频、微波消融

射频消融和微波消融是目前临床上最常用的两种热消融技术(图 10-27)。其工作原理虽有差异,却都是将电能转换为热能,通过置入肿瘤组织内的射频电极或微波电极针,使肿瘤组织迅速升温达到 100℃左右,使肿瘤组织发生凝固性坏死。在通过高温杀死局部肿瘤细胞的同时,热消融还可使肿瘤周围的血管组织凝固,有利于切断癌细胞的血供,防止肿瘤转移。有研究显示热效应还可增强机体的免疫力,同时坏死物质被吸收作为内源性致热物,可激发机体的

图 10-27 射频消融多弹头电极针及工作原理实例

A. 射频消融多弹头电极针示意图;B. 射频消融多弹头电极针 CT 扫描图像

抗肿瘤免疫功能，进一步达到抗肿瘤的目的。目前，射频和微波电极针通过技术改进，采用多弹头技术以及多针并列技术等使得一次穿刺消融毁损组织范围可以达到 6～7cm，大大提高了消融治疗的适用范围。RFA 治疗小肝癌的远期疗效已达到了外科手术切除的水平。因此，在小肝癌的治疗手段中，热消融已是备选的治愈性手段之一。

（二）冷冻消融

冷冻消融的主要原理是通过置于肿瘤内部的探针循环制冷，使探针及其周围组织迅速达到零下 100℃ 的低温，使组织冰冻。然后再通过迅速升温使组织细胞水肿死亡，达到组织毁损的目的。目前临床上最常用的冷冻消融术为氩氦刀（图 10-28）。冷冻通过物理、化学、免疫、血管等多重打击引起肿瘤坏死，作用机制比热消融复杂。由于射频消融治疗、微波消融等热消融技术的最大缺陷是范围局限，对于较大的肿瘤，热消融易存在肿瘤残留，因此更适用于直径 3cm 以下的肿瘤治疗。冷冻消融可以栓塞肿瘤小血管，阻断肿瘤生存营养的供应，并阻止癌细胞通过血液转移扩散。因此有人认为冷冻消融更适用于 3cm 以上肿瘤的治疗。另外，射频消融治疗的过程中患者疼痛明显，而冷冻消融能有效止血、止痛，治疗过程中患者痛苦较小，同时冷冻消融治疗靠近大血管以及空腔脏器的肿瘤比射频消融更安全可靠。因此，冷冻消融的适应证更加广泛。

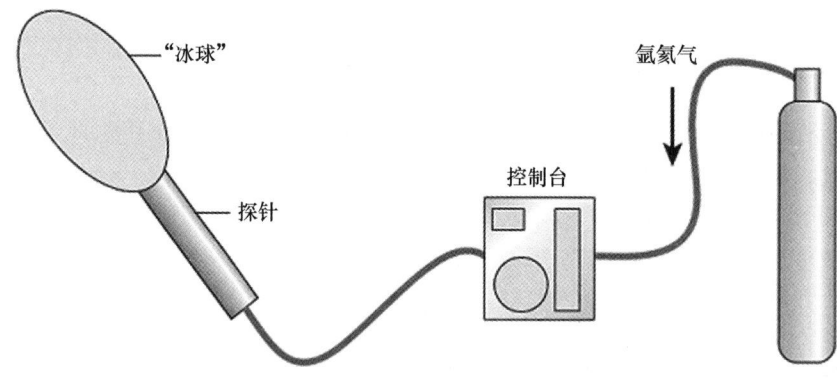

图 10-28　冷冻消融工作原理示意图

（三）化学消融

无水乙醇消融是临床应用最广泛的肿瘤化学消融术。1983 年，Sugiura 等首先报道使用经皮乙醇注射（PEI）治疗肝癌，因其安全有效、操作简便、费用低廉，目前已成为肿瘤的重要治疗手段。PEI 是利用高浓度乙醇渗透到肿瘤组织，可引起肿瘤细胞及其血管内皮细胞迅速脱水、坏死和血小板聚集而引起肿瘤内部的微血管栓塞、蛋白凝固、癌细胞变性和坏死以及癌周血管闭塞，继而引起癌组织缺血、凝固性坏死与纤维组织形成等病理生理反应，进而达到治疗肿瘤的目的。PEI 适用于直径较小的肿瘤的治疗。其局限性在于富血供的肿瘤中大量的血流会冲刷乙醇，从而减弱对瘤细胞的脱水和凝固坏死作用。由于乙醇无法透过肿瘤内部的纤维隔膜，临床上常需进行多点、多针、多次注射，尽量使无水乙醇弥散覆盖整个瘤体，这在一定程度上增加了穿刺的次数，加重了患者的痛苦，并可能为恶性肿瘤的转移提供更多的机会。另外，对于酒精过敏的患者不适合进行无水乙醇注射治疗。

三、肿瘤介入的临床应用

（一）原发性肝癌和肝转移癌的介入治疗

自 20 世纪 70 年代肝肿瘤介入治疗技术初步形成至今，肝肿瘤的介入治疗取得了巨大的进步。随着对肿瘤治疗理念的更新，肝癌综合治疗模式已被广泛认同。根据中国抗癌协会对 2008—2009 年间全国超过 2000 例肝癌病例的调查统计，其中采用过介入微创手段的病例超过肝癌病例总数的85%。因此，介入微创治疗已成为原发性肝癌和肝转移肿瘤的最主要的治疗手段之一。同时应该指出片面强调手术抑或介入等单一治疗手段的观点都已经落后，现代治疗理念强调综合诊疗的每一环节。因此，针对肝恶性肿瘤的治疗应该包括预防、筛查、分期、治疗等多个环节。

1. 经动脉化疗栓塞术

由于正常肝组织受双重血液供应，25%为肝动脉供血，75%为门静脉供血，而肝恶性肿瘤的血供95%以上来自肝动脉，因此肝动脉的栓塞可选择性地引起肿瘤的缺血坏死，而对正常肝组织的影响相对较小。目前TACE（图10-29）已被公认为是中晚期肝癌的一线治疗选择，

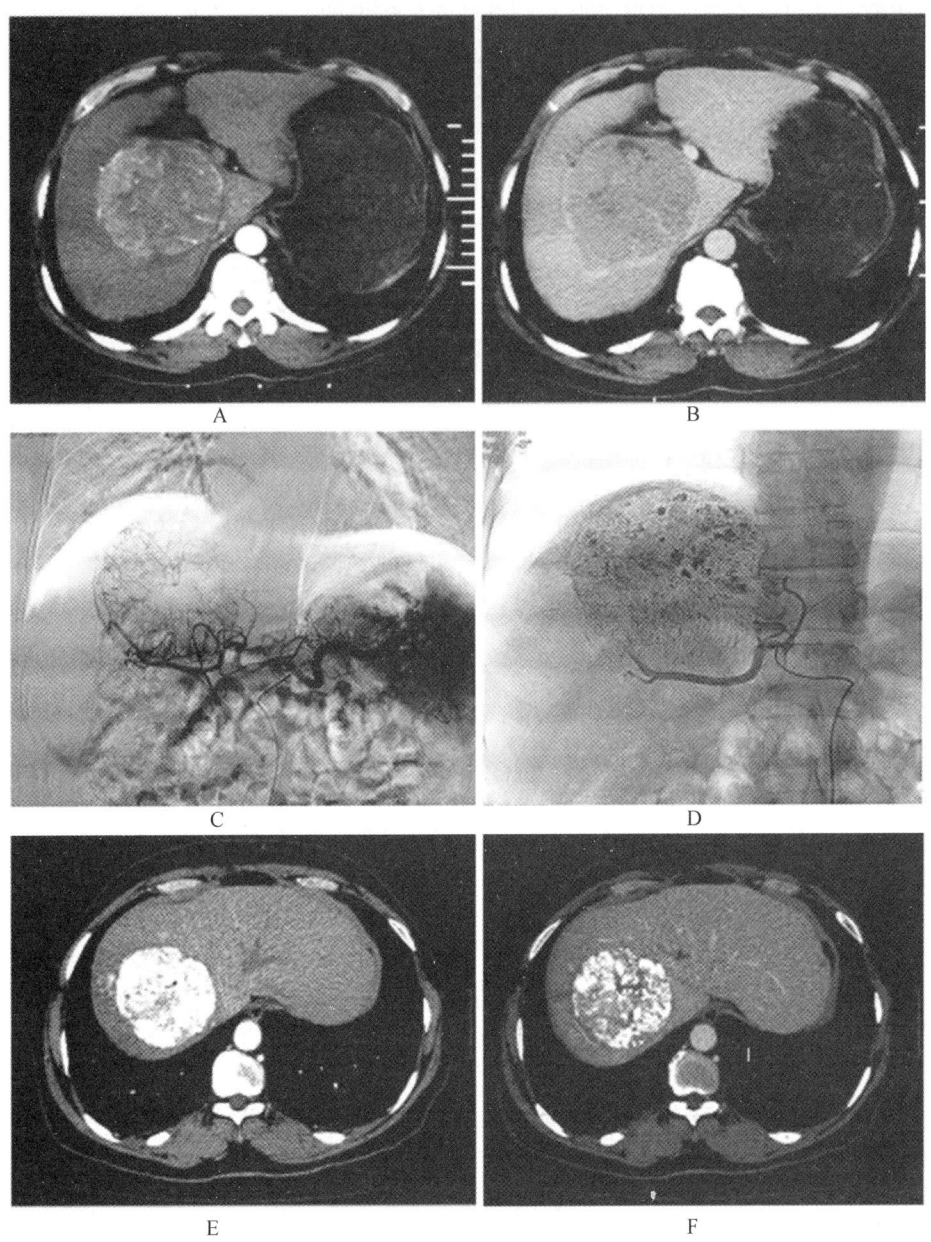

图 10-29　TACE 实例

A. 原发性肝癌患者 TACE 术前的 CT 增强扫描（动脉期，呈现"快进"征象）；B. 同一病例 TACE 术前的 CT 增强扫描（门静脉期，呈现"快退"征象）；C. TACE 治疗中的腹腔动脉造影，显示肝右叶存在巨大肿瘤染色区域，供血动脉为肝右动脉；D. 超选择插管进入肝右动脉造影，并注入化疗药物以及使用碘油栓塞肿瘤；E. 同一病例 TACE 1 个月后复查（动脉期），显示肝右叶肿瘤内碘油沉积密实，肿瘤整体大小较前缩小；F. 同一病例 TACE 1 个月后复查（门静脉期），中心部分消退较早，提示肿瘤中央尚有少量血供

临床研究已经证实对于失去手术指征的中晚期肝癌患者其疗效明显优于其他治疗手段。动脉灌注常用的化疗药物可根据肝内肿瘤性质决定，原发性肝癌多选用蒽醌类化疗药物，而转移性肝癌可根据以往研究中有效的系统化疗方案来决定化疗药物。栓塞材料最常用的有碘化油以及颗粒性栓塞物，如聚乙烯醇（polyvinyl alcohol，PVA）等。近年来有报道显示，采用药物承载微球（drug carrier bead，DCB）可以进一步改进传统 TACE 疗效，而放射性微粒^{90}钇（^{90}yttrium）使 TACE 在肝内肿瘤治疗方面的适应证进一步拓展。

TACE 的主要适应证有：

（1）不能手术切除的中晚期肝癌，包括：①巨块型肝癌；②多发结节型肝癌；③门静脉主干未完全阻塞，或虽完全阻塞但肝动脉与门静脉间代偿性侧支血管形成；④外科手术失败或术后复发者；⑤肝功能（Child-Pugh）分级 A 或 B 级，PST≤2 分；⑥肝肿瘤破裂出血及肝动脉-门静脉分流造成门静脉高压出血。

（2）肝肿瘤切除术前应用，可使肿瘤缩小，有利于二期切除，同时能明确病灶数目。

（3）小肝癌不适合或者不愿意进行手术、局部射频或微波消融治疗者。

（4）控制局部疼痛、出血以及栓堵动静脉瘘。

（5）肝癌切除术后预防复发。

2. 经皮局部消融

肝经皮局部消融术可以使直径较小的单个肿瘤彻底坏死，同时对正常肝功能影响甚微。因此，经皮肝肿瘤消融治疗已经成为肝内肿瘤最重要的微创介入手段之一，在临床上得到广泛应用。

目前，国际肝癌学术组织已将消融治疗和外科手术都列为肝癌的治愈性治疗手段。它主要适用于单发肿瘤，最大直径≤5cm；或肿瘤数目≤3 个，且最大直径≤3cm；无血管、胆管和邻近器官侵犯以及远处转移；对于不能外科手术切除的患者，或者作为移植前治疗，经皮局部消融术也是最安全、有效的姑息性治疗手段。

（二）肺癌的介入治疗

肺癌是严重危害人类健康的常见恶性肿瘤之一。多数患者于临床确诊时已属中晚期，从而失去手术切除机会。肺癌的介入治疗有气管内的介入治疗、经皮介入治疗和经血管的介入治疗。肺癌的经皮介入治疗有射频消融术、微波消融术、放射性粒子植入术或氩氦刀冷冻消融术。在适应证的选择上，包括无法手术切除的肿瘤如转移、巨块型肿瘤，不适宜手术治疗的患者如心肺功能严重减退、基础疾病多和高龄患者，不愿接受手术的患者或对开胸手术有恐惧感的患者。临床研究证实，经皮消融治疗对局限性尤其是周围性肺癌的疗效可以达到或接近手术切除的效果。另外放射性粒子^{125}I 植入治疗也已广泛应用于肺癌治疗领域。放射性粒子植入治疗是利用放射粒子^{125}I 释出的 γ 射线破坏肿瘤细胞的 DNA 双链，使细胞失去增殖能力。放射性粒子植入到瘤体内，使肿瘤得到有效的射线量，而周围邻近正常组织受量仅为肿瘤受量的50%以下，且粒子释放射线缓慢，因而正常组织损伤较小，且在短时间内可得到修复。对原发性肺癌行经支气管动脉灌注化疗早在 20 世纪 60 年代中期就已开展，近期疗效显著。对合并气道阻塞并发症的肺癌患者，能帮助其较快恢复气道通畅，但由于缺乏临床远期疗效的循证依据，目前尚无法取代肺癌全身化疗。气管内介入治疗通常在纤维支气管镜引导下进行，属于纤维支气管内镜学的范畴。

（三）肾癌的介入治疗

肾癌的介入治疗通常是栓塞治疗，其目的：一是术前栓塞以减少术中出血；二是对已不能手术切除的肿瘤进行化疗栓塞以控制肿瘤的生长并争取使肿瘤得以缩小，其中部分肿瘤以期获得二次手术机会。根据治疗目的的不同，所使用的栓塞物质亦有区别，一般以单纯术前栓塞为目的时多单独使用明胶海绵颗粒，有时因肾动脉主干难以达到完全闭塞而需追加弹簧圈；而以治疗为目的的栓塞则多与化疗药物联合应用，如阿霉素和（或）丝裂霉素加碘油或明胶海绵颗粒等，亦可使用聚乙烯醇（PVA）微球替代明胶海绵。对于不适合手术的小肾癌，经皮消融治疗和放射粒子植入治疗可以取得肯定疗效。

（四）盆腔恶性肿瘤的介入治疗

宫颈癌、宫体癌、膀胱癌的介入治疗以双侧髂内动脉灌注化疗为主。动脉化疗前先行髂内动脉造影以了解血管解剖情况。在可能的前提下，可选用超选择的肿瘤供血动脉进行栓塞治疗。各期膀胱癌、宫颈癌均适于进行动脉灌注化疗，有些非手术适应证患者经过一至数次的动脉灌注化疗后可转变为适应证人群。动脉灌注化疗可以提高手术成功率，使肿瘤远期疗效明显提高。

（五）肝血管瘤的介入治疗

肝血管瘤为最常见的肝良性肿瘤，病理上属于肝血管的发育畸形。由于肿瘤生长缓慢，病程常达数年以上。50%~70%的患者临床无症状，仅在体检或其他原因行超声或CT等检查时发现。少数肿瘤较大（5cm以上）患者可出现压迫症状，主要是上腹部不适、发热、嗳气、腹胀、腹痛等。多数肝血管瘤不需治疗，只有在肿瘤较大，邻近器官受压移位，引起明显压迫症状者或引起肝被膜紧张导致疼痛者，以及肿瘤存在破裂、出血风险者才需要治疗。一般情况下可行肝动脉一次性栓塞，而瘤体较大时为减少并发症的发生可行分次栓塞。除了心、肾、肝衰竭以及一般状态差的患者外，无特殊禁忌证。需要指出的是，肝血管瘤为一种良性肿瘤，治疗时除了考虑疗效外，更重要的是要考虑其治疗的安全性。治疗时应尽可能超选择栓塞，栓塞剂以碘化油、无水乙醇为主。部分动脉造影没有明显肿瘤染色的肝血管瘤，栓塞效果不佳。此类病变采用细针穿刺，直接注入无水乙醇硬化治疗，可取得良好疗效。经导管栓塞结合经皮硬化治疗肝血管瘤的有效率高于95%，是一种简单、有效、可靠和安全的微创治疗方法。

（六）子宫肌瘤的介入治疗

子宫平滑肌瘤（uterine leiomyoma）临床上简称子宫肌瘤（uterine myoma），肿瘤成分由平滑肌细胞和不同数量的纤维结缔组织组成，是育龄妇女常见的良性肿瘤。多见于30~50岁的妇女，发病高峰年龄为41~50岁（占54.9%）。常见症状有月经过频、过多，经期延长，贫血等，尤其是黏膜下子宫肌瘤最容易出血，出血率几乎达100%，而壁间肌瘤和浆膜下肌瘤出血率分别为74%和36%，严重贫血会影响患者的身体健康。其他症状包括肌瘤对周围器官的压迫症状（如尿频、里急后重感）以及患者的焦虑症状等。

Ravina在1991年将子宫动脉栓塞术用于子宫肌瘤的治疗，提出了子宫动脉栓塞术治疗子宫肌瘤的新方法。并且其在1997年及1998年发表了大样本临床研究报道，从而引起医学界的广泛兴趣，确立了栓塞治疗在子宫肌瘤治疗手段中的地位。

子宫动脉栓塞的目标是将栓塞材料释放到子宫肌瘤的供血动脉，使肌瘤得不到所需的养分，而逐渐萎缩，甚至完全消失。在达到治疗目的的同时应避免栓塞对子宫的永久性损伤（图10-30）。

子宫动脉栓塞目前多采用聚乙烯醇（PVA）、海藻酸钠微球（KMG）等颗粒性栓塞物，超液化碘化油与平阳霉素混合液在临床也有应用，但值得注意的是超液化碘化油是液体栓塞剂，可进入毛细血管网，导致子宫肌层大面积坏死，以及卵巢的坏死甚至卵巢早衰。因此选择超液化碘化油作为栓塞剂需慎重。治疗时多数需行双侧子宫动脉栓塞。主要适用于已明确诊断为子宫肌瘤且因之引起了明显的经血过多及占位压迫性症状的育龄期女性和绝经之前患者。栓塞对子宫出血的控制有效率接近100%，对于缩小子宫和子宫肌瘤体积的有效率也在80%以上。

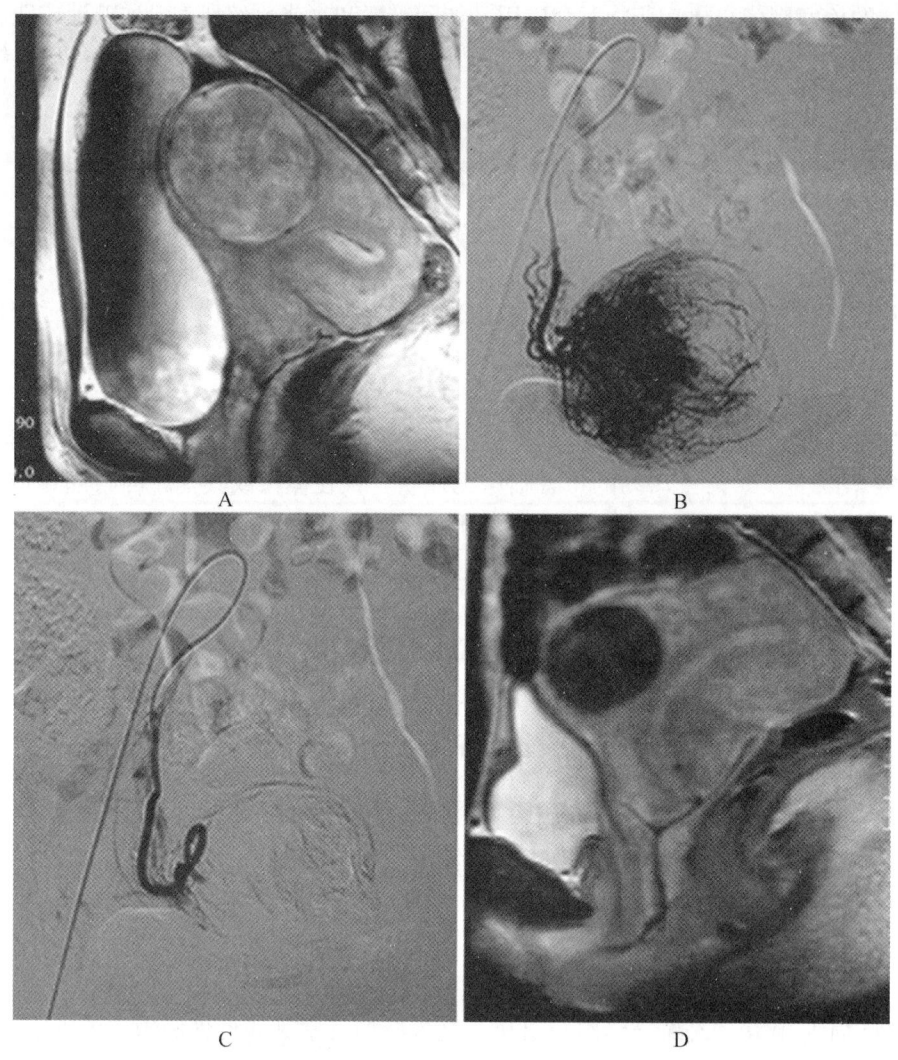

图 10-30 子宫肌瘤的介入栓塞治疗

A. 治疗前 MRI 提示子宫肌瘤和正常肌层表现为强化明显，血运丰富；B. 栓塞前血管造影显示肌瘤明显染色；C. 栓塞后血管造影显示肌瘤染色消失；D. 治疗后复查 MRI，正常肌层血运好，肌瘤部分没有强化并且缩小

（杨建勇　贺　文）

主要参考文献

[1] 白人驹，张雪林. 医学影像诊断学. 第3版. 北京：人民卫生出版社，2010.
[2] 杜相珂，朱绍同. 骨与软组织肿瘤影像诊断及鉴别诊断. 北京：北京大学医学出版社，2007.
[3] 高斌，刘斌. CT诊断与临床. 第2版. 安徽：安徽科学技术出版社，2011.
[4] 郭启勇. 实用放射学. 第3版. 北京：人民卫生出版社，2007.
[5] 江浩. 骨与关节MRI. 上海：上海科学技术出版社，1999.
[6] 江浩. 急腹症影像学. 上海：科学技术出版社，2006：47-92；153-168.
[7] 姜泗长，顾瑞，王正敏. 耳科学. 第2版. 上海：上海科学技术出版社，2002.
[8] 姜玉新，王志刚. 医学超声影像学. 北京：人民卫生出版社，2010.
[9] 金征宇. 医学影像学. 北京：人民卫生出版社，2005.
[10] 金征宇. 医学影像学. 第2版. 北京：人民卫生出版社，2010.
[11] 兰宝森. 中华影像医学头颈部卷. 北京：人民卫生出版社，2002.
[12] 乐杰. 妇产科学. 第7版. 北京：人民卫生出版社，2008：261-287.
[13] 李国杰，周永昌. B型超声对嗜铬细胞瘤的诊断价值. 中国超声医学杂志，2000，16(8)：602-605.
[14] 李联忠. 脊柱疾病影像诊断学. 北京：人民卫生出版社，1999.
[15] 李松年，唐光建. 现代全身CT诊断学. 北京：中国医药科技出版社，1999.
[16] 梁碧玉. 骨与关节疾病影像诊断学. 北京：人民卫生出版社，2006.
[17] 廖江，陈韵彬. 磁共振扩散加权成像在腹部实质脏器肿瘤诊断中的应用. 国际医学放射学杂志，2008，31(2)：125-129.
[18] 刘霞，潘绍慧，安淑芹. 肾盂癌的超声检查方法及声像图分析. 中国超声诊断杂志，2006，7(6)：465-466.
[19] 刘延玲，熊鉴然. 临床超声心动图学. 北京：科学出版社，2001.
[20] 马大庆. 影像诊断学. 第2版. 北京：北京大学医学出版社，2009.
[21] 穆玉明. 超声心动图入门. 北京：人民卫生出版社，2007.
[22] 穆玉明. 临床超声医学. 北京：人民卫生出版社，2012.
[23] 宋国祥. 眼眶病学. 北京：人民卫生出版社，2002.
[24] 王爱辉，柳逢春，王胜林，等. 三期增强扫描在肾结核CT诊断中的价值. 临床放射学杂志，2007，26(12)：1304-1305.
[25] 王纯正，徐智章. 超声诊断学. 第2版. 北京：人民卫生出版社，2009.
[26] 王娜，刘荣波，孔维芳. 多层螺旋CT对健康成人肾周间隙及肾筋膜的测量. 放射学实践，2011，26(8)：861-865.
[27] 王武，屈辉. 实用骨科影像学. 第5版. 北京：科学出版社，2012.
[28] 王新房. 超声心动图学. 第3版. 北京：人民卫生出版社，1999.
[29] 王云钊，曹来宾. 骨放射诊断学. 北京：北京医科大学中国协和医科大学联合出版社，1994.

[30] 王云钊，屈辉，孟悛非. 骨关节影像学. 第2版. 北京：科学出版社，2012.
[31] 王振常，刘莎. 颅面骨高分辨率CT解剖图谱. 北京：中国中医药出版社，2002.
[32] 吴恩惠. 医学影像诊断学. 第4版. 北京：人民卫生出版社，2001.
[33] 吴恩惠. 影像诊断学. 第5版. 北京：人民卫生出版社，2003.
[34] 徐爱德，徐文坚. 骨关节CT和MRI诊断学. 济南：山东科学技术出版社，2002.
[35] 杨志刚，郭应坤，李媛，等. 肾上腺结核的增强CT表现特征与临床病程的相关性. 中华放射学杂志，2006，40（10）：1014-1017.
[36] 于台飞，宋吉清，蔡世峰，等. 3.0T磁共振功能成像对肾上腺良性嗜铬细胞瘤与乏脂腺瘤鉴别的价值评价. 中华临床医师杂志（电子版），2011，5（17）：5041-5046.
[37] 张静，李涛. 多层螺旋CT尿路造影在尿路梗阻性疾病中的临床应用. 实用放射学杂志，2007，23（6）：786-788，797.
[38] 张连华，朱寅杰，薄隽杰，等. 磁共振扩散加权成像在膀胱肿瘤诊断中的应用价值. 肿瘤，2012，32（12）：1025-1029.
[39] 周康荣. 腹部CT诊断学. 上海：复旦大学出版社，2011.
[40] Ghanem N, Kelly T, Alt ehoefer C, et al. Whole-body MRI in comparison to skeletal scintigraphy for detection of skeletal metastases in patients with solid tumors. Radiology, 2004, 20 (1)：173-182.
[41] Hetzel M, Hetzel J, Arslandemir C, et al. Reliability of symptoms to determine use of bone scans to identify bone metastases in lung cancer：prospective study. BMJ, 2004, 328 (7447)：1051-1052.
[42] Meyers MA, Whalen JP, Peelle K, et al. Radiologic features of extraperitoneal effusions. An anatomic approach. Radiology, 1972, 104 (2)：249-257.

中英文专业词汇索引

B

靶征（target sign） 41
斑点追踪显像（speckle tracking imaging, STI） 20
膀胱憩室（bladder diverticulum） 222
膀胱炎（cystitis） 222
表面骨肉瘤（surface osteosarcoma） 290
病毒性脑炎（viral encephalitis） 47

C

CT 多平面重组（multiple planar reformation, MPR） 210
CT 尿路成像（CT urography, CTU） 205
CT 血管造影（CT angiography, CTA） 25
彩色多普勒能量图（color Doppler energy, CDE） 20
彩色多普勒血流显像（color Doppler flow imaging, CDFI） 20
长骨结核（bone tuberculosis） 275
超声波（ultrasonic wave） 18
超声束（ultrasonic beam） 18
垂体腺瘤（pituitary adenoma） 34
磁共振尿路成像（MR urography, MRU） 205

D

单侧肾发育不全（unilateral renal hypoplasia） 211
单纯性骨囊肿（simple bone cyst） 289
动静脉畸形（arteriovenous malformation, AVM） 41
短骨骨干结核（short bone diaphyseal tuberculosis） 276
多发性硬化（multiple sclerosis, MS） 48
多囊肾（polycystic kidney） 213
多普勒效应（Doppler effect） 18
多普勒组织成像技术（Doppler tissue imaging, DTI） 20
多形性胶质母细胞瘤（glioblastoma multiforme） 31

F

放射诊断学（diagnostic radiology） 1
腹膜后间隙（retroperitoneal space） 228

G

宫颈癌（carcinoma of uterine cervix） 237
宫外孕（extrauterine pregnancy） 242
股骨头缺血坏死（avascular necrosis of femoral head） 284
骨巨细胞瘤（giant cell tumor of bone） 288
骨膜反应（periosteal reaction） 263
骨肉瘤（osteosarcoma） 290
骨软骨瘤（osteochondroma） 287
骨性关节面（bony articular surface） 257
骨与关节结核（tuberculous of bone and joint） 275
骨质坏死（osteonecrosis） 263
骨质破坏（destruction of bone） 263
骨质软化（osteomalacia） 262
骨质疏松（osteoporosis） 262
骨质硬化（osteosclerosis） 263
关节结核（tuberculosis of joint） 278
关节脱位（dislocation of joint） 269

H

骺板（epiphyseal plate） 259
骺线（epiphyseal line） 259
化脓性骨髓炎（purulent osteomyelitis） 272
化脓性关节炎（pyogenic arthritis） 272

J

畸胎瘤（teratoma） 240
急性化脓性骨髓炎（acute pyogenic osteomyelitis） 272
脊膜瘤（meningioma） 52
脊髓空洞症（syringomyelia） 53
脊髓内肿瘤（intraspinal tumor） 50
脊髓外伤（spinal cord injury） 53
脊柱结核（spinal tuberculosis） 277
间变性星形细胞瘤（anaplastic astrocytoma） 31
浆液性囊腺癌（serous cystadenocarcinoma） 241
结核性脑膜炎（tuberculosis meningitis and encephalitis） 46
介入超声（interventional ultrasound） 20
经颅多普勒超声（transcranial doppler, TCD） 26
静脉肾盂造影（intravenous pyelography, IVP） 204

局部脑血流量（regional cerebral blood flow，rCBF） 38

局部脑血容量（regional cerebral blood volume，rCBV） 38

距离补偿增益（distance compensation gain，DCG） 18

L

类风湿关节炎（rheumatoid arthritis，RA） 280

连续式多普勒（continuous-mode Doppler，CW） 20

良性前列腺增生（benign prostatic hyperplasia，BPH） 244

颅脑外伤（brain trauma） 42

颅内动脉瘤（intracranial aneurysm） 40

颅内结核（intracranial tuberculosis） 46

M

MR脊髓成像（MR myelography，MRM） 26

泌尿系统结核（urinary tuberculosis） 215

N

卵巢囊腺瘤（ovarian cystadenoma） 240

卵巢囊肿（ovarian cyst） 239

马蹄肾（horseshoe kidney） 212

脉冲式多普勒（pulsed-mode Doppler，PW） 20

毛细胞型星形细胞瘤（pilocytic astrocytoma，PA） 31

弥漫性星形细胞瘤（diffuse astrocytoma） 31

脑出血（intracranial hemorrhage） 39

脑挫裂伤（laceration and contusion of brain） 44

脑梗死（cerebral infarction） 37

脑膜瘤（meningioma） 33

脑囊虫病（cerebral cysticercosis） 47

脑内血肿（intracerebral hematoma） 44

脑脓肿（brain abscess） 45

脑血管造影（cerebral angiography） 25

脑转移瘤（metastatic tumor of brain） 36

黏液性囊腺癌（mucinous cystadenocarcinoma） 241

P

胼胝体发育不全（hypoplasia of corpus callosum） 49

平均通过时间（mean transit time，MTT） 38

Q

前列腺癌（prostate cancer） 246

强直性脊柱炎（ankylosing spondylitis，AS） 282

R

人类乳头瘤病毒（human papillomavirus，HPV） 237

乳头状癌（papillary carcinoma） 222

乳头状瘤（papilloma） 222

S

散射（scattering） 18

少突胶质细胞瘤（oligodendroglioma） 33

神经胶质瘤（glioma） 30

神经鞘瘤（neurinoma） 50

神经上皮性肿瘤（neuroepithelial tumors） 30

神经纤维瘤（neurofibroma） 51

肾结石（renal calculus） 214

肾囊肿（renal cyst） 216

肾旁后间隙（posterior pararenal space） 228

肾旁前间隙（anterior pararenal space） 228

肾上腺结核（adrenal tuberculosis） 227

肾上腺囊肿（adrenal gland cyst） 228

肾上腺皮质腺瘤（adrenal cortical adenoma） 225

肾上腺增生（adrenal hyperplasia） 225

肾细胞癌（renal cell carcinoma） 217

肾重复畸形（duplication of kidney） 211

肾周间隙（perirenal space） 228

施万细胞瘤（schwannoma） 51

时间补偿增益（time gain compensation，TCG） 18

嗜铬细胞瘤（pheochromocytoma） 226

衰减（attenuation） 18

髓性骨肉瘤（intramedullary osteosarcoma） 290

髓脂瘤（myelolipoma） 228

T

跳跃性转移（skip metastases） 290

听神经瘤（acoustic neurinoma） 35

痛风（gout） 283

退行性骨关节病（osteoarthritis，OA） 281

脱髓鞘疾病（demyelinating disease） 48

W

网膜饼（omentum cake） 242

X

星形细胞瘤（astrocytoma） 31

血管平滑肌脂肪瘤（angiomyolipoma） 218

Y

衍射（diffraction） 18

移行细胞癌（transitional cell carcinoma） 218

异位妊娠（ectopic pregnancy） 242

异位肾（renal ectopia） 212

隐形骨折（occult fracture） 265

硬膜外血肿（epidural hematoma） 43
硬膜下血肿（subdural hematoma） 44

Z

蛛网膜下腔出血（subarachnoid hemorrhage） 40
转移性骨肿瘤（metastatic tumor of bone） 294

椎管内血管畸形（intraspinal vascular malformations） 52
子宫肌瘤（myoma of uterus） 235
子宫内膜癌（carcinoma of endometrium） 238
子宫输卵管造影（hysterosalpingography） 233

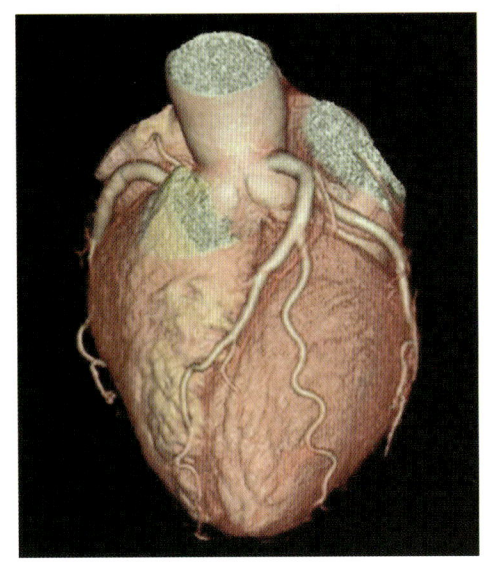

彩图 1-11　心脏三维重组图像

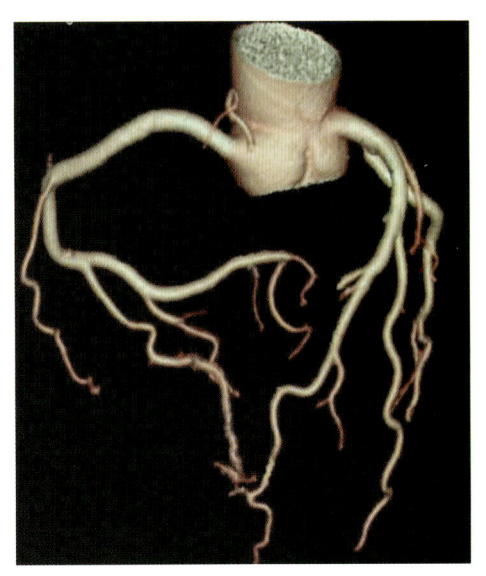

彩图 1-12　心脏血管束三维重组图像

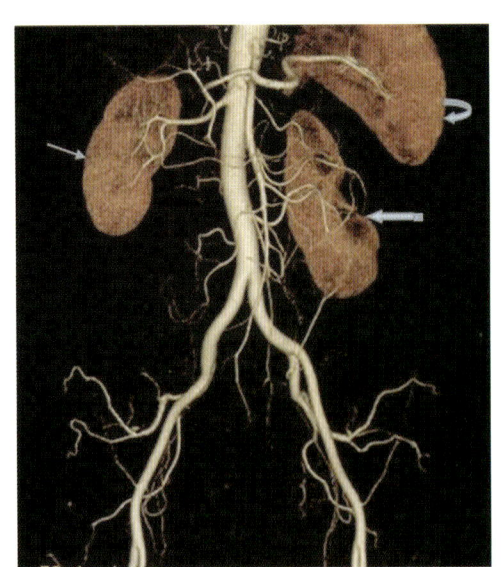

彩图 1-13　腹部血管三维重组图像

→为右肾；⇒为左肾；↻为脾

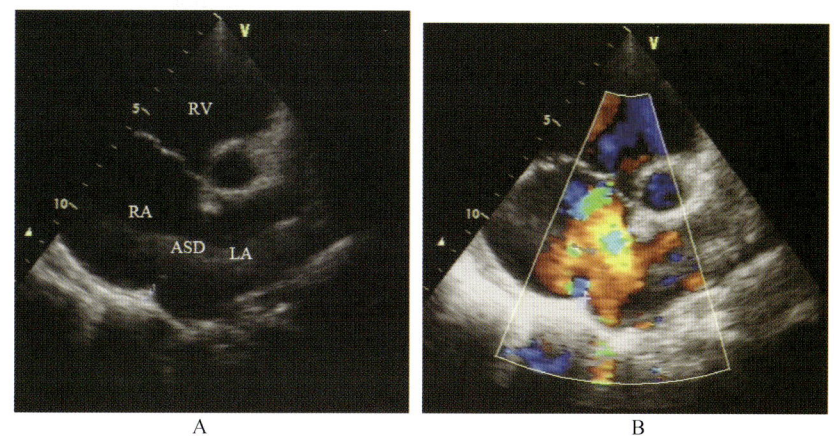

彩图 5-18 房间隔缺损超声心动图

A. 二维超声心动图显示房间隔连续性中断；B. 左心房血流经缺损进入右心房

ASD：房间隔缺损；LA：左心房；RA：右心房；RV：右心室

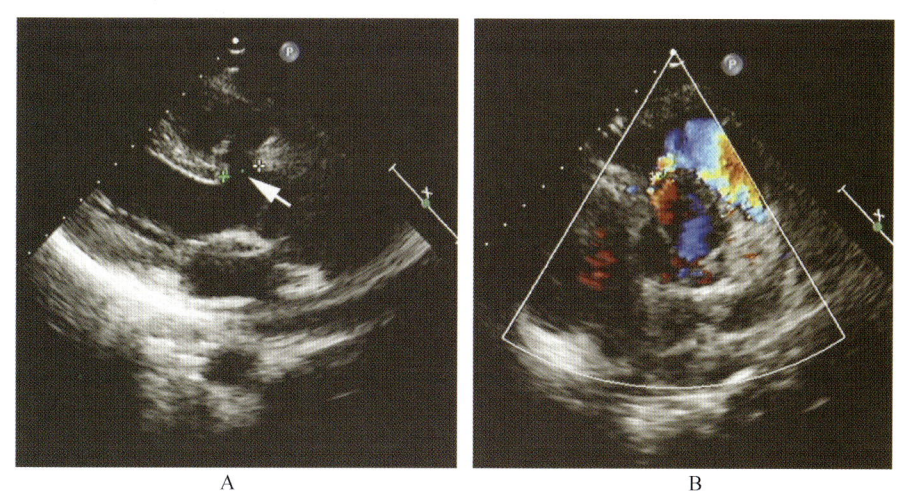

彩图 5-20 室间隔缺损超声心动图

A. 二维超声心动图显示室间隔连续性中断；B. 彩色多普勒示室间隔缺损处见五彩镶嵌状血流

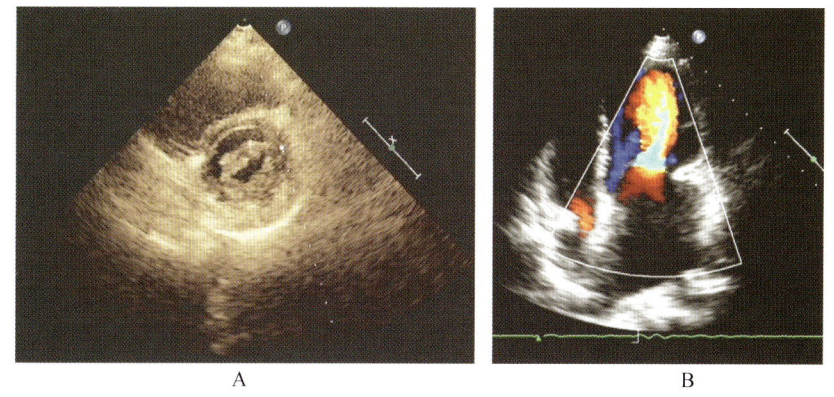

彩图 5-27 二尖瓣狭窄的超声心动图

A. 二维超声心动图显示二尖瓣前后叶增厚，瓣口面积缩小，呈鱼嘴状狭窄；

B. 彩色多普勒显示二尖瓣口血流呈五彩镶嵌状